JN280703

構成的グループエンカウンター事典

総編集 國分康孝・國分久子

編集代表 片野智治

編集
朝日朋子
大友秀人
岡田　弘
鹿嶋真弓
河村茂雄
品田笑子
田島　聡
藤川　章
吉田隆江

図書文化

まえがき

総編集　國分康孝
　　　　國分久子

　日本の教育現場は「治すカウンセリング」から「育てるカウンセリング」へとその関心を拡大しつつある。すなわち，育てるカウンセリングの有効性が確認され始めている。その代表例が，本書の取り上げている「構成的グループエンカウンター（SGE）」である。現在，全国の教育委員会の80％以上がSGEを教員研修プログラムに取り入れるほど，その効果が注目されている。

●本事典の意義

　日本で最初のSGE事典が出版されたことは，日本の教育界にとってもカウンセリング界にとっても一大快挙である。というのは，SGEの導入によって，学級経営，学級の人間関係，授業，キャリア教育，サイコエジュケーション，グループワークなどの，日常の教育指導がヒューマナイズされることになるからである。つまり，ふれあいのある教育が実践されるようになるからである。

　さらにまた，SGEを介して多くの教育者が，心理療法とカウンセリングの識別ができるようになるからである。この両者の識別がなされないから，「臨床心理学出身でなければカウンセリングはできない」というイラショナルビリーフがカウンセリング界を風靡していると思われる。

●本事典の特色

　このSGE事典の特色として，編者と執筆者のすべてが，総編集者である國分康孝・久子と縁のある方々であることをあげたい。その意味は，本書の基調は國分SGEにあるということである。1974年にフルブライト交換研究教授の任を終えて，アメリカから帰国した國分のもたらしたSGEが，日本のSGEの源流である。この前提が本書構成のフレームになっている。

　では，SGEの源流とはいったいどんなものか。

　SGEが広く普及するにつれ，SGEはレクリエーション的な人間関係づくりの方法だと受け取る人が増えてきた。しかし源流SGEには，人間関係づくりを超えた「人間としてのあり方，生き方の息吹」が秘められている。

したがって，本書は「生き方としてのSGE」を，思考，スキル（技法），感情の3つの切り口で語っていることに特色がある。

●SGEの成長
　ところで，ここ30数年の実践研究を通して，SGEにもいくつかの成長があった。次代のSGE実践研究者のために，たたき台としてそれらを提示しておきたい。
①SGEのねらいを「ふれあいと自己発見」から，「ふれあいと自他発見」に拡大した。
②SGEの思想に，パールズ（ゲシュタルトの祈り）と，タブス（パールズを越えて）の両者を取り入れた。
③シェアリングを，SGEに不可欠のエクササイズにした。
④SGEに繰り返し参加するのは，SGEに熱心だというだけではなく，教育分析の継続（求道者）であるとリフレームした。
⑤SGEを，教育方法としてのスペシフィックSGE（例：『エンカウンターで学級が変わる』シリーズ）と，教育分析としてのジェネリックSGE（例：『自分と向き合う！　究極のエンカウンター』）に分類した。
⑥教育カウンセラーにはジェネリックSGEの体験学習が必要であるとした。これは片野智治の示唆によるところが大きい。
⑦SGEのリーダーの理想的な条件を設定した。第1はカウンセリングの諸理論と諸技法になじんでいること。第2は教育分析としての合宿制SGEへの参加体験があること。第3はリーダー養成の合宿制SGEへの参加体験があること。

　最後になったが，SGEの発展をサポートしてくださった図書文化社の清水庄八会長，工藤展平社長，村主典英取締役に心から感謝申し上げたい。そして，どの原稿にもひるまずに意見を具申する編集者魂の権化ともいうべき東則孝，渡辺佐恵，牧野希世のみなさまに，敬意を込めてご苦労様でしたと申し上げたい。

2004年8月

● 目次 ●

まえがき

Part1　エンカウンターについて知ろう【入門】── 12

第1章　構成的グループエンカウンターとは ── 14

1. エンカウンター「出会う」とは何か…14
2. 構成的グループエンカウンターとは何か…16
3. 構成的グループエンカウンターの目的…18
4. 構成的グループエンカウンターの思想…20
5. 構成的グループエンカウンターの背景となる理論「折衷主義」…22
6. 構成的グループエンカウンターの方法…24
7. 構成的グループエンカウンターの特色「自己開示と介入」…26
8. 構成的グループエンカウンターの実際…28
9. ジェネリックとスペシフィック…30

第2章　学校教育に生かす構成的グループエンカウンター ── 36

1. エンカウンターはなぜ学校に広まっているか…36
2. 学校教育にエンカウンターを生かす目的…40
3. エンカウンターで子どもは何を体験するのか…44
   1. 小学校…46／2. 中学校…48／3. 高等学校…50
4. どんなときにエンカウンターを活用できるか…52
   1. 学級経営…54／2. 進路指導…55／3. 教育相談（いじめ・不登校の予防）…56／4. 学級活動…57／5. 朝の会・帰りの会…58／6. クラブ活動・部活動，生徒会・委員会活動…59／7. 宿泊行事…60／8. 教科・総合的な学習の時間…61／9. 道徳…62／10. 保健室…63／11. 特別支援教育…64／12. 国際理解教育…65／13. 人権教育…66／14. 環境教育…67／15. ボランティア活動…68／16. ソーシャルスキル教育…69／17. アサーション教育…70／18. 健康教育・ライフスキル教育…71／19. 非行予防…72／20. 院内学級…73／21. 適応指導教室…74／22. 保護者会…75／23. 校内研修・現職研修…76／24. 専門学校・短大・大学…77
5. やってみたい人のQ&A…78
   Q1 SGEをしてみようと思うのですが，私にできるでしょうか…79／Q2 学級担任をもっていなくてもできますか…80／Q3 管理職でもできますか…80／Q4 人

間関係が継続する「学級」で行っても大丈夫でしょうか…81／Q5 やりたくない子がいた場合はどうするのですか…82／Q6 ダメージを受ける子はいませんか…83／Q7 荒れている学級でもできますか…84／Q8 時間の確保がむずかしい進学校でもできますか…85／Q9 学級状態が悪くなる場合はありませんか…86／Q10 学級経営にどう役立ちますか…87／Q11 いじめに効果がありますか…88／Q12 不登校に効果がありますか…89／Q13 ゲームとの違いは何ですか…90／Q14 学校ぐるみでの取り組みにはどんな例がありますか…91／Q15 学習の成績向上にどうつながりますか…92／Q16 他の先生たちのプレッシャーでSGEがやりにくいのですが…93／Q17 TTでやりたいのですが…94／Q18 複式学級，単学級などでできますか…95／Q19 アセスメントはどのようにすればよいのですか…96

★コラム…97

Part2　エンカウンターをやってみよう【実践】──98

第3章　実施までの手順 ── 100

1. おすすめの時期，おすすめのエンカウンター…100
2. 目的を確認する…102
3. いつ行うかを決める…104
4. エクササイズを選ぶ…106
5. エクササイズ配列の原理…110
6. 展開を工夫する…116
7. やらないほうがいい場合…118

第4章　インストラクション ── 120

1. インストラクションの目的…120
2. インストラクションの進め方…122
3. インストラクションの技法とコツ…126
4. 事例・インストラクションの成功と失敗…128

第5章　エクササイズ ── 132

1. エクササイズの目的…132
2. エクササイズの進め方…134
3. エクササイズに役立つ技法とコツ…138
4. 事例・エクササイズの成功と失敗…140

第6章　シェアリング　——————————————— 144

1. シェアリングの目的…144
2. シェアリングの進め方…146
3. シェアリングに役立つ技法とコツ…150
4. 事例・シェアリングの成功と失敗…152

第7章　介入　——————————————————— 156

1. 介入では何をするか…156
2. 何にいつ介入するか…158
3. こんなときこう介入する…160

インストラクションで抵抗が起きたとき…161／エクササイズでルールが守られていないとき…163／奇声を発するなどふざけているとき…163／エクササイズになかなかとりかかれないとき…164／個人が攻撃的を受けているとき…164／シェアリングで非難めいたことを言っているとき…165／シェアリングが雑談になっているとき…165／シェアリングでうまく表現できないとき…166／子どもが突然泣き出したとき…167／話したくない子に無理に話を求めているようなとき…167

4. 介入の技法…168
5. 介入に必要なリーダーシップ…170
6. 抵抗とは…172
7. 落とし穴！　グループの画一化…174

第8章　振り返りとアフターケア　———————————— 176

1. アフターケア…176
2. ねらい達成の見取りと今後への生かし方…180
3. 振り返り用紙の役割…182
4. リーダー自身の振り返りと評価…186
5. ネガティブな反応は失敗か？…188
6. 予期した効果が得られなかったとき…190

第9章　継続的な実践とプログラム　————————————— 192

1. 継続的に行うメリット…192
2. 継続的な実践の組み立て方…194
3. 学校全体で取り組むメリットとコツ…198
4. 効果の測定方法…200

5．継続的なプログラム…204

　　1．学級経営・小学校…206／2．学級経営・中学校…210／3．学級経営・高等学校…214／4．進路指導…216／5．教育相談（不登校の予防）…218／6．宿泊行事…220／7．全校集会…222／8．適応指導教室…224／9．授業…226／10．道徳…228／11．総合的な学習の時間…230／12．国際理解教育…232／13．健康教育・ライフスキル教育…234／14．保護者会…236／15．校内研修・現職研修…238

★コラム…238

Part3　柔軟に展開しよう ――――――――― 240

第10章　いまここでのSGEをめざして ――――――― 242

1．マニュアルにとらわれない展開…242
2．Q&Aこの場面はこう乗り越える…244

　　Q1 トラブルが心配な場合はどうしたらいいか…245／Q2 このエクササイズにのってこないかもしれないが，チャレンジしたいという場合の留意点…246／Q3 やりたくないと言われたらどうしたらいい？…247／Q4 指導上の理由で不参加を許可できない場合はどうしたらいい？…248／Q5 やり方を理解させるのに時間がかかるのですが…249／Q6 始めても参加しない子がいる…250／Q7 元気な子が友達に乱暴に接している…251／Q8 しらけたムードで真剣に取り組みません…252／Q9 ふざけたムードで真剣に取り組みません…253／Q10 仲間はずれになる子がいる…254／Q11 ふだんの関係を引きずっている…255／Q12 本音だからと相手を傷つけているときには？…256／Q13 途中で様子がおかしいことに気づいたら？…257／Q14 シェアリングがなかなか活性化しないときはどうしたらいいか…258／Q15 全体が沈黙してしまうときはどうすればいいか…259／Q16 ねらった「気づき」が出ない…260／Q17 日常の学級生活につながる問題が明らかになった場合は…261／Q18 シェアリングは必ず行うのか 時間が足りなくなった場合の対処法は？…262／Q19 シェアリングの日常への活用方法は？…263／Q20 介入は傾聴・受容の精神に反しませんか…264／Q21 嫌がる人間に介入してもいいのですか…265／Q22 介入する必要があると思ってもなかなかできないのですが…266／Q23 介入しない方がいいのはどんな場合ですか？…267／Q24 合格点の目安は？…268／Q25 自己嫌悪に陥っている子がいる場合は？…269／Q26 他者の言葉に傷ついている子がいる場合は？…270／Q27 人間関係が悪化してしまった子がいる場合は？…271／Q28 SGEの効果を日常に生かすには…272／Q29 次にどんなエクササイズを行うと

効果的か…273／Q30 エクササイズを繰り返し実施する際のアイデア…274／Q31 エンカウンターでの約束ごとを決めておくとは…275／Q32 リチュアルの意味と効果とは…276／Q33 スムーズなグループ分けの方法は…277／Q34 グループの人数が半端になった場合の対処法は？…278／Q35 振り返り用紙（カード）の活用法は？…279／Q36 ワークシート・振り返り用紙作成の手順と留意点は…280／Q37 SGEで役立つ小道具にはどんなものがあるか…281

第11章　子ども・学級の理解と育成　　　　　　　　　282
1. 心を育てる意味と方法…282
2. 集団を育てる意味と方法…284
3. 教師と子どもの関係…288
4. リーダーの役割…290
5. 学級状態の確かめ方…292

第12章　構成の工夫　　　　　　　　　　　　　　　296
1. 構成のねらいはどこにあるのか…296
2. 何を構成したらよいか…298
3. 子どもの理解力に合わせる構成…300
4. 集団の状態に合わせる構成…304
5. ねらいが深まる構成…308

第13章　リーダーとして求められるもの　　　　　　312
1. リーダーに求められる態度・思想…312
2. アセスメントの能力…314
3. リーダーシップ…316
4. 知っておきたいカウンセリング技法…318
5. エンカウンターを学ぶには…320
6. エクササイズ開発のヒント…322
7. エンカウンターを自分自身に生かす…324
8. エンカウンターを支えるカウンセリングの理論…326
    1．ゲシュタルト療法…327／2．論理療法…328／3．実存主義的アプローチ…329／4．交流分析…330／5．行動療法…331／6．精神分析…332／7．来談者中心療法…333／8．グループ理論…334／9．折衷主義の展開…335

Part4　エクササイズカタログ① ──── 336

第14章　スペシフィックエクササイズ ──── 338

教師とのふれあい　X先生を知るイエス・ノークイズ…340／私の名前の深い意味…342／あいこジャンケン…344／若返りジャンケン…346

2人組のふれあい　アウチでよろしく！…348／これからよろしく…350／質問ジャンケン…352／「？」と「！」…354／いいこと探し…356／忘れられない経験…358／二者択一…360／ジャンケン手の甲たたき…362／肩もみエンカウンター…364／背中合わせの会話…366

4人組以上のふれあい　他己紹介…368／友達発見…370／あわせアドジャン…372／なんでもバスケット…374／われら○○族…376／四つの窓…378／この指とまれ！…380／サイコロトーキング…382／スゴロクトーキング…384／アドジャン…386／友達ビンゴ…388／ブラインドデート…390／ブレーンストーミング…392／学校を10倍楽しくする方法…394／私が学校に行く理由…396／無人島SOS…398／トランプの国の秘密…400／共同コラージュ…402／トラストアップ…404／誕生日チェーン…406

自己発見・友達発見　いいとこさがし…408／3つの発見…410／今日発見したキミ…412／マインドタイム…414／パチパチカード…416／ありがとうカード…418／私たちの得た宝物…420／君はどこかでヒーロー…422／Xからの手紙…424／キラキラ生きる…426／あなたの○○が好きです…428／君をほめるよ！…430／よいところをさがそう…432／自分への手紙…434／ほめあげ大会…436／☆いくつ…438／私はわたしよ…440／気になる自画像…442／私の四面鏡…444／あなたの印象…446／みんなでリフレーミング…448／考え方をチェンジ…450／わたしのしたいこと…452／自分がしたいことベスト10…454／気になるあなたへ…456／2人の私…458／みんな違ってみんないい！…460

生き方・進路　わたしのために…あなたのために…462／10年後の私…464／竹の節目私の節目…466／私の価値観と職業［新版］…468／究極の学校選択…470／6人の人生…472

対話の練習　最高にうれしい「おはよう！」…474／ふわふわ言葉とチクチク言葉　476／うれしい話の聞き方…478／私の話を聞いて…480／話し合いのレッドカード…482

自己主張　川遊びのプラン…484／それはお断り…486

非言語・スキンシップ　オートマティックペーパー…488／共同絵画…490／しりとり絵かき…492／トラストウォーク…494／団結くずし…496／身振り手振り「新聞紙の使い道」…498

別れ　別れの花束…500

大人向け　素敵なあなた・素敵なわが子…502／子どもからのメッセージ…504／「見知らぬ」わが子…506／子どもの長所の棚卸し…508／聞いてもらえる喜び…510／ディスカウントとストローク…512／心象スケッチ…514／ワークシート…516

Part4　エクササイズカタログ②　　528

第15章　ジェネリックエクササイズ　　530

リレーション形成　ペンネーム…532／自由歩行・握手…534／二人一組（ききあう）…536／マッサージ…538／将来願望…540／印象を語る…542／四人一組（他者紹介）…544／トラストウォーク…546／私に影響を与えた人…548／みじめな体験・成功体験…550／共同絵画…552

自己主張訓練・自己表現訓練　私のお願いを聞いて…554／紙つぶて…556／視線による会話・手による会話…558／アニマルプレイ…560

自己理解　自己概念カード…562／エゴグラム…564／二者択一…566／墓碑銘…568／簡便内観…570

自己開示　「未完の行為」の完成…572／銅像…574

信頼体験　トラストフォール…576／トラストウォール…578／トリップ・トゥ・ヘブン…580

自己開示　私は私が好きです。なぜならば…582／私はあなたが好きです。なぜならば…584／別れの花束…586／全体シェアリング…588／プログラムの例…590

Part5　資料編　　594

1. エンカウンター略年譜…596
2. エンカウンター主要論文・主要文献…598
3. エンカウンターに関する研究…602

　　1. 学級経営…602／2. 道徳・総合的な学習・学習意欲…604／3. 特活，行事，異学年交流，部活，委員会…606／4. 進路指導…608／5. いじめ，不登校（適応指導教室・相談学級），ひきこもり…610／6. 帰国子女，異文化理解…612／7. 効果研究について…614／8. リーダーのタイプ，教師への影響…616／9. 児童のシェアリング能力について…618／10. 幼児へのエンカウンターについて…620／11. 学校で行われているグループアプローチの比較…622

4．全エクササイズ一覧…626
5．エンカウンターの学びあい…668
　　1．構成的グループエンカウンター公式ネットワーク（E-net 2000）…668／
　　2．構成的グループエンカウンターを学べる研修会…670
6．基本用語解説…672
7．さくいん…676

著者紹介
編者紹介

Structured Group Encounter
ENCYCLOPEDIA
構成的グループエンカウンター事典

Part 1

構成的グループエンカウンターって何のこと？
エンカウンターは学校教育でどんなふうに使えるの？
エンカウンターをやってみたいけど，できるかな……

エンカウンターについて知ろう【入門】

1章：構成的グループエンカウンターとは
2章：学校教育に生かす
　　　　　構成的グループエンカウンター

Part1 エンカウンターについて知ろう【入門】

第1章 構成的グループエンカウンターとは

1 エンカウンター「出会う」とは何か

2 構成的グループエンカウンターとは何か
3 構成的グループエンカウンターの目的
4 構成的グループエンカウンターの思想
5 構成的グループエンカウンターの背景となる理論「折衷主義」
6 構成的グループエンカウンターの方法
7 構成的グループエンカウンターの特色「自己開示と介入」
8 構成的グループエンカウンターの実際
9 ジェネリックとスペシフィック

第2章 学校教育に生かす構成的グループエンカウンター

Part2 エンカウンターをやってみよう【実践】

第3章 実施までの手順
第4章 インストラクション
第5章 エクササイズ
第6章 シェアリング
第7章 介入
第8章 振り返りとアフターケア
第9章 継続的な実践とプログラム

Part3 柔軟に展開しよう

第10章 いまここでのSGEをめざして
第11章 子ども・学級の理解と育成
第12章 構成の工夫
第13章 リーダーとして求められるもの

Part4 エクササイズカタログ

第14章 スペシフィックエクササイズ
第15章 ジェネリックエクササイズ

Part5 資料編

構成的グループエンカウンター（SGE）の「エンカウンター」とは，「出会い」という意味である。

では，出会いとは何か。

出会いとは心と心の通い合う「私」と「あなた」の関係をいう。したがってこれは街で通りすがりに出会う人との関係ではない。このような人は行路の人という。

■ 自分を開こうとする私とあなた

出会いとは，イスラエルの宗教哲学者マルティン・ブーバー（1878～1965）は長い孤独と漂泊を経た経験から，相手と融合することではないという。「お互いに他者であるままで向き合って出会うのである」（小林政吉『ブーバー研究』創文社）と。

ロシアの哲学者ベルジャーエフ（1874～1948）は，「私があなたに対してならば悦んで自分を開こうとする私とあなたとの関係である」と指摘している（氷上英廣訳『孤独と愛と社会』白水社）。

國分康孝・國分久子はアメリカの実存的な児童心理学者クラーク・ムスターカス（1995）のいう"being in（oneness）,being for（weness）, being with（Iness）"のような関係にある，人と人との響き合いであるとしている。これは「相手の身になれる，相手の足になるようなことをする，お互いが固有の存在であることを認め合えるよう

な人間関係」（國分康孝）のことである。

出会いの意義

このような出会いは，私たちの人間的な成長にどのような意味をもつのであろうか。

ブーバーはこういう。「人は『あなた』に会って『私』になる」「真の生は出会いである」「人間が一個の人格として生きていくためには『あなた』との出会いが，欠くことのできない重要な意味をもっている」と。

またウォルター・タブスはうたう。「私がこの世に存在するのは，あなたがかけがえのない存在であることを確認するためである。そして，私もかけがえのない存在としてあなたに確認してもらうためである」「お互いにふれあいがあるときのみ，われわれは完全に自分自身になれる」（國分康孝・片野智治『構成的グループ・エンカウンターの原理と進め方』誠信書房）。

自己表現・自己主張

タブスは，「私があなたと心がふれあうのは偶然ではない。積極的に求めるから，あなたとの心のふれあいが生まれるのである。受身的にことの流れに身をまかせるからではなく，意図的に求めるから，心のふれあいができるのである」と前述の詩の中でうたっている。

では，出会いを「意図的に求める」とはどのようなことか。これは自己表現（真の自分＝ホンネの自分を表現すること）せよ，自己主張する勇気をもてということであろうか。

SGEやベーシック・エンカウンターグループは，自己開示（ホンネの表現）に始まり，自己開示に終わる。ここでいう自己開示とは，自己表現の一手段である。否，一手段にすぎない。そして自己表現し続けることは，自己主張する行動と考えることができる。

自己表現の方法は多様である。自分にできる，自分に合った表現方法で，自己表現や自己主張をすればよい。自分に合った表現方法とは，自分の「よさ」を表現するための方法のことをいう。かつ，自然で納得できる方法のことである。ただSGEの場合は，主たる方法として自己開示が重要視される。

多様な方法での自己表現・自己主張を勇気をもって行うことで，私たちは自分を癒すことができるし，人を癒すことができる。「癒し」は，自分のホンネに気づき，それを多様な方法で自己表現・自己主張し，それを他者によって無条件に受け入れられるという人間関係において実現する。

エンカウンター＝出会いのあるところには，癒しがある。またそこには自己啓発や自己変革があり，究極的には私たちの人間的成長がある。

（片野智治）

Part 1 エンカウンターについて知ろう【入門】

第1章 構成的グループエンカウンターとは
1. エンカウンター「出会う」とは何か
2. 構成的グループエンカウンターとは何か
3. 構成的グループエンカウンターの目的
4. 構成的グループエンカウンターの思想
5. 構成的グループエンカウンターの背景となる理論「折衷主義」
6. 構成的グループエンカウンターの方法
7. 構成的グループエンカウンターの特色「自己開示と介入」
8. 構成的グループエンカウンターの実際
9. ジェネリックとスペシフィック

第2章 学校教育に生かす構成的グループエンカウンター

Part 2 エンカウンターをやってみよう【実践】
第3章 実施までの手順
第4章 インストラクション
第5章 エクササイズ
第6章 シェアリング
第7章 介入
第8章 振り返りとアフターケア
第9章 継続的な実践とプログラム

Part 3 柔軟に展開しよう
第10章 いまここでのSGEをめざして
第11章 子ども・学級の理解と育成
第12章 構成の工夫
第13章 リーダーとして求められるもの

Part 4 エクササイズカタログ
第14章 スペシフィックエクササイズ
第15章 ジェネリックエクササイズ

Part 5 資料編

ここでは，構成的グループエンカウンター（SGE）の定義と原理について記したい。また，ベーシック・エンカウンターグループとの異同についても叙述する。

歴史と定義

グループエンカウンター（またはエンカウンターグループ）とは「集中的なグループ体験（intensive group experiences）」のことである。参加者はクライエント（来談者）や患者ではなく，健常者である。すなわち治療を求めてではなく，自己啓発や自己変革を求めて参加する人を対象としている。

グループエンカウンターには2種類ある。

その1つは，当時シカゴ大学カウンセリング・センターにいたカール・ロジャーズ（1902～1987）らを創始者とするベーシック（Basic：基本的）・エンカウンターグループである（平山栄治『エンカウンターグループと個人の心理的成長過程』風間書房）。

ロジャーズはこう定義している。「経験の過程を通して，個人の成長，個人間コミュニケーションおよび対人関係の発展と改善」（1970）を意図した集中的グループ体験であると。

他方は，カリフォルニア州ビッグ・サーのエスリン研究所で盛んであったオープン・エンカウンターである。エスリン研究所の中心人物はウィリア

ム・シュッツらで，彼は自分のエンカウンターを「オープン」（折衷的）エンカウンターと呼んでいた。

当時エスリン研究所は「ヒューマン・ポテンシャル運動」の中心地であった。この運動はヒューマニスティック心理学と同一視されるものである。ゲシュタルト療法のフリッツ・パールズもその中心人物の1人であった。シュッツとパールズは，エスリン研究所の人気者であり，両者は相互に影響し合っていた（W・T・アンダーソン，伊東博訳『エスリンとアメリカの覚醒：人間の可能性への挑戦』誠信書房）。

シカゴとエスリン，2つのグループエンカウンターの相違点は，エクササイズの活用の有無にある。前者は「計画された『演習』を避ける」（平山・前掲書）というものであったので「非構成」とも呼ばれる。後者はエクササイズを活用する。

後者は日本において，國分康孝Ph.D.・國分久子M.A.らによって「構成的グループエンカウンター（Structured Group Encounter：略称SGE）」と命名され，1970年代後半から提唱・実践され始めた。

SGEは，ふれあい（本音と本音の交流）と自他発見（自他の固有性・独自性・かけがえのなさの発見）を目標とし，個人の行動変容を目的としている（國分康孝『エンカウンター』誠信書房）。

SGEは，哲学では実存主義，プラグマティズム，論理実証主義を，理論的にはゲシュタルト療法をはじめとしてカウンセリングの主要理論を背景にもっている（國分康孝・片野智治『構成的グループエンカウンターの原理と進め方』誠信書房）。いっぽう「非構成」のエンカウンター・グループの背景にあるものは，実存主義と来談者中心療法である。

原理

SGEの原理は以下のものである。
①本音に気づくこと
　気づいた本音を表現し，他者の本音を受け入れる。本音とは，あるがままの自分のことである。
②SGE体験を構成すること
　構成とは，エクササイズをはじめとする枠を介して自己開示を促進するということである。
　エクササイズは参加者の心理面の発達を促す課題である。心理面の発達とは，感情体験の幅を広げること，認知の修正・拡大を行うこと，そして反応・行動の柔軟性を高めることを意味している。エクササイズは自己開示の誘発剤になり，自己開示はリレーションを形成することになる。
③シェアリング
　シェアリングは，認知の拡大・修正をねらいとしている。認知とは，見方・受け取り方・考え方のことである。

（片野智治）

Part 1 エンカウンターについて知ろう【入門】

第1章 構成的グループエンカウンターとは
1 エンカウンター「出会う」とは何か
2 構成的グループエンカウンターとは何か
3 構成的グループエンカウンターの目的
4 構成的グループエンカウンターの思想
5 構成的グループエンカウンターの背景となる理論「折衷主義」
6 構成的グループエンカウンターの方法
7 構成的グループエンカウンターの特色「自己開示と介入」
8 構成的グループエンカウンターの実際
9 ジェネリックとスペシフィック

第2章 学校教育に生かす構成的グループエンカウンター

Part 2 エンカウンターをやってみよう【実践】
第3章 実施までの手順
第4章 インストラクション
第5章 エクササイズ
第6章 シェアリング
第7章 介入
第8章 振り返りとアフターケア
第9章 継続的な実践とプログラム

Part 3 柔軟に展開しよう
第10章 いまここでのSGEをめざして
第11章 子ども・学級の理解と育成
第12章 構成の工夫
第13章 リーダーとして求められるもの

Part 4 エクササイズカタログ
第14章 スペシフィックエクササイズ
第15章 ジェネリックエクササイズ

Part 5 資料編

前節では構成的グループエンカウンター（SGE）の定義と原理について述べた。ここではSGEの目的について叙述したい。

■SGEの下位目標

SGEの目的の下位目標となるのは，①ふれあい，②自他発見である。

●ふれあい

ふれあいとは，本音と本音の交流を意味している。また心と心の通い合う出会い（人間関係）のことである。ホンネとは体感（experiencing），または「あるがままの自分（真の自己）」のことである。

本音と本音の交流をするためには，本音に気づく必要がある。本音に気づくための方法は，まずメンバーが自分の感情を意識化することである。したがって，SGEのリーダーは，よくメンバーに対してこう言う。「感情・フィーリングを語ってください」と。

しかし，一般的にネガティブな本音を話し出すにはいろいろと気をつかう。例えば「いま，あなたの話を聞いていて，何かすごく嫌な感じがしてくる」というような場合は気をつかう。気をつかうとは，メンバーが「失愛恐怖」（國分久子）に陥っているということである。

そこで國分の哲学が登場する。"Courage to be" である。「ありたいようにあ

れ」（他者の人権をおかさないかぎりは，したいようにする勇気をもて！）という意味である。

気づいた本音を表現・主張するには，あたたかくて受容的で自由な人間関係（リレーション）が基盤となる。したがって，SGEワークショップのオープニングは，リレーション形成のためのエクササイズが中心になる。

● 自他発見

自己発見とは，「胸にぐっとくるような自己への気づき」（國分）のことである。「良薬は口に苦し」というが，まさにそのとおりであろう。

例えば，私があるワークショップのリーダーを務めているとき，國分康孝先生が「リーダーをしている君の言い方は知性的だね！　それではメンバーの感情表現は誘発できないよ」と耳打ちしてくださったことがある。知性的であるとは，感情表明が少なく理屈っぽくなっている（知性化）という意味である。

自他発見とは自他の固有性・独自性，すなわちかけがえのなさの発見のことである。ふれあえばふれあうほどに，自他の違いやかけがえのなさがはっきりしてくる。つまり関係性の中で自覚される。さらに，ふれあえばふれあうほどにこれらの違いやかけがえのなさが共感され受容される。

SGEの目的

ふれあいと自他発見は，結果として参加メンバーの行動変容につながる。ここでいう行動変容とは，①ある特定の感情へのとらわれ（例：劣等感にとらわれている）や，②ある特定の思考へのとらわれ（例：夫唱婦随や，子育ては妻の役割であるという思い込み），③ある特定の行動へのとらわれ（例：権威主義的な行動のパターン）から脱却するという意味である。

現代人は自由と独立という新しい権利と精神を獲得した。その代償として，現代人が孤独感と無力感に悩むことになったという指摘は周知のことである。そのような，自己疎外に陥りやすく，うつ的傾向が強いという特徴は，現代人が真の自己（本音の自分）から遠くなってしまったことに起因していると考えられる。

カレン・ホルネイという米国の女性精神分析学者は，愛への無力感を「根源的不安」（ホルネイ，霜田静志・國分康孝訳『自己分析』誠信書房）という概念をもって提唱した。これを受けて國分久子は「失愛恐怖」とした。

SGEは"Courage to be"（存在への勇気）を育み，失愛恐怖や自己疎外からの脱却を可能にする。　　　（片野智治）

Part 1 エンカウンターについて知ろう【入門】

第1章 構成的グループエンカウンターとは
1. エンカウンター「出会う」とは何か
2. 構成的グループエンカウンターとは何か
3. 構成的グループエンカウンターの目的
4. **構成的グループエンカウンターの思想**
5. 構成的グループエンカウンターの背景となる理論「折衷主義」
6. 構成的グループエンカウンターの方法
7. 構成的グループエンカウンターの特色「自己開示と介入」
8. 構成的グループエンカウンターの実際
9. ジェネリックとスペシフィック

第2章 学校教育に生かす構成的グループエンカウンター

Part 2 エンカウンターをやってみよう【実践】
第3章 実施までの手順
第4章 インストラクション
第5章 エクササイズ
第6章 シェアリング
第7章 介入
第8章 振り返りとアフターケア
第9章 継続的な実践とプログラム

Part 3 柔軟に展開しよう
第10章 いまここでのSGEをめざして
第11章 子ども・学級の理解と育成
第12章 構成の工夫
第13章 リーダーとして求められるもの

Part 4 エクササイズカタログ
第14章 スペシフィックエクササイズ
第15章 ジェネリックエクササイズ

Part 5 資料編

ふれあいと個の自覚

　ふれあいとは他者と「本音と本音で交流する」ことであり，自他発見とはふれあいを通して自他のかけがえのなさを確認し合う一方で，自己盲点に気づくことである。それゆえ，構成的グループエンカウンター（SGE）は究極的には人間的「成長」をめざしている。

　なぜ，SGEでは人間的成長をふれあいと自他発見に求めるのか。それは國分康孝の提唱するSGEが，実存主義，プラグマティズム，論理実証主義の思想に強く影響を受けているからである。

　実存主義では，"Courage to be" という考え方がある。つまり，「他者を傷つけないかぎりにおいて，自分のありたいようなあり方をする勇気をもて」という個の自覚（主体性）である。

　学校不適応に陥りやすい子どもには，仲間からの同調圧力（他者の言動やまなざしから受けるプレッシャー）や社会的スキルの欠如などから，本当の自分からかけ離れた自己のあり方（自己疎外）を示す子が多い。教師も含めて，いまの人々が少なからず感じている現代社会の病理性の1つであろう。

　それゆえ，他者と本音でふれあうことをめざすSGEは，個の自覚を支えに自己の本音にふれ，自己に気づき，自己の特定の思考・感情・行動のとらわれから自分自身を解放させることが人間的成長につながると主張する。

　実存主義でいう主体性と「あるがま

まの自己」（ホンネ）を打ち出すことは、SGEの中心テーマである自己開示に連動する。

■自己開示

　自己開示し合うとは、複数の人間が1つの世界を共有することであり、個々は共有の世界の中での個であることを宣言することである。つまり、人間存在の原点にふれることである。したがって自己開示の意義は、人とのつながりの中にいる自分を実感することで、人生を肯定的に生きる源泉とすることである。

　SGEリーダーとして自己開示を促進させるには、他者との間に防衛のない関係（リレーション）を形成していく必要がある。リーダーは、ルールの遵守や時間、グループサイズ、エクササイズなどの構成にとりわけ注意を払う必要がある。参加者の心的外傷に配慮しつつ、自己開示に不可欠なリレーション形成を重視するからである。

　SGEの参加者には、自分に無理のない範囲で自己を開示し、自己を語る自由が保障されている。これは、論理実証主義の「ザ・ベスト主義ではなく、マイ・ベスト主義で満足せよ」との思想が教えるところのものである。

■プラグマティズムとSGEリーダー

　SGEはプラグマティズムの思想から2つのことを学んでいる。第1は「問題を解くのに役立つ知識こそ真の知識」という思想であり、第2は「なすことによって学ぶ」という主張である。

　SGEがゲームやレクリエーションと似て非なるところは、方法（エクササイズ）が同じでも「ねらい」が違うことにある。つまり、ゲームなどは「楽しむ」ことが目的だが、SGEは「ふれあい」と「自他発見」をねらいとしている。

　SGEがプラグマティズムの第1の思想を取り入れているのは、①エクササイズのねらいは明確か、②エクササイズの内容と順序はねらい達成の役に立つか、この2つである。したがって、SGEのリーダーにとって、この「ねらい」を達成するために役立つ知識が真の知識となる。また「なすことによって学ぶ」とのプラグマティズムの主張に学ぶのは、「試行錯誤をためらうな」、「SGEは行動の実験室」ということである。

　人は十人十色である。すべての人や集団にマッチする普遍の原理がない以上、論より証拠である。なすことによって学んでいく構えが、SGEには必要である。それゆえSGEのリーダーは、複数のカウンセリング理論になじみ、自らSGEを体験したり、参加者からアンケートをとったりして、リサーチ（事実の発見）に努めていくことが要求される。

　　　　　　　　　　　　（森田　勇）

参考：國分康孝・片野智治『構成的グループ・エンカウンターの原理と進め方』誠信書房。

Part 1 エンカウンターについて知ろう【入門】

第1章　構成的グループエンカウンターとは
1. エンカウンター「出会う」とは何か
2. 構成的グループエンカウンターとは何か
3. 構成的グループエンカウンターの目的
4. 構成的グループエンカウンターの思想
5. **構成的グループエンカウンターの背景となる理論「折衷主義」**
6. 構成的グループエンカウンターの方法
7. 構成的グループエンカウンターの特色「自己開示と介入」
8. 構成的グループエンカウンターの実際
9. ジェネリックとスペシフィック

第2章　学校教育に生かす構成的グループエンカウンター

Part 2 エンカウンターをやってみよう【実践】
第3章　実施までの手順
第4章　インストラクション
第5章　エクササイズ
第6章　シェアリング
第7章　介入
第8章　振り返りとアフターケア
第9章　継続的な実践とプログラム

Part 3 柔軟に展開しよう
第10章　いまここでのSGEをめざして
第11章　子ども・学級の理解と育成
第12章　構成の工夫
第13章　リーダーとして求められるもの

Part 4 エクササイズカタログ
第14章　スペシフィックエクササイズ
第15章　ジェネリックエクササイズ

Part 5 資料編

　國分康孝は日本カウンセリング学会において，「折衷主義」（eclecticism）を提唱した。この折衷主義とは何か。また折衷主義と構成的グループエンカウンター（SGE）との関連性は何か。この2点について述べることが本節のねらいである。

■折衷主義とは

　アレン・アイビイは「マイクロ・カウンセリング」を提唱し実践した。これは折衷主義的なカウンセリング・モデルの1つとして，日本に紹介されている（アイビイ著，福原眞知子・山喜代子・國分久子・楡木満生訳編『マイクロカウンセリング』川島書店）。

　アイビイは"which treatment to which individual under what conditions"と述べている。これはクライエント（来談者）がどのような状況下で，どのような問題を抱えているかによって，その方略や処方箋が異なるという意味である。すなわち，カウンセラーの依拠する理論に合わせてクライエントの問題解決に迫るのは理論中心であると戒めたのである。

　人間が生きていくということを考えると，その人生の途上で遭遇する問題（発達課題）は多種多様である。また人生は問題解決の連続であるといえるから，数多くの問題に遭遇するであろう。したがって，その問題解決の仕方もみな違うと考えられる。

なぜみな違うと言えるのか。それは，人間一人一人の内的世界（内面）が固有性をもっているからだといえる。すなわち，感情・思考・意思・願望などがみな違うということである。生育歴や環境もしかりである。

したがって，解決しなければならない問題の軽重や緊急性も異なるし，その人の問題解決に対する自覚の程度も違うので，援助専門職にある人（カウンセラー，SGEのリーダー，教師など）は，このような個人間差異に着目しなければならないのである。そのためには，複数の理論と技法にふれたり，もったりしなければならない。

「人を見て法を説け」といわれるが，ワンパターンの援助は効率的・効果的とはいえないばかりか，相手に心的外傷を与えるおそれさえあるのである。

折衷主義とSGEの関連性

この考え方をSGEに取り入れたのは國分久子である。例えば，リーダーはプログラムを事前に予定していたとしても，集団の状況（リレーションの深まり具合など）がそれに合致しない場合には，予定したエクササイズを変更したほうがよいと考える。

こう言うと，SGEの折衷主義は予定変更の自由度のことであるという印象を与えかねないが，それは違う。リーダーは参加者の様子を把握して（アセスメントして），その実態に即してエクササイズを変更する。つまり自己本位ではなく，メンバー本位で，対応を柔軟に変えるのである。そのため，リーダーにはプログラムを柔軟に変更できる力が必要である。

また，参加メンバーがSGEに関してどのように感じているか，思っているかを問うたとき，回答が一方向に偏っているときがある。そのようなとき「みなさん。これだけたくさんの人がいるのだから，SGEに対してネガティブな感じや受けとめ方をしている方もいらっしゃると思います。周りの反応にとらわれることなく，私はしっくりこなかった，面白くなかった，嫌だったと，勇気をもって表明してください。そういう方は，いらっしゃいませんか」と問う。これはグループの画一化を防ぐための問いかけである。個人がおかれている状況や抱えている問題は違うので，SGEへの反応も当然違うはずだと考える。

画一化はグループ自体の問題解決能力を低下させる。柔軟性を失ったグループは創造力を失い，結果としてグループの中の，個の成長が期待できなくなる。SGEのリーダーには，特に感受性と柔軟性が必要であろう。

SGEの対象（年齢・人数・実施目的）が違う場合も，選定するエクササイズ，展開の仕方が当然異なってくる。柔軟性に支えられたインストラクション，エクササイズの展開の仕方，介入の仕方が問われてくる。　　（片野智治）

Part 1 エンカウンターについて知ろう【入門】

第1章 構成的グループエンカウンターとは
1. エンカウンター「出会う」とは何か
2. 構成的グループエンカウンターとは何か
3. 構成的グループエンカウンターの目的
4. 構成的グループエンカウンターの思想
5. 構成的グループエンカウンターの背景となる理論「折衷主義」
6. **構成的グループエンカウンターの方法**
7. 構成的グループエンカウンターの特色「自己開示と介入」
8. 構成的グループエンカウンターの実際
9. ジェネリックとスペシフィック

第2章 学校教育に生かす構成的グループエンカウンター

Part 2 エンカウンターをやってみよう【実践】
- 第3章 実施までの手順
- 第4章 インストラクション
- 第5章 エクササイズ
- 第6章 シェアリング
- 第7章 介入
- 第8章 振り返りとアフターケア
- 第9章 継続的な実践とプログラム

Part 3 柔軟に展開しよう
- 第10章 いまここでのSGEをめざして
- 第11章 子ども・学級の理解と育成
- 第12章 構成の工夫
- 第13章 リーダーとして求められるもの

Part 4 エクササイズカタログ
- 第14章 スペシフィックエクササイズ
- 第15章 ジェネリックエクササイズ

Part 5 資料編

枠を与えることで自由になれる

構成的グループエンカウンター（SGE）における「構成」とは，「枠を与える」という意味である。SGEには「グループのルール」「グループサイズ」「グループの構成員」「時間制限」「エクササイズをする際の条件」という主たる5つの枠がある。

では，なぜ枠を与えるのか。その理由は次の通りである。

①参加しやすいエクササイズから始め，メンバーの心的外傷を予防する。
②ワークショップの始めはエクササイズの時間を短めにし，のれない人に配慮する。
③グループサイズを小グループから始め，段階的にリレーションをつくる。
④エクササイズを気持ちのゆさぶりの浅いものから深いものへと配列し，ワークショップの目標達成をステップ・バイ・ステップにする。
⑤SGEを効率的かつ効果的に進める。
⑥リーダーやメンバーのもち味を生かす。

SGEの進め方

SGEには，進めるうえで欠かせない以下のような4つの原則がある。
①インストラクション
　まず，導入時にリーダーが行うインストラクションである。これはエクササイズのねらいや内容，留意点などを

説明することである。

このとき，板書したり，リーダーがやって見せたり（デモンストレーション）して伝え方を工夫する。メンバーは「なるほど，この程度にやればいい」とエクササイズをイメージすることができ，回避反応（抵抗）を軽減することができる。また，やって見せてくれたリーダーに親しみを感じ，メンバーとリーダーのリレーションも深まる。

②エクササイズ（課題）

エクササイズとは心理面の発達を促す課題である。メンバーはリーダーの指示でエクササイズに取り組まなくてはならないが，パスする自由もある。

エクササイズの種類は「自己理解」「他者理解」「自己受容」「自己表現・自己主張」「感受性の促進」「信頼体験」の6つである。

③シェアリング

シェアリングは，エクササイズに取り組んだあとに行うもので，「エクササイズをして感じたことや気づいたこと」を語り合い，共有し合う。

同じエクササイズを体験しても，個人差があることを確認することができる。また認知の拡大や認知の修正が起き，自己発見のきっかけとなる。

④介入

介入とは，リーダーの割り込み指導のことである。ねらいからはずれた行動が見られたり，心的外傷のおそれがあると感じられたら，介入して軌道修正する。そのため，リーダーはメンバーの動きや話の内容を大筋で把握している必要がある。

リーダーの役割

リーダーはプログラムの推進者であり，メンバーの依存・模倣の対象である。その主たる役割は，「インストラクション」「プログラム構成」「観察・介入」である。

ワークショップ中は，メンバー全体や個人の様子を観察したり，情報収集したりして理解に努める。特に，のれていないメンバーや落ち込んでいるメンバーがいたら，プログラムを構成し直し，より状況に合ったものにしていく。ワークショップ中に起こった問題は，集団の中で解決していくのが基本である。

またリーダーは，出会いの自己紹介やデモンストレーションなどを自己開示的に行い，メンバーとの感情交流が深まるよう心がける。エクササイズを実施する際は，ねらいや内容，留意点などを適切にメンバーに伝える。このようなリーダーの立ち居振舞いに，メンバーは安心してエクササイズに取り組み，目的を達成することができる。リーダーは常にメンバーの模倣と依存の対象である。　　　（別所靖子）

参考：國分康孝『エンカウンター』誠信書房。國分康孝・片野智治『構成的グループ・エンカウンターの原理と進め方』誠信書房。片野智治『構成的グループ・エンカウンター』駿河台出版社。國分康孝ほか『エンカウンターとは何か』図書文化。

Part 1 エンカウンターについて知ろう【入門】

第1章 構成的グループエンカウンターとは
1. エンカウンター「出会う」とは何か
2. 構成的グループエンカウンターとは何か
3. 構成的グループエンカウンターの目的
4. 構成的グループエンカウンターの思想
5. 構成的グループエンカウンターの背景となる理論「折衷主義」
6. 構成的グループエンカウンターの方法
7. **構成的グループエンカウンターの特色「自己開示と介入」**
8. 構成的グループエンカウンターの実際
9. ジェネリックとスペシフィック

第2章 学校教育に生かす構成的グループエンカウンター

Part 2 エンカウンターをやってみよう【実践】
第3章 実施までの手順
第4章 インストラクション
第5章 エクササイズ
第6章 シェアリング
第7章 介入
第8章 振り返りとアフターケア
第9章 継続的な実践とプログラム

Part 3 柔軟に展開しよう
第10章 いまここでのSGEをめざして
第11章 子ども・学級の理解と育成
第12章 構成の工夫
第13章 リーダーとして求められるもの

Part 4 エクササイズカタログ
第14章 スペシフィックエクササイズ
第15章 ジェネリックエクササイズ

Part 5 資料編

リーダーの「自己開示」と「介入」が構成的グループエンカウンター（SGE）の特色である。リーダーが積極的に自己を語ったり介入したりしながら、グループにかかわっていくことである。

SGEは、教育現場では1つの教育技法として、一般の大人には教育分析としての機能を果たしている。その両者に、「教育」としての共通項がある。教育は、教育者が能動的にかかわっていくところにその効果がある。SGEのリーダーは、ただエクササイズ（課題）を与える人になってはならない。

自己開示がなぜ必要か

SGEでは、インストラクションで、リーダーが自分を語りながらそのねらいや方法、留意点を伝えていく。それは、エクササイズをただ「させる」ことが目的ではないからである。リーダーと参加者とのふれあいが、そのエクササイズに意味をもたせていくからである。リーダーが自己を語れば、聞いている人は、自らを開示するリーダーに「同じ人」としての親しみを感じるだろう。リーダーが自らやってみせることで、そのやり方も実感として理解されるに違いない。リーダーの自己開示は、ふれあいを促進させるのである。

また、リーダーへの人間的な親しみが、そのエクササイズに対する「抵抗感」を軽減し、「やってみよう」という意欲をもたらすのである。

■ 介入の必要性

「介入」とはグループのエンカウンターが促進するよう軌道修正したり，自分の本音と向き合えるように「応急措置」をしたりすることである。エクササイズが娯楽になっていては，SGEではなくなる。また，自分で気づいていながら言えないことや，気づいていても言えないことがある場合もエンカウンターできない。だからリーダーが「介入」してエンカウンターできるように助ける必要があるのである。抵抗の処理や，混乱をうまく収めていくのがリーダーの役割である。

しかし，「介入」はこのようなものばかりではない。例えば，次のような介入で，気づきが増すこともある。シェアリングの際，「さっきからAさんばかり話しているようなんだけど，気づいていますか？」と介入し，Aさんに「あー，私っていつもそうなんですよ。みなさんの時間を使ってしまっているんですね」と気づかせる場合である。このように，自分では気づいていない面をさりげなく気づかせていくことも大切な「介入」の1つである。

また「私は口下手で話せないんですよ」と発言しているBさんに対して，「いま発言しているではありませんか。心の中にあることをそのまま素直に語ればいいんですよ」とフィードバックしていくのも介入である。Bさんの認知の転換を援助しているのである。あるいは「シェアリングのポイントがつかめてきましたね」などと，ポジティブな声かけの介入をする場合もある。リーダーの言葉かけを通して，メンバーは気持ちを見つめたり，「これでいいんだな」と自己確認したりしながらSGEのエクササイズに取り組み「自己発見」していく。

■ エクササイズがSGEではない

SGEとはエクササイズをすることではない。エクササイズを介して，エンカウンター（ホンネとホンネの交流）することなのである。このところを間違えないようにしたい。

そして，エンカウンターするためにはリーダーの自己開示，介入が大切である。リーダーが「本音」でかかわっていくことで，メンバーにエンカウンターの見本を示していくのである。

■ リーダー自身の体験の重要さ

リーダー自身が，SGEの体験ワークショップに参加しているかどうかということは，実に大切なことである。本だけを読んでやっていた方が参加されると，「本ではわからなかったことが，実感として迫ってきました」「自分がやっていたことは表面的なことでした」などと共通の感想をもたれる。ここに，自ら体験することの意味がありそうである。　　　　　（吉田隆江）

Part 1 エンカウンターについて知ろう【入門】

第1章 構成的グループエンカウンターとは
1. エンカウンター「出会う」とは何か
2. 構成的グループエンカウンターとは何か
3. 構成的グループエンカウンターの目的
4. 構成的グループエンカウンターの思想
5. 構成的グループエンカウンターの背景となる理論「折衷主義」
6. 構成的グループエンカウンターの方法
7. 構成的グループエンカウンターの特色「自己開示と介入」
8. **構成的グループエンカウンターの実際**
9. ジェネリックとスペシフィック

第2章 学校教育に生かす構成的グループエンカウンター

Part 2 エンカウンターをやってみよう【実践】
- 第3章 実施までの手順
- 第4章 インストラクション
- 第5章 エクササイズ
- 第6章 シェアリング
- 第7章 介入
- 第8章 振り返りとアフターケア
- 第9章 継続的な実践とプログラム

Part 3 柔軟に展開しよう
- 第10章 いまここでのSGEをめざして
- 第11章 子ども・学級の理解と育成
- 第12章 構成の工夫
- 第13章 リーダーとして求められるもの

Part 4 エクササイズカタログ
- 第14章 スペシフィックエクササイズ
- 第15章 ジェネリックエクササイズ

Part 5 資料編

宿泊の構成的グループエンカウンター（SGE）は，集中的グループ体験である。通いのものとは異なり，外界を遮断して文化的孤島をつくりやすい。エクササイズの構成も時間的な制約を受けずにできる。また，メンバーは，家庭や仕事などから離れてSGEに集中して参加することができる。反面，自己を見つめる時間が長く，深い内省により，混乱に陥るメンバーが出てくる場合もある。そのため，事務局の運営体制を整えるとともに，メンバーのフォローができるスタッフ（カウンセラー役）が必要となる。

また，リーダーと事務局の打ち合わせを密にして，宿泊の部屋割りやエクササイズの用具などの準備を十分に行う必要がある。

宿泊のプログラムを作成するためにいくつかのポイントがある。それは，事前のアンケートや応募の際の参加条件から，参加者のSGEへの理解度・参加回数，レディネス，年齢構成，男女の比率などを考慮することである。また，実際にエクササイズを進めるときに，「いまのグループの状態に，このエクササイズは合わない」とリーダーが判断した場合，別なエクササイズにさしかえることも必要である。

つまり，「どんなときにどんなことをするか」が大切で，型にはまったエクササイズを展開するのではなく，参加者にとって，必要か・意味があるかを考えるのである。

また，混乱を起こしたまま最終日に解散するのではなく，國分康孝のコーヒーカップモデル（P.113）を念頭において，3日間で終結できるプログラムを構成していくことが大切である。

実際のプログラムと気づき例

私がリーダーとなった2泊3日のプログラムを例示したい。

初日は，互いに見ず知らずのところから始めるので，徐々に自己を開けるようなエクササイズを展開する。この集団であれば，安心して自己表出できるということを体験的に感じてもらう。またかかわる人数も，少人数から始め，最終的には全員と何かしらかかわるようにしていく。これにより，たった1日の出会いのうちに，旧知の友のような感情を抱き，自分の気持ちを表出する準備ができる。

2日目は，午前・午後・夜の大きく3つで構成する。午前は〈自己理解〉で，自分理解の程度を点検していく。自分の言動や思考の偏りや癖に気づくことが多い。午後は〈我と汝〉の関係をチェックしていく。これを通して，人とのかかわり方を吟味していくのである。「回りくどく話す癖がある」「いつもニコニコして自己主張しない自分」などの気づきが出ることが多い。そして，夜は自分の身内とのかかわりを点検する「簡便内観」（P.570）へと続く。

2日目では，自分のいままでのあり方・行動パターンや他者とのかかわりが見えてくる。いままでの人生のありようが見えてくるので，人によっては苦しいセッションとなることもある。

最終日は，2日間行動を共にした仲間に全面的に身を任せる「トリップ・トゥ・ヘブン」（P.580）そして「別れの花束」（P.586）で一連のエクササイズは幕を閉じる。「任せる・任せられる」の体験を通じて，「自分はこんなに人に甘えることができる。甘えさせることができる」ということに気づくことも多い。また，メンバーからもらう別れの花束（その人に対するメッセージのよせ書き）には，そのときの気持ちが込もっていて，いつ見てもSGEに参加したときの気持ちが思い起こされる。

（瀬尾尚隆）

筆者がリーダーとして実施した宿泊SGEのプログラム

		内容〈おもなエクササイズ〉
1日目	午前	受付，オリエンテーション，役割分担，ペンネーム
	午後	リレーションづくりⅠ〈2人1組，4人1組，8人1組，全員〉自由歩行 2人1組の聞き合い，他者紹介
	夜	リレーションづくりⅡ〈共同絵画〉シェアリング
2日目	午前	自己を語る〈エゴグラム，自己概念〉
	午後	自己表現・自己主張〈アニマル・プレイ，アサーション〉自己を見つめる〈内観〉
	夜	〈ワインカウンセリング〉
3日目	午前	仲間と味わう〈トリップ・トゥ・ヘブン，別れの花束〉 修了のオリエンテーション〈ペンネームや役割の解除，現実復帰のレクチャー〉，解散

参考：國分康孝『エンカウンター』誠信書房．片野智治『構成的グループ・エンカウンター』駿河台出版社．

Part1 エンカウンターについて知ろう【入門】

第1章　構成的グループエンカウンターとは
1. エンカウンター「出会う」とは何か
2. 構成的グループエンカウンターとは何か
3. 構成的グループエンカウンターの目的
4. 構成的グループエンカウンターの思想
5. 構成的グループエンカウンターの背景となる理論「折衷主義」
6. 構成的グループエンカウンターの方法
7. 構成的グループエンカウンターの特色「自己開示と介入」
8. 構成的グループエンカウンターの実際
9. **ジェネリックとスペシフィック**

第2章　学校教育に生かす構成的グループエンカウンター

Part2 エンカウンターをやってみよう【実践】
第3章　実施までの手順
第4章　インストラクション
第5章　エクササイズ
第6章　シェアリング
第7章　介入
第8章　振り返りとアフターケア
第9章　継続的な実践とプログラム

Part3 柔軟に展開しよう
第10章　いまここでのSGEをめざして
第11章　子ども・学級の理解と育成
第12章　構成の工夫
第13章　リーダーとして求められるもの

Part4 エクササイズカタログ
第14章　スペシフィックエクササイズ
第15章　ジェネリックエクササイズ

Part5 資料編

本節では，ジェネリックSGEとスペシフィックSGEの，それぞれの特徴と両者の共通点について述べたい。

親子関係にある両者

大ざっぱに言えば，ジェネリックとは集中的グループ体験としてのSGEのことである。いっぽうスペシフィックとは，学校などで目的に応じて活用されているSGEのことである。ジェネリックとスペシフィックは，ありきたりの表現をすれば親子関係にある。血がつながっている。よい意味で「この親にしてこの子あり」である。

では，ジェネリックとスペシフィックをなぜ分けるのか。理由は次の通りである。
①分けたほうが理解しやすい。
②スペシフィックにしかなじみのない人にもともとの國分SGE（ジェネリックSGE）を知ってほしい。
③ジェネリックとスペシフィックの元は同じであることを明確にしたい。

ジェネリックSGEの特徴

ジェネリックSGEは，ふれあいと自他発見による，参加メンバーの「行動変容」（自己啓発，自己変革，究極的には人間的成長など）を目的とする，「構成」された集中的グループ体験である。

● 特徴1：文化的孤島とペンネーム

　集中的とは2泊3日や3泊4日の合宿をし，かつ文化的孤島を形成して，セッションを積み重ねていくグループ体験のことである。

　文化的孤島とは，職場や世間の一般的な価値観から脱却して，参加者が他者の人権をおかさないかぎり「ありたいようにある」ことを許容されて，自己との出会いや対峙，他者との出会いや対峙をひたすら続けるための，特殊な場という意味である。したがって参加者は，職場や家庭との交流を一時的に遮断しなければならない。

　参加メンバーは「ペンネーム」が胸のあたりにくるようにつるす。これがありたいようにあるための第1歩である。さらに参加者は1人1役の「役割遂行」をする。SGEが終了するときは，文化的孤島と職場・世間との乖離を埋めるために，プログラムの最後にリーダーは「現実復帰」「ペンネーム解除」「役割解除」を行う。

● 特徴2：内面に迫るエクササイズ

　参加者の行動変容を目的としており，参加者が健常な成人（子どもとと比較すると自我が成熟している）なので，参加者の内面をゆさぶるようなエクササイズを試みる。

　例えば，エクササイズ「簡便内観」(P.570)「紙つぶて」(P.556)「墓碑銘」(P.568)「未完の行為の完成」(P.572)「トリップ・トゥ・ヘブン」(P.580)などである。

● 特徴3：積極的な介入

　リーダーまたはスーパーバイザーが介入（応急処置または割り込み指導）を試みる。

　①参加メンバーがネガティブな感情をもっていたり，その感情を語ったりした場合／リーダーはそのような感情を積極的に取り上げて，メンバーにそれらの感情を表明させるようにする。メンバーはあるがままの自分（ホンネ）に気づくことができる。これが行動変容を誘発する。

　②心理的動揺が激しいメンバーがいる場合／「あなたが抱えている問題は，あなた1人だけの問題ではないんですよ。むしろここにいる多くの人たちが，程度の差はあれ抱えているんです。そこで，あなたさえよかったら，あなたの問題について，ここで話してもらって，みんなと一緒に解決しましょうよ。私はここであなたの話を聞きたいですね。どうでしょう，話してみませんか」と。リーダーはカウンセリングの簡便法で応急処置をする。

　③よく自分のことを話しているが，その発言が感情表明に欠けるメンバーがいる場合。／リーダーはこう介入する。「そのときあなたがどう感じたのか，感情を言ってくれませんか」と。彼はとまどいながら，自分のことを繰り返し話し続ける。しかし，いっこうに感情表明なるものがない。「あなたね，そのときあなたがどう感じたのか，

感情を言ってくれませんか」と繰り返し介入する。これは失感情症傾向のメンバーへの介入である（國分久子）。

④無力感から「逃避」しているメンバーがいる場合／自分に欠けている力を得るために，何者かに自分を融合させて，新しいきずなを結んでいる。そうして自分の無力を克服している。実存的な精神分析家エーリッヒ・フロムはこれを権威主義的な人間と呼んだ。行動のパターンとしては，知ったかぶりをしたり，上からものを言うような指導者ぶった言い方をしたり，押しつけるような言い方をする。

⑤理想的な自己像と現実の自己像がかなり乖離しているメンバーがいる場合／周囲のメンバーがその人のポジティブな面を伝えても，ピンとこない。ここでもリーダーはカウンセリングの技法を用いて介入する。

● 特徴4：教育分析

ジェネリックSGEには教育分析効果があるといえる。教育分析とは本来精神分析家になるために，ベテランから精神分析を受けることをいう。教育的色彩の強い精神分析である。具体的には，性格分析と内容分析の2つを総称していう。前者は教育分析を受ける人の自由連想をもとにして，ベテランが行動のパターン，行動の意味，行動の原因について解釈する。

現今では教育分析とはいわずに，パーソナル・カウンセリングという。援助専門職（カウンセラーやサイコセラピストなど）になるためには，自分の行動の偏り（特徴や傾向）に気づいている必要がある。米国ではこれが必須になっている。

日本でパーソナル・カウンセリングを受けることは物理的に困難である。しかし，ジェネリックSGEを複数回体験することで，教育分析的効果が得られる。NPO日本教育カウンセラー協会では，教育カウンセラー認定条件の1つとして，ジェネリックSGE体験を位置づけている。

● 特徴5：全体シェアリング

まるまる1セッション（60分〜90分）を全体シェアリングにあてる。シェアリングが1つのエクササイズになる。

特徴3で述べたような，リーダーまたはスーパーバイザーの積極的な介入がここでは行われることが多い。集団の中で起きた問題は集団の中で解決する。その問題が公共性のある問題であれば，1人のメンバーの問題解決から多くのメンバーの洞察が進むし，問題解決の仕方を模倣できる。またこの介入によって，メンバー相互の心的外傷を予防することにもなる。

繰り返すが，このようにリーダーが積極的に介入するのは，参加者が健常な成人であり，自我が子どもと比べると成熟している（欲求不満耐性，柔軟性，現実判断力がある）からである。

スペシフィックSGEの特徴

スペシフィックSGEは、ふれあいと自他発見を目標として、学習者の教育課題の達成を目的にしている。ここでいう学習者とは、児童生徒もしくは専修学校（看護学校など）の学生や短期・4年制大学の学生、またはカウンセリング研修の受講者などである。

ここでいう教育課題とは、児童生徒の場合であれば、例えば文部科学省が要請している「心の居場所づくり」「心の教育」「生きる力」「ガイダンス機能の充実」などである。または当該校の教育方針やカリキュラムの中で達成しようとする教育課題である。

●特徴1：カリキュラムの補助手段

スペシフィックSGEは、当該校の、カリキュラムの枠組みの中で実践される。したがって「集中的」にグループ体験を積み重ねることはない。むしろ計画的ではあるが、断続的である。また文化的孤島を形成することはなく、授業や学級（クラスもしくはホームルーム）、学年集会というような場面で行われる。

カリキュラムの枠組みの中で行われるという意味は「授業」という枠組みの中で展開されるということである。例えば進路指導（キャリア教育）、特別教育活動、人権教育、総合的な学習の時間（授業）の中で展開される。また、教科指導の中でも展開される。

以上のことから、スペシフィックSGEは、当該授業の目標を達成するための補助手段として活用される。したがって当該授業の目標達成が優先され、SGE本来の目標や目的の達成については、一義的に問わない。

●特徴2：未成熟な自我への配慮

対象は児童生徒または学生、受講者というような「学習者」である。児童生徒の自我は未成熟である。未成熟とは欲求不満耐性に欠けるという意味である。例えば見たくない自分が見えてきたとき、一時的に苦痛である。そのようなとき、欲求不満耐性に欠けると心の傷になる。したがって学習者の内面をゆさぶるようなエクササイズは実施せず、多くの児童生徒が抵抗なく取り組めるエクササイズを展開するのが原則である。

●特徴3：発達に応じた介入

ジェネリックSGEでは、具体的な介入事例を5つ示した。児童生徒の場合は異なる。

例えば、31ページの①で示したような、児童生徒がネガティブな感情を吐露したとき、いっそうの感情表明をさせないで、「よく話してくれたね。先生はとてもうれしい。ほんとうによく話してくれました。ありがとう」というような肯定的なフィードバックにとどめるほうがよい。

②のような場合、集団全員の中でカ

ウンセリングの簡便法によって応急処置をするというより、当該の小グループを別の場所に呼んで、一緒にケアやフォローをするのがベターであろう。

③のようなときには、稚拙な自己表現を育てる介入を行う。児童生徒は自分の感情を「意識」して、それを「的確」に表現する能力が十分ではない。そこで教師は、質問技法や繰り返し技法、明確化技法を用いて、彼の気持ちを引き出すような介入を行うことが望ましい。

④には、自己肯定感・自己受容を育てる介入を行う。青年期心性には自己嫌悪感が強くなったり、否定的な自己像をつくったりする傾向がある。そこで教師はリフレーミングという技法を用いて、自己肯定感を高め、自己受容を促すような介入をする。ポジティブな自己概念（思い込みの自己像）形成を促進する。

⑤では、ルール重視の介入を行う。ここで言うルールとは、他者のプライドを傷つけたり不快にするような発言をしたり、他者にレッテルを貼るような言動（決めつけ行動）や強要する言動を意味する。このような場合は「間髪を入れず」に介入する。

●特徴4：教育分析をしない

スペシフィックSGEでは、心の奥底にあるコンプレックスや葛藤に気づかせる教育分析効果は最初から問わない。このようなSGEをする必要もない。

●特徴5：シェアリングの規模

スペシフィックSGEでは全体シェアリングというより、むしろショートのシェアリングを重視したい。これは小グループごとに行われるので、小グループごとのシェアリング内容を要約させて、各小グループから全体に向けて発表させるほうがよい。各小グループの内容を集団全員で共有することがねらいである。小グループ間に差異があることを実感することで、グループがえの意義（必要性）を見いだせる。

●特徴6：多彩なエクササイズ

エクササイズがきわめて豊富である。現在500余のエクササイズが開発されている。学齢期に合わせ、また同時にカリキュラムに位置づけられている授業内容にそって、かつバリエーションをもたせて開発されている。したがって当該校の教育方針や教育目標の実現に貢献できる。

SGEは哲学とカウンセリングの理論を骨格にもつグループ体験である。これらが、エクササイズを開発したり実施したりするリーダーの志向や、思考、立ち居振舞いの核（前提）になっている。

SGEという美名のもとに、エクササイズが独り歩きすることはない。

（片野智治）

ジェネリックとスペシフィック（おもに学校教育）の対照表

	ジェネリック	スペシフィック
目的	●行動変容 （究極的には人間的な成長）	●単元目標や本時の授業目標の達成 ●当該研修の目標の達成
目標	感情を伴う気づき　　●ふれあいと自他発見 自己発見　←――――――――――→　他者発見 自己洞察・教育分析（自己分析）	
原理	●ホンネに気づく，ホンネの表現・主張・他者のホンネの受容 ●エクササイズを介しての自己開示，自己開示を介してのリレーション形成，シェアリング	
対象	●健常な成人 　（自己啓発や自己変革を望む人） ●未知集団	●児童生徒，学生，企業人 ●既知集団
場面設定	●文化的孤島 ＜設定理由＞ ・Courage to be. ・Being is choosing. ・I am what I want to be.	●カリキュラムに対応 ・授業，道徳，学活（学級） ・行事，集会など（学年・学校） ・その他（委員会，クラブ，同好会，部活，リーダー研修会） ●研修会あるいはワークショップ
展開の仕方	●エクササイズによる構成 集中的　←――――――――――→　計画的・非集中的 （2泊3日，3泊4日）　　　　　　　　　（断続的・継続的）	
エクササイズの種類	自己理解，他者理解，自己受容 自己表現・自己主張，感受性の促進，信頼体験	
エクササイズの哲学的理論的技法的背景	実存主義・プラグマティズム・論理実証主義・ゲシュタルト療法 その他の主要なカウンセリング理論	
特徴	●リチュアル ●ペンネーム ●全体シェアリング ●役割遂行 ●現実復帰（抑圧から抑制へ）	●カリキュラムに対応 （教科領域・道徳・特活・総合的な学習） ●学齢・発達段階に対応 ●当該研修のプログラムに対応
介入の方法 プログラム	※本文を参照	※本文を参照

Part1 エンカウンターについて知ろう【入門】

第1章　構成的グループエンカウンターとは

第2章　学校教育に生かす
　　　　構成的グループエンカウンター

1　エンカウンターは
　　なぜ学校に広まっているか

2　学校教育にエンカウンターを生かす目的
3　エンカウンターで子どもは何を体験するのか
4　どんなときにエンカウンターを活用できるか
5　やってみたい人のためのQ&A
★　コラム

Part2　エンカウンターをやってみよう【実践】
第3章　実施までの手順
第4章　インストラクション
第5章　エクササイズ
第6章　シェアリング
第7章　介入
第8章　振り返りとアフターケア
第9章　継続的な実践とプログラム

Part3　柔軟に展開しよう
第10章　いまここでのSGEをめざして
第11章　子ども・学級の理解と育成
第12章　構成の工夫
第13章　リーダーとして求められるもの

Part4　エクササイズカタログ
第14章　スペシフィックエクササイズ
第15章　ジェネリックエクササイズ

Part5　資料編

　構成的グループエンカウンター（SGE）は，全国の学校で，また研修として教育センターや教育研究所で，さまざまな形で実施されている。SGEが教育現場の求めに応えうると，多くの人々が確信したからである。では，どんな求めに，どう応えるのだろうか。

変化に応える理論・スキル・哲学

　技術革新の波が押し寄せ，時代の変化が，子どもたちばかりか大人のあり方をも変えている。人間関係がつくりにくい，自分の存在価値が見つけにくい時代になった。

　教育も，個性尊重，自己教育力・生きる力の育成，さらに教育現場では，いじめ，不登校，キレる子，非行，軽度発達障害，学力の低下，学校5日制の導入，2学期制の導入，民間活力の導入，学校評価の実施など，変化への対応が求められている。

　いま，教育が必要としているものは，子どもたちの人間関係をつくりながら，一人一人のその人らしい特徴を見つけ，伸ばすための手段である。

　この求めに応えるのがSGEである。現代の要請に応える理論と，スキル，哲学をもっているからである。

　SGEが基礎とする理論は，カウンセリング心理学（P.326参照）であり，集団や個人への具体的な対応方法として，リーダーシップや個別カウンセリングのスキルをもっている。また，実

存主義やプラグマティズム，論理実証主義を背景の哲学としている。

■子どもたちの居場所づくりとなる

孤立がち，仲のよい友達がいない，自信がもてないなど，人間関係に困難を感じる子どもは多い。彼らに対してSGEは居場所づくりの効果がある。ふれあいを通して自他理解を深めるので，子どもたちにあたたかな人間関係をつくるからである。

例えば，エクササイズの中では一人一人に，話をする人・話を聞く人という役割が与えられ，そのあとに分かち合い（シェアリング）が行われる。これによって，他者とのふれあいが生じ，自他の理解が促進される。

自他を理解し，認める関係ができれば，それは存在の肯定となる。肯定的に認め合う関係が，あたたかな人間関係づくりとなる。すると，子どもたちが安心できる居心地のよい場所を提供できるようになっていく。また共通のエクササイズを体験した子どもたちは，集団への帰属意識が高まっていく。

特に，いじめ，不登校，問題行動を抱えた子どもたちに対して，心の居場所づくりは最重要の課題といえる。

■集団の凝集性が高まる

SGEが教育現場で広く受け入れられているのは，「集団の凝集性を高めたい」という求めに応えるからである。

例えば，エクササイズに組み込まれる協同作業やそのあとになされる分かち合いが，集中的グループ体験となって共有され，「同じ釜の飯を食べた」という関係になる。加えてSGEでは，集団の凝集性に応じるノウハウがある。プログラムの組み方，実施するエクササイズによって，集団の凝集性の深まり方を変えることができるのである。

このプログラムの組み方に関しては，SGEでは，「リレーションづくり（ワンネス）」→「ふれあいの促進（ウイネス）」→「自己理解（アイネス）」という流れが一般的である（P.111参照）。ここでのリレーションづくり，ふれあいの促進のためのエクササイズの組み方で，集団の凝集性の深まりに変化をもたせることができる。

ただし留意すべきは，この集団づくりは，一人一人の子どもを育むための手だてである。集団を同質化させる，あるいは指導者の意のままにすることを目標とするものではない（P.174参照）。SGEのねらいは，一人一人の子どもたちの自己成長にあるのである。

■集団内の規範意識が高まる

SGEを実施すると，集団の規範意識が高まる。子どもたちはふれあいによる感情交流を伴いながら，ルールの意味を体験することになる。

まず，SGEはルールを大切にする。

第2章-1 エンカウンターはなぜ学校に広まっているか

ねらい達成のためにも，エクササイズ中の心的外傷を防ぐためにも，リーダー（教師）がメンバー（子どもたち）にルールを遵守させる。「構成的」とは枠があるという意味であり，ルールは枠の1つである（P.24，132参照）。

このようなSGE体験が規範意識の高まりにつながるのはなぜか。

SGEによって集団の凝集性が高まった集団は，共通の思考を育む。そこで経験する感情交流は，心の開き合いとなり，仲間意識となる。仲間意識が高まった集団は，お互いを受け入れる居心地のよい集団となる。居心地のよい集団内でできた規範意識は，守りやすいものとなる。いやいや守る規範ではなく，大切なみんなのための規範となるからである。

SGEには，短時間で感情交流ができるエクササイズが豊富にある。したがって，教師はルールを遵守させながら，クラスの凝集性を高め，居心地のよい集団を形成し，結果的に規範意識を高めることができる。つまりSGEは，規範意識を高めることによって，学校教育の根幹づくりの一翼を担うのである。

短時間であたたかな人間関係ができる

SGEを実施すると，子ども同士，保護者同士，教師同士，教師と子ども，教師と保護者のあたたかな人間関係を，短時間でつくることができる。なぜならSGEは，あたたかな人間関係（リレーション）づくりとふれあい体験からスタートするからである。

この体験が他者理解や他者受容を生み，感受性の促進や信頼体験となる。これらを経験すると，互いを思いやるあたたかな関係が形成される。

さらに，SGEを体験して参加者自身が感じたあたたかさが，参加者同士に相互作用する。SGEは，こうした作用が繰り返し繰り返し展開される。

しかもSGEには，短時間のうちに容易にあたたかな人間関係づくりができる，ショートエクササイズがたくさんある。これらを展開することで，自己防衛の壁が低くなり，人と人とのつながりができ，あたたかな人間関係が短時間のうちに形成されるのである。

SGEを実践すると，すぐにこのことを実感する。そして，あたたかな人間関係は学校生活の基本である。これが，SGEを実践する教師が増え続けている理由の1つである。

自己認知の拡大がなされる

SGEを実施すると，参加者の自己認知が拡大し，自己肯定感が高まる。これはSGEのシェアリングでなされる自己開示と，仲間からのフィードバックによって，「自他にオープンな自己」（「ジョハリの窓」における一領域）が拡大されるからである。

SGEでは，参加者のリレーションを

つくり，ふれあい体験の中で，自分を見つめるエクササイズを展開する。自己を見つめることによって，自己発見をさせようとするのである。その結果なされる自己開示は，自己理解を深める。自己理解を通してなされる自己開示は，自己の内面をオープンにする。

また，エクササイズやシェアリングの中でメンバーからなされるフィードバックは，自己盲点への気づきを促す。このことが「自他にオープンな自己」の拡大につながる。自分が人生の主人公となって生きていこうとするとき，自他にオープンな自己が増えるほど生きやすくなる。隠し立てや，うしろめたさをもたずにすむからである。つまり，生きる力の根幹になるものをSGEがつくり出していることになる。

■ 豊かな心が育まれる

心を「他者に対する反応」と定義するなら，「心が育つ」とは，人と人との関係のなかでの反応の仕方を理解し，それを実行できるようになることにほかならない。

SGEでグループ体験をすると，子どもたちは，集団内での役割遂行によって行動や考え方のモデルを見いだしやすくなる。「反応」の仕方のモデル（模倣の対象）を多く知ることができるからである。人と人との関係を通して自己を見つめることができる。

またSGEには，人を癒す効果もある。これは，自己のよき理解者を得られるからである。自分をわかってくれる人がいると，癒しが促進する。

SGEを体験することで，モデルを見つけ，人と人との関係性の中で心を育み，癒される体験をすることで，また心を育むことになる。

■ 教師を育て，教師を援助する

SGEには教師を育てるノウハウが数多く詰め込まれている。SGEが有する，リーダーシップの原理，集団への対応の仕方，介入の仕方，個別対応の仕方，プログラム構成の仕方，観察の仕方，コミュニケーションの仕方，自己主張の仕方，自己開示の仕方，抵抗への対処法などは，教師力向上のポイントである。

またSGEは，リーダーとなる教師が自分の力量や参加者の現状を踏まえて，自由にプログラムやエクササイズを選択できるようになっている。参加者のレディネスやモチベーションに応じた進行の仕方や，実施内容のレベルを調節できる。時間に応じてプログラムを編成できる。グループサイズも調整できる。また教具を用いずに実施できるものも多い。

全国の初任者研修や5・10年次研修で，盛んにSGEの体験研修が実施されていることが，その有用性を証明している。

（岡田　弘）

Part1 エンカウンターについて知ろう【入門】

第1章　構成的グループエンカウンターとは
第2章　学校教育に生かす　　　　構成的グループエンカウンター
1　エンカウンターはなぜ学校に広まっているか
2　学校教育にエンカウンターを生かす目的
3　エンカウンターで子どもは何を体験するのか
4　どんなときにエンカウンターを活用できるか
5　やってみたい人のためのQ&A
★　コラム

Part2　エンカウンターをやってみよう【実践】
第3章　実施までの手順
第4章　インストラクション
第5章　エクササイズ
第6章　シェアリング
第7章　介入
第8章　振り返りとアフターケア
第9章　継続的な実践とプログラム

Part3　柔軟に展開しよう
第10章　いまここでのSGEをめざして
第11章　子ども・学級の理解と育成
第12章　構成の工夫
第13章　リーダーとして求められるもの

Part4　エクササイズカタログ
第14章　スペシフィックエクササイズ
第15章　ジェネリックエクササイズ

Part5　資料編

　全国各地の学校教育の，さまざまな場面で構成的グループエンカウンター（SGE）が生かされている。それは入学前の説明会や，体験入学，卒業後の後援会活動にいたるまで，実に多岐に及んでいる。また保育園・幼稚園から特殊教育諸学校まで，さまざまな学校で生かされている。

　その理由は，SGEには，さまざまな場面での活用に対応する理論と技法と哲学があるからである。そして，展開方法がシンプルである。教師がなじみやすい。実施するとあたたかなふれあいが生まれる。子どもたちの居場所づくりとなる。深く自己を見つめた自己開示がなされる。自己開示を通して自己発見をする。自己発見が行動変容を促す。こうした場面を共に分かち合う教師もまた，あたたかな関係を体験し，自己を見つめ，自己成長をする。

　こうしたことが，SGEが学校教育のヒューマライゼーションとしての役割を果たす源泉となっている。

　では，学校教育で，どのような目的に生かすとよいのかを概観する。

■ 新しい環境に適応できるように

　SGEを学校に活用する目的の1つは，緊張と不安，必要以上の自己防衛を解除し，未知の世界，新しい環境に，子どもたちがスムーズに適応できるようにすることである。

　SGEには，初対面同士の緊張をほぐ

し，あたたかな人間関係を短時間で築く理論と技法（スキル）がある。それは，SGEが折衷主義の立場をとっているからである。だからSGEは，さまざまな理論，モデル，スキルを活用している。例えばスキーマ理論（帰属理論）やゲシュタルト理論（図と地の転換），グループプロセス理論，グループダイナミクス理論（集団力学），リフレーミングモデル（枠の転換），言語および非言語コミュニケーションスキル，フラストレーショントレランス（欲求不満耐性）への対応スキル，ソーシャルスキルトレーニングなどである。

具体的な機会を実践例で紹介する。

①入学説明会や体験入学で

中学校の入学説明会でSGEを実施している教師によれば，新入生の保護者同士のリレーションが高まるので，学校に協力的になり，PTA役員がスムーズに決まるようになった。新入生同士は，各小学校の卒業アルバムを見せ合う時期が早まったという。

保育園・幼稚園児を招いて行う1日体験入学で，園児と1年生を一緒にしてSGEを実施すると，1年生がグループのリーダーになり，とてもいい関係ができるという声も聞いている。

②入学・進級直後の学年集会で

各中学校の成績優秀者が集まる県の伝統校でSGEを実施している教師は，ふれあいとあたたかさを実感して涙する女子生徒が多くいるという。中学校で，1人でがんばっていた女子生徒の孤立感が急速に緩和されるのである。

教育困難校の高等学校で，入学から3日以内にSGEを実施している教師は，生徒たちのリレーションが急速に深まり，1学期の不登校や退学者が減少するという。

③学級開き，長期休業後の学級会に

学級開きにSGEを生かしている教師も，全国各地にたくさんいる。学級の雰囲気が一気になごみ，子どもたちの表情がやわらかくなるのを毎回確認しているという。長期休業後の最初の学級活動でSGEを行うと，休業前に培ったふれあいとルールを守る雰囲気にすぐに戻ることを実感するという。

④最初の保護者会で

最初の保護者会でSGEを行うと，保護者同士，保護者と担任のリレーションができて，仲間意識が深まり，学級への協力が増える。また保護者同士は，ピアカウンセリングを体験したような，ゆったりとしたおだやかな表情になって帰っていくという。クラスの役員決めや，学年代表のPTA役員決めもスムーズになるという声もある。

⑤職員会議に生かす

ある県の中核都市にある小学校では，職員会議の前に10分以内のショートエクササイズを実施しているという。こ

れは，毎回の会議ごとに実施され，リーダーは教師が交代で行う。これを行うようになってから，職員間のリレーションがよくなると同時に，実施されたエクササイズをアレンジして各学級で行う教師が増えたという。

授業のねらい達成に近づける

授業にSGEを生かす目的は2つある。1つは授業のねらい達成のため，もう1つは，授業をよりよく展開するためである。

第1の，授業のねらい達成のために生かすケースは，体験型の学習で，しかも授業のねらいとSGEのねらいが同じものである。特別活動や総合的な学習，道徳（人権教育を含む），保健の授業の中にこれがある。この場合は，SGEをそのまま実施することになる。

第2の，授業をよりよく展開するためには，次のようなものがある。

①授業への参加意欲を高める

SGEによる信頼体験や感受性の促進を実施することによって，体育や国語や道徳の授業への参加意欲を高めようとするものである。

例えば国語の授業で，過去に体験した音や光を言葉で表現するエクササイズを実施している場合，詩の理解や創作がしやすくなり，創作詩の提出が早くなるという。体育の授業で，体ほぐしのエクササイズを行うと，ダンスや組み体操が最初から意図的，協力的になされるという。

②導入，展開，まとめの部分で生かす

これには，導入の班編成にSGEを生かした理科の授業や，展開部分の班別調査がSGEになっている社会科の授業，まとめの部分にSGEが導入されている数学の授業など，さまざまなものがある。班編成のエクササイズで，前時の授業内容のビンゴを用いて自己理解や他者理解をさせている教師は，理科の実験への意欲が増すことや，班による実験が意欲的になると指摘している。

社会科の展開部分で，ジグソー学習法に基づく他者受容や自己受容，信頼体験を行っている教師は，子どもの授業内容の理解度が進み，成績の向上や仲間意識の深まりが見られるという。

数学のまとめの部分で，授業内容の理解を確認する二者択一を4人組で実施し，自己理解や他者理解を促進している教師によると，まとめによる授業内容の理解度の自己開示がしやすくなるという。理解できていることと，できていないことが自己開示できるようになったため，結果的に理解が進むということである。

③同時に進む人間関係づくり

授業をよりよく展開するためにSGEを実施すると，人間関係づくりも進めることができる。これは，SGEのもつふれあいと仲間づくりの機能が作用す

るからである。この場合は，全教科・科目でSGEを実施することができるため，すべての教科科目で人間関係づくりがなされることになる。

これを実践した都内の小学校では，すべての授業にSGEを取り入れるためにさまざまな工夫がなされた。例えば，小学4年生の習熟度別の算数の授業では，三角形の面積について，グループでの作業と分かち合いを入れることによって，授業のねらい達成と人間関係づくりがなされるようになった。結果として，三角形の面積について，わからないことを隠さずにはっきり伝える子どもたちが増えたり，子ども同士の教え合いが増えたり，質問が増えたりしたという。

人権意識を高める

人権教育の目標には，知識獲得と，行動化のための技術習得がある。習得すべき技術としては，情報活用技能，自己表現技術，コミュニケーション技術，批判的思考力，意志決定技能，問題・対立解決技能などがある。

その推進には，個の確立とあたたかな人間関係が必要不可欠である。

これらを実現しようとするとき，SGEが有効に機能する。SGEは，体験を通した技能習得が容易になされ，あたたかな人間関係を築きながら，自己を見つめ，自分が人生の主人公になることを意図しているからである。

近畿地方のある中学校では，授業に人権教育の要素を取り入れた。そこで授業にSGEを導入して，体験を通した技能学習やあたたかなふれあいづくりを行った。この実践によって，子どもたちはあいさつができるようになり，また助けてほしいときに「助けて」と言えるようになったという。

特活のねらいを達成する学校行事

学校行事にSGEを生かすとは，特別活動のねらい達成のためにSGEを生かすということである。自己理解や他者理解，自己受容，他者受容，信頼体験を特別活動のねらい達成のために生かしていく。

東北のある小学校では，修学旅行で，夜に畳の部屋でSGEを実施している。両親からの手紙を渡し，その場で両親に返事を書くというものである。両親にしてもらったこと，して返したこと，して返していないことを思い出しながら書いてもらうという。

これを実施している教師は，集団活動としての修学旅行のねらいが達成されるだけでなく，親への接し方が変わり，親も子どもへの接し方が変わることを実感するという。親子が本来もっている，あたたかな関係が再構築されるというのである。

このほかにも生徒指導や特別支援教育に生かすなど，SGEはさまざまな目的で実践されている。　　（岡田　弘）

Part 1 エンカウンターについて知ろう【入門】

第1章　構成的グループエンカウンターとは

第2章　学校教育に生かす構成的グループエンカウンター
1. エンカウンターはなぜ学校に広まっているか
2. 学校教育にエンカウンターを生かす目的
3. **エンカウンターで子どもは何を体験するのか**
4. どんなときにエンカウンターを活用できるか
5. やってみたい人のためのQ&A
★ コラム

Part 2 エンカウンターをやってみよう【実践】
第3章　実施までの手順
第4章　インストラクション
第5章　エクササイズ
第6章　シェアリング
第7章　介入
第8章　振り返りとアフターケア
第9章　継続的な実践とプログラム

Part 3 柔軟に展開しよう
第10章　いまここでのSGEをめざして
第11章　子ども・学級の理解と育成
第12章　構成の工夫
第13章　リーダーとして求められるもの

Part 4 エクササイズカタログ
第14章　スペシフィックエクササイズ
第15章　ジェネリックエクササイズ

Part 5 資料編

■ エンカウンター体験とは

　構成的グループエンカウンター（SGE）のグループ体験で人がエンカウンターするもの，それは「他者の存在」と「自己の内面」である。両者は相互作用的なものであり，相乗的に促進していくものである。

　他者の存在とのエンカウンターは，ふれあいのある人間関係，リレーションの体験として，他者理解，人間理解の深まりとして実感されることだろう。また，自己の内面とのエンカウンターは自己発見・自己理解の深まりとして，自己受容（あるがままの自分をまずまずよいと思えること）を伴いながら促進されていくのである。

　他者とのふれあい体験は，自己受容感を強め，いままで意識的・無意識的に向き合わないようにしていた，自分の影になっていた面に直面する勇気を喚起し，その結果，自己理解が深まっていくのである。同時にそういう形での自己理解の深まりは，他者の存在を受容する面を育み，他者理解も促進するのである。

■ 子どもがSGEで体験するもの

　子どもがSGEで体験するものは，実は成人と変わらないと私は思う。その子どもの発達段階において，子どもな

りに他者の存在と自己の内面にエンカウンターするのである。

　しかし，子どもは発達途上の段階であり，まさに目の前の課題を一つ一つ達成することを通して成長していくのである。したがって，学校教育でSGEを活用すれば，対象となる子どもたちの発達課題の達成を促進することは言うまでもない。ただ，やはりSGEで体験するものの中心は，ふれあいのある人間関係であり，自他発見・自他理解である。その結果，子どもたちはそれぞれの発達課題に建設的に向かっていけるようになるのである。

他者からの受容と自己受容

　自己理解と他者理解の促進は，学校教育の中で子どもを育成していくうえで，必要不可欠なものである。
　自己理解の深まりは人格の完成になくてはならないものであるし，他者理解は社会の中で生きていく個人にとって，同様に重要なものだからである。そして，両者は相乗的に深まっていくのである。自己を理解するためには，自分を対象化するための他者が必要不可欠であるし，他者を理解するためには，その試みをしている自己のありように大きな影響を受けるので，自己理解ができていなければ，真の他者理解にはならないからである。

　では，自己理解と他者理解が十分深まっている人とは，どういう人であろうか。それは，自己受容が十分できている人である。自己受容ができていればこそ，自分の影の部分も自分なのだと受け入れることができ，トータルな自己理解が深まる。また自己受容ができていればこそ，無意識の感情に引きずられて他者を見ることもなくなるので，他者理解が深まるのである。

　では，自己受容ができている人とはどういう人であろうか。それは，いままでに十分に他者から受容される体験をしている人であろう。その中で，自分は自分でいいと，等身大の自分が受容できるのである。

　これは大人も子どもも関係ない。むしろ，発達途上の子どもだからこそ，他者から受容される体験は，とても重要なのである。

　学校教育でSGEを活用するとは，まさに子どもたち一人一人が，独自な価値ある存在として教師や友人たちから十分受容され，認められるようにしようということであり，それがすべての第1歩なのである。それは教育の原点でもある。そしてそのための機会と場と方法を，豊富に効果的に設定しようという取り組みそのものなのである。

　小・中・高校生にとってのエンカウンター体験を次ページ以下で紹介する。

〔河村茂雄〕

小学校

 小学校時代は，豊かで肯定的な自己概念と建設的に他者や集団とかかわろうとする意欲・能力の基礎を形成していく時期にあたる。これは教育力のある集団で，ふれあいと自他発見を体験しつつ獲得していくものである。

■ 集団生活への適応とかかわる楽しさ

 小学校入学の第1歩は，集団生活への適応というハードルを越えることである。集団生活には参加するメンバーの利益を守り，ねらいを達成するために守るべきルールがある。そのルールを受け入れ，自分をコントロールするのである。
 そのためには，自分と同じ欲求をもった他者の存在に気づく必要がある。それは単に自分以外の人間がいるという認識ではない。「大切にしたい相手がいる」という気づきである。相手を大切に思うからこそルールを守ろうと思う。一方的な押しつけや，力の管理ではこの気持ちは生まれない。ここに，SGEによるふれあいの意義がある。
 この人間関係づくりは2人組のふれあいから始まる。最初はゲーム性の高い単純なエクササイズを繰り返すとよい。低学年では特にそうである。やり方に慣れるとその楽しさを十分に味わうことが可能になる。この積み重ねで，人とふれあうことの楽しさが実感できる。1人も，集団も楽しめる子に育てたいものである。
 さらに，その楽しさを味わうためにはルールを守ることが不可欠であることにも気づく。もしくは意図的に気づかせていく。ここでルールの意味を知ることになる。

■ ワンネスの体験

 人とかかわる楽しさの次のステップは，受け入れてもらうことの心地よさを感じることである。受け入れられるとは認められることである。教師が一人一人の子どもを認めるだけでなく，自分の所属する集団のメンバーに認められることは肯定的な自己概念をつくるうえでは不可欠な体験である。しかし，日常生活ではお互いの利害がぶつかり合い，相手の身になることは簡単なことではない。まして低学年は自己中心的である。これが，相手を無条件で受け入れる場をエクササイズで意図的に仕組むことで設定できるのである。言いかえると，エクササイズの中で受け入れられる体験ができるのである。SGEでいうところの，ワンネスとはこういうことである。
 年齢を問わず自分を受け入れてくれ，大切にしてくれる他者を人は大切にしたいと思う。エクササイズで大切にしてくれる友達も，大切にされる自分も，

同時にいとおしく感じる。これが他者の存在に気づくことである。こうして一人一人の居場所ができていく。

■ 集団のよさに気づく

　運動会，移動教室など，さまざまな行事でも集団のよさは体験できる。しかし，SGEの手法を活用し，感想を伝え合い，体験を共有し合えばさらに気づきの世界が広がる。確認することがむずかしい自分のがんばりも，お互いにフィードバックし合うことで確かめられるようになる。個が集団に埋没してしまうのではなく，集団の成長にかかわりながら自分も成長する，個が生きる良質な集団体験である。これは集団を維持しようという意欲につながり，その一員としての責任の自覚を促す。

　小学校時代にこのような教育力のある集団で生活することは，以後の人生において積極的に社会に参加し，維持しようとする意欲を育てる。子どもたちはSGEによってその前提となる体験をすることができる。

■ 肯定的な自己概念を創る

　自己概念は周囲の評価を取り入れて形成される。それは，個人差はあるが中学年以降とされている。

　つまり，小学校時代に受けた評価はその後の自己肯定感の度合いを左右することになる。他者を理解するときには自己というフィルターを通して理解していく。自己が肯定的でなければ広く他者を受け入れることはできない。自己理解できる程度にしか他者理解はできないといわれるゆえんである。つまり小学校時代にいかに多く肯定的なフィードバックをもらったかが，その後を大きく左右する。

　しかし，日常生活には多くの利害関係があり，子ども同士の葛藤はつきものである。肯定的なフィードバックも受けるが反対もある。たくさん認められる子とそうでない子の個人差も生じる。そこにSGEを活用することで，肯定的なフィードバックを受けるチャンスを設定できる。その仕掛けがエクササイズや介入やシェアリングである。

　自分にいいところなど1つもないと感じている子は，努力するよりそのハードルの高さにあきらめてしまうことが多い。ますます認められることが少なくなるという悪循環に陥る。もしSGEを通して，自分には味方がいる，支えてくれる人がいる，認めてくれる人がいると感じることができたら，人に認められる努力を始めるきっかけになる。「ウィネス」を体験できるのである。それが「みんな違ってみんないい」「私は私よ」という認識につながっていくのである。　　　　（品田笑子）

第2章 -3 エンカウンターで子どもは何を体験するのか

中学校

中学校には普通，2～4校ぐらいの小学校の卒業生たちが集まってくる。だから，入学直後の中学生たちは，少数の顔見知りの友達と大部分の見知らぬ顔の中で，緊張しながら学校生活をスタートさせる。

また，この3年間の中で身体的に急成長を遂げるため，異性の間，同性の間，さらに大人との間でもその関係が大きく変化する。わかりやすく言えば，大人を見上げていた1年生の多くが，卒業前には大人と平行した目線をもつようになるのである。

そういう大きな発達の途上にある中学生にとって，SGEはどういう役割を果たすのか，以下の3つの視点で考えてみたい。

友達関係における優位の逆転

公立の小学校では比較的狭い学区である関係上，地域における親（家）の立場が子ども同士の関係に影響することがある。そして，それ以上に学級の中での体の大きさや，学習時の発言の多さ，または担任教師との関係などが子ども同士の優位・劣位の関係を決定していく。

これらの条件が1度ご破算になるのが，中学校であると考えてよい。悪くすると，かつてのいじめっ子がいじめられっ子に変わることもある。

だからこそ，外部的な条件にとらわれず，子ども同士の心と心のふれあいにより，対等な友達関係を築いていくSGEの存在価値は，とても大きいのである。

SGEの前半のねらいである「関係づくり」に着目して考えると，何もないところから，新しい関係をつくることに作用するだけではない。すでにできあがっていて悪く定着してしまっている人間関係を粉砕するという働きをもSGEは果たす。

いままで知っていた友人の中の見知らぬ一面との出会いは，初対面の人との出会い以上の新鮮さをもっているものである。それを肯定的にとらえさせ，新しい関係を築いていくのである。

学級や，委員会活動，係活動，部活動，その他さまざまな場面において子どもがどんな面を見せているのか，お互いを多面的に認め合うエクササイズを重ねることである。その結果，友達との関係を優位・劣位にかかわらずに，ありのままのお互いを認め合うようになり，自然に攻撃的な態度・言動は少なくなっていく。

性差を意識して

思春期を迎えて最も大きく変化することの1つが，性差の意識である。したがって，身体接触のあるエクササイ

ズに強い抵抗を示す。

　例えば、リチュアルとして自由歩行で握手をさせようとしても、気がつくと部屋の中で男女がまっぷたつに分かれていたりする。大人の集団にはない現象だけに、リーダーとしては大いにとまどう。

　しかし子どもから言えば、初めて性差というものと出会い、お互いにとまどうのが中学生の時期なのである。もちろん、お互いの性に対し強い関心が生じることによるとまどいである。

　したがって、中学生が男女差を意識しない無邪気さを見せていたとしたら、それは幼さの証明なのであり、逆にエクササイズで見せる抵抗は順調な成長の証だといえる。

　SGEは自他の「ふれあいと気づき」であり、通常は個人のそれを指すが、中学校段階では男女の「ふれあいと気づき」も大きなテーマになる。道徳の授業における男女平等教育や、保健の授業における生物学的な男女差の学習と連携して、SGEを通して男女がその性差を正しく認識し、認め合うことは大きな意味がある。エクササイズで男女間の接触に抵抗を見せたときが、異性との出会いを学ぶスタートである。

■ 大人を厳しい目で見つめるとき

　中学生の時期は、小学生時代に大人から他律的につくられた価値観を一度崩し、自分でつくり直していく時期である。その際、大人が語る価値観について、大人自身が果たして言行一致しているかどうかを厳しく見るのである。その厳しい目に最前線でさらされるのが教師である。

　本音で語り、心と心を交流させるSGEは、リーダー（教師）自らがインストラクションやデモンストレーションで自己開示をする絶好の場面である。価値観や感情を、責任感や夢、あるいは悩みや迷いの形で語ることにより、自己開示することができる。

　社会で起きている不祥事や家庭的事情から、子どもたちが大人一般に対してもった不信感を、教師にぶつけられる困難さを感じる昨今である。しかし、子どもが向けてくるまなざし、信頼に値するかどうかという試しの問いかけに対して、SGEで見せる教師の自己開示は力をもつ。

　不器用であっても本音を語っているという迫力があればよく、このモデリングに最も敏感に反応するのが中学生だろう。大人の本気さを心の奥で最も欲しているのが中学生だからである。

　中学生なりの気づき、「中学生ならでは」の気づきが、中学校のSGEにはある。大人のSGEとの違いをしっかり押さえて実施することが重要である。

（藤川　章）

高等学校

高等学校において生徒の人間関係づくりを支援するのは，生徒がその後の人生において社会適応していくために必要なことである。社会人として，どうしても欠かせない能力の1つが対人関係能力だからである。

対人関係能力の1つが「コミュニケーション能力」である。この能力は，机上の学習では身につかない。「体験学習」が必要になってくる。これを支援するものが構成的グループエンカウンター（SGE）である。

SGEを導入することは，学校教育の目的を促進する。つまり「生徒の人格の成長」をめざすのが教育の目的であるなら，それを促進する働きがSGEにはある。

■ 自分のよさを確認する

高校生の時期になると，自尊感情が下がってくる。自尊感情とは「自分で自分を大切にして自分をよしと思える感情」である。いままで私が接してきた高校生の中にも「私はだめなんです」「僕にはいいところなんかない」となだれる子がいた。自尊感情が低い子は，自分の言動に自信がもてなかったり，なげやりになったりする。

中高生になると，自分の欠点や足りないことが見えてくるから，このように感じるのは自然なことでもある。しかし岸俊彦の研究によれば，日本人の学生の落ち込みは，他国の学生に比べて大きいという。なぜなら日本では，教育というと「矯正してよくする」というイメージが強い。だから「ここはダメだ」「もっとこうしなくては」という援助の仕方が多くなる。このような言葉かけを多くされてきた子は，ネガティブな自己概念をもつようになる。自己概念（自分で自分をどのように思っているか）は，重要な他者（親，兄弟，友達，先生など）から言われ続けたことを摂取してつくられていくからである。中高生になると，ますます自分の欠点が目につくようになるので，当然，自尊感情も低くなる。発達上，高校生がこのような時期にあるからこそ，自分のよさに目を向けさせることが重要なのだと私は思っている。

SGEに「私は私が好きです。なぜならば～だからです」という自尊感情を高めることを目的としたエクササイズがある。生徒は「えー，好きなところなんてない」と言いながらも，やり始めると「私は私が大好きです」と言っている子もいる。このように自分で自分を認めていく過程がSGEにはある。

■ 大人への入り口

私は，人生を豊かに生きる，自立した一個の自分をつくり上げていくため

には，学生時代に自分と向き合う時間をもつことが必要なのではないかと思うようになった。これは，大人向けのワークショップでの経験からである。

大人になるまで長年自分の心に秘めてきた思いは，しこりのようになって，知らず知らずのうちに自分の対人関係に影響を与えていく。例えば，母から「よい子でいてね」と期待され，それを遵守しようとしてきた人は，言いたいことが言えない大人になることがある。また，責められないように生きてきた人は守りの人生になり，それを崩そうとする人に対して攻撃的になる。いずれも，大人になって「生きにくさ」を感じている人たちである。

結局大人のSGEを通して感じる共通項は「人はだれでも愛されたいという願いを強くもっている」ということである。しかし，求めても手に入らないこともある。これが生きにくさの根元となっているように思う。

だからまず，自己を大切に愛せるようになりたい。そうすると他者を愛せるようになる。それを知っていることが，豊かな人生につながる。

「自分や友達のことを知る（自他理解）」「自他の心の思いを感じることができる（感受性の促進）」「自他を信頼する（信頼体験）」「自分の考えを主張する（自己主張）」「自己の役割をこなす（役割遂行）」といったことを通し

て，自己を受け入れ，他者を愛せるような人になること。これを高校時代にSGEによって体験的に学ぶことができれば，「対人関係能力」の基礎力がつくのではないかと思うのである。

同性とのきちんとした関係

異性との人間関係を築いていくことは，高校生の発達課題の1つである。しかし，そのためには，まず同性との確実な関係が必要である。

いまの高校生は，同性同士の人間関係ができていないのではないかと思うことが多い。SGEを実施しても，高校1年生では同性同士で固まってしまうことがある。これは，互いにどう思われるかを気にしているからなのだろう。以前の私はそんな状況にイライラすることもあったが，最近は「それでいい」と思うようになった。同性との確実な関係があってこそ，異性との人間関係が広がっていくのだから。

例えば「印象を語る」というSGEのエクササイズで，互いに相手をどう感じているか言ってもらう。すると「よく思っていてくれることを，初めて知って安心した」という。日常の中では確認できていないということだ。

SGEを通して，確実な人間関係づくりの基礎を高校時代に築きたい。

（吉田隆江）

Part1 エンカウンターについて知ろう【入門】

第1章　構成的グループエンカウンターとは

第2章　学校教育に生かす
　　　　構成的グループエンカウンター
- 1　エンカウンターはなぜ学校に広まっているか
- 2　学校教育にエンカウンターを生かす目的
- 3　エンカウンターで子どもは何を体験するのか
- **4　どんなときに
　　　エンカウンターを活用できるか**
- 5　やってみたい人のためのQ&A
- ★　コラム

Part2 エンカウンターをやってみよう【実践】
第3章　実施までの手順
第4章　インストラクション
第5章　エクササイズ
第6章　シェアリング
第7章　介入
第8章　振り返りとアフターケア
第9章　継続的な実践とプログラム

Part3 柔軟に展開しよう
第10章　いまここでのSGEをめざして
第11章　子ども・学級の理解と育成
第12章　構成の工夫
第13章　リーダーとして求められるもの

Part4 エクササイズカタログ
第14章　スペシフィックエクササイズ
第15章　ジェネリックエクササイズ

Part5 資料編

　本節には，構成的グループエンカウンター（SGE）を学校教育のどのような目的で，どのような場面で活用できるかについて，活用のチャンスとその方法が記されている。各項目では以下のものを共通項目としている。

　①ねらいと成果，②どんなときにできるかというタイミング，③活用するための（体験するための）工夫。

　本節は，これまでのSGEの本に記された内容を踏まえ，それを紹介するだけでなく，これまでの本では詳しくふれられていない事柄にも踏み込んだ，いわば集大成である。

　したがって，いまSGEを実践している方々にとっては，実践を再点検する材料となり，今後の活用や発展のヒントとなるだろう。また，大いなる刺激となるはずである。いっぽうこれからSGEを実践しようとする方々には，その興味や疑問に応えるものである。これからの実践のモデルになるものを，たくさん見いだせるはずである。

　右の表は，本節の全24項目の内容に基づき，各領域でSGEを活用したときにねらう「気づき」と，そのための「体験内容」である。SGEによる気づきを各領域のどんなねらいに生かすのかがポイントなのである。

　本節を有効に活用され，日本の教育の向上のためにSGEを実践されることを願っている。　　　　　　（岡田　弘）

各領域におけるSGE活用のポイント

	特色／場面	SGEの活用でめざす「気づき・ねらい」	SGEを生かした体験
1	学級経営・人間関係づくり	人間存在のあたたかさやぬくもり。自己存在の肯定。	・リレーションをつくる体験 ・人間関係を築く体験
2	進路指導	進路上の問題の明確化。生き方あり方につながる自己探索。	・自己探索や自己開発の体験 ・自己効力感を高める体験
3	教育相談（不登校）	居場所づくり。自己主張の支援。自尊感情と自己肯定感を高める。	・リレーションのつくり方を体験 ・自己主張の仕方 ・信頼体験
4	学級活動	自分らしさの伸長。個性の肯定と自己課題の克服。	・自己理解を促す体験 ・自己受容を促す体験
5	朝の会・帰りの会	自分の対人関係と学校生活のあり方を振り返る。自分のいまの感情と学びの意味に気づく。	・自分の感情に気づく体験 ・リレーションをつくる体験
6	クラブ活動、生徒会活動など	目標となるモデルの発見。社会的な自己存在のあり方の発見。	・集団の凝集性を高める体験 ・親和性の体験 ・モデリング
7	宿泊行事	過去と現在の自己と、未来の自己についての自己発見。	・学年全体のリレーションをつくる体験 ・自己探索の体験
8	教科・総合的な学習の時間	学習への意欲を高める。いまここでの感情に気づく。学習に取り組む態度。	・自己理解を促進する体験 ・自己受容を促進する体験
9	道徳	ねらいとする道徳的価値に気づく。心のあり方を見つめる。	・道徳的価値を体験的に理解する
10	保健室	心の健康を促進する。生きる力を育てる。	・心と体の健康理解 ・心と体への対応方法を知る
11	特別支援	行動の仕方、対人関係のあり方を支援。自己の特徴に気づかせ、自己肯定感を高める。	・行動の仕方を知る ・自己の特質の伸長
12	国際理解教育	異文化理解と自国文化理解を促進する。自己肯定と自国文化への誇りをもたせる。	・自己受容 ・他者受容 ・異文化受容 ・自文化受容
13	人権教育	人権啓発活動の理解と人権課題へ対応。人間存在の普遍性と自己存在の価値。	・主体的能動的体験 ・具体的な行動の仕方
14	環境教育	自然を大切にする気持ち。自己を大切にする気持ち。	・自然とのふれあい体験 ・自然を通した人とのつながりを味わう
15	ボランティア活動	自発性と意識性、連帯性による援助的あり方。自己有用感と自己肯定。	・他者から必要とされる体験 ・自発性・連帯性・無償性・先駆性の体験
16	ソーシャルスキル	行動の仕方。自己効力感と自己肯定。	・場面に合わせた行動の仕方 ・シミュレーション体験
17	アサーション	自他の存在の肯定。自己主張を通した自己存在の肯定。	・自己主張的態度と攻撃的態度と服従的態度の体験
18	健康教育・ライフスキル	育ちゆくことの自己肯定。自分の人生の主人公としてよりよく生きる自分。	・スキルの体験学習 ・生き方を考える
19	非行予防	非行行動による自他への影響。非行防止の方法理解による自己覚知。	・非行行動の実際を知る ・非行防止の方法を知る
20	院内学級	自己存在の肯定。自尊感情の高まり。	・自己肯定の体験 ・ストレスマネジメント
21	適応指導教室	自己肯定感と集団内での存在感。	・自己肯定の体験 ・信頼体験 ・対人距離のとり方
22	保護者	生き方のモデルとしての親のあり方。子育てを通した自己存在と生き方あり方。	・信頼関係の構築 ・ピアヘルピング体験
23	校内研修・現職研修	職場の人間関係と子どもたちへの個別対応の方法。職場での自己のあり方。	・職員同士の人間関係づくり ・課題解決の手だて
24	専門学校、短大、大学	自己開示の仕方と自己受容。自己開示による自己発見。	・対人関係の拡大を体験する ・ふれあいによる自己洞察の体験

1. 学級経営

いじめや不登校，学級崩壊など，最近の学校教育の問題は，子どもたちの人間関係の希薄さが原因の1つになっている。

学級担任は，心がふれあうあたたかい人間関係を培いながら，子ども一人一人が自分らしく輝いて生きていけるよう，学級づくりを行っていく必要がある。そのような集団の中にあって初めて自らを見つめ，人格の成長が図られるのである。

すなわち，学級経営における教師の意図的な人間関係づくりが，教育に不可欠だということである。そして構成的グループエンカウンター（SGE）は，これらの自己陶冶にいたる人間関係づくり，学級集団形成にきわめて有効な手法である。

活用のねらい

教室が子どもにとって安心できる居場所となり，互いにかかわり合い，高め合える場となるよう，あたたかでふれあいのある集団づくりにSGEを活用する。

そのためには，集団のルールを守って自由に自己表現できるようにすることが大切である。ルールの簡単なエクササイズを繰り返す中で，この集団なら安心して自分を出していくことができるということを，体験的に理解させていく。

仲間との人間関係が深まってくると，学級への所属感が高まってくる。さらに，欲求不満耐性や自己主張能力の高まりが期待できる。

このように集団が育ってくると，子どもたちはその年齢なりに自分をしっかりと見つめるようになってくる。人は，信頼に満ちたあたたかな人間関係の中でこそ，安心して自分のことを考えられるからである。

流れ

まず教師と子どもの人間関係づくりから始めることである。子ども一人一人と大切にかかわっていこうとする教師の姿勢が伝わると，子どもたちにも他者にかかわっていこうとする姿勢が醸成される。

こうして子ども同士の関係がつくられてくると，授業も活性化してくる。

重視すべきポイント

学級経営を意図したSGEの実施の中では，特に次の3つの力を，意識して子どもたちに育成したい。

①傾聴能力：相手の話に耳を傾けてしっかりと聞く力。

②共感性：人の気持ちや痛みがわかること。

③自己主張・自己表現力：自分の考え方や気持ちを，上手にはっきりと伝える力。　　　　　（髙橋光代）

2. 進路指導

進路指導に構成的グループエンカウンター（SGE）は2つの大きな効果がある。1つはSGEが追求する「ふれあいと自他発見」により，「人間的成長の促進」「効果的な自分探し」が同時に実現できること。もう1つは進路達成に前向きに取り組む姿勢を育成できることである。なぜならSGEによって子どもが仲間と自己開示し合うことで「進路や将来に対する悩み」が自分だけのものではないことに気づき，「悩みながらも，進路選択という不確実さに賭けてみる勇気」が育つからである。

そこでSGEを生かした進路指導（SGE進路指導）は，①自分に問う力，②職業生活に生かせる能力開発の基礎，③思いやりという3つの力を育てることをねらいとして，計画的・継続的に，実態に合わせた取り組み行っていく。

変化の激しい社会を子どもたちが生き抜くために，将来「職業を通して成長できること」をめざして，発達段階に合わせた実践を紹介する。

●小学校での展開

小学校では，社会化を最重要課題と考え，仲間とのあたたかいふれあいを体験し「思いやりの心を育てる」「自分と他者との違いに気づく」を中心に展開する。代表的なエクササイズに，低学年「ありがとうカード」（P.418），中学年「ほめあげ大会」（P.436），高学年「Xからの手紙」（P.424）などがある。

●中学校での展開

中学校は，自分の存在意義や他者の評価が気になり始め，自分の人生について悩んだり，自分を否定してしまいがちな時期である。よって，仲間との本音と本音の交流を通して自己効力感を育みつつ，多面的な自己理解を行い，職業と自分を照らし合わせていくSGEを展開する。「それってどんな自分？（キャリアアンカー）」「好きな役割，期待される役割」「私の人生How Much？」など，価値観も含めた生き方の基本となるテーマを扱う。

●高校での展開

高校では，より現実的で具体的な進路選択を迫られるとともに，スムーズな社会的移行が求められる。そのために重要なことが，前述の②能力開発の基礎と自己効力感の育成，そして「世界内存在の自覚」である。これが社会人としての自覚を生み，社会で必要とされる人間像に近づこうという行動変容につながる。よって，実践的なアサーショントレーニングやソーシャルスキルトレーニングと「みんなでリフレーミング」（P.448）「簡便内観」（P.570）などは，長い人生で起こるピンチの際も自分を助けてくれる布石となる。

キャリア教育は，小学校から12年間も続く「自己実現の教科」ともいえる。中長期のプランをもって，全人的な視点の指導で臨みたい。　　（淡路亜津子）

参考：片野智治ほか編『エンカウンターで進路指導が変わる』図書文化。

3. 教育相談(いじめ・不登校の予防)

活用のねらい

子どもたちは，社会状況の大きな変化の渦に巻き込まれながら，大人に向けてSOSのシグナルを送っている。被害者意識の強い子・やる気がなくぼんやりしている子・着席ができず動き回る子・運動が極端に苦手な子・気分に左右される子・はさみや辞書など手にしたものを投げてしまう子など，そのシグナルは実にさまざまである。

初期反応(兆候)を見逃さず，その一つ一つにていねいに対応していくことで，不登校やいじめなどの深刻な問題に発展することを防ぐことができる。

これらの子どもたちに共通するのは，自己肯定感の低さとコミュニケーション能力の低さが顕著なことである。SGEを活用して，子どもたちの「心の居場所づくり」を支援することが大切である。あたたかな，互いに本音でふれあえる学級づくりこそが，いじめ・不登校の最大の予防策になる。

次の5つのポイントを押さえてSGEを活用することで，効果的に居場所づくりができる。
①子どもが悩みを相談しやすくするための，教師とのリレーションづくり
②いじめ・不登校を出さない，学級の子どものリレーションづくり
③いじめや不登校の子どもが出た場合，その子をあたたかく受け入れられる集団の雰囲気づくり
④いじめにあった子どもや不登校傾向の子どもが集団にとけ込むきっかけ(関係・役割)づくり
⑤保護者の不安を軽減するための，保護者同士のリレーションづくり

実践のポイント

新学期スタートの学級づくりの段階から，1年間の見通しをもった事前準備を整えることが望ましい。次の3つを基盤としたあたたかな心の交流を通し，コミュニケーション能力の育成を図るように計画する。
①自己受容(自己を肯定的に評価し受け入れる)
②他者受容(他者の感情を受け入れる)
③自他理解(相互に理解を深める)

実施のポイントは2つある。

1つは，1年間を通じて早い段階から取り組むことである。始業式当日または翌日の学級開き，初めての特別活動の時間を，ぜひ有効に活用したい。

もう1つは，繰り返し継続的にSGEを実施することである。自己肯定感は，ゆっくりと，じわじわと高まるからである。

一人一人をより深く理解することに努め，個々の個性と集団の個性に合わせ，また成長の過程を把握しながら計画を変更していくことも必要である。

(菊池千恵子)

4. 学級活動

活用のねらい

特別活動のねらいは「個性の伸長による自己を生かす能力の育成」である。このねらいを達成するためにSGEを活用するとよい。なぜなら、SGEはふれあいを通して自己理解・他者理解を深め、自尊感情を育てることをめざすからである。「自分らしさ」は、ホンネの多様なかかわりの中で発見され磨かれていく。よって、一人一人を育てるには、その成長を保障する集団づくりが不可欠である。SGEの実践は支持的風土を育成する。これをベースとして、「不安や悩みの解決」「生き方・あり方を見据えた進路選択」などをねらいとするスペシフィックなSGEを展開し、発達課題を支援していきたい。

SGEは教師が構成するが、これは安心して自己開示をするための枠である。主体性をもって自由に活動するための指導をすることにより、子どもの自発的な気づきが促されるのである。

活用のための工夫

年間計画を立てて、学級経営のねらいにそって定期的に実施するのが効果的である。発達段階を考慮しながら、担任の願いを反映させたい。

学級開きでのSGEは、新しい人間関係づくりへの意欲を高める。またSGEのルール（時間を守る・相手を尊重した聞き方・自己主張の仕方など）を学級のルールとして示すと、学級の規律の基盤ができる。

行事のあとは、感情が高まっているので、SGEの効果を得やすい。例えば、「行事で見つけた友達のよいところ」「職場体験での発見」などの気づきを共有し合う。行事をエクササイズとし、学級活動でシェアリングするのである。自他の発見により絆を深めるとともに、集団の質に変化が生まれる。行事の前にSGEを実施して、モチベーションを高めることも有効である。

特定の生徒に意図的なかかわりが必要なとき（人間関係が固定化・浮いている生徒がいるなど）には、一体感を高めるもの・相互理解を深めるものを実施して、ピンチをチャンスに変えたい。また、これまでも学級活動で行ってきた進路指導や性教育などに、SGEの手法を積極的に取り入れたい。体験を伴う理解は、気づきを深めるからである。

どの場面でも、「教師の自己開示」が手本になる。担任自ら自分を打ち出すことにより、生徒は担任の人間味にふれ、モデルを得て感情交流を深める。「楽しくてためになる」担任ならではのエンカウンターをめざしたい。

（幸田千香）

参考：國分康孝監『エンカウンターで学級が変わる・中学校編1』図書文化。文部科学省『中学校学習指導要領』。

5. 朝の会・帰りの会

活用のねらいとエクササイズの例

朝の会・帰りの会は，その日の始まりとしめくくりの時間である。その特徴を生かして，子どもたちの関係づくりやクラスの活性化に活用したい。短時間なので，ショートエクササイズを行うとよい。

体をほぐしつつ，お互いにほっとした，安らぐ感じにしたいなら，「アウチでよろしく！」（P.348参照）などがおすすめである。教室の中をゆっくり歩きながら，親しみや優しさをこめてアウチ（指と指のタッチ）をする。このときに，アウチに込められたエクササイズ開発者の思いを教師はソフトに語るとよい。

班の人間関係を活性化したいと思う場合には，「共同絵画」や「アドジャン」（P.490，386）などがある。前者は非言語で，後者は言語でメンバー同士の理解を深めることに役立つ。

授業（特に道徳や学級活動）の導入をかねたエクササイズを実施することも可能である。例えば朝の会で「四つの窓」（P.378）を実施し，道徳の授業で価値の明確化を主題とした授業を行うとか，「アドジャン」や「私はわたしよ——朝の会・帰りの会バージョン」（P.440）などを実施し，学級活動で自己理解や他者尊重を主題に展開することもできる。こうすると，子どもたちが授業にスムーズに移行できる。

帰りの会では，1日を振り返り「1日5分の自分さがし」[※1]などを行うとよい。

実施するときの留意点

第1は，時間の短さを念頭において，グループサイズ，活動形態を設定することが重要である。とくにインストラクションを工夫し，「何を，どのようにするのか」イメージしやすく，すぐ行動に移れるような提示方法を考えることが必要である。

実施計画は，1か月程度の短期的見通しと1年間の長期的見通しの両方を意識して立案することをすすめたい。1回の実施でも有効と思われるもの（例「アウチでよろしく！」）や，反復実施したほうが有効と思われるもの（例「1日5分の自分さがし」），1つのエクササイズを何回かに分けて実施できそうなもの（例「共同絵画」）がある。

第2は，シェアリングの問題である。10分程度でエクササイズとシェアリングのすべてをやりきるのはむずかしい。感想を用紙に記入し，それを集めてプリントにして配る方法や，シェアリングを帰りの会で行うという方法もある。後者の場合，1日の生活をイメージさせながら，徐々に朝の会のエクササイズでの体験に意識をシフトしていくとよい。

（髙橋浩二）

※1：國分康孝監『エンカウンターで学級が変わる・ショートエクササイズ集1』図書文化。

6. クラブ活動・部活動，生徒会・委員会活動

部活動や児童生徒会活動の目標は，豊かな人間性，社会性を育てることである。異学年が集まって活動する特色を生かし，成長の見通しをもたせたり，「こうなりたい」というモデル像を見つけたりできるよう，SGEを活用したい。

クラブ活動・部活動での活用

勝利至上主義による心理的疲労，レギュラー争いによる人間関係の悪化，それらの問題がからみ合って生じる諸問題など，クラブ・部活動にはさまざまな問題が表れやすい。それらの予防にSGEの効果が期待できる。

運動部であれば，力を合わせて問題解決する喜びや身体接触による信頼体験を味わわせるために，練習前のウォーミングアップに，「トラストアップ」「団結くずし」（P.404, 496）「サッカージャンケン」※1など体を動かすものを入れるとよい。つらい練習を前に，とかく堅い雰囲気になりがちなときに，リラックスと笑顔が生まれ，次の本練習へのエネルギーがわいてくる。

試合数日前，チームワークをさらに高めたいときには，信頼体験を味わい，チームの凝集性を高めるためにSGEを行うとよい。練習後のクールダウンのときに「トリップ・トゥ・ヘブン」（P.580）などを行い，その後，車座になりシェアリングを行いながらのミーティングを行う。

試合や大会後のミーティングでは，自己肯定感を高めるために「いいとこさがし」などを行うと，次への意欲とエネルギーがわいてくる。新チーム結成時の目標づくりには「みんなでつくろうよりよいクラス」※2を部活動用にアレンジして行うのもよい方法であろう。

留意点としては，人間関係が複雑な場合もあるので，グルーピングに注意すること。また，上下関係から自由に発言しにくいという可能性に配慮して活動を構成することである。

生徒会・委員会活動での活用

児童生徒会・委員会は，集団にリレーションのない場合が多く，話し合いの場面では，なかなか意見が出なくて困る場合がある。そういう事態が予想されるときは，リレーションをつくることと，意見を出す楽しさを味わうことの2つをねらいとして，「新聞紙の使い道」（P.498）などのブレーンストーミングを行うとよい。また，協力を通してお互いを尊重することを味わうねらいで「トランプの国の秘密」（P.400）などを行うのも1つの方法である。

お互いにリレーションがつくと，安心して意見を言えるようになる。また，協力態勢も強化される。そうして，活発な児童生徒会・委員会活動が可能となる。

（中川秀人）

※1：國分康孝監『エンカウンターで学級が変わる・小学校編1』図書文化。　※2：國分康孝監『エンカウンターで学級が変わる・中学校編3』図書文化。

7. 宿泊行事

宿泊行事は、日常から離れて行われる。ふだんと違う新鮮な体験の場であり、感情、思考、行動の変容を促すきっかけになる刺激がたくさんある。宿泊行事にSGEを活用する方法は3つある。

活用のねらいと方法

1つ目は、宿泊行事のプログラムの中で、グループ分けに「バースディライン」を使ったり、学年全体のリレーションづくりのために「進化ジャンケン」[※1]を入れたりするなどの方法である。

この場合、ゲームやレクリエーションとして終わらせないで、SGEのエクササイズとして扱うには、きちんとしたシェアリングを入れることである。ゲームは「楽しかった」で終わってよいが、その感情を言葉に置きかえたり（意識性）、相手の感じ方を共有したりすることで、リレーションを深めるだけではなく、自己理解や他者理解につながるのである。

2つ目は、行事のプログラムに、宿泊でないとできないエクササイズを入れることである。宿泊行事のもつ非日常性がSGEにマッチし、深く自己を見つめることが可能になる。

小学校5年生の宿泊行事は、親と離れて、自分や家族について考えるよいチャンスである。初めて親元を離れる体験をする子もいる。思春期の入り口に立ち、素直に親に対する感謝の気持ちを表現できない子も多い。

宿泊2日目の夜、（雨で屋外の活動ができないときは昼間）「簡便内観」（P.570）により「してもらったこと・してかえしたこと」をグループで語り合い、シェアリングのあとに、親に向けてはがきを書く。子どもたちは、自分と親や家族について深く考える体験をする。ホームシック気味になる子、涙ぐむ子も出てくる。リーダーは、それに対応できるようにカウンセリングの素養を身につけておきたい。この際、養育家庭にある子どもや複雑な事情のある場合についての配慮は当然必要となる。小学生だけではなく、中学生にもこのエクササイズはおすすめである。

3つ目は、「行事を終えて、いまここで感じること、考えること」をシェアリングし合うことである。宿泊行事の中で時間がとれなければ、帰校してから次の日に振り返りをさせ、シェアリングの時間をとってもよい。國分久子は、『エンカウンターとは何か』（図書文化）の中で、「諸行事も、エンカウンターのエクササイズとして意味づけることができる」と述べている。

宿泊や体験を共にすることは、クラスや学年に Weness（ウィネス＝われわれ意識）を育てる。また、同じ体験をしても、人によって感じ方が違うことへの気づきが、自己発見、他者理解につながる。　　　　　　　　（渡辺寿枝）

参考：國分康孝監『エンカウンターで学級が変わる・中学校編1』図書文化。　※1：國分康孝監『エンカウンターで学級が変わる・小学校編1』図書文化。

8. 教科・総合的な学習の時間

授業にSGEを導入するねらいは2つある。

●授業をよりよく展開する

ねらいの第1は，授業がしやすいよう共感的な関係づくりや，参加意欲を高めることである。

①動機づけやレディネスを高める

「アウチでよろしく！」「ネーム・ゲーム」「X先生を知るイエス・ノークイズ」など『ショートエクササイズ集』から。

②班編成時の人間関係づくり

「四つの窓」「さいころトーキング」「インタビュー」「他己紹介」など，アトランダムな班編成や，班員同士のリレーションづくりに。

③授業の導入・展開・まとめに

要所ごとにSGEを活用して，授業をよりよく展開させる。

第1に，前時の振り返りに活用できる。2人組になり，前の時間に学んだことで理解していること，よくわからないことを話し合い，そのあとに分かち合いを行い，人間関係づくりをする。

第2に，展開部分で活用できる。教科書を2人で朗読したあとや，2人で練習問題を解き合ったあと，また2人で答え合わせをしたあとに分かち合いを入れ，ふれあいを促進する。

第3に，授業に関連するSGEを活用する。例えば，絵画の創作の授業で「共同絵画」を実施するなどである。

●授業のねらい達成のために

授業にSGEを導入するねらいの第2は，授業のねらい達成のために生かすことである。これには，授業のねらいとSGEのねらいが一致しているものを活用する場合，学習内容の理解が促進されるようSGEによる体験的な学びをねらう場合がある。

吉澤克彦の記述から例を示す。

国語：「私は私が好きです。なぜならば」を応用して「私は作中の○○が好きです。なぜならば」や，作中の状況設定をロールプレイして感じたこと，気づいたことを話し合う。

社会：歴史上の人物のエゴグラムを作成して，その理由を話し合い，感じたこと気づいたことを分かち合う。

理科：原子記号のカルタ（例：読み札「水」，取り札「H_2O」）をそれぞれの記号のイメージで班別に話し合い，作成する。そして感じたこと気づいたことを分かち合う（以上吉澤より）。

総合的な学習の時間では，ボランティア活動に出かける前に，ボランティア先の方とスムーズなコミュニケーションがとれるように，「ふわふわ言葉とチクチク言葉」を実施して体験的に理解する。

また環境についての学習の中では，環境と人とのかかわりについて体験的に学ぶことをねらいとして，「一本の木」を実施する。　　　　（岡田　弘）

参考：吉澤克彦「教科・道徳の学習方法として」，國分康孝監『エンカウンターで学級が変わる・中学校編1』，『同・小学校編2』『同・ショートエクササイズ集1〜2』図書文化．

9. 道徳

活用のねらい

学校教育において「心の教育」のために特設された唯一の時間が「道徳の時間」である。SGEの普及に伴って，道徳授業においてもSGEのエクササイズを行う教師が増えてきた。これは当然のことである。SGEはサイコエジュケーション（心の教育）の目玉商品だからである。

しかし，全国の多くの指導主事からは次のような批判も出た。「SGEを使った授業は学級活動であって，道徳とはいえない」というのである。

では，SGEを使った道徳の授業と，学級活動の違いは何か。それは「ねらいとする道徳的価値」を中心においてエクササイズを選定しているかどうかである。これが道徳授業でSGEを行う際のポイントである。

この場合，SGEは道徳授業の「方法」であって「目的」ではない。道徳授業の目的は，あくまでも「ねらいとする価値」である。

このことを子どもたちに意識させるための，SGEを使った道徳授業のポイントとしては2つある。
① 授業の導入で動機づけをしたあと，教師が「ねらいとする価値」について語ること。
② 子どもの意識を価値に方向づけるために，副読本の読み物資料や「心のノート」を使うこと。

もちろん読み物資料とエクササイズの内容的なつながりも重要である。私が編集にかかわっている副読本（東京書籍）では，「読み物資料＋エクササイズ」のセットを提示している。

また，SGEを活用することで，ねらいとする価値を知的に理解するだけでなく，自分の実体験と結びつけて体験的に理解することが可能になる。

「心のノート」を有効に使う

賛否両論を呼んでいる文部科学省の「心のノート」であるが，使い方によってはかなり有効に使うことができる。「心のノート」は，以下の2つから成り立っている。
① ねらいとする価値をわかりやすく提示した部分
② 書き込み作業ができる部分

前者を読み物資料として使ったり，後者（書き込み作業の部分）を，エクササイズでワークシートの一部としてそのまま使ったりするとよい。

「心のノート」の普及・定着により，SGEの普及・定着も加速化されるのではないかと考えている。　　（諸富祥彦）

参考：諸富祥彦ほか編『エンカウンターで道徳　小学校低・中・高学年編，中学校編』明治図書。諸富祥彦ほか編『「心のノート」とエンカウンターで進める道徳　小学校低・中・高学年編，中学校編』明治図書。

10. 保健室

保健室では，SGEの手法を取り入れ，予防的，開発的に子どもたちの心の健康の維持・増進を図る。

活用のねらい

●心と体の健康を促進する

体や容姿に関するものから人間関係に関するものまで，保健室には，思春期特有のさまざまな悩みがもち込まれる。このような悩みをもった子どもたちには，自己肯定感を高めて心と体のバランスを保ち，問題を解決していくためのSGEを活用する。

●教師と子どもの関係づくり

養護教諭と子どもの信頼関係づくりにSGEを活用できる。例えば無口な子どもとは，非言語コミュニケーションによるエクササイズを行う。視線やしぐさといったボディランゲージでコミュニケーションをとりながら，一緒にエクササイズを行う経験が，子どもとの心の距離を縮めてくれる。

ていねいに信頼関係を培う経験をした子どもは，人に支えられることのありがたさ，人を支えることの喜びを知る。コミュニケーションの基礎としての信頼感を体験的に身につけられる。

●子ども同士の関係づくり

いままで養護教諭とやっていたエクササイズを保健室にいる数人の子と一緒に行うなどして，子ども同士のふれあいを促す。またその子が級友とふれあえるようにSGEを担任に提案する。

活用の方法

●頻繁に保健室を訪れる子へ

不登校傾向などで頻繁に保健室を訪れる子には，その子の悩みの本質を解決するために数種類のワークシートを用意して対応することが大切である。

●休み時間にときどき遊びに来る子へ

担任などとの連絡を密にし，その子が来室する理由をまず理解する。その子の抱えている問題に応じたエクササイズを段階的・系統的に用意する。

●保健委員会など

保健委員会などの人間関係づくりにSGEを行うことができる。

活用するための工夫

1人でできるもの，教師と2人で行えるもの，数人の仲間と行えるものなどエクササイズを数多く用意しておく。

①教師との関係づくり：肩もみエンカウンター，トラストウォーク（P.364, 494）など

②体の緊張をほぐす：呼吸，声を出す，色で表現することなどに関するエクササイズ

③表現させる：ロールレタリング，コラージュなどを活用したもの，共同絵画（P.490）

（金山美代子）

参考：河村茂雄編『ワークシートによる教室復帰エクササイズ』図書文化．

11. 特別支援教育

特別支援教育の課題

近年，学校教育の中で特別支援教育がクローズアップされている。

文部科学省は「今後の特別支援教育の在り方について（最終報告）2003.3」の中で支援教育について以下のように述べている。

「特別支援教育とは，これまでの特殊教育の対象の障害だけでなく，その対象でなかったLD，ADHD，高機能自閉症も含めて障害のある児童生徒に対してその一人一人の教育的ニーズを把握し，当該児童生徒の持てる力を高め，生活や学習上の困難を改善又は克服するために，適切な教育を通じて必要な支援を行うものと言うことができる」

特別支援教育を必要とする子どもたちには，一人一人のニーズに応じて，適切な教育支援が行われなければならないとしている。

特別支援教育を必要とする子どもたちは，学習面ではもちろん，それ以外の行動面や対人関係面でも困難が生じやすく，疎外感や不全感を味わったり自己肯定感を失ったりすることが多い。これらの2次的な問題が発生すると，障害による問題の本質が見失われる。

そこで，本人に対するカウンセリングやソーシャルスキルトレーニングのほか，本人を取り巻く人間関係づくりに，SGEを積極的に生かし，取り組むことが必要となる。

SGE活用の場面

● 特別支援教室で

少人数集団であることを生かしたリレーションづくりのためのエクササイズを，年度初めに繰り返す。ゲーム性が高く，活動量があるエクササイズがよい。集団の関係ができてきたら，アサーショントレーニングやソーシャルスキルトレーニングに移行する。かかわりの中で，「できない自分，だめな自分」というイラショナルビリーフを捨て，障害はあっても「ぼくはぼくでOK！」と子どもたちに感じさせたい。

● 養護学校で

基本は特別支援教室と同様である。子どものみでエクササイズの展開がむずかしいときは，教師がメンバーとしてグループの中に入ったり，複数のリーダーやサブリーダーを配置したりして，ティームティーチングで進めるなどの工夫がなされるとよい。

● 交流教育の場面で

限られた時間の中でリレーションを深め，障害のある子どもを受け入れる通常学級の子どもの，心の育ちを促すことができる。

● 保護者とともに

療育に悩み，保護者も自己肯定感を失っていることが多い。SGEを取り入れることで，保護者を励まし勇気づけることができる。 　　　　（岸田優代）

13. 人権教育

ねらいと成果

人権教育の手法には，2つのアプローチがある。すなわち，法のもとの平等，個人の尊重，生命の尊さといった人権啓発活動，つまり「人権一般の普遍的視点からのアプローチ」と，女性差別，民族差別などの「具体的な人権課題に即した個別的な視点からのアプローチ」である。

これらどちらのアプローチにおいても，SGEを活用することができる。

というのも，SGEを導入することによって，子どもたちは，人権や偏見・差別に対する体験的な気づきや学びを得ることができる。さらに，人権という普遍文化を育むための技能（具体的な行動の仕方）を獲得することができるからである。

従来の人権教育は，人権に対する知識・情報を伝えるという観点からは一定の効果があったが，このような受身型の啓発には限界がある。そこで，子どもが主体的・能動的に参加できるような啓発的手法が推進されなければならない。「体験的参加型学習」と呼ばれるSGEを活用した人権教育で，子どもたちは気づきや学びを得て，それを行動化させていく技能を獲得することができる。

どう活用するか

人権教育にSGEを導入し，役立てるための方法・使い方は2通りある。

1つ目は，SGEを，人権教育の学習を進めるための土台づくりに活用するという使い方である。すなわち，子どもの自己理解，他者理解を進め，互いの違いや個性を認め合う自己受容，他者受容を促進させ，他人を思いやる心を育み，子どもの情操をより豊かにしていく。具体的には，「みんな違ってみんないい」「トラストウォーク」(P.460, 494)などのエクササイズを行う。

2つ目は，偏見，差別という具体的な問題についてのエクササイズを行い，偏見や差別の解消をめざして思考・行動・感情の変容を促進していくという役立て方である。具体的には，「男らしい・女らしいってなあに？」[1]や「水平社宣言を私たちの生活に」[1]などのエクササイズを行う。

活用するための工夫

学級活動・道徳・総合的な学習の時間にエンカウンターの実践を行い，教科の学習や学校行事とともに，人権尊重に関する学習をクロスカリキュラム的（教科横断的）に実践していくと，よりいっそうの効果が期待できる。

（相良賢治）

---

[1]：國分康孝監『エンカウンターで学級が変わる・中学校編3』図書文化。

12. 国際理解教育

活用のねらい

国際理解教育が育成しようとしている態度や技能・表現は、SGEのねらいに通じるものが多い。

異文化を受容し共感的に理解するためには、自己肯定感や他者の受容が必要である（右図）。自文化への誇りだけが高くても、自己肯定感の欠如や他者の排斥があれば、危険な民族主義に陥るかもしれない。そこで国際理解にかかわる個人の態度や価値観を育てるには、自己理解・他者理解・自己受容・信頼体験といったねらいをもつSGEが役立つ。コミュニケーション能力の育成も、SGEと共通する。グループのコミュニケーションが個人を育てるからである。

国際理解教育がめざす多文化共生社会には、単なる異文化理解に終わることなく、身近な生活の中での行動化という意味が含まれている。子どもたちをこうした活動へと主体的に促すには、参加的・体験的学習こそが望ましい。そこで体験による学びを行い、自分に問いかける取り組みを中心にすえるSGEを導入すれば、子どもの主体的な学びや協調的な活動を促すだけでなく、それを自分たちの現実的な課題としてとらえられるようになる。

```
              個へのかかわり
                   ↑
    ①自尊心・自己肯定感 │ ②他者の受容・尊重
    自己との共生 ←─────┼─────→ 他者との共生
    ③自文化への誇り    │ ④異文化の受容
                       │   （多文化共生社会）
                   ↓
              集団へのかかわり
```

国際理解教育＝4つのバランス

タイミング

●どんな学習でも／国際理解教育は、横断的総合的な課題であり、かかわりの学習である。どの教科でも国際理解教育に関するものが含まれており、その際にはSGEを活用したい。総合的な学習の時間は特に大切にしていきたい。

●どんな課題でも／異文化理解や人権、環境といった学習内容は、すでに多くのエクササイズがある。それ以外の貧困、外国人問題、難民、識字などの課題は、開発教育の参加型学習の教材にシェアリングを足してSGEを生かす。

●どの段階でも／学習のどの段階（課題の発見、課題解決、発表・評価など）においてもSGEは役立つが、とりわけ出会いの場面では非常に有効である。

活用するための工夫

身近ではない外国の事柄を扱うので、イベント的に行われたり、知識の伝達に偏りがちだったりする。そうならないために、少人数での出会いを継続的につくるSGEを生かし、常に子どもを学習の主体者とする工夫が必要である。

（斉藤　仁）

14. 環境教育

日本における環境教育は，①自然保護教育，②公害教育，③野外活動教育の大きな流れをもち，発展してきた。1993年に環境基本法が制定されてからは，特に自然とふれあう体験や，自然に対する感性を培うこと，そして環境を大切に思う心を育てることなどの必要性がうたわれている。

さらに1996年の中教審答申で「生きる力」の育成や「総合的な学習の時間」の創設が提言されると，環境教育の実践への大きな歩みが認められるようになった。

自然とのふれあい体験の可能性は，「自然体験活動憲章（NPO自然体験活動推進協議会）」に5つの意義が唱えられており，特に②③④には，SGEを活用することが有効であろう。

【自然体験活動憲章】
自然体験活動は，
①自然の中で遊び学び，感動する喜びを伝えます。
②自然への理解を深め，自然を大切にする気持ちを育てます。
③ゆたかな人間性，心のかよった人と人とのつながりを創ります。
④人と自然が共存する文化・社会を創造します。
⑤自然の力と活動に伴う危険性を理解し，安全への意識を高めます。

活用のねらい

SGEは，自己と他者との関係性の中から自己への気づきを促していくものである。環境教育においては，これをさらに，自然や地域環境との関係に広げ，そこから自己への気づきを導くものとして活動を考えることができる。つまり，SGEを活用することで，自然とのつながりを確かなものにするだけでなく，そこに存在する周囲の人を感じることができる。それらの経験から自己への気づきを導き，人と人とのよりよい関係を築く契機を得ることができる。

活用できるエクササイズ

環境教育につながるSGEのエクササイズには，次のようなものがある。
● 野外活動で活用できるもの
「四つの窓・キャンプファイヤー編」[※1]
「キャンドルサービス―移動教室・夜の行事―」[※2]
「2人の木」[※2]
● 自然の摂理を体験的に理解するもの
「一本の木」[※1]
● 自然へのイメージや感受性をふくらませるもの
「イメージトリップ」[※3]
「自由に羽ばたこう」[※3]
「イメージの小旅行」[※4]など。

（吉田友明）

※1：國分康孝監『エンカウンターで学級が変わる・小学校編2』 ※2：『同・小学校編3』 ※3：『同・ショートエクササイズ集1』 ※4：『同・ショートエクササイズ集2』図書文化.

15. ボランティア活動

近年，学校教育にボランティア活動体験を取り入れることが多くなってきた。それによって子どもたちの社会的有用感や自己肯定感，また相互援助的な生活姿勢が培われることが期待されている。

ボランティア活動には4つの原則がある。自発性・連帯性・無償制・先駆性である。言いかえると，「金品を得ることを目的とせず，社会的な解決課題のために，自らの意志で，仲間と協力的に活動すること」である。解決課題とされる活動の対象は福祉・環境・地域文化の伝承・国際協力・平和など多岐にわたっている。

ボランティア活動を通して，子どもたちは自分の内面世界を見つめ，また外的世界について思考を深めていく。これらのことを効果的に進めるにはSGEの自己開示とシェアリングが有効である。

SGEを取り入れる場面

学習場面は準備学習と実際の活動体験とに大別され，方法としては知的学習と体験学習とがある。

準備学習は学校で行うことになるが，活動の意義・目的の話し合いやボランティア技能の習得・障害体験などがある。「友人の意見から啓発されたことはどんなことか」「車椅子体験をして他の人に伝えたいと思うこと」のような記入シートを作成しておき，それに基づいてシェアリングをするとよい。事前にSGEを体験しておくと，ボランティア活動先でも，そこにいらっしゃる方々とうまくエンカウンター（心と心のふれあい）できる。

実際の活動体験のあとでは，「自分がしたこと・出来事→自分がいま考えていること・感じていること・したいこと」をペアで聞き合って，相手の体験についてまとめてみることで，自己と他者の理解を深めることができる。また，活動で出会った人について，聞いたことの中からその人の伝記を書く「伝記作成法」も，他者理解を通しての自己の振り返りをすることになる。

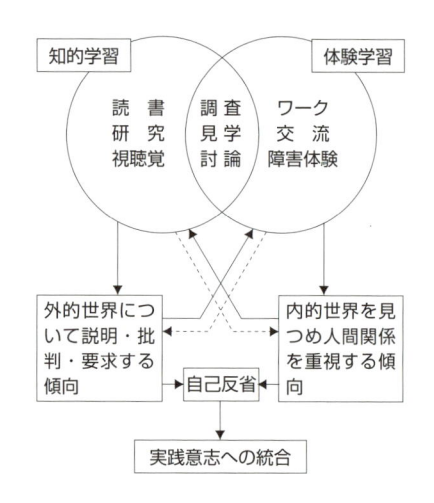

（髙野利雄）

16. ソーシャルスキル教育

　ソーシャルスキルとは,「人間関係を円滑に進めるための適切性と効果性を伴う知識とその実行力」と定義できる。適切性とは,場面や相手の状況に適切かということである。また効果性とは,相手から「いい感じだな」などの好意の念をもたれることである。

　人間関係が円滑でないと,不安・悩みの原因になる。円滑だと心理的に安定し,精神面の成長が促される。したがってソーシャルスキル教育のねらいは,現在や将来の心理的安定や精神的成長をめざし,対人反応の知識を教え,実行力を育成することである。学校教育の中では,学級を対象とする(クラスワイド)ソーシャルスキルトレーニングを中心に行われる。

　目標スキルには,主張性・社会的問題解決・友情形成のスキルがある。スキル習得の手順は,教示・モデリング・フィードバック・行動リハーサル・般化(スキルの定着)である。実施の留意点は,目標スキル(定着をめざすスキル)が表面的・形式的な訓練にならないように配慮することである。

SGE活用のメリット

　第1はリレーションの形成である。リレーション形成が低いクラスでソーシャルスキルトレーニングを実施すると,訓練が表面的・形式的でしらけたものになるが,リレーションが高く親和的な雰囲気のクラスで実施すると効果が高まる。

　第2はスキルを日常で使っていくための気概や勇気の培養である。SGEにより,感情を伴う洞察を得ることでスキルの般化を促進することができる。

　第3のメリットはソーシャルスキルの使用感覚の育成である。人とうまく折り合うことだけでなく,自分の感情と折り合いをつけたり,自分の権利を守ったりしながら,スキルを使用するときの感覚を得る。

　SGEのエクササイズ「私の話を聞いて」(P.480)では,2人組になり,話し手が一生懸命に話し,聞き手はそれを無視する。役割を交代して同様に実施する。次に何が嫌だったかを2人で考える。上手な聞き方は,嫌だった聞き方の反対をすればよいことを説明し,よい聞き方を交互に実践する。これは傾聴の感覚や心構えを体験する。このように,SGEは感情に働きかけるので,第2・3のメリットが得られる。

　いっぽうソーシャルスキルトレーニングは,行動に働きかけて行動の変容をめざす。例えば傾聴トレーニング「上手な聴き方」では,「いましていることをやめる・話し手を見る・理解しながら聞く・適切に反応する」という下位行動を教示し,スモールステップで習得していく。実生活での般化を目的に訓練するのである。　　(橋本　登)

参考:國分康孝監『ソーシャルスキル教育で子どもが変わる・小学校』図書文化。

17. アサーション教育

アサーションとは、「自分も相手も大切にしようとする自己表現」、あるいは「自分の意見、考え、気持ちや欲求などを正直に、率直に、その場にふさわしい方法で述べること」（平木）である。

アサーションの構造とSGEの関係

アサーションは4つの層から構成されている。

第1層は「基本的なアサーション権」である。この層はアサーションの土台であり、「だれもが自分の考えや気持ちを表現してよい」という表現の自由と権利を含むものである。SGEの「人生の主人公になる」「他人の権利を侵さない限り、ありたいようにある」という目的と重なる。

第2層は「自己信頼（自己尊重）と他者信頼（他者尊重）」である。「あなたが自分の気持ちや考えを訴えるように、私も私の気持ちや考え方を訴えることができる」「あなたが私の声に耳を傾けるように、私もあなたの声に耳を傾けよう」という相互尊重の心構えである。SGEの「自己理解」「他者理解」のねらいと重なる。

第3の層は「アサーティブなものの見方・考え方」である。「考え方やものの見方を変える。こだわりを捨てる」といった、より現実的で論理的な思考の習得であり、SGEのエクササイズを体験することを通して得られる「気づき」と重なるものである。

第4層は「スキル習得」である。「相手が理解できる情報内容と、相手に配慮した表現方法を工夫する」という、アサーションの具体的スキルを習得する段階である。

アサーション教育とSGEは、考え方や活動の部分で重なるところが多く、第1層から第3層までの習得にSGEを活用することが有効である。

活用の方法

アサーショントレーニングにSGEを活用する例をあげる。

第1層では、SGEエクササイズの「四つの窓」（P.378）を行い、4群それぞれの価値観を認める活動を通して、「みんな違ってみんないい」という考えに気づかせることができる。

第2層では、「いいとこさがし」（P.408）を行うことで、自己尊重と他者尊重を身につけるねらいを達成できる。

第3層では、シェアリングにおけるメンバーの発言（フィードバック）から、自分の思考の癖について気づきを得ることができる。

このように、アサーション習得のプロセスにSGEを生かすことで、自己発見を通した自己変革や自己成長を促進することができる。　　　（苅間澤勇人）

参考：平木典子『アサーション・トレーニング—さわやかな〈自己表現〉のために—』日本・精神技術研究所。園田雅代ほか『教師のためのアサーション』金子書房。

18. 健康教育・ライフスキル教育

ねらいと成果について

健康教育に，構成的グループエンカウンター（SGE）をどのように生かすことができるのだろうか。

例えば小学校4年生の保健「育ちゆく体とわたし」の単元では，体の発育発達の一般傾向を学ぶ。そこでは「育っていくことを自分自身が肯定的に受けとめていく」ことがねらいとなる。この方法としてSGEが最適である。

理由は2つある。1つは，SGEが体験学習だからである。人とかかわる体験の中で学ぶことができる。もう1つは，SGEが実存主義に支えられているからである。保健学習は，健康を通して自分自身の生き方を考えることにつながる。「自分の人生を生きよ」「そして行動の責任を引き受けよ」という哲学に支えられたSGEは，健康教育（特に保健学習）に最も適切な手法であるといえる。

また，ライフスキル教育のねらいは，社会においてよりよく生きていくための基本的能力の育成である。その構成要素には「健全な自尊心の形成」「目標設定」「意志決定」「コミュニケーション」「ストレスマネジメント」などがあげられる。

ライフスキルは健康教育にも積極的に取り入れられており，保健指導や保健学習では，自分で健康課題を設定し，意志決定をする場面などによく使われている。単なるスキル学習に終わらせず，自己を見つめ，深い気づきを促すためにSGEが活用できる。

どんなときにできるか

私は保健学習では1時間の授業として，保健指導では導入や終わりの活動としてSGEを実施している。また総合的な学習では，「心の健康」をテーマにして，連続したSGEのプログラムを組むことが可能である（P.235参照）。

活用するための工夫

それぞれのエクササイズのねらいを生かし，授業のねらいにそって活動内容を一部変更するとよい。

①他者理解・自己理解を深めるエクササイズを選択し，聞き合い活動の話題を授業に関連するもの（毎日の生活時間，食事，遊びなど）に変更する。

②単元と近い目標をもつエクササイズ（自己存在感・自己肯定感を高めるもの）を選択し，子どもに合うように一部内容を変更し，使用する。

③単元と同じ目標のエクササイズ（自己存在感・他者受容）を選択し，内容を学習に関連したもの（けがをした人はだれかをあてる）に変更する。

（酒井　緑）

参考：酒井緑『エンカウンターでイキイキわくわく保健学習』図書文化。

19. 非行予防

非行問題への対応は，①すべての子どもに対する非行予防教育，②非行の兆しがある子どもに対する早期指導・援助，③非行の進んだ子どもに対する密度の高い指導・援助，の3つに大別できる。そして，SGEは，特に①の非行予防教育に活用することができる。一般的なSGEの実施による，自他への気づき，絆の深まり，ソーシャルスキルの向上などは，いずれも非行予防に寄与するが，ことに非行にターゲットを絞って開発されたSGEが，「非行予防エクササイズ」である。

これは，おもにワークシートを使うなどして，メンバーの認知面に働きかけるものであり，①どのような行動をすると非行になり，処分を受ける可能性があるのか，②非行によって損することと，得することを比べてみるとどうなるか，③1つの非行がどれだけの人に，どれだけの影響を与えるか，④被害者の気持ちを少しでも想像してみるためにはどうしたらよいか，といったテーマについて考え，それをシェアするものである。

実施の対象と時期

実施の対象は，小学校高学年から高校生までと幅広い。

実施の時期としては，予防が中心なので，荒れが生じやすい時期の前であることが望ましい。具体的には，年度当初や夏休み直前が1つの目安となろう。年度終了までに，3〜4回のエクササイズができればベターだと思う。

効果的なエクササイズ

非行予防エクササイズを実践した中では，「殴ることや，放置自転車を勝手に持ってきたりすることを，『非行でない』と認識している子どもが多くいて，驚いた」「子どもたちはものごとの事実を知りたがっている，しっかり理解したがっているということを実感した」「子どもたちが関心をもって取り組んでくれた」といった評価がある一方で，「すでに非行や問題行動が頻発している中ではやりにくい」「リーダーに，非行問題に関する知識が必要とされる」といった声も聞く。

たしかに，非行問題に関する知識があったほうが，より効果的にエクササイズを実施できる。その点では，関係機関との連携をおすすめする。実際，警察の少年補導職員による非行防止教室での実践例もある。

非行は当事者の少年が公的処分を受けるだけでなく，被害者を生み，周囲を巻き込み，学級や学校の運営に大きな影響を及ぼす。それを未然に防ぎ，よりよい教育活動の基盤を築くため，そして子どもたちが後悔しないために，この分野でのSGE活用が期待される。

（押切久遠）

参考：國分康孝監，押切久遠『クラスでできる非行予防エクササイズ』図書文化。

20. 院内学級

　院内学級とは，病気やケガなどによる長期入院の子どもたちに教育を保障するため，入院しながら学ぶことができるようにした病院内の学級である。

活用のねらいと成果

　子どもたちの多くは，病気やけが，学習の遅れに対する不安と，入院生活によるストレスを抱えている。院内学級におけるSGEのねらいは，あたたかな人間関係の中で自他を見つめることで，いまの自分にOKと言えるようになることである。私が院内学級で出会った多くの子どもたちにとってSGEは教師や友達との関係づくり，自他理解を促すものであった。

　長期入院生活を送ったA男が退院の際に「先生，いままでやった勉強の中で，いちばんためになったよ」と言った。長い入院生活で，不機嫌・怒りの感情が強く，「どうせ僕は体が弱い，勉強もできない」という自尊感情の低さが感じられたA男である。そのA男がSGEの事前事後に測定した質問紙調査の結果，ストレス反応は軽減し，自尊感情が向上していることが示された。

タイミング

　子どもたちの入退院は頻繁で，ふれあいのある人間関係が常にできているわけではない。「前にいたB男は好きだったけど，新しく入ってきたC男は嫌だ」ということも起こりうる。予防・開発的な視点で，子どもたちの出会いを演出するとよい。

　入退院が頻繁ということは，通常学級での学級開きやお別れ会がそのときどきに行われると考えてよい。新たに迎えた友達とは，「ネーム・ゲーム」[※1]や「自分を語る10のキーワード」などのエクササイズ，退院する友達とは，「別れの花束」（P.500）などのエクササイズを行い，「ようこそ，○○君」「○○さん，お元気で」という気持ちを伝えたい。

活用するための工夫

　院内学級に在籍する子どもの人数は少ないので，SGEを行う際は，教師や看護師，ときには保護者にも一緒に活動してもらうとよい。親子で「二者択一」のエクササイズに取り組んだときには，「へぇ，そうなんだ」「意外!!」など，親子の相互理解に大いに役立ったということがある。

　また，院内学級には異学年の子どもが在籍する。学年が上の子どもにたまに教師役を依頼すれば，役割遂行を通した満足感を与えることができる。

　院内学級での出会いは「一期一会」である。その出会いの演出にSGEの効果は抜群である。

　　　　　　　　　　　（曽山和彦）

※1：國分康孝監『教師と生徒の人間づくり』瀝々社．

21. 適応指導教室

活用のねらい

不登校の子どもは「どうせ私なんて……」と感じることが多く、自己肯定感が低いといわれる。適応指導教室はそのような不登校の子どもたちが通級する支援機関である以上、自己肯定感に働きかける援助が必要である。したがって、適応指導教室においてSGEを実践するねらいは次の2つである。
①自己肯定感を高める……個々に高めながらも、それが長期的に維持されるように育てていく。
②個と同時に「集団」を育てる……他者とのやりとりの中でこそ育つもの、気づくものがある。不登校の子どもが複数通級していることを生かし、集団づくりの視点も加えていく。

活用場面

次の場面で用いることができる。
①入級する子どもを迎える場面……ゲーム性が強いものを実施。入る側だけでなく、迎える側の緊張感も軽減し、教室への親しみの思いをもち、次の通級へつながりやすい。集団の一員になりやすくする効果がある。
②ふだんの子どもの活動場面……個人に合わせたスモールステップによる学習場面で、1年を締めくくる修了式などで、いいところが発揮されたその瞬間に、積極的に「いいところ」を伝えていく。「言わなくてもわかるはず」ではなく、本人のいいところはしっかり伝わるようにしていくことが大事である。

活用するための工夫

通級する子どもたちは、傷つきや挫折体験をしている場合が多い。したがって、次の点に配慮しながら活用する。
①まずは指導員と子どもとのリレーションをつくる。対人関係における負の体験をしている子どもに対して、「出会いってあたたかくてうれしいものだな」の思いをもたせることが、その後の変化を支える。この関係をつくってから、子ども同士の関係に広げていく。
②学級での実施よりも、時間をかけてゆっくり、ていねいに体験させていく。SGEの考え方はエクササイズ実施中だけでなく、日常のかかわり場面にも生きている。指導員側がゆったりした姿勢で対応すること、ほめ言葉の語彙を豊富にもつこと、リフレーミングの言葉を身につけてかかわることが大切である。ゆるぎない自己肯定感づくりには、他者の存在と、ふだんからじっくり継続的にいいところを伝えていくことが不可欠である。（髙橋さゆ里）

22. 保護者会

ねらい

保護者会で構成的グループエンカウンター（SGE）を活用するねらいは，保護者と教師が協働して，教育に取り組む関係づくりである。

価値観があいまいになり，人生に対する信頼がゆらぎやすい時代である。このような大人社会の雰囲気は，当然子どもたちにも大きな影響を与える。

保護者には，自ら足もとを見つめ，子どもたちの生き方のモデルとなることが期待されている。また，子育てに悩んでいる保護者には，心理的な支えと具体的な支援が必要である。子どもを育てる保護者としての成長をサポートすることも，学校が担っている役割の1つである。

そのためには，まず教師と保護者，保護者同士の信頼関係を築き，保護者会をまとまりのある，あたたかい雰囲気の集団に育てることが必要である。保護者会がそのようなものに成長したとき，子どもたちの集団にも明るい展望が見えてくる。

SGE導入のタイミング

保護者会が居心地のいい集団になるかどうかは，年度初めの，親同士の出会いをどのような形で設定するかでほぼ決まる。SGEによる本音の交流体験を設定するとよい。

その際，SGEがなぜ必要かを説明するときのキーワードは，「親が安定すれば子どもも安定する」である。「ジョハリの窓」でいう「自分にも他人にも見えている自分」を広くすることで，子どもへのかかわり方が意図的で効果的になる。

互いに自分に自信がもてない，本音が出せないと思っている間，保護者会の雰囲気は堅くてぎこちない。しかし，少しずつ自分の考え・感情への気づきが増え，自己開示できるようになると，リレーションが深まっていく。そしてグループの成長につれ，個人も成長する。

年度途中からでも可能だが，学級開きの際の取り組みが最も効果的である。

SGEを活用するための工夫

保護者のかかわる行事，仕事は年間計画で予定されており，内容もほぼ決められていて，学校の下請け機関のようになっている場合が多い。そんな中で参加意欲を高めるために，保護者が主体的に取り組むことができるプログラムを提案したい。いくつかメニューが用意されており，そこから選択できるような体制が組まれていれば理想的である。

（加勇田修士）

参考：國分康孝監『ビデオ　構成的グループエンカウンター実践技法　第8巻』図書文化。

23. 校内研修・現職研修

校内研修・現職研修に構成的グループエンカウンター（SGE）を取り入れるには3つの方法がある。

1つ目は，SGEの手法を取り入れて研修を進める場合。2つ目は，生徒指導などに生かすSGEを学ぶための校内研修を行う場合。そして3つ目は，SGEを活用して職場の人間関係を改善する場合である。

SGEの手法を取り入れる

校内研修は，職員同士のふれあいがあり，自己発見ができるものでありたい。そこで，さまざまなテーマや内容で行われる研修にSGEの手法を取り入れるのである。たとえば，研修会の初めに，動機づけのために簡単でゲーム的なエクササイズを行ったり，研修のテーマについて悩んでいることや困っていることなどを出し合ったりする。また研修自体をエクササイズと考え，研修会の終わりにシェアリングを行う方法もある。

そうすることで，研修に対する不安感を軽減することもできるし，自分のしたい研修計画がはっきりすることにもつながる。年齢も経験年数も専門教科も多様な職場で，効率的に有意義に研修を進めることができるであろう。

SGEを学ぶための校内研修

SGEは，対人関係能力を形成し自己理解を深めることをめざしているので，生徒指導の研修会で取り上げられることも多い。この場合は，子どもたちの実態を踏まえたうえで，どんな課題があり，どんな力をつけたいのか明確にして，研修を行うことが効果的である。せいぜい2，3時間の研修であると考えられるので，SGEの経験豊富な上級教育カウンセラーなどに事前に子どもの実態や課題を知らせておき，それをもとに学級で活用できるSGEについて講師を依頼するとよいであろう。各担任は研修した内容を自分の学級に使いやすいようにアレンジして活用することが望ましい。SGEを行う特別な時間を設定しようと考えず，学校教育の全領域で使えそうな場面を弾力的に設定するようにする。

職場の人間関係を改善する

短時間のSGEに初めて参加した人には「酒がない飲み会のように安心してお互いのことが話せた気がする」という感想が多い。SGEを校内研修で行うことで職場の人間関係を改善することも可能である。この場合は，無理なく実施できる時間を設定し，簡単なエクササイズを行うこと，年齢や職場での立場や役割をはずして行うことがいいようである。リーダーを各地区の上級教育カウンセラーなどの専門家に依頼するとよいだろう。

（藤村一夫）

24. 専門学校・短大・大学

活用のねらいと成果

専門学校，短大，大学の学生に実施する場合，「構成的グループエンカウンター（SGE）の目的は，自分の対人関係を少し広げるためのきっかけづくりである」と示すとよい。また学生には提示しないが，対人関係にプラスのイメージをもてるようなかかわりの場面を設定し，いろいろな他者とかかわろうとする意欲を喚起することを，実施者はねらいとして意識することである。

SGEのエクササイズの内容も，学生同士のリレーションの形成に重点をおき，緊張感の緩和，不安の軽減をねらいとしたエクササイズを十分に行ってから，対人関係づくりに入っていく。

対人関係づくりでは，まず新たな人間関係を築くための二者関係づくり，4人組など小集団によるかかわりから始める。そして徐々に対人関係を広げられるように構成し，しだいに非言語によるコミュニケーション，感情や価値観の表明にかかわるエクササイズを取り入れるなど，内容を深めていくとよい。

学生の感想文からは，「初対面の人と話すことは苦手だが，意外に深い話題まで話せた」「話したいと思っていた人と友達になれた」「自分のことを肯定的に見てくれてうれしかった」など，対人関係づくりのきっかけとなっている様子がうかがわれる。

このような居場所づくり，仲間づくりは，イメージしていた学校生活と現実とのギャップや，親元を離れた学生の不安など，学生がもちやすい諸問題への予防的な対応ともなる。

タイミング

新学期が始まった4・5月や，後期授業が始まる10月など，学生の対人関係づくりが開始される節目の時期が実施のチャンスである。

授業にエクササイズやSGEの手法を取り入れて実施することも可能であるし，まとまった時間を確保できるようなら，土曜日などを使って3〜4時間のプログラムを行うこともできる。

活用するための工夫

授業でSGEに参加している学生の中には，学生相談室などの心理援助機関で個別面接を受けるほうが適切な学生もいる。学生の様子を観察して，参加がむずかしい学生をスクリーニングしたり，心理学を専攻している大学院生などをサブリーダーとしてグループに配置し，言葉につまったり，どのように行動していいのかわからない学生へのモデルや，補助自我としての役割を担ってもらうようにするとよい。

（武蔵由佳）

Part1 エンカウンターについて知ろう【入門】

第1章　構成的グループエンカウンターとは

第2章　学校教育に生かす
　　　　構成的グループエンカウンター
1　エンカウンターはなぜ学校に広まっているか
2　学校教育にエンカウンターを生かす目的
3　エンカウンターで子どもは何を体験するのか
4　どんなときにエンカウンターを活用できるか
5　やってみたい人のためのQ&A
★　コラム

Part2 エンカウンターをやってみよう【実践】
第3章　実施までの手順
第4章　インストラクション
第5章　エクササイズ
第6章　シェアリング
第7章　介入
第8章　振り返りとアフターケア
第9章　継続的な実践とプログラム

Part3 柔軟に展開しよう
第10章　いまここでのSGEをめざして
第11章　子ども・学級の理解と育成
第12章　構成の工夫
第13章　リーダーとして求められるもの

Part4 エクササイズカタログ
第14章　スペシフィックエクササイズ
第15章　ジェネリックエクササイズ

Part5 資料編

　本節は，学校で構成的グループエンカウンター（SGE）を行う場合によく聞かれる質問と，その答えである。ここに展開されている19の質問は，SGEのリーダーをやろうとしたときや，実際に行っているときにわき起こる自然な疑問や質問である。こうした疑問や質問に自分なりの解答をもっていないと，歯切れの悪いインストラクションや，エクササイズになってしまう。

　SGEは，教師ならばなじみやすい教育技法である。しかし，より深く自己を知り，自己開示できるリーダー（教師）の行うSGEは，その深まりが違う。適切な介入とサポートができるリーダーは，よりいっそう深まりのあるSGEが実施できる。しかし，初めから上手なリーダーなどいない。SGEを実施しながら，自分の技術や理論的裏づけを磨いていくのである。

　ところで19の質問への解答者は，各地でSGEを実践している方々である。自己を見つめ，自己開示を躊躇なく実施する技量を備えた，介入とサポートのできる方々である。その解答には，現場で実践しているからこその説得力と納得できる説明がある。そして，理論的な裏づけがある。

　本節は，SGEの入門と発展のための章でもある。読み進めながら，疑問に対する答えを得るだけでなく，自己点検にも活用していただけると幸いである。
　　　　　　　　　　　　（岡田　弘）

Q1. SGEをしてみようと思うのですが，私にできるでしょうか

教師に向いている

SGEの流れは授業に似ていて，先生にも子どもにもなじみやすいので，学校の先生ならば，初めての人でも十分に実施できる。

ただし，スキーを履いてもいきなり急斜面を縦横無尽に滑ることができないのと同じで，研鑽を積まないと上達は望めない。できるだけ研修会などに参加して，自分も体験することが望ましい。

ショートエクササイズから始めよう

初めは，目的をリレーションづくりに絞って「これならできそう」と自分が感じるものを選ぶとよい。特に，ショートエクササイズをおすすめしたい。

逆に言うと，初めからどんなエクササイズでもできるというわけではないことを知るべきである。

例えば「ミニ内観」や「エゴグラム」などの，心理療法をベースにしたものは，その分野に堪能であるか，そのエクササイズの体験があるとき以外は避けたほうがよい。子どもが混乱したり，心的外傷を受けたりするなど，予測しえない事態に陥ったときに，十分な対応ができない可能性が高いからである。

宿泊を伴うSGE研修に参加しよう

何度か実施していくうちに，多くの初学者は，響きのあるシェアリングができなくて行きづまる。「面白いだけのエンカウンター」から「面白くてためになるエンカウンター」に移行できないのである。

おもな原因は，
① 発言のモデルになるようなリーダーの自己開示が不足している
② SGEのリーダーとしてのスキルが不足している。
③ リーダー自身の自己理解が浅いので何を発問してよいかわからない
の3点であると思われる。

この壁を越えるには，自らがSGEの体験を積むことが第1である。本を読んで学ぶだけでは限界がある。宿泊を伴った研修で集中体験を積むことが，飛躍的に上達する近道である（P.670参照）。

複数のカウンセリング理論を学ぼう

シェアリングの際に的を射たフィードバックをしたり，のり気でない子や泣き出した子を援助したりするとき，熱いハートと経験だけに頼るのではなく，カウンセリングの学問的背景があると，指導の幅が広がる。理論やスキルに助けられることが多い。

できるならば，カウンセリングの複数の理論を学んでおくと「鬼に金棒」である。

（米田　薫）

Q2. 学級担任をもっていなくてもできますか

　SGEは，学級担任でなくてもいろいろな場面で使える。例えば，専科の授業，委員会活動，クラブ活動，教師の研修会，そしてPTAの役員との初顔合わせの会などである。

　専科の教師であれば，4月当初，子どもたちとのリレーションづくり，ルールの確立に有効である。「先生とビンゴ」※1などをやりながら教師は自分自身のことを語り，子どもとの言葉のやりとりの中に，ルールづくりを入れていく。授業の最後にシェアリングを取り入れるのも効果的である。

　クラスや学年の違う子どもが集まってきている委員会活動，クラブ活動ではもちろん，教師の研修会などでもSGEの考え方やエクササイズが，あたたかな雰囲気をつくり，お互いの関係をなめらかにしていくのにとても役に立つ。屋外で活動しているクラブなどでは雨天時に，委員会活動では，学期の途中でもSGEのエクササイズをすることでお互いの違った面を知り合ったり，認め合ったりする機会として使える。(「質問ジャンケン」「アドジャン」「いろいろ握手」※1など)

　連休明けごろに行われるPTA役員の方々との顔合わせでは，先生もまじえて行うことで，リレーションづくりができる。
　　　　　　　　　　　　　　（大畑幸子）

Q3. 管理職でもできますか

　管理職だからこそ，SGEを子ども・職員・保護者の全体に行うことができる。例えば，あるとき，朝会で子どもに対し，自己肯定感を高めるねらいで，次のようなSGEを行った。

　一部が欠けた円を提示し，その続きをどのように仕上げていくのか考えてもらった。朝会では，りんごができたり，金魚鉢になったりとさまざまな作品ができてきた。さらに朝会後，子どもたちは教室で考えたことを絵に表した。友達と考えを交流することから，「みんな違ってみんないい」ということを全員が考えたのである。

　保護者に対しては，新年度スタートにあたっての「学校説明会」において，「一緒にやっていきましょう」というねらいで握手を伴う自己紹介のエクササイズを行った。条件は2つ。まず，保護者は必ず最低でも教職員1人とは握手すること。2つ目は，1分間の時間制限である。

　「保護者がポジティブに話しかけてくれてとてもうれしかった。これでまた，がんばろうという気持ちがわいてきた」という振り返りを伝えてくれた教職員がいた。
　　　　　　　　　　　　　　（岡まゆみ）

※1：國分康孝監『エンカウンターで学級が変わる・ショートエクササイズ集1』図書文化。

Q4. 人間関係が継続する「学級」で行っても大丈夫でしょうか

学級で行うメリット

　SGEには継続的なグループで実施する場合と，合宿などで任意の構成員によって実施する場合がある。それぞれに差はあるが，いずれの場合にも自己発見や信頼体験などを通して，人間的な成長が期待できる。

　いつも同じ子ども同士で行う場合でも，SGEは空間と時間と内容の3つを構成することによって，非日常性をつくり出していくことができる。いつもと異なる場面だからこそ，また，子どもたちが体験する喜びや悲しみはいつも同じではないからこそ，自他に新たな気づきがあり，人間関係の深まりや自己の成長が期待できる。特に単学級の学校では，そのような非日常の空間をつくり出すことが大切である。そうすることで，SGEでの出来事を日常へ引きずらないようにする効果もある。

　また学級は構成員が決められているので，計画的・継続的な取り組みが可能になり，教育的な効果を高められるというメリットがある。単発的な集団で行う以上に効果や高まりが期待でき，個人の育ちにつながっていく。例えば，子ども同士の相互理解が深まり，不登校傾向の子どもを立ち直らせたというケースもある。

段階的に進める

　ところで，SGEを学級で継続的に実施していくためには，進めていく段階があることも知っておかなければならない。

　まず初めに，子どもの交流から信頼関係を育て，安心して自己開示ができる土台づくりの段階。次に自分が感じたり，気づいたりしたことを素直に語り合う，自己開示の段階。そして自分の考えや価値観を積極的に主張する段階である。

　それぞれの段階を十分にできる学級になってから次へ進むようにしていくと，学級づくりや個人の成長がいっそう深まっていく。

　留意しておかなければならないのは，「やりたくない人は無理しなくてもいいですよ」というリーダー（教師）の姿勢が必要だということである。どんな楽しいエクササイズにも，また簡単で抵抗が低いと思われるエクササイズにも，がんばって参加している子，我慢して参加している子がいる可能性があること忘れてはならない。

　継続する集団であるからこそ，わずかなダメージでもそれが蓄積されれば大きなストレスへと発展する可能性がある。参加しない子，できない子，無理して参加している子への気配りやケア，アドバイスを個別に行う必要がある。

（石井政道）

Q5. やりたくない子がいた場合はどうするのですか

「やりたくない」と言う子どもがいる場合の対処としては、「ありのままを受け入れることが大切である」というのが答えになる。

パスする自由を認める

インストラクションの中で、教師は「やりたくなかったら、やらなくてもいいよ」と言葉をかけることが大切である。これは、SGEにおいてとても重要な意味をもっている。

SGEリーダーの経験があまりないときに子どもたちの抵抗（参加したくない様子）に出会うと、予想以上に動揺してしまう場合がある。しかし、実存主義を基本とするSGEでは、その子どもが「ありたいようにある」ことを大切にする。

「やりたくない」と意思表示をした子どもがいたとしたら、まず教師は、その子どもが自分の意思を表明できたことを認めることが大切である。そして、エクササイズには参加しなくても、何かの役割をしてもらうとよい。例えば、時計係とか、文書を配るときに手伝ってもらうなど、教師のアシスタントなどとして参加を促してみる。

それにも抵抗がある場合には、「見学していてもいいですよ。けれど、教室からは出ずに、みんなの様子を見ていてね」と話す。「無理に参加しなくてもいい」と認められると、「自分の気持ちを大切にしてくれた」という気持ちが残り、けっしてエクササイズの邪魔をしたりすることはない。

不参加の子どもへの対応

参加しない子どもたちは、「どんなエクササイズなんだろう？」「恥ずかしいな」など、「やりたいけれど、やりたくない」という気持ちをもっていることがよくある。みんなの様子を見ているうちに「こんなに楽しそうなら、次のときには絶対に参加するぞ」という気持ちに変わってくる場合もある。もしも参加したそうな表情が見えたときは、途中でも「参加してみない？」と促すことが大切である。

また、シェアリングのときには、「見学していた自分」について振り返ってもらうとよいであろう。そのときに「やりたくない気持ちがした自分」について見つめ、自己発見があれば、エクササイズには参加していなくても、本人にとって有意義な時間であったといえるし、「次回は参加しようかな」という意欲につながる。

「やりたくない」気持ちを尊重するということは、子どもたちが安心してSGEに参加できるということである。強制的にエクササイズに参加させられると、SGEの時間が苦痛の時間となってしまい、いつまでも参加しない状態が続くことも予想される。（上村国之）

Q6. ダメージを受ける子はいませんか

エクササイズやシェアリングの中で，楽しくない体験，嫌な体験，傷ついた体験，ショックを受けた体験をする場合がある。また自己の内面への洞察が進み，心が大きくゆり動かされて一時的に不安定に陥る場合もある。

これらに対し，SGEでは枠を設けてダメージを防いでいる。「ダメージ」とは心的外傷のことである。

ダメージを防ぐために教師がすべきことは，次の3点である。

エクササイズ実施前の配慮

SGEでは，そのときどきの気持ちを素直に，正直に，無理をしない程度に言葉にするようインストラクションする。体験を重ねていくうちに，自然に深い本音が語られるようになる。しかし年齢の低い子どもの場合，「おまえなんて嫌いだ」などといきなり本音を出しすぎて，相手を傷つけてしまう場合がある。年齢やグループの様子に応じ，話す内容や言い方のルールを設けておく。

また本音と本音の交流であるから，相手の言葉にショックを受ける可能性もあることを事前に伝えておく。SGEでの体験はその場のこととして収め，他へもち込まないことを押さえておく。

エクササイズ中の配慮

子どもたちをよく観察し，落ち込んだ様子の子を見逃さないことである。心に引っかかっていることがあれば，素直に自己開示するよう促す。

表現した子に対しては，自己開示の勇気を支持する。話したことが肯定的に受けとめられることで，子どもはある程度，気持ちの動揺をしずめることができる。場合によってはその後，エクササイズに参加しないことも認める。このような介入が，自分への気づきを促すことになる。

このとき，同じことを言われても落ち込む子どもと落ち込まない子がいるのは，相手の言葉に対する受け取り方が人によって異なるからである。教師がリフレーミングして違う受け取り方があることを示してやるとよい。

エクササイズ終了後の配慮

SGE終了後，自己開示しすぎた自分を後悔したり，言い過ぎたことを自己嫌悪したり，思わぬ友達の一面を発見して憎悪感をもったり，もうSGEはやりたくないという感情をもったりすることがある。直後ではなく，日をおいてから感じることもある。

そこで，シェアリングだけではなく，振り返り用紙に書かせるなどして子どもの気持ちを十分出させること，そして必要に応じたケアを行うことが大事である。

（渡辺寿枝）

参考：國分康孝監『エンカウンターで学級が変わる・小学校編1』図書文化。

Q7. 荒れている学級でもできますか

荒れている学級を立て直す手法の1つとして，SGEを用いることができる。

しかし，そのような学級で本に出ているエクササイズをそのまま実施しても，うまくはいかない。傷つけ合う人間関係の中で本音の交流をすれば，さらに関係が悪化するからである。ふれあいのある人間関係に転じるまで，学級の状態に応じて構成やエクササイズの内容，実施方法を工夫することが必要である。

構成や内容の工夫

学級が騒然としてルールが定着していない状態では，グループ活動や話し合い活動が困難である。そこで，メンバー構成やルール，活動内容などに関する枠を強く定める必要がある。

メンバー構成は，まず1人の作業から入り，次いで葛藤のない者同士での2人組，そして4人組と，小集団をつくっていく。

エクササイズの内容は，ルールが簡単で，短時間ででき，協力すれば容易に取り組めるゲーム的な要素の強いものを選んで，継続して行う。

実施にあたって

荒れている学級では一部の子どもの発言力が強く，教師や一人一人の子どもの思いを共有することがむずかしい。そこで，まず教師の思いを学級通信やプリントにして伝え，それに対する思いや考えを書いてもらう。そして，すべての意見をプリントにまとめて紹介する。ふだんなかなか発言できずにいる子も，書くことによって自分の意見を伝えることができる。思いを共有できるようになると，本音の交流を図ることができるようになっていく。

また，非言語のエクササイズを選ぶと，話し合いができない学級でも集中して取り組める。例えば，グループに新聞紙1枚を渡し，指定した文字を指定した時間内にできるだけ多く探すというエクササイズがある。無言のうちにグループ内で役割分担や協力が生まれる。時間や文字の難易度を変えて，繰り返し実施できる。

ほかに「早合点をしないで」[※1]というエクササイズもある。一方通行で送った情報をその通りに絵に描くというものである。質問はできず，情報も1度しか伝えられないので，しっかり聞こうとするようになる。またほかの子どもがどう描いたか気になるため，シェアリングにも積極的になる。

授業の中でも，互いの作品や考えのよいところを認め合う場を設けたり，隣の人と感想を話し合ったりするときに，機会をとらえてSGEを生かすことができる。

（能戸威久子）

参考：國分康孝ほか『エンカウンターとは何か』図書文化。河村茂雄編『グループ体験によるタイプ別！学級育成プログラム・中学校編』図書文化。※1：國分康孝監『教師と生徒の人間づくり第3集』瀝々社。

Q8. 時間の確保がむずかしい進学校でもできますか

「エンカウンターを実施したいが，その時間を確保できない」という進学校（高校）は多い。その場合，とっかかりとしては，「使える時間を活用する」ということになる。つまり「SHRの時間」を活用するのである。

ショートホームルームを活用する

進学校には，自分で動ける生徒がたくさんいる。そのリソースを活用するのである。まず，朝のSHRでの連絡を極力少なくする。例えば始業前に，週番あるいは日直に，その日の連絡事項を教室に板書しておいてもらい，連絡事項はそれで済ませてしまうとよい。そして，残りの時間を活用する。

私は日刊で学級通信を発行していたので，「その文章を読んでの感想を話し合う」というシェアリング形式の活動を中心に行った。最初は表面的な感想しか出てこなかったが，2学期ころから「私はこう思う」という「自己開示」ができるようになり，交流が深まっていった。

また帰りのSHRでは，週の最後の日に，「今週を振り返って」ということで，自分自身と級友に関して振り返ってもらい，それを全体でシェアリングするということを行った。「○○さんは，勉強のわからない人に教えていました」「○○君は，黒板をきれいに拭いてくれました」など「仲間のよいところ探し」をすることによって，連帯感が深まったように思う。

このように，SGEのために時間をとるというよりは，SHRの中に「埋草」としてSGEを組み込むほうがよい。

生徒の問題に応じて

また，進学校ならではの問題について実施するということもできる。

進学校では，受験が現実化してくる時期になると，プレッシャーのために，心の安定を失っていく生徒も出てくる。私は，2学期の中旬ころから，『心の整理箱』というエクササイズを，週1回のペースで，帰りのSHRの時間に実施した。その結果，他のクラスに比べて欠席者の数が減り，「苦しくなると，アレ（心の整理箱）をやっています。アレをやると，何だか落ち着いてくるんです」と，感想を述べてくれる生徒もいた。

SHR以外にも，授業や進路行事の中に組み入れていくなど，手段はいろいろ考えられる。要は，既存の活動の中にうまく組み入れて小さな実践を積み重ねていくことである。それが力になる。

進学校だからこそ，人間関係づくりは，なおのこと大切にしなければならないと思う。

（小峰秀樹）

Q9. 学級状態が悪くなる場合はありませんか

学級状態が悪くなるというのは，学級集団がまとまってほしいのに，SGEによって逆に関係がこじれてしまう場合を心配していると思われる。学級の状態に合わせて長期的な見通しをもって行うことで，こうした心配は解消できる。

学級状態に合わせて実施する

SGEを行うにあたっては，エクササイズの準備もさることながら，SGEを行おうとする学級集団の状態を教師がよく観察することも大切である。

例えば次のようなことを観察する。男子と女子の会話の様子。グループをつくっている子と，孤立している子。教室がざわざわしているか，落ち着いて指示が聞ける状態か……。

学級集団の様子を少し観察するだけでも，子どもたちの心の状態をとらえることができる。

また，「このエクササイズを行うと，みんなが仲よくなれる」という教師の思い込みも禁物である。無理やり実施したのでは，かえって子どもたちは心を閉ざしてしまい，エクササイズに対する嫌な印象だけが残る。

いま，この学級集団はどんな様子なのか，それに合わせて行うエクササイズはどんなものがよいのかを考えることが大切である。同じ学年であっても，学級によって行うエクササイズを変えたり，同じエクササイズを行う場合でも，指示の出し方を変えたりする必要が生じてくる。

長期的な見通しを

学級集団の状態を考えず，ただSGEを行うだけでは，効果はまったくと言っていいほど表れてこない。1年間の見通しをもって計画を立てたい。

クラスがえを行ってすぐの4月ころには動きのあるものを取り入れ，学級集団ができあがってきたころには，信頼体験や他者理解をねらったエクササイズを行うなど，学級の状態を観察してタイミングよく行う。また身体接触への抵抗を感じ始める小学校高学年からは，エクササイズでの抵抗への配慮をして，男女でグループを分けてエクササイズを実施するなどの工夫も必要になってくる。

特に学級開きにSGEを行う効果は大きい。お互いの様子をうかがうような，緊張感の漂う時期を飛ばして，一気に関係が密になる場合もある。そのような場合，ごく早い段階で学級がざわついたり，ぶつかり合いが生じたりすることがあるが，これらは，学級が育つにつれて生じる問題が前倒しに表れてきたと考えることができる。学級の状態を，長期的な視点から考えることも大切である。

（村松明久）

Q10. 学級経営にどう役立ちますか

SGEは学級経営に有効である。

そもそも学校教育にSGEが取り入れられるようになった背景には，子どもたちが人間関係を結びづらい状況になっていることや，子どもたちがあまりにも多様な社会様式の中で生活しているという現実がある。現実原則を踏まえながら，集団の教育力を生かして個を育てるというねらいが，SGEのねらいとマッチしたのである。

これらのねらいは学級経営の根本にかかわることであろう。

学級経営の基盤をつくる

学級経営には，ルールとリレーションの確立が必要である。

SGEでは，教師が次々に指示を出して子どもたちを動かす。SGEを何度か経験すると，指示をよく聞いて，従うほど有意義に活動できることを理解する。ルールが複雑なエクササイズもあるので，学級の状態や子どもの年齢に応じて，確実に守れる程度のルールを設定して行うことが大切である。

また，SGEは人間関係を円滑にする効果がある。楽しさを共有したり，悩みを分かち合ったりすることで，心のふれあいを促進し，あたたかい集団を形成することができる。

結果，行きずりの他人だった級友は，かけがえのない人となり，「その友達を自分の勝手で困らせるわけにはいかない」という思いやりが生まれる。SGEで大切な人がクラスに増えれば，みんなが等しく幸せであるための「ルール」が大切であることがわかってくる。

教師と子どもの距離を縮める

SGEでは，自分が感じたことを率直に，素直に，そして正直に相手に伝えることを大切にする。これはリーダーを務める教師にも言えることである。

教師が自分の感情や内面を語ることによって，子どもたちの中に，教師に対する親近感が生まれる。さらに，教師のこの行動がモデルとなり，学級に自己開示を認める雰囲気が生まれ，子どもたち自身も自己開示できるようになる。

ふだんの授業にも役立つ

学級経営の核となるのは，やはり授業である。SGEによって傾聴を基本とした話し合いがうまくいくようになり，何を言ってもとがめられない集団の雰囲気がつくられることで，授業における子どもたちの活動が活性化する。

またシェアリングは，授業のまとめに有効である。平坦なものに終わることなく，子どもが自分なりの意味を見いだしたり，それを他者と分かち合ったりして，内容の深いところにまでふれることができるようになると期待できる。

（藤村一夫）

Q11. いじめに効果がありますか

SGEは、いじめの予防と対応に有効な1つの手法である。実際に起こっているいじめへの対応だけでなく、その発生を防ぐという観点からも効果がある。

予防としてのSGE

いじめが発生する背景には、多くの場合、仲よしグループの固定化が見られる。それは、子どもたちに集団意識が芽生えるころからしだいに広がっていく。

グループの仲間意識は、他の集団や子どもを排斥することでさらに強められていくことが多い。いじめの対象となるのは、この仲よしグループからはずれてしまった子や、他のグループのリーダー的役割をもっている子ども、あるいは自己主張の強い子どもたちであったりする。

仲よしグループができること自体は、成長の大切な一過程であり否定されるべきものではないが、排他的差別的な意識が過度に強まり広まっていくとき、問題が生じてくる。

したがって、いじめの予防にはふだんからクラスのいろいろな人とかかわる場面を設定することが大切である。また、他者の気持ちにふれ、共感し合う活動がいじめの予防に効を奏する。「新聞紙ジグソーパズル」[※1]や「ブレーンストーミング」(P.392)「いいとこさがし」(P.408)など多彩なエクササイズが、人間関係の固定化を防ぎ、自己理解や他者理解を促進し、クラス全体のつながりを優しく、やわらかくする。

対応としてのSGE

発生したいじめの解消にも、SGEは有効である。ロールプレイやロールレタリングなどを使った、ある役割に自分をおいてみるエクササイズなどがよく用いられる。ただし、現実的な対応に際してはいくつかの留意点がある。

まずはグループづくりを慎重にすることである。いじめの対象となっている子どもが決して傷つかないようにメンバー構成を決めることである。次に、現在発生している事例をそのままエクササイズの中にもち込むことは避ける。例えば、ロールプレイの場面設定を、いまクラスで起きている事例に合わせると、かえって溝を深めたり互いに傷つけ合ったりすることにもなりかねない。そのような場合、場面設定を現実から少し離すことで、安全かつ効果的にエクササイズを組むことができる。

いじめへの対応には、当事者同士の話し合いや学級での意見交換、教師の説諭も大切であるが、SGEによる心のふれあい体験が効果的である。ぜひ用いていただきたい。　　　　（茶谷信一）

参考：國分康孝ほか編『育てるカウンセリング』図書文化．國分康孝監『教師と生徒の人間づくり』瀝々社．河村茂雄ほか編『授業スキル・小学校編』図書文化．※1：國分康孝監『エンカウンターで学級が変わる・中学校編2』図書文化．

Q12. 不登校に効果がありますか

あたたかい学級集団をつくる

人は自分を受け入れられるだけ，他人を受け入れることができると言われている。したがって，子ども一人一人の自己肯定感が高まれば，お互いが相手を受け入れ，クラスの全員が相互に大切にされる，あたたかい学級集団になる。

また，学級の人間関係が広がり深まれば，本音と本音の交流が行われ，ふれあいのある学級集団になる。

SGEによってこのような集団を育てていくことで，不登校の発生を予防し，改善させることができる。

自己肯定感を高める

不登校にかかわる関係者の中には，不登校児（生徒）の自己肯定感の低さを指摘する声が多い。自己肯定感とは，自分で自分のことを価値ある存在であると思う気持ちのことである。自己肯定感が高いと，ありのままの自分を受け入れることができ，自信や意欲が高まる。

登校を渋りがちな小学生のA男は，休日明けの欠席や家の人に送られての登校が多かった。そこで，帰りの会に「いいとこさがし」（P.408）を取り入れ，生活班の中でお互いのよさについて話し合う時間を設けた。この取り組みを1か月ほど続けた結果，A男の欠席と遅刻が確実に減少した。これは，自分のよさについて友達から言われることで自己肯定感が高まり，班や学級の中に自分の居場所ができた結果であると考えられる。

SGEを行うことによって自己肯定感が高まることは，各種の実証的な研究からも明らかになっている。

人間関係を深め広げる

クラスがえのあと，新しいクラスになじめず不登校になってしまうケースがある。これは，新しい環境で人間関係がうまくつくれず，ドロップアウトしてしまうのである。

SGEのねらいの1つはふれあいである。SGEを行うことによって，新しい集団の中でスムーズに友人関係をつくったり，固定化した人間関係をシャッフルし，新しい友達と知り合うきっかけをつくったりすることが期待できる。

SGEを行ったあとに記入する振り返りカードには，「あまり話をしたことのない人と話ができてよかった」「○○さんのことがよくわかった」などの感想が寄せられることが多い。これらの感想からも，教室の中では子どもたちの人間関係が意外にせまく，お互いのことをよく知らないまま学校生活を送っていることをうかがい知ることができる。

（佐藤克彦）

Q13. ゲームとの違いは何ですか

構成的グループエンカウンター（SGE）とゲームの違いは，心を育てるというねらいの明確さである。

ゲームは，面白くて楽しめることが最大のねらいであろう。勝敗やスピードを競うことも大きな要素である。だから子どもたちは，みんなで遊ぶゲームが大好きである。

いっぽうSGEは，エクササイズを通して好ましい人間関係をつくり，子どもたちの心を育てていくというねらいをもっている。

エクササイズの目的は次の6つに分けられる。

①自己理解
②他者理解
③自己受容
④自己表現・自己主張
⑤感受性の促進
⑥信頼体験

学級で行う場合なら，担任が子どもたちの実態を考えて目的を設定し，それに合ったエクササイズを選んで実施するわけである。

またSGEでは，あるがままでいられる集団をめざしているので，エクササイズへの参加も強制されない。「パスする自由」が存在することになる。

ゲーム性

SGEのエクササイズの中に，体を動かすなどゲーム性の強いものがある。ゲーム性を取り入れることの利点は，早く緊張をほぐし，感情交流を促進することである。どの子も素直に入っていけるというよさがある。

特に小学校低学年では，長時間にわたる集中力の継続はむずかしいので，ゲーム性の強いエクササイズを繰り返し行うとよい。楽しみながらねらいに迫ることができるであろう。

小学校中・高学年でもゲーム性の強いエクササイズは有効であるが，徐々に言語性の自己理解や他者理解を深めるエクササイズを取り入れていくとよい。

中学生，高校生には，知的なゲーム性のあるものが好まれるようであるが，謎解きに夢中になり，心を育てるという本来のねらいからはずれることがないように留意したい。

シェアリングが大切

シェアリングとは，エクササイズでの体験を振り返り，感じたことや気づいたことを表現したり伝え合ったりする活動のことである。この活動をすることで，子どもたちは新しい自分を発見したり，他者への理解を深めたりして，エクササイズのねらいを達成していくことになる。

このシェアリングの存在も，ゲームとSGEを分ける大きな特色である。

（赤塚香苗）

Q14. 学校ぐるみでの取り組みにはどんな例がありますか

小学校での例

小学校では，クラスがえのあと，楽しみながらよりよい人間関係をつくるために実施される例が多い。また学年で連携し，人とのかかわりを意識しながら教科のねらいに迫るため，各教科の授業の導入などに取り入れられる例もある。

例えば，単学級で6年間クラスが変わらない小学校（複式学級のある学校も含む）では，学年の人間関係が固定されがちである。そこで，他学年の子ども（全校，低・中・高学年別など）とSGEを行い，自分や仲間のよい点にあらためて気づかせることで，集団の階層化を防ぐなどの目的で実施されている。

中学校での例

中学校では，入学時のオリエンテーションや，2・3年の4月に，仲間づくりを促進し，いじめや不登校を予防するために学年全体で取り組んでいる例がある。特に4・5月に集中して，「出会う→かかわる→知り合う→認め合う」という4つのステップで実施されている。

また進路指導を含めたキャリア教育の一環としてSGEを取り入れ，自己肯定感を育み，将来の目標につなげていくことをねらいとして，3年間の計画を立てて進めている例もある。

体育祭・文化祭・遠足・修学旅行など，学校行事の事前・事後指導に，SGEを取り入れながら行事のめあてに迫る取り組みをしているところもある。

高校での例

単位制の高校では，クラスの所属感が希薄なため，人間関係ができにくかったり固定化したりしやすいので，総合的な学習の時間などを利用して，よりよい人間関係づくりをねらいとして取り組んでいる例がある。

また，不本意入学の生徒が多いと感じられる高校での取り組みが多く見られる。仲間との心のつながりを支援しないと，生徒が中退に向かう恐れがあるからである。SGEを通して少しずつ仲間の輪を広げ，学校が楽しいと感じられるよう計画的に行っている。

教師同士で

学校ぐるみでSGEに取り組むためには，まず教師が体験し，理解を深めることが大切であると考え，4月の初めから，リレーションづくりや他者理解をねらいとしたショートエクササイズを，会議などの導入時に行っている例がある。

学校ぐるみで取り組むことの利点は，SGEを含めた教育活動のすべてが，目的にそった1つの束となることである。

（正津信一）

Q15. 学習の成績向上にどうつながりますか

　学習の成績向上につながるSGEの効果は，次の2つの要素から考えられる。
　1つは，SGEを行うことにより子どもたちにリレーションが形成され，それが子どもたちの学習を支えるという効果である。
　もう1つは，SGEのエッセンスを取り入れた授業展開が学びを活性化する効果である。

学びへの意欲を高める学級づくり

　SGEを日常から取り入れている学級には，子どもたちに良好なリレーションが形成される。リレーションがある状態では，子どもは安心して本音を言い合うことができる。
　授業で自分の考えを不安なく表現することができると，子どもは自分を発揮しながら学ぶ楽しさを感じることができる。これが，子どもの学びへの意欲を支えることになる。
　また，リレーションのある状態では，お互いの多様な考えを交流する場面が増える。一人一人がよい考えをもっていても，安心して発表できるリレーションがない学級では，その意見の多くは発表されることがない。リレーションに支えられた多様な考えや意見の交流により，子どもたちの学びが深まっていくのである。
　さらに，このような学級では教え合いやモデリング（友達のよい行動を自分に取り入れる）の効果も多く見られるようになる。子ども同士で高め合うサイクルができるので，下から支えられるように集団全体の学習成績が向上すると考えられる。

学習を深化する

　SGEの手法（構成，介入など）を授業に取り入れることで，学びが経験として内在化されていくという効果が得られる。メンバー相互のかかわりの中で，一人一人が気づきを得て成長していくSGEのプロセスは，学習が深化する過程と共通するからである。
　子どものもつ学習への抵抗を崩し，お互いがもつ多様な考えにふれる機会を意図的に設定し，自分の考えをよく見つめられるようにすることで，一人一人に発見や気づきが生まれ，学習が深化する。
　さらに，学習のあとに振り返り（シェアリング）を行い，お互いの多様な気づきを交流することで，子どもは授業での体験に対する自分なりの意味づけをもつようになる。つながりをもたないバラバラの知識としてではなく，ほかの子ども一人一人の経験と結びついた，有機的な知識となっていくのである。

　　　　　　　　　　　（粕谷貴志）

Q16. 他の先生たちのプレッシャーでSGEがやりにくいのですが

無理なくできそうなところから始め，継続する

単に行うことが大事なのではなく，それによって子どもの心的エネルギーを高め，教育活動の効果を上げることがSGEを活用する主たる目的であることを理解したい。SGEはあらゆる教育場面で実施が可能であり，高い教育的効果が得られる。特別活動や教科，総合的な学習の時間，部活動など，指導場面でのアプローチの方法の1つとしてSGEがある。つまり，与えられたカリキュラムの中で効果的な活動を具現化するためにSGEを導入するのである。

それでも理解を得られないことはある。その場合は，授業開始時の雰囲気づくりにショートエクササイズを実施して，スムーズに導入する。ディスカッションで，グループの緊張緩和にSGEを実施するなど，無理なくできそうなところから活用する。このような取り組みを積み重ねることで，変化が必ず起こる。例えばそれは，「授業が楽しくて，わかりやすかった」「次回はもっとSGEを使ってほしい」などの子どもの声である。

あせらず，コツコツと継続することで，子どもの中にSGEに対する理解が自然と深まり，口コミで肯定的な理解が広がる。それは他の先生方にもいずれ届くはずである。それによって，他の先生のプレッシャーを強く感じてSGEがやりにくい状況は少なくなると思う。私は，隣のクラス担任から「学級活動で行ったSGEについて教えていただけませんか？」と質問され，驚いたことがある。

学級通信などを活用して，子どもや保護者，先生方の理解を深める

学級通信や教科通信に子どもの様子や感想などを掲載し，子どもや保護者により深い理解を求めることも有効である。その場合，SGE実施の目的や教師の願いも必ず伝える。この効果は徐々に表れてくる。

例えば，学級懇談会などで「SGEが楽しいという子どもの声をよく耳にする。子どもの素直な気持ちや表情が伝わってくる」といった感想が保護者から聞かれるようになる。保護者の声は，周りの先生方に影響を与える。

また保護者参観授業などでSGEを実施するのも1つの方法だろう。私は学級活動にSGEを実施したことがある。子どもたちが活動しているところに保護者の方にも参加していただき，教室がほのぼのとした雰囲気と笑い声に包まれた。それを不思議に思った他クラスの保護者がやってきて，教室がいっぱいになった。その噂が広がり，SGEを多くの先生方に紹介させていただく機会を得た。

（杣本和也）

Q17. TTでやりたいのですが

SGEは，ティーム・ティーチング（TT）で実施することができる。リーダーやサブリーダーを初めて経験する場合や，実施する自信がない場合は，特にTTでの実施が有効である。

TTでの実施

『エンカウンターで学校を創る』（國分康孝監，図書文化）には，担任と生徒指導主事によるTTの事例が紹介されている。ここでは，SGEの経験がある生徒指導主事がリーダーを務め，経験がない担任がサブリーダーを行っている。担任は，日ごろ気づかない子どもの表情などを細かくとらえることができ，また，リーダーのやり方を間近で観察することができる。

TTでの役割分担の仕方は，エクササイズの内容や子どもの実態などによって異なるが，一般的には，主となってエクササイズを進めるリーダーと，リーダーの補助をするサブリーダーに役割を分担して実施する（ときには，経験豊富なサブリーダーがリーダーのスーパーバイザー的な役割を担うこともある）。少人数や1学級の参加者を複数の教師で実施する場合や，150名ほどの1学年の参加者を数人の教師で実施する場合などがある。

それぞれの役割

TTで実施する場合もリーダーの役割は大きい。リーダーの役割については，『エンカウンタースキルアップ』（國分康孝ほか，図書文化）や『構成的グループ・エンカウンターの原理と進め方』（國分康孝・片野智治，誠信書房）に詳しく示されている。『エンカウンタースキルアップ』によれば，リーダーには「自己開示能力」と「自己主張能力」が求められる。TTによる実施では，「自己主張能力」が特に高められる。サブリーダーがサポートしてくれるので，リーダーに自己主張する勇気が出やすいからである。

このようにリーダーを心理的にサポートすることがサブリーダーの役割の1つである。さらに，サブリーダーの役割には次のようなものがある。

①リーダーのアシスタントを務め，デモンストレーションなどエクササイズへのかかわりをもつ。
②リーダーを観察し，ルールが守れていないときなど，必要に応じて子どもに介入する。
③リーダーのインストラクションや介入，自己開示が適切に行われているかチェックし，修正できることがあれば修正する。

『構成的グループエンカウンターの原理と進め方』には，リーダーの哲学だけでなく理論も詳しく解説されている。サブリーダーを務める人にもぜひ読んでほしい一冊である。（大塚芳生）

Q18. 複式学級，単学級などでできますか

　少人数のために複数の学年でメンバーが構成されたり，入学以来メンバーの入れ替えがなかったりする複式学級や単学級でも，構成的グループエンカウンター（SGE）は実施可能である。やり方にひと工夫を要するが，子どもたちの人間関係を活性化したり，心と心の交流を深めたりするのに大いに役立つ。

実施の目的

　複式学級や単学級では，小集団で，しかも長い間構成メンバーが同じであることから，子どもたちの人間関係が固定化したり，地位の階層化を生じたりすることがある。こうなってしまうと，ヒーローはいつまでもヒーローであり，反対に級友から支持を得られない子どもは支持を得られないままで過ごしてしまいがちである。このような状況下では，柔軟な社会性や人間関係能力が育ちにくいものである。そのため，複式学級や単学級では教師が積極的に子どもたちの人間関係づくりの指導と援助をする必要があり，その手だてとしてSGEの活用が望まれている。

　複式学級や単学級でのSGEの実施は，級友の知らなかった一面を知ったり，級友のよさに気づいたりなど，通常の学校生活では得にくい視点からの気づきをもたらすことができる。すなわち，子どもたちがこれまで学力やスポーツ，学級生活の状況などのものさしで級友を理解していたものに，いま熱中していること，好きなTV番組，公平さ，優しさ，思いやり，気配りなどの新たなものさしが加わり，さらに級友を多面的にとらえることができるようになるのである。そしてこのことが固定化した人間関係を粉砕したり，新しい交友関係を築いたりするきっかけになるのである。

実施の留意点

　SGEを複式学級や単学級で実施する際には次の3点に留意することが必要である。

　①エクササイズは「サイコロトーキング」「自分がしたいことベスト10」「いいとこさがし」（P.382，454，408）などメンバーが少なくてもできるものを，ねらいに合わせて実施する。②常に同じメンバーで学習したり，行動を共にしたりするので，しゃべりすぎて後悔しないように無理のない程度の自己開示を促す。③嫌なことを言われたなど，子どもが精神的ダメージを受けないように話し方や聞き方を構成して，メンバーの人間関係が将来にわたっても建設的に行われるようにする。

　生活環境が同一であっても子どもの内面は変わる。日々の喜怒哀楽の感情は1日として同じではない。ここを忘れないようにしたい。　　　（根田真江）

Q19. アセスメントはどのようにすればよいのですか

ここでいうアセスメントとは，子どもの実態を把握することである。一人一人の子どもの様子，学級の様子を正確に把握することで，効果的に構成的グループエンカウンター（SGE）を実施することができる。

アセスメントの手法には，観察法，面接法，調査法の3つがある。どれが優れているということはなく，3つの手法を組み合わせて用いることで，実態がより的確に把握できる。

子どものアセスメント

日常観察を怠らず，子どもの様子が少しでもおかしいと感じた場合には，短時間でよいから面接することをすすめたい。

ほかにも，子ども一人一人に関する情報は，幼稚園・小学校などからの申し送り，指導要録などから得ることができる。また，担任1人の観察に頼ることなく，子どもにかかわるほかの先生からも情報を得ることができる。

質問紙などによる調査は，集計の手間などを考えるとなかなか実行できない場合も多いが，客観的資料を得るために，ぜひ行うことをすすめたい。

学級のアセスメント

SGEを実践するにあたって，学級の実態として把握しておきたい視点は2つある。①学級内に確立されているルールの程度と，②リレーションの程度である。

ルールの確立の度合いを知っておくことで，活動させる人数や時間，インストラクションなどの構成をどのようにすべきかの目安ができる。またリレーションの確立の度合いを知っておくことで，エクササイズの内容だけでなく，エクササイズでねらう事項を絞り込むことができる。

アセスメントの道具

では，ルールとリレーションのアセスメントは，具体的にどのように行えばよいのであろうか？

「楽しい学校生活を送るためのアンケート（Q-U）」（河村茂雄，図書文化）という質問紙による調査がおすすめである。この調査用紙は，小学校・中学校・高等学校用があり，学級内のルールとリレーションの状況を短時間で測定することが可能である。詳しくは11章5節（P.292）を参照されたい。

「Q-U」で，学級および学級における子ども個々の実態を把握したあと，観察法や面接法を加えると，かなり具体的なアセスメントが可能となる。

さらに，SGEを実施するごとに「Q-U」などを使ってアセスメントを行い，その結果を比較していくことで，SGEの実施効果の測定も可能である。

（小野寺正己）

SGEを体験するには？

なかなかSGEのワークショップに参加する機会がないが，体験してみたい。また仲間と勉強してみたい。そのような人のために，市販のメディアで適切なものを紹介する。体験ワークショップについてはP.670の案内を参照のこと。

ビデオ・構成的グループエンカウンター

監修：國分康孝
企画・制作・著作：㈱テレマック

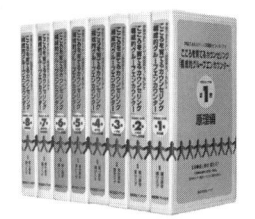

映像で見る！

①原理編
（小中高共通）
②小学校モデル授業編
③小学校実践編
④中学校モデル授業編
⑤中学校実践例偏
⑥高等学校モデル授業編
⑦高等学校実践例編
⑧保護者偏
（小中高共通）

小中高校におけるSGEの授業がありのままに記録されている。モデル授業編は，外部講師による授業。実践例編は，学級担任による授業。

SGEをしようとする方々が一緒に見ることで，ビデオをめぐるシェアリングが生まれ，SGEへの理解が深まるだろう。

3分で見るエクササイズ　エンカウンターCD-ROM

監修：國分康孝
制作・販売：図書文化

CD-ROMを使えるほとんどのパソコンで再生可能。クリック1つで映像と文字情報が現れ，19のエクササイズを，各3分間のダイジェストで見ることができる。

映像は大学生だが，どれも小中高で実施可能なエクササイズ。手軽に利用したい人向け。　（2014年現在 絶版）

エンカウンター

國分康孝著，誠信書房

本で読む！

構成的グループエンカウンターについて記された初の本。SGEの原点。

自分と向き合う！究極のエンカウンター

國分康孝・國分久子編著，図書文化

2泊3日のジェネリックSGEの実際を，参加者の内面から記録した魂のライブ。

Structured Group Encounter
ENCYCLOPEDIA
構成的グループエンカウンター事典

Part2

何をすれば構成的グループエンカウンターができるのかな？
十分な準備をするにはどうしたらいいのかな？
初めてやるときに知っておきたいことは？

エンカウンターを
やってみよう【実践】

3章：実施までの手順

4章：インストラクション

5章：エクササイズ

6章：シェアリング

7章：介入

8章：振り返りとアフターケア

9章：継続的な実践とプログラム

Part1 エンカウンターについて知ろう【入門】
第1章 構成的グループエンカウンターとは
第2章 学校教育に生かす構成的グループエンカウンター

Part2 エンカウンターをやってみよう【実践】

第3章 実施までの手順
1 おすすめの時期, おすすめのエンカウンター
2 目的を確認する
3 いつ行うかを決める
4 エクササイズを選ぶ
5 エクササイズ配列の原理
6 展開を工夫する
7 やらないほうがいい場合

第4章 インストラクション
第5章 エクササイズ
第6章 シェアリング
第7章 介入
第8章 振り返りとアフターケア
第9章 継続的な実践とプログラム

Part3 柔軟に展開しよう
第10章 いまここでのSGEをめざして
第11章 子ども・学級の理解と育成
第12章 構成の工夫
第13章 リーダーとして求められるもの

Part4 エクササイズカタログ
第14章 スペシフィックエクササイズ
第15章 ジェネリックエクササイズ

Part5 資料編

■ 学級開きのSGE

入学式・始業式のあとに担任が行う学級開きは, ふつう担任と子どもの自己紹介に続いて, 学級のルールや目標について討議して決めるといった流れである。新しいクラスメートが決まった直後の自己紹介は, 子どもにとっては緊張のもとであり苦痛ですらある。そこで, 構成的グループエンカウンター (SGE) の出番である。

担任の自己紹介は,「X先生を知るイエス・ノークイズ」(P.340) のようなクイズ仕立てのエクササイズで行う方法がある。つまり, 教師が自分の事実・価値観・感情について, 自己開示的に語るのをモデルとして子どもに示す。同時に, 小グループで相談しながらクイズに解答することにより, 初めてのグループ活動が楽しみながらできる。このあとの子どもの自己紹介も「これからよろしく」「質問ジャンケン」(P.350, 352) から, 4人1組の「他己紹介」(P.368), 6～8人の「ネーム・ゲーム」[※1]「私の名前の深い意味」(P.342) のようなエクササイズにつなげるプログラムにすることで, 学級は1日にして1週間たったあとのような慣れた雰囲気が生まれる。

「面白くて役に立つ」授業だと子どもが感じたら,「実はこういう方法をエンカウンターというんだよ。これからもやるからね」と, SGEへのポジティブなイメージを固めたい。

■ 保護者会で

クラスの学級開きののち、しばらくして1回目の保護者会が行われる。

学級活動でこんなことをやっています、という感じで「自由歩行」「握手」「質問ジャンケン」のような一連のエクササイズをする。教師から保護者への一方通行的な保護者会が、保護者同士の双方向の交流会になり、一気になごやかになる。しかも、子ども相手よりも大人相手のほうが、進行が容易である。守秘義務について気をつければ、失敗はほとんどない。

2回目、3回目には「見知らぬわが子」「子どもの長所の棚卸し」（P.506、508）を実施する。同時期に学級で「子どもからのメッセージ」（P.504）「簡便内観」（P.570）を実施すると、家庭でSGEを介した親子の交流が生まれる。

■ 行事の前後に

体育大会、合唱コンクール、遠足、修学旅行などの学校行事は、子どもたちが主体的に活動し、成長する大きなチャンスである。この行事に関連づけてSGEを行うと、①凝集力が生まれ、②一人一人が得たものが明確になる。

第1は、遠足・修学旅行などの行事前に「無人島SOS」（P.398）「冬山からの全員脱出大作戦」[※2]などの合意形成のエクササイズを行う例である。仲間の意見を十分聞き合ってつくった合意を大切にしようという気持ちが生まれてくる。行事で班行動をする事前の取り組みとしては最善である。

第2は、体育大会や合唱コンクールの事前・事後に実施するエクササイズである。「君はどこかでヒーロー」「共同コラージュ」（P.422、402）がそれである。行事に対する自分個人の目標を明確化する、そしてその取り組みや成果をお互いがポジティブにフィードバックし合う活動は、大きな行事であるほど大きな成果をもたらす。

■ クラスのお別れ会

フィードバックの中にネガティブなものが混ざらないよう気をつけたい。不愉快なら聞き流すことになり、エンカウンターしないで終わることになる。

クラスのお別れ会のときに行う「別れの花束」（P.500）は、多くの友達からあたたかいフィードバックをもらうなかで、自分の課題にも気づくことができるエクササイズである。自分が学級集団に支えられてきたという自覚は、新しい学級への帰属意識を形成し、さらに自分の課題挑戦にも意欲がわいてくる。

年間の中でタイムリーにSGEを実施するためには、あらかじめ最も成果が上がりそうな時期を予測して、準備しておくことが必要である。自分の経験に照らし、やりやすいエクササイズを研究して準備してほしい。（藤川　章）

※1：國分康孝監『教師と生徒の人間づくり』瀝々社。國分康孝監『エンカウンターで学級が変わる・小学校編1』図書文化。※2：國分康孝監『エンカウンターで学級が変わる・中学校編1』図書文化。

Part 1	エンカウンターについて知ろう【入門】
第1章	構成的グループエンカウンターとは
第2章	学校教育に生かす構成的グループエンカウンター

Part 2 エンカウンターをやってみよう【実践】

第3章 実施までの手順
1 おすすめの時期，おすすめのエンカウンター
2 目的を確認する
3 いつ行うかを決める
4 エクササイズを選ぶ
5 エクササイズ配列の原理
6 展開を工夫する
7 やらないほうがいい場合

第4章　インストラクション
第5章　エクササイズ
第6章　シェアリング
第7章　介入
第8章　振り返りとアフターケア
第9章　継続的な実践とプログラム

Part 3 柔軟に展開しよう
第10章　いまここでのSGEをめざして
第11章　子ども・学級の理解と育成
第12章　構成の工夫
第13章　リーダーとして求められるもの

Part 4 エクササイズカタログ
第14章　スペシフィックエクササイズ
第15章　ジェネリックエクササイズ

Part 5 資料編

■学校教育の目的に照らす

　明確な計画がない中で構成的グループエンカウンター（SGE）を取り入れても効果は少ない。単なる思いつきや，自分が研修を受けて面白そうだったからというような理由で行えば，系統性のない取り組みになるだろう。

　学校教育の目的は，究極的には自他の人間の存在価値を尊重し，自分の生活をコントロールし，社会的に自立した形で自己責任を積極的に果たそうとするパーソナリティの完成をめざすものである。知識や学力，技能を身につけることは，その一側面である。

　各学校には，そのための教育目標があり，教師はその教育目標を受けて，教育実践や学級経営の目標を定めている。したがって，教師がSGEを自分の教育実践に取り入れようと考えたとき，それを学校の教育目標の中にどのように位置づけていくのかを明確にすることが必要となる。

■目的地の設定

　SGEの取り組みを学校の教育目標にどのように位置づけるか考えることは，そのままSGE実施の目的を考えることにつながる。それはSGEの取り組みの，最終的な目的地ということである。

　例えば，次はある公立中学校の教育目標の一部である。

　「共に生きる喜びをつかもう」

「人を思いやる」

この目標を具現化する手段の1つとして、学活やいろいろな行事のあとに、SGEを計画するのもいいだろう。「自己・他者受容」「自己・他者理解」を目的としたエクササイズを、日常の生活の問題、行事の目的とあわせて実施するなどである。年間計画に位置づけ、スモールステップで目的に近づけるように実施できるとよい。

■ 現在地の確認

しかし、SGEを実施すれば、一足飛びに目的地まで到達できるわけではない。目的地が定まっても、現在地がしっかり把握できていないと、目的地までどう歩んでいったらいいか見当がつかない。

現在地がわからないと、どんなエクササイズを、どのように展開すれば効果的かがわからないので、とりあえず知っているエクササイズを、本の通りにやってみるということになる。例えば、子どもたちの人間関係があまりしっくりいっていない状態にもかかわらず、内面を語るエクササイズを行う、などということが起こる。

このような場合、子どもたちは自分を語ることに抵抗をもっているので、しらけた態度をとるか、表面的な話題に終始してしまうだろう。「エンカウンターは学級活動に向いていない」と批評する教師の中には、このパターンに陥った方も少なくないだろう。

教師がSGEを学級で活用しようと考えるとき、子どもたちの実態、学級集団の状態を把握することが、まず必要なのである。

■ 現在地をどう確かめるか

子どもたちの心、学級集団の状態を把握することはむずかしいし、把握する方法も十分確立しているとは言えない。だが、その部分をいいかげんにすると、せっかくの取り組みが教師だけの思い入れの産物となり、深まっていかない。

そこですすめたいのが、日常の子どもや学級の様子を観察するとともに、子どもの内面を調査する尺度を活用する方法である。

尺度は「楽しい学校生活を送るためのアンケート（Q-U）」（河村茂雄、図書文化）が使いやすい。実施時間が短くてよいこと、結果を視覚的にとらえやすいこと、出てきた数値を指標にできることなどのメリットがある。

またQ-Uの結果の数値をどう理解し、生かすかを考えることは、子どもや学級を観察するための具体的な座標軸となる。それによって、短期的な目標づくりと評価ができる。なお、学級の子どもたちの実態、学級集団の状態の把握についての詳細は、11章5節を参照されたい。

（河村茂雄）

Part1　エンカウンターについて知ろう【入門】
第1章　構成的グループエンカウンターとは
第2章　学校教育に生かす構成的グループエンカウンター

Part2　エンカウンターをやってみよう【実践】

第3章　実施までの手順
1　おすすめの時期，おすすめのエンカウンター
2　目的を確認する
3　いつ行うかを決める
4　エクササイズを選ぶ
5　エクササイズ配列の原理
6　展開を工夫する
7　やらないほうがいい場合

第4章　インストラクション
第5章　エクササイズ
第6章　シェアリング
第7章　介入
第8章　振り返りとアフターケア
第9章　継続的な実践とプログラム

Part3　柔軟に展開しよう
第10章　いまここでのSGEをめざして
第11章　子ども・学級の理解と育成
第12章　構成の工夫
第13章　リーダーとして求められるもの

Part4　エクササイズカタログ
第14章　スペシフィックエクササイズ
第15章　ジェネリックエクササイズ

Part5　資料編

■ 事前の実施計画の必要性

　構成的グループエンカウンター（SGE）を実施したら，その時間だけ子ども同士の交流が生まれた……では不十分である。その取り組みが学級での日常生活に般化し，学級集団での活動・生活全体で子どもたちの対人交流が広がり，深まることが最終的な目的となるからである。したがって，般化させる過程も含めて実施計画を立てる必要がある。

　また，日常生活への般化のことを考えると，学校の教育課程にそって展開することがベストである。実施計画を立てるにあたっては，次の点を考慮して立案することが必要である。
● 子どもたちの実態，学級集団の状態
● 教育目標に迫るためのサブゴール
● 子どもたちの発達段階
● 実施するための物理的条件・時間
● 教師の力量

■ 実施する時期の目安

　実施する時期は，子どもたちの実態，学級集団の状態を基準にすると，次のような目安がもてる。
①混沌・緊張―2人組の段階
　4月ころ。子ども同士に交流が少なく，一人一人がバラバラの状態で，集団への所属意識も低い。
　この時期は，子ども同士の対人関係に関する不安・緊張の緩和と，対人関

係を形成するきっかけづくりを目的に計画するとよい。例えば話し方・聞き方に関する留意点をしっかり確認したうえで自己紹介に関するいろいろなエクササイズを実施するとよいだろう。

②4人組—小集団の段階

学級の中にいくつかの小グループがあり，グループ内だけで固まって，独自の行動をしている状態。大きな集団に所属することへの不安から，身近な者同士が肩寄せ合っている状態である。小集団の利益が全体集団よりも優先しがちなので，学級活動・生活にはマイナスになることも少なくない。

背景に不安があるだけに，無理にその小集団を解体するのではなく，そんなことをしなくても仲間なのだと安心できるような対応をしていくのがポイントである。この状態は1学期の6月ころから多く見られるようになる。

この時期は，抵抗の少ない4人くらいまでの小集団を単位にして，リレーション（人間関係）の形成をめざした取り組みを積み重ねる。仲間なんだと共感できるような体験をたくさん計画できるとよいだろう。「サイコロトーキング」（P.382）「ジグゾー学習」[※1]「ブレーンストーミング」（P.392）などのエクササイズがおすすめである。

その結果，もっといろいろな人とかかわれば，学級生活はより楽しくなるという期待が生まれる。子どもたちの小集団は外へと開いていく。

③小集団—中集団の段階

いくつかの小グループが連携できる状態にあり，そのグループが中心となって，全体の半数の子どもが一緒に行動できるような状態。

②の段階を経て，子どもたちは対人関係をかなりもてるようになっている。したがってこの段階では，一人一人の個性に目を向けるような取り組みが計画できる時期なのである。例えばみんな違ってみんないい，という体験ができると，子どもたちは学級生活をより自分らしく，主体的に送れるようになってくる。この時期は学級づくりが進んだ2学期ころから出現することが多い。「自分がしたいことベスト10」などのエクササイズが深まる。

④中集団—学級全体集団の段階

子どもたちに学級集団の一員としての自覚があり，子どもたちで工夫し，自分たち全員で一緒に行動できるような状態。

この段階になると，強い構成（枠）をする必要もなくなり，学級生活の体験がそのままエクササイズのような効果が生まれてくる。したがって，一つ一つの体験をていねいに振り返ることにより，子どもたちの内面に迫ることができるような計画を立てるとよい。

集団の時間的経過による一般性を押さえ，集団の状態に応じて，子どもたちに無理のない状態で取り組めるようにできるか否かが，SGE実施のポイントである。

（河村茂雄）

※1：國分康孝監『エンカウンターで学級が変わる・小学校編3』図書文化。

Part 1 エンカウンターについて知ろう【入門】
第1章　構成的グループエンカウンターとは
第2章　学校教育に生かす構成的グループエンカウンター

Part 2 エンカウンターをやってみよう【実践】

第3章　実施までの手順
1　おすすめの時期，おすすめのエンカウンター
2　目的を確認する
3　いつ行うかを決める
4　エクササイズを選ぶ
5　エクササイズ配列の原理
6　展開を工夫する
7　やらないほうがいい場合

第4章　インストラクション
第5章　エクササイズ
第6章　シェアリング
第7章　介入
第8章　振り返りとアフターケア
第9章　継続的な実践とプログラム

Part 3 柔軟に展開しよう
第10章　いまここでのSGEをめざして
第11章　子ども・学級の理解と育成
第12章　構成の工夫
第13章　リーダーとして求められるもの

Part 4 エクササイズカタログ
第14章　スペシフィックエクササイズ
第15章　ジェネリックエクササイズ

Part 5 資料編

■エクササイズの6つの種類

　構成的グループエンカウンター（SGE）で行うエクササイズは，大きく6種類に分類できる。この6つの側面から「ふれあいと自他発見」に迫っていく。
①自己理解
②他者理解
③自己受容
④自己表現・自己主張
⑤感受性の促進
⑥信頼体験
　学級や学年でSGEを実施する場合，この6つから考えてエクササイズを選ぶことが必要である。
　これら6つの種類と，学校行事や学級活動のねらい，子どもの実態とを関連させて，以下の4つの観点や5つの留意点に従ってエクササイズを選べばよいのである。

■エクササイズ選びの観点

　学級や学年でエクササイズを行う場合，以下の4つの観点から総合的に考えて，実施するエクササイズを選べばよい。

（1）SGE実施の目的は何か
　学校でSGEを実施する場合，どんな目的で何の時間に実施するのかを明確にしなければならない。この目的と，上記6つのエクササイズの目的を考え

合わせて，エクササイズを選べばよい。

(2) 子どもの実態把握（アセスメント）
　子どもの実態を次の3つの観点からアセスメントし，子どもの「現在地」を的確に把握し，現在はどのエクササイズが必要なのか・適しているのか，無理のないエクササイズか・心的外傷や抵抗を起こさないものなのかを考えて選択すればよい。
①子ども一人一人の実態
②学級集団としての状態（学級集団としての課題や問題点，学年，実施時期などによる子どもの発達課題の把握）
③子どものSGEに対するレディネスやモチベーション
　子どものSGEに対するレディネスやモチベーションが低いと，同じエクササイズを実施しても，その深まりや効果はあまり期待できない。
　子どものレディネスやモチベーションを高めるためには，リレーションづくりのエクササイズとして，どちらかといえばゲーム感覚で楽しめるものから入り，自尊感情・自己肯定感が高まるエクササイズに移行していくとよい。また，事前にエクササイズの「実施時期，場所，意義，目的」を子どもに伝えておくことも大切である。

(3) 教師の願い，子どもの願い
　学級担任として，どんな学級にしたいのか。あるいは教科担任として，どんな学習集団にしたいのか，どんな授業をつくり上げたいのか，すなわち教師としての「願い」の実現，つまり「目的地」への到達をめざすためには，どんなエクササイズを実施すればよいのかを考えるのである。
　このときに重要なことは，教師から子どもへの一方的な「願い」の押しつけにならないように注意することである。子ども自身の学級や授業に対する「思い」や「願い」を出してもらい，教師と子どもとの「共通の願い」として共有しておくことが，とても重要なことである。

(4) 教師の，SGEのリーダーとしての経験度と，エクササイズの特性・難易度
　カウンセリングの理論に裏打ちされているSGEは，だれが行っても同じような結果が期待できるように工夫がされている。しかし，リーダーのデモンストレーションの仕方や自己開示の仕方によって，エクササイズの深まりに大きな違いが生じてくる。
　また，エクササイズの中には，その進め方によっては，子どものエクササイズへの抵抗が増したり，子どもが心的外傷を受けたりする可能性のあるものもある。つまり，用意周到な準備と実施に際しての慎重な進め方，参加者への十分な配慮が要求されるエクササイズがある。
　すなわち，SGEのリーダーとしての

経験度と，エクササイズの特性・難易度とを考え合わせ，教師は，自分の力量に合ったエクササイズを選ぶようにしたい。

■エクササイズ選びの留意点

前述したエクササイズ選びの4つの観点とは別の観点から，エクササイズ選びの留意点をいくつか述べる。

(1) 動きのあるものがやりやすい

エクササイズの中で，動きのあるものは比較的やりやすい。ゲームの色彩が強く，言葉を使わずに行う（非言語の）エクササイズである。これらは，また，事前活動としての効果も大きいものが多い。

ただし，非言語によるエクササイズが，ゲーム感覚で表面的なものということではない。心に深く残るエクササイズは，非言語とともに体験したものが多いからである。

しかし，動きのあるものがやりやすいことに変わりはない。

また，リラクゼーションをねらいとするエクササイズも比較的やりやすいものである。しかし，リラクゼーションを目的とするものの中でも，メンバー同士の身体接触を伴うエクササイズは，心理的抵抗を十分に考慮に入れて実施してほしい。例えば，事前に抵抗を起こさせないようなインストラクションやデモンストレーションを心がけておけば，問題なくエクササイズが展開できる。

(2) 小学校低学年は，短いもの，同じものを繰り返す

小学校低学年は，男の子と女の子との性差もそれほど大きくはない。学級は，子ども同士の関係よりも，子どもと学級担任との関係のほうが強い。そこで，担任のリーダー性を発揮するように，短いエクササイズを繰り返し行う。

また，この段階の子どもは，自己中心性が強いので，子どもが自分自身の体を動かし，何回も参加できるようなエクササイズを実施する。

さらに，集団規範のあるエクササイズを行うことで，ルールを守ることの楽しさや大切さを体験できる。

エクササイズの振り返りは，教師からの全体へのフィードバック（まとめ）で終了するなど柔軟に考えて，エクササイズの中での子ども自身の体験を大切にしたほうがよい。

(3) 小学校中学年は，低学年のエクササイズに，自己理解や他者理解のものを導入する

小学校中学年は，低学年と同じようなエクササイズを実施しながら，協同してできるエクササイズを増やしたり，友達のよさを知るエクササイズを増やしたりして行う。

また，発達段階から考えて，子ども

たちがチャレンジする，あるいは彼らの冒険心を満たすようなエクササイズも行いたい。さらに，小学校中学年くらいからは，振り返りができるようになってくるので，「振り返り用紙」を活用するとよい。

(4) 小学校高学年は，身体接触への配慮をもって，集団の凝集性を高めることと自己の内面への探索を意図する

小学校高学年は，身体接触への抵抗や異性への意識が芽生える時期である。このことを踏まえ，エクササイズの実施にあたっては，不必要な抵抗を起こさせない配慮と異性への過剰反応が起こらないように十分に注意したい。

学級や学年への凝集性を高め，高学年，特に6年生は最高学年としての自覚を高めるようなエクササイズや，小学校生活を振り返るエクササイズの実施も必要である。

また，思春期になり自己探索の時期でもあるため，自己理解，他者理解，信頼体験のエクササイズも実施したい。特に，ポジティブな自己概念の形成を意図したエクササイズの実施が重要になってくる。

(5) 中学校では，抵抗への配慮と，学年共通の年間指導計画によるエクササイズの実施を

中学生は，男女の性差を強く意識する。異性への憧れと，その反対の嫌悪感の両方をもっている。特に，身体接触を伴うエクササイズでの抵抗への十分な配慮が必要である。

また，疎外感への配慮もとても重要なことである。ときには，男子グループ，女子グループに分けてエクササイズを実施することも必要になってくる。ふだんの学校生活の中で，抵抗への配慮を行いながら，異性の排斥ではなく，ぜひとも共存，協同の体験をさせたい。

中学校では，学年で共通した学習や，学年集会，学校行事などの教育活動が行われることが多い。そこで，中学校では，学年で共通したSGEの年間計画を立てて実施したほうが，エクササイズ実施による効果がより期待できる。

学級活動や道徳の時間，学年集会などで，どんなエクササイズを行うのかを，学年職員が，学年の子どもたちの実態と自分たちの願い，学校行事の性格や実施時期とを考え合わせて，協同でプログラミングするのである。

さらに，中学校では，教科の時間や総合的な学習の時間，部活動でのエクササイズの展開も可能である。それぞれの時間の目的に合わせて，生徒の実態とリーダーたる教師の力量を勘案して，実施可能なエクササイズを選べばよいのである。　　　　（大関健道）

参考：岡田弘「エクササイズの選び方」，國分康孝監『エンカウンターで学級が変わる・中学校編1』図書文化．

Part1 エンカウンターについて知ろう【入門】
第1章　構成的グループエンカウンターとは
第2章　学校教育に生かす構成的グループエンカウンター

Part2 エンカウンターをやってみよう【実践】

第3章　実施までの手順
1　おすすめの時期，おすすめのエンカウンター
2　目的を確認する
3　いつ行うかを決める
4　エクササイズを選ぶ
5　エクササイズ配列の原理
6　展開を工夫する
7　やらないほうがいい場合

第4章　インストラクション
第5章　エクササイズ
第6章　シェアリング
第7章　介入
第8章　振り返りとアフターケア
第9章　継続的な実践とプログラム

Part3 柔軟に展開しよう
第10章　いまここでのSGEをめざして
第11章　子ども・学級の理解と育成
第12章　構成の工夫
第13章　リーダーとして求められるもの

Part4 エクササイズカタログ
第14章　スペシフィックエクササイズ
第15章　ジェネリックエクササイズ

Part5 資料編

　エクササイズをどういう配列でプログラムするかは，学校で担任が1年間を通して構成的グループエンカウンター（SGE）を実施する場合と，宿泊行事やワークショップで集中的にSGEを実施する場合とでは少し異なる。学級活動におけるSGEは，日常の中の一部であるが，宿泊行事やワークショップは非日常の世界を構成できるから，違いがあっても当然である。

　しかし，「ふれあい」「自他発見」「人間的成長」というSGEのねらいにそって考えてみると，共通する配列の原理がある。以下にあげる7つの原理について詳述していこう。

ねらいによる配列

　第1の原理は，ねらいによる配列である。例えば，最初の「ふれあい」を目的とした段階では，お互いを理解し合うこと（自己理解・他者理解）をねらいとしたエクササイズを中心にプログラムを組む。もちろん各自が自己開示することが大前提である。そして，ふれあってリレーションができるためには，相手から聞いたことを覚える，相手に関心をもって質問をする，などの行動が大切なのだということがわかるようなエクササイズがよい。また，ゲーム性の強いエクササイズをやることで，自然にかつ楽しみながらお互いを知り合うことができると，SGEに対するモチベーションが上がる。

ある程度リレーションができてきたら，自己開示したことに対して，どしどしフィードバックが返ってくるようになる。その結果，いっそう自己理解が深まるようなエクササイズ，つまり「自他発見」の段階に対応したエクササイズをもってくるのである。このときの自己開示には，価値観や感情を表現するようなエクササイズにすると，よりお互いを理解できるようになり，さらにお互いを受容する雰囲気が出てくるようになる。

最後の「人間的成長」の段階では，自己への新たな気づきをもとに，自己概念の変容，さらに行動変容をめざすようなエクササイズが適している。例えば，ロールプレイの技法を活用して，自己主張「私のお願いを聞いて」「川遊びのプラン」や受容「うれしい話の聞き方」（P.554，484，478）のエクササイズを配列する。

プログラムのクロージングのエクササイズには，行動変容・成長をめざして，エネルギーがわいてくるようなエクササイズが適している。

ワンネス～ウィネス～アイネス

以上のことを，別の観点から見てみる。リレーションをつくるための3つの考え方，ワンネス，ウィネス，アイネスを考慮したエクササイズ配列が2つ目の原理である。

まず，「ふれあい」段階における「ワンネス」である。ワンネスとは相手との一体感，相手の世界を相手の目で一緒に見るという接し方である。したがって，新しく出会った者が一体感をもてるようなエクササイズを多く配列するのである。

次は「自他発見」の段階における「ウィネス」である。ウィネスとは相手の足しになることを何かするというリレーションのもち方である。コツが3つあって，1つは相手の存在を認めること，2つはほめること，3つは実際のアクションを起こしてあげることである。SGEにおけるウィネスとは，具体的には気づいたことをどんどん他者にフィードバックすることであると考える。それも相手の足しになるようにフィードバックするのである。そこで，他のメンバーへの気づきが多く，自然にフィードバックしやすいようなエクササイズを配列する。

最後は「人間的成長」をめざす段階の「アイネス」である。アイネスとは「私には私の考えがある」と自分の考えを開けっぴろげに打ち出すことである。ここには，無条件に自己を肯定する姿勢と，同時に他者を受容する姿勢がある。

グループサイズによる配列

SGEは，エクササイズに合わせてグループサイズを決めるのが1つの特徴である。そこで，グループサイズをど

うエクササイズ配列に生かすかが3つ目の原理である。子どもが人間関係を広げる過程は，2人関係から3人関係，4人関係そして集団へと順に広がっていく。つまり，スモールステップを踏んでグループサイズを大きくしていくことが，エクササイズ配列上の重要な原理であることがわかる。

2人1組でインタビュー（「質問ジャンケン」P.352），ペアを合体して4人1組で他者紹介，さらに6人1組，8人1組へとグループサイズを次第に大きくしていく。最初の2人のリレーションがしっかりできていれば，グループサイズが大きくなっていっても不安を覚えずにすむ。逆に，不安があれば自己開示が不十分になるから，次々にエクササイズを展開していっても，気づきは少なく深まりができないということになる。

これは，2学期以降の学校でSGEを行う場合は心配のないことだ。しかし，見知らぬ人が集まって行うワークショップでは，ねらいだけを優先させたエクササイズの配列を行うと，不安感をずっと引きずって集団になじめないメンバーが出てくることになる。

身体接触（スキンシップ）を考慮した配列

第4に身体接触のあるエクササイズの配列について考えよう。スキンシップという和製英語がある。この言葉は，母親と子どもの肌のふれあいが健康な発達のために重要なことだという意味で用いられる。肌と肌のふれあいは，大人の人間関係を促進するのにも，かなり有効な役割を果たす。ジェネリックSGE（P.30）では，リチュアルとして握手は欠かせないものになっているが，握手をする前と後では集団の雰囲気が大きく変わる。スキンシップの効果絶大というところである。しかし，この握手という接触だけでも拒否的な反応を示す人がいる。特に，中学生における男女間の握手への抵抗はとても大きい。それだけに，その壁をいったん越えると一気に親しみを感じる関係に進むのであるが，無理をしないことである。「アウチでよろしく！」（P.348）という指先だけを合わせるエクササイズは，このあたりに配慮した工夫であろう。

SGEの初期に実施する身体接触のエクササイズには，「肩もみエンカウンター」（P.364）があるが，この場合も「抵抗ある人は申し出てください」とか，「マッサージがいいか，肩たたきがいいか，遠慮なく相手に注文してください」というインストラクションをするのは，身体接触への抵抗に対する欠かせない配慮である。

「トラストウォーク」（P.494）のエクササイズは，目をつぶって相手に身を任せるので，身体接触とそれに伴う信頼感の醸成の効果が大きい。

後半になると，集団の身体接触にな

※1：みんなの会編『ゲーム・手づくりあそび BEST100』あゆみ出版。※2：國分康孝監『エンカウンターで総合が変わる・小学校編』図書文化。

るが、「人間知恵の輪」[※1]「まほうのイス」[※2]のようにゲーム性の強さや、「トラストウォール」や「トリップ・トゥ・ヘブン」（P.578, 580）のように身体的な心地よさによって、信頼体験のねらいは達成しやすくなる。

言語・非言語のコミュニケーションに配慮した配列

コミュニケーションには言語（バーバル）を使うものだけではなく、非言語（ノンバーバル）によるコミュニケーションもある。前述の身体接触も非言語の一種である。非言語には、ほかに表情・態度・行動（ジェスチャー）などがあるが、とにかく言語を封じられたコミュニケーションには、また大きな気づきがあるものである。

エクササイズ配列の第5の原理は、言語と非言語のコミュニケーションへの配慮である。

ジェネリックSGEでは、プログラムのごく初期に、自由歩行がある。最初は無言で一定の空間を自由に歩き回る。SGEの非日常性を最初に実感するエクササイズといえるかもしれない。言語を介してお互いの理解を進めるエクササイズが連続すると気疲れもしてくるし、マンネリ化を覚えることもある。そういうとき、非言語のエクササイズを入れると新鮮である。また、言語によるコミュニケーションが不得意な人が、非言語コミュニケーションで伸び

と自己表現、自己主張することもある。その逆もある。

よく用いられる非言語のエクササイズには、前述の「自由歩行」や「身振り手振り・新聞紙の使い道」（P.498）「共同絵画」（P.490）「トラストウォーク」「トラストウォール」「トリップ・トゥ・ヘブン」など定評のあるものが多くある。プログラムを組むときは、他の原理と考え合わせて、言語によるエクササイズだけが連続しないように配慮するとよい。

コーヒーカップ・モデルを生かした配列

コーヒーカップ・モデルは、國分康孝の提唱するカウンセリングのモデルである（下図）。

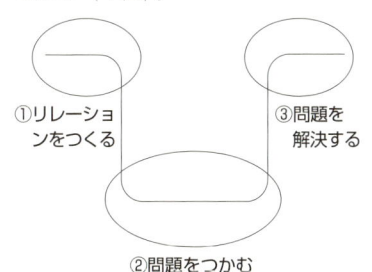

①リレーションをつくる
②問題をつかむ
③問題を解決する

このモデルでは、面接初期にはクライエントとのリレーションづくりをし、中期では問題の核心をつかみ、後期は適切な解決を試みて現実への復帰を図る時期である、とカウンセリングのプロセスをとらえる。

このコーヒーカップ・モデルはSGEにそのまま適用することが可能である。

つまり，参加者を日常から非日常（SGEのグループ）へとおだやかに導入し，エクササイズを経験することで自己の問題をつかみ，行動変容へのヒントを得て，再び日常へとスムーズに統合していくというプロセスと考えるのである。

2泊3日のワークショップでは，1日目にリレーションづくりのエクササイズを積み重ねていくことで，集団への一体感が生じて高揚感が生まれる。2日目には深い気づきが生まれるようなエクササイズ（「簡便内観」P.57)や「ライフライン」※3など）を多く配列し，さらにメンバーからのフィードバックも多くなるので，心を大きく揺さぶられる。つまり，自己の問題と正面から向き合うことになる。そして最終日は，現実の生活に復帰するために，言語でも非言語でもお互いに癒され元気づけられるようなエクササイズが配列されるのである。

イントラパーソナルとインターパーソナル

7つ目にあげるのは，イントラパーソナル・コミュニケーションとインターパーソナル・コミュニケーションをキーワードにした原理である。イントラパーソナルとは個人内部の関係，すなわち自己との会話（モノローグ）を意味する。これに対して，インターパーソナルは，個人間の関係を表す。

SGEはもちろん，他者との会話（ダイアローグ）をもとにしてふれあう集団体験である。しかし，本当に深い気づきはイントラパーソナルとインターパーソナルをうまく組み合わせることによって生じるのである。

例えば，SGEの「簡便内観」がそれである。内観自体はモノローグそのものである。繰り返し繰り返し，自己の心の中を調べるうちに，心の底に埋もれていた記憶がよみがえってくる。それをお互いに語り合うことにより，より深い気づきにいたったり，罪障感が癒されたりする。これは，イントラ→インター→イントラという図式になる。

さて，ここでエクササイズの配列上注意しなければならないのは，リレーションが十分でない時期に，モノローグをもとに深い自己開示をされても，相手はとまどうばかりで，よいインターパーソナル・コミュニケーションにならないということである。つまり，受ける側にレディネスができていない状態なのである。

このようにイントラとインターを組み合わせて，より深い気づきにいたるようなエクササイズは，十分なリレーションができた段階で行う必要がある。

さて，上述してきたような原理をもとにエクササイズを配列するとどうなるか，例をあげよう。表1は，学級におけるSGE年間計画例，表2は，1日のSGEワークショップのプログラム例である。

（藤川　章）

※3：河村茂雄『心のライフライン』誠信書房.

表1　学級におけるSGE年間計画

【1学期】
①学級開きのエクササイズ
　X先生を知るイエス・ノークイズ
　自由歩行・握手～質問ジャンケン
　～小さかったころなりたかったもの
　～他己紹介（4人1組）～ネーム・
　ゲーム※4（8人1組）
②ブラインドデート
③君はどこかでヒーロー（運動会）
④サイコロトーキング
⑤身振り手振り「新聞紙の使い道」
⑥ビンゴ（夏休みにやりたいこと）

【2学期】
⑦二者択一
⑧トラストウォーク
　トラストウォール
⑨私の四面鏡or気になる自画像
⑩共同コラージュ
⑪簡便内観
⑫無人島SOS
⑬私の価値観と職業 or 自分探し（エゴグラム）※5

【3学期】
⑭私の話を聞いて（拒否と受容のロールプレイ）
⑮考え方をチェンジ or みんなでリフレーミング
⑯川遊びのプラン
⑰トリップ・トゥ・ヘブン
⑱別れの花束

表2　学級づくりのためのSGE入門ワークショップ

講義（1）　育てるカウンセリングとしてのSGE
講義（2）　SGEの考え方とすすめ方

体験学習
①ペンネームづくり
②自由歩行・握手
③バースディライン（誕生日チェーン）
　質問ジャンケン（2人1組）
　将来願望
　●シェアリング
④他己紹介（4人1組）
⑤小さかったころの思い出ひとつ
⑥人生で影響を受けた出来事，人物
　●シェアリング
⑦マッサージ（自由歩行で新ペア）
⑧新聞紙の使い道（6人1組）
　●シェアリング
⑨銅像
⑩トラストウォーク
⑪トラストウォール（3人1組）
　●シェアリング
⑫小さかったころにしてもらったこと（簡便内観）
⑬私はあなたが好きです。
　なぜならば…
⑭私は私が好きです。なぜならば…
　●シェアリング
⑮別れの花束
　●ペンネーム解除
　別れのあいさつ：今後の留意点

※4：國分康孝監『教師と生徒の人間づくり』瀝々社。※5：國分康孝監『エンカウンターで学級が変わる・中学校編1』図書文化。

Part1 エンカウンターについて知ろう【入門】
第1章 構成的グループエンカウンターとは
第2章 学校教育に生かす構成的グループエンカウンター

Part2 エンカウンターをやってみよう【実践】

第3章 実施までの手順
1. おすすめの時期，おすすめのエンカウンター
2. 目的を確認する
3. いつ行うかを決める
4. エクササイズを選ぶ
5. エクササイズ配列の原理
6. 展開を工夫する
7. やらないほうがいい場合

第4章 インストラクション
第5章 エクササイズ
第6章 シェアリング
第7章 介入
第8章 振り返りとアフターケア
第9章 継続的な実践とプログラム

Part3 柔軟に展開しよう
第10章 いまここでのSGEをめざして
第11章 子ども・学級の理解と育成
第12章 構成の工夫
第13章 リーダーとして求められるもの

Part4 エクササイズカタログ
第14章 スペシフィックエクササイズ
第15章 ジェネリックエクササイズ

Part5 資料編

エクササイズの指導例は，あくまでも例である。実際は，自分の学級に合わせてアレンジする必要がある。

アレンジのポイントは，まず学級の現在地を把握し，次にねらいを設定することである。そして，ねらいにそって4つの構成をチェックする。4つとは①時間，②内容，③グループサイズ，④ルールである。学級の様子を考えながら，非日常性の演出を心がけたい。

構成による非日常性の演出

構成は非日常的な場を設定し，本音を出しやすくする仕掛けでもある。

非日常性を演出するのは，学級が最低1年間は同じメンバーで生活する集団だからである。1日の大半を共に過ごし，学習・生活・行事を通して人間関係を形成していく。しかし，それは良好な関係だけではない。けんかや仲間はずれなど，友達に対して否定的な行動をとることもある，利害対立や葛藤のある集団が学級である。

構成的グループエンカウンター（SGE）は，構成によって学級にある葛藤や利害の対立をいったんリセットし，良好な人間関係を体験させることのできる教育方法である。この利点を活用して，自己の確立を促進する豊かな体験を子どもたちに提供したい。

例えば，友達からいいところだけを見つけてもらうエクササイズがある。日常生活では，ほめられることもあれ

ば文句を言われることもある。認められることがたくさんある子もほとんどない子もいる。しかしエクササイズでは，時間やカードの枚数を構成することで，全員に，平等に認められるチャンスを与えることができる。

■ リチュアルによる非日常性の演出

集中的グループ体験としてのSGEセッションの初めに，前後左右の人と握手をしてあいさつをするというリチュアルがある。リチュアルとは定型化された行動のことである。これは，緊張緩和の役目を果たすと同時に，「これからエンカウンターが始まるぞ」という覚悟をするきっかけになる。グループのルールの説明や役割分担などによるリーダーとメンバーとの契約，ペンネームの使用なども同様の意味をもつ。

学校でのSGEにもリチュアルを積極的に取り入れ，通常の学校生活とは違う場を演出するとよい。例えば全員でルールを読む，オープンスペースに移動する，机を廊下に出す，呼んでほしい名前のネームプレートをつけるなどである。実施前の活動としてこれらを定型化すれば，日常生活のしがらみからその時間だけ抜け出す仕掛けとなる。

■ 舞台装置としての非日常性の演出

特に小学校低学年では，エクササイズの内容に応じた，仕掛けたっぷりの演出を行いたい。

例えば，「無人島SOS」（P.398）は，乗った船が嵐のために難破し無人島に漂着，そこで生きのびるために大切なものをランキングするエクササイズである。最終的にはグループで合意形成し意見をまとめる。

このとき，条件設定を読み上げるだけでは盛り上がらない。体育館のような広い場所にマットを敷き，それを船に見立てて乗り込ませる。嵐で船が右に傾いた，左に傾いた，海水がバッシャーンと甲板に入ってきたなどと場を設定しロールプレイをさせる。砂浜に打ち上げられた自分，そのときの安心と不安をたっぷりと味わわせたあと，ランキングさせると真剣さが違う。グループ討議も断然活発になる。

■ モチベーションを高める仕掛け

インストラクションだけでは参加する意欲が不十分だったり，やり方を理解できなかったりする場合，事前に簡単なゲームやシミュレーションを行うことがある。緊張感が解消された結果，活動への抵抗が消えることが多い。また，参加しながら自然にやり方を理解できると，ねらいが達成しやすくなる。子どもの実態に応じて，事前の活動を工夫したいものである。

マニュアルへの依存から脱し，目の前の子どもたちに合ったアレンジを工夫したい。
（品田笑子）

Part1 エンカウンターについて知ろう【入門】
第1章 構成的グループエンカウンターとは
第2章 学校教育に生かす構成的グループエンカウンター

Part2 エンカウンターをやってみよう【実践】

第3章 実施までの手順
1. おすすめの時期，おすすめのエンカウンター
2. 目的を確認する
3. いつ行うかを決める
4. エクササイズを選ぶ
5. エクササイズ配列の原理
6. 展開を工夫する
7. **やらないほうがいい場合**

第4章 インストラクション
第5章 エクササイズ
第6章 シェアリング
第7章 介入
第8章 振り返りとアフターケア
第9章 継続的な実践とプログラム

Part3 柔軟に展開しよう
第10章 いまここでのSGEをめざして
第11章 子ども・学級の理解と育成
第12章 構成の工夫
第13章 リーダーとして求められるもの

Part4 エクササイズカタログ
第14章 スペシフィックエクササイズ
第15章 ジェネリックエクササイズ

Part5 資料編

■ SGEをやらないほうがいい場合とは

構成的グループエンカウンター（SGE）の「構成的」とは，枠を設定することである。グループサイズ，時間，活動内容，禁止事項など，教師が指示した枠に従ってはじめてSGEは成立する。

だから，子どもたちが教師の指示を聞かない，指示を受け入れないような状態では実施しないほうがよい。

■ 学級崩壊に陥っている場合

ルールが定着していない集団の典型は学級崩壊の状態である。河村茂雄は学級崩壊を「先生の言うことを子どもたちがほとんど受け入れず，先生と子ども，子ども同士の『人間関係』と，学級の『ルール』が壊れている状態」と定義している。このような状態では，枠を構成できないのでやらないほうがよいし，できる状態でもない。

崩壊状態にまでいたらなくても，教室で好き勝手に振る舞い，教師に反抗的な態度を示す小グループが存在する場合もやらないほうがよい。あるグループが学級を牛耳っているようなイメージである。このような状態では，自分たちがやらないだけではなく，騒ぎ立てたり周りの子たちを冷やかしたりする。このようなことが2度3度と重なれば，ほかの子どもたちもしらけてしまい，教師の指示から離れ，やらない

子たちに同調し，マイナスの回転を加速させることになってしまうからである。

学級を勝手に動かすほどのグループが存在しなくても，小グループが固定して互いに対立し合い，小グループ内で階層化が進んでいるような状態も危険である。小グループを越えて交流させようとしたときの抵抗が，教師への反抗という形で表れ，崩壊へ進んでしまう危険性があるからである。

こうなる前に「ルール」と「リレーション」が両立した集団づくりを，SGEを取り入れながら行うことが大切である。しかし，こうなってしまった場合には学習や係・当番活動などの日常的な活動の中で小グループの解体をめざすなどの対応をしなければならない。その対策については引用文献などの参照をおすすめする。

特に留意したいのは，人事異動などで，クラスはそのままで教師だけが代わる場合である。年度当初に，前任者から情報を得るとともに「楽しい学校生活を送るためのアンケート（Q-U）」（河村茂雄）を実施するなど実態把握に努め，環境の変化を好転のチャンスにしたいものである。

教師がリーダーシップを発揮できない場合

SGEを実践して子どもたちが生き生き活動している様子を見ると，ねらいが達成されているような気がしてうれしいものである。しかし「もう1回やりたーい」との子どもの声に流されて，教師自らが構成の枠を破ったのでは「ルールの定着」をマイナス方向に作用させてしまいかねない。また，これではエクササイズ主義で，SGEにならない。「どうしてもう1回やりたいの」「夢中になって盛り上がれたのはなぜかな」などと子どもたちの発言を取り上げながら，シェアリングにつなげていくことである。そして，「また別な機会にやるからね」と約束し，あらためて実施すればよい。

また，リレーション形成のポイントは公平・平等にある。エンカウンターで，話す時間や機会を平等にし，役割をローテーションして全員が同じ経験をするように構成しているのはそのためである。この点に無頓着だとリレーション形成の効果が上がらない。活発な子や言語表現が達者な一部の子どもたちによって仕切られるような状態を放置すると，階層化を促進してしまう。

要するに，枠を受け入れる素地であるルールが定着していない集団では，感情交流ではなく役割交流から入ることが重要である。　　　　（簗瀬のり子）

引：河村茂雄『学級崩壊　予防・回復マニュアル』図書文化，p15。
参考：國分康孝ほか『エンカウンタースキルアップ』図書文化。河村茂雄ほか編『Q-Uによる学級経営スーパーバイズ・ガイド・中学校編』図書文化。

Part1 エンカウンターについて知ろう【入門】
第1章　構成的グループエンカウンターとは
第2章　学校教育に生かす構成的グループエンカウンター

Part2 エンカウンターをやってみよう【実践】
第3章　実施までの手順
第4章　インストラクション
1　インストラクションの目的
2　インストラクションの進め方
3　インストラクションの技法とコツ
4　事例・インストラクションの成功と失敗

第5章　エクササイズ
第6章　シェアリング
第7章　介入
第8章　振り返りとアフターケア
第9章　継続的な実践とプログラム

Part3 柔軟に展開しよう
第10章　いまここでのSGEをめざして
第11章　子ども・学級の理解と育成
第12章　構成の工夫
第13章　リーダーとして求められるもの

Part4 エクササイズカタログ
第14章　スペシフィックエクササイズ
第15章　ジェネリックエクササイズ

Part5 資料編

■ インストラクションとは

構成的グループエンカウンター（SGE）でのインストラクションとは，エクササイズに取り組む前にそのねらい，大まかな内容，やり方，ルール，留意点を説明することである。
①何をするのか
②何のためにするのか
③どんなふうにするのか
④参加するのにどのようなルールがあるのか
⑤どのようなことが起こるのか
　以上のことを，参加する子どもたちにわかりやすく説明することである。

■ インストラクションの目的

　インストラクションの目的の中心は，エクササイズに取り組む意欲を喚起することである。
　意欲を喚起するにはポイントがある。参加する子どもたちの心の中に，次のような思いが生まれるとよいのである。
- 「嫌なことはなさそうだな」
- 「こうやればいいんだな」「やれそうだな」「なんとかできるな」
- 「おもしろそうだな」「なるほどやってみたいな」

■ 不安の軽減

　初めての体験や，あまりやったことのない取り組みをすることに，人はだ

れでも不安をもつものである。

その不安の内容には，まず，活動の最中に嫌な思いをするのではないだろうか，傷つくのではないだろうかという，予測できないものに向かうときに生じる不安がある。

また，自分はみんなと同じようにできるのだろうか，自分だけ失敗して恥をかくのではないだろうかなど，取り組むうえでの自分の能力に対する不安もある。

したがって，意欲の喚起の中にはこのような不安の軽減も含まれているのである。具体的には，①～⑤までを子どもがイメージできるように説明することで，その効果が期待できる。

■取り組む意欲の喚起

取り組もうとする子どもの意欲を高めるためには，次の3つのどれかを喚起することが求められる。
- 取り組む内容自体が面白い・意味があると感じられる……学級の友達と悩みを語り合うことは，ふだんなかなかできないことなので関心がある，などである。
- 取り組み方・活動するやり方が面白いと感じられる……ビンゴ形式で好きなものを出し合うのは面白そうだ，などである。
- 取り組んだ結果から得られるものに意味や意義を感じる……友達マップを書くことで，自分の人間関係が整理され，自己理解が深まると思う，などである。

これらも①～⑤の説明の中に盛り込むことで，その効果が期待できる。

■自己決定

SGEへの参加は強制ではない。あくまでもインストラクションを受けたあとに，参加者は自分で参加することを決め，自主的に参加するのである。

エクササイズをやらせるための説明・説得ではなく，参加するかどうかの自己決定をさせることがインストラクションである。その際，不安による参加へのとまどいや，意義が見えないから，あるいは単に面倒くさいからやりたくない……とならないように説明するわけである。

しかし，インストラクションを受けたあと，どうしてもエクササイズに参加したくないという場合は，その自己決定を尊重する必要がある。

みんながやるんだからとか，参加しないのはわがままだ，と無理に強制してはならない。学校では，教師の補助や時間係などの役割で参加，見学という参加の仕方もあるわけである。

また，参加するという自己決定をした場合は，参加のルールを守るということも契約したことになる。その点のインフォームド・コンセントもインストラクションの中には必要である。

（河村茂雄）

Part1　エンカウンターについて知ろう【入門】
第1章　構成的グループエンカウンターとは
第2章　学校教育に生かす構成的グループエンカウンター

Part2　エンカウンターをやってみよう【実践】
第3章　実施までの手順
第4章　インストラクション
  1　インストラクションの目的
  2　インストラクションの進め方
  3　インストラクションの技法とコツ
  4　事例・インストラクションの成功と失敗
第5章　エクササイズ
第6章　シェアリング
第7章　介入
第8章　振り返りとアフターケア
第9章　継続的な実践とプログラム

Part3　柔軟に展開しよう
第10章　いまここでのSGEをめざして
第11章　子ども・学校の理解と育成
第12章　構成の工夫
第13章　リーダーとして求められるもの

Part4　エクササイズカタログ
第14章　スペシフィックエクササイズ
第15章　ジェネリックエクササイズ

Part5　資料編

全体的な留意点

インストラクションを行うにあたっての全体的な留意点として，次のようなことがポイントになる。

①簡潔に行う

説明が長すぎるインストラクションは，さあやろうという雰囲気を削ぎ，エクササイズに取り組もうという子どもの意欲を著しく低下させる。

インストラクションで話す内容はたくさんある。

- 何をするのか
- 何のためにするのか
- どんなふうにするのか
- 参加するのにどのようなルールがあるのか
- どのようなことが起こるのか

簡潔にするためには，事前に話す内容を整理しておく必要がある。その場での思いつきで話していると，どうしても長くなってしまい，まとまりのない内容，行きつ戻りつする筋の流れの悪いものになってしまう。

簡潔にするためには，事前にキーワードを紙に書いておき，提示しながら説明するのもいいだろう。まとまりのある集団ならば，ルール，注意点などは，この5つだよ，読んでくださいという展開があってもいいのである。

②わかりやすくする

抽象的で漠然としているインストラクションは，何をすればいいのだろうと参加者の不安を高め，子どもがエク

ササイズに取り組もうという意欲を著しく低下させる。

わかりやすくするための第1歩は，内容をより具体的に話すことである。さらに，取り組む内容を事前に模造紙に書いておいて，説明するのもいいだろう。

そして，具体的に教師がやってみせるなどのモデルを示してあげると，とても効果的である。

また，必ず参加者が質問する時間を設定することも大切である。

③感情を表現する

構成的グループエンカウンター（SGE）は感情交流を主とするグループアプローチである。教師のインストラクションはメンバーの絶好のモデルになる。

したがって，教師のインストラクションも講義調で行うのではなく，仲間に語りかけるように行うのがよい。

その際，教師は自分の考え，感情，私的な出来事を積極的に自己開示するのがよい。教師の存在が身近なものになり，子どもとのリレーションの形成にもなるし，その話し方を子どもたちは模倣するからである。

■ 必ずふれておきたい事項の留意点

説明する順番，軽重は，子どもたちの発達段階，集団の状態によって異なるが，次の内容には必ずふれておきたい。

①エクササイズの内容

これからどのようなことをするのかを，参加する子どもたちがイメージできるように説明する。子どもたちがやってみたくなるような表現の仕方が大切である。

具体的な例として，教師が取り組みの一例をやってみせること（デモンストレーション）が最も有効である。

②目的

エクササイズに取り組む意義や意味を，子どもたちが納得できるように説明する。思春期以降の子どもたちは，ただ面白そうだからだけでは，意欲が喚起されない。目的を説明することで，彼らの抵抗を低下させ，取り組む内発的動機が喚起されるのである。高校生に対しては，取り組む意味の説明の中に，心理学などの理論的根拠を盛り込むと，生徒も納得しやすくなるだろう。

③ルール

宿泊を伴う大人同士のSGEでは，暴力の禁止，社会的逸脱行為（深夜の放歌高吟の類）の禁止など，ルールは集団生活を送るうえでの最低限のルールに限定し，あとはありたいようにあることを保障する。

しかし，発達途上の子どもには，限度を超えて意図的に特定の相手を攻撃してしまったり，人権を侵害してしまったりする可能性がある。

そこで，エクササイズに参加するにあたっての，ルールを確認することが大切である。現在の集団の状況で想定

されるもの，これから取り組むエクササイズに関連したもので，人権に関するものについての行動や態度を，発達段階に合わせて具体的に説明してあげるのである。

せっかくSGEを実施するのに，副次的なことで心が傷つき，参加しなければよかったというような体験を，子どもにさせてはならないのである。

■ 必要に応じてふれておきたい事柄

インストラクションは簡潔に行うことが重要であるが，子どもたちの状態によっては，次の内容をインストラクションに適宜盛り込むことが必要になる。不安の軽減，抵抗の除去，意欲の喚起，無用なトラブルの発生を防止するためである。

①想定される効果の説明

学級の状態にもよるが，内容と目的を説明しても子どもたちがのってこないようなとき，このエクササイズに取り組むことによる期待される効果を説明する場合もある。

例えば，「自分や周りの人のいい面をお互いにたくさん見つけることができて，友達になるきっかけができるよ」という具合である。

それによって，やってみようという意欲を喚起するのである。また，何か気がのらないなという状態の子どもが多いときに，「まずやってみるか」と決断する根拠にもなるだろう。

子どもたちの状況によっては，目的の説明の中に入れて，あわせて説明してもよいだろう。

②取り組む姿勢

エクササイズに参加する心がまえ，望ましい態度，話し方などを事前に説明しておくと，無用なトラブルの発生を抑止することができる。

例えば，「A君は冷たい人だ」と言わず，「私は，A君が，私が話しているのを中断してしまったので，さびしく思いました」という具合に，アイメッセージ（I-message）で自分の思いを語ること，相手の人間性を評価するような言い方をするのではなく，態度，行動，雰囲気を見て，自分が感じたことを語ることで説明するのである。人間性は他人から評価されるものではないが，態度，行動，雰囲気は他者から指摘されて，自ら修正しようと思えばできるものだからである。

あわせて，人の話を途中でさえぎる，まじめに話している人を茶化すなどの悪いマナーも，教師がモデルを示して説明しておくと有効である。

③逸脱行動に機先を制する

学級が荒れているとき，一部の子どもが教師に日常から反抗しているようなとき，予測できる抵抗から発生する逸脱行動について，事前にモデルを示して説明しておくと取り組みの内容が格段に違ってくる。

例えば中学生，高校生ならば，「自分の内面に向き合う勇気がない場合，

次のような態度をとって，自分や周りの人に対してごまかすことがあります」と説明し，教師が代表的な逸脱行動のモデルを示して見せるのである。

●話に参加しない

自分は関係ないねという具合に，みんなの輪に入らず，離れている，関係ないことをしている場合である。「自分を出して傷つくのがとても怖いので，そうしているのだろうね」と説明するとよいだろう。

●しらけたふりをする，冷やかす

取り組みがくだらないねという雰囲気を醸し出して，だれが見てもわかるように意識してつまらないというような態度をとったり，飽き飽きしたという態度をとったりする場合である。

さらに1歩進んで，まじめに取り組んでいる人を，言葉じりを取り上げて冷やかしたりするのである。

「みんなの活動を台無しにすることで，自分と向き合うことから逃げようとしているのだろうね」と説明するとよいだろう。

●関係ない話題にふる

テーマと関係のない芸能人の話題や，友達の噂話に話題をすり替えてしまう場合である。

「話題をそらしてあたりさわりのないことを話すことで，逃げようとしているのだろうね」と説明するとよいだろう。

●一般論，笑いでごまかす

「最近の中学生はみんなそうだよね」「高校生ならみんなそうしているよね」という具合に，自分の思いを自分のこととしてではなく，広く一般化して語る場合である。

また，自分のことを自ら茶化して笑い話にしてしまい，周りの子どもからのウケをねらっているような場合である。

「自分の思いを素直に語るのが怖いのだろうね。周りの人からは自分の率直な思いは受け入れられないと思っているのだろうね」と説明してあげるとよいだろう。

●他人に質問ばかりしている

自分の思いは語らずに，他人の言ったことに質問ばかりし，話題を他人のことだけにもっていこうとする場合である。

「みんなの前で自分の思いを語る勇気がもてなくて，逃げているのだろうね」と説明してあげるとよいだろう。

最後に，全体に次のように話し，不安と抵抗の軽減を図り，取り組む勇気を喚起してあげるとよいだろう。

「これらのようなことは，日常生活の中でついやってしまうこともあるけど，今日は少し勇気をもって自分に向き合ってみよう」「もし，そういうふうにする人がいたら，逃げたい気持ちを理解してあげながらも，取り組む勇気をもとうよと言ってあげてください」という具合である。　（河村茂雄）

Part1 エンカウンターについて知ろう【入門】
第1章　構成的グループエンカウンターとは
第2章　学校教育に生かす
　　　　構成的グループエンカウンター

Part2 エンカウンターをやってみよう【実践】

第3章　実施までの手順

第4章　インストラクション
1　インストラクションの目的
2　インストラクションの進め方
3　インストラクションの技法とコツ
4　事例・インストラクションの成功と失敗

第5章　エクササイズ
第6章　シェアリング
第7章　介入
第8章　振り返りとアフターケア
第9章　継続的な実践とプログラム

Part3 柔軟に展開しよう
第10章　いまここでのSGEをめざして
第11章　子ども・学級の理解と育成
第12章　構成の工夫
第13章　リーダーとして求められるもの

Part4 エクササイズカタログ
第14章　スペシフィックエクササイズ
第15章　ジェネリックエクササイズ

Part5　資料編

■ インストラクションのポイント

　インストラクションは，参加している子どもたちの特性，集団の状態にマッチさせて行う，というのが最も大事なポイントになる。

　どんなに有効な一般的な技法も，集団の状況にマッチしていなければ効を奏さない。

　例えば，荒れていて私語が常に飛びかう騒々しい集団で，しんみりとしたインストラクションは，よほどの先行の介入をしないと成立しない，ということである。

　したがって，以下に説明するインストラクションの一般的な技法は，子どもたちの特性，集団の状態に合わせてアレンジするために留意しなければならないポイントである。

　良好にインストラクションを行うコツは，いかに子どもたちの特性，集団の状態をアセスメントし，一般的な技法をアレンジできるかである。

　アレンジする視点は，子ども同士のリレーションの形成度，集団内の一般的なルールの定着度とまとまりである。

　これらが低ければ低いほど，インストラクションは，より簡潔に，より具体的に，よりモデルの提示を多くする，というアレンジが必要になるのである。

■ インストラクションの技法

　ここではインストラクションをする

際の話し方，伝え方を中心に説明する。
① 一文を短く話す

　説明を簡潔にする第1歩は，5W1Hをはっきりさせて，子どもたちに語りかける一文を短くすることである。

　「最近の子どもたちは集中力がなくて話をきちんと聞けない」と嘆く教師に限って話が長い，という笑い話があるくらい，話が長い教師は多い。

　一文を短くするには，これから話そうと思っている内容を，事前に吟味しておくくらいの準備が必要である。
② 具体的に話す

　聞いているどの子どもにも理解できるように，わかりやすい具体的な言葉を用いるのである。

　「さあ自分の思いや感情を率直に話してみよう」という漠然とした話し方ではなく，「うれしかったらうれしい，悲しかったら悲しいと，素直に話してね」という具合である。

　構成的グループエンカウンター（SGE）は感情交流を重視する。したがって，子どもの感情を喚起しやすい身近な具体的な言葉づかいが求められるのである。

　さらに，内容をわかりやすくするために，説明に具体的な例を添えるのも大事である。例によって話の内容が補足されるからである。小学校低中学年の子どもたちならば，例のほうで理解する場合も少なくない。
③ 視覚に訴える

　百聞は一見に如かずである。やり方やルールを大きな模造紙に書いておいたり，カードにしておいて説明の際に提示したりすると，聞いている子どもたちの理解はとても深まるものである。

　また，逸脱行動の目立つ集団では，ルールを明示しておくとよい。教師は「〇番目のルールを守ろう」という個別の指摘で，全体の雰囲気を損ねることなく，ルール違反をしている子どもに行動の修正を促すことができるのである。

　デモンストレーションもとても効果的である。リーダーとサブリーダーの取り組みのデモンストレーションを見て，活動内容の全体像をイメージできるからである。

　したがって，モデルを複数提示すると子どもたちの理解は深まるのである。複数とは，話す内容で異なる領域の例を1つか2つ出す。いいモデルだけではなく，好ましくないモデルも示すことによって，活動内容を明確にするなどである。
④ 対話調の語り口

　SGEは感情交流が主目的になるので，リーダーである教師のインストラクションも，授業のときのようなあらたまったものではなく，休み時間に雑談するような対話調がいいだろう。その際に，教師がモデルとして率直な自己開示をすれば，子どもたちも親しみやすいし，取り組む際のいいモデルになるのである。

（河村茂雄）

や態度のいい面を見つける「いいとこさがし」(P.408)を実施することにした。ちょうど運動会が終わったころで、節目の時期だと考えたからである。A男は応援団で目立っていた。

インストラクションは、次の点に留意して実施した。

● 目的を明確にする

楽しければいいというのではなく、級友のことをじっくりと、受容的に認められることが大事であることを強調する。

● 期待される視点の具体例を説明する

例えば、得点板作りの裏方作業に地道に取り組んでいたC子のこと、道具係の活動に機敏に取り組んでいたD男など、目立たない子どもの事例をあげる。

● 例とルールをカードにして掲示する

子どもたちの意識が集中し、持続するように、前述の事例のカードと、友達の発言を途中でさえぎらない、冷やかさない、などのルールをカードに書き、活動中は黒板に貼っておく。

● 「いいとこカード」を用意する

事前に友達のよい点を書き込むイラストのたくさん入ったカードを用意し、活動意欲を喚起する。カードの書き方もていねいに説明し、書き方の例も黒板に掲示する。

このような配慮をしてインストラクションをし、エクササイズを展開した。A男は機先を制せられたのか、私語もしないでB先生の説明を落ち着いて聞いていた。

エクササイズが始まり、生活班の仲間についてまずカードを書き、カード交換をした。A男は運動会の片づけを手伝ったことなど、ちょっとしたことが感謝され、認められたことが少し不思議そうで、しかしとても喜んでいた。

B先生は月の終わりにこのエクササイズを定期的に実施した。その結果、子ども同士の交流が活発になり、学級が親和的な雰囲気になってきた。A男も少しずつ軽口が減って、級友からの信頼も高まってきたという。

楽しく盛り上げようとばかり考えインストラクションをしてきたが、目的を定め、計画的で適切なインストラクションが大切なことを実感した、というB先生の言葉が印象的だった。

人間関係が殺伐とした学級

進学熱心な都市部の中学校3年生のある学級の話である。この学校は部活動も低調で、特に3年生は学校よりも塾の予定・宿題を優先するような状態である。「うちは、中学校受験に失敗した生徒たちが多く、高校で巻き返すことを親から強く期待されている子が多いからね」と、担任のE先生は言う。したがって、中学1年のころから受験塾に通っている生徒が多く、学校の授業に興味が薄くなり、常にイライラしている生徒が多いという。

E先生は、生徒同士の人間関係の希

薄さが生徒たちの情緒の不安定さにつながり、学校生活の充実感を低下させていると考えた。

そこで、2学期から学級活動・進路指導のときにSGEを取り入れる計画を立てた。

自分の本音や感情を出さず、シラーッとして、受験のことで頭がいっぱいの生徒が多いので、進路指導の一環として、いろいろな職業についている人の生き方について考えるものを計画した。本やテレビの内容を取り上げ、最終的にどのように生きたいのかを考える機会にしたいと思った。その中で、なぜ勉強するのかなど、自分なりの意味を感じてほしいと考えた。

第1回は、自分の生き方を語ることを題材にしようとE先生は考えた。なぜ教師になったのか、教師生活について、自分の価値観を率直に語ろうと考えた。

インストラクションは、目的、展開の説明のあと、E先生の自己開示を中心とした。事前の準備として、自分のライフライン[※1]を作成した。自分の生きてきた人生を、その幸福感の高さにより、1本の線で結んだものである。E先生自身が研修で実際に取り組んでみて、失敗も挫折もあったが、精いっぱい生きてきたことを自分で納得できたのだという。

学級でのインストラクションでは、今回の取り組みの目的、やり方を簡潔に説明し、自分のライフラインを模造紙に書いて、30分間で率直に、飾らずに語った。途中、生徒たちは黙って最後まで熱心に聞いていた。

エクササイズは、E先生のライフラインのストーリーを聞いて、感想を独自に書くことである。シェアリングは、その感想文をE先生がパソコンで打ち直し、プリントにしたものを次の週に読み合い、生活班で感想を語り合うというものだった。

感想はE先生の予想に反したものだった。感情を表現し、自分の思いや悩みを率直に書いた生徒が多かった。次の週のシェアリングの活動も、少人数のグループにしたせいか、生徒たちはいつもより積極的に発言し、お互いの思いを語り合った。

これがきっかけになり、SGEは予想以上の効果をあげ、学級のリレーションはとても向上した。教師の率直な自己開示は、最高の心の教育になるとE先生は確信したという。

以上の事例は、教師たちは悪戦苦闘したが、最終的に納得する実践ができた例である。

納得できるように実施できたポイントを整理すると、①学級集団の細かいアセスメント、②実態に合った取り組みの計画・設定、③1人の人間としての教師の率直な自己開示、ではないだろうか。そして、最初のインストラクションが、その有効性を大きく左右したことがうかがえる。　　（河村茂雄）

※1：河村茂雄『心のライフライン』誠信書房。

Part1 エンカウンターについて知ろう【入門】
第1章 構成的グループエンカウンターとは
第2章 学校教育に生かす
　　　構成的グループエンカウンター

Part2 エンカウンターをやってみよう【実践】
第3章 実施までの手順
第4章 インストラクション
第5章 エクササイズ
　1 エクササイズの目的
　2 エクササイズの進め方
　3 エクササイズに役立つ技法とコツ
　4 事例・エクササイズの成功と失敗
第6章 シェアリング
第7章 介入
第8章 振り返りとアフターケア
第9章 継続的な実践とプログラム

Part3 柔軟に展開しよう
第10章 いまここでのSGEをめざして
第11章 子ども・学級の理解と育成
第12章 構成の工夫
第13章 リーダーとして求められるもの

Part4 エクササイズカタログ
第14章 スペシフィックエクササイズ
第15章 ジェネリックエクササイズ

Part5 資料編

■ エクササイズは参加を促す「枠」

　エクササイズとは、「ふれあい体験と自他発見」を深めるために行う課題であり、構成的グループエンカウンター（SGE）の重要な柱の1つである。エクササイズの実施とその振り返り（シェアリング）によって、思考・感情・行動のいずれかがゆさぶられ、「ふれあい」と「自他発見」が促される。

　エクササイズは、意図的な「枠」ともいえる。リーダーは、「目をつぶって」「朝からいままでを振り返って」「2分間で」「ジャンケンで勝った人から、時計回りに」など、一定のルール（枠）があることを参加者に示す。枠があることで、参加を促され、自己開示も進む。また、心理的な外傷を少なくすることもできる。

　カール・ロジャーズによって開発された非構成のエンカウンター（ベーシック・エンカウンターグループ）は、初めから課題を決めることなく、参加者の自由な話し合いを進めていく。この場合、いつまでも沈黙が続いたり、「言え、言え」と発言を迫られたりすることもありうる。

　それに対し、SGEにはエクササイズという枠があるので、メンバーはその枠の中で規制されることになる。何もないところで、「何か話せ」と言われるより、時間やテーマが決まっていたほうが話しやすい。規制がきつすぎると不自由な思いを感じるが、一定の規

制があることで自分の言動を定めることができ，他を害する率も低くなる。

エクササイズとは，このように意図的に枠組みをつくり，参加者のふれあいや気づきを促すことになる。エクササイズを選定する際は，ふれあいと自他理解という目標をさらに具体的にして，SGEの効果が表れるようにする。

エクササイズを分類すると，次の6種類になる。
①自己理解　②他者理解
③自己受容　④自己表現・自己主張
⑤感受性の促進　⑥信頼体験

こうした目的を達成するために，対象の年齢やSGEの経験の有無，グループサイズや実施の時期などを考慮して，適切なエクササイズを選定したり，開発したりする。実施するグループをよく考えて，内容に修正を加えながら，準備することが大切である。また，リーダー自身の経験度によるところもある。

リーダーがビギナーの場合は，定番といわれるエクササイズを，解説どおりに行い，経験を深めるにしたがい，アレンジを加えていくとよい。

適切なエクササイズとは

「おもしろくて，ためになり，しかも理論的背景がある」というエクササイズが望ましい。SGEのエクササイズは，ゲームとは違う。ゲームの本質は楽しむことにあるが，エクササイズは自己啓発上の課題である。楽しむことだけを追求してはいない。ただし，自己啓発をねらうからといって，いきなり「ホンネで討議せよ」というのも無理な話である。人間には，ホンネと建前がある。ホンネの交流を進めるには，まずは交流に対する抵抗を減らすために，楽しみながら気軽に参加できるエクササイズの実施も必要である。

「ためになる」点については，先に述べた6つの目的のうち，いずれかを達成するようなねらいをもって，エクササイズを選定する。ためになるからといって，仕掛けを複雑にしたり，一部の人にしかわからないような内容を盛り込んだりすることは避けたい。仕掛けは，シンプルなほうがねらいを達成しやすい。エクササイズをこなすことが大事なのではなく，エクササイズを通して，気づいたこと感じたことを共有し合う，すなわち，深いシェアリングにつながるエクササイズが適切なのである。

最後に，SGEを支える諸理論は，折衷主義を基調に統合されいる。すなわちゲシュタルト療法，実存主義的アプローチ，精神分析理論，交流分析，行動療法，論理療法，来談者中心療法などカウンセリングの各理論から，目標（ねらい）に応じてフィットする部分を取り出し構成する。リーダーは，どの理論によって構成されたエクササイズかを見きわめて実施する必要がある。

（朝日朋子）

Part 1 エンカウンターについて知ろう【入門】
第1章 構成的グループエンカウンターとは
第2章 学校教育に生かす
　　　構成的グループエンカウンター

Part 2 エンカウンターをやってみよう【実践】
第3章 実施までの手順
第4章 インストラクション
第5章 エクササイズ
　1 エクササイズの目的
　2 エクササイズの進め方
　3 エクササイズに役立つ技法とコツ
　4 事例・エクササイズの成功と失敗
第6章 シェアリング
第7章 介入
第8章 振り返りとアフターケア
第9章 継続的な実践とプログラム

Part 3 柔軟に展開しよう
第10章 いまここでのSGEをめざして
第11章 子ども・学級の理解と育成
第12章 構成の工夫
第13章 リーダーとして求められるもの

Part 4 エクササイズカタログ
第14章 スペシフィックエクササイズ
第15章 ジェネリックエクササイズ

Part 5 資料編

■ 事前に考慮すべき点

　エクササイズ実施にあたっては，対象となる集団の特性を，次のような観点で考慮する必要がある。

①集団の雰囲気

　比較的落ちついているか，活発な子どもが多くて騒々しい雰囲気か，対人関係のトラブルを抱えていてやや重たい雰囲気か，などを考慮する。

②実施の時期

　年度初めで，集団生活がまだぎこちない時期か，卒業・進級を控え，思い出づくりをしっかりしておきたい時期か。また年間計画の中で，どのような力をつけさせたい時期かを明確にする。

③配慮を要する子ども

　参加することに無理がある子どもはいないか。例えば，参加を嫌がる子（抵抗），グループをつくるのにトラブルを生む可能性が高い子，身体接触や活動的なエクササイズを過度に嫌がる子，思考を伴うエクササイズの理解に困難がある子などである。

　また，身近な人を失った経験をして間もない場合や，トラブルに巻き込まれたあとなど，心に傷を負っている場合もあるので，日ごろの子どもの状況をしっかり把握しておく必要がある。

　こうしたさまざまな条件，状況を踏まえ，その集団，時期に応じたエクササイズを選択することが大切である。必要に応じ，内容に修正を加えることもできる。

また，実施するリーダー（教師）の準備も必要である。構成的グループエンカウンター（SGE）について，基本的なところを押さえ，できればリーダー自身も研修を受け，SGEを体験しておくとよい。

初めて行う場合には，進行のシナリオを書いて，経験者からアドバイスを得る。実施当日も，経験者に観察に入ってもらうことが望ましい。人の心を扱うことなので，それだけ慎重であるに越したことはない。

エクササイズをやってみよう

学校の通常の時間帯に行う場合の基本的な流れは，以下のようになる。
① 1時間の目標を簡単に述べる。
② 本題のエクササイズの前に，お互いの緊張感を取り除くために，軽く導入のエクササイズ（「指ずもう」「握手ゲーム」などの簡単なゲーム）を行う場合もある。
③ インストラクション（エクササイズの説明，指示）を行う。簡潔に，かつ十分理解できるように進める。理解を確実にするために，1グループだけ試しにやってみることも必要である（デモンストレーション）。
④ エクササイズを実施する。
　● 始まり，終わりの合図を出す。
　● グループを回って援助する。
　● ルールが守られているか確認する。
　● 気づきを引き出すコメント（介入）をする。
　● 記録をとる。
⑤ シェアリングを行う。エクササイズを通して感じたことや心の動きについて振り返る。シェアリングの観点に基づいて，グループで話し合わせたり，振り返りカードに記入させたりする。いくつかの例を発表してもらい，全体でも分かち合う。
⑥ まとめを行う。指導者が，子どもの活動から感じ取ったことや気づいたことを全体に返す。次回につながるように，前向きに終わらせる。

エクササイズの最中に行うこと

リーダーは，子どもを観察しながら，エクササイズがスムーズに進行するようにする。エクササイズの最中に行うことを，より詳しく説明すると以下のようになる。
① 参加の仕方を観察する

教師のインストラクションをしっかり聞いているか，内容を理解しているか，意欲的に参加しているか，まじめに取り組んでいるか（悪ふざけや冷やかし，からかい，人をバカにすることなどがないか），グループに入れない子どもがいないか（心理的にグループの外にいる場合もあるので注意する），などを観察し，対応する。
② ダメージ（心的外傷）を予防する

特に小学校低学年は，自己中心性が強く，表現方法も未熟である。「ばか」

「ちび」「でぶ」「ぶす」など簡単に言ってしまう。相手を傷つけるような言葉や行動を事前に禁じ、ダメージを予防する必要がある。

もし、そういう言動があった場合は、その場で厳しく注意する。中には、「言ってない」と、自分の言葉を覚えていない子どももいる。その場で、「先生は、いま、聞いたよ」と確認し、「聞いていてとても悲しい、嫌な感じがした」「二度としてほしくない」という教師自身の気持ちをアイメッセージで伝える。

③ メンバーの感情を観察し、抵抗がある場合は、これを取り除く

エクササイズ中に、子どもにどんな感情が生じているかを観察する。

「エクササイズを楽しんでいるか（のっているか）」「安心してエクササイズを行っているか」「エクササイズをしたがらない子どもはいないか」「エクササイズに満足しているか」「エクササイズそのもの、あるいは仲間からの言動によって、心理的なダメージを受けている子どもはいないか」などについて観察する。

抵抗を起こしている子どもを見いだしたならば、対応する（P.172）。

エクササイズの趣旨やねらいが伝わっていない場合は再度説明し、理解を求める。子どもに参加への不安がある場合もあるので、その不安をていねいに取り除く必要がある。参加の仕方がわからない場合には、意欲的に取り組んでいる子どもを例にあげるのもよい。

また、参加したくない気持ちがある場合は、「不参加の自由」があることを伝え、意思を確認する。本人の「いまの気持ち」と「どうしたいのか」という意思に耳を傾け、対処していく。子どもによっては「部分参加」を認めることもありうる。

④ グループ内のコミュニケーションを観察する

グループ内で、子どもの発言が均等に行われているかどうかを確認する。発言の少ない子ども、まったく発言していない子どもがいるか観察する。また、本題からはずれたことを言っている子どもがいれば、「結論をまず、話してみよう」など介入していく。発言だけでなく、視線やうなずき、姿勢などの非言語的なコミュニケーションも見るようにする。

また、グループ内の仲間の発言をしっかり聞いているか（傾聴）、ホンネを語っているか、発言の少ない仲間に対して働きかけているかなどについても観察できるとよい。

グループ内のコミュニケーションがとどこおっていると感じた場合は、視点を変えるようなヒントを与える。「こういうような考え方や見方もできると思うけれど、どうかなあ？」と言ったり、グループに一緒に参加しながら、質問・繰り返し・明確化の語りかけをして、グループ内の発言や思考を促したりする。

⑤ルール違反がないか確認する

　ルールが守られていないことを見つけた場合は，その場で「違っている」ことを伝え，正しいやり方で進めるように指示をする。その際は，「なぜいけないのか」をきちんと説明する。

　必要に応じてエクササイズを中断し，全体でルールを再確認することもありうる。ただし，エクササイズのねらいからはずれていないかぎり，また他の子どもの迷惑になっていない場合にかぎり，直接介入せずに，子どもの動きを許容することもある。

⑥シェアリングで自分の感情に気づけるようにする

　慣れていない子どもは，放っておくと自分の感情に気づかないことがある。リーダー（教師）の言葉に促されて気づくこともあるので，観察を通して，適切な言葉かけをしていく。

　子どもの行動を読み取り，適宜言語化して返すことも有効である。

⑦教師が模倣の対象となる

　エクササイズに教師が参加して，自己開示のモデルになると，エンカウンターが促進されることがある。必要に応じて，教師は模倣の対象（モデル）となる。

⑧ねらいからはずれないよう，舵取りしたり介入したりする

　日常の関係を引きずっている子どもたちは，エクササイズのねらいからはずれた行動をすることがある。教師が介入して，軌道修正をする。

⑨教師は自己開示を積極的に行う

　教師自身が自己開示のモデルとなる。エクササイズを通して心にわき起こる感情や考えを，最もふさわしい言葉で表明していく。

⑩ダメージ（心的外傷）を受けた子どもがいないか観察し，もしいた場合には，きちんとフォローをする

　個別面接を行い，そのあとにグループ面接を行って，グループ内での解決を援助する。

　ダメージによって何らかの症状がある場合は，専門家にカウンセリングを依頼する。

　なお①〜⑩について，「第7章　介入」も参照していただきたい。

リーダーの役割

　リーダーの役割は，①いかにしてグループをまとめるか，②いかにしてグループを動かすか（集団目標の達成），③いかにして個人的ケアをするか（個人目標の達成）の3点である。

　リーダーはたえずグループの状況と個人の動きを観察し，手際よく対処していく必要がある。これは，リーダーの経験を通して磨かれる感性である。

（朝日朋子）

参考：國分康孝監『エンカウンターで学級が変わる・小学校編1〜3』『同・中学校編1〜3』『エンカウンターで総合が変わる・小学校編』『同・中学校編』図書文化。

Part 1　エンカウンターについて知ろう【入門】
- 第1章　構成的グループエンカウンターとは
- 第2章　学校教育に生かす構成的グループエンカウンター

Part 2　エンカウンターをやってみよう【実践】
- 第3章　実施までの手順
- 第4章　インストラクション

第5章　エクササイズ
1. エクササイズの目的
2. エクササイズの進め方
3. **エクササイズに役立つ技法とコツ**
4. 事例・エクササイズの成功と失敗

- 第6章　シェアリング
- 第7章　介入
- 第8章　振り返りとアフターケア
- 第9章　継続的な実践とプログラム

Part 3　柔軟に展開しよう
- 第10章　いまここでのSGEをめざして
- 第11章　子ども・学級の理解と育成
- 第12章　構成の工夫
- 第13章　リーダーとして求められるもの

Part 4　エクササイズカタログ
- 第14章　スペシフィックエクササイズ
- 第15章　ジェネリックエクササイズ

Part 5　資料編

『エンカウンターで学級が変わる』（國分康孝監,図書文化）のシリーズが,小学校編・中学校編それぞれ3巻（高等学校は1巻）出されているが,各校種の実践家が,役に立つ技法・コツを,巻頭もしくはコラムで語っている。そこに共通することは,
① 「直そうとするな,わかろうとせよ」
② 「教師も自分の気持ちを語れ」
ということである。

　エクササイズの実際は,シナリオどおりには動かない。予想を超えた反応があり,また感動もある。構成的グループエンカウンター（SGE）に参加する人々と,リーダーである自分が,同じ空間・時間を共有しながら,自分の旗印を明確に示す。これがリーダーに求められる姿勢であり,技法の礎となるものである。

■ 質問技法

　エクササイズに参加したくない,照れやふざけが顕著であるなどの場合がある。こうしたときは,頭ごなしには叱らずに,質問技法で子どもに理由を確認する。
　「このエクササイズをどう思っているの？」「できる範囲で参加はできないかな。つらければ,先生に合図をしてくれればいいよ」「ふざけることで,君は何を伝えたいのかな？」
　教師もゆったりと構えつつ,真面目な顔で,こうした質問を投げかけてみ

る。そして子どもの反応を待つ。

　それでも参加が嫌ならば，強制せずに，教師の補助を依頼したり，少し離れて見学させたりする。

　質問技法は，子どもがやってしまったことを責めるのでなく，現状を認識させ，「これから，あなたはどうしたいのか」と，子どもの意思と未来を考えさせるものである。

■教師の自己開示

　子どものよさがわかったり，気持ちが通じたりしたときは，「うれしい」という気持ちを言葉で伝える。「～できたね」という事実だけでなく，感情を話すとその気持ちはさらに伝わる。

　また，教師が自己開示をすることは，シェアリングの質を高めていく。「今日の○○さんの発言で，先生も子どものころを思い出して，胸が熱くなりました」など，自分の気持ちを伝えていく。教師の自己開示は，子どもの心に届くのである。

■介入，自己主張

　ルールが守られていないとき，全体がだれていると感じたとき，各自の発言が長すぎて本筋からはずれているときなどは，教師は，そのことに正対して介入すべきである（P.158参照）。

　「みんな，話が長すぎて，肝心なことが言えていないよ。最初に，結論から言ってごらん」「あなたの態度は，不愉快だ。エクササイズに参加するならば，ルールを守ってほしいんだ」というように，アイメッセージで伝える。アイメッセージとは，YouではなくIを主語とした発言である。「私は，このように感じている」「私は，こうしてくれたほうが，ありがたい」といった具合である。知り合って長いグループでは，なれ合いが起こりやすい。教師は介入をためらってはいけない。

■役割解除，嫌な感情は残さない

　エクササイズが終わったら，現実に戻る前に，終わりの儀式をしっかり行うことが大切である。特にロールプレイで役割を与えられた場合に，役割と現実とが混同してしまい，やりとりの中で相手を嫌悪する場合がある。エクササイズが終わっても，後味が悪いままである。役割演技と現実は違うので，エクササイズが終わったら「互いに感謝の気持ちを込めて『ありがとう』」と言って，役割を解く儀式を行う。

　いまのやりとりは，この場ですべて完結していること，エクササイズが終わったら現実に戻ること，現実に戻ったらロールプレイ中のことは話題にしないことをしっかりと確認する。それでもなお嫌な気持ちが残るようなら，そのことを個別に聞くので，心にためこんでしまわないことを伝える。

（朝日朋子）

参考：國分康孝監『エンカウンターで学級が変わる・小学校編2』図書文化。

Part1	エンカウンターについて知ろう【入門】
第1章	構成的グループエンカウンターとは
第2章	学校教育に生かす構成的グループエンカウンター

Part2 エンカウンターをやってみよう【実践】

第3章　実施までの手順
第4章　インストラクション

第5章　エクササイズ
1　エクササイズの目的
2　エクササイズの進め方
3　エクササイズに役立つ技法とコツ
4　事例・エクササイズの成功と失敗

第6章　シェアリング
第7章　介入
第8章　振り返りとアフターケア
第9章　継続的な実践とプログラム

Part3 柔軟に展開しよう
第10章　いまここでのSGEをめざして
第11章　子ども・学級の理解と育成
第12章　構成の工夫
第13章　リーダーとして求められるもの

Part4 エクササイズカタログ
第14章　スペシフィックエクササイズ
第15章　ジェネリックエクササイズ

Part5 資料編

■ うまくいくとき，いかないとき

　構成的グループエンカウンター（SGE）がうまくいっているときとは，次のような反応が見られたときと考えられる。
①子どもたちのエクササイズにおける活動が活発である（のりがいい）。
②よい意見や気づきがたくさん出る，豊かなシェアリング。
③おとなしい子，ふだんは目立たない子，不登校気味だった子が，SGEに参加し，その実施を楽しみにしている。
　しかし現実には，学級にはさまざまな子どもがおり，うまくいかないこともしばしばである。例えば，次のような反応が見られるときである。
④楽しいのだけれども，全体にざわついて，気づきや学びの手応えが感じられない。
⑤シェアリングで模範的な発言や記述が多く，子どもが建前でしか語っていない。
⑥エクササイズを通して，嫌な気持ちをもつ子が出た。
　このような反応に対し，反省と分析，試行錯誤を繰り返しながら，教師も子どもと共に成長していく。

■ のれない子どもへの対応

　小学校4年生を受けもったときである。4月，学級の人間関係づくりを進

めたいと考え、お互いを知り合うきっかけにするために「サイコロトーキング」を行った。低学年でも「のり」がいいエクササイズなので、私はスムーズにいくと考えていた。

しかし、予想は裏切られた。

「好きな色を言う」という場面では、友達の発言に「きたねえ色」と反応する子がいた。その子は自分が言うときには「ウンコ色」と言って、はしゃいでいた。発言に躊躇している子どもに対しては「早く言えよ」と茶々を入れる。しまいには、サイコロを取ってしまって次に進めようとする。これはまったくのルール違反であった。

このような反応は1つのグループから徐々にほかのグループに広がっていった。振り返りカードには「楽しくなかった」と記述する子が多くいた。

どうしてこのようになってしまったのか。

たしかに、その学級にはわんぱくな子どもが多かった。また、表現が苦手な子ども、配慮を要する子どももいた。担任は代わったばかりだが、学級としては3年生の持ち上がりで、いままでの人間関係を引きずっていた。つまり、「自己を語る」といった雰囲気とはほど遠い状態だったのである。

そもそもエクササイズの選定、インストラクションの仕方に課題があると考えられたのである。

そこで、この学級には次のような方針でかかわることとした。

①しばらくは「語り系」のエクササイズよりも、活発に活動できるエクササイズを実施する。
②その中で、ルールを守る、協力する、感想を言い合うなど、SGEの基本を身につけさせる。
③配慮を要する子どもや、わんぱくな子どものグループ分けを考慮する。そのグループにはできるだけ教師がそばにいるようにして、ほめたり励ましたりして、行動を支えていく。

そう考えて、体を使ったエクササイズ「団結くずし」などを行ったところ、わんぱくな子どもも一生懸命活動するようになった。特に「まほうのイス」[*1]は、協力する心が育っていないとむずかしいのだが、わんぱくな子どもたちが「座るタイミングに気をつけないとダメだよ」「ぐらぐらしないようにしないと、成功しないよ」など、クラス全体をまとめるような発言をし、その結果、全員で大きな「まほうのイス」を作ることができた。

こうした成功体験により、徐々に「語り系」のエクササイズも可能になっていった。10月になって、「もう1度、お互いをよく知ろう」ということで「サイコロトーキング」に再挑戦。お互いの発表に耳を傾け、楽しく進める姿があった。

「4月には、このエクササイズは上手にできなかったけれど、みんな上手にできるようになってよかったね」と伝えると、わんぱくな子どもたちはきょ

※1：國分康孝監『エンカウンターで総合が変わる・小学校編』図書文化。

とんとした表情を見せていたが，その表情には，自信と満足感も感じられた。

■ おとなしい子，反応の少ない子ども

活発な子どもは，エネルギーがたくさんあるので，その方向づけをきちんとしてあげればよい。しかし，おとなしい子，反応の少ない子どもは，エネルギーの表出が少ないので，アプローチもむずかしくなる。その子なりに，エクササイズを通して，内面では変化が起きていることを前提として，かかわっていきたいと考える。

小学校5年生のAさんは，ふだんからあまりしゃべらない子どもであった。理解力はあり，芯は強い子どもであったが，作業には時間がかかり，自分の意見をはっきりと言えない子どもであった。私は，SGEの経験を通して，Aさんなりの参加の仕方が深まり，徐々に発表もできるようになるのではないか，また，そうなってほしいという思いをもっていた。

「10年後・20年後の私」というエクササイズを行ったときのこと。その日は地区の教育相談部会の研究授業でSGEを実施した日で，参観者もいた。

Aさんは事前に，自分のワークシートに，「ライフライン」※2のグラフや将来像を書くことができていたので，発表も何とかできるものと思っていた。

私がほかのグループの指導に回っているとき，参観者の先生から「発表できないでいる子がいます」という情報提供をいただいた。行くと，Aさんがワークシートを持ったまま立ち往生しているのである。

私は，「いま話したくないなら，『話したくない』って言っていいんだよ」と語りかけ，Aさんの反応を待った。しかしAさんは固まったままである。「話したくなったら教えてね」と私が言おうと考えていたところ，同じグループのBさんがAさんの代わりに，「こういうことなんだよね」とワークシートの一部を言ってあげた。すると，Aさんは，固まりが溶けたようにうなずいてホッとした様子を見せた。

エクササイズに参加していないわけではない。Aさんなりに考え，意見はもっている。しかし，発表となると最初の1歩が出ない。今回のことで，友達の助け船があれば，Yes-Noの反応は示せることがわかった。まずは，そこから始めて，少しずつ発表できればいいと考えられたので，指導者としても楽になった。

反応の少ない子どもは，その子の思いを受けとめるのがむずかしい。反応を待つしかないこともある。そのときの気持ちを話してくれたなら，「よく話してくれたね。うれしいよ」とこちらの気持ちを伝える。

気持ちを語ってくれない子ほど対応がむずかしいが，アイメッセージを発することにより，コミュニケーションを成り立たせていきたい。

※2：河村茂雄『心のライフライン』誠信書房。「ハッピーライン」，河村茂雄編『ワークシートによる教室復帰エクササイズ』図書文化。

■ 配慮が必要な子ども

難聴の子どもを受けもったときに，ゲームの要素があるエクササイズは，どうしてもその子だけ，ワンテンポ遅れて参加という形になってしまった。本人としては一生懸命参加しているので，その子にだけ特別ルールを適用することは避けたいと思った。

そうすると，シェアリングでほかの子どもから「C君もわかるように，合図を工夫しよう」という意見が出た。これは，子どもに助けられた。SGEを続ける中で，子どもたちがそこまで気づけるようになったのかと，胸が熱くなる思いがした。

これは，たまたまうまくいった例であるかもしれないが，子どもと真剣に課題に向き合うと，解決方法が出てくるものである。「何とかしたい」という気持ちをもち，あきらめずに取り組んでいきたいと思った。

■ SGEで教師も成長する

SGEは，「いま，ここでの気持ち」を大切にする実存主義の思想が根幹にある。いま，一緒にいる仲間たちと，いかに生きていくか。これを考え，よりよく生きる方法を見いだすのが，SGEである。

必ずしも初めからうまくいくとは限らない。ただし，うまくいかなかったからといって，子どもと共有した時間が無意味であったとも限らない。失敗の中にも，必ず意味はある。それを見取って糧にしていくのが，SGEの思想だと私は思っている。

小学生の場合，エクササイズそのものの魅力で活動ののりが左右されやすいので，エクササイズの選定や教示の仕方などには，特に留意したい。私の場合は，比較的さらっと，早口で教示をしてしまう癖があったので，それを改善するよう，心がけてきた。

実際は，どんなに教材研究をしても，教示の仕方に配慮しても，子どもの反応が予想外に展開することはある。前述の④～⑥のような反応は起こりうるものである。

さいわい，「楽しい学校生活を送るためのアンケート（Q-U）」という，学級の状態を客観的に把握できる調査法が開発されたので，これらを活用して，いま受けもっている子どもたちと向き合うためのSGEの計画を立てることができる。

エクササイズがうまくいかなくなるようなさまざまな反応をする子どもたちを，「軌道をはずれた子」としてではなく，自分の意思をさまざまな方法で表現する子としてとらえたい。シナリオに描いた反応はしてくれないかもしれないが，そこで子どもと向き合うことで，真のSGEができるのではないかと，私自身考えるようになった。SGEを通して，教師として成長させられたと感じている。 （朝日朋子）

Part 1 エンカウンターについて知ろう【入門】
第1章 構成的グループエンカウンターとは
第2章 学校教育に生かす構成的グループエンカウンター

Part 2 エンカウンターをやってみよう【実践】
第3章 実施までの手順
第4章 インストラクション
第5章 エクササイズ

第6章 シェアリング
1 シェアリングの目的
2 シェアリングの進め方
3 シェアリングに役立つ技法とコツ
4 事例・シェアリングの成功と失敗

第7章 介入
第8章 振り返りとアフターケア
第9章 継続的な実践とプログラム

Part 3 柔軟に展開しよう
第10章 いまここでのSGEをめざして
第11章 子ども・学級の理解と育成
第12章 構成の工夫
第13章 リーダーとして求められるもの

Part 4 エクササイズカタログ
第14章 スペシフィックエクササイズ
第15章 ジェネリックエクササイズ

Part 5 資料編

■「シェアリング」とは

シェアリングとは，参加者がエクササイズで体験したことをシェアする，すなわち，分かち合うことである。分かち合うことにより，参加者の「感情」「思考」「行動」を修正・拡大することが目的である。

例えば，エクササイズ「トラストウォーク」のシェアリングで，一方が「目をつぶると耳のほうに注意がいくものですね」と言い，一方が「手のあたたかさが感じられました」と言う。同じエクササイズを体験しても，受けとめ方が違うことを，シェアリングを通して知ることができるのである。

■ エクササイズとの関係

シェアリングは，エクササイズでの体験を振り返り，そこで得た気づきを明確にする作業である。エクササイズとシェアリングは，表裏一体で，相互補完的な関係にある。

片野智治によると，相互補完な関係とは，体験的理解と知的洞察の関係だという。構成的グループエンカウンター（SGE）は試行錯誤による行動の変容をめざしている。体験学習したものを知的洞察することにより，体験の整理ができて定着が促進されるのである。

SGEの目標は自他発見である。エクササイズをせずに，シェアリング単独で実現することも可能である。

参考：國分康孝・片野智治『構成的グループ・エンカウンターの原理と進め方』誠信書房．

外向きと内向き

シェアリングの方向性として，外向きと内向きの2種類が考えられる。
① 外向き：「自分がどう受けとめて，何を感じているか」をメンバーに向けて自己開示する
② 内向き：「1つの体験を通して自分の中でわきあがった気持ちや変化を，表現することで明確化する」，つまり自己洞察を深める

①と②を何回か行き来するのがシェアリングの作業といえる。

このプロセスを促進するためには，感じたことを安心して表現できる雰囲気が重要な鍵である。そのような安心感を保障できる雰囲気づくりは，クラスでの日ごろの教師の態度による部分が大きいと考えられる。

体験の掘り下げ

どのようなシェアリングをすると，「いまここでの体験」を掘り下げることができるのか。河村茂雄によると，以下の①②③を通して，それが可能になるという。
① 考えてみる……いまの体験を通して，何を感じたのか，どのようなことを思ったのかを，静かに考えてみる。
② 自己表現してみる……いま体験したことについて，感じたことや思ったことを，言葉や音楽，動作などで，自己表現してみる。
③ 分かち合ってみる……自己表現した自分の感情や思いを，友達と分かち合ってみる。

つまり，自己表現することによって明確化され，さらに分かち合うことによって，新たな気づきが生まれ，自己や他者の気持ちを感じることができるのである。

自他理解の促進

林伸一はシェアリングの意義として，自己理解と他者理解を指摘している。

シェアリングでは，同じエクササイズを体験しても，メンバーそれぞれ受け取り方が違うことを知る。それが他者を理解するのに役立つ。そして，他者との相違から自分がどんな感じ方をするのかが明らかになる。つまり，ぼんやりとした自己概念が明確化され，自己理解が促進される。このような自己理解・他者理解を通して，自分への気づきが深まるのである。

自己受容の深まり

「私は悲しい」「私はつらい」などの体験（experience），あるいは体験している（experiencing）自分の感情を言葉にし，それがメンバーに受容され，共感される。そのような体験を通して自分自身の存在意義が認められたと実感できたとき，自分を受容できるようになるのである。　　　　（大友秀人）

参考：河村茂雄「シェアリングの仕方」，國分康孝監『エンカウンターで学級が変わる・小学校編1』図書文化。林伸一「シェアリングの仕方」，國分康孝監『エンカウンターで学級が変わる・ショートエクササイズ集1』図書文化。

Part1 エンカウンターについて知ろう【入門】
第1章　構成的グループエンカウンターとは
第2章　学校教育に生かす
　　　　構成的グループエンカウンター

Part2 エンカウンターをやってみよう【実践】
第3章　実施までの手順
第4章　インストラクション
第5章　エクササイズ

第6章　シェアリング
1　シェアリングの目的
2　シェアリングの進め方
3　シェアリに役立つ技法とコツ
4　事例・シェアリングの成功と失敗

第7章　介入
第8章　振り返りとアフターケア
第9章　継続的な実践とプログラム

Part3 柔軟に展開しよう
第10章　いまここでのSGEをめざして
第11章　子ども・学級の理解と育成
第12章　構成の工夫
第13章　リーダーとして求められるもの

Part4 エクササイズカタログ
第14章　スペシフィックエクササイズ
第15章　ジェネリックエクササイズ

Part5 資料編

シェアリングには，2人，4人，全体など，さまざまな人数で行う方法がある。少人数でのシェアリングのあと，そこでの話をもとに全体で交流するパターンが多く用いられる。

■ 基本的な流れ

①計画

　まず，シェアリングをどのように行うか計画を立てる。「時間はどのくらい必要か」「グループの人数は」「シェアリングの方法は」などである。

　例えば，「トラストウォーク」のエクササイズの場合を考えてみる。1人1分間活動したあとに，そのペアで立ったまま1分間のシェアリングを行う。交代して同様に行う。2人とも終わったところで，全体で何人かに発言してもらう。もし時間がなくなったときは「相手に十分に身を任せることができた人は挙手」と呼びかけてみる。

②説明

　シェアリングの説明の際には，発言時間についての注意を簡潔に盛り込むとよい。例えば「1人だけが長く話をして，他人の時間を奪うことがないように」という具合である。

　話し方に関しては，簡にして要を得た話し方をするよう指示する。例えば，「私は，○○さんの話を聞いて心が熱くなりました。なぜなら……」などと話し方のモデルを示すとよい。また，シェアリングに入る前に，「ここのグ

ループに協力してもらって、手本を見せますから、こちらを見てください」とデモンストレーションをすると、モデリングになり効果的である。

③開始

シェアリングに入る際、教師は、次のようにわかりやすく指示する。

「ではシェアリングを行います。このエクササイズを体験してみて、感じたこと、気づいたことを話し合ってください。時間は4分です。では、始め」

④終了

時間が来たら、「はい、そこまでです」と言って終了する。終了のときは、強引に切るというよりは、約束の時間が来ましたと告げるような気持ちの、やわらかめの表現が望ましい。もし時間内に話が収まらないようなら、「もう少し時間がほしいグループは挙手」と呼びかけて、手があがるようなら、「あと、2分間時間をとります。では、開始」と延長時間をとるのもよい。

⑤全体に発言する

2人や4人のグループでシェアリングを行った場合、グループの中だけのシェアリングに終わらせず、気づいたことを全体でも交流するとよい。

シェアリングの最中にやるべきこと

教師は参加者の様子を観察しながら、スムーズな進行を助ける。

①観察

教師は、シェアリングの様子を観察することが重要である。邪魔にならないように巡回して歩き、参加者の話に耳を傾ける。いい気づきが話し合われている場合は、あとで全体で発言してもらうと他者のモデルになる。

②態度

シェアリングの場は、授業や指導の場とは違う。河村茂雄によると、リーダーを務める教師は、以下の点を心がけたい。

- シェアリングの仕方を説明する際に、実際に自分が発言してモデルを示す。
- 特定の子どもに肩入れして、ほかの子の嫉妬をかわないよう注意する。
- 発言が途中でとぎれてしまった子どもに対しては、「繰り返し」や「明確化」を行い、サポートする。

③発言の取り上げ

全体で意見を交流する場では、個々の発言をあたたかい雰囲気で共有できるようにするために、教師はカメラ機能やスピーカー効果を果たすことが重要である。

〔カメラ機能〕

勇気を出して発言している話し手をフォローするために、教師は発言者の表情がよく見える位置に立つとよい。これは、カメラ機能として考えるとイメージしやすい。発言内容によっては、動揺し、変化する子どもの反応を素早く読み取って、内容を確認し補足する必要がある。また聞き手側の笑顔やうなずきなどは、発言者を肯定する非言語サインである。「……しているね」

参考：河村茂雄「シェアリングの仕方」、國分康孝監『エンカウンターで学級が変わる・小学校編1』図書文化。

と，よい反応を言葉で表現し，素早くフィードバックするようにする。
〔スピーカー機能〕

教師のスピーカー機能とは，発言が小さな声で聞き取れないときには「楽しかったということです」とはっきり繰り返したり，あいまいな発言のときには「○○ということね」と発言の意図を確認して明確化したりすることである。また，小数意見や否定的意見に対しては発言の背景をくみ，「○○ということが言いたかったね。よく言えたね」と肯定的にリフレーミングする。

教師は，視覚・聴覚を駆使し，安心して率直な感情交流ができる雰囲気を保障する必要がある。

■ 小学校での場合

品田笑子によれば，小学校低学年は自力で体験を振り返り，自分の感情や行動と結びつけることが苦手である。ただ「気づいたこと，感じたことを話してください」とリーダーが指示しても，「楽しかった」だけで，残り時間を雑談で終えてしまう場合がある。楽しさの中身を引き出し，体験に気づかせるプロセスが大事である。そのようにして振り返りを繰り返し体験するうちにポイントがつかめるようになるという。このプロセスがないと，高学年でもシェアリングがうまくいかない。

では，どうすれば，体験に気づくプロセスを学習しやすくできるか。

まず，話しやすい状態をつくることである。「2人組のジャンケンで勝ったほうから」など，だれから話すかを決める。また「私は○○と思いました。それは，○○だからです」などのように，話し方を示すことである。さらに，話す側のルール，聞く側のルールを決めておくことである。これに関しては，本章3節を参照されたい。

■ さまざまなケースでの留意点

①エクササイズにのりのりのとき

片野智治によると，遊び心を取り入れたエクササイズを展開したときに，そののりでシェアリングに入ってしまうことがある。これは注意しなければならない。のりのりをシェアリングにもち込んでしまうと，メンバー同士のふれあいや協力の心理過程が吹き飛んでしまって，はしゃぎだけが残ってしまう。

ポイントは，動から静への変化をつけることである。例えば「シェアリングでは，気持ちを落ちつけましょう。腹式呼吸を3回してみます」などと気分を切りかえることである。

②時間がないとき

シェアリングの時間がなくなったときには，「いまのエクササイズで新たな気づきが生じた人，手をあげて」と挙手させる方法がある。また，「シェアリングの時間がありません。それでは，お互いに感謝の気持ちを込めて，

参考：品田笑子「Q&A・シェアリングのコツ」，國分康孝監『エンカウンターで学級が変わる・小学校編3』図書文化．
片野智治「シェアリングの仕方」，國分康孝・片野智治『構成的グループ・エンカウンターの原理と進め方』誠信書房．

『ありがとうございました』と言ってください」という方法もある。

十分な時間がとれないときは，振り返り用紙をあとで書いてもらう。これについても本章3節を参照されたい。

③発言をためらうとき

ペア，または数人でシェアリングを行ったあと，全体で感想を交流するときに，ためらうような雰囲気になる場合がある。林伸一によると，教師は次のように投げかけてみるとよい。「2人だけ，数人だけのシェアリングでとどめておくのはもったいないと思ったら，みんなに紹介してください」とか「ペアの相手の気づきをみんなに紹介してください」という具合である。

直接の自己開示よりも，開示内容の伝達に重きをおくと話しやすくなる。

それでも発言がないときには，シェアリング中の教師の観察をもとに，「このグループは，すごくいい気づきをしていたみたいよ。どう，発言してみない」と促してみる。

気をつけたいのは，全体に発言させるのが目的ではなく，全体に分かち合う雰囲気（一体感）をつくっていくことが大切だということである。

■ 全体シェアリング

宿泊を伴う集中的SGEプログラムの中には，シェアリングだけを行うセッションがある。これを「全体シェアリング」（P.588）という。2泊3日のワークショップでは4回ほど行われる。メンバー全員が，ペンネームをつけて，二重の円になって座って語り合う。

片野によると，全体シェアリングはベーシック・エンカウンターグループの要素を取り入れている。すなわちエクササイズをしないで，トピックの構成と時間の枠だけを与える。枠を与えるところ，必要なときに介入するところは構成法が生かされているが，そのほかはメンバーが自由に話せるようにしている。適度に枠を与え，適度に枠をはずすこの試みは，國分折衷主義の柔軟性のなせる技である。

学級では，行事のあとの振り返りとして全体シェアリングを行うなどのケースが考えられる。この場合も，基本的な方法はワークショップの全体シェアリングと同じであるが，二重の円は物理的にむずかしいことが多く，対面式にするなどの工夫が必要である。また，学級にリレーションとルールの確立ができているかを見定めることが大事である。自由に発言するためには，受容的なグループの雰囲気が欠かせないからである。

学級のメンバーは1年間同じ集団に所属している。1回で成功させようと思わずに，2人組，4人組の少人数のシェアリングから始め，全体でシェアリングできる人間関係を育てることが大切である。

（大友秀人）

参考：林伸一「シェアリングのしかた」，國分康孝監「エンカウンターで学級が変わる・ショートエクササイズ集1」図書文化．

Part1 エンカウンターについて知ろう【入門】
第1章　構成的グループエンカウンターとは
第2章　学校教育に生かす
　　　　構成的グループエンカウンター

Part2 エンカウンターをやってみよう【実践】
第3章　実施までの手順
第4章　インストラクション
第5章　エクササイズ

第6章　シェアリング
1　シェアリングの目的
2　シェアリングの進め方
3　シェアリングに役立つ技法とコツ
4　事例・シェアリングの成功と失敗

第7章　介入
第8章　振り返りとアフターケア
第9章　継続的な実践とプログラム

Part3 柔軟に展開しよう
第10章　いまここでのSGEをめざして
第11章　子ども・学級の理解と育成
第12章　構成の工夫
第13章　リーダーとして求められるもの

Part4 エクササイズカタログ
第14章　スペシフィックエクササイズ
第15章　ジェネリックエクササイズ

Part5 資料編

効果的なシェアリングに向けた，学級の実態に合わせたルールづくりと，振り返り用紙の活用を紹介する。

■ 学級の実態に合わせたルールづくり

藤川章は，以下のようなルールをつくり，掲示することを提唱している。
〔話す側〕
①いま，ここで感じていることを話す
②照れずに，大きい声で話す
③まず自分について，学んだこと，気づいたことを話す
④友達について，気づいたことを話す
⑤なるべくみんなにわかりやすく話す
⑥下を向かず，聞いている人の顔を見ながら話す
〔聞く側〕
①友達の話は最後まで聞く
②けっして冷やかしたり，ばかにしたりしない
③話の途中で，それは間違っているとか，それはよくないとか，否定的なことを言わない
④よくわからないときには，遠慮しないで質問する
⑤友達のいいところを見つけて言う
⑥友達の話から，自分が学ぼうとする
⑦話が終わったら，感謝の気持ちを込めて拍手する

つまり，話す側のコツとしては，感じたことや気づいたことを率直に，わかりやすく，短めに，相手に伝えようとする意欲をもって話すことである。

聞く側は，発言者の勇気に敬意をもち，発言内容が自分の考えと違うときこそ，自分の思考の拡大や修正に重要な意見であると受けとめ，相手から学ぶという感謝の気持ちを込めて聞くことである。発表者自身は不十分であったと感じても，次回もまた発表してみようという肯定的な気持ちでシェアリングが終了できるようにする。

また，発言がない，あるいはエクササイズ中に仲間との関係がスムーズでない，表情が暗いなど心理的なダメージを受けたと感じられる子どもは，あとで時間をとってゆっくり話を聞くようにする。

振り返り用紙の活用

①本音を口で言いにくい

林伸一によると，シェアリングの場では直接表れなくても，振り返り用紙に本音が反映されることがあるという。

例えば，シェアリングの場では「楽しかった」という発言が多かったのに，振り返り用紙では，「楽しかった」の欄にマークされた評定値がばらついている，またはそれほど高くないときである。また，教師から見て，楽しそうな雰囲気が感じられないのに，振り返り用紙の評定値では高い数値であることもある。振り返り用紙には，このような実施者と参加者のずれを発見ができるという利点がある。

リレーションの度合いにもよるが，前者の場合は，グループの中で，ネガティブな表現をすることに対する抵抗感（人に嫌われたくない，目立ちたくない）があるために，人の目を気にせずにすむ振り返り用紙に本音を書いたと考えられる。このようなときには，リーダーは，エクササイズのやり方の検討もさることながら，本音が用紙という方法で語られたことを受けとめて，メンバーにフィードバックすることである。例えば「エクササイズの評定平均値を出してみました。みんな楽しそうに話していたけど，数値はそんなに高くなかったね。どうしてだろうね」。

②文章化が苦手

文章化することに抵抗があったり，文章表現が苦手だったりするため，「いまここで」感じたことを上手に書けないこともある。そんな場合には，自己評価部分を，5段階（「よくあてはまる＝5」「あてはまる＝4」「どちらともいえない＝3」「あてはまらない＝2」「まったくあてはまらない＝1」）の尺度にナンバースケールする。絵文字として心理的変化を表現しやすくするなどの方法もある。また，自由記述では，主語と述語（楽しかった，つらく感じたなど）を提示する文章完成法も可能である。

なかなか発言できない子どもでも，振り返り用紙で自分の気づきを整理し，教師に伝えることができる。シェアリングにおおいに役立てたい。

（坂江千寿子）

参考：藤川章「シェアリングの仕方」，國分康孝監『エンカウンターで学級が変わる・中学校編1』図書文化。林伸一「シェアリングのしかた」，國分康孝監『エンカウンターで学級が変わる・ショートエクササイズ集1』図書文化。

Part1 エンカウンターについて知ろう【入門】

第1章　構成的グループエンカウンターとは
第2章　学校教育に生かす
　　　　構成的グループエンカウンター

Part2 エンカウンターをやってみよう【実践】

第3章　実施までの手順
第4章　インストラクション
第5章　エクササイズ

第6章　シェアリング

1　シェアリングの目的
2　シェアリングの進め方
3　シェアリングに役立つ技法とコツ
4　事例・シェアリングの成功と失敗

第7章　介入
第8章　振り返りとアフターケア
第9章　継続的な実践とプログラム

Part3 柔軟に展開しよう

第10章　いまここでのSGEをめざして
第11章　子ども・学級の理解と育成
第12章　構成の工夫
第13章　リーダーとして求められるもの

Part4 エクササイズカタログ

第14章　スペシフィックエクササイズ
第15章　ジェネリックエクササイズ

Part5 資料編

◆日々の積み重ねから

　全体でシェアリングができるようになるためには，自分を振り返る習慣をつけること，子どもたちにリレーションができることが必要である。

　中学での実践。帰りの会の15分間，その中の5分で「今日のサンキュー・今日のソーリー」というエクササイズを行っている。これは簡便内観の考えをもとにし，その週やその日の出来事の中で，自分で気がついたこと，感じたことを1～2分程度ゆっくりと思い出し，そのあとに全体シェアリングを行う。

　帰りの会にこのエクササイズを行うことにしたのは，静かな空間をもつことと，自分にかかわった人に対する感謝や，あやまっておきたいことなど，未完の行為を少しでも解消できればいいと思ったからである。

　最初のころは，「忘れ物をしました」「授業中おしゃべりをしました」など，自分にかかわる「今日のソーリー」の話題が多かった。そこで「自分の失敗ばかりでなく，今日のサンキューもないかな」と介入するうちに，少しずつではあるが「今日○○君に手伝ってもらった。どうもありがとう」という話題も増え始めた。しかし，あまり深まりはなく，1～2分静かに1日のことや自分自身を振り返るだけでもいいだろうと思っていた。

　そんなある日「最近クラスで授業中うるさくなることが多い。もっと真剣

にやろう」という話が出た。全体に「そう感じている人は手をあげて」と聞いたところ、多くの生徒が挙手した。あとから意見を出してくれた生徒が来て、「2、3日前から話をしようと思っていたので、今日それができてよかった。さっぱりした」と話をした。話しても大丈夫という安心感がクラスの中に生まれてきたのだと考えられた。

最近生徒が「エンカウンターって楽しいね。またやりたい」と笑顔で話してくれることがある。そのときはすごくうれしい気分になり、「また、がんばろう」と元気が出てくる。私にとっていちばんの良薬は子どもたちの笑顔である。

ダメージを受けた子への対応

「すてき・かっこよさとは」をテーマに構成的グループエンカウンター（SGE）を実施したとき、ある生徒がかっこいいあだ名があるといって、A男のあだ名を言った。私は知らなかったが、そのあだ名は少し前からごく一部で言われていたらしい。

私は予想もしない展開にちょっと躊躇した。しかし、A男本人はそのあだ名を嫌っている様子が見られたので、「君はそのあだ名を言われてどんな気持ちがしているの？」とシェアリングの場面で介入した。すると本人は「とても嫌だ。やめてもらいたい」と涙ながらに訴えた。A男は物静かな生徒であったが、この場面だけは違って、きちんと自己主張をした。クラスの雰囲気が少し緊張した。

すぐに私は、「いまのA男の発言について何か感じたこと、気がついたことはないか」と全体に問いかけた。しばらくして、ある生徒が「みんなの前で『嫌だ。やめてもらいたい』と言えたA男はかっこいい」とフィードバックをした。その発言でクラスの雰囲気がやわらいだ。A男もまんざらではないようだった。それ以来、A男のあだ名は聞かれることがなくなった。

予想外の場面に直面したとき、教師に求められる対応は、あわてず、騒がず、真意をくみ取ることである。そして必要があれば介入する。今回はそれが功を奏した。もしもA男の心的ダメージが大きかったり、本筋から大きくはずれると感じたりしたときには、個別対応が必要である。

中学生という多感な年ごろの集団ではいろいろなことが起きる。しかしクラスの中で起きた問題は、クラスの中で解消するという原則を築いていきたい。もしA男が何も言わなかったとしても、「少しでも嫌なことをみんなの前で言われたらどんな気持ちになるだろうか。自分のこととして少し考えてみよう」と、相手の身になって考えることを投げかけ、われわれ意識でその問題と向き合い、考えていくのがSGEである。そのとき、教師には自己開示と自己主張が求められる。（成田隆道）

■ 抵抗に対応するシェアリング

　エクササイズがうまくいかないときは，無理にシェアリングを行ってもうまくいかない。私が体験したお通夜のようなシェアリングがその例である。

　最近はホームルーム全体で，一円になってシェアリングができるようになった。そこで，小グループでもシェアリングができるのではないかと期待して，エクササイズ「そうですね」[※1]を行った。

　自己受容という目的はもちろん，人の話を聞く姿勢と，どのように相手に話を聞いてもらうと気持ちがよいかに気づくことをねらいとした。また，席がえをした直後であり，周囲の生徒と話す機会をつくって，より近く，親しくなれるようにとの考えもあった。

　しかし，期待に反してエクササイズは活気がなく，なかなか進行しない。「そうですね」という声が冷ややかだったり，気がのらない返答だったりする。各グループに介入しながら歩いたが，子どもたちは仕方なくやっているようで，雰囲気もよくなかった。

　そしてグループでのシェアリング。「いまやったことについて，自分の思ったこと，感じたことを話してください」という私の指示にほとんど反応はなく，さらに雰囲気は重苦しくなり，さっきまで進んでやっていた生徒やリーダー格の生徒までだんだん口をつぐんでいった。しらけた雰囲気に，生徒はもちろんのこと私まで口を閉ざしてしまいそうで，意気消沈してしまった。

　結局，全体でのシェアリングに切りかえ，「このように思った人は手をあげてください」と指示し，挙手の形で意見を求めざるをえなかった。再び「そのほかに，いま思ったこと感じたことを，みんなに話したい人はいますか」と問いかけてみたが，何も出ず，雰囲気はさらに鬱屈していった。

　最後は，「こんなふうに思った人も多かったと思います」と，私の言葉で勝手にとりつくろいのまとめをしてしまった。これでは生徒の思いや感情などは引き出せず，そのうえでの気づきまで到達するわけがない。

　様子がおかしいときは途中で進め方を考え，方向転換するなど，適切に対応しなければならないということを身をもって体験した。その原因が，やり方がわからないためなのか，レディネスができていないためなのかを探り，適切な処置を行わなくてはならなかったのである。例えば「そうですね」の言い方をどのようにしてよいかとまどっているような場合は，デモンストレーションを再度行うことが必要である。

　シェアリングに関しても同様である。教師が無理にまとめたりせず，「気がのらなかった様子だけどどうしてかな」と，その気持ちに焦点化していくことが，SGEとしてのシェアリングのあり方だったのだろう。　　（山下文子）

※1：國分康孝監『エンカウンターで学級が変わる・ショートエクササイズ集1』図書文化。

保護者の自己開示

自分の素直な感情を出すことは、生徒だけでなく保護者にとってもなかなかむずかしい。シェアリングをそのきっかけにしたいが、多くの人が「参観する」という受動的な気持ちで出席した保護者会で、何の前ぶれもなしに突然「いまの感情を話してください」と言われればとまどいが起こる。

授業参観日、出席した保護者と一緒に「私の話を聞いて」のエクササイズをした。生徒はSGEにもだいぶ慣れてきて、生徒同士のペアや、保護者と生徒のペアは照れながらも熱心に感じたことを話し合い、シェアリングもスムーズに進んでいる様子であった。

ところがある保護者同士のペアは、世間話に花を咲かせ、周囲を気にする様子もない。「子どもたちが見ていますよ」。そう思いながら、「このエクササイズで気づいたことを話してください」とシェアリングを促してみたが、効果はなく、そのまま全体でのシェアリングに入った。

後日、ある母親から「エンカウンターはとってもむずかしい。リチュアルの握手もできません」と言われた。そのフィードバックを受けて、自分の説明の仕方を反省しながらも、保護者は生徒に比べて新しいことに取り組むときの抵抗が大きい、徐々に慣れてもらうことが必要だったのだということに気づいた。

そこで、学年懇談会など、保護者が集まる機会に「肩もみエンカウンター」（P.364）を取り入れてみた。軽いスキンシップによるリレーションづくりが目的である。これにはみんな、抵抗なく取り組むことができた。シェアリングも、深く、内面にふれるようなものは要求せず、あたりさわりのない内容で始めると、スムーズに発言が出てきた。

自分の感情を出すことに不慣れな保護者の心が、肩のこりとともに解きほぐされたような気がする。シェアリングの中での「あーさっぱりした」という保護者の言葉が印象的であった。

現在では、自分の子どものことや学級の状況を聞くだけでなく、保護者同士がふれあっていくことも、保護者会の大事な目的であることが理解されてきたようである。つまり、保護者に徐々に目的意識ができてきたと考えられる。

保護者同士は、年に数回、顔を合わせるだけの希薄な関係である。自分の子どものことや一般的なことを話すことはできるが、「感情の交流」をすることはかなりむずかしい。

保護者も巻き込んでSGEをと考えた場合、生徒を介して、「今日は、お子さんと一緒に活動する場面があります」の旨を伝え、心の準備をしてもらうことが、よりよいシェアリングにつながると考えられる。　　　（竹内久美子）

Part1	エンカウンターについて知ろう【入門】
第1章	構成的グループエンカウンターとは
第2章	学校教育に生かす構成的グループエンカウンター

Part2	エンカウンターをやってみよう【実践】
第3章	実施までの手順
第4章	インストラクション
第5章	エクササイズ
第6章	シェアリング
第7章	介入

1　介入では何をするか

2　何にいつ介入するか
3　こんなときこう介入する
4　介入の技法
5　介入に必要なリーダーシップ
6　抵抗とは
7　落とし穴！　グループの画一化

第8章	振り返りとアフターケア
第9章	継続的な実践とプログラム

Part3	柔軟に展開しよう
第10章	いまここでのSGEをめざして
第11章	子ども・学級の理解と育成
第12章	構成の工夫
第13章	リーダーとして求められるもの

Part4	エクササイズカタログ
第14章	スペシフィックエクササイズ
第15章	ジェネリックエクササイズ

Part5	資料編

「介入」とは，グループのエンカウンターが促進されるように軌道修正したり，自分の本音と向き合えるようにリーダーが応急措置したりすることである。応急措置とは，構成的グループエンカウンター（SGE）の中で，メンバーが一時的に動けなくなったときに援助して，また動けるようにするという意味である。また，気づきを促進することでもある。泣き出したり，ルール違反が起こったりして，その場がうまく進まなくなったときの対応だけでなく，メンバー自身の気づきや洞察が起こるようにコメントしたり，言葉かけをしたりするのも「介入」である。

介入の目的

「介入」は，メンバー同士のふれあいの促進と，個々人が安心していまの自分と対峙できるようにする環境を守るために行う。例えば，まだ話せない状態にある人は，他のメンバーから「話してほしい」と迫られても困ることがある。こんなとき「話す自由も話さない自由もある。話せないなら『いまは話せない』と言えばいいんですよ」とリーダーは助け船を出す。

また，ほかのグループは静かに語り合っているのに，エクササイズをしながら笑いばかりが起こっているグループがある。リーダーは「何か自分のことを話すのに照れてしまうんですか？」と切り込んでいく。グループの中には，

自分のことを静かに語りたいと思っている人もいるはずである。こうして介入することで、メンバー自身に自己への気づきが起こり、自己発見が促進される。

■自己洞察を促進させるために

SGEは、「自己盲点に気づく」ことが自己理解だと考える。自己盲点は自分では気づいていないところにその特徴がある。だから、他者が指摘することが必要になる。それは、メンバーであることもあるが、メンバーでは言い切れないこともある。

例えば、一連の発言の中から「この人は失敗してはならないというイラショナルビリーフ（不合理な思い込み）によって苦しんでいる」とわかったとする。リーダーは「あなたはいつも失敗してはならないと思うから行動に移せなくなるんじゃないの？」と介入していく。もちろん、その人がこのような介入を受け入れられる状態か否かを判断するのもリーダーの役目である。このような指摘は、メンバーではなかなか言い切れない。

あるいは、メンバーから「Aさんはもっとはっきり言っていいのに」と言われてとまどっている人がいるとする。そうできないその人をサポートしながら、Aさんに気づきを促していくのが、リーダーが介入するポイントである。

「Aさんがはっきり言えない状態だから、いま少し待ってあげて」とメンバーには言い、「Aさんは、うまく言えないと思っているの？ うまく言う必要はないんですよ」と言っていく。Aさんのいまの状態を守りながらも、自分自身に気づけるようにしていくのが「介入」で行うことである。

■ジェネリックSGEと スペシフィックSGEの介入の違い

ジェネリックSGEの場合は、他者を介して自己と深くふれあうこと、自己発見することが求められている。だから、その介入の仕方も、「感情を伴った気づき」が促進されるように、その人自身の内面に迫っていく。もちろん、その人の自我の状態を判断しながらのことになるので、精神分析や論理療法などのカウンセリング理論が背景になければリーダーはできない。

しかし、学校などで実施するスペシフィックSGEの場合は、もう少しふんわりした介入になる。内面に迫って自己理解を促すというより、他者とのふれあいを通して自分のよさを発見していく、というねらいが中心になる。学齢期の子どもでは、ふれあいそのものが「楽しい」ことを体験的に理解してもらうところに、その目的があるからである。ゆえに、介入も、その子が伸びるように行うことが大切である。よさに焦点を当てた「介入」ができるようになるとよい。　　　　（吉田隆江）

Part1 エンカウンターについて知ろう【入門】
第1章　構成的グループエンカウンターとは
第2章　学校教育に生かす
　　　　構成的グループエンカウンター

Part2 エンカウンターをやってみよう【実践】
第3章　実施までの手順
第4章　インストラクション
第5章　エクササイズ
第6章　シェアリング

第7章　介入
1　介入では何をするか
2　何にいつ介入するか
3　こんなときこう介入する
4　介入の技法
5　介入に必要なリーダーシップ
6　抵抗とは
7　落とし穴！　グループの画一化

第8章　振り返りとアフターケア
第9章　継続的な実践とプログラム

Part3 柔軟に展開しよう
第10章　いまここでのSGEをめざして
第11章　子ども・学級の理解と育成
第12章　構成の工夫
第13章　リーダーとして求められるもの

Part4 エクササイズカタログ
第14章　スペシフィックエクササイズ
第15章　ジェネリックエクササイズ

Part5 資料編

「介入」はグループ全体に行うこともあれば，個人に対して，あるいは小グループに対して行うこともある。

　介入するか否かを見定める観察眼を磨く方法は，経験に勝るものはない。「いま目の前で起こっていることからしか学べない」というのも実感である。もちろん経験則だけでは人に伝えられないので，その介入の視点をここにあげておきたい。

　①リーダーとメンバーのリレーションがきちんととれているかを見定める。これがない中で「介入」しても，相手に受け入れられない。抵抗を起こさせないポイントの1つでもある。

　②言動をよく観察すること。学校では，日ごろの子どもの発言をよく聞き，行動を観察しておくことが重要である。そうすると，その子の問題点は何か，必要なところは何かが見えてくる。判断の基準はカウンセリング心理学に求めるのがよい。精神分析，論理療法，行動療法などの視点から判断する。カウンセリング心理学を学ぶことが，観察眼を磨く近道である。

　③は「勇気」である。私自身，失敗したり，躊躇してタイミングを逃したことが何度もある。しかし，「勇気の差は小なり，責任感の差は大なり」。國分康孝が大事にしているリーダーの心構えを思い出し，必要だと判断した時は介入していくことである。少しずつでも「観察眼と勇気」はついてくる。

　　　　　　　　　　　　（吉田隆江）

何にいつ介入するかの例

	どんなとき	何にどう介入する
①	子どもとのリレーションをつくるとき	リレーションをつくるための「かかわり」行動で、介入そのものではないが、リレーションができなくては介入はできないのでここにあげる（リーダーがよく話を聞く、ふれあい促進のために子どものかかわりのよさを言うなど）。 声かけ例：「いいですね」「真剣さが伝わります」など。
②	エクササイズのやり方やルールを理解していないとき	全体をとめて、再度確認する。小グループや個人の場合は、グループごとや個人に対して介入していく。
③	話したくない人が無理に迫られたり、特定の個人が攻撃を受けているとき	無理に話せと迫られている人、攻撃を受けた人に代わって「話したくないんだ」「もうやめてほしい」と言ってあげる。④同様、補助自我になって本人に言ってもらうのもよい。
④	エクササイズやシェアリングの中で、傷つくようなことを言われたとき	その場で解決する。リーダーが補助自我になって、嫌だったことを、本人が言えるように助ける。また、言ったほうには、言われた人がどんな気持ちがしたか伝える。
⑤	本人はうすうす気づいているのだが、自分から表明できないでいるとき	例えば、「私は母に甘えたかった」と気づいていても、それを言えない様子の人に「これはほかの人にも共通したことかもしれないから聞くけど、お母さんに甘えたかったんじゃないの？」と確認していく。それによって、自分の本音に気づけることがある。
⑥	本人は気づいていないのだが、他者から見て気になることがあるとき	例えばトラストウォークのとき、体ががちがちになっているのに、本人は気づいていない。「体がかちがちでしたよ」と事実を伝え、「自己盲点」に気づかせる。
⑦	エクササイズ・メンバー・リーダーに対して「抵抗」を起こしているとき	「エクササイズをしたくないなら、そう言っていいんですよ」と、「イヤだ、やりたくない」といった感情を表明できるようにする。そこから「抵抗」が軽減されていく。
⑧	モデルになるような言動に対する強化をするとき	例えば、いちばん先に手をあげて発言した子どもに「勇気があるね。ほかの人もこんな言い方をすればいいってわかったよね。君に助けられたね」とほめ、自己開示を強化していく。
⑨	シェアリングが雑談になっているとき	「いまシェアリングをしていることは何でしょう。これは雑談ですよね」とその事実を伝えていく。
⑩	自分の言いたいことが言えずにいるとき	リーダーが代弁することで助けてあげる。または、リーダーの言い方をまねて言ってもらう。
⑪	話が長すぎて、人の時間を奪っているとき	「時間の大半を使ってしまったと思う人」と挙手させたり、「時間は全員に平等に与えられている」とSGEの思想を伝える。

久子）という。取り組みのモチベーションが低い場合に生じるので「取り組みへの抵抗」（片野智治）ともいう。快楽原則の強い子どもに多い。

生徒：「学活の時間にこんなのやりたくない。何でこんなことするの？」
教師：「『私の四面鏡』のねらいは自分の内面とほかの人の理解だよ」
生徒：「理解したってしようがないよ」
教師：「けっこう楽しいし、役にも立つよ」
生徒：「ほんとかな……」
教師：「本当だよ。先輩たちは、何度も『やりたい』って言ってたよ」
生徒：「どうやるの？」
教師：「自分とグループの人についてワークシートの中からそれぞれの人に合っている言葉を1人3つから5つ選ぶんだ。なかなか大変だけど、うれしさは倍だよ。先生が学年の3人の先生とやってみる。それを見ながら、自分ならどれを選ぶか考えてみるといいよ」

エス抵抗の対応の骨子は、言葉じりをとらえず、モチベーションを高める工夫をすることである。

かかわりたくない（自我抵抗の例と対応）

自我は、エスと超自我との調整役である。自我が未熟だと変化に対して心理的混乱（抵抗）を起こす。「自我抵抗」（國分久子）は、自我の調整機能が未熟ゆえに起きる自己防衛反応である。メンバーの変化を期待するエクササイズによって誘発されるので、「変化への抵抗」（片野智治）ともいう。不安感情の強い子どもに多く、「かかわりたくない」という反応で表れる。かかわることによってネガティブな結果を予測するからである。

生徒：「先生やりたくないんですけど」
教師：「何か理由があるの？」
生徒：「やったあと、どうなっちゃうか、ちょっと心配なんです」
教師：「そうか、自分や周りがどんなふうに変化するか心配なんだね」
生徒：「みんなは心配じゃないのかな」
教師：「みんなも同じ不安をもっているよ。先生も最初そうだった」
生徒：「やっぱり、そうですよね」
教師：「でもそんな心配はいらない。SGEでは、お互いにどんなことでも肯定的に受容する原則があるんだ。その原則が守られないときは、僕が介入する。エクササイズもその原則でできているから、君が心配するような結果にはならない。だから、かかわることは楽しいと実感できるんだよ」

対応の骨子は、自他の言動を肯定的に受容することと、「かかわることは楽しい」を強調し、確認することである。

（橋本　登）

エクササイズでルールが守られていないとき

　ルールが守られないのには，①ルールをよく理解していない，②わかってはいるができない，③故意に違反をする，という場合がある。

　ルールを理解していないのは，教師が，うまくインストラクションをできなかった場合である。そんなときはその子どもに近づいて，「こういうふうにやるんですよ」と耳打ちするだけでよいこともある。多くの子どもがわかっていないようなら，エクササイズを中断して，インストラクションし直したほうがよいだろう。

　わかってはいるができないというのは，1人1分のところを，ある子どもだけが長々としゃべるような場合である。子どもの中から「ほかの人の時間がなくなる」とか「1人で仕切っているようでいい気がしない」などと声が出る

ようなら，それに任せたほうがよい。だめなら介入して声がけする。

　故意にルール違反をするのは「参加させられている」とか「何でこんなことをするのかわからない」など，抵抗が生じている場合である。

　SGEの目的やエクササイズの意義がきちんと伝わらないまま実施してしまうと，こうした抵抗が起きることがある。また，担任と子どもたちとの関係がしっくりきていないときに実施すると，担任への反感がつのる場合もある。

　個人には「ルールが守られないと，みんなが楽しくできないと思うよ」，全体に対しては「ルールが守られていないことをどう思う？」などと投げかけることも必要である。強い抵抗がある場合は，シェアリングできちんと扱う必要がある。　　　　　（岸田幸弘）

奇声を発するなどふざけているとき

　小学校低学年ぐらいで，ただやんちゃな場合なら，教師が個別に介入して制止すればよい。

　小学校高学年や中学生・高校生の場合は，すでに学級集団が崩壊していて，ふだんの授業自体が成立していないような集団が想定される。このような場合は，エクササイズを中断して，コンフロンテーション（対決技法）を用いて教師がふざけているメンバーと向き

合うことも必要になる。

　つまり，「わざとルールを乱しているようにしか見えないんだが」などと教師の思いを投げかけてみるのである。ただしその場合，子どもたちとのリレーションが築かれているかどうかの見きわめが必要である。

　抵抗を否定的にとらえるのではなく，その子自身の自己発見のよい機会としたいものである。　　　　　（岸田幸弘）

エクササイズになかなかとりかかれないとき

「さあどうぞ」と開始の合図をしたが、子どもたちが沈黙していたり、なかなか活動が始まらないことがある。熟考ゆえの意味のある沈黙もあるが、動くに動けない場合もある。自己の内面に迫ったり、自分を肯定的に語るエクササイズで、こうしたケースに出会うことがある。

原因はいくつか考えられる。「こんなことやって何になるの？」という疑問から、モチベーションが高まらない場合がある。内面をさらけ出すことへの照れや不安が原因の場合もある。さらに、やりたいが思いつかない、メンバーに遠慮していて動き出せないということもある。

そのようなときは、沈黙自体に焦点を当てて介入するとよい。「黙っているようだけど、恥ずかしいのかな、それとも、どうしたらいいか思いつかないのかな」『自分のいいところをわざわざ言うなんて、自慢っぽいし、嫌みだよ』「そうか、照れくさいよね。でもこの時間は心の実験室だから、やってみてどんな気持ちがするか、自分で確かめてみたらいいよ。ここでのことは秘密にするというルールだから安心だよ。うなずきながらしっかり聞き合おうね。自分に実験だよ」などといった言葉がけをする。沈黙していることに罪悪感をもたせないよう、「早く始めなきゃだめでしょ」といった注意は避けたい。またメンバー間に葛藤（けんかなど）があってそれどころではない場合もある。そのときは場面を変えて対応するほうがよい。（原田友毛子）

個人が攻撃を受けているとき

グループで、ある子がみんなから攻撃的な対応を受けている、その子への反論が集中的に行われているといった場合は、心的外傷を防ぐためにも早めに適切な介入をしたい。

「いま、ずいぶん言われていたように見えたけど、どんな気持ちがしたかなあ。みんなに伝えてごらん」と言って、攻撃されている子へのフォローをまず行う。さらに「なぜそうなったのかな」と、周りの子自身に自分が攻撃的な行動や言動をとったことの意味について考えさせるとよい。語気の強い子の発言に、同調して攻撃している場合も考えられる。

そして、自分がその子のどのような側面に反応して攻撃的になったのかを、子どもたちの発達段階なりに振り返らせるとよい。そのことによって、改善の必要な点があるというような、その子自身の気づきにもつながるはずである。

（原田友毛子）

シェアリングで非難めいたことを言っているとき

　共同絵画のシェアリングで、1人の女子が言った。「男子がふざけたのでできなかった」。

　これは自分ではなく、他者に目が向いている。そこでリーダーが「それであなたはどんな気持ちがしたの」と問い返し、自分に目を向けさせる。感情表現が困難なときは、「残念だったの？」「不愉快だったの？」と助け船を出す。

　非難されている側にも「彼女の意見を聞いてどう？」と問いかける。すると「なんか恥ずかしかったから」と自分の抵抗に気づき、自己開示ができる。

　非難から、自己発見、他者発見、本音の交流へと進む。非難はシェアリングを深める好機である。

　シェアリングに慣れない間は、事前に「人のことではなく、自分はどう感じたのかを、『私は……』で始まる文章で言ってみよう」と具体的な指示を与えるとよい。
　　　　　　　　　　　　　（阿部明美）

シェアリングが雑談になっているとき

　シェアリングのときに、雑談をしていることがよくある。小学校高学年以降は、発達段階から見ても、本音を話すことには抵抗が強いからであろう。グループの仲間とあまり打ち解けていない、また、シェアリングのやり方がよくわからないということもありえる。

　とにかくしばらくは様子を見ることである。雑談がウォーミングアップになって発展していくこともある。

　しかし雑談から進展しないときには、さりげなく、まず非言語でのメッセージを送る。近寄って話に耳を傾けるふりをするだけでも、教師のメッセージが伝わって本論に戻ることがある。

　雑談が続いて、そのままではどうしようもないときには、いったんとめて介入する。さらに「残りあと1分です」「終わったら全体でシェアリングします」と予告するだけで、シェアリングが進むこともある。子どもの抵抗がとても強いときには、全体での挙手によるシェアリングなど、抵抗の少ない形に変えるのも一手段である。

　ただしリーダーがシェアリングをぜひやりたいと判断するときには、「ちょっと雑談が多いように感じて残念です」「恥ずかしいかもしれませんが、ぜひトライしてほしいのです」とそのときの気持ちをアイメッセージで率直に伝える。生徒の気持ちを受容し、SGEの原則である「ありたいようにある」という精神を大切にしながらも、教師はここぞというときに介入してリーダーシップの発揮を心がける。場を読む教師の判断が求められる。（阿部明美）

●●●●●● シェアリングでうまく表現できないとき ●●●●●●

「うまく言えない」とき、リーダーがそれを手助けして話せるようにするのも「介入」である。「うまく言えない」のには、次のような場合が考えられる。

①自分では言いたいと思っているのだが、思いが整理できず、言葉が見つからない。「あの……その……」「ぼくは……何て言うか……」など。

②自分の内面と向かい合おうとしていないので「気づき」が深まらない。「特に感じたものがない、思い浮かばない」など、表現しようとしない。

③自分の思いと場の空気が違うと感じ、自分の思いを表現することをためらう。リレーションができていないことから、「べつに言いたいことはない」「……」と口をつぐんでしまう。

④エクササイズの内容と子ども自身のつらい体験（家族の喪失など）が重なった場合。感情が高ぶってしまって「言いにくい」「言えない」ということが起こる。

これらの場面における具体的な介入の方法をあげる。

①の場合では相手のとまどった言葉を受けて「ぼくは？……何て言うか？」と促すような調子で繰り返したり、促し、質問、明確化、代弁（「……ということかな」という事実・感情のフィードバック）などを行う。また、「君の気持ちをこう言ったらどうかな」とせりふを教示するような積極技法も有効である。

②の場合は、「何も思い浮かばない、いまの気持ちはどんな感じなの」とその時点の気持ちに焦点を当てる。「特に感じない」といった無気力に思えることでも、表現できたことをよしとする姿勢が必要になる。いま、まさしくその子どもが感じている事実なら、それが子どもの本音であるから、それを大切にするしかない。そのままの自分を大人に受けとめてもらえたときに、初めて自分の内面と向き合うことができるようになる。また書くことで表現する「振り返り用紙」「紙上シェアリング」などを活用して、少しずつ内面を語れるようにすることも必要である。可能なところから工夫すればよい。

③の場合は、「みんなと違う感じがするのかな、どんなふうに？」と言葉にする手助けをしたあとに、「……と感じたんだね」と気持ちに焦点を当てた繰り返しをして補助自我になる。リレーション不足の場合は、リレーションづくりに戻る必要がある。

④の場合は、子どもの気持ちを受容して「……の気持ちなんだね」と代弁する。教師が補助自我となり、無理はさせない。のちの個別のフォローを忘れない。國分久子は「その子の無念さや未完の行為をそのままに放置しない」「個人的な事情に配慮する」と述べている。

（北條博幸）

子どもが突然泣き出したとき

教師はまず，落ち着いた口調で状況を全体に説明する。その際，立ち居振る舞いや語り口調に留意したい。
● 個別対応と全体への対応

泣き出した子どもに，このまま続けられるのかどうか意思を確認する。続けられる場合には，周囲の子に「本人の肩に手を置く」などの寄り添いを求める。続けられない場合には，本人の「いまの感情」を全体に伝え，待ってもらえるのか，先に進めてしまうのかの確認をとる。

進める場合には，全体の子どもの様子を観察し，動揺しているようであれば，指示を出す。その後，泣いた本人を話が聞ける静かな場所へ移動する。

その際に留意したいことは，グループを扱うとき，リーダーが特に1人の子どもに偏りがちな傾聴的応答をしていると，ほかの子どもの嫉妬をかいやすいことである。このことを頭に入れ，対応することである。
● シェアリング

教師は，泣き出した本人に理由をたずねて，わかってあげることが大切である。できれば全体への開示を促す。本人ができない場合に教師が代弁することもある。ほかの子どもには，そこから感じ取ったことを伝えてもらうと効果が高まる。

〈金山美代子〉

話したくない子に無理に話を求めているようなとき

「無理に話を求めている」ときには，次のような場合が考えられる。
① 「君はいつも話をしないじゃないか」とからかいや冷やかしをする。
② 自分が話題にされることを避けるため，特定の子に話をさせようとする。
③ 感情的なしこりから「君の考えを聞きたいんだよ。言えよ」と強要する。
④ 「自分がしたから人も自己開示すべきだ」というビリーフをもち，「君が話さないのは不公平だ」と言う。

仲間に自己開示を強要する子どもがいる場合には，躊躇せずに介入する。「人には話す自由もあるけど沈黙の自由もある。だから無理に話をさせることはその人の自由を奪うことになるのよ」と説明する。そのあと，両者の気持ちや感じたことを聞く。

話を強要された子には，教師が補助自我になって，そう言われた，いまの気持ちを語らせることも大切である。強要されている子の人権を守るとともに自己主張の仕方も教える。無理に話を求める子どもには，「こうまでして聞かずにおれない自分のいまの感情」に気づかせるとともに，「待つ」ことの大切さも伝えることである。

〈大木百合江〉

Part1 エンカウンターについて知ろう【入門】
第1章 構成的グループエンカウンターとは
第2章 学校教育に生かす構成的グループエンカウンター

Part2 エンカウンターをやってみよう【実践】
第3章 実施までの手順
第4章 インストラクション
第5章 エクササイズ
第6章 シェアリング
第7章 介入
1 介入では何をするか
2 何にいつ介入するか
3 こんなときこう介入する
4 介入の技法
5 介入に必要なリーダーシップ
6 抵抗とは
7 落とし穴！ グループの画一化

第8章 振り返りとアフターケア
第9章 継続的な実践とプログラム

Part3 柔軟に展開しよう
第10章 いまここでのSGEをめざして
第11章 子ども・学級の理解と育成
第12章 構成の工夫
第13章 リーダーとして求められるもの

Part4 エクササイズカタログ
第14章 スペシフィックエクササイズ
第15章 ジェネリックエクササイズ

Part5 資料編

「介入」はメンバーの人権を守り，メンバーが安心して「ふれあい」と「自他発見」をできるようにするために必要なものである。リーダーである教師の責務であるという認識が必要になる。介入のためには，カウンセリング理論と，その技法を身につけることが必要になってくる。これらを身につけることは，リーダーの倫理でもある。

アセスメントに役立つ理論

「介入」は，問題の適切な把握（アセスメント）があってはじめてできる。そのポイントになるものを，國分康孝は，「精神分析理論，交流分析理論，集団力学，論理療法理論」だと述べている。これらの理論は，どこに介入すればその人の問題を解決できるか，適切な援助ができるかという介入のツボを教えてくれる。

では，介入を実践するには，どのような方法・技法があるのだろうか。

強化法

強化法は行動療法の技法の1つである。よかったことを取り上げて，ほめていくことである。学校におけるSGEの場合，とくに効果的であると思う。

例えば，シェアリングの中で「僕は1人になってしまってさびしかった」と自分の感情を語れたときに，取り上げて「それがエンカウンターなんだよ。

君の気持ちが伝わってきたよ」とほめて（強化して）いく。クラスの子どもたちがモデルにできるようにすればよい。適切な強化は，メンバーのやる気を促進する。やがてメンバー同士が強化し合えるようになるのが目的である。

ロールプレイ

SGEでは「感情を伴った洞察」を強調する。頭での理解ではなく，そのような気づきこそが行動につながると考える。また，行動の実験室でもあるSGEは，実生活ではうまくできないことを体験的に試行してみることで，できるようになると考える。

そのために，ロールプレイ（心理劇方式）はよく用いられる介入の技法である。例えば，父に自分の生き方をわかってほしいのだが言えないという場合に，父に似た人を選んで，父役をしてもらう。リーダー，サブリーダーはそれぞれの補助自我になってそのロールを見守っていく。このようなやりとりは同じような問題を抱えた人にとっては間接的に自分の問題と対峙することになり，それを解決していくことにもつながる。

学校では，「同じグループになるのが嫌だ」「前に嫌なことを言われていい気持ちがしていない」などというときには，役割交換法を用いて，介入を試るとよい。言ってみて，言われてみてどんな気持ちになったかをエンカウンターすることで，互いを理解し合える。その調整を行なうのがリーダーの役目である。

ショートレクチャー

メンバーに「甘えられない」「自己主張できない」といった共通の問題がありそうなときは，その原理や対処法をリーダーがレクチャーするとよい。

ただし，國分は「SGEリーダーはエクササイズの仕掛け人ではなく，エクササイズを介して自己を語り得る人である」（片野智治ほか『構成的グループ・エンカウンターの原理と進め方』誠信書房，P227）と言っている。リーダーの自己開示は大事なことである。

簡便法の面接技法

論理療法を主とする簡便法による面接を行う場合がある。例えば学校なら，SGEで起こった感情を子どもたちが休み時間に伝えにくることがある。短時間で気持ちの整理をする必要があるので，5分〜15分の中で子どもとやりとりできる力が必要である。ほかの子どもの見ている前で面接することは，あとからフォローを期待できるという利点がある。

以上，「介入技法」をもつことが，SGEリーダーとしての自信を高める。

（吉田隆江）

参考：國分康孝・片野智治『構成的グループ・エンカウンターの原理と進め方』誠信書房。

Part 1 エンカウンターについて知ろう【入門】
第1章 構成的グループエンカウンターとは
第2章 学校教育に生かす
　　　構成的グループエンカウンター

Part 2 エンカウンターをやってみよう【実践】
第3章　実施までの手順
第4章　インストラクション
第5章　エクササイズ
第6章　シェアリング

第7章　介入
1　介入では何をするか
2　何にいつ介入するか
3　こんなときこう介入する
4　介入の技法
5　介入に必要なリーダーシップ
6　抵抗とは
7　落とし穴！　グループの画一化

第8章　振り返りとアフターケア
第9章　継続的な実践とプログラム

Part 3 柔軟に展開しよう
第10章　いまここでのSGEをめざして
第11章　子ども・学級の理解と育成
第12章　構成の工夫
第13章　リーダーとして求められるもの

Part 4 エクササイズカタログ
第14章　スペシフィックエクササイズ
第15章　ジェネリックエクササイズ

Part 5 資料編

　構成的グループエンカウンター（SGE）のリーダーに求められるリーダーシップは，メンバーとのリレーション（感情交流）をつくり，グループのかかわりを促進し，問題を解決するために発揮される力のことをいう。ここでは，「介入」に必要なリーダーシップを中心に述べたい。

介入に求められるリーダーシップ

①リレーションをつくる
　SGEはメンバーが納得して取り組んでいくことを大切にする。だから，リーダーはエクササイズのねらいや目的，エクササイズを行う意味などを自分の言葉で語る。語りながら，リーダーはメンバーとのあたたかい関係をつくり出していく。この関係がなければ，介入をしてもメンバーが受け入れる気持ちにはならないからである。

②一人一人を，ひとりの人間として尊重する態度がある
　グループを動かしていくのがリーダーの役目の1つであるが，その根底に「ひとりの人間として尊重する態度」がなければならない。集団の中で個の成長を援助する，すなわち集団の中の個を育てるのがSGEだからである。

③自己主張能力がある
　「なぜ介入するのか」「何をしたいのか」など，リーダーはメンバーに説明する必要がある。メンバーが納得してやらなければ，それはやらされたこと

になり，メンバーに心的外傷を負わせる可能性も出てくる。だから，リーダーは説明責任がある。「自己主張能力」が求められるゆえんである。

また，ときには対決技法を使うこともある。リーダーがひるんでいては，メンバーは安心してぶつかってこられない。ぶつかる対象があるから，メンバーは自分の問題を仲間の中で解決していけるのである。

④リーダーとしての気概（役割意識）があり，依存の対象になり得る

SGEは，リーダーにその人らしくあることを求めている。そのためには自己受容できていることが大切である。同時に，リーダーに必要な共通項として「気概」をあげたい。人に「介入」していくためには，リーダーにはその役割意識ゆえの気概が必要である。その出し方はさまざまでよい。

その結果，リーダーはメンバーの依存の対象になり得る。このリーダーなら自分を任せられる，守ってくれるという気持ちがわくから，メンバーは自己開示できるのである。

■ 介入への迷いの乗り越え方

「介入」はむずかしい。私もいつも迷いの連続である。では，その「迷い」をどうしたら乗り越えられるか。以下が参考になれば幸いである。
①リーダーとしての哲学をもつ

國分は「自分のありたいようなあり方をする勇気をもて（実存主義）」「効率的で効果的な方法を工夫せよ（プラグマティズム）」「ザ・ベスト主義ではなくマイ・ベスト主義で満足せよ（論理療法）」と言っている。介入するときには，自分なりの哲学があったほうが迷いが少ないということである。
②リーダーとしての役割意識をもつ

役割意識をもつこと。何をするのがリーダーなのかがわかっていると，迷いはふっきれる。あとは，やってみるなかで学んでいけばよい。介入すべきポイントを意識し続けると，「そのとき」が見えるようになってくる。
③よいモデルをもつ

介入モデルをもつことである。「学ぶことはまねぶこと」であると言われる。模倣の対象をもつことが，技能の修得には必要である。
④教育分析を受ける

リーダー自身の偏りを知っておくことが，メンバーにとって意味ある介入を生む。つまり自信をもって介入できるようになるということである。SGEは教育分析の機能があるので参加をおすすめする。特に失愛恐怖から脱却していないと，パンチの効いた介入はできない。
⑤自他の力を信じる

最後は「信頼」である。「介入」されて乗り越えるのは，その人自身。勇気をもって介入するのは自分自身。共に生きているひとりの人間としての信頼である。　　　　　　　（吉田隆江）

Part1 エンカウンターについて知ろう【入門】
第1章　構成的グループエンカウンターとは
第2章　学校教育に生かす
　　　　構成的グループエンカウンター

Part2 エンカウンターをやってみよう【実践】
第3章　実施までの手順
第4章　インストラクション
第5章　エクササイズ
第6章　シェアリング

第7章　介入
1　介入では何をするか
2　何にいつ介入するか
3　こんなときこう介入する
4　介入の技法
5　介入に必要なリーダーシップ
6　抵抗とは
7　落とし穴！　グループの画一化

第8章　振り返りとアフターケア
第9章　継続的な実践とプログラム

Part3 柔軟に展開しよう
第10章　いまここでのSGEをめざして
第11章　子ども・学級の理解と育成
第12章　構成の工夫
第13章　リーダーとして求められるもの

Part4 エクササイズカタログ
第14章　スペシフィックエクササイズ
第15章　ジェネリックエクササイズ

Part5 資料編

　構成的グループエンカウンター（SGE）では，リーダーは介入（応急処置または割り込み指導）を試みる。その場面や状況をひとことでいえば，メンバーが抵抗を起こしている場合である。

　SGEには3種類の抵抗が見いだされている。「構成への抵抗（超自我抵抗）」「変化への抵抗（自我抵抗）」「取り組みへの抵抗（エス抵抗）」の3つである。これらは主としてエクササイズへの回避反応として起きてくる。

抵抗の意味

　メンバーの抵抗は，自己発見や，これからの行動の仕方の学習，行動変容の契機になる。このような意味で，抵抗はSGE体験を促進する要因といえる。リーダーはSGEそれ自体や，エクササイズの展開のまずさが原因で抵抗が起きるのだと早合点して，落ち込まないことである。

　換言すれば，SGEのエクササイズには抵抗を誘発する要素があることを知っておくとよい。特に，メンバーの内面にゆさぶりをかけるエクササイズは抵抗を誘発する。例えば「私のお願いを聞いて」「紙つぶて」「簡便内観」「ライフライン」などのエクササイズがそれである。

抵抗の予防

　いっぽう，リーダーは抵抗を予防す

る必要がある。抵抗を予防するというのは、レディネス（心の下準備）のないところで抵抗に気づかせたり、抵抗を粉砕したり、また、内面にゆさぶりをかけるエクササイズを、リレーション形成が十分でない段階で展開しないという意味である。

　抵抗を予防したり生かしたりするにはどうするか。
①プログラムを構成するときに、初期ではリレーション形成を主眼とするエクササイズを実施し、中盤や後半に内面にゆさぶりをかけるエクササイズをもってくるというように、エクササイズを配置することが望ましい。
②リーダーが抵抗に気づかせるための介入をすることである。

抵抗の例

　前述した、3種類の抵抗の例をあげる。
①構成への抵抗（超自我抵抗）
　例えば「ふれあいは操作的であるべきではない（エクササイズのようなものを使うべきではない）」「自分の意志ではなく、他人に指示されて、動かされるのはよくないことである」「人前で泣いたり、感情をあらわにしたりすべきではない」というようなビリーフから生じる抵抗である。
②変化への抵抗（自我抵抗）
　「そう多くはないが、私には親しい友人がすでにいる。これ以上ふれあっていく必要はないので、このようなエクササイズはしたくない」「自分がどうなるかわからないので、いま自分の問題については話したくない」「このエクササイズはスキンシップを伴うのでパスしたい。私はさわられたくない」。これらは、変化の未知数につきまとう不安にとらわれての抵抗である。
③取り組みへの抵抗（エス抵抗）
　「ずっとこの部屋でエクササイズをしてきたので息苦しい。屋外ではしないのですか」「似たようなエクササイズをしてきたのでちょっと疲れました。休憩時間を多くしてくれませんか」。これらは、活動することそのものへの回避である。

抵抗への対処法

　抵抗に対するリーダーの対応・対処は介入の一種である。ここでの介入には3段階ある。
①抵抗に気づかせる。
②行動のパターンに気づかせる。
③行動のパターンの意味をメンバーと共に探る。
　例えば「スキンシップを回避したいというあなたの行動パターンには、どのような意味があるのかなぁ。回避したいという言動の善悪ではなくてね」という具合である。　　　　（片野智治）

参考：國分康孝・片野智治『構成的グループ・エンカウンターの原理と進め方』誠信書房。

Part 1 エンカウンターについて知ろう【入門】
第1章 構成的グループエンカウンターとは
第2章 学校教育に生かす構成的グループエンカウンター

Part 2 エンカウンターをやってみよう【実践】
第3章 実施までの手順
第4章 インストラクション
第5章 エクササイズ
第6章 シェアリング

第7章 介入
1 介入では何をするか
2 何にいつ介入するか
3 こんなときこう介入する
4 介入の技法
5 介入に必要なリーダーシップ
6 抵抗とは
7 落とし穴！ グループの画一化

第8章 振り返りとアフターケア
第9章 継続的な実践とプログラム

Part 3 柔軟に展開しよう
第10章 いまここでのSGEをめざして
第11章 子ども・学級の理解と育成
第12章 構成の工夫
第13章 リーダーとして求められるもの

Part 4 エクササイズカタログ
第14章 スペシフィックエクササイズ
第15章 ジェネリックエクササイズ

Part 5 資料編

■ 画一化とは

画一化とは，構成的グループエンカウンター（SGE）を行ったときにグループの発言や考え方が，知らず知らずのうちに一色に染まってしまうことをいう。集団が安定した状態に見えるため，その状態に満足してしまうことさえある。しかし，SGEではこれはホンネが表現されていない状態であるととらえ，リーダーが介入する。

画一化はゆっくりとした変化のため，気がつくことはなかなかむずかしい「落とし穴」である。以下に，画一化した学級集団の状態を表す。

①肯定的な表現が多くなる

SGEの展開に抵抗や反発はつきものである。しかし，「今日のエンカウンターも，楽しくてためになった」「いろいろな人の考えを聞けてよかった」などと，シェアリングや振り返り用紙の中に肯定的で抽象的な表現がしだいに多くなる。逆に言うと，強いストロークをもつ表現，特にネガティブな表現が絶滅する。

また，「クラスのみんなが，このクラスをよくしようとする気持ちが伝わってくるような発言が多くてうれしくなりました」など，教師へのお世辞のような表現が登場することもある。

②SGEが計画した時間より早く終わる

自己理解や他者理解が促進される過程で，エクササイズは紆余曲折を経ることがある。多くの視点からの発言が

多ければ，時間はいくらあっても足りない。しかし，視点が限られ，画一化した学級の中では，エクササイズが整然と進行される。その結果，予定より早く終わることが多くなる。

③一方通行の発言が多くなる

自己開示があっても，フィードバックがなされない。発言がからみ合わず，自然と一方通行が多くなる。

④発言者が固定される傾向がある

発言する人，発言しない人が明確に分かれてくる。特に，思いつきで手をあげる発言回数の多い子どもや，正論や担任の考えに則った意見を発言する子どもに固定される傾向が出てくる。

画一化のおもな原因は教師（リーダー）にある

学級担任は，日常の学級経営やSGEのなかで「互いの意見を尊重し合う生徒になってほしい」「互いに助け合って行事や授業に取り組むことができる学級になってほしい」などの願いを子どもたちに伝える。そして，その状態を実現することができれば，「君たちは，期待通りの生徒であり学級である」と喜びをもって伝える。

しかし，それがたび重なるうちに，「いつでも必ず友達の意見を尊重しなければならない」「どんなときも助け合わなければならない」とのイラショナルビリーフを子どもや学級に生じてしまうことがある。また，「友達の意見を尊重する」が「友達の意見を鵜呑みにする」という間違った解釈となり，それが定着してしまうこともある。

そのようにゆがんで実現した願いは，子どもたちを支配し，よい子を演じさせ，多くの視点からものごとを思考し表現する力を奪うことになる。

画一化は，知らず知らずのうちに起きるものである。同僚教師にSGEや学級経営の状態を客観的な視点で定期点検してもらうこと，画一化が発生することを前提に，子どもの発言や振り返り用紙の記述をチェックするなど，予防する手だてを講じておくことが大切である。

また，どのような集団にも容易な安定を求める傾向があると考えられる。悪く言えば波風を立てたくないとの気持ちである。課題があっても提起しなければ，克服しようという意思は生まれない。先送りや蓋をしてしまう結果に甘んじてしまう。

したがって教師は，現在の学級集団の反応が望ましい安定なのか，そうでない安定なのかを考え，判断し，修正できる能力をもつことを自らの目的の1つとして掲げる必要がある。そして，適切な自己開示や自己主張ができる個，そして集団の育成を心がけることが大切である。

（今井英弥）

Part1	エンカウンターについて知ろう【入門】

第1章　構成的グループエンカウンターとは
第2章　学校教育に生かす
　　　　構成的グループエンカウンター

Part2	エンカウンターをやってみよう【実践】

第3章　実施までの手順
第4章　インストラクション
第5章　エクササイズ
第6章　シェアリング
第7章　介入

第8章　振り返りとアフターケア

1	**アフターケア**
2	ねらい達成の見取りと今後への生かし方
3	振り返り用紙の役割
4	リーダー自身の振り返りと評価
5	ネガティブな反応は失敗か？
6	予期した効果が得られなかったとき

第9章　継続的な実践とプログラム

Part3	柔軟に展開しよう

第10章　いまここでのSGEをめざして
第11章　子ども・学級の理解と育成
第12章　構成の工夫
第13章　リーダーとして求められるもの

Part4	エクササイズカタログ

第14章　スペシフィックエクササイズ
第15章　ジェネリックエクササイズ

Part5	資料編

アフターケアの役割

　子どもたちは，エクササイズの体験を通して自分なりの気づきを得る。それは，初めは自分だけの気づきであるかもしれないが，シェアリングを行うことで，互いの価値観の違いに気づいたり，同じ悩みを抱えていることを知ったりすることになる。

　教師はそれらを単なる「気づき」に終わらせず，日常生活に生かしていけるよう，構成的グループエンカウンター（SGE）実施後にケアを行う必要がある。つまり，他者をモデルとして，思考を広げ，自分自身の思考に修正を加えていくというプロセスを日常生活の中でも援助していくのである。

　思考が変われば，行動もおのずと変わってくる。個は集団によって育てられていくわけである。

　また，教師は学級でSGEを行いながら，集団と個を同時に観察することができる。ふだんの生活の中では発見できなかった，学級集団の雰囲気や，個人個人の感情・思考・行動の偏り（特徴）までも見いだすことができる。これらを，生徒理解・支援活動・相談活動などに生かすことも忘れてはならない。

気になる反応

　SGE実施後，忘れてはならないのが，ダメージ（心的外傷）を受けている子がいないかどうかの把握と，その子へ

のアフターケアである。この部分を見過ごしてしまうとSGEはまさに「諸刃の剣」になってしまう。やりっ放しは禁物である。

「やっているときは楽しいんだけど，終わったらみんな仲のいい子ばかりとグループになっちゃうから，あとがつらい」。SGE実施中は，どうにか集団とかかわりをもてたが，終わってしまうと，また1人ぼっちになり，さびしそうにしている子がいる。

教師に「もう2度とあの子とは組みたくない」と訴えてくる子もいる。よくよく理由を聞くと，「せっかく一生懸命話をした（自己開示）のに，組んだ相手がふざけてしまったから，自分だけが周りの人たちのように楽しくできなかった」と言う。

このように，気になる反応はさまざまである。これらの反応はすべて，学級内の問題，個人の抱える問題，子ども同士の人間関係などが，SGEを行うことで，表面化したことによるものである。もしも，SGEを行わなかったら，表に表れず，何となく過ぎていってしまったかもしれない。

水面下で問題が大きくなる前に，これらに気づけたことは，「卒業」という期限つきの教育現場では，実にありがたいことである。

これをきっかけに「何をどう育てていくのか」を再検討し，次のSGEを構成していく。並行して，個人あるいはグループでの相談活動を行うとよい。

■ ケアすべき子の見つけ方

把握するための方法としては，おもに振り返り用紙（P.185参照）の記述内容によるものと，観察法によるものの2つがある。

SGE終了後は，すぐに振り返り用紙に目を通すことである。また，SGEが終わったからといって，すぐにその場所を離れることも避けたい。子どもがいろいろな感情を伝えに来る可能性があるからである。時間が許す範囲でその場に残り，終了後の集団や個人の声に耳を傾け，彼らの動きを観察しながら，SGEの余韻を肌で感じてほしい。SGE終了後の休み時間もまた，本音の見え隠れする瞬間である。

■ 観察だけではわからない反応

ダメージを受けた子どもが不適応を起こしている場合は，教師にとって比較的把握しやすい。ほとんどの場合，振り返り用紙にマイナスの評価をしてくるからである。

ところが，過剰適応を起こしている場合は見つけにくい。過剰適応とは，常に周囲に合わせ，他者の期待に応えようとすることで，どうにかバランスをとっている状態のことである。

見かけは楽しそうであったり，教師にとって特に気にならない様子であったりする。しかし，毎回の振り返り用紙では，すべての項目について5件法

の同じ数字（3が多い）に○をつけていたり，自由記述欄への記入はないか，「特にありません」とだけ書いてあったりする。ふだんは目立たない従順な子や，グループ内でリーダー的存在の子どもが，過剰適応を起こしている場合がある。

このような場合，1度目のSGEでは気づかなくても，2度，3度と繰り返していくうちに，あるいはまた，心の深い部分にふれるようなエクササイズを行ったときなどに発見できる。周囲と比べて，深まり方が違うことが明らかだからである。

教師の観察以外にも，このような子どもたちの状態を簡単に知る方法がある。それは，「生の声を聞く」ことである。教師は，子どもたちに次のようにたずねて率直な感情表出を促す。

「さきほどのSGEの振り返り用紙に，『本当はつらかったのに，楽しそうにしているみんなに悪くて，自分だけつらいって言えなかった』『人に合わせていないと，自分だけ仲間はずれにされそうで怖い』と書いてくれた人がいます。人と違うことを言うのは，勇気がいるから言いにくいよね」。

このように，例をあげてから，次のようにホンネを伝える方法を教える。

「みんなの前では言えなくても，振り返り用紙のいちばん最後にある自由記述欄だったら，そんな思いを書いても大丈夫だよ」と。

■ 集団で起きたことは集団で解決

SGE実施後の子どもへの対応は，「集団で起きたことは集団で解決する」が基本である。

なぜ，これが重要なのか。理由は2つある。1つは，ダメージを受けた子どもの集団に対する不信感を払拭するためである。もう1つは，その子の問題は，ほかの子どもたちにとってもけっして他人ごとではないからである。一緒に向き合うことで，やがては自分の問題としてかかわることができるようになる。つまりは自己洞察・自己成長を意味する。

ただし，これもケース・バイ・ケースである。集団全体にばかり気をとられて，個人への配慮を怠ることのないように心がけることである。本人のショックがとても大きい場合や，その子個人の問題がクローズアップされすぎている場合は，まず個人に対応するのがよい。個人に対してきちんとケアしたあと，本人の了解を得て，全体にそのときのことを報告できるに越したことはない。

ケアすべき子どもの問題について，集団へ働きかける方法としては，振り返り用紙の自由記述欄に書かれた内容を，朝や帰りの学活で読み上げ，ほかにも同じような思いをしていた子はいないか問いかけるとよい。同じ思いの子が複数いそうな場合は，そのまま挙手を求めるのも方法である。挙手して

もらうことで，あんな思いをしていたのが「自分だけではない」ことに気づく。また，学級通信などで個人が特定されない形で紹介するのもよい。

その子個人への対応は，カウンセリングの態度で，つまり，理解的態度と支持的態度で臨む。SGEを行うリーダーの条件の1つが「集団に対応できるのはもちろん，個人の相談もできる人」である。

ダメージを受けやすい場面とケア

子どもたちがダメージを受けやすい場面は，SGEを始める前，エクササイズ中，シェアリング中の3つである。
①インストラクション

SGEにはパスする権利があると言われても，人とかかわることが苦手な子どもは「今回は参加したくありません」とは言いにくいものである。無理をして参加してしまうのを避けるために，教師は全体を眺めながら，細心の配慮をする。

参加した結果，嫌な思いが残ってしまった場合は，今後SGEを行うときには，事前にねらいと内容を知らせてレディネスをつけることで予防できる。「今度，こんなことをやってみようと思うんだけど，どう思う」「どうしたい？」と直接たずねる。
②エクササイズ

エクササイズの最中に，グループにうまく入れず，自分だけ余ってしまったという経験をする場合がある。このような場合，教師がすぐにフォローしても，疎外感を感じ，その後グループをつくることが怖くなってしまうことがある。グループづくりは傷つきがいちばん起こりやすい場面であり，教師の細心の配慮が必要である。

対応は，ダメージを受けた子どもの感情をしっかりと聞いたうえで，なぜSGEをやるのかについて，教師とその子の2人で確認する。そして今後については，仲よしグループが固まることなどがないように，教師がリーダーシップを発揮して，意図的にグループをつくることを約束する。
③シェアリング

エクササイズやシェアリングでの，歯の浮くようなメッセージに対して不信感を抱く場合がある。SGEでは「ホンネとホンネの交流」をめざしているが，一緒に学校生活を送っている仲間の，ふだんの生活とSGE中に見せる感情とのギャップに苦しむことがある。教師は，この点を理解したうえで，ケアすることを忘れてはならない。

まずは「ウソっぽく感じて，嫌だったんだね」と気持ちをくみ取る。そして「そのことについて，もう少し聞かせてくれない？」と，子どもが語れるように質問する。話し始めたら，受容，繰り返し，言いかえをしながら気持ちを明確化していくと，その子の問題の所在がどこにあるのかがだんだん明らかになってくる。　　　（鹿嶋真弓）

Part1 エンカウンターについて知ろう【入門】
第1章 構成的グループエンカウンターとは
第2章 学校教育に生かす
　　　構成的グループエンカウンター

Part2 エンカウンターをやってみよう【実践】
第3章 実施までの手順
第4章 インストラクション
第5章 エクササイズ
第6章 シェアリング
第7章 介入

第8章 振り返りとアフターケア

1　アフターケア
2　ねらい達成の見取りと今後への生かし方
3　振り返り用紙の役割
4　リーダー自身の振り返りと評価
5　ネガティブな反応は失敗か？
6　予期した効果が得られなかったとき

第9章 継続的な実践とプログラム

Part3 柔軟に展開しよう
第10章 いまここでのSGEをめざして
第11章 子ども・学級の理解と育成
第12章 構成の工夫
第13章 リーダーとして求められるもの

Part4 エクササイズカタログ
第14章 スペシフィックエクササイズ
第15章 ジェネリックエクササイズ

Part5 資料編

　すべての構成的グループエンカウンター（SGE）は，それぞれのねらいのもとに実施される。ねらいとは，教師がエクササイズを実施して達成しようとする目標のことである。心の成長を援助するSGEでは，ねらいが達成されたかどうかを知ることはきわめて重要である。また，それを見取る手だてとしては，振り返り用紙，教師自身の振り返り，Q-Uなどを組み合わせて活用することが望まれる。

振り返り用紙の活用

　実施したエクササイズのねらいが達成されたかどうかを短期的に見取るには，振り返り用紙を活用するとよい。シェアリングの中で，振り返り用紙に書くという作業は，子どもたちがエクササイズで体験したことを自分のこととして確認する作業である。したがって，振り返り用紙に書かれた「感じたこと，気づいたこと」などは，エクササイズを子どもたちがどう受けとめたかのメッセージでもある。また，自己理解がどれだけ深まったかを知りたいときには「自分のことで気づいたことはどんなことでしたか」などの項目を加えると，具体的な内容把握ができ，目的に合わせた活用が可能になる。

子どもの様子の振り返り

　ねらい達成の見きわめには，子ども

たちの行動の様子や感情表現などについて教師自身が思い出し，振り返ることが必要である。一般に，学級でSGEを実施する場合，楽しく進行しているようでも日常的な関係を引きずっていることが多く，エクササイズによっては「からかい」や「ふざけ」などが行動に出てしまうことがある。そのため，①感情が表現されていたか，②表面的な交流になっていなかったか，③自己開示が進んでいたか，④シェアリングでの感じ方や気づきはどうか，など4つの視点から，リーダーが見た子どもの様子を振り返ることが大切である。

Q-Uの活用

教師がSGEを実施する目的は，ふれあいのある学級集団をつくり，それを人格の成長に結びつけていくことにある。学級集団の育成など長期的な取り組みのねらいの達成を見取るには，「楽しい学校生活を送るためのアンケート（Q-U）」（河村茂雄）が適している。すなわち，子どもたちが共に活動するためのルールがどのくらい定着しているか，また，子どもたち同士の間にどのくらい親和的で協力的な人間関係が成立しているかという，2つの視点からねらいの達成を見取るのである。

あたたかくふれあいのある人間関係が形成されている場合には「学級生活満足群」。規律，けじめはあるが子ども同士のふれあいが少ない場合には「非承認群」。自己主張する場面や友達とかかわる場面が多いが対人関係上のマナー，規律やけじめが定着していない場合には「侵害行為認知群」。子どもたちの人間関係が希薄になり，心の居場所を見つけられない場合には「学級生活不満足群」に，それぞれの子どもが集まることが多い（P.292参照）。

今後への生かし方

振り返り用紙に「つまらなかった」「嫌だった」などのネガティブな記入があった場合は，ねらいがうまく達成されなかったと考えられる。そのようなときには子どもと個別に話をする機会を設けて，どうしてそのように感じたのかを十分に聞き取る必要がある。そのうえで問題を一緒に整理し，今後の対策を話し合うのである。

教師が振り返った4つの視点に不十分なところがあれば，その原因を探る必要がある。子どもたちの日常的な関係に原因があるなら，ほかの活動場面でもルールを守らせる取り組みや，話し方のスキルトレーニングをするなど，状況の改善を図るような働きかけも必要である。さらに，Q-Uで把握した学級の状態に応じて，時間，グループサイズ，指示の与え方などを構成して，SGEを実施する必要がある。また，定期的にQ-Uを実施すると，より子どもの実態に合ったエクササイズの展開が可能になる。　　　　　　（根田真江）

Part1 エンカウンターについて知ろう【入門】
第1章　構成的グループエンカウンターとは
第2章　学校教育に生かす
　　　　構成的グループエンカウンター

Part2 エンカウンターをやってみよう【実践】
第3章　実施までの手順
第4章　インストラクション
第5章　エクササイズ
第6章　シェアリング
第7章　介入
第8章　振り返りとアフターケア
1	アフターケア
2	ねらい達成の見取りと今後への生かし方
3	振り返り用紙の役割
4	リーダー自身の振り返りと評価
5	ネガティブな反応は失敗か？
6	予期した効果が得られなかったとき

第9章　継続的な実践とプログラム

Part3 柔軟に展開しよう
第10章　いまここでのSGEをめざして
第11章　子ども・学級の理解と育成
第12章　構成の工夫
第13章　リーダーとして求められるもの

Part4 エクササイズカタログ
第14章　スペシフィックエクササイズ
第15章　ジェネリックエクササイズ

Part5 資料編

■ 振り返り用紙の役割

　振り返り用紙（P.185参照）の役割は，大きく分けて2つある。子ども（メンバー）自身の振り返りのためと，教師（リーダー）の振り返りのためである。

　子どもは，自分の感情を文字にして書くことで，より深い気づきを得ることができる。一方の教師は，振り返り用紙をもとに，自己評価を行い，個人へのアフターケアや今後の進め方などを検討することができる。

■ 振り返り用紙の使い方

　振り返り用紙は，シェアリングの前に記入する場合と，あとに記入する場合がある。記入のタイミングは，集団の状態によって工夫する必要がある。

　メンバーの入れ替えがない学級集団や保護者・教師の集団では，シェアリングの前に振り返り用紙に記入することが有効である。このような集団では，構成的グループエンカウンター（SGE）に日常の人間関係を引きずる場合があり，率直な自己開示をしにくいことがあるからである。また，中学生や高校生になると，人からどう思われるかを気にして発言したがらない傾向もある。振り返り用紙に書くことを利用して，交流を促進するのである。

　さらに，シェアリングの時間がなかったり，話し合いがどうしてもうまく

いかない場合，振り返り用紙の記述を教師が読み上げたり，あとで学級通信などに載せたりすることで，シェアリングと同様のねらいを果たすことができる。

シェアリング後に振り返り用紙を記入する利点は，人の感想を聞いたうえで自分を振り返ることができたり，SGEの中で口には出せなかった否定的な感情を表出できることである。

例えば，「私はあなたが好きです。なぜならば～だからです」というエクササイズ中に，好きでもない人にそう言わなくてはならない苦しさを体験したことなどは，シェアリングでは言いにくい。まして周りから「うれしかった」「またやりたい」といった感情ばかりが出されると，自分だけ否定的なことを言うのはむずかしい。

このような場合は，SGEのあとで，全体の前で振り返り用紙を読み上げたり，学級通信などでフィードバックしたりする。それにより，このような感情をもっている人が「あなた1人ではない」ということを強調する。

また，「こういうことを書いてくれた人が何人かいます。本当に正直だと思います。この人は自分の感情の中で，『好き』という言葉をとても大切にしているんだなあと思いました」と，否定的な感情を書いたことを否定しないことである。

教師はこれらの個々の振り返り用紙を読むことで，アフターケアに役立てることが可能になる。

振り返り用紙の内容

振り返り用紙の項目は，前半にエクササイズのねらいに照らした選択肢，後半に自由記述を設定するのが一般的である。もちろん，前半の質問項目は，実施のねらいやエクササイズの内容により変わる。

SGEには達成すべき目的がある。その目的がどの程度達成されたのか，目的をどの程度子どもが意識していたかなど，調査項目を設定することにより測定が可能となる。

読み取り方と生かし方

前半部分の項目は，ある一定の件数があれば，統計的処理を行うことができる。件数が増えるほど誤差はより少なくなる。よりよいSGE実施に役立てるためのデータを獲得することが可能である。

SGEでは，より率直に自己開示やフィードバックが行えるように，教師がプログラムを作ったり，その場面の判断で介入したりする。次のような調査項目を振り返り用紙に加えることで，グルーピングはどのようにしたらよいか，シェアリングはどのような形式がよいのかなど，集団が感情交流しやすい状態を見つけ出すためのヒントを得ることが可能である。

例えば、「今回の自分のグループについて、気づいたこと、感じたことを書いてください」との項目を加えることで、「私だけ、仕方なく一緒のグループにしてもらったようで、最後までなじめなかった」など、シェアリングでは言いにくいことを教師に伝えてもらうことができる。これは次回のグルーピングのヒントになる。伝えてくれた子どもに配慮しつつ、自然な形でリーダーシップをとりながら、「では、このへんの5人で1グループをつくってください」と指示を工夫した対応ができる。

また、子ども相互のコミュニケーションの度合いや肯定感の度合いを、同じ項目を使って継続して測定していけば、集団や個人の変容をある程度客観的に把握することも可能になる。

後半の自由記述では、感想の確認を行うと同時に、前半の選択肢を選んだ理由も確認することができる。

例えば前半の選択肢で「あまり楽しくなかった」が選ばれていても、自由記述の中で「楽しくなかった。でも何となく自分のためになったかもしれない」などの記述があった場合、自己理解を深める目的を達成したとの解釈も可能である。「良薬は口に苦し」の状態であろうと推測できる。

いっぽう、「とても楽しかった」が選択されていても、「友達とおしゃべりができてよかった」「ふつうの授業と比べればずっとよい」などの記述で

あった場合、子どもには自己理解の目的が意識されていないと推測できる。目標の達成度合いを厳しく見つめなければならない。

子どもたちは充実感や達成感を感じる一方で、負担感や疲労感を強く感じることもあるので留意したい。

■ 対応の実際

自由記述の中で気になる表現をした子どもには、事後対応が必要となる。次は、中学校1年生の2学期に行った「トラストウォーク」「トラストフォール」（P.546, 576）で、「僕が受けとめるのが下手なので、相手のA君がかわいそうだった」と振り返り用紙に記述したB君への対応である。

相手のA君に確認したところ、「みんな同じだと思うけど、初めはB君も下手っぽくて倒れるのが怖かった。でも、B君もだんだん上手になって、僕は不安なく倒れることができた」と話してくれた。SGEの中で、A君の気持ちはB君に伝わっておらず、B君は自信喪失のままであったことを知ることができた。さっそくA君のコメントをB君に伝えた。B君は、私の報告をいつものうつむき加減の姿勢で聞いていたが、大きく深呼吸しホッとした表情を見せてくれた。

今回のエクササイズに限らず、B君は自分の行為に対して否定的な評価をする傾向があった。それが、小学生の

ころの,両親の離婚騒動以来であることを,家庭訪問のとき,彼の祖母から聞いた。B君の問題の根は深いところにある。しかし,このSGEで私は,B君へのかかわり方のヒントを得ることができた。

私の経験上,振り返り用紙に書かれる否定的な表現は,
　①自己に関すること
　②他者との関係に関すること
　③SGEそのものに関すること
の3つに分類される。

表現は3種類でも,その原因はさまざまである。

（今井英弥）

振り返り用紙（例）

年　　組　　番　名前 _____

● 次の質問を読んで,あてはまるところの数字に○をしてください。

	とてもよくあてはまる	まああてはまる	どちらとも言えない	あまり言えない	まったく言えない
1 今日のエクササイズを楽しくできましたか？	5	4	3	2	1
2 今日のエクササイズはあなたのためになりましたか？	5	4	3	2	1
3 友達の意見や考えをじっくり聞くことができましたか？	5	4	3	2	1
4 自分の意見や考えを友達に伝えることができましたか？	5	4	3	2	1

● 今日のエンカウンター全体を通して,感じたこと・気づいたこと・学んだことを書いてください。

Part1 エンカウンターについて知ろう【入門】

第1章　構成的グループエンカウンターとは
第2章　学校教育に生かす
　　　　構成的グループエンカウンター

Part2 エンカウンターをやってみよう【実践】

第3章　実施までの手順
第4章　インストラクション
第5章　エクササイズ
第6章　シェアリング
第7章　介入

第8章　振り返りとアフターケア

1　アフターケア
2　ねらい達成の見取りと今後への生かし方
3　振り返り用紙の役割
4　リーダー自身の振り返りと評価
5　ネガティブな反応は失敗か？
6　予期した効果が得られなかったとき

第9章　継続的な実践とプログラム

Part3 柔軟に展開しよう

第10章　いまここでのSGEをめざして
第11章　子ども・学級の理解と育成
第12章　構成の工夫
第13章　リーダーとして求められるもの

Part4 エクササイズカタログ

第14章　スペシフィックエクササイズ
第15章　ジェネリックエクササイズ

Part5 資料編

　構成的グループエンカウンター（SGE）のリーダーは，エクササイズをそつなくこなし，シェアリングでメンバーに発表させれば，それで役割が終わったわけではない。SGEのあと，教師はリーダーとしての自分自身の言動や子どもに対する姿勢をじっくりと振り返り，評価することが重要である。自分の力を過信したり，反対に自信を失ったりすることなく，さらに向上していくための研鑽（さん）を積むことが強く求められるからである。

■ 振り返りとは

　振り返りとは「エクササイズがうまく流れた。自分も子どもたちも楽しかったからまたやりたい」とか，「子どもたちののりが悪かったので失敗。以前やったときはうまくいったのに……」などと，単に反省するということではない。自己理解・他者理解が促進され，他者とのふれあい体験を通して，子どもたち一人一人やグループにとって有益なSGEになったかどうかをていねいにたどっていくことである。

　学級担任がクラスでSGEを実施する場合，ほかの教師にサブリーダーやスタッフをお願いし，客観的なコメントを受けることができればよいが，現実的にはむずかしい場合が多い。自分で個々の子どもやグループの様子を細かく観察することに加え，振り返り用紙への記入内容や感想の分析，冷静なフ

ィードバックなどにより，自己盲点に気づくことができれば理想的である。録画・録音なども役に立つ。

　リーダーぶりの評価としては，特に自分のリーダーシップのとり方について吟味したい。例えば，次のようなことである。インストラクションで双方向のコミュニケーションを大切にしていたか。必要最低限のことを伝えただけでなく，子どもの状況に応じて柔軟に対応したか。リーダーとしてよい影響を与え，SGEのねらいを十分に達成できたかどうか。これらを念入りに点検するわけである。

　また，自分の話の内容，話し方，表情や態度が自己開示的で，子どもにとって親しみやすいものであったかどうかを検証したい。説明不足であったり，くどい話し方だったりすれば，エクササイズへの動機づけが阻害される。教師がホンネで自己を語っていなければ，子どもたちは「やらされている」と感じるだろうし，反対に過度に自己開示しすぎれば「そんなことまで話さなくてはならないのか」と，かえって心理的負担を与えかねない。

　リーダー自身の自己を振り返るポイントは次のとおり。　　　　（齊藤　優）

リーダー自身のチェックポイント

	チェック		チェック
①実施のタイミングについて 実施の時期，集団のアセスメント，メンバーのレディネス，周囲の環境や場面状況を十分に考慮したか。	☐	**⑤雰囲気づくりについて** エクササイズ前の雰囲気づくりは効果的になされたか。緊張をほぐす導入のエクササイズは適切だったか。	☐
②エクササイズの選定について メンバーの状況に応じて選定し（5章），適切なアレンジ（12章）をしたか。ただ面白そうだからといった理由でエクササイズを選んだりしなかったか。	☐	**⑥デモンストレーション，自己開示の程度** デモンストレーションは明確に，親しみやすさをもって行われたか。リーダーとしての適度な自己開示に努めたか。	☐
③事前の準備について 事前の物品準備や時間配分を含めて，リハーサルを十分に行ったか。	☐	**⑦エクササイズについて** エクササイズ中の子どもやグループへの指示，援助は適切なリーダーシップのもとに行われたか。子どもの抵抗の処理，介入のタイミングなどについて配慮がなされたか。	☐
④インストラクションについて ねらいの伝達など，インストラクションは簡潔で明瞭だったか。口調，トーン，言葉づかい，間のとり方は適切であったか。	☐	**⑧シェアリングについて** シェアリングの方法や指示は明確で適切であったか。子どもに対しての受容的態度，共感的理解に徹したフィードバックであったか。振り返り用紙は効果的に活用されたか。個を大切にできたか。	☐

Part 1 エンカウンターについて知ろう【入門】
第1章　構成的グループエンカウンターとは
第2章　学校教育に生かす構成的グループエンカウンター

Part 2 エンカウンターをやってみよう【実践】
第3章　実施までの手順
第4章　インストラクション
第5章　エクササイズ
第6章　シェアリング
第7章　介入
第8章　振り返りとアフターケア
 1　アフターケア
 2　ねらい達成の見取りと今後への生かし方
 3　振り返り用紙の役割
 4　リーダー自身の振り返りと評価
 5　ネガティブな反応は失敗か？
 6　予期した効果が得られなかったとき
第9章　継続的な実践とプログラム

Part 3 柔軟に展開しよう
第10章　いまここでのSGEをめざして
第11章　子ども・学級の理解と育成
第12章　構成の工夫
第13章　リーダーとして求められるもの

Part 4 エクササイズカタログ
第14章　スペシフィックエクササイズ
第15章　ジェネリックエクササイズ

Part 5 資料編

　構成的グループエンカウンター（SGE）の中で，担任は子どものポジティブな反応に安心し，ネガティブな反応を心配する。しかし，健康な集団が，肯定的反応だけに終始することはまずありえない。ネガティブな反応は，発達課題や自分の問題にふれられたために起こる感情である。したがって，ネガティブな反応を率直な反応ととらえ，それを表せる集団こそ健康であると考えることが大切である。

　またネガティブな反応こそ，集団や個人の心の状態を的確に表し，問題発見や分析に用いることができる。それをもとに，構成・介入や事後のかかわりを工夫したり，個人の課題を深めることができる。

ネガティブな反応

　ネガティブな反応は，小学校では自我が確立していないので，自分の思いを語るようなエクササイズで，中学校では思春期に入るため，身体接触のあるようなエクササイズで，また高校では，自分のポジティブな面に目を向けさせたり，感情に焦点を当てたりするエクササイズで起きやすい。

　ここでは，中学校2年生の学級を担当したときの例を示す。

　「トラストウォーク」（P.494）を毎学期に1回ずつ，年間で3回行った。互いに依存し依存される信頼体験を目的とし，同じエクササイズを定期的に行

うことで，集団や個人の状態の違いを客観的に把握することを目的に加えた。

2回目（10月）に行ったときのことである。SGEへの慣れもあってか，インストラクションのとおり，私語もなく全員が目的を達成しようと努力していると感じられた。振り返り用紙を確認してみると，肯定的なものがほとんどだった。しかし，その中に数枚の否定的なコメントもあった。

「私は友達を信頼しているつもりだったけど，私はその人から意外に信頼されていないことに気がついた。前からこの人と話すのは好きじゃなかったけど，もっと嫌になった」「友達を案内しているときは普通だったけど，自分が案内されるとき，この人，本当に信頼できるの？　なんて思った。案内の仕方に冷たさが伝わってきた。この人とエンカウンターをするのがちょっと怖い！　できればやりたくない」。

ネガティブな反応を表したのは，クラスの中で小集団を形成している女子グループの3人であった。トイレに行くのも休み時間を過ごすのも一緒の3人である。その弊害が理科室や音楽室への移動の遅れとなって表れ，教科担任から注意を受けたことも何回かあった。このグループは，行動は同じでも仲たがいなどがあり，お互いが安心して過ごすことのできるグループではないことを感じてはいた。しかし，互いへの感情を確認することができたのはこれが初めてであった。

ネガティブな反応こそチャンス

チャンスである。クラスのメンバーは彼女たちをいつも一緒にいる仲よしグループと見ていただろう。しかし，その3人組には信頼関係がなかった。シェアリングで語り合うことさえはばかられるくらい露骨で，強烈な本音である。

そこでクラス全体に語った。いま行った信頼体験が心地よかったか否か。心地よかったのはなぜか。心地よくなかったのはなぜか。どうすればいまより少しでも心地よくなれるのか。彼らの心に問いかけていく。全体の前で，彼女たちが声に出して感情を伝えることはないかもしれない。しかし，彼女たち以外の生徒が，自分のこととして，体験を語り始める。人の気づきで，自分に気づく。これぞ，グループダイナミクスである。

「信頼されるって気持ちのいいことだね」「頭では信頼しているつもりだったけど，緊張してしまった。きっと心から信頼できてはいなかったんだと思う」。心地よかったこと，よくなかったこと。どうしてそう感じたのか。思い思いの言葉が飛び交ううちに「自分は相手に信頼されるように努力したかどうか」と自分に問いかけ始める。「過去と他人は変えられないが，自分と未来は変えられる」。深く自分を見つめるチャンスである。　（今井英弥）

Part 1 エンカウンターについて知ろう【入門】
第1章 構成的グループエンカウンターとは
第2章 学校教育に生かす構成的グループエンカウンター

Part 2 エンカウンターをやってみよう【実践】
第3章 実施までの手順
第4章 インストラクション
第5章 エクササイズ
第6章 シェアリング
第7章 介入

第8章 振り返りとアフターケア
1. アフターケア
2. ねらい達成の見取りと今後への生かし方
3. 振り返り用紙の役割
4. リーダー自身の振り返りと評価
5. ネガティブな反応は失敗か？
6. **予期した効果が得られなかったとき**

第9章 継続的な実践とプログラム

Part 3 柔軟に展開しよう
第10章 いまここでのSGEをめざして
第11章 子ども・学級の理解と育成
第12章 構成の工夫
第13章 リーダーとして求められるもの

Part 4 エクササイズカタログ
第14章 スペシフィックエクササイズ
第15章 ジェネリックエクササイズ

Part 5 資料編

予期した効果が得られない場合とは，ねらいが達成できなかった場合ということである。そのような場合は，どうしたらいいのだろうか。

効果の表れ方

学級で継続的・計画的に構成的グループエンカウンター（SGE）を行った場合，学級集団と個々に表れる効果には，次の2つがある。1つ目は学級の中における人間関係の広がりと深まり，2つ目は一人一人の行動，思考，感情の変容である。

これらの効果は，子どもの言動や表情のように「外見的にわかる変化」と，感じ方や意識など，外から見えにくい「内面的な変化」として表れる。さらに，クラスの雰囲気のように，教師が「肌で感じることができる変化」もある。また，実施後すぐに表れる効果とすぐには表れない効果がある。

通常，①傷つかない程度に自己開示できた，②自分のためになったと思っている，この2つが達成されていることが，ねらい達成についての合格点の目安と考えてよいだろう。

前者は，お互いに自己開示することで「ふれあい」を体験したと考えられるからである。後者は，模倣の対象を見つけた，自分についての新しい気づきを得た，フィードバックを受けて自己盲点に気づいたなど，「自他発見」ができたからこそ，ためになったと思

っていると考えられるからである。

学級経営にSGEを活用して，予期した効果が得られない場合とは，これらの逆ということになる。

効果が表れないときの対処法

①SGE中は大いに盛り上がったのに，振り返り用紙を見ると「自分のためになった」とは思っていない場合がある。これは，自己洞察ができていないから「ためになった」かどうかわからないのである。つまりシェアリングが不十分なのである。シェアリングが不十分だということは，構成と介入の仕方も不十分だといえる。仲間同士でフィードバックをたくさんもらい合えるように，場面設定を工夫すればよい。

②「ためになった」とは答えるが，楽しんだようには思えず，何となくしらけた雰囲気のときがある。SGEに対する期待感はあったのに「むずかしくてのれなかった」という感想が見られる。これは，自分を出そうとして出しきれずに終わったのである。次回は，その集団の状態やレディネスにあったエクササイズを選ぶことが大切である。

③SGEでは気づきがたくさんあったのに，ふだんの学校生活には変化がなかなか表れない場合がある。これは，気づき・洞察と行動の変容との間にタイムラグがあるからである。SGEでの気づきを，日常生活でも繰り返し取り上げていくことが必要である。行動変容につなげるような定着化のプログラムもあわせて実施することが有効と考えられる。

④学級の人間関係をよくすることをねらいにしたにもかかわらず，仲間はずれが出る場合がある。このようなときは，シェアリングでの振り返りのポイントを，個人から集団へと移してみる。つまり集団の一員として，自分はどうかかわってきたかに焦点を当てさせるわけである。その後，再び個人に視点を戻し，ねらいを再確認しておく。

⑤教師が予期していなかった気づきが生じていることもある。それを見のがさないように，子どもの言葉に耳を傾けたい。

見直しが必要な場合

では，何をもって見直しが必要と判断するか。それは子どもの反応である。例えば，「明日はエンカウンターだよ」と予告すると嫌がられる。つまらない，意味がないと思えば，やるのを嫌がるのは当然であろう。1回の失敗では，なかなかこうはならない。子どもの失望を積み重ねてきた結果である。

子どもたちにレディネスはできていたか。集団をアセスメントできていたか。プログラムの組み方に問題はなかったか。抵抗や不測の事態への対応・介入はできていたか。これらについて検討し，早いうちにスーパービジョンを受けることをすすめる。（鹿嶋真弓）

参考：國分康孝ほか編『エンカウンタースキルアップ』図書文化。國分康孝監『エンカウンターで学級が変わる・中学校編3』図書文化。

Part 1 エンカウンターについて知ろう【入門】
第1章　構成的グループエンカウンターとは
第2章　学校教育に生かす
　　　　構成的グループエンカウンター

Part 2 エンカウンターをやってみよう【実践】
第3章　実施までの手順
第4章　インストラクション
第5章　エクササイズ
第6章　シェアリング
第7章　介入
第8章　振り返りとアフターケア
第9章　継続的な実践とプログラム

1　継続的に行うメリット
2　継続的な実践の組み立て方
3　学校全体で取り組むメリットとコツ
4　効果の測定方法
5　継続的なプログラムの例

Part 3 柔軟に展開しよう
第10章　いまここでのSGEをめざして
第11章　子ども・学級の理解と育成
第12章　構成の工夫
第13章　リーダーとして求められるもの

Part 4 エクササイズカタログ
第14章　スペシフィックエクササイズ
第15章　ジェネリックエクササイズ

Part 5 資料編

　構成的グループエンカウンター（SGE）を継続的に行うと，学校の教育力が向上し，教育効果が持続する。

　「継続的」とは，SGEを計画的・系統的に実施することである。教育課程の中での位置づけを明確にして，各学期の中で繰り返しSGEを実施し，さらにこのサイクルを各学期ごとに繰り返すことである。繰り返し行うことが大切な理由は，子どもたちのポジティブな自己概念を育てるには時間がかかるからである。また短期集中的に行うよりも，他のカリキュラムとの関連を図りながら系統的に行うことで，大きな効果が得られるからである。

　繰り返す際には，同じエクササイズの内容をアレンジしたり，内容はそのままでメンバーを変えたりする場合がある。ねらいは同じで，実施するエクササイズを変える場合もある。

　継続的なSGEの実施は，子どもたちにとっても，教師にとっても，学校にとってもメリットが大きい。計画的・系統的にSGEを継続することで，子どもたちにも，教師にも，行動変容や自己成長が繰り返されるからである。

■ 子どもたちにとってのメリット

　SGEを継続的に実施することで，子どもたちのふれあい体験が増え，あたたかな人間関係が育まれる。このことから，さまざまなメリットが生まれてくる。

①準拠集団の確立

　SGEを継続的に実施することで、学級が子どもたちの準拠集団（よりどころとしてそれに従う集団）となる。

　ふれあいとあたたかな人間関係ができてくると、子どもは集団の中に自分をわかってくれる人を見いだせるようになる。すると、学校に居場所をもつようになる。このように自分の居場所となる集団のことを、その子どもにとっての準拠集団という。

②集団の規範が確立する

　SGEは、感情交流を意図したエクササイズを初期段階に多く実施する。感情交流によってふれあいを体験した子どもたちには、仲間意識が育まれる。すると、さらなる感情交流が生まれ、それがまた集団の凝集性を高める。このような集団では、互いに相手を思いやるようになり、自然に集団の規範（ルール）が生まれてくる。この規範が、集団のメンバーのよりどころとなる。

③自己開示的発言の増加

　SGEにおける自己開示は「アイメッセージ」の表現である。そのため、子どもたちは、日常でもアイメッセージによる自己開示をするようになる。これは、他者と自己の存在を認める自己主張的態度であり、いじめや不登校の防止にも有効に作用する。実際、SGEの継続的な実施によって、いじめや不登校が減った学校が全国各地にある。

④個の確立に向けた自問自答

　SGEは集団を育てる一方で、一人一人に、集団内で自分を見つめることを求める。集団内に自分と同じものをもつ人、違うものをもつ人がいることを意識させる。この経験は、深く自己を見つめ、自分自身を見いだし、自己を確立していく契機となる。だから継続的なSGEの実施は、一人一人の個を確立し、そのうえでの連帯を実現する。

教師にとってのメリット

　学校全体でSGEを継続的に実施すると、教師間にリレーションができるとともに、一人一人の役割分担が明確になり、集団の機能が向上する。その結果、学校は、課題解決に全体で取り組める組織となる。具体的には、次のようなメリットが生まれる。

①実施内容の検討や、SGEの研修などにより、教師集団のリレーションが深まる。

②SGEの学習によって、スキル・理論・実施力量が向上する。

③資料の蓄積と実施内容の広がりが可能になる。

④複数によるアセスメントで、より実態に合った内容が実施できる。

⑤子どもたちの変化により、教師の自尊感情が高まる。

⑥継続的な実施により、キーパーソンが確立できる。

⑦学校全体での継続的な実施により、集団の課題解決機能が向上する。

（岡田　弘）

Part1 エンカウンターについて知ろう【入門】
第1章 構成的グループエンカウンターとは
第2章 学校教育に生かす構成的グループエンカウンター

Part2 エンカウンターをやってみよう【実践】
第3章 実施までの手順
第4章 インストラクション
第5章 エクササイズ
第6章 シェアリング
第7章 介入
第8章 振り返りとアフターケア

第9章 継続的な実践とプログラム
1 継続的に行うメリット
2 継続的な実践の組み立て方
3 学校全体で取り組むメリットとコツ
4 効果の測定方法
5 継続的なプログラムの例

Part3 柔軟に展開しよう
第10章 いまここでのSGEをめざして
第11章 子ども・学級の理解と育成
第12章 構成の工夫
第13章 リーダーとして求められるもの

Part4 エクササイズカタログ
第14章 スペシフィックエクササイズ
第15章 ジェネリックエクササイズ

Part5 資料編

　以下は，構成的グループエンカウンター（SGE）の長期的・組織的な計画の立て方と，そのコツである。

①ショートエクササイズを繰り返す
　学級で継続して行う秘訣は，リーダーとなる教師や子どもたちが楽しめるものを，朝の会や帰りの会で繰り返し実施することである。ただし，SGEはゲームとは違うので，実施するねらいやそこにある理論的背景を，教師は常に意識している必要がある。

②明確な意図をもつ
　年間を通したプログラムに教師の明確な意図が見えていないと，効果も見えてこない。効果が見えてこないと，教師も子どもたちもSGEを続けてやってみようという気持ちにならない。
　学級や子どもたちの実態を踏まえ，子どもたちの自尊感情を高める，あるいは他者受容を促進させるなど，実施の意図をはっきりともって計画を立てることが大切である。

③現状にそったSGEを展開する
　ねらいの達成のためには，子どもや学級の現状をアセスメントすることが大切である。アセスメントは，教師自身の観察に，「楽しい学校生活を送るためのアンケート（Q-U）」などの質問紙から得た客観的データを加えて行う。定期的なアセスメントで，子どもがどのように変化しているかを踏まえ

たうえでグルーピングや内容構成を工夫すること，そして状態に応じて計画をアレンジしていくことが大切である。

④子どもたちの要請を取り入れる

　学級でSGEを実施していると，子どもたちにとってお気に入りのエクササイズ，楽しくできるエクササイズが出てくる。こうしたエクササイズは，各学期の計画に織りまぜて，繰り返し実施するとよい。

⑤学校行事に合わせて実施する

　年間を通したプログラムを立てる際に，学校行事に合わせたエクササイズを入れておくことも大切である。行事は，集団の凝集性を高め，信頼体験をする絶好の機会である。行事でのSGEは，子どもたちの心に深く記憶されるものとなるはずである。SGEによって，行事での体験をさらに深めたい。

⑥保護者の理解を得る

　保護者の理解を得られるよう，学級開きの保護者会からSGEを実施することも考えたい。SGEを通して，子どもたちの変化を，保護者から子どもたちに肯定的にフィードバックしてもらえれば，さらに効果が高まる。保護者会ごとにSGEを実施していくことも，継続のポイントである。

⑦管理職の理解を得る

　SGEを継続的に実施するためには，管理職に趣旨や意図を連絡・相談し，学校要覧上に記載する年間計画や指導計画にSGEの実施を明記することである。こうすることによって，組織内での位置づけがはっきりする。また，取り組む際には，予算案に項目としてSGE実施費を入れることも大切である。SGEを実施するときの準備物や教材を買うための費用が，ここから捻出されることになる。

⑧SGEのスペースを確保する

　職員室の空いている机や書棚の一角に，SGE関連の本や指導案のファイル，用具を保管する場所を確保したい。実践者だけでなく，学校をあげてSGEを継続的に実施する基盤ともなる。

⑨SGE検討会をスタートさせる

　学級でのSGEを公開授業にしたり，ビデオに撮ったりして，学年内でSGE検討会を開いてもらう。これは，学級内で実施しているSGEをオープンにすることと，SGEのグループスーパービジョンを受けることの2つの効果がある。ここから学年全体で取り組むきっかけが生まれる可能性もある。

　なお，次ページに，学校全体での取り組みを提案する際に役立つワークシートを2つ紹介する。他の人にも広く知ってもらうためには，外部講師を呼んで校内研修をもつのも効果的な方法である。
　　　　　　　　　　　（岡田　弘）

やってみませんか？　エンカウンター
（企画提案書）

　エンカウンターとは，ホンネを表現し合い，それを互いに認め合う体験のことです。この体験が，自分や他者への気づきを深め，人と共に生きる喜びや，わが道を力強く歩む勇気をもたらします。人間関係が希薄な現代の子どもたちは，自然にエンカウンターする機会がもちにくくなっています。そこで，教師がリーダーとなって，エンカウンターを行うことで子どもたちの心を育てようという気運が高まっています。いわば「本音を表現できる，人間関係の実験室づくり」です。

　構成的グループエンカウンター（SGE）は，國分康孝・久子の提唱によって，3泊4日の合宿形式でスタートしました。現在は学校に導入されているほか，企業研修会，看護介護訓練などでも広く行われています。SGEには，人間関係づくりに関するしっかりとした理論的背景があり，教育現場のニーズに対応できるエクササイズを豊富にもっています。子ども同士，子どもと教師，教師同士，保護者同士，保護者と教師の人間関係づくりに効果があります。また，集団の中の一人一人を大事にする視点は，教師が子どもを理解する態度へと通じます。

◆学校ではどう使われているのか
　学級活動や道徳などを中心に，教科授業，朝の会・帰りの会，学校行事などに幅広く取り入れられています。いじめや不登校の予防にも有効です。最近では，総合的な学習の時間に取り入れる学校も増えてきました。全国の教育委員会が主催する多くの研修会にもSGEの講座が含まれています。

◆代表的なエクササイズ
　SGEでは，エクササイズ（課題）を体験し，そこで感じたことや気づいたことをシェアリング（分かち合い）し合うことで，ふれあいと自他発見を促します。

【質問ジャンケン】
2人組になってジャンケンします。勝った人は相手の人に1つ質問をします。負けた人は質問に答えます。どうしても答えられないときはパスします。

【私は私が好きです。なぜならば】
参加者は輪になり，1人ずつ順に「私は私が好きです。なぜならば……」に続けて理由を言っていきます。これを何周も繰り返します。

外部講師依頼チェックリスト

(SGEの校内研修に外部講師を招く場合)

1　必要事項を校内で検討する
- ☐ 研修内容
- ☐ 日時
- ☐ 場所
- ☐ 参加者
- ☐ 交通費と謝礼

2　だれにお願いするのか検討する
- ☐ 「この先生に！」と飛び込みでお願いする
- ☐ 先生方のツテから探す
- ☐ 教育委員会・教育センターやネットワークから紹介してもらう

3　依頼の方法
- ☐ 手紙を出してからあらためて電話で依頼する
  (面識もツテもない場合。どうやって講師を知ったか，なぜお願いしたいのかを明確に)
- ☐ 電話などで打診してから手紙を出す
  (面識やツテがあっても断られる場合があるので，初めに打診したほうが双方合理的)

4　講師との打ち合わせ事項
- ☐ 研修会の対象者と人数
- ☐ 研修内容 (何について知りたいのか)
- ☐ 研修の形態 (講義形式か，演習中心か)
- ☐ 会場の様子 (広さ，机・椅子の有無，マイクの有無など)
- ☐ スケジュール (待ち合わせは？　終了予定時刻は？)
- ☐ 交通費と謝礼について (切符などの手配はどちらがするのか？)
- ☐ 配布資料，用意するものなど (印刷や準備はどちらがするのか？)

5　当日とその後
- ☐ 配付資料，黒板，プロジェクター，マイクなどの手配
- ☐ おしぼり，飲み物などを演壇に準備
- ☐ 礼状 (後日)

参考：國分康孝監『エンカウンターで学校を創る』図書文化。

Part1	エンカウンターについて知ろう【入門】
第1章	構成的グループエンカウンターとは
第2章	学校教育に生かす 構成的グループエンカウンター

Part2 エンカウンターをやってみよう【実践】

- 第3章　実施までの手順
- 第4章　インストラクション
- 第5章　エクササイズ
- 第6章　シェアリング
- 第7章　介入
- 第8章　振り返りとアフターケア

第9章　継続的な実践とプログラム

1. 継続的に行うメリット
2. 継続的な実践の組み立て方
3. **学校全体で取り組むメリットとコツ**
4. 効果の測定方法
5. 継続的なプログラム

Part3 柔軟に展開しよう

- 第10章　いまここでのSGEをめざして
- 第11章　子ども・学級の理解と育成
- 第12章　構成の工夫
- 第13章　リーダーとして求められるもの

Part4 エクササイズカタログ

- 第14章　スペシフィックエクササイズ
- 第15章　ジェネリックエクササイズ

Part5 資料編

■ 学校に広がるSGEの教育効果

　いま，多くの学校で基礎基本の定着や学力向上の取り組みが行われている。その中で明らかになってきたことに，人間関係がよい学級は，学ぶ意欲が高く，学力も向上するということがある。子どもが安心して過ごせるあたたかい学級集団の中でこそ基礎基本は身につくのである。構成的グループエンカウンター（SGE）を活用することで，学びを深め合う集団の中で，子どもの意欲を大切にした学習活動を行うことができる。

　また，問題行動や非行歴のない子どもが，突然凶悪な犯罪を起こすたびに，その背景や原因が話題になる。そして，社会性や対人関係能力が十分に身についておらず，自己中心的で自分の欲望や衝動を抑えることのできない，いまの子どもの実態が指摘される。

　このようなあと追いの生徒指導から脱却するためには，SGEなどの育てるカウンセリングを生徒指導実践の柱とすることが効果的である。

　SGEは，学級づくりや人間関係づくり，学習指導の方法として，多くの学級担任が取り入れてきた。しかし，その導入は，子どものために必要だと感じた教師が，各自の裁量で取り入れてきた側面がある。SGEを知らない教師からは，「あの担任が勝手に行っていることで，自己満足に終わっている」と批判され，教師や学級の壁をつくっ

てしまうこともあった。

　全校の共通理解のもとにSGEを指導方法として取り入れ，子どもたちの人間関係づくりに取り組むことで，より効果的に実践を行うことができるようになる。そして，長期的・継続的な取り組みが可能になる。

■教育計画への位置づけがポイント

　学校全体でSGEに取り組むには，教育計画に位置づける努力が必要である。

　多くの学校が，「子どもが喜んで登校する学校」「楽しく学ぶ学校」などを教育目標に掲げていることだろう。そして，次のようなテーマに取り組もうとしていることと思う。

> ①信頼関係づくりや人間関係づくり
> ②自己存在感や成就感を味わわせ，自分に誇りと自信をもたせる
> ③対人関係能力などの社会性の育成

　このように，生徒指導計画には，必ず「好ましい人間関係づくり」が位置づけられている。しかし，具体的な方法までを計画に取り入れ，人間関係づくりを展開している学校は決して多くない。

　そこで，それぞれの学校で「本校の子どもに足りないものは何か」「子どもにつけたい力は何か」「どうすれば育つのか」を問いかけ，取り入れるねらいや位置づけを明確にしたうえで，SGEを取り入れるとよい。このとき，校内研修や生徒指導，教科や道徳・特別活動などの計画に組み入れることも忘れてはならない。

　SGEによる実践を継続させるいちばんのポイントは，「学校が楽しい」という子どもたちの声である。学校評価の中でも取り上げるとよい。それには「楽しい学校生活を送るためのアンケート（Q-U）」や人間関係測定尺度を活用して効果を測定するとよい。そして，SGEに学校全体で取り組んだ経過や成果を，保護者や地域に公表し，理解を得ることが大切である。

■高め合う教師集団に

　SGEを学校全体で計画的に行うと，学級づくりや人間関係づくりについて，教師が互いに実践を語り合う機会が増える。教師が互いのノウハウを認め合い，人間関係づくりのよい実践が広がるという効果がある。

　これまでは，人間関係づくりのうまい実践があっても，「あの教師だからできる」として，なかなか指導のノウハウは広がらなかった。それは結果だけを見て，その教師が取り組んだプロセスを見ないことが多かったためである。学校全体でSGEに取り組むことで，教師の指導スキルが高まり，よい実践を分かち合う教師集団が育つのである。

（水上和夫）

参考：國分康孝監『エンカウンターで学校を創る』図書文化。

Part1 エンカウンターについて知ろう【入門】
- 第1章 構成的グループエンカウンターとは
- 第2章 学校教育に生かす構成的グループエンカウンター

Part2 エンカウンターをやってみよう【実践】
- 第3章 実施までの手順
- 第4章 インストラクション
- 第5章 エクササイズ
- 第6章 シェアリング
- 第7章 介入
- 第8章 振り返りとアフターケア

第9章 継続的な実践とプログラム
1. 継続的に行うメリット
2. 継続的な実践の組み立て方
3. 学校全体で取り組むメリットとコツ
4. **効果の測定方法**
5. 継続的なプログラム

Part3 柔軟に展開しよう
- 第10章 いまここでのSGEをめざして
- 第11章 子ども・学級の理解と育成
- 第12章 構成の工夫
- 第13章 リーダーとして求められるもの

Part4 エクササイズカタログ
- 第14章 スペシフィックエクササイズ
- 第15章 ジェネリックエクササイズ

Part5 資料編

長期的・継続的な取り組みを続けていくためには効果をきちんと測定し，証明していくことが必要である。そして，結果を次のエクササイズの選定や構成の工夫につなげていくことが必要である。ここで大切なことは，効果として何を測定するかである。例えば道徳に構成的グループエンカウンター（SGE）を活用した場合なら，「価値への意識の高まり」を効果として考えるなど，効果とは何を指しているのかについて操作的に定義を行う必要がある。測定の方法についても，効果をとらえる側面によって選択する必要がある。

効果測定の方法

学校で教師が活用することを考えると，測定方法は以下の条件を満たしている必要がある。
①実施時間が短くてすむこと
②方法が簡便で特別な知識を要さない
③集計や分析が簡単で，短時間で結果が得られること
④一定の客観性が確保されており，継続した結果の比較に耐えうること

具体的な方法としては，「観察法」「面接法」「調査法」の3つがある。

子どもたちの様子を観察する観察法や，子どもたちからの声を聞く面接法は，すぐに実施できる方法として有効である。2,3人の固定的なかかわりから人数が増え，場面によって多様なかかわりが生じてきた様子や，自己開示

の内容などから，集団のリレーションが深まってきたこと，個人の自己理解や自己受容が進んできたことなどを知ることができる。

しかしこれらの情報は，客観性に欠ける面がある。また，言葉や行動に表現されない子どもたちの認知について見過ごされることもある。見る教師の側のバイアスや，評価基準のぶれも避けることができない。そこで，これらの弱点を補うために心理尺度を用いる調査法がある。例えば，集団の変容をとらえるものにソシオメトリック・テスト，個人の変容をとらえるものにPUPIL生徒指導検査や，POEM生徒理解カード（図書文化）などがある。

ここでは，河村茂雄が開発した「楽しい学校生活を送るためのアンケート（Q-U）」（図書文化）を中心に，学級経営におけるSGEの効果を，調査法を用いて測定し，対応に役立てる方法を紹介する。

「学級満足度尺度」を用いた測定

学級経営にSGEを活用した場合，その効果として，①子ども個々の自己理解や他者理解，自己受容などが促進されること，②学級集団の関係性の中で，一人一人の気づきが促進されるようなルールとリレーションが促進されることがあげられる。これらはQ-Uに含まれる2つの尺度のうち，「学級満足度尺度」を用いて測定することができる。

学級満足度尺度は，2つの得点の組み合わせで一人一人の子どもを把握する。1つは承認得点で，「運動や勉強，係活動，趣味などでクラスの人から認められることがある」「クラスの中に気持ちをわかってくれる人がいる」など，学級の中で自分なりにがんばることができて，周りからも認められているという思いを測るものである。もう1つは被侵害得点で，「クラスの人たちに嫌なことを言われたり，からかわれたりしてつらい思いをする」「ひとりぼっちでいることがある」など，学級の中で嫌なことがあり，いるのがつらいという思いを測るものである。

学級満足度尺度を使ったアセスメントで，把握できるのは次の3つである。

①児童生徒個人の学級生活満足度
②学級集団の状態
③児童生徒個人と学級集団との関係

以下，それぞれについて詳しく説明する。

①個人の学級生活満足度の把握

「学級満足度尺度」の変化から，一人一人の子どもについて，級友との関係がどのように深まり，どのように変化してきたかを見ることができる。つまり，子ども一人一人のSGEの効果が測定できる。方法は次のとおりである。

「承認得点」と「被侵害得点」の2つの組み合わせから，子どもを4つのカテゴリーに分けて理解する（図1）。

> ●学級生活満足群：学級内に自分の居場所があり，学校生活を意欲的に送っている子ども
> ●非承認群：いじめや悪ふざけを受けてはいないが，学級内で認められることが少ない子ども
> ●侵害行為認知群：いじめや悪ふざけを受けているか，他の級友とトラブルがある可能性が高い子ども
> ●学級生活不満足群：耐えられない悪ふざけを受けているか，非常に不安傾向が強い子ども

SGEを用いて効果が得られた場合，承認得点が高まり，被侵害得点が下がる方向へ変化する（プロットが左上方向に移動する）。学級内で友達から認められて，自分なりのよさ見つけて肯定的にとらえられるようになるからである。また，相互の良好なリレーションの中で，傷つくことが少なくなることや不安が減少するからである。

②学級集団の状態の把握

SGEを取り入れた学級経営の効果は，学級内に親和的な雰囲気が生まれてリレーションが促進され，同時に，お互いが安心してかかわることができる，仲間としてのルールやマナーが共有されるようになることである。①で把握した得点を，学級の全員分プロットした図から，学級内のルールとリレーションの状態，学級の雰囲気，学級の崩れの程度が把握でき，SGEにより，学級集団がどのように育っているかという効果を把握することができる。

学級の状態は，プロット図の散らばり具合から次の5つに分類できる。

> ●満足型（図2）：良好なリレーションの中でお互いを認め合い，その中で集団に必要なルールやマナーが共有されるようになっている。
> ●満足・非承認並存型（図3）：ルールは育っているが，リレーションは育っていない。エクササイズには取り組むが，盛り上がりに欠け，深まりが促進されにくい状態。
> ●満足・侵害行為認知並存型（図4）：リレーションは育っているが，ルールやマナーは定着していない。エクササイズへの取り組み方にルーズな面が見られる状態。
> ●満足・不満足並存型（図5）・不満足型（図6）：ルールもリレーションも育っていない。ルールの定着とリレーションの形成を意図したエクササイズの選択や，構成の工夫が必要な状態。

多くの子どもの被侵害得点が高くなっている場合は，学級内にルールがなく，傷つける言葉や行動，雰囲気が存在していることを示している。

また，多くの子どもの承認得点が低くなっている場合は，学級内のリレーションが低下しており，お互いに認め

合う関係性がないことを示している。河村の研究では，学級崩壊にいたるパターンとして，以下のプロセスが明らかになっている。

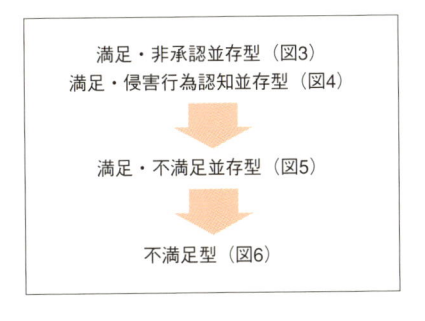

```
満足・非承認並存型（図3）
満足・侵害行為認知並存型（図4）
        ↓
満足・不満足並存型（図5）
        ↓
不満足型（図6）
```

③学級集団と個人との関係の把握

　学級集団と個人の関係の把握とは，プロットされた学級集団の図の中で，一人一人の子どもがどこに位置しているかを見ることである。そこから，子どもの集団における位置や，他の子どもとの関係性を予測することができる。つまり，SGEを取り入れた実践により，子ども同士のリレーションがどのように集団内に形成され，どのように変化したかを把握することができる。

　例えば，学級のリーダーに選ばれた子どもが学級生活不満足群や侵害行為認知群に，学級に影響力をもつ他の子どもが学級生活満足群にいる場合（図5—A子），リーダーの子どもは集団に対してリーダーシップを発揮できていない可能性が考えられる。

　また，仲のよいグループの中で，1人だけ承認得点が低かったり被侵害得点が高かったりする場合（図5—B男，C子），グループの中で，いじめの対象になっていたり，いつも損な役回りを押しつけられている可能性がある。

　さらに，学級集団内に2〜3人の小グループがたくさんできている場合，学級生活に不安をもっているために，それぞれのグループが学級集団から離れた形で存在していることが考えられる。

　このようにQ-Uのプロット位置から考えられる可能性と，教師の日常観察とをあわせて見ていくことで，集団と個人との関係性を把握することができる。

（粕谷貴志）

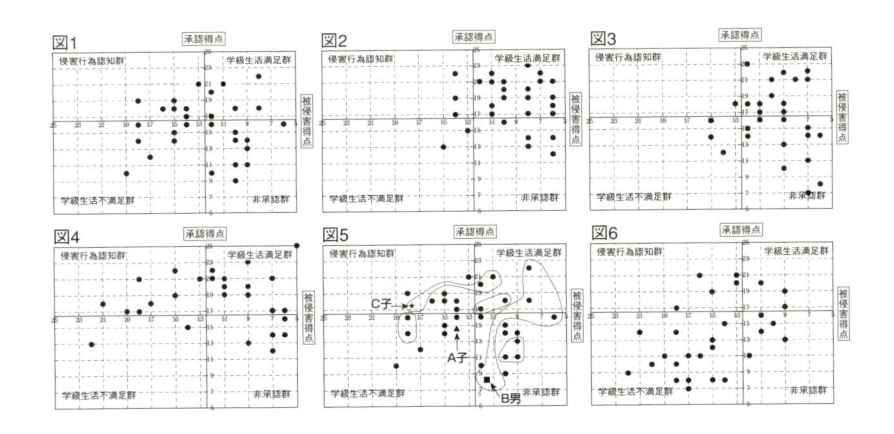

参考：河村茂雄ほか編『Q-Uによる学級経営スーパーバイズ・ガイド・小学校編・中学校編・高等学校編』図書文化。

Part1 エンカウンターについて知ろう【入門】
第1章 構成的グループエンカウンターとは
第2章 学校教育に生かす
　　　構成的グループエンカウンター

Part2 エンカウンターをやってみよう【実践】
第3章 実施までの手順
第4章 インストラクション
第5章 エクササイズ
第6章 シェアリング
第7章 介入
第8章 振り返りとアフターケア
第9章　継続的な実践とプログラム
1　継続的に行うメリット
2　継続的な実践の組み立て方
3　学校全体で取り組むメリットとコツ
4　効果の測定方法
5　継続的なプログラム

Part3 柔軟に展開しよう
第10章 いまここでのSGEをめざして
第11章 子ども・学級の理解と育成
第12章 構成の工夫
第13章 リーダーとして求められるもの

Part4 エクササイズカタログ
第14章 スペシフィックエクササイズ
第15章 ジェネリックエクササイズ

Part5 資料編

3つのパターン

　以下に示す15の継続的な構成的グループエンカウンター（SGE）のプログラム例は，3つに分類できる。
①心を育てるもの
　心を育てるSGEの展開そのものが，当該授業のねらい達成に作用するプログラムの例である。
　1〜3　学級経営・小中高
　4　進路指導
　5　教育相談（不登校の予防）
　6　宿泊行事
　7　全校集会
　8　適応指導教室
「心を育てる」とは，多様な反応の仕方を知り，行動変容を援助することである。そのベースとなるふれあいの促進とあたたかな人間関係づくりから始める。そして集団の中でモデルを見いだしたり，思考・感情・行動にかかわる気づきをもとに自己の反応の仕方を改善したりしながら行動変容へ導く。
②教育方法として活用したもの
　当該授業のねらいを達成する一教授法として，SGEの原理と技法を活用したプログラムの例である。
　9　授業
　10　道徳
　11　総合的な学習の時間
　12　国際理解教育
　13　健康教育・ライフスキル教育

「教育方法として」という意味は3つある。1つは，学習環境づくりとしてSGEを導入することである。学び合いの深まる集団づくりをしたり，授業への参加意欲を高めたりする。第2は，授業とねらいが一致するSGEのエクササイズを行い，授業のねらい達成を促進することである。第3は，授業の中にSGEの要素やスピリッツを導入することによって，授業とSGE，双方のねらいを達成しようとするものである。

③大人対象のもの

　　14　保護者会
　　15　校内研修・現職研修

大人が対象の場合，参加者が協力的なことが多い。しかし，本音を出さず，表面的に交流することが往々にしてある。ふれあいが表面的なものにならないように心がける。リーダーとなる教師は参加者の動きや視線といった非言語に注意すると同時に，発言に注意し，積極的な介入をすることが求められる。

なお，これらのプログラムは執筆者の実践を踏まえて作成されているが，実施する子どもたちに合わせてアレンジすることを忘れないでほしい。

プログラミングの原理

SGEのプログラミングにはいくつかの原理（P.110）があり，その1つは，ワンネス・ウイネス・アイネスをねらったエクササイズを順次展開する。ジェネリックSGEの場合を例にする。

①ワンネス（Oneness）づくり

初めての出会った人々のリレーションをつくる。リチュアルとしての握手，自由歩行，バースディライン，インタビュー，印象を語る，他者紹介などが代表的なエクササイズである。

②ウイネス（Weness）づくり

仲間意識が芽生え，支え合う関係が生じ，いまここで共に人生を分かち合っている仲間であるという実感をもてるようにする。影響を与えた人，つらかった体験，みじめな体験，共同絵画，トラストウォークなどが代表的なエクササイズである。

③アイネス（Iness）の確認

「仲間と共に生きているが，しかし私は私である」と，だれとも違う自分自身，人生の主人公になって主体的に生きていく自分を見いだす。自己概念カード，エゴグラム，簡便内観，ライフライン[※1]などが代表的なエクササイズである。最後には，確立した個同士が新たな連携を感じられるようなトラストウォール，トリップ・トゥ・ヘブン，別れの花束などを実施する。

いっぽうスペシフィックSGEでは，当該授業のねらいや目的をスモールステップ方式に小分けし，それに即応するようにエクササイズを配置するという考え方もある。

（岡田　弘）

※1：河村茂雄『心のライフライン』誠信書房。

▼心を育てる

1. 学級経営・小学校

　小学校は1・3・5年で学級編成を行うことが多い。子どもたちは学級が変わることに大きな不安をもっている。それは不登校の割合がこれらの学年に多いことからも明らかであろう。

　新クラス初日の構成的グループエンカウンター（SGE）は，子どもたちに安心感をもたらす。初めに2人組でSGEを実施すると，自然に「もう少し友達を増やしていい？」と聞いてくる。2人から4人，6人と人数が増えていき，楽しく過ごせた，友達ができた，知らない子と仲よくできた，またやりたい，と意欲的になる。友達がつながると，休み時間に群れて遊ぶようになる。

　SGEを継続的に実施していくと，子どもたちの中にあたたかい関係やなごやかな雰囲気が生まれてくる。すると，子どもたちは，クラスで嫌なことがあっても「イヤだったこと」として，言いやすくなる。担任に相談にくるものの，「先生，自分で言うから，見てて。応援してね」と，朝の会や帰りの会，道徳の時間などで自己開示し，クラスの子どもたちに訴えられるようになる。自己解決する力が出てくる。

　このように，クラスが教育力をもった集団として機能するようになる。

計画の流れ

　発達段階を踏まえ，大まかには以下のような観点で計画を立てた。

　低学年は，活動的なエクササイズにより，ふれあいの心地よさを味わわせる。中学年は，自分の考えや友達の考えを伝え合うエクササイズにより，一人一人のよさに目を向けるようにする。高学年は，自他の内面（思考・感情）に目を向けるエクササイズにより，自分を見つめ，思春期前期に備える。

　それぞれ1学期では，リレーションづくりを重視し，友達同士でかかわる機会を意図的に設定して教室に居場所をつくる。2学期は，友達を知り，自分を見つめることを重視する。3学期は「がんばったことベスト5」を書き出すなど，自己の成長を肯定的に受けとめる体験を設定した。クラスがえの前には，「別れの花束」を実施して，一人一人にメッセージを贈り，認められた喜びが「次の学年もがんばるよ」という励みにつながるようにした。

留意点

　配慮を要する子どもが，活動に不安をもったり，ルールを覚えるのがむずかしかったりする場合がある。様子を見て参加させていくようにする。同じエクササイズを2回続けて行うことで，1回目は活動を見学し，2回目から入れるように配慮することが可能である。

（小島孝子）

参考：國分康孝監『エンカウンターで学級が変わる・小学校編1』図書文化，P.44〜49。

学級経営におけるSGEのモデルプラン(小学校低学年)

学期	エクササイズ	ねらい	時間
1学期	①なんでもバスケット ・ジャンケンバスケット ・フルーツバスケット ・大漁だ!バスケット	・他者とかかわることの楽しさを知り、友達とあたたかい関係をつくる。	学活
	②他己紹介	・自分を知ってもらう気持ちよさを味わい、相手への親近感を高める。	学活
	③ジャンケン列車	・仲間意識を育み、楽しい学級イメージをもつ。	学活
	④うれしい話の聞き方	・受容的に聞いてもらう心地よさを体験する。	道徳
	⑤パチパチカード	・1学期にがんばったことを振り返り、その成就感を味わい、自己肯定感を高める。	道徳
	⑥ありがとうカード	・友達の小さな親切に気づき、感謝の気持ちをもつ。	道徳
2学期	①サッカージャンケン	・多くの相手とかかわる体験をする。	体育の導入
	②ふわふわ言葉とチクチク言葉	・言われてうれしかった言葉と悲しかった言葉から、友達とのかかわりを見直す。	道徳
	③カム・オン	・グループで協力して遊ぶ楽しさを知る。	学活
	※①③を繰り返し行う。		
	④パチパチカード	・2学期にがんばったことを振り返り、その成就感を味わい、自己肯定感を高める。	道徳
	⑤ありがとうカード	・友達の小さな親切に気づき感謝の気持ちをもつ。	道徳
3学期	①カム・オン	・グループで協力して遊ぶ楽しさを知る。	学活
	②四つの窓	・いろいろな好みをもつ友達の存在を知り、認め合う。	道徳
	③私のイメージ	・自分についてじっくり振り返り、自分のよさや特徴に気づく。	道徳
	④ゴリオリゲーム	・受容的な人間関係のあり方を体験する。	学活
	⑤ほめあげ大会	・クラスの友達を肯定的に見つめる。	道徳

参考:國分康孝監『エンカウンターで学級が変わる・小学校編1』『同・小学校編3』図書文化。

学級経営におけるSGEのモデルプラン（小学校中学年）

学期	エクササイズ	ねらい	時間
1学期	①この指とまれ！（グループづくり）	・自分と共通点をもつ人を見つけて親近感を高める。	総合
	②うれしい話の聞き方	・受容的に聞いてもらう心地よさを体験する。	道徳
	③聖徳太子ゲーム	・一人ではできないことも、何人かで協力すればできるという体験をする。	総合
	④サイコロトーキング	・友達の一人一人を見つめる。	学活
	⑤無人島SOS	・多様な考え方に気づき、それを伝え合う体験をする。	国語
	⑥自分への手紙（がんばったことベスト5）	・1学期を振り返り、できるようになったこと、努力していることに気づき、自己肯定感を高める。	学活
2学期	①Sケン	・グループで協力して遊ぶ楽しさを味わう。	学活
	②いいとこさがし	・あたたかい言葉をかけられる体験を味わい、自己肯定感を高める。	道徳
	③クリスマスツリー	・協力する体験から、グループの団結力を高める。	総合
	④団結くずし	・身体接触を伴う活動を通して、心理的距離を短時間に縮める。	総合
	⑤自分への手紙（がんばったことベスト5）	・2学期を振り返り、できるようになったこと、努力していることに気づき、自己肯定感を高める。	学活
3学期	①私はわたしよ	・自分の意外な一面を認めてもらう体験を通して、自己の個性への誇りをもつ。	道徳
	②カム・オン	・グループで協力しながら遊ぶ楽しさを味わう。	学活
	③してあげたこと、してもらったこと（簡便内観）	・人とのかかわりの中で生きてきた自分に気づく。	道徳
	④別れの花束	・1年間を共に過ごした友達から贈られる言葉を通して、自己肯定感を高める。	総合

参考：國分康孝監『エンカウンターで学級が変わる・小学校編1』『同・ショートエクササイズ集1』図書文化。

学級経営におけるSGEのモデルプラン（小学校高学年）

学期	エクササイズ	ねらい	時間
1学期	①いっしょに楽しく	・クラスがえ直後の学級や教師への不安を解消し、集団のあたたかい雰囲気をつくる。	総合
	②他己紹介	・自分を知ってもらう気持ちよさを味わい、相手を知ることで親近感を高める。	道徳
	③ジグソー学習を始めよう（新聞紙のジグソーパズル）	・グループの一員としての役割を果たすことにより、肯定的に自己を受容する。	総合
	④自分がしたいことベスト10	・願望を意識化し、学校生活を主体的に送ろうとする意欲を喚起する。	道徳
	⑤団結くずし	・身体接触を伴う活動を通して、心理的距離を短時間に縮める。	総合
	⑥自分への手紙（がんばったことベスト5）	・1学期を振り返り、できるようになったこと、努力していることに気づき、自己肯定感を高める。	学活
2学期	①艦長をねらえ	・相互理解を深め、学級の凝集性を高める。	学活
	②サイコロトーキング	・友達の一人一人を見つめる。	学活
	③何がいじめなの？	・いじめに対する認識の差を知る。	道徳
	④ブレーンストーミング	・何を言っても批判されない安心できる雰囲気を体験する。	総合
	⑤がんばったあなたへ	・行事を通して成長した自分自身に気づき、自己肯定感を高める。	総合
	⑥自分への手紙（がんばったことベスト5）	・2学期を振り返り、できるようになったこと、努力していることに気づき、自己肯定感を高める。	学活
3学期	①世界の国バスケット	・同質と異質の共存を認め、各国のつながりを理解する。	総合
	②共同絵画	・言葉を使わずに、相手の気持ちを察する体験をする。	総合
	③印象ゲーム	・友達の評価を手がかりに、自己理解を深める。	特活
	④10年後の私	・近い未来への意識性を向上させ、自己理解を深める。	特活
	⑤別れの花束	・1年間を共に過ごした友達から贈られる言葉を通して、自己肯定感を高める。	総合

参考：國分康孝監『エンカウンターで学級が変わる・小学校編1～3』図書文化。國分康孝監『エンカウンターで総合が変わる・小学校編』図書文化。

2. 学級経営・中学校

▼心を育てる

　現在の中学校では，特別な事情がないかぎり2年次に学級編成を行い，2・3年生は同じ学級で生活する。1年生の1年間，2・3年生の2年間を見通して学級経営を行い，それに合わせたSGE活用の計画を立てたい。

　その際，どのエクササイズをするかではなく，そのエクササイズを通してどんな学級にしていきたいかを考えることが大切である。

■ 計画の立て方

●行事に合わせてエクササイズを組む

　学校行事，学年行事に合わせて，SGEのプログラムを組むとよい。

　年間の行事を一覧表に書き出す。特に，生徒が楽しみにしている体育祭，宿泊体験学習（林間学校，修学旅行），文化祭などと関連づけて，SGEを上手に取り入れたい。

●中学生の特性を考慮する

　中学生は，発達成長の段階のうえで，小学生や高校生とは違うレベルにある。そこを理解し，意識してかかわる必要がある。

　例えば，小学生のころはできていたことでも，中学生になるとできなくなることがある。だれとでも手をつなぐ，あいさつをする，先生の言うことを素直に聞くなどである。それは，自分が友達からどう見られているかと，他者の目を気にするようになったり，思春期に入って異性を気にするようになったりしたためである。

　高校生になると，今度はその場をうまくつくろうことができるようになる。例えば，嫌な相手とでも1時間だけなら一緒にいることができる。大嫌いでも顔に出さないであいさつができるなどである。これらは，中学生にはできない場合が多いようである。

　したがって，身体接触をする，体全体で表現するなどが多いエクササイズは，中学生ではやりにくい面が多い。この時期の子どもの特性を知り，考慮しながらSGEを進めないと，継続して行うことはむずかしい。

●基本のエクササイズを大切に

　何のためにSGEをするのか，ねらいを明確にする。しかし，学級の友人関係が悪いから本音でかかわるエクササイズを，感謝の思いを育てたいから内観のエクササイズを，協力する心を育てたいのでグループワーク的なエクササイズをと，最初から目的にそって実践してもなかなか効果は上がらない。いきなり内面に深く入っていくエクササイズをやっても，うまくいかない。

　まずは，基本的なエクササイズを繰り返し行うことが大切である。

　基本的なエクササイズとは，

- リレーションをつくる
- 自己開示を促進する
- 自己理解を促進する
- 他者理解を促進する

エクササイズである。そして，最も大切なものが，「楽しさ」である。

この基本を継続することが，長期継続につながる。

時間の確保

SGEは教科の授業とは違い，「しなくてはならないもの」ではない。しかし，生徒の人間関係をつくったり心を育てたりするうえで有効な教育技法である。ぜひとも実施したいと思えば，現段階では，教師が時間を確保しなくてはならない。

したがって，あらゆる機会をとらえてSGEを実施するための時間を確保する努力が求められる。朝の会・帰りの会を使って年間20回，特活・道徳・総合的な学習の時間を使って年間8時間以上は確保したい。

● 朝の会・帰りの会

短時間（15分程度）でできる，朝の会・帰りの会に必要な内容である，パターン化できる（インストラクションがなくてもできる），楽しい，という4点が，無理なく継続して行うためのコツである。

朝の会では，エクササイズの時間をとることはむずかしいため，朝の会の内容自体を工夫するとよい。

例えば，あいさつの工夫である。先生と生徒だけでなく，生徒同士でふつうの握手，アウチでよろしく！（P.348），ささやき握手[※1]，ごっつん握手[※2]，さかさま握手[※3]などを行う。

また，出欠の確認では，出席番号順に呼名するだけでなく，生活班で集合，部活動で集合，好きな食べ物で集合などとして，点呼するとよい。

帰りの会では，2週間に1回（月2回）程度のエクササイズを行うことにより，年20回程度の実施が可能である。毎回違うエクササイズにすると，インストラクションに時間がかかり大変である。実施方法が同じものを繰り返すと，インストラクションの時間を省略して，すぐにエクササイズに入ることができる。やり方は同じで，テーマやグループを変えて実施できるシリーズものを取り入れると継続しやすい。次ページに，シリーズもののエクササイズを3つ紹介しておく。

● 道徳，特活，総合的な学習の時間

年度当初に計画を立て，時間を確保する。学習のねらいとエクササイズのねらいが合致するようにすることがポイントである。また行事との関連も押さえておくようにしたい。

[※1]：「よろしく」などささやき合いながら握手する。[※2]：頭と頭をごつんとぶつけながら握手する。[※3]：足を開いて股の下から手を出し合って握手する。以上，『いろいろ握手』『エンカウンターで学級が変わる・ショートエクササイズ集1』

シリーズで行うエクササイズ

①もしもなれるなら

No.	月日	なりたいもの
1	/	動物だったら
2	/	植物だったら
3	/	昆虫だったら
4	/	花だったら
5	/	職業だったら

参考：國分康孝監『エンカウンターで学級が変わる・ショートエクササイズ集2』図書文化．

②私の心とご対面!!

No.	月日	今日のテーマ
1	/	母の日
2	/	父の日
3	/	部活動の紹介
4	/	最近うれしかったこと
5	/	夏休みにしたいこと

参考：國分康孝監『エンカウンターで学級が変わる・ショートエクササイズ集1』図書文化．

③友達のよいところを見つけよう!!

No.	月日	
1	/	班の友達ありがとう①
2	/	体育祭を終えて
3	/	合唱コンクール
4	/	班の友達ありがとう②
5	/	仲のよい友達と

参考：諸富祥彦編『こころを育てる授業ベスト22・中学校編』図書文化．

計画の留意点

　学年始めや長期休暇後は，必ずリレーションづくりのエクササイズを行う。学級内のリレーションができていないと，その後，心の内面深く入るエクササイズが困難になるからである。

　また，自己開示しやすい雰囲気づくりが大切である。内面に突っ込んだエクササイズを急にやろうとしてもむずかしい。自分のことを思うままに表現しても大丈夫という安心感をもてるような，学級の雰囲気づくりをしておく必要がある。ただし，中学生は，いくら雰囲気がよくても，思ったことをそのまま表現できるとは限らない。自己開示の練習も必要である。

　それぞれのエクササイズは，ねらいを明確にして実践することが大切である。ねらいがはっきりしており，学級の状態に合った内容なら，実施学年・学期・時期などにはあまりこだわらなくてよい。同じものを，やり方に少し工夫して2回やってもよいし，ねらいを変えて再度やる方法もある。例えば1回目は自分のことを書く自己開示を中心に，2回目はそれを発表し合い，友達の自己開示を聞くことを中心にするなどである。

　担任がリーダーとしてやりやすいように工夫して行うことが継続する秘訣である。

（明里春美）

学級経営におけるSGEのモデルプラン（中学校）

	ねらい	エクササイズ名
1学期	学年始め・学級開きの リレーションづくり	・X先生を知るイエス・ノークイズ（P.340） ・質問ジャンケン（P.352） ・会話が広がる「自己紹介ビンゴ」[※1] ・PR大作戦（他己紹介）[※2]
	自己理解 自己を語る	・自分がしたいことベスト10（P.454） ・自分探し[※2] ・私の価値観と職業（P.468）
	協力	・新聞紙パズル[※1]
	信頼体験	・トラストウォーク（P.494）
2学期	長期休暇終了後の リレーションづくり	・ひと夏の経験[※2] ・私はわたしよ（P.440）
	自己主張	・冬山からの全員脱出大作戦[※2] ・はじめてのデート[※2]
	行事を振り返る	・友達のよいところ探し（P.408） ・私たちの得た宝物[※2] ・君はどこかでヒーロー（P.422）
	自己肯定感を高める	・君をほめるよ！（P.430） ・私は私が好きです。なぜならば（P.582）
3学期	他者理解	・私はわたしよ（P.440） ・意外なあなたを発見[※2]
	信頼体験	・共同絵画（P.490） ・身振り手振り「新聞紙の使い道」（P.498）
	感謝，新しい門出に向けて	・別れの花束（P.500） ・思い出を歌おう！[※2]

※1：諸富祥彦ほか編『エンカウンターで学級づくりスタートダッシュ！中学校編』図書文化。
※2：國分康孝監『エンカウンターで学級が変わる・中学校編1』図書文化。

▼心を育てる

3. 学級経営・高等学校

　自由に表現し，認め合う場としての学級づくりをめざして，次のようなねらいでエクササイズを繰り返し行うと効果的である。

1学期の目標
- 生徒と先生のリレーションづくり（安全な居場所としての学級）
- 生徒同士のリレーションづくり（所属感ある安心な学級）
- 学び合いの文化づくり（相互協力，協働できる学級）

2学期の目標
- 対立から学ぼうという姿勢づくり（存在意識を感じる学級）
- 自他の感情をとらえ，傾聴する姿勢づくり（信頼関係のある学級）

3学期の目標
- 成功体験を振り返る（相互協力のある学級）
- 学級を育てる主体である自覚（協働できる学級）

　3年間を見通して，1年次で自己理解・他者理解，2年次でセルフエスティーム（自尊感情），3年次で自己表現という具合にねらいを設定できるとさらに効果的である。傾聴・自己表現などの知識・スキルの習熟，学級づくりへの主体的な参加をめざして，継続的に行いたい。

　実施の時間が確保しにくい場合は，SHRを活用したい。気持ちよい1日の始まりを工夫する，1日の自分の感情の変化を振り返るなど，感情を扱うエクササイズを行う。「快・不快の感情をもってもよいのだ。他者がもつ感情を自分が引き受けて，一喜一憂する必要はないのだ」と，シェアリング通してビリーフの修正をすることができ，セルフエスティームを育てる効果もある。

　また総合的な学習の時間を活用するとよい。例えば自己のあり方や進路に関して熟考するような校外活動などとエクササイズを組み合わせることで，自己啓発の視点を取り入れることができる。毎週時間割に位置づけられる方法でのSGEの活用は，知識や技術の習熟に有効である。　　　　（東　京子）

朝, 帰りのSHRで使えるエクササイズ	
ねらい：その日の生徒の様子を把握し，感情をクールダウンさせる コ　ツ：短いエクササイズを行う	
朝の会	「おはよう握手，今日1日よろしくね！」「今日の私の目標」「いいとこさがし」「ひとことキャッチボール」
帰りの会	「私の感情曲線」「ご苦労様マッサージ」「今日1日の生活の中で一番心に残っていること…」「私のシークレットサービス」「1日5分の自分さがし」「いまの私は何色？」

SHR：國分康孝監『エンカウンターで学級が変わる・中学校編1』図書文化より37P。國分康孝監『エンカウンターで学級が変わる・ショートエクササイズ集1・2』図書文化。

学級経営におけるSGEのモデルプラン（高等学校）

1学期	**新学期始めのLHRで行うエクササイズ** ねらい：緊張を解き，お互いを知り認め合う コツ：短めのものを集中して行う 「バースディライン」「ネームゲーム」「私の通学路」「呼ばれたい名前」「アウチでよろしく」「私の名前の深い意味」 **年度始めの中間考査や学校行事の前に行うエクササイズ** ねらい：学び合いの場をつくる。高校生活のあり方を考える コツ：安心な学級のルールをつくる 「話し合いのレッドカード」「会話をひらくかぎ」「私の話を聞いて」「みんな違ってみんないい！」「うれしい話の聞き方」 **長期休暇前のLHRで行うエクササイズ** ねらい：反社会的な誘いを断る方法などの社会性を学ぶ コツ：スキル訓練的なものを行う 「それはお断り」「よいところをさがそう」「自分を映す鏡」「親友からの相談　君ならどうする？」（2,3年向き）
2学期	**学期始めに集中して行うエクササイズ** ねらい：学級という安心できる居場所づくり。お互いを知り認める コツ：短いエクササイズ。緊張を恐れず向き合えるよう，振り返りをていねいに 「探偵ゲーム」「フルーツバスケット（2人組編）」「4つの窓」「カラーワーク」「共同絵画（コラージュ）」 **体育祭，文化祭，修学旅行など，行事と並行して行うエクササイズ** ねらい：対立が起こることを前提に対立を恐れずに向き合い，固執する考え方を変えられる柔軟性を育てる。お互いを思いやる コツ：対立を恐れずに向き合えるよう振り返りをていねいに行う 「身振り手振り『新聞紙の使い道』」「冬山からの全員脱出大作戦」「無人島SOS」「ビルドアップ・ナイスパーソン」「いいとこさがし」「君はどこかでヒーロー」「意外なあなたを発見」「君にぴったし」「聞いてもらえる喜び」「君をほめるよ！」「うれしい話の聞き方」「私の親しみやすさは？」
3学期	**科目履修選択，進路を考える時期に行うエクササイズ** ねらい：高校生活のあり方を考える。学習の意味を確認する コツ：学年の特徴を考慮してエクササイズをアレンジする 「考えを少し変えてみよう」「自分がしたいことベスト10」「私の自尊心」「私が最近考えること」「ライフライン」「私のセールスポイント」「ディスカウントとストローク」「私は私が好きです。なぜならば」 **学年末，卒業を前に行うエクササイズ** ねらい：1年間を振り返る コツ：小道具などにアレンジを効かせる 「1年間の棚卸し」「別れの花束」

LHR：國分康孝監『エンカウンターで学級が変わる・高等学校編』『同・小学校編1』『同・中学校編1』『同・ショートエクササイズ集1・2』図書文化．片野智治ほか編『実践サイコエジュケーション』図書文化．

4. 進路指導

　SGEを生かした進路指導（SGE進路指導）では，あり方生き方指導を通して中学生に身につけさせることが必要な「生き抜く力」を3つ掲げている。①自分に問う力，②職業生活に生かす能力開発の基礎，③思いやりである。

　これらを培うために，右の一覧表のように各学年とも3部構成で，21のエクササイズを設定した。通常の進路指導では見落とされがちなコミュニケーション，シェアリング，スタディ・スキルに着目したことが特徴である。

計画の流れ

　1年生では，コミュニケーションとシェアリングに関するエクササイズを配置した。「コミュニケーションは楽しい」という前提に立ち，話す楽しさ，聞いてもらえるうれしさを体感させたい。

　シェアリングは自他理解の宝庫であり，そこには「自分を問う」機会が多々ある。シェアリングは普通「感じたこと，気づいたこと」を分かち合うが，学校で実施されるSGEではシェアリングが十分に機能されていない。この現状からスキルアップするためにワークシートに記入することから始めた。そこからモデルを示し，徐々にシェアリングができるように促す。

　2年生では，スタディ・スキルの向上をめざしたエクササイズを設けた。勉強のやり方がわからない生徒は大勢おり，意欲はあるがスキルがないため，無気力になってしまうこともある。このような悪循環を断ち切るためにもスタディ・スキルの提供は不可欠である。あわせて情報の収集と提供も行う。

　さらに進路指導では，現在地と目標地点の自己像をもつことが大切である。そこで「自己像の追究」のエクササイズを考案した。自己像は他者と比較すると描きやすい。そこで1年生の「竹の節目，私の節目（1）」では目標としたい部活の先輩といまの自分を比較し，2年生の「竹の節目，私の節目（2）」では1年前の自分の写真や先輩と，いまの自分を比較することで自己像を追究する。

　3年生では，役割遂行，自己表現力の育成を目的として，学校・学年行事の事前と事後に行うエクササイズを用意した。

　また進路などの意思決定の際には，不確実性という不安が生じる。この不確実性とつきあうことも大切な力と考えた。これを受容し，親鳥が卵をあたため孵化するように不確実性と向き合うと，自分は何に不安を感じているかに気づき，それを成長の契機とすることができる。そんな思いで，「迷える子羊の宝探し」を考案した。

（橋本　登）

SGE進路指導のモデルプラン（中学校）

	エクササイズ名	実施時期の例
1学年	**話す楽しさ聞いてもらえるうれしさの体験学習を重ねる**	
	(1)はじめましての一問一答 (2)私は会話の名キャッチャー (3)話し合いのレッドカード	4月、学級開きに 5月、ゴールデンウィーク開けに 2月、会話のアドバンス・コースとして
	3年後の自分をイメージしながら，あり方生き方への意識性と責任性を高める	
	(4)竹の節目，私の節目(1) (5)人生の羅針盤を探せ	6月、部活動に慣れてきたころ 10月、文化祭などが一段落してから
	シェアリング体験を通して，あり方生き方を発展的にしようという意欲を育てる	
	(6)いまの君を語ろう (7)シェアリング　ステップバイステップ (8)シェアリングのガイダンスカード ●シェアリングのトレーニング日常生活編	1学期、シェアリングの練習（初級）として 2学期、シェアリングの練習（中級）として 3学期、シェアリングの練習（上級）として ●帰りの会などで定期的に実施
2学年	**2年後の自分をイメージしながら，あり方生き方への意識性と責任性を高める**	
	(1)竹の節目，私の節目(2) (2)それってどんな自分？ (3)PASワードをおくろう	5月、春の大会が一段落してから 6月、職業と適性について 2〜3学期、進路適性検査の結果到着後に
	効率的かつ効果的なスタディ・スキルを学ぶ	
	(4)勉強法ためしてガッテン (5)勉強で困っていることは何ですか？ ●できないとこチェック学習法	1学期、中間テストの事前指導として 2学期、中間テストの事前指導として ●随時、方法の知識と実行力をつける指導を
	情報収集・情報提供の仕方を学びながら，一人一人が情報の発信源になれるようにする	
	(6)○○高校の文化祭探訪記 (7)あなたは高校のセールスマン	12月、各高校の文化祭が終わってから 2月、3年生のパンフレットを譲り受けて
3学年	**学校行事や学年行事の役割遂行を通して，能力開発の態度を育てる**	
	(1)好きな役割　期待される役割 (2)プロジェクトx〜小さな挑戦者たち〜 (3)ホウレンソウと提案	随時、さまざまな行事の事前・事後指導として 1〜2学期、行事の役割分担決定後 1〜2学期、宿泊行事の事前指導として
	意思決定や決断に伴う不確実性を受容できるようにする	
	(4)迷える子羊の宝探し (5)隣の芝は青く見える	2学期、高校説明会が一段落してから 12月〜1月、進路の三者面談終了後に
	伝えたい自分を伝えられるような自己表現技法を体験学習する	
	(6)私は面接官	2〜3学期、面接試験対策として何回も

引用：片野智治ほか編『エンカウンターで進路指導が変わる』図書文化．

5. 教育相談（不登校の予防）

全体のねらい

　SGEは，心のふれあいを深め，自己の成長を図り，あたたかい人間関係を促進する能力の育成にたいへん効果的である。それは，不登校をはじめとする教育相談の諸問題の予防にも深くつながるものである。

　私は多くの不登校の子どもたちと出会い，傷ついた心に寄り添い，援助する中で，不登校にいたる経緯はさまざまであるが，そこには共通して強い自己否定とコミュニケーション能力の低さが見られることに気づいた。自己否定が強いと自分を打ち出せず，適切な人間関係が築けない。また人間関係がうまくいかないと，自分は価値がない人間だと思いやすい。自尊感情とコミュニケーション能力は表裏一体といえる。相互作用を考慮した対応が必要なのである。

モデルプラン

　以前，2学期を通じて，全学年の各学級が月1回ずつSGEに取り組んだことがある。短い期間だったが，大きな成果が表れた。特に自尊感情の高まりが大きかった。自己受容や他者受容をねらいとしたエクササイズを通して，互いのよさや自分と違う考え方に気づけたといえる。学級の雰囲気もあたたかさが感じられるものとなった。

　その結果を踏まえて作成したものが，次ページの年間プログラムである。

　教育相談体制の充実と組織的対応のもと，小学校全学年で取り組んだ結果，20名近くいた不登校児童が，3年目には0名になった。自尊感情を高め，自己受容・他者受容・相互理解を目的としたプログラムであり，コミュニケーションの高まりも大いに期待できる。

　年度当初には，ゲーム的色彩の強いエクササイズを取り入れ，学級の雰囲気づくりから始める。徐々に肯定的な自己概念をつくるために，自己受容・他者受容・相互理解を深めるエクササイズを導入する。高学年では1歩深めて，個々の可能性を伸ばすエクササイズへと進めている。

　計画のポイントは，1年間を通して早い段階から実施すること，同じねらいをもったエクササイズを繰り返し実施することである。特に配慮する点は，子どもの実態に即しているかを常にチェックすることである。子どもの変化にそって，計画を常に検討し変更しながら進めることが大切である。その経緯こそが不登校の減少につながったと考えられる。

　中学校・高校においては，発達段階を踏まえ，思春期・青年期における心のひだに十分に配慮した計画を立てるのが望ましい。　　　　　（菊池千恵子）

教育相談における不登校予防のためのSGEモデルプラン（小学校）

	低学年		中学年		高学年	
目標	・互いのよさを見つける ・協力して楽しむ		・自己を表現し、互いのよさを認める ・学級集団に目を向ける		・自己理解・他者理解を促進し肯定的な自己概念を形成する ・学級集団に目を向け、よりよい人間関係をつくる	
留意点	・担任がリーダー性を発揮して取り組む ・ゲーム性が強く、体を動かすことや参加の機会が多い内容を選択する		・中学年児童のもつ挑戦意欲や冒険心を満たし、さらに友達や自分について考えられるものを工夫する		・連帯感、所属感が満たされ、自己理解を助け、他者理解を深めるエクササイズを取り入れる	

	1年	2年	3年	4年	5年	6年
1学期	あいさつゲーム	ジャンケン列車	あいさつゲーム	私のちかい	私のイメージ	私発見,あなた発見
	自己理解	他者理解	他者理解	自己理解	自己理解	自他理解
	生活科	特別活動	特別活動	特別活動	特別活動	特別活動
	ジャンケン列車	にこにこプンプン	聖徳太子ゲーム	いいとこさがし	無人島SOS	窓にえがこう
	他者理解	自己主張	信頼体験	自己理解	自他理解	他者理解・自己主張
	特別活動	道徳	特別活動	道徳	特別活動	図工
	なんでもバスケット	四つの窓	ほめあげ大会	たたかい終えて	Xからの手紙	君ならどうする
	他者理解	自己理解	自己理解	信頼体験	自己理解	自己理解
	特別活動	道徳	道徳	体育・道徳	道徳	道徳
2学期	最高にうれしい「おはよう！」	カム・オン	艦長をねらえ	してもらったことあげたこと（簡便内観）	共同絵画	心さがし
	自己理解	自他理解	自他理解	自己理解	感受性	他者理解
	特別活動	体育	体育	特別活動	図工	特別活動
	ありがとうカード	せかいのあいさつ	友達発見クイズ	四つの窓	言葉のおくりもの	リレー物語
	他者理解	他者理解	自己理解	他者理解	信頼体験	他者理解・自己主張
	道徳	国語	特別活動	道徳	道徳	道徳
3学期	いいとこさがし	自分への手紙	がんばり賞あげよっと	がんばったあなたへ	自分がしたいことベスト10	別れの花束
	自己受容	自己受容	他者理解	自己受容	自己理解	信頼体験
	道徳	生活科	道徳	道徳	道徳	道徳

参考：國分康孝監『エンカウンターで学級が変わる・小学校編1～3』図書文化。

6. 宿泊行事

宿泊行事で行うSGEの特色

　宿泊行事でSGEを行う場合，最も大切なことは，宿泊行事全体の中での位置づけを明確にすることである。

　宿泊行事のねらいの1つは，子ども同士，子どもと教師の人間的なふれあいを深めることである。このリレーションを深めることに，SGEを活用するのが効果的である。また準備の段階で宿泊行事への意欲を高めたり，帰ってきたあとの分かち合いにSGEを活用したりすることも有効である。宿泊行事で行うSGEの特色は3点ある。
① 時間的に集中して取り組むことができる
② 非日常的な雰囲気により，自己開示が促進されやすい
③ 宿泊行事の他のプログラムとの関連を図ることができる

留意すること

　留意すべき第1点は，万一子どもがダメージ（心的外傷）を受けたときのケアを行える態勢をつくることである。教室で行うよりも時間が長いため，子どもによっては負担となることがある。また非日常的な環境のために，気分が高揚して自己開示しすぎてしまい，あとで後悔することもある。ケアする時間と場所と人（教師）を用意することが重要である。

　留意すべき第2点は，子ども個々についての実態把握である。エクササイズに反発を感じる子どもはいないか，孤立してグループに入れない子どもはいないか，それらを事前につかんでおくことが重要である。反発しそうな子どもには事前にねらいや内容を大まかに説明しておくとよい。孤立しそうな子どもには，ペアをつくるときなどにサブリーダーの教師が近寄って支援したり，教師がインストラクションで手本を見せる際，そのグループの一員として入れたりする対応が考えられる。

プログラムの流れ

　右に，新入生（中1）対象の移動教室でのプログラムの例を示す。エクササイズの配列などで配慮する点は，以下の通りである。
● 「自由歩行」の次に，緊張ほぐしをねらって「なんでもバスケット」を組み込んだ。
● 「質問ジャンケン」では同性のペアとした。これは抵抗の予防と，次の「他己紹介」への伏線となる。男女が自然な形でグループになるように配慮した。
● 2人組→4人組→8人組と，もとになるグループをこわさずに人数を増やせるよう進行し，子どもの不安感を

できるだけ低減させた。

　このほかに，宿泊行事から帰ってきたあとで，SGEを行う計画も考えられる。例えば，修学旅行中の職場訪問の報告会を次のように行うことも可能である。
①職場訪問先ごとにグループをつくる
②ワークシートに示されたテーマの中から2～3つ選び，各自で職場訪問の感想を書く。題としては，「驚いたこと」「初めて知ったこと」など6つ程度用意しておく。
③グループで書いたことを発表し合う
④グループで感じたことを話し合う
⑤全体シェアリング

（佐藤謙二）

宿泊行事におけるSGEのモデルプラン（中学校）

年度初めの移動教室（新中1生対象）

- ■**ねらい**：互いを知り合い，今後の人間関係を築くきっかけを見つける。
- ■**参加生徒数**：約60人
- ■**時期**：4月　■**時間**：120分

■**エクササイズ**
①自由歩行（各自，自由な方向に歩きながら，出会った人に自分の名前を紹介し合う。握手はしなくてよい）
②なんでもバスケット（近くの人と12人組をつくり輪になる。オニは初めに目に見える特徴を，次第に目に見えない特徴をコールする。該当する生徒は場所を移動する）
③肩たたき（②で最後に隣あった同性の人とペアをつくる。知り合いは避ける。ジャンケンで勝ったほうが肩を1分間たたいてもらう。負けたほうは相手の肩をたたきながら自己紹介する。終了したら交代）
④質問ジャンケン（③のペアのままジャンケンをして相手のことを知るために質問をする。質問の権利は1回ごとにジャンケンで決める。知ったことは次の「他己紹介」で使うことを知らせておく。答えたくないときは拒否権がある）
⑤他己紹介（③のペアをもとに男2女2の4人組をつくる。ペアのパートナーを相手のペアに紹介する。名前だけでなく，④で知ったことを話す）
⑥サイコロトーキング（⑤の4人組。自己開示の抵抗度のレベルでトーク1とトーク2のシートで）
⑦誕生日チェーン（⑤の4人組を2つ合わせ8人組をつくる。言葉を使わず，1月から誕生日順に1列に並ぶ）
⑧身振り手振り「新聞紙の使い道」（⑦の8人組で新聞紙の利用方法を動作で表現し，それをメンバーであて，用紙に記入する）

● いくつかのエクササイズのあとでシェアリングを行い，最後に全体シェアリングを行う。

参考：國分康孝監『エンカウンターで学校が変わる・中学校編1』『同・中学校編2』図書文化。

7. 全校集会

全体のねらい

　全校集会でSGEを行うねらいは，SGE本来のねらいに加えて，異年齢集団での活動にある。学年や学級の枠をはずして全校集団で活動することにより，人間関係が拡充される。また，学校への所属感を高めることができる。しかし，学校の規模や集団の状況によって，ねらいは弾力的に考えられなければならない。

学校の規模による違い

　1000人を超えるマンモス学校と50〜60人の小規模校ではまったくと言っていいほどの違いがある。

　規模が大きくなるほど匿名性は高くなり，深い自己開示もしにくくなる。そういう場合は，自己開示の程度もそれほど深いものを求めないことである。全校集団の活動は，普段は交流することの少ない他学級・他学年の一面を知る程度と考えるとよいであろう。全校集会はあくまでも交流のきっかけとする場であるととらえたほうが計画に無理がない。

　規模が小さい場合は，逆に匿名性は低くなり，お互いのことをよく知り合っている。しかし就学前から同じメンバーで過ごしていることが多いため，お互いのイメージが固定されがちである。そこで，異年齢の子どもたちとの交流の中で，ふだんとは別な一面を発見し合えるような工夫が必要になる。

集団の質による違い

　集団の質によってもねらいを変えていく必要がある。集団は，ルールとリレーションの確立によって成熟していくが，その程度によってプログラムをつくることが大切である。

　ルールが確立されていない場合は，簡単なルールで行えるエクササイズを選び，ルールを守って楽しく活動できた喜びを味わわせるようにする。

　リレーションが形成されていない場合は，集会活動でのグループサイズを小さくしてエクササイズを行い，安心感を与えるような工夫が必要になる。

計画の立て方

①ねらいを決める

　大まかにでも学期ごとのねらいをもつ。1学期は，おもにリレーションづくりに重きをおく。2学期は，他学年と交流する楽しさを味わわせる。そして3学期は，自己理解・他者理解を深めるように配慮していく。

②流れを理解させておく

　各学級で，インストラクション，エクササイズ，シェアリングの流れをあ

る程度理解しておくことが望ましい。
③重点を決める

　学級では指導できないことを全校集会で補う考え方もある。ほかの学級をモデルとして自分たちの学級を見直す機会にもなりうる。教師が各学級の状態を理解し合って，重点的に指導したい学級を意識することも必要になる。
④SGEについて共通理解を図る

　SGEの基本的な考え方について教職員で共通理解を図る必要がある。計画立案をする際に，学校教育目標を具現化するために全校集会のねらいを設定し，SGEの意味や進め方についてお互いに学習しておくことが望ましい。
⑤プランを立てる

　学校事情によって違いがあるだろうが，3学期制である場合，学期2回の実施が，無理なくできる計画であると考える。

（藤村一夫）

全校集会におけるSGEのモデルプラン（小学校）		
1学期	4月　あいさつゲーム ねらい：新しい環境のスタートにあたり，友達づくりを促進する。 内容：異年齢のグループをつくり，グループに分かれてあいさつを行う。	6月　ジャンケン列車 ねらい：異年齢で遊ぶ楽しさを味わい，楽しい学校イメージをもつ。 内容：音楽に合わせていっせいに行う。できるだけ他学年の子どもとじゃんけんをするようにさせる。
2学期	10月　団結くずし ねらい：身体接触を伴う活動を通して心理的距離を縮める。 内容：異年齢のグループごとに活動する。腕力に違いがあるので，高学年に配慮事項を徹底しておく。	12月　クリスマスツリー ねらい：力を合わせることを通して，仲間への信頼感を強める。 内容：異年齢のグループごとに行う。高学年が低学年を支えるように配慮する。
3学期	1月　サッカージャンケン ねらい：全校集団への帰属意識を高める。 内容：6年生が守りのチームとなり，他の学年が攻めのチームになる。	3月　それ行け，レスキュー隊！ ねらい：他者理解を促し，全校内での自己存在感を高める。 内容：4年生と1年生，5年生と2年生，6年生と3年生など，上の学年が下の学年を救助する方法もよい。

参考：國分康孝監『エンカウンターで学級が変わる・小学校編1～2』図書文化。

8. 適応指導教室

全体のねらい

　適応指導教室へ通ってくる子どもを支援する目的は，その子が抱えている発達面の課題を自ら乗り越えられるように援助し，自己を確立していくための力を育成することである。

　適応指導教室がその子の「居場所」となり，まずは専任教諭や指導員とのかかわりの中から安心感が生まれ，次第に他の通室生へと「人とのかかわり」の幅が広がるように，SGEのエクササイズを体験させていきたい。

　入級するきっかけも時期も一人一人違い，それぞれが別々の心の物語をもっている。いろいろなタイプのエクササイズを用意しておき，その子のレディネスにマッチした活動を行うことが理想である。また参加して楽しむことができない場合でも，苦痛を感じないで，その場にいて見学できることも欲求不満耐性につながるという視点を大切にしたい。

　心の問題は，他人が外側から操作することはむずかしい。内側からの自らの支えが必要である。そのためには，心に安心・安定・安全をもてることが必要であり，自己イメージを高めていくことが必要である。たとえその子が自分のことを好きになれなくても，援助者はいまのその子をそのまま受け入れ，「いまのあなたでいいんだよ」というメッセージを伝えていきたい。

計画の留意点

　多くの適応指導教室では，ゆるやかな時間の流れの中で個別対応から小集団の活動を通して，人とかかわる楽しさを体験させるプログラムを組んでいる。SGEは通常グループで行うが，1人でワークシートに取り組んだり，教師と2人で行ったりするところから始めることを基本に考えたい。

　エクササイズや活動の視点としては次の4つに配慮し，一人一人のニーズに応えていきたい。人とかかわることに強いストレスを感じやすいので，それを軽減するように活動を構成することが必要である。

①かかわる友達の人数

　初めは子ども同士はでなく，教師と1対1の信頼関係を十分に築く。

②言語・非言語

　言葉での表現が苦手な場合は，非言語の表現から取り組むとよい。

③ゲーム性

　ゲーム性の高いもののほうが抵抗なく取り組みやすい。

④体を動かす・動かさない

　心のパワーが低下している場合は，静かなものがよい。パワーが出てきたら，体を動かすことがストレス解消にもなる。

（仲手川勉）

適応指導教室におけるSGEのモデルプラン

ステップ	エクササイズのねらいと留意点
第1段階 子どもと教師が リレーションを つくる段階 (1)不安を軽減し，構えのない一体感を味わう (2)自分の思いを自由に表現する	●ジャンケンゲーム……あいこジャンケンや30秒で何回勝てるかなど，ゲーム性を強くし，抵抗を軽減する。 ●二人のハートはピッタリンコ？……二者択一の質問でどちらを選んだかを知らせ合うことで，緊張をやわらげ，人とかかわる不安を軽減させる。 ●何でもはって絵を作ろう……何をしてよいかとまどっている子に，いまの気持ちをコラージュで表現させる。 ●まほうのゴミ箱……自分の苦手なものやマイナスのイメージを伝えることで教師と打ち解けるきっかけをつくる。
第2段階 心の問題を一緒に 整理する段階 (1)いろいろな面を知る (2)内面に向き合う	●体験したことビンゴ（夏休み編）……ビンゴゲームで楽しく自己開示し，互いのいろいろな面を知り合う。 ●あなたのこと教えて！……書き込み式の自己紹介文を完成させる作業を通して，自己開示への抵抗を段階的に軽減する。 ●心のお天気日記……言語化できない気持ちを天気に投影して表現させる。初めはお天気マークだけでもよい。 ●未来へのハッピーパスポート……未来の自分を想像することから，いまの自分の問題に気づき，解決しようとする意欲を高める。 ●「気になる私」見方を変える……短所を長所にリフレーミングし，自己肯定感を高める。
第3段階 練習し，課題を 乗り越える体験をして 自信をもつ段階 (1)先生と練習する (2)小グループで練習する	●めちゃ×2『したいこと』ランキング……自分が今後どうなっていきたいかに気づき，未来に向かって前向きに生活していく気持ちを味わう。 ●共同絵画，新聞紙のジグソーパズル（ジグゾー学習を始めよう）……非言語で，協力しながら達成感を共有することで，人とかかわる楽しさを体験させる。 ●カム・オン，サッカージャンケン……簡単なルールで，グループ対抗のゲーム性の強いエクササイズで，体を動かしながら人とかかわる楽しさを体験する。 ●パワーアップ大作戦……教室に戻ったとき，不安だと思う場面に対処する行動をロールプレイ方式で練習する。原籍学級に復帰する意欲を喚起する。 ●「もしも」のときのヘルプカード……教室に復帰するときの不安を仲間と共有し，対処方法を考えることを通して，お互いに支え合う。

参考：河村茂雄編『ワークシートによる教室復帰エクササイズ』図書文化．國分康孝監『エンカウンターで学級が変わる・小学校編1，3』図書文化．

9. 授業

　授業で構成的グループエンカウンター（SGE）を継続的に活用するには，まず，授業の中でどう実施すると成果が高まるかを明確にする。SGEの実施によって，授業がどのように活性化して，ねらいが達成しやすくなるかを具体的にイメージしておく。
　例えば次の効果が期待できる。
1. 授業への興味・関心を高める
2. 子ども同士のリレーションの活性化
3. 授業中の活動の促進
4. 体験を通した授業内容の理解
5. 授業の中での思考・感情・行動の意識化や深化
6. 効果的な授業のねらい達成
7. 学習内容の定着度の促進
8. 評価基準の判定のしやすさ

授業での実施のポイント

　授業のねらいを達成するために，次のポイントを押さえておく。
①授業での実施場所をはっきりさせる
　授業全体をSGEにするのか，授業のどの部分（導入・展開・まとめ）で実施するのか，実施の位置づけをはっきりさせておく。
②実施予定のエクササイズを複数用意
　実施上の効果が達成されるために，エクササイズは，子どもたちのそのとき，その場での状況に合わせて実施したい。そのためにエクササイズを複数用意しておく。こうすることによって，子どもたちの変化にも対応できるし，教師にも余裕が生まれる。
③構成の仕方をはっきりさせておく
　授業のある一部分でSGEを実施する場合，効果を確実なものにするために，SGEの構成を明確にしておく。構成とは，グループサイズ，実施時間，エクササイズ内容の限定，わかちあい（シェアリング）の仕方である。
④教師は積極的な自己開示をする
　授業のある一部分でSGEを実施する場合，短時間で効果的なSGEとするために，教師が積極的に自己開示し，モデルとなってSGEの促進を図る。
⑤積極的な介入をためらわない
　短時間で効果的なSGEを実施するためには，教師が積極的に介入しないと効果が望めない。全体が予定どおりに進行しているか，深まっているか，与えた枠の中で実施されているかを見ながら，適宜介入する（P.158）。特にわかちあい場面で，発言を促したり，わかちあいが枠の中でなされていないときなど，介入をためらわないことである。

全教科に使える「わかちあい」

　すべての教科に共通する部分は，わかちあいの仕方の工夫と，わかちあい

の枠の与え方である。

　わかちあいの方法はいくつかあげられる。①振り返り用紙に記入してから，わかちあう。②二人組でのわかちあいをしてから全体でのわかちあいをする。③班ごとにサブリーダーをおいてわかちあわせる。④教師の発問に答える形でわかちあうなどの方法がある。

　わかちあいの枠も明確にしてわかちあわせる。授業内容について理解したことをわかちあわせてから，感じたこと気づいたことをわかちあわせる。実施エクササイズのねらいが何であったかを話し合わせてから，ねらいを提示して，そのねらいが達成されているかどうかを含めて，感じたこと気づいたことをわかちあわせる。短時間で効果的なわかちあいがなされるようにはっきりした枠を提示して，わかちあいをさせるようにする。　　　　（岡田　弘）

国語に生かすSGEのモデルプラン（小学校）

授業場面	活用のねらい	エクササイズ
1. 授業開きのSGE	リレーションづくりと国語への興味・関心を高めるSGE	合わせアドジャン・背中合わせの会話・国語の授業を10倍楽しくする方法
2. 授業の導入場面でのSGE	前時の復習やその授業へのモチベーションを高めたり，班編制をスムーズにするSGE	前時で学んだことベスト5（自分のしたいことベスト10をアレンジ）・カード式この授業に期待すること（カード式グループ発想法をアレンジ）・4つの窓（班編制）
3. 展開部分でのSGE	体験を通した授業内容の理解や，授業の中での思考・感情・行動の意識化や深化のためのSGE	模擬国連（討議の仕方）・動物サミット（会議の持ち方）・共同絵画（コミュニケーションの方法）・川遊びのプラン（自己主張の方法）・新聞紙の使い道（非言語コミュニケーションの方法）・リレー物語（創作活動・文学作品理解）・連句のようなもの（詩歌の授業）
4. まとめの部分でのSGE	効果的な授業のまとめや学習内容の定着や評価のためのSGE	Xさんからの手紙（まとめ）・がんばり賞あげよっと（評価）・ほめあげ大会（定着）

参考：國分康孝監『エンカウンターで学級が変わる・小学校編1〜3』『同・中学校編1〜3』『同・高等学校編』『同・ショートエクササイズ集1〜2』図書文化。國分康孝監『教師と生徒の人間づくり・第1〜5集』瀝々社。

▼教育方法として

10. 道徳

　道徳の時間にSGEを計画的に組み入れた授業実践は，子どもたちが楽しみながら生き生きとエクササイズに取り組み，本気になってシェアリングを行うことにより，大きな教育的効果をあげることができる。

　教師が読み物資料をもとに子どもたちの感想や意見を発表させて，道徳的価値を伝達・注入し，その内面化を図ろうとする授業に比べて，SGEによるグループ体験では，はるかに子どもたちが自発的・主体的に授業に参加するようになる。

　伝統的な道徳授業に加えて，「モラルジレンマ，モラルディスカッション」「価値の明確化」などの多様な手法を視野に入れながら，SGEによるエクササイズとシェアリングで授業を総括するスタイルをとるのがよいだろう。

計画のパターン

　道徳的価値の自覚や道徳的実践力の育成といった道徳の授業としてのねらいを十分に踏まえたうえで，そのねらいに迫ることのできる効果的なSGEのエクササイズを選定し，子どもたちの実態に合わせて適切にアレンジして行うことが大切である。授業計画は，2時間を基本に考えるとよい。構成は次のようになる。

　第1時の授業で，まず道徳的価値の自覚につながる読み物資料や視聴覚資料を提示する。次に2人のペアをつくり，登場人物（あるいは作者）の思考・感情・行動について，自由な意見交換と聞き合い活動を行う。さらに4人組のグループに広げて話し合いを深め，多様なものの見方や価値観をお互いに知る機会とする。最後はクラス全体でシェアリングを行い，積極的な感情交流を行う。

　テーマによっては，それぞれが登場人物の1人になって，特定の場面をロールプレイ（役割演技）し，そこで得られた気づきをグループで振り返り，クラス全体でわかちあうのもよい。

　第2時の授業（翌週になることが多いだろう）では，その時間のねらいにそったエクササイズを実施する。道徳的価値を知的なレベルで理解するだけでなく，体験的に味わうことができる。最後は「振り返り用紙」を用い，じっくりと自己評価させて授業を終える。

　内容によっては，1時間の授業の中で，読み物資料の検討とSGEのエクササイズ，両方を行うことも考えられる。その際は，エクササイズで手一杯にならないように，全体のシェアリングに重点をおき，振り返りと内面化に導こうとする姿勢が大切である。

　授業のあとで特に留意したいのは，SGEの活用を通して，道徳の授業のねらいを効果的に達成することができた

かどうかをしっかりと吟味することである。つまり、SGEは道徳のねらいにそって活用されたのでなくてはならない。子どもたちが喜ぶからとか、クラスが盛り上がるからといった理由で、安易に行うようなことは避けたい。

エクササイズの選び方

具体的なプログラムづくりの方法は、まず道徳の副読本や「心のノート」をはじめ、さまざまな読み物資料の内容から、その道徳的価値を分析する。次に、そのねらいや内容項目と合致するSGEのエクササイズを選定する。初めから「この読み物資料には、まさにこのエクササイズ！」といったものもある。また、別のねらいをもったエクササイズでも、視点を変えることで、ねらいとする道徳的価値に焦点を当てて実施できるケースもある。プランの作成にあたっては柔軟に対応したい。

なお、必ずしもエクササイズを実施する必要はないのであって、適切なエクササイズが見つからないような場合は、小グループでの聞き合い活動や振り返り、クラス全体でのシェアリングをていねいに行うことが重要になる。

一例として、中学校道徳の内容項目2「他の人とのかかわりに関すること」を扱った、中学校1年生のプログラムを提示する。　　　（齊藤　優）

**SGEを使った道徳の
モデルプラン（中学1年生）**

内容項目2－(1)
適切な礼儀，時と場に応じた言動

①「長電話」
②「無くて七癖」
　「私の四面鏡」

内容項目2－(2)
あたたかい人間愛，感謝と思いやり

①「白桃」
②「内観」
　「ソシアル・シルエット」

内容項目2－(3)
真の友情

①「音楽室で」
②「いいとこさがし」
　「ほめあげ大会」

内容項目2－(4)
健全な異性観

①「ラスト・サーブ」
②「ブラインドデート」

内容項目2－(5)
個性や立場の尊重，他に学ぶ広い心

①「VSと野球部」
②「考え方をチェンジ」

①は読み物資料。「中学生の新しい道」文教社より
②はSGEのエクササイズ。

参考：國分康孝監『エンカウンターで学級が変わる・中学校編1，2』図書文化。

▼教育方法として

11. 総合的な学習の時間

　飛田はSGEが総合的な学習の時間に役立つ理由として4点をあげている。ここでは，そのうちの「SGEは，総合的な学習が育もうとしている『生きる力』の獲得をずっと進めてきている」という指摘を踏まえ，SGEを用いて人間関係の体験的な学習・心の教育を展開する，中学校での総合的な学習のモデルプランとその留意点を紹介する。

■ プランの柱

　吉澤は中学生の発達段階を勘案した3年間のプランを立てた。この吉澤の指摘や加茂博巳氏が実践したプランを参考に，私は「関係の深化」→「集団づくり」→「自己を知る」→「みんなを支える」→「自分を支える」というテーマを設定し，エクササイズを収集してモデルプランを作成した（右表）。集団を育てることで，相互の関係を深め，人とのかかわりから，より自分自身を見つめる方向性を追求したものである。

　これに道徳や学活との連携を試みれば，より複層的に行うことができる。

■ 実施上の留意点

　本モデルは，総合的な学習の時間が1週間に2時間程度まとめどりされていることを前提に組み立てている。期間は，正味2か月を想定している。

　エクササイズは，各期でねらいや活動が類似した傾向にあるものをまとめた。この中から生徒や学校の実態に応じて選ぶとよい。

　エクササイズの選び方は，時間的な目安から考えると，ロングのものなら1つ，ショートなら多くても3つである。例えばⅠ期では，ショートエクササイズの「アドジャン」と「じつは私…」と「他己紹介」を組み合わせて初めての出会いを演出する。またショート＋ロングという組み合わせもできる。例えばⅡ期では，まず「2人で描こう」を行って活動へのレディネスを高め，メインの活動に「共同絵画」をもってくることが可能である。

　エクササイズは，バーバル（言語）中心とノンバーバル（非言語）中心のものに分類した。特にⅠ・Ⅱ・Ⅳ期ではバランスよく構成してほしい。なお非言語で身体接触を伴う場合，抵抗が生ずることがあるので注意を要する。

　総合的な学習の時間で扱うテーマがほかにもあって，プランの途中から並行して扱う計画を立てる場合には，各期の終わりに，テーマに方向づけた活動を組み込むことも可能である。例えば，職業に関するテーマを扱う場合，Ⅲ期の終わりに「自己の価値観」に関するエクササイズを組み込むと，流れがスムーズになる。　　（髙橋浩二）

参考：飛田浩昭「いまなぜ総合的な学習にエンカウンターなのか」「どう生かすのか」，國分康孝監『エンカウンターで総合が変わる・中学校編』図書文化。吉澤克彦「総合的な学習の時間での活用」，『同・中学校編3』。

総合的な学習の時間で行うSGEのモデルプラン

段階	ねらいと留意点	時間	エクササイズ群（この中から選択して行う）	
I	知り合う・関係を深める ・楽しみながらお互いを少しずつふれあわせる。 ・これからのSGEに取り組んでいくための心の準備をする。 ・SGEのルールや考え方や行動の仕方などに関して、じっくりと伝える。	2時間×2回	［50分程度のエクササイズの例］ 　質問ジャンケン 　友達ビンゴ ［ショートエクササイズの例］ 　サイコロトーキング 　アドジャン 　他己紹介 　じつは私… 　誕生日チェーン（非言語） 　肩たたき（非言語）	ブラインドデート 探偵ゲーム 私の話を聞いて あわせアドジャン あいこジャンケン 人間知恵の輪 何考えているかあててみて！ みんなでミラー（非言語） 背中合わせの会話（非言語） ハンドパワーの輪（非言語）
II	集団を育てる ・共同作業により、相互の人間関係をさらに深め、学級集団づくりを進める。 ・相手の感情や考えを尊重し、認め合う姿勢を育む。	2時間×1回	［50分程度のエクササイズの例］ 　しりとり絵描き（非言語） 　私の後をお願い！（非言語） 　共同絵画（非言語） 　共同コラージュ 　（↑言語・非言語両方のやり方あり） ［ショートエクササイズの例］ 　続きをどうぞ（非言語）	宝探し 身振り手振り「新聞紙の使い道」 ブレーンストーミング 森の何でも屋さん 川遊びのプラン 仲間探し（非言語） 2人で描こう（非言語）
III	私を知る・私を育てる ・自分から見た自己と友達から見た自己を比較するなどの方法で、さまざまな側面から自分を見つめ、価値観や性格・思考・行動の特徴などについて自己理解を深める。 ・じっくりとしっかりと自己と向き合う。	2時間×2回	［50分程度のエクササイズの例］ 　気になる自画像 　私の四面鏡 　私をたとえると 　私はわたし 　二者択一 　四つの窓 　私のものさし 　エゴグラム 　SOS砂漠でサバイバル ［ショートエクササイズの例］ 　あなたの印象 　カラーで相手をさがそう	権利の熱気球 みんな違ってみんないい！ ナンノカタチ？ 10年後の私 向いているのはどんな人？ ペタペタぴたり！私の特長 6つの未来像 私のお願いを聞いて 私の話を聞いて 好きなもの、好きなこと もしもなれるなら わたしのしたいこと
IV	あなたを認める・支える ・これまでに培われたあたたかい気持ちに包まれながら、言語・非言語2つの次元から友達を受容する。	2時間×2回	［50分程度のエクササイズの例］ 　トラストウォーク（非言語） 　トラストフォール（非言語） 　トラストアップ（非言語） 　トラストパッティング（非言語） ［ショートエクササイズの例］ 　いいとこさがし	君はどこかでヒーロー 君をほめるよ！ Xからの手紙 私はあなたが好きです。なぜならば… オープン・ザ・なやみ
V	私を支える ・自分を支えてくれる人や事実、ものなどを認識したり、短所をリフレーミングしたりすることで、自己受容の度合いを高める。	2時間×1回 最終回	［50分程度のエクササイズの例］ 　内観 　自分を支えてくれているもの ［ショートエクササイズの例］ 　わたしのためにあなたのために 別れの花束	みんなでリフレーミング 考え方をチェンジ 私は私が好きです。なぜならば… 魔王の関所

加茂博巳氏（横浜市中学校教諭）から2003年度に実践された総合的な学習のプログラム等をご教示をいただいた。
参考：『エンカウンターで学級が変わる・小学校編1』『同・中学校編1～3』『同・ショートエクササイズ集1～2』。

12. 国際理解教育

▼教育方法として

国際理解教育のねらいは，大きくは次の2つである。
①異なる文化をもつ人々や国々を知り，日本とのかかわりに気づき，自己や自らの社会，自国のあり方を考える。
②地球的な規模の課題を知り，課題解決のための行動をとる。

国際理解教育のプログラムは，このねらいを踏まえて，a「気づき」「知る」ステップから，b「行動する」ステップへと構想するとよい。どちらのステップへもSGEを導入することで，子どもの学びを主体的なものに変えることができる。

学級レベルの取り組み

学級で取り組む場合は，おもに社会や英語などの教科，道徳，学級活動で国際理解教育を実施する。単発的，あるいは短時間で行うことが多く，扱う内容も異文化理解，人権，環境，南北問題，難民，テロ，国際平和など，テーマの明確な課題が多い。テーマに合ったSGEのエクササイズを実施することで，学習への意欲を高めたり，一人一人の気づきや思いを大切にすることができる。また，「思いやりのある学級とは？」[※1]というエクササイズを活用し，「行動する」のステップを，学級の自主的な取り組みとして行うこともできる。

● 異文化理解のきっかけをつくる
「ジャパン・サミット」[※2]
「私の国の家が一番」[※3]
● 差別を考える
「私の仲間はだあれ？」[※2]
● コミュニケーションを考える
「黙ってコミュニケーション」[※3]

学年レベルの取り組み

学年レベルで取り組む場合は，総合的な学習の時間で扱われることが多い。修学旅行や校外学習，体験活動，交流活動などの行事と連携させた実践も多い。体験活動の事前調査を「気づき」「知る」のステップに，行事や交流活動を「行動する」のステップに位置づけて実践していくとよい。

総合的な学習の時間で行うSGEは，『エンカウンターで総合が変わる』に詳しい。特に学習における7段階のステップ（同書P.42）に活用できる，SGEのエクササイズが紹介されている。なかでも中間発表の段階でSGEを活用することは，子どもの気づきや思考を深め，子ども同士の学び合いを生み出す。

● 中間発表で使えるエクササイズ
「いいとこさがし」[※3]
「世界の宝物」[※3]
「私たちの町自慢」[※3]

※1：國分康孝監『エンカウンターで学級が変わる・中学校編3』図書文化。※2：國分康孝監『エンカウンターで学級が変わる・中学校編2』図書文化。※3：國分康孝監『エンカウンターで総合が変わる・中学校編』図書文化。

■ 学校レベルの取り組み

　学校レベルでの取り組みは、特色ある学校づくりの一環として、複数年にわたって国際理解教育を学校教育活動の軸に取り上げて行われる。

　すでに述べた学級、学年レベルの学習に加え、具体的行動化（bのステップ）につながるボランティアなどの活動を、学校行事や生徒会活動の中で行う機会も増える。また地域、NGOとの幅広い連携や協力も得られる。

　以下に、中学校3学年にわたって行うプログラムの例を紹介する。

（斉藤　仁）

SGEを使った国際理解教育のモデルプラン（中学校）

学年	1年生	2年生	3年生
単元名	日本にいる外国人に、母国のことを授業してもらおう。	同世代の外国人子女と交流してみよう。	青年海外協力隊員の話を聞いてみよう。
ねらい	日本とつながりのある外国を知る。 認知へのはたらきかけ	外国人とコミュニケーションを図る。 スキルへのはたらきかけ	地球規模で発生している諸問題に目を向け、何ができるかを考え、自らの生き方について考えるきっかけとする。 行動化へのはたらきかけ
内容	地域のボランティア団体や留学生、紹介団体を通して、ゲストティーチャーを招き、話を聞く。	地域にある、外国との連携がある施設、団体、機関を通じて、同年代の外国人とふれあう。	現地で活動する人の話を聞き、自分ができることを考える。最終的にはユニセフやNPOへの協力など、学校行事や生徒会活動の一環として取り組む。
計画	（事前） ●生活の中にある外国を探し出し、その国について調べる。 ●授業者の国について調べる。 （当日の授業で） 「初めましてよろしく」 「私の町の年中行事」	（事前） 「異文化の国を小旅行」 「ところ変われば人変わる」 （当日の交流のときに） 「言葉の壁をこえて」 「出会いのビンゴ」	（事前） 「違っていいこと？」 （事後） シェアリング

参考：國分康孝監『エンカウンターで学級が変わる・中学校編1〜3』図書文化。國分康孝監『エンカウンターで総合が変わる・中学校編』図書文化。

13. 健康教育・ライフスキル教育

▼教育方法として

■ 保健学習

　保健学習の最終的な目標は，健康を通して自分自身の生き方を考えることである。SGEを活用することで，次の4つの効果を得ることができる。
① 講話型の授業から脱却し，子ども自らが考え活動する授業となる。
② 子どもの参加意欲が高まる。
③ 「気づき」や「体感」を重視したふれあい体験活動を取り入れられる。
④ 保健学習の授業の中に，本音の自分を出せる自己開示の場を設定できる。

　SGEは，1時間の授業の導入として使ったり，こま切れに使ったりすることもできる。しかし，継続的な取り組みを考えるうえでは，単元の前後の授業と関連をもたせた1時間の授業として成立させたい。

● 大単元の導入として
　例えば，初めて保健学習にふれる小学校3年生のいちばん初めの授業にSGEの手法を用いた「きみとぼくは探偵団！」という授業を設定する。コミュニケーションを図りながら，これから学習する生活リズムのベースとなる，生活時間や生活内容を聞き合うという内容である。楽しく保健学習のスタートを切ることができ，同時に学習のねらいを達成することが可能となる。

● 単元のねらい達成のために
　例えば小学校4年生「育ちゆく体とわたし」の単元では，かけがえのない自分を大切にする気持ちを高めることもねらいの1つである。自己存在感や肯定感を高めるエクササイズを，学習内容に合わせて活動を一部変更して実施し，単元のねらいを達成する。

● 単元のまとめとして
　例えば，小学校5年生「けがの防止」の単元の最後に，SGEの手法を用いた「危機一髪あぶなかったよ」という授業を設定する。けがの防止を学習したあとで，命の大切さと，いま元気でいることのすばらしさを全員で共有することで，学習を深めることができる。

■ ライフスキル教育

　ライフスキル教育は，社会の中でよりよく生きていくための，基本的能力の育成をめざしている。保健学習の中では，小学5年・中学2年・高校「心の発達」でストレスマネジメント能力を中心に，また小学6年・中学3年・高校「生活行動がかかわって起こる病気の予防（喫煙，飲酒，薬物乱用）」では，目標設定・意思決定能力の育成を意図して取り入れられ，教育効果をあげている。ここでも，同様にSGEを活用することができる。

　ライフスキル教育の全体計画については，参考文献を参照していただきたい。

（酒井　緑）

ライフスキルの参考文献：國分康孝・中野良顕『これならできる教師の育てるカウンセリング』東京書籍，P.29~32。

SGEを使った保健学習のモデルプラン（小学校）

	単元		授業タイトル
3年生	毎日の生活と健康 (4時間)	1日の生活の仕方	①きみとぼくは探偵団！ SGE ②それゆけそれゆけしじみちゃん
		身のまわりの清潔や生活環境	③④気持ちのよいこと悪いこと
4年生	育ちゆく体とわたし (4時間)	体の発育・発達と食事，運動の大切さ	①身長の伸びとわたしたちの成長 ②わたしたちの成長に必要な3つのカギ
		思春期の体の変化	③大人の準備を始める私たち ④気づかないすてきな自分を大切に SGE
5年生	けがの防止 (4時間)	事故の原因とその防止	①3つの発生要因を考えよう ②尊い命が散った交通事故から学ぶこと
		けがの手当	③ぼくら〇〇小救急隊
		いまある命に感謝して	④危機一髪あぶなかったよ SGE
	心の健康 (4時間)	心の発達	①②心の成長に必要な栄養ってなあに？ ③ねえあなたのことを教えて SGE
		心と体の密接な関係 不安や悩みへの対処	④心と体はいっしょ 　不安・悩みを取り除こう
6年生	病気の予防 (8時間)	病気の起こり方	①②病気を引き起こす 　　4つのキーワードを見つけよう ③④インフルエンザ 　　予防対策チームVS推進対策チーム
		病気に負けない	⑤病気にまつわる思い出を語ろう SGE
		生活行動がかかわって起こる病気の予防	⑥生活習慣病の予防 ⑦喫煙・飲酒が私たちの体に与える影響 ⑧薬物乱用が私たちの体に与える影響

参考：國分康孝・國分久子監，酒井緑著『エンカウンターでイキイキわくわく保健学習・小学校』図書文化。

▼大人対象

14. 保護者会

　保護者が義務からではなく，主体的に取り組めるプログラムを提案すると参加意欲が高まる。いくつか用意されたメニューから選択できるような柔軟さがあると理想的である。

　私は2か月に1度，土曜日に16人〜24人の参加を得て全5回のプログラムを実践した。1回は約2時間である。回を追うごとに交流が深まり，子どものことや自分自身のことで活発な話し合いが行われた。

　紹介する5回の中から，各学校の実態に合わせて，ねらいにあったプログラムを選んで実施してもよい。プログラムで行うエクササイズは誘発剤にすぎない。まとめのシェアリングのときにどれだけ自己開示ができ，話し合いが深まるかを大切にする。

継続させる工夫

　保護者会行事を単発で終わらせず，グループの成長に合わせて継続的に，さまざまなプログラムや各種エクササイズを行うには，学年全体，あるいは学校全体で実践できるような指導体制・組織をつくることが望ましい。

　そのような指導体制・組織が望めない場合も，外部講師による校内研修会から始め，少しずつ仲間を増やすことからスタートした学校がほとんどである。
　　　　　　　　　　　（加勇田修士）

保護者会におけるSGEのモデルプラン

●はじめに

「思い切って自分を開きましょう。しかし，相互に相手の不利なことは絶対に口外しないという，信頼の心をもち続けることが大切です」

●1回目／ねらい：ふれあいづくり

①ペンネームづくり（ふだんの肩書きや役割から離れるために，好きなペンネームをつくる）
②よろしく握手（ペンネームを紹介しながら，お互いに1問ずつ質問し合う）
③質問ジャンケン（2人1組。ジャンケンで勝った人が自由に質問をする。答えたくない質問にはパスあり。そのあと，夢を語り合う）
④他己紹介とサイコロトーキング（4人1組。自分のパートナーを相手のペアに紹介する。サイコロの出た目のテーマについてそれぞれが話す）
⑤あいさつゲーム（8人1組。「○○が好きな□□さんの隣の，★★が好きな△△さんの隣の，◇◇です」の要領で時計回りに進める。応援はOK）
⑥シェアリング（気づいたこと，学んだこと，いまの気持ちなど，時間をかけて語り合う）

●2回目／ねらい：自己理解，他者理解

①よろしく握手と誕生日チェーン（誕生日をジェスチャーで伝え合って，月日

参考：國分康孝監『ビデオ　構成的グループエンカウンター実践技法　第8巻』テレマック。

の順に丸く並ぶ）
②インタビュー（2人1組。「最近何かいいことありましたか」と聞き合う）
③他己紹介と二者択一（6人1組。「社長と副社長」「マンションと一戸建て」「天才と努力家」などからどちらかを選ぶ。選んだ理由を順番に自己開示する）
④共同絵画と人生時計（B4画用紙に非言語で順番に時計を描く。次に、全員で作成した絵を見ながら、1日の中でいちばん大切にしている時間とその理由を仲間に自己開示する）
⑤シェアリング

● 3回目／ねらい：自己主張，信頼体験

①よろしく握手
②窮地を切り開け（6人1組のコンセンサスゲーム。相手の考えや気持ちに理解を示しつつ、自己主張しながら合意を形成する）
③トラストウォーク（2人1組。ペアの片方が目をつぶって歩く。もう片方は、手をとり肩を抱えて不安を与えないように案内する）
④トラストウォール（6〜8人。仲間の輪の中で前後左右に倒れかかり支えられながら、無重力の感覚を味わう。ゆったりしたBGMをかけながら、1人1分ずつ体験する）
⑤トリップ・トゥ・ヘブン（1人を全員で、頭上の高さにゆっくり持ち上げ、

ゆっくり下ろして優しく起こしてあげる。人への思いやりと信頼の大切さをあらためて体験することができる）
⑥シェアリング

● 4回目／ねらい：自己理解，他者理解

①よろしく握手
②肩たたき
③エゴグラムと自己概念（4〜5人1組。交流分析のP，A，Cについて予想のエゴグラムをつくる。次に実際にエゴグラムをつくり、その両者を比較してグループで話し合う。次に、自分から見た仲間のエゴグラムをつくる。自分から見た自分、人から見た自分を比較してお互いに話し合う）
④シェアリング

● 5回目／ねらい：自己受容，他者受容

①集合ゲーム
②私は私が好きです。なぜならば（5人1組。「私は人と違います、なぜならば……」を順に言う。同様に「私は私が好きです、なぜならば……」「私はあなたが好きです、なぜならば……」を行う。自分のよさ、仲間のよさをあらためて見直す）
③別れの花束（洗濯バサミで背中に画用紙をとめ、あたたかい言葉やお礼のメッセージを書いて気持ちを伝え合う）
④シェアリング

参考：國分康孝著『エンカウンター』誠信書房。國分康孝監『エンカウンターで学級が変わる・高等学校編』図書文化。國分康孝監『教師と生徒の人間づくり』瀝々社。

▼大人対象

15. 校内研修・現職研修

　私が支援する不登校の子どもたちとのかかわりからは，2つの課題が浮かび上がってくる。1つは，ふれあいのある人間関係を育むこと。もう1つは，自尊感情を育てることである。

　これらに有効で実践的なカウンセリング技法がSGEである。実施にあたっては，まず教師自身がSGEを体験し，その有効性にふれることが大切である。またSGEを実施するうえでは，教師自身の自己開示や，シェアリングの中で，子どもの自尊感情を高めたり，友人関係を広げたり，深めたりするような教師の言葉かけ，フィードバックが大切である。こうした教師の態度が，「先生のようにすればいいのか」と子どもたちにモデルを示すことにもなる。

　自己開示や有効な言葉かけをするためには，教師が「I am OK」の状態であることが大切である。しかし，燃え尽きそうなほどに疲れている教師が多く，教師自身，なかなか自分の「いいとこ探し」ができないのが現状である。

　そこで私は，SGE体験と教師の自尊感情の高まりをねらったプログラムを作成して実施している（右図）。およそ半日（3時間程度）のプログラムで，基本的な流れは次の通りである。

計画の流れ

　まず前提としてメンバーに「安心感」を保障する。例えば「相手が言ったりしたりすることを否定しないこと」などを，集団体験における基本的なマナーとして事前に徹底する。

　次に「他者理解」をねらいとするエクササイズ（Ⅰ～Ⅲ）でメンバーの交流を進める。折にふれ，人権を尊重した話し方や聞き方にもふれる。

　そして「自己受容」をねらいとするエクササイズ（Ⅳ～Ⅶ）へと移行する。自分のいいところを探すエクササイズで，自尊感情を高めることが目的である。自尊感情が高まると，しだいにほかのメンバーの「いいとこさがし」へと発展していく。

　本モデルプランは，実施前後の比較によってメンバーの自尊感情が高くなることが確認されている。また，研修を受けた教師が自校の実態に応じて実践した結果，子どもたちに友人関係の広がりや深まりが見られるようになったことが報告されている。

　校内研修で行う場合は，SGEの研修を受けた教師がリーダーになったり，教育センターなどから外部講師の派遣を求めたりすることが考えられる。1年の早い時期に実施し，そのあとは，実践での問題点を検討し合うような研修を計画していくといいだろう。

（住本克彦）

参考：兵庫県立教育研修所心の教育総合センター『心の教育授業実践研究第2号』2000. 上地安昭『カウンセリング研修における構成法の活用』，國分康孝『構成的グループ・エンカウンター』誠信書房.

教員研修に生かすSGEのモデルプラン

	エクササイズ名
I	**ニックネームを考えよう！** ねらい：雰囲気づくりと参加者への意欲づけ。 内　容：自分のニックネーム（ペンネーム）を考え，名札に書き込む。 　　　　（準備……タックシール人数分，マジック多色）
II	**みんなでイェイ！** ねらい：他者理解。参加者のことを知る。 内　容：室内を自由歩行し，出会った人とハイタッチし，「イェイ！」とかけ声をかけ合う。その後，感想を出し合う。（準備……室内自由歩行のスペース）
III	**ニックネームの意味を教えて！** ねらい：他者理解。参加者のことを知る。 内　容：2人組。ニックネームの由来を紹介し合う。その後，感想を出し合う。 　　　　（準備……椅子）
IV	**私は私が大好き！** ねらい：自己受容。参加者が自分の肯定的な側面に目が向けられるようにし，自尊感情を高める。 内　容：4～5人組。「私は私が好き！わけは○○だから」と自分のよさを発表し合う。リフレーミングを活用し，短所も長所に読みかえることがポイント。グループ成員は大きな拍手を送る。その後，感想を出し合う。 　　　　（準備……椅子）
V	**私だってなっかなか** ねらい：自己受容。自分のよさを見つめ直すことで，自尊感情を高める。 内　容：4～5人組。「私へのメッセージカード」に自分の長所や努力している点へのエールを書き発表し合う。グループ成員は大きな拍手を送る。その後，感想を出し合う。（準備……メッセージカード人数分，椅子・机）
VI	**あなたって最高！** ねらい：自己受容。他者より肯定的なメッセージを受け取ることで，自尊感情を高める。 内　容：4～5人組。カードに自分の名前を書き，それを交換する。名前の書いてある人へ，「その人のよさや努力点」を書き合う。班ごとに号令をかけ自分の右隣の人にカードを回す。カードを本人に返し，それを読んだ感想を話し合う。BGMがあればさらに効果が上がる。（準備……メッセージカード人数分，椅子・机）
VII	**できるかな魔法のいす！** ねらい：信頼体験。心が1つになったときの気持ちを体験する。 内　容：安全指導をしたうえで，可能なかぎり参加者全員が円になり，「右向け右」。前の人の肩をしっかり持ち，足は肩幅に開く。いっせいにしゃがみ，うしろの人の膝に腰かける。完成したら手をあげて拍手をする。いっせいに立ち上がる。（準備……フロアーにカーペットが敷いてあればなおよい）

参考：住本克彦「人間関係のもつれから不登校になった子ども達の事例を通しての一考察」，『平成9年度兵庫県立但馬やまびこの郷研究紀要』1998。

STRUCTURED GROUP ENCOUNTER
ENCYCLOPEDIA
構成的グループエンカウンター事典

Part3

もっと構成的グループエンカウンターの真髄を発揮するには？
何回かやってみたけど，どうもしっくりこない……。

柔軟に展開しよう

10章：いまここでのSGEをめざして
11章：子ども・学級の理解と育成
12章：構成の工夫
13章：リーダーとして求められるもの

Part 1　エンカウンターについて知ろう【入門】
- 第1章　構成的グループエンカウンターとは
- 第2章　学校教育に生かす構成的グループエンカウンター

Part 2　エンカウンターをやってみよう【実践】
- 第3章　実施までの手順
- 第4章　インストラクション
- 第5章　エクササイズ
- 第6章　シェアリング
- 第7章　介入
- 第8章　振り返りとアフターケア
- 第9章　継続的な実践とプログラム

Part 3　柔軟に展開しよう

第10章　いまここでのSGEをめざして
1　マニュアルにとらわれない展開
2　Q&Aこの場面はこう乗り越える
- 第11章　子ども・学級の理解と育成
- 第12章　構成の工夫
- 第13章　リーダーとして求められるもの

Part 4　エクササイズカタログ
- 第14章　スペシフィックエクササイズ
- 第15章　ジェネリックエクササイズ

Part 5　資料編

ここでいうマニュアルとは、エクササイズ集などの本に出ている展開事例のことである。構成的グループエンカウンター（SGE）のねらいやインストラクションの具体例、まとめの言葉などが具体的にあげられている。

SGEが学校教育の中に普及するにつれて、「本の通りにやってみたがうまくいかない」という声が聞かれるようになってきた。そこで、マニュアルにとらわれないSGEの展開が重要であることを述べたい。SGEは集団の中で一人一人の成長を支援するのだが、その部分は千差万別であり、マニュアルには表現されていない。そこが留意すべきところとなる。

SGEの哲学

エンカウンターするとは「いま、ここでの感情を語ること」である。だから、「いま、ここで起きている体験」にそった柔軟な展開が求められる。

SGEの哲学は「実存主義」に基づいている。自分で人生の意味を創造し選択していくのが健全な人間だとする考え方（V・フランクル）である。リーダーにもそのような、マニュアルに縛られない「気概」を示してほしい。

マニュアルをもとに自分なりのものをつくる

展開例を書いた人と、実施する人は

違う人であり，対象も違っている。そこで，展開の仕方をよく読んで，自分がリーダーをするときのつもりで考えてみる必要がある。まず，目的・ねらいは明確か。インストラクションや，デモンストレーションの仕方は自分にフィットしているか。自分がしたいと思っているものが子どもの実態に即しているかなど。

自分の中でこれらが消化されていることが重要である。つまり自分の言葉にしておくということである。

マニュアル通りに行おうとすると，最後まで展開することに気を向けてしまって「いま，ここで」起こっていることは見えなくなる。子どもがエクササイズの仕方にとまどっていても，気にせず進めてしまう。しかし，自分なりに何が大切かを考えておくと，とまどっている子どもにかかわって「わからないの？」と声をかけることができる。

予定通りに進まず，途中で終わりになってもあせることはない。そこまでの体験から気づいたこと，感じたことが語られれば，それはエンカウンターしていることになる。

例えば，「共同絵画」（P.490）の絵が未完成で「途中で終わってしまって，なんだか落ちつかない」という子に「いつもパーフェクトにいかないと気持ち悪いのかな？」と介入していけるだろう。このようにして子どもの気づきを引き出すのである。これこそが，柔軟な対応である。

柔軟に展開する秘訣

マニュアルにとらわれない「いま，ここでのSGE」を展開できるようになるためには，自らもSGE体験があるのに越したことはない。参加者としての実体験が，エンカウンターするとはどういうことかという本質を体感させてくれる。また，参加者の気持ちを理解するうえで役に立つ。要するに「モデル」をもつことができるのである。うまくなるためには模倣の対象をもつことである。

また柔軟に動けるということは，自分の中に余裕があることでもある。それを生み出すのが「カウンセリング心理学の学習」であろう。例えば，イラショナルビリーフ（非論理的な思い込み）に気づかせる働きかけや，それを粉砕するための面接を行うこともある。

話せなくて苦しんでいる子どもに対して「君が発言しないのは，うまく話さなくてはいけない，って思っているからではないの？」と介入し，グループの前で面接することもある。「うまく言えるに越したことはないって言いかえてごらん」と迫っていく。

SGEはエクササイズが特徴の1つであるが，それにこだわって「いま，目の前にいる人」の動きに目がいかなくなることは避けたいものである。

（吉田隆江）

Part1　エンカウンターについて知ろう【入門】
第1章　構成的グループエンカウンターとは
第2章　学校教育に生かす
　　　　構成的グループエンカウンター

Part2　エンカウンターをやってみよう【実践】
第3章　実施までの手順
第4章　インストラクション
第5章　エクササイズ
第6章　シェアリング
第7章　介入
第8章　振り返りとアフターケア
第9章　継続的な実践とプログラム

Part3　柔軟に展開しよう

第10章　いまここでのSGEをめざして
1　マニュアルにとらわれない展開
2　Q&Aこの場面はこう乗り越える

第11章　子ども・学級の理解と育成
第12章　構成の工夫
第13章　リーダーとして求められるもの

Part4　エクササイズカタログ
第14章　スペシフィックエクササイズ
第15章　ジェネリックエクササイズ

Part5.　資料編

　本節では，さまざまな場面におけるリーダーの対処の仕方をQ&A形式で語ってもらった。クエスチョンは「実施前に関する疑問」「インストラクションに関する疑問」「エクササイズに関する疑問」「シェアリングに関する疑問」「介入に関する疑問」「実施後に関する疑問」「ちょっとした工夫でわかりやすく」に分類した。

　この章は「いま，ここでのSGE」をめざしている。つまり，いま目の前にいる人との本当のエンカウンターができるようにという願いがある。そのためには，やはりリーダーが技量を伸ばすことが必要なのだと思う。

　リーダーになるのは「大変だな」という印象をもたれるかもしれないが，ここで執筆してくださった方々は，皆そのような自己と向き合ってきた人たちばかりである。そうして少しずつ自由に動けるようになったのである。私自身も生徒に実施したり，大人のワークショップを経験したりしながら，「いま，ここでのSGE」ができるようになりつつある。

　本節の回答には，どれも執筆者が，体験的に得たエッセンスがつまっている。みんな生徒や参加者から教わってきたことばかりである。実践者の体験に学び，知的理解をしておくことで，実際の場面での応用力も出てくること思う。
　　　　　　　　　　　（吉田隆江）

《実施前に関する疑問》

Q1. トラブルが心配な場合はどうしたらいいか

SGEを「うまくやろうとする」ことよりも、子どもを「わかろうとすること」に徹することが大切である。ここから教師と子どもとのエンカウンターが始まる。

教師は、子どもたちに教示どおりに動いてエクササイズに真剣に取り組んでほしいと願う。だから、動かない子や取り組まない子がいると、イライラして攻撃的になって声を荒げてしまうことがよくある。さらに、シナリオどおりにいかないので、自分自身が腹立たしくなることもある。トラブルが心配でSGEはできないと考えるのには、このような背景があると思う。

しかし、教師のねらいどおりに進むことだけがSGEではない。トラブルが起きたら、「なぜそれを起こしたのか」を追求していくことも、SGEの一環である。

心配な子に合わせてエクササイズを選ぶ

子どもの抱えている課題に合わせて、成長を助けるエクササイズを選ぶとよい。

● 自分勝手な子の場合

協力して何かをやりとげた満足感がないと考えられるので、集団で活動する楽しさや喜びを味わえる、信頼体験を中心としたエクササイズがよい。

● 攻撃的な子の場合

人にやられる前に先制する意味でとる防衛的な行動である場合が多いので、共感的に他者理解と自己理解を進め、受容的な雰囲気をつくり出すようなエクササイズがよい。

心配な子への対応

第1に、エクササイズに参加する自由を保証してあげることである。

第2に、事前にどんなエクササイズを行うかを話しておき、抵抗をやわらげることである。

第3に、トラブルを警戒するのではなく「トラブルこそチャンス」という心構えをもって対応することである。

例えば自己中心的な子が、グループの他のメンバーの発言を無視し、傷つけている、あるいは自分の意見を押し通そうとしている場合は、現実原則を学ばせるチャンスととらえ、グループのところへ行き、話す時間、順番を明確にしてあげることも重要である。

攻撃的で、「○○さんって頭悪いよね」などの傷つけるような言葉を平気で言ってしまう場合は、言われた子に「いまどんな感じがした?」「嫌だった」「嫌だったら、嫌! と言わないと今後も同じことが起こるよ」とコメントをし、「もう言わないで」と言わせることである。人前で起こった出来事は人前で解決していくという姿勢を全員に教える機会にもなる。　　（大塚美佐子）

《実施前に関する疑問》

Q2. このエクササイズにのってこないかもしれないが、チャレンジしたいという場合の留意点

　エクササイズにのってこないかもしれないということは、「抵抗が起きる可能性がある」ということである。それを予測したうえでチャレンジしたいという場合、リーダーなりの考えがあるからである。それを確認する。

　①なぜ自分はチャレンジしたいのか、その理由を自分に問いかけてみる。②抵抗を予防できるように、子どもにわかる言葉でインストラクションできるか否かを考える。

　以上2つのことをクリアできると判断できたら、チャレンジすればよい。

　例えば、「紙つぶて」というエクササイズは、相手に向かって紙つぶてを投げるので抵抗が起こりやすい。しかしこのエクササイズのねらいは、相手に敵意を向けるものではなく、自己主張するための気概や勇気を育てるものである。自己主張できないために苦しい心情を抱えたままの子どもにとっては、最後に「やってよかった」と思うエクササイズでもある。

　エクササイズは心理的な成長を促すためのものなので、中にはのれないものがあるのも当然であろう。しかし、のれなかったものほど、気づきが大きいということもある。「抵抗」は気づきのきっかけになるのである。

　以上のことを確認し、教師側の心的準備ができたら、そのうえで子どもへの準備に時間をかければよい。

●エクササイズを選ぶとき

　エクササイズ集を見てそのままのやり方で実施するのではなく、のってこないと思える理由を検討し、いま、ここでのメンバーの実態（男女の仲がよくないなど）を把握してアレンジするとよい。

●エクササイズを行うとき

　まず教師がエクササイズを選んだ理由をアイメッセージで語る。インストラクションでは、エクササイズのねらいと意義をしっかりと説明する。やることによってどんな思いになるかという可能性（苦しくなる、恥ずかしい気持ちになるなど）と、どんなよいことが起こるか（主張の力がつく、自分がちょっと好きになるなど）を伝える。

●やっぱり抵抗が強いとき

　それでも抵抗を示す子が5人以上いた場合は、計画変更を考える。方法は次の2通りである。どちらの場合も、いまのここでの子どもの気持ちを十分聞いて、子どもをわかろうとすることが大切である。

・実施予定のエクササイズをさらにアレンジしたものを提案する（グルーピングの変更やワークシート・振り返り用紙の活用）。

・今回はやめる。勇気のいることだが、必要なことでもある。　　（中村恵美子）

《インストラクションに関する疑問》

Q3. やりたくないと言われたらどうしたらいい？

抵抗されたときこそチャンス

教師がSGEについて説明したとたん，「えーっ。そんなの嫌だ」と言って子どもたちに拒否される場合がある。いわゆる抵抗である。拒否されたときは，当惑，いらだち，あるいは，腹立たしさを覚えることがある。しかし，拒否されたことを否定的に受け取るよりも，むしろ「このときがチャンス」と，前向きに考えたい。

手だてとしては，次のような対応をする。「このエクササイズをやることにためらいのある人は手をあげて」と投げかける。その次に「○○さん，いまの気持ちを話してくれませんか」あるいは，「近くの人と，いまの気持ちを2分間語り合ってください」と働きかけ，SGEのねらいである感情交流を促進させたい。

抵抗への対応

抵抗を取り除き，参加意欲を高めるためには，教師が自らやってみせることも必要である。

「まあ，そんなに嫌だなんて言わないで。やってみるから見ていてね」と，教師が自らデモンストレーションを行うのである。

デモンストレーションに相手が必要なときは，次のような子どもを相手にするとよい。①目立ちたがり屋の子ども（喜んで協力してくれる），②引っ込み思案な子（集団の一員であることを自覚させる），③傍観者風の子ども（きっかけとなって抵抗が除去されることが多い）。このとき，教師は自分の体験したことや感じたことを語って，抵抗の除去に努めたい。

その一方で，ねらいを達成させるために複数のエクササイズを準備しておくことも重要である。例えば身体接触があり，抵抗が生じやすい「トラストウォーク」の代わりに「共同絵画」（P. 494, 490）を実施するなどである。とっさの対応のために，教師は幅広くエクササイズを体験しておく必要がある。

中止する勇気

それでも全体に拒否された場合は，基本的にその集団にマッチしていないエクササイズだと考え，中止する勇気が必要である。その際も，やりたくない子どもたちの気持ちを聞く，グループでの現在の気持ちを話し合わせるなど，子どもたちの否定的な気持ちを掘り下げて聞いていくのである。

どうしてもできない子どもが1人だけの場合は，時間を計る係を担当させたり，全体を見たときの感想を述べたりするなどの役割を与える。その遂行を通して，所属感をもたせていくことが大切である。　　　　　　（佐藤健吉）

参考：國分康孝監『エンカウンターで学級が変わる・小学校編2』図書文化。

《インストラクションに関する疑問》

Q4. 指導上の理由で不参加を許可できない場合はどうしたらいい？

学級開きなどでリレーション形成を目的にSGEを行う場合は，学級の全員を参加させたい。そんなときは「この学習は，自分自身や友達について新しい発見をするなど，いろいろと学ぶために行っている授業なのです」と，子どもを授業に引き込んでいく気概が必要である。

ねらいと意義を伝える

エクササイズのねらいをきちんと説明し，教師が実際にやってみせる。その際，「なぜそれをやるのか」という意義を子どもにきちんと伝える。意義を伝えることによって，対話が生まれる可能性がある。

ネゴシエーションと複数の代替案

不参加が予想される子どもに対しては事前に内容を伝え，心の準備をさせる。「この次の学活でまず，こんなねらいでエクササイズをしたいんだけど，どうかな？」と聞いてみる。

否定的な反応を示したら，「どんなふうにすればいいか，あなたの考えを聞かせてくれないかなあ」と，たずねてみると，案外「こうしたらできそうだ」と反応が返ってくることがある。

場合によっては，同じねらいを達成させるために，第2，第3のエクササイズを準備して当該生徒に示しておく。

このようなネゴシエーション（交渉）は意外と効果がある。

役割遂行による感情交流

どうしても参加できないという子どもがいる場合，教師の補助者として参加する形が考えられる。役割を与えると，自分の存在を認知することができ，クラスの一員としての自覚が高まる。

例えば，次のような役割を任せる。
①エクササイズの時間を計って教師に伝える。
②シェアリングの用紙を配布する。
③用具の準備をする。
④会場で机や椅子を移動する。
⑤エクササイズを見て，どう感じたかを発表する。

エクササイズを観察しているうちに，子どもが「じゃあ，自分もやってみようか」という気になることがある。その場合は，途中参加や，できそうな部分での参加も認める。例えば，「握手」はダメだが，「タッチ」ならできるなど，柔軟に対処する。

反対に途中で参加できなくなってしまった場合，「参加できない，いまの気持ちを話してみてくれませんか」と気持ちを引き出し，やれる範囲で参加させたり，感想発表や時計係などの役割を遂行させたりする。

エクササイズを行わなければSGEはできないという固定観念を払拭し，柔軟な対応を心がけたい。　　（佐藤健吉）

参考：國分康孝ほか編『エンカウンタースキルアップ』図書文化。

《インストラクションに関する疑問》

Q5. やり方を理解させるのに時間がかかるのですが

インストラクションの目的は、これから始まるエクササイズについて、

- 何のためにするのか
- その目的は？
- どのように行っていくのか？
- やってはいけないことは？

などを明確にし、そのうえでエクササイズに取り組もうというやる気を喚起していくことである。

授業の成否が導入で決まるように、エクササイズも、インストラクションが成否を大きく左右する。だから、子どもが理解するようにしっかり時間をかけたい。

しかし、中心はあくまでもエクササイズなので、質問のように「時間がかかる・かかりすぎる」となると問題である。その段階で手こずらないよう、工夫していかなければばならない。

チェックポイント

まず、時間がかかりすぎる原因として考えられるチェックポイントをあげてみよう。

① 教師自身のやり方に、あいまいな部分がないか……自分の中で整理されていないと簡潔な説明は無理である。段取りをよく頭に入れて、整理してから説明する。

② その学年にふさわしい平易な表現だろうか……学年によっては図示なども使い、わかりやすく話す。

③ 言葉が歯切れよくなく、冗長な表現ではないか……だらだらと話していてはよく飲み込めない。結論をさきに述べ、主述を明確に言う。接続詞がやたらと多く、ワンセンテンスが長い教師は要注意である。

④ デモンストレーションに問題はないか……説明のあとに簡単な範示（デモンストレーション）を行う。そのときは教師自身が自己開示をして、子どもの目線で行う。モデルとしてふさわしいデモンストレーションを行うよう工夫する。これがうまくでき、わかりやすく伝わるようになれば、その前の説明もある程度省いてよい部分が出てくる。

⑤ 抵抗感が強くなる言い方ではないか……緊張したり、不安が生じたりするような言い方は理解を妨げる。楽しく取り組めることをアピールする。

質問がないかたずねる

インストラクションの最後に「質問はないですか」と聞くことも忘れてはならない。この質問により、理解できなかったことはないかを、子どもが再確認できる。そして、教師はこの質問をあとで書きとめておき、インストラクションの説明で落としていたことであれば次回に生かしたい。教師も子どもも経験を重ねることにより、理解も早くなっていくだろう。（山宮まり子）

《エクササイズに関する疑問》

Q6. 始めても参加しない子がいる

始めてもボーッとしている，または輪に加わらないでいる子どもに気づいたとき，「ありたいようにあらしめよ」と，参加しないことをよしとしていてよいのだろうか。

個人への対応

見かけでやる気がないと判断しないことである。ましてや放置したり，無視したりすることは論外である。その子どもの気持ちを「わかろうとする」ことが大切である。参加していない自分がいるというのはつらいことである。声を荒げて責めたり，教師の勝手な思い込みで引っ張ろうとすると，子どもの心は離れていく。そして，嫌な思いだけが残ってしまう。

教師は自分の感じたことや気持ちを本人に伝える。「今日はみんなと少し離れちゃっているけど，話しにくいのかな」「ボーッと上の方ばかり見ているよ，どうしたの」「いつもより元気がないように感じるのだけど大丈夫，心配だな」。このように働きかけて，子どもが参加しないでいる自分を意識し，自分の行動の意味を考えられるようにする。

そして，自分の気持ちや参加しないでいるわけを語ってくれたときは，「あなたの気持ちがよくわかったよ。よく話してくれたね」と受容し，SGEへのハードルを取り除くように努める。

レディネス不足が考えられるときは，その子どものそばで教師がわかりやすく再度手本を示すことも効果的である。自信がなくて参加しないときには，「いい感じだね」「なるほど，そうだよね」などと小さな変化を見逃さず支持を繰り返しながら，自己受容できるようにさせる。

「確かな抵抗」を示しているときは，受容・質問・繰り返し・支持・明確化の5つの技法を使いながら，参加したくない感情を表出させ，「うまくやろうとするな，わかろうとせよ」という態度で接する。また，つらくて参加できないときはしばらく課題から離れたり，ほかの役割をすることをすすめる。

全体への対応

本人の了解をとったうえで，「私はA男が参加しない状況をこのように感じたの。このようなことは誰にでも生じることだと思う」と，A男に抵抗が起きていることを伝え，気づきを拡大させる。そして，「A男が輪の外にいることに不満や不自由を感じている人」と質問し，公認した形で1人で自己と向き合えるようにするとよい。

また，A男に触発されて「何となくやりたくない」という子が増えないよう配慮し，集団のモチベーションを高める工夫をする。　　　　（大木百合江）

参考：國分康孝監『エンカウンターで学級が変わる・小学校編2』図書文化。

《エクササイズに関する疑問》

Q7. 元気な子が友達に乱暴に接している

ふざけ合っているように見えるが，相手はとても困っている。度を超している。SGEでこのようなことを黙認すると真似をする子が増え，乱暴される子に心的外傷を与えることになりかねない。状況によってはエクササイズを一時ストップして，ルールの確立をしながら対応する必要がある。

個人への対応

教師が感じたことをアイメッセージで告げる。そのほうが相手の心に伝わるからである。こんな具合である。

「『人に迷惑をかけないで，自分のありたいようにある』だったね。私には友達が困っているように見えたけど，どうかな」「今日の君は友達への接し方が少し乱暴だなと感じたよ。何かあったの」。

「イライラしていた」と自分の気持ちを語ったときは，それを受容しながらも，自分の行為についてどう感じているのか質問し，考えさせることで行動を修正していく。

しかし，自分の言動に向き合おうとしない，あるいは正当化しようとするときは，乱暴された子に「あなたはどんな感じがした？」と気持ちを確認し，嫌な思いをしていることをその場で言わせる。そして，同じことを繰り返さないことを相手に表明させる。

國分久子は，「人前で起こった出来事は人前で解決していくという姿勢を全員に教えることが大切である。あとで個人的に詫びる方法をとると，グループが人を癒すという機能が失われることになる」と述べている。

全体への対応

友達が乱されていることに気づき，「私はいまとてもどきどきしています」「Aさんの様子を見ていて困っています」と発言する子が出てきたときはチャンスである。「困っている君を見て友達が心配しています。君はいま，どんな気持ちですか」と質問し，「泣きたいほど悔しい」「悲しい」「怒りがわいてきた」など，感情を明確にさせる。そして，その思いを聞いて，みんながどう感じたかを伝えてもらう。

これは乱暴に接している子を責めるのではない。その子にはそのあと，みんなの感じ方を聞いて，どのように感じたかを話してもらう。教師は，仲間とのリレーションを取り戻す橋渡しをする。

また，ロールプレイも効果的な方法の1つである。一時的に全体の進行をとめて，教師が乱暴に接している子どもを真似て，ほかの子を相手に再演する。次に，いまとは逆のやさしい接し方を実演し，感想を聞く。直接本人に介入しないで，全体で考えることができる。

（大木百合江）

参考：國分康孝ほか編『エンカウンタースキルアップ』図書文化．

《エクササイズに関する疑問》

Q8. しらけたムードで真剣に取り組みません

「しらける」とは，座がしらけるという言葉のように，その場がしらっとして盛り上がらない様子をいう。また，のっている人を見て，違和感があったり抵抗を感じたりして，自分だけがその中に入り込めない気持ちで遠巻きに見ている状態である。クラスがしらけたムードになっているときと，あるグループや個人がしらけているのを見きわめながら対処したい。

やりたくないムードを変える

全体的なしらけを防ぐには，リーダーが雰囲気づくりをする必要がある。声のトーン，話すリズム，BGMの活用により，エクササイズに抵抗なく取り組めるようにしたい。「ありがとうカード」（P.418）というエクササイズで，最後のカードを読む活動のとき，しっとりとしたBGMを使ったことがある。子どもから「先生，何だか涙が出てきちゃった」という言葉が出た。また小道具など使える物を集めておき，適宜出せるように準備しておくと，ムードを変えるのに一役買ってくれる。

やっていることがわからない

リーダーはSGEに思いを込めている。そんなときリーダーの思いが先行しすぎて，子どもたちの気持ちと差がでることがある。ねらいややり方が理解できていないと，子どもたちはしらけてしまう。「なぜ，このエクササイズをするのか。どんなことを気づいてほしいのか」を，子どもたちの気持ちにそいながら，もう1度説明し直す必要がある。そのときにはアイメッセージで「私は○○の理由でこれをしたい。みんながしてくれたらうれしいよ」と話す。

また，グループや個人がしらけている場合は，そのそばに行き，リーダー自ら一緒に参加してみるのも効果的である。その際「のれないんだよね。何かしらけちゃうんだよね」と子どもの気持ちをくみ取ることが大切である。

周囲のことが信頼できない

集団がその子どもにとって居心地のよいものでないと，自己開示に抵抗が出てくる。自己開示は性急に求めないことも大切だが，リーダーがモデルを示すことで雰囲気が変わることも多い。リーダーの自己開示なくして子どもの自己開示はない。リーダー自身のエピソードを語ることによって雰囲気がなごみ，自己開示しやすくなる。

また，語ったことに対して「非難や批判はしない」というルールの徹底も重要である。エクササイズ中に確認する必要もある。

（鎌田直子）

参考：諸富祥彦ほか編『エンカウンターこんなときこうする　小学校編』図書文化．

《エクササイズに関する疑問》

Q9. ふざけたムードで真剣に取り組みません

以前、「これからゲームをするよ」という言葉からエクササイズを始めたことがある。最初は「やったー！」と喜んで取り組んでいた子どもたちであったが、次第に自分の思い通りにならないことに腹を立て、「こんなの嫌」「もっと楽しいのがいい」「別のゲームがやりたい」などと抵抗を示し始め、結局ねらった気づきを引き出せずに終わってしまったことがあった。

このようなふざけた遊び半分の雰囲気にしないためには、どのようなことに気をつければよかったのだろうか。

雰囲気を変える

ふざけ半分の雰囲気の場合、まず、心を落ちつかせる工夫がほしい。リーダーの姿勢、声色により子どもたちの雰囲気を真剣なものに変えることができると考える。

甥と遊んでいたときのこと。久しぶりに会ったことで興奮し、大声を出し始めた。「うるさいよ、静かに」といっても、なかなか興奮は静まらない。そこで逆に静かな声で話をしてみたら落ちついた。これは使える、と思い、学級の子どもたちにも静かな、低めの声で、ゆっくり話してみた。やはり落ちつかせることができた。

ねらいやルールを徹底する

エクササイズをする場合は教師がきちんとねらいを意識して取り組むことが必要である。どんな目的でこのエクササイズを行い、それによってどういうことに気づいてほしいのかということを明確に子どもたちに伝えていかなければ、楽しさを追求するだけになってしまう。

また、集団で活動する場合にはルールが必要である。ルールを具体的に伝えていないと、ふざけ半分の雰囲気になってくる。例えば、「エクササイズでは、友達のことを否定しないようにしましょう。今日のルールは友達の言ったことやしたことを笑ったり非難したりしないこと。だれでも自分の考えを自由に言っていいのだから、友達の話から、いろいろ感じたり、考えたりするきっかけにしてほしいというのが先生の願いです。それをエンカウンターというんです」という具合である。

子どもをほめる

子どもはモデルがあると、それに近づこうとする。リーダーは自分がモデルになるだけでなく、子どもたちの中にモデルを増やしていく工夫をするとよい。具体的には、よい気づきをしている子どもや真剣に取り組んでいる子どもをタイミングよくほめるということである。このことによって学級のムードが変化していく。

（鎌田直子）

参考：諸富祥彦ほか編『エンカウンターこんなときこうする！・小学校編』図書文化。

《エクササイズに関する疑問》

Q10. 仲間はずれになる子がいる

「グループを組むときにだれとも組んでもらえない子がいる」「身体接触を嫌がる」「発言しようとしているのに、ほかの子が聞こうとしない」などの実態がクラスの中でわかっていれば、予想される心的外傷を予防するために最善を尽くす必要がある。実態に合わないSGEを展開すると、参加者に心の傷を生み、人間関係を悪化させることがある。

仲間はずれが予想されるときには、「仲間はずれを予防する視点」と「仲間はずれを改善させる問題解決的な視点」の違いを意識し、エクササイズを選び、段階的に取り組みたい。

予防の視点

初期の段階は「予防」に重点をおく。まず、「王様じゃんけん」のように「担任」対「子ども」で行い、友達同士でかかわらないものから取り入れ、ルールを守って楽しめる体験を積む。そのうえで、2人組から徐々にグループの輪を広げていく。

グループづくりでは、仲間はずれにされる可能性がある子が疎外されないよう、「Aさんと○さんと△君で3人組をつくるように……」と、教師がグループづくりの枠組みを設定し、安全な居場所を保障するなどの配慮が大切である。

エクササイズは「共同絵画」（P.490）のように非言語で身体接触がない、心的距離が保ちやすいものを選ぶ。

シェアリングでも「振り返りカード」を利用し、子ども同士の直接的なかかわりを軽減したり、だれもが発言できるように「1人1分間ずつで時計回りに全員が発表する」など、発表の仕方をきちんと指示することも大切になる。

問題解決の視点

もちろん、どんなにグループづくりやトピックスに配慮し予防策をとっても、実際の場面で仲間はずれになる子が出てしまうことがある。だから、教師は、常に参加者の言動や表情に気を配る必要がある。

仲間はずれの子がいることに気づいたら、間を入れずにグループ分けをやり直したり、「いま、ひとりぼっちでさびしい」と言えるよう励ましたりして、その子の心の傷が深くならないような配慮をしたい。特に、「さびしい気持ち」を表現できない子に対しては、教師が補助自我となって、「いま、Aさんは、1人になってしまってさびしいね」とそのつらさを受けとめ、代弁し、ほかに広めることも重要である。

ときにはSGEを中断してでも、ほかの子どもたちが「仲間はずれにされた子」の気持ちに気づけるような場を設定するなど、教師が積極的に介入することが必要である。　　　　（村田巳智子）

参考：河村茂雄『学級崩壊　予防・回復マニュアル』図書文化。

《エクササイズに関する疑問》

Q11. ふだんの関係を引きずっている

　学級でSGEを展開しようとするとき，「仲よしグループのリーダー的な子の指示で動く」「仲よしグループだけでグループを組んでしまう」「互いに素直に発言できない」など，学級集団の普段の関係を引きずる場合があることに注意したい。

　例えば「四つの窓」（P.378）のように，自分の好きな項目を選んで動くエクササイズでも，そのあとにグループでの話し合いが予想されると，仲のよい友達がいるグループに動いてしまう場合がある。そこでは子どもの本音の発言が出にくいため，自己理解・他者理解にもつながりにくい。

構成を工夫する

　このような事態が予想されるときは，特にグループづくりに配慮する。例えば，誕生日の順に一重円をつくり，「1，2，3……1，2，3……」と号令をかけ「1」の人でグループをつくるなど，仲よしグループで固まらないように具体的にグループづくりの仕方を指示することも一手段である。

　また，エクササイズを体験しているときでも，子どもたちは，自分の言動がほかの友達にどう見られ，どう受け取られているかを意識している場合が多い。例えば学級に，仲間はずれにされているA男がいれば，A男になるべくかかわらないように動こうとする。また，「日ごろ，みんなから嫌われているA男にも，こんな優しい一面があったんだ」と感じたとしても，その本音を語ることはむずかしい。

　このような「素直に発言することがむずかしい人間関係」が予想されるなら，「振り返りカード」を活用し，じっくりと，いまここでの自分の気持ちと立ち向かう時間を大切にしてカードに書かせる。シェアリングがむずかしければ，回収したあとで，匿名の形で，全体に紹介する展開も考えられる。また，気づきのよさを，個別に朱書きなどで認める教師の指導も重要である。

エクササイズのねらいを吟味する

　そして，最終的には「ふだんの人間関係」を改善させることにつながるエクササイズを取り入れたい。例えば，「ふわふわ言葉とチクチク言葉」（P.476）のエクササイズは，「相手が嫌な気持ちになる言葉」と「相手がうれしくなる言葉」を分類し，全員が両方の言葉を言ってみる。その気持ちを体験すれば，いままでの自分の言動を振り返る機会につながる。

　学級集団には，SGEを行う以前から，その集団特有の力関係，人間関係が存在している。よりよい人間関係づくりをめざし，実態を踏まえた計画的な展開が教師に求められている。

（村田巳智子）

《シェアリングに関する疑問》

Q14. シェアリングがなかなか活性化しないときはどうしたらいいか

　シェアリングというと，参加者が積極的に自己開示を進め，活発に論じ合う場面を想定しがちである。しかし，活性化しないこともある。それは必ずしも悪いことではない。活性化しないのには何らかの理由が存在しているからであり，それを明らかにしてふだんから活性化させようと働きかけることも，SGEになるからである。

　教師はまず，なぜ活性化しないのかを見きわめるようにしたい。

少人数から始める

　子どもの場合，人の話を聞けないために，シェアリングに集中できていないと感じる場合がある。シェアリングをする集団の規模が大きいと起こりやすい。

　このようなときには，2人組などの小集団でシェアリングをするようにするとよい。聞く相手が限られていると，真剣に聞けるものである。また，話をしたい者同士で組めるようにしてもよい。

　自己表現に慣れていないため，あまり話ができていないと感じる場合もある。これもまずは，2人組などの小集団でシェアリングを行うと，素直に表現できることが多い。少しでも相手に語ることができたら，それでよしとしたい。できるようになったことを認め，ほめていくと，徐々に自信をもち，全体の場でも話ができるようになる。

　聞く・話すのに慣れていない状態を指摘して改善しようとするのではなく，話が聞けるような・話ができるような環境を構成していくことが大切である。

シェアリングが活発な集団にするために

　シェアリングが活発化しないからといって，子どもたちを責めるような言葉は避けたい。気づきを引き出す仕掛けをつくるのはリーダーである。話し合いをせず，ときにはじっくりと振り返り用紙に書いて，それでよしとすることがあってもよい。

　また，段階的にシェアリングに慣れさせていくとよい。初めは教師が意見を発表し，「同じ考えだと思う人は？」などの発問で挙手させる。次に2人組で話ができるように，その次に全体でシェアリングできるように……と段階的に働きかけ，「いつか話せるようになるといいね」「ふだんこうすればもっといいね」などの声かけを行う。

　子どもがシェアリングの仕方を理解したうえで，意欲的に取り組んでいけるように配慮したい。リーダーとしての教師の資質が，求められるところである。

（木村正男）

《シェアリングに関する疑問》

Q15. 全体が沈黙してしまうときはどうすればいいか

沈黙を恐れない

シェアリングをするときに，感きわまって言葉が出てこないときもある。また，みんなの前で話したら変に思われるなどの思い込みから，全体が沈黙して静まりかえってしまっているように感じるときもある。このように沈黙が続くと，教師はとても不安になるものである。

しかし，子どもの様子をよく見ることが大切である。沈黙していても，必ず子どもは何らかの形で気づきをもっているものである。

何を語ったらよいのか とまどっている場合

自分なりに気づきはあるのだが，どのように語ればよいのかがわからず沈黙している場合がある。要は，シェアリングすることをむずかしく考えすぎてしまっている場合である。

この場合は，まず，近くの人とペアを組み，そこでシェアリングをしたあとに，「いま話し合ったことで，どんなことでもいいから言ってごらん」などと話題になったことを全体に出してみることをすすめるとよい。

このとき，子どもが語った内容について，教師はあまりコメントを加えないようにしたい。自分を出すことに緊張しているのだから，まずは発表できたことを大いに認める。それでシェアリングでの発表ができるようになっていくはずである。少数でも意見発表する子どもが出てくると，徐々に広がっていくことだろう。

別の方法としては，ショートのエクササイズを使って，そのたびに数分のシェアリングを取り入れることも効果がある。短い時間だからこそ，参加者はちょっとした気づきを気軽に話すことができる。慣れてきたところでまとまった時間をとって，全体のシェアリングをしてみるとよい。

抵抗を起こしている場合

気づきはあるものの，子ども同士のかかわりで抵抗を起こしていたり，教師との間での抵抗を起こしていたりするために自己開示できない場合がある。

その際には，正直に「いま，この集団の中で抵抗が起きている」と教師が打ち出していく必要がある。そして，「どうして話しづらいのかな？」と，抵抗を起こしている理由を明らかにしていく。子どもの発言が出たら，そのたびに「よく言ってくれたね」と強化し，発言する勇気の必要性を実感させる。

エクササイズそのものに対する気づきを話し合うだけでなく，このような抵抗についても処理していく姿勢を出すことが，あとあと，シェアリングをしやすくしていくからである。

（木村正男）

《シェアリングに関する疑問》

Q16. ねらった「気づき」が出ない

　教師のねらいと，子どもたちの気づきの間には差があることがある。なぜなら，互いに違う人間同士だからである。「差があって当然である」と考えているほうがよい。だから，教師のねらった気づきが得られなかったり，的のはずれた意見だったりしても，教師はがっかりする必要はない。

　それよりも，「いま，ここで」の子どもの感情に寄り添っていくことが大切である。子ども自身が体験して，そこからわき上がってきた「気づき」のほうが，子ども自身にとっては「真実」だといえるだろう。そのような「気づき」に感動するほうが，子どもの自己肯定感を高める。

十人十色の気づき

　SGEでは，子どもは教師の思いに合わせて感じる必要はない。それよりも子ども自身の，心の中の感じ方に素直になること。これが「本音に気づく」ことだととらえる。

　「A君の感じ方は特徴がありますね。ほかの人とは違っていてユニークだよ。どういうところから，そんな感じ方が出てきたのか，もう少し話してくれないかな」と，その子の背景にある考え方の根拠を表明できるようにするとよい。そこで初めてその子の気づきの理由が見えてくる。また，ほかの子どもたちに見えていないことが語られることによって，周りの子どもたちの見方が広がることも期待できる。さらに，教師自身が，自分の見方の偏りに気づくかもしれない。

ポイントを絞る

　しかし，ねらった「気づき」を求めるのもまた，教師の願いではある。そのためには，インストラクションで「ねらい」を明確に伝えることである。何をねらいとしてこのエクササイズをするのかということを，子どもの段階に応じた言葉で伝えることである。そうすることで，子どもながらに「ねらい」を意識化できる。

　例えば「このエクササイズのねらいは，自分のよさをよく知ることなんですよ。だから，遠慮しないで言ってくださいね」と言うことによって，よさの発見に焦点が絞られていく。さらに，シェアリングのポイントを，そのねらいにそった話題で話せるように限定していく。「さあ，一人一人どんなよさがありましたか。そのよさを聞いて，いま感じたり気づいたりしたことを言ってくださいね」と焦点化すれば，教師のねらいからまったくはずれてしまうということは少なくなるだろう。

　それでも，ほかの感じ方があることを忘れてはならない。忘れると，子どもを「画一化」することになる。

(阿部千春)

《シェアリングに関する疑問》

Q17. 日常の学級生活につながる問題が明らかになった場合は

　SGEを実施して，日常の学級生活につながる問題が明らかになってしまうことがある。見つかったことはラッキーととらえるのがよい。学級集団として考えるよいきっかけを与えてくれるからである。子どもにとって考えるきっかけになるだけでなく，教師にとっても指導のきっかけができたことになる。

　例えばグループづくりのときに，だれかが「この人とはやりたくない」と言い出したり，いつも1人だけがグループをつくれない状態が見えてきたりすることがある。このような問題は，日常，授業を受けているだけでは，見えてこないことでもある。

その場での対応

　では，どのように対処するのがよいか。まずは「その場で起きたことはその場で」を基本とする。例えば，「この子とやりたくない」と言われた子が出た時点ですぐに介入していく。

　「やりたくない事情があるの？」「だって，○○の授業のときに，消しゴム貸してと言ったのに貸してもらえなかったんだもん」「そのことがいまも嫌な気持ちとして残っているんだね？」「そう」「ということは，Aさん自身が嫌なんじゃなくて，消しゴムを貸してくれなかったことが嫌なんだね」と，人格の否定でないことを確認していく。

　さらに，このやりとりを見ていて「感じたこと，気づいたこと」をほかの子にも話してもらえれば，「いま，ここで」のシェアリングになる。たとえエクササイズができなくとも，日常の中に潜んでいた問題の解決につながる。かえって，いままでよりもよい関係を築くチャンスになるだろう。

予防的な対応

　いつも1人になってしまう子が発見されれば，いじめにつながる前に予防することができる。

　例えば，道徳の時間を使って，いじめの3重構造（いじめる側・いじめられる側・傍観者）について知的理解をする。そのうえで，ロールプレイを通して，そのときに起きる感情を体験する。それを，シェアリングを通して互いに伝え合っていくことで，子どもたちは，「いじめられる子の気持ち」や「いつも1人になってしまう子の気持ち」を体験的に感じることができるだろう。こうして，次のSGEにつなげていくことで，学級の中の問題が予防されていくことになる。

　はっきりといじめなどが露呈してしまったときは，ストレートに子どもたちに問いかけていくことが重要である。「私はこのクラスに仲間はずれが起こっていて悲しい。みなさんの気持ちを聞きたいんです」と。　　　（阿部千春）

《シェアリングに関する疑問》

Q18. シェアリングは必ず行うのか 時間が足りなくなった場合の対処法は？

シェアリングの必要性について

エクササイズとシェアリングはSGEの柱である。エクササイズという体験を通して参加者に感情が起こる。そのときの感情を分かち合うことでふれあいが促進される。

シェアリングでは，ほかの人の考えや自分とは違った発想に気づき，考えを修正することができる。仲間の支持に勇気づけられることもあるだろうし，自分自身への気づきが促進されたりもする。だから，シェアリングは基本的に実施する必要がある。

しかし，現場では時間がない場合も多いので，その対処法をあげる。

シェアリングのアレンジ

●短時間でのシェアリング

一斉挙手による短時間でのシェアリングの方法がある。教師がいくつか選択肢を示して，自分のいまの気持ちにいちばん合っている項目に挙手をさせる。実施したエクササイズへの満足度や充実感を確認する。

また，全員で合唱したり，教師が詩を朗読したりして，気持ちを共有する方法もある。

●学級だよりの活用

振り返り用紙に書かれた感想を，まとめて学級だよりに載せる。担任が帰りの会などで読んで聞かせることで，お互いの考えにふれることにもなる。

●学級掲示板の活用

SGEの感想を記入するカードを個人に渡す。子どもは休憩時間などを使って，簡単にコメントを書き，教室内の指定された場所に自由に貼っていく。友達の書いたものを見てから，それに対する自分の考えを書く子どももいるだろう。

掲示板を利用して交流の場が生まれることを期待する。

●帰りの会での活用

エクササイズ直後にシェアリングをできない場合に，帰りの会での班活動を利用して話し合いの場を設ける。時間の経過の中で，すぐには感じなかったような感想なども出てくることが期待できる。

●班日誌や生活記録ノートの活用

生活ノートや班ノートにSGEで感じたことを書くように指示を出す。教師はコメントを返して子どもと交流を図る。

班ノートであれば，子ども同士がお互いの考えや意見を交換する場にもなる。帰りの会などで話題にして，子どもからの感想を求め全体のものに深めることもできる。

（後藤玲子）

《シェアリングに関する疑問》

Q19. シェアリングの日常への活用方法は？

日常行われる学校の活動を1つのエクササイズとみなし，シェアリングを行うことができる。

シェアリングとは，「体験を分かち合う」ことである。「感じたこと気づいたこと」を共有するのである。シェアリングを有効に活用することで，学級集団は本音を語ることができるようになる。

以下，具体的な実践例をあげる。

シェアリングの活用法

●帰りの会で

1日の生活を振り返る場面で，生活班ごとに，お互いのよかったところや感じたことなどを話し合う。

その日の活動に対する充実感を高め，自分に対する気づきを深めることを目的とする。それを全体に発表することで，感情の共有もできる。

●行事のあとで

行事の準備から当日の活動までのそれぞれの役割や，学級の目標，一人一人の思いに焦点を合わせてシェアリングする。

行事を通してそれぞれが気づいたこと感じたことは何か，感情に焦点を合わせて話し合う。一人一人の思いが違うことに気づき，それを受け入れることのできる活動にする。

がんばったことや楽しさ，考え方の違いをお互いに共有することで，一人一人が満足感を高めることができる。

●授業で

授業後に，ペアやグループ学習での活動そのものについて，または学習内容を深めるためにシェアリングを実施する。

自己評価の場面にもなり，他者評価としても活用できる。それぞれの活動をお互いに認め合うことで，自分に自信をもつことができるようになる。また，授業内容のより深い理解につながる。

●学期や学年の終わりで

それまでの活動のしめくくりに，お互いの努力を認め合ったり，楽しかったことを思い出したりして自分や仲間のよさに気づく時間をつくる。

係や生活班などでのグループシェアリング，または全員で大きな輪をつくって行う全体シェアリングの形式がある。次の新たな活動への原動力になり，自己肯定感が高まるチャンスにもなる。

また，席がえのとき，それまでの班活動を振り返ってお互いのよさを出し合ったり，班のよい点や反省点を見つけたりする場合にも活用できる。

（後藤玲子）

《介入に関する疑問》

Q20. 介入は傾聴・受容の精神に反しませんか

SGEは育てるカウンセリングの一形態である。カウンセリングというと，「傾聴」「受容」という言葉が初めに浮かぶ人も多いことだろう。まず，言葉の意味を説明して問いに答えたい。

傾聴・受容とは

「傾聴」とは，相手の話を整理したり，支持したり，言えないことを明確化したりする，能動的な行為のことである。それを伝えながら相互に理解していく。傾聴される人は，このようなフィードバックを通して，自分の思いや考えを整理し，自己理解していく。

いっぽう「受容」とは，自分と同じひとりの人間として相手を尊重する態度・あり方のことである（C・ロジャーズ）。「いま，ここにいることが受け入れられている」ことが実感として伝わったときに，人は自分の内面を安心して語ることができるようになる。

受容（acceptance）は，相手の感じ方や価値観を，「そうですね」とすべて許容（approval）することとは違う。自分とは違うが，そのよう感じ，そのように考える相手を大切にしていくということである。このような「わかろうとする」態度が，相手を安心させる。

介入とは

すべてのカウンセリングは，アセスメント（問題の把握）とインターベンション（介入・対応）の2本柱から成り立っている。

インターベンションには，①受け身的なもの（傾聴・受容などのかかわり技法）や，②能動的なもの（対決技法）や，その中間に位置する③中間技法（質問技法，焦点合わせ技法）がある。SGEのリーダーは，この3種類の技法を用いてグループに対応している。

したがって，来談者中心療法から見れば，SGEは傾聴の精神に反していると思われるかもしれない。対決や助言やリーダーの自己開示は，傾聴・受容と相入れないように見えるのだろう。

しかし，どの技法を用いるにしても，メンバーの成長を援助するという精神は同じである。思いは同じだが，状況によって対応の仕方（介入の仕方）を変えたほうがよいと考える。つまり，受容・傾聴の精神が基調にあるが，その技法には固執しないのである。

ゲシュタルト療法の流れをくむSGEでは，「地」を「図」に変えるには，相手に能動的に働きかける（例，課題を出す，対決する，助言をする）必要があると考える。機が熟すまでひたすら待つだけでは，不登校が解消しないのと原理は同じである。

ただし，学校におけるSGEでは，子どもたちの発達段階を踏まえ，介入を控えめにしたようがよいだろう。

（吉田隆江）

参考：國分康孝ほか『エンカウンターとは何か』図書文化。國分康孝ほか編『エンカウンタースキルアップ』図書文化。

《介入に関する疑問》

Q21. 嫌がる人間に介入してもいいのですか

レディネスとトレランスから判断する

　嫌がるということは，その子の「抵抗が表明されていること」である。だから，まず「何を嫌がっているのか」を知る必要がある。そのうえで介入すべきか否かが判断される。つまり，その子どものレディネスと欲求不満耐性（トレランス）がどれくらいあるかを見きわめることが必要だということである。もちろん，その前提となるのが，教師とのリレーションがどれくらいできているかということであることは言うまでもない。

　それらを見きわめて，必要があれば勇気をもって介入することである。その子の問題を解決するためには，リーダーが介入していく必要があるからである。

介入する場合

　しかし，子どもに心理的な傷を負わせてしまうことは避けたい。次のような場合は，介入をあせってはいけない。

　まず，いま介入することで，その子の自尊心が傷つき沈んでしまいそうなときや，パニックを起こしそうなときはその場で介入しない。

　例えば，話したくないと思っている子がいるとする。その子は人から何か指摘されること自体が嫌だという段階の子である。うまく話せない自分が嫌だと思いつつも，それを他者から言われたくないのである。人を受け入れる準備はまだできていないのだから，人前で言われれば，さらに自信がなくなるだろうと予想される。

　そういうときは，時を待つことが必要になる。「そっとしておくよ」というメッセージを伝えて，待ってあげることである。「あなたのことが気になっているけど，いまはそっと待ってるよ。言いたくなったら言おうね」と伝えておく。そうして，日常のかかわりの中で，その子のよさを伝え，その子が，他者の言葉を受け入れられるような下地づくりをすることである。

　また，「言いたいけどうまく言えない」と思っている子に対しては，教師が補助自我になって，自分の思いを言語化できるように援助する。そばについて，フィットする言葉を教えながら言えるようにする。さらに，仲間からのフィードバックを，その子にわかるような言葉に翻訳して伝えてあげる。そして，長い目で表現する力を育てていく。

　学校の中では，継続的にその子を見ることができる。だから，話したくないとか，やりたくないと言われてもあせらないことである。長期の指導計画の中で，話したいと思えるような気持ちになるようにしていくことが重要である。

（佐藤節子）

《介入に関する疑問》

Q22. 介入する必要があると思ってもなかなかできないのですが

それでもリーダーは「勇気をもって介入する」ことをおすすめしたい。SGEのスピリットである「自分の本音に忠実になる姿勢」を体現する必要があるからである。

しかし、日ごろから人の意見を素直に聞き入れない子であることがわかっている場合などは、なかなか介入できないものである。また、自分の抱えている問題から目を背けている子に介入して指摘しても、抵抗を示すのは当然である。これらがわかっていれば、「介入」自体をためらう気持ちが起こっても不思議ではない。そういった、教師自身の気持ちを受けとめたい。

しかし、そのままではエンカウンターできない。どうしたらよいか。

時を待つ

まずは「時を待つ」ことである。心が開かれた状態でなければ、人の言うことは素直に心に入らない。そこで、教師とのリレーションづくりから始めることである。日常の中でその子を理解する。意識した声かけと、その子をわかろうとする姿勢で接していくことで、その子どもとの人間関係ができてくる。その下地ができたところで「介入」できるようになるはずである。

小出しにする

次に、「介入」していくときは少しずつ小出しにしていくことである。例えば、まず全体にコメントする。「だれでも人から言われるのは嫌ですね。でも、自分だけではわからないこともあるのです。人から言われることで自分のよいところもわかってくるんです。だからSGEでは、感じたことを素直に相手に伝えていきます。相手を非難したり、批判したりするために言うんじゃなくて、お互いにもっとよくなるためにするんですよ」。こう伝えていくことで、「介入されることに抵抗のある子ども」も、介入されることに対して、心の準備が徐々にできていく。

肯定的な関心をベースに

また、教師自身が「その子を伸ばそう」と純粋に思うことである。そうすると、自然に素直な思いになって、その子どもをありのままに受けとめ、教師の思いをアイメッセージで伝えることができるようになる。「君は、無理に語らなくてはならないと思っているんじゃないかな。そう思えて、先生は苦しくなるんだけど」といった具合である。教師の感情表現を通して、子どもは自分を見つめることができるようになっていくだろう。

介入には習熟が必要である。ベテラン・リーダーの介入(タイミング、技法)を模倣するのである。(沢里義博)

《介入に関する疑問》

Q23. 介入しないほうがいいのはどんな場合ですか？

「介入」とは，グループのSGEが促進されるように教師が軌道修正したり，自分の本音と向き合えるように応急措置をしたりすることである。グループは常に生きて動いている。グループの動きの中で，リーダーは瞬時に判断して，介入したほうがいいのか少し待ってグループの力に任せたほうがいいのかを決めなければならない。

介入をしない場合

教師は，子どもたちに「グループの中で起きた問題はグループの中で対応したり解決したりするのが原則」であるということを，日ごろから教えておくことが重要である。そのうえで，介入しないほうがいい場合というのは，子どもにSGEをした経験が少ない，自我の発達が未熟である，などのレディネス不足が原因で，介入によって子どもが傷つく可能性が高いときである。

このような場合は，介入せずに子どもの様子を見守り，エクササイズを繰り返し経験させることで，子どものレディネスを育てていく。

介入を待つ場合

また，介入の判断基準で大事なことは「すぐに介入しない」ことである。なぜなら「グループ体験活動には，人を育て人を癒す機能」があるからだ。

SGEは，グループの体験活動を通して心のふれあいを回復し，自己理解や他者理解，自己受容，自己表現・自己主張，感受性の促進，信頼体験といった6つの目的に迫るものである。これらの思考，行動，感情についての気づき，模倣，試行錯誤，共有体験が「いま，ここで」行われている本音と本音の交流を通して，人を育て，癒し，新しい感情体験・認知・行動の仕方を学習させていく。

したがって，介入しすぎることで，子ども同士が自由に発言できなくなり，思ったことを言えないような雰囲気をつくり出してしまうことは避けたい。

いちばんよいのは，例えば，ある子どもが攻撃されるのを見ていた子どもの中から「私，不愉快だ」といった発言が出てくることである。子どもたちの中に軌道修正する力があれば，教師はあとからコメントするだけにとどめればよいのである。

その場で介入しない場合も，学級は連続集団なので，あとから介入を行うことができる。この場合，まず気になる子どもの話を聞いて自我の発達の状態を確認し，それに合わせて介入を行う。その後，子どもの承諾を得て全体にフィードバックする。このフィードバックを生かしたエクササイズを継続して行っていくことで，レディネスが構築され，エクササイズの最中に介入できるようになる。

（杉村秀充）

参考：國分康孝ほか『エンカウンターとは何か』図書文化。國分康孝ほか編『エンカウンタースキルアップ』図書文化。

《実施後に関する疑問》

Q24. 合格点の目安は？

SGEを実施したあとは，子どもにとって意義のある体験であったかどうかを振り返ることが大事である。以下の4つのチェックポイントがおおむね○であれば，合格といえるだろう。

> 1. 学級集団や，子どもの現在の状態や発達段階を把握し，エクササイズを選択できたか。
> 2. インストラクションで，エクササイズのねらい，ルール，方法を十分に説明し，抵抗を防げたか。
> 3. 教師の自己開示があったか。
> 4. ねらいに関連した内容が，シェアリングの中で語られていたか。あるいは振り返り用紙に書かれていたか。

4つのポイントを達成するために，次のことを心がけていきたい。

①学級の状態や個々の子どもの実態を把握するためには，「楽しい学校生活を送るためのアンケート（Q-U）」などのアンケートを用いるとよい。

②ルールがあることで傷つけられるという懸念がなくなり，安心して自分を語ることができる。

ふざけたり，反抗的な態度をとったりして抵抗を示す子どもがいる場合，インストラクションのあとで質問したり，参加の仕方のモデルを示したりする。エクササイズ中にそのような抵抗が見られた場合は，指示を明確にし，具体的な言葉で伝え，子どもが理解できるようにする。

また，ネガティブな感情を口にする子どもがいる場合には，その子どもの発言（自己開示）を大事にすることである。どうしてそのように感じたのかを意識化させ，自分の力で解決に向かわせることで自己認識が深まる。

③自己開示とは，エクササイズ中に生じた思いや，自分の価値観などを教師が語ることである。教師への親しみを増すとともに，子どものモチベーションが高まる。

④SGEを行うと多くの子どもは喜ぶが，「今日のエクササイズは楽しかったね」だけで終わってしまってはもったいない。エクササイズを実施することで，自分のことや友達のことが浮き彫りになるということを何よりも大事にしたい。そのために教師は，子どもたちが，自分や友達への気づきを具体的な言葉で確認し，共感できるように，適切に返してあげることである。

子どもたちの表情にあまり変化が表れず，のれなかったのだと思っていても，振り返り用紙に，エクササイズの体験で多くの気づきを得られたことが書かれていることがある。そのときには，自分のエクササイズの選択にも合格点をあげたくなる。　　　（阿部千春）

参考：國分康孝監『エンカウンターで学級が変わる・小学校編2』図書文化。

《実施後に関する疑問》

Q25. 自己嫌悪に陥っている子がいる場合は？

みんなと同じようにできなかった

「ブレーンストーミング〜パイプ椅子の使い方〜」を行ったときのことである。パイプ椅子を囲んで，思いついた人が次々とその使い方を身振り手振りで伝えていくエクササイズである。

シェアリングで，A男が頭を抱えて下を向いていた。「どうしたの？ 何か嫌なことでもあったの？」。私が優しくたずねると「できなかった」とぽつり。「そう，できなかったの……」。「できなくて，くやしい？」と私がたずねると，「情けない」とA男は言った。

「グループのみんなにいまの気持ちを言ってみたら？ ぼくは，こう感じたって……」と，私はアドバイスした。彼は，グループのみんなの前で「みんなの前でできなくて情けなかった」と小さい声で言った。

すると，「私も恥ずかしくてやれなかった」と女の子。「恥ずかしいけどやったよ」「気にすることないよ」「みんなで楽しくやれたからいいんじゃないの」と，周りの子どもたちが次々と自分の気持ちを話した。A男は友達の話をじっと聞いていた。

「A男君が，自分の気持ちを正直に言ってくれたおかげで，いいシェアリングになった。ありがとう」と私が言うと，A男は恥ずかしそうにうなずいた。

自己開示しすぎた

SGEが終わった休み時間，いつも元気に遊びに行くB子が，暗い表情で席に座っていた。私はB子に「前の時間のエンカウンターで何か嫌なことでもあったの？」とたずねた。すると，B子は「2人組のインタビューで，自分の家庭のことを話しすぎてしまった。友達にどう思われたか心配だ。言わなければよかった」と話してくれた。

私は，まず「自分のことをそこまで話せたなんてすばらしい。自己開示のお手本だ」と大いにほめた。そして，次の時間に，いまの気持ちをみんなの前で言ってくれないかと頼んだ。彼女は，初めは迷っていたが，快く応じてくれた。

次の時間，B子はみんなの前で自分の気持ちを話してくれた。クラスのみんなは真剣にB子の話を聞いていた。話し終わり，2人組のインタビューの相手に感想をたずねた。すると「全然気にしていない。そこまで話してくれて，逆にうれしかった」と自分の気持ちを話してくれた。それを聞いて，B子はうれしそうだった。

私は，最後に，自己開示の手本を示してくれたB子への感謝と，B子が話した内容を口外しないことをクラスのみんなにお願いした。　　　（佐藤克彦）

《実施後に関する疑問》

Q26. 他者の言葉に傷ついている子がいる場合は？

嫌なことを言われた

　体を動かす活動的なエクササイズを行ったときのことである。いつも喜んで取り組むA子の様子がおかしい。理由を聞いてみると，グループ分けのとき，仲のよい友達に「あっちへ行って」と言われたことが気になって，うまくのれないのだという。

　さっそく，エクササイズを中断して，当事者の2人を呼んできた。A子に言った。「さっき話してくれたこと，みんなの前で言えるかな？」。A子は，首を横に振った。「それじゃあ，『さっき，あっちへ行ってって言われて悲しかった』って言ってごらん」。私は，A子の背中に手を置いて，みんなに気持ちを伝えるよう促した。A子は黙っていた。「それじゃあ，私が言うから，真似して言ってごらん」と，今度は，私のあとについて言わせた。「さっき……，あっちへ行ってって言われて……悲しかった……」。小さい声だったが，A子は自分の気持ちをみんなに伝えることができた。

　それまでA子と私のやり取りを聞いていた相手は，「A子ちゃん，ごめんね。そんなに気にしてると思わなかった」とあやまった。周りの友だちから「気にすんな」と声があがった。A子の気持ちを，みんなで分かち合うことができた。

肯定的なフィードバックを自分では嫌だと受け取った

　グループの中でお互いによいところをほめ合うエクササイズを行ったときのこと，B子がグループの男の子から「強い」と言われて落ち込んでしまった。「強い」と言った男の子は，肯定的なイメージからB子のよさを「強い」と表現したのであった。男の子に悪気はない。しかし，B子は「強い」を否定的に受け取ってしまった。

　うなだれているB子に「『強い』っていう言葉が嫌なんだね」と言うと，こっくりうなずいた。男の子に「『強い』以外にぴったりの言葉はない？」と聞くと，さあと首をかしげた。

　そこで「どういう言い方だったらB子さんのよさが伝わるかな？」と，メンバーに投げかけた。グループのメンバー全員でB子のよさを具体的にあげながら，それをどう表現すればいいか考えた。

　ある男の子が「『強い』っていうのは，最後まで我慢強いっていうことじゃない？」と言い出した。私は「いまの『我慢強い』っていう言い方はどう？」とB子にたずねた。B子は顔をあげて深くうなずいた。グループのメンバーから自分のよさについて真剣に考えてもらったB子の表情は明るかった。

（佐藤克彦）

《実施後に関する疑問》

Q27. 人間関係が悪化してしまった子がいる

　構成的グループエンカウンター（SGE）を実施したあとに「それまで仲よしで、よく一緒に遊んだり話をしたりしていたのに、口をきかなくなり、遊んでいる様子が見られなくなった」という場合がある。

　エクササイズ中に否定的なことを言われたり、価値観の違いがわかって、いままで思っていたのとは違う人なんだ、と感じて受け入れられなくなったりすることがある。また、マイナスの印象を言われるなどして、何となく近寄りがたくなる場合もある。

　SGEの中で起こったことは、その場で対応、解決することが原則だが、学校場面では、その場では気づかないことが出てくるし、対応の時間が足りないこともある。だから、実施後のフォローが重要になってくる。また、あとからでもフォローできるところに、学校の中で実施するメリットがあるとも言える。

2人への対応

　まず、個別対応することが大切である。気になるほうの子どもを呼んで、「最近遊んだり話したりしてないように見えるけど、何かあったの？」と問いかける。そこで、よく話を聞くことが大切である。感情に焦点を当てて聞くことで、気持が落ちついてくる。

　その子自身の受け取り方に偏りがあれば、そこを考えていくことで解決されていくこともある。つまり、認知を変えるということである。「いままでは自分と同じ考えだと思っていたけど、違うこともあるんだよね。そのほうが自分の考えが広がっていいんですね」といった具合である。また、友達は「よく話すね」と言ったのに、「おしゃべりだから嫌」という意味に受け取っている場合もある。言われたことの事実を確認し、吟味することで気づいてくるものである。

　こういった状態を明確にしたうえで、2人が真意を語れるような場を設定するのが、教師の役割となる。SGEの介入の要領ですればよい。互いの気持ちを確認して、それぞれのよさが見えるように調整することが大切である。

学級への対応

　その後、できれば学級全体にフィードバックするとよい。2人の間に起こった問題解決の過程に、ほかの子どもたちも学べるうえ、2人をさらに理解できる場になるからである。仲間からのピア・サポートの効果も期待できる。

　オープンになったことから、気づいたことや感じたことを伝えてもらうと、2人も言ってよかったと思うものである。こうして2人の問題は、だれにでも起こりうる共通した問題へと変化していくのである。

　　　　　　　　　　　（沢里義博）

《実施後に関する疑問》

Q28. SGEの効果を日常に生かすには

　SGEの効果が日常に生かされるとは，子どもたちが日常生活の中で本音を語れるようになるということである。あたたかい人間関係が築かれ，仲間の支えで本音を語り合えるようになったとき，子どもたちは，自分の人生の主人公になることができる。

　そのバロメータの1つが，「自分の失敗事例を他人に語れること」である。つまり，互いの違いを認め合い，「いま，ここで」の自己の感情や生き方に思いを寄せることができることである。

　結果，失敗を乗り越えたいと願い，人生に真剣に向き合う姿に仲間は感動し，支援の手を差し伸べる。その体験から，友情と信頼の気持ちが高まる。

本音を語れるまでの実践

　中学生A男は乱暴な言葉やキレやすい性格で，同級生から疎まれ悩んでいた。体育の試合では接触した相手に腹を立てたことから，得点を許し落ち込んでいた。

　友情がテーマの道徳の時間。小グループで思いを語り合うとき，A男は自分の苦しさとそのときの出来事を語った。彼の言葉に手をあげた生徒がいた。「僕もこんなことがあった。どうしていいか，いまでもつらいよ」。彼らは，気持ちを口々に共有し合った。「僕は，以前A男と同じことが何度もあったけど，こうやったらキレなくなったよ」と同じクラブの生徒が発言した。4人組になりアドバイスし合い，A男は行動を変えれば楽になることに気づいた。

　彼はその後キレることが減り，周囲にもやさしく接するようになった。

日常生活に拡大する4つのポイント

　第1は，子どもたちにとって公共性の高い話題を教師も一緒に楽しむことである。例えば，友達関係のつくり方，学習の仕方，クラブ活動での先輩や後輩との関係づくり，親子の会話など。自分だけが悩んでいるのではないことに気づかせ，子どもと教師が一緒に考える土壌をつくる。

　第2は，本音で語り合える友達や大人を模倣の対象にもたせることである。子どもの身近にいる同級生や同窓生，または家族などの事例に気づかせるとよい。

　第3は，ニーズ志向で開発的に考えることである。本音で語ることを日常の問題解決に生かすことができれば，子どもの「生きる力」をさらに引き出せる。日ごろの観察や「楽しい学校生活を送るためのアンケート（Q-U）」などを用いて集団の状態と子どものニーズを把握し，それに応じて構成する。

　第4は，シェアリングで自己理解を深めさせることである。感情を自己開示し，体験が整理できると，行動変容への意欲が高まる。

（今川卓爾）

参考：國分康孝『エンカウンター』誠信書房。國分康孝ほか編『エンカウンタースキルアップ』図書文化。國分康孝・片野智治『構成的グループ・エンカウンターの原理と進め方』誠信書房。

《実施後に関する疑問》

Q29. 次にどんなエクササイズを行うと効果的か

SGEの実施後，次回はどんなエクササイズを行おうかと考えるのは，子どもたちの反応や感想から，手応えや効果を実感した場合だろう。何をねらって実践を続けるのかをはっきりさせたい。いま，目の前にいる子どもたちの「自己理解を深める」「内面を見つめる」「他者とかかわる」のどれを促進させるのかということである。

今回の実践を振り返る

実施して初めて気づいた反省点，思い浮かんだ工夫や配慮点が，次回に行うエクササイズを考える出発点であり，最も大切にしたい点である。

私の経験から，今回の実践の見取りのポイントと，次回のエクササイズの選び方を整理する。

●初めののり

のりが悪かった場合は，抵抗が少ないことはもちろん，やり方が簡単で，取り組みやすいエクササイズをいかに選定するかに力を注ぎたい。SGEへの導入の仕方をパターン化しておくことも考えられる。

●子どもの参加の様子

積極的でない子が数人いた場合は，メインのエクササイズに取り組みやすくなるような導入のエクササイズを追加し，十分な時間を確保したい。

●グループの話し合いの様子

話し合いが深まっていなかった場合は，例えば好きなものなど，メンバーの共通点が共有できて，自然な形でグループづくりが行えるエクササイズを選定したい。子どもの実態によっては，グループサイズ（人数）を小さくして，グループ体験を積み重ねるのも効果的かもしれない。

●シェアリングの発表の様子

シェアリングの発表が少なかった場合，少人数の中で語るようなエクササイズを繰り返すことにより，発表に慣れさせたい。子どもの実態や内容によっては，書いてから発表するエクササイズも効果的かもしれない。

踏まえておきたい多様な要素

エクササイズの選定には多くの要素がからまる。

●子どもたちの反応の予測と，教師自身のSGE体験

①やってみたいし，できそうだと思えるもの，②抵抗が少ないものを選ぶ。

●エクササイズ配列の原理

①徐々に内面にふれるものへ，②少人数から多人数へ，③短時間のものから長時間のものへ，④高学年では身体的接触に配慮しながら選ぶ。

●1年間の指導を見通して

①ねらい，②実施の学期・時期や学校行事などとの関連から選ぶ。

（水野晴夫）

《実施後に関する疑問》

Q30. エクササイズを繰り返し実施する際のアイデア

同じエクササイズを繰り返すよさ

繰り返し実施することで，自己理解や他者理解が深まり，考えたり振り返ったりすることのスキルアップが図られる。

例えば「あいこジャンケン」（P.344）では，繰り返すほどに気持ちが合うようになり，相手に合わせようという意識が高まる。「いいとこさがし」（P.408）では，見つけられるいいところが増えてくる。「私はわたしよ」（P.440）では話す内容が豊富になり，シェアリングの考えも深まる，話す・聞く態度がよくなる。1回やっただけでは深まりが見られない場合でも，繰り返し考えることで，多様な見方や肯定的な見方などが鍛えられる。これらは，むしろ繰り返すことに意味があると考えられる。

おすすめのエクササイズ

繰り返すエクササイズは短時間で取り組みやすいものがいい。ショートエクササイズが参考になるだろう。朝や帰りの短学活で行う「サイコロトーキング」（P.382）「好きなもの・好きなこと」[※1]「私はわたしよ」などは，1分間スピーチの話題探しに最適である。

体を動かすものは導入として「アドジャン」「なんでもバスケット」（P.386, 374）などがある。集団をほぐし，なごやかにすることにも繰り返しが役立つ。

変化を意識させる教師のコメント

繰り返しの中で起こる小さな変化を見逃さないことが大切である。中学校1年生で行った1分間スピーチでは，4月，5月と部活動の話題ばかりが続いた。1年生にとっては新鮮な話題なのだろうが，内容をもっと深め，違う話題にも目を向けてほしいという思いがあった。そこで，「練習試合に出たということなんだけど，もっと詳しく話してくれないかな」「前のときよりも自分の気持ちが話せているね」など変化に気づかせるようなコメントを心がけた。自己開示を積極的にする生徒が増えてくると，話題も豊富になる。なお，教師も自己開示することでSGEが深まっていく。

効果を引き出すコツ

小さな変化や演出を加えることで，意欲を持続させることができる。例えば，話し合うテーマを変える，グループのサイズを変えるなどである。初め男子だけのグループから，女子も入れてのグループ，学級だけでなく学年集会のときに学年全員で……などの変化も楽しい。

（榊原康夫）

※1：國分康孝監『エンカウンターで学級が変わる・ショートエクササイズ集1』図書文化。

《ちょっとした工夫でやりやすく》

Q31. エンカウンターで約束ごとを決めておくとは

　SGEにはインフォームド・コンセントの発想が必要である。現代社会では，医療の世界だけでなく多くの分野でインフォームド・コンセントが常識になっている。学校教育も例外ではない。そして，SGEを学校で行う場合も同じである。

　学級の子どもたちに，教師がなぜSGEを行うのかという「SGEそのものの目的」と，各「エクササイズの目的」をわかりやすく説明し，理解してもらうことが必要である。これによって，子どもたちのSGEに対するモチベーションが高まるし，SGEの効果もより多くを期待できるからである。

　もう1つ，実施前に子どもたちに説明し，確認しておきたいことが「エンカウンターを行ううえでの約束事」である。事前にこの約束をしておくことで，SGEの効果も高まるし，ルール違反などによる心的外傷の予防にもつながるのである。

　以下に，私が実際に子どもたちと交わした「約束事（ルール）」を示す。

●先生の指示に従って，やることはしっかりとやろう！

　「指示されたことをしっかりと行うことで，初めて気がついたりわかったりすることがあるのです。いいかげんにやっていては，エクササイズを通して学ぶことができなくなってしまうのです」

●実習は「体験学習」という授業である！

　「この学習は，エクササイズを行い，その体験を通して一人一人が友達や自分自身について新しい発見をするなど，多くのことを学ぶために行っている『授業』なのです」

●いつまでも恥ずかしがらずに，エクササイズを行おう！

　「実習は初めての体験であることが多く，ときには『恥ずかしい』とか『何となく嫌だな』と感じることがあるかもしれません。けれど，そのときの気持ち・感情を自分のものとして見つめ，最後の『振り返り』のときに，仲間や先生に伝えたり，『振り返り用紙』に書いたりしてください。エクササイズを行っていくうちに，自分の気持ち・感情が変化していくことだってあるのです。まずは実際にやってみることです。やってみてどうであったかを教えてください」

●お互いが気持ちよく体験できるように気をつけよう！

　「先生の説明や指示を聞いていない場合，また何度注意しても指示を守らなかった場合には，厳しく注意します。特に仲間が嫌な気分になるような言動は，学級の人間関係にとってマイナスですから，絶対にしないでください」

（大関健道）

《ちょっとした工夫でやりやすく》

Q32. リチュアルの意味と効果とは

　リチュアルとは，儀式のことである。学校における儀式には，入学式，卒業式，そして学期ごとに行われる始業式，終業式などがある。社会では，成人式，結婚式，告別式などがある。

　これらの儀式には，それぞれの儀式としての異なる意味・意義がある。しかし，すべての儀式に共通していることがある。それは，それぞれの儀式が，これまで歩んできた世界から新たな世界への出発・旅立ちを意味している点，あるいはこれまでの過去と今後の未来との時間的，空間的な区切り，けじめをつけてくれるという点である。

SGEで行うリチュアルの意味

　学校でSGEを行う場合も，リチュアルは次の3つの意味において大切なことである。

　第1は，子どもたちに，「私たちはこれからエンカウンターをするのだ」という意識，心の準備をさせるということである。

　「さあ，これからSGEが始まるぞ！今日は，どんなエクササイズかな？楽しみだな。SGEの授業は，ふだんの教科の授業では経験できないような体験ができる。わくわくする」といった意識を子どもたちにもたらしてくれる効果がある。

　第2は，リチュアルを行うことによって，SGEを行う時間的，空間的な，特別な場を設定できるということである。

　本来，SGEは文化的孤島で行うが，それと同様，リチュアルを行うことによって，教室という日常的な時空間を「SGEを行う新たな世界・フィールド」にする効果も期待できる。

　リチュアルの意味と効果の3番目は，子どもたちにSGEの目的を意識させることができるということである。

　リチュアルによって，仲間への感謝の気持ちや，自分自身や仲間を大切にしようとする心を育てることにもつながっていくのである。

リチュアルの例

　具体的に，学校でSGEを行うときのリチュアルとしては，「握手」「あいさつ」「アウチ（自分の人さし指と相手の人さし指の先を合わせる）」などがある。

●始まりのリチュアルの例

　これから始まるSGEの時間に向けて，「よろしくね！」という気持ちを込めて，相手の目を見て握手（あいさつ，アウチ）をする。

●終わりのリチュアルの例

　多くの気づきと学びをもたらしてくれた学級の仲間に「ありがとう！」という気持ちを込めて，握手（あいさつ，アウチ）をする。

（大関健道）

《ちょっとした工夫でやりやすく》

Q33. スムーズなグループ分けの方法は

　グループ分けの方法を考える場合に，最も留意しなければならないのは，エクササイズのねらいを達成するのに最も適したメンバー構成は何かを考えることである。また，子どもの心理的負担を予防することも考慮したい。

　エクササイズは，リレーションづくりのものから，自己洞察を深めるものまで多様である。目的を明確にしたうえで，グループ分けの方法を選択する必要がある。

　ポイントは，次の3つと考えている。

> ①グループのリレーションの状態
> 　（モチベーション）
> ②エクササイズのねらい
> ③実施に適したグループの人数

　例えば，初めて出会う集団（クラスがえのなど）で，リレーションづくりを目的とする場合には，2人組や4人組などの少人数のグループがよい。このときには，教師主導でグループをつくるほうが動きやすい。例えば，「バースディライン」を実施して，その隣の人とペアになってもらう。あるいは「1・2・3……」と番号をふって，グループづくりをするなどである。機械的でありながら，誕生日が近い人だから親しみがわく。

　さらに，近くで相手を変えながらショートエクササイズを繰り返し実施するのも効果的である。時間も短縮でき，子どもの抵抗や心的外傷が少なくて済むからである。特にリーダーが初心者の場合は，エクササイズごとに多数のメンバーとふれあえるようにすることが大切である。グループ分けの方法にレクリエーション的な要素を加味するのもよい。例えば，くじ引きで，歌や記号が同じになった人同士がグループになるものなどがそれである。

　そのとき，教師には，「いつも同じ人同士がグループになっていないか」「男女が分かれてグループをつくっていないか」「仲間はずれの人がいないか」などに十分に気を配り，必要に応じて介入し，スムーズなグループづくりの支援をすることが求められる。

　最後に，配慮が必要な場合として，グループの段階が進んだ集団で，自己洞察を深めたり，深い自己受容・他者受容を必要としたりするエクササイズを実施する場合があげられる。なぜなら，グループづくりの際に，メンバーが自分で相手を選択するような方法を取り入れる必要が出てくるからである。例えば，「ホットシート」[*1]のように，自分の改善点とよさを言ってもらうエクササイズでは，安心して本音を言い合えるグループをつくりたい。

（黒沼弘美）

※1：國分康孝『エンカウンター』誠信書房。

《ちょっとした工夫でやりやすく》

Q34. グループの人数が半端になった場合の対処法は？

あらかじめ規模がわかっているグループであっても、当日の急な欠席や、エクササイズの途中で抵抗感を強めて見学を申し出る子が出るなど、思いがけない事態が起こりうる。なかなか計画どおりには進められないのが普通である。その中で臨機応変に対応しながら、エクササイズを遂行することが、リーダーの重要な役割である。

グループの人数が半端になってしまった場合の対処法としては、次のような方法が考えられる。

---
① グループの人数に幅をもたせる
② グループ内での役割に幅をもたせる
③ 時間の設定に幅をもたせる
④ 人的資源の活用を図る

例えば、33人で4人ずつのグループをつくる場合、ちょうど4人組にはならない。その場合、グループの人数を「3～4人」とか「4～5人」とするのが、①の方法である。この場合には、同時に②や③の配慮も必要になってくる。

②では、例えば、4人に1つずつの役割を与える場合に、3人グループでは、1人の子どもに2つの役割を兼務してもらったり、反対に5人グループでは、1つの役割を2人で受けもってもらったりするのがそれである。

また、③は、「1人○分間」などと活動時間を決める際に、人数の多いグループに追加の時間を設けたり、早く終わったグループにゆとりの時間を設けたりするのがそれである。

例えば3人グループと4人グループができているときは、4人グループに合わせてエクササイズの時間をとる。時間の関係で、語れない子がいるのにやめてしまうことは、その1人の子を大切にしていないことになる。一人一人を尊重する姿勢がSGEにはある。

④は、あらかじめ人数の過不足が予想され、そのことがエクササイズの遂行に大きな影響を与えると考えられる場合、サブリーダーなどにメンバーの補充に入ってもらうような対処法である。しかし、子どもを対象にしたエクササイズの場合には、こうした対処法は抵抗を招く恐れもあり、できるだけ避けたほうが望ましいと思われる。

最後に、エクササイズの効果を高めるために、どうしても人数の半端を出したくない場合は、思い切って、同じねらいをもった別のエクササイズを選択することも1つの方法ではないかと思う。また、人数や役割の異なる変則的なグループが1つしかない場合には、そのグループやメンバーにできるだけ肯定的なネーミング（例えば「スペシャル」など）を工夫して不安をやわらげるなど、ユーモアのセンスも忘れたくないものである。　　　　（黒沼弘美）

《ちょっとした工夫でやりやすく》

Q35. 振り返り用紙（カード）の活用法は？

シェアリングを補う

時間の制約があり，シェアリングが十分できないことがある。それを補うために，振り返り用紙に感想や気づいたことを書いてもらう。書くことによって，エクササイズで起きた感情の変化や気づきをもう1度振り返ることができる。発言するのが苦手な子も，思いを伝えることができる。

「エクササイズをやって，感じたこと，気づいたことをカードに書いてください。こんなふうに感じたとか，私はこう思いましたとか，自分のいまの気持ちを書いてくれるとうれしいです。時間は5分くらいでお願いします」と指示する。

エクササイズで嫌な思いをした子や，何となくのれなかった子を発見できるので，一人一人の書きぶりや内容をよく読み取ることが重要である。

嫌な気持ちであったことは，言い表すより紙に書くほうが，子どもは表現しやすいと私は考える。小学校の実践では，ネガティブな感情を振り返り用紙で発見することが多かったからである。いっぽう，ポジティブな気づきや感想もたくさん発見できる。書き慣れていくと，微妙な感情も，小学生なりに表現できるようになる。

ほかの子どもにも参考になりそうな記述は，次のSGEの際に紹介するとよい。よいモデル，よい刺激となるからである。ただし，それは一種の個人情報であることから，全体に紹介する前に本人の了解を求め，場合によっては匿名にするなど，扱いには慎重さが求められる。

なお，集めた振り返り用紙は子どもたちに返却し，一人一人に綴らせるとよい。エクササイズの体験の積み重ねを，振り返ることができる。文が徐々に書けるようになった，自分の気持ちに向き合えるようになったなど，子どもの心の成長の様子がわかる。

指導者の評価のために

個々の記述をていねいに読み取ることで，感情・思考・行動のいずれかに変容があったか，把握できる。

また，SGEは「面白くてためになる」体験であるから，「楽しかったか」「ためになったか」を「とても・だいたい・あまり・全然」の4段階尺度でアンケート記述させるとよい。学級の傾向を知ることができる。

反応がよくなかった場合は，ていねいに分析し，次回に生かす。よかった場合には時機を見て，同じエクササイズを実施するとよい。小学校段階では，同じエクササイズを繰り返すと，感情や思考の変容がより深まることがある。

（朝日朋子）

Q36. ワークシート・振り返り用紙作成の手順と留意点は

《ちょっとした工夫でやりやすく》

ワークシートは、エクササイズをスムーズに展開し、ねらいを効果的に達成するために用いるものである。学校で多くの子どもを対象にエクササイズを展開する際に、このシートが非常に大きな働きをする。

ワークシート作成の手順

子どもたちが取り組みたくなるようなシートを工夫することで、抵抗をやわらげ、内省の深まりや自己開示の促進が可能になる。マルチメディア世代の子どもたちだからこそ、視覚的な工夫は大きなカギとなるようだ。

エクササイズ集にあるものをそのまま利用してもいいが、子どもの実態に合わせ、使いやすいように作り変える際の手順を①〜⑤に示す。

①エクササイズのねらいと内容を理解する。

②展開にそって課題や質問などを配置する。その際、対象者に合わせた言葉を用い、指示を的確かつ簡潔に表現する。また記入欄は、空白よりも枠（箱）を設けたほうが記入しやすい。

③レイアウトは、エクササイズの流れにそった構成で、なるべく用紙1枚裏表（A4版・B4版など）で収める。字体にゴシック体やポップ体などを使用し、余白には内容に合ったカットなどを入れると、より親しみやすいものになり、子どもが課題にスムーズに入れるようだ。

⑤振り返り用紙として別紙を配布するよりは、ワークシートの最後の部分に振り返りの項目を設けて感想も記入させるようにしたほうが煩雑さを避けられる（感想欄に○行以上書くことという条件・枠を与えるのもコツである）。また、子どもの変化を理解できるという利点もある。

ワークシートを使う利点

中高生になると、書くほうが自己開示しやすいという生徒が多くなる。書くことによって思考や感情が明確化され、作業をするうちに1人で深い内省に入っていくのであろう。特に、世界内存在であることを自覚するようなエクササイズ（「内観」「キーパーソンの発見」[※1]など）はその類である。

ワークシートを使う利点は色々あるが、「いま、ここで」の自分が整理されるため、自分を語ることが苦手な子どもにとっても、抵抗が少なくなり、発表やシェアリングでも、シートを頼りに自己開示や自己主張をするようになる。

そして、何よりもSGEを実施する教師が、SGEの習熟の度合いにあまり左右されずに、どのクラスでも同程度の課題達成が見込めるという利点がある。

（淡路亜津子）

※1：國分康孝監『エンカウンターで学級が変わる・高等学校編』図書文化。

《ちょっとした工夫でやりやすく》

Q37. SGEで役立つ小道具にはどんなものがあるか

SGEを効果的に実施するための小道具を、いくつか紹介したい。

●BGM：エクササイズやメンバーの雰囲気に合った音楽を準備して流すと、抵抗を少なくする効果があるようだ。例えば、体を動かすエクササイズのときは軽快な音楽や親しみのある音楽、自分自身を見つめさせるねらいのエクササイズのときは静かな感じの音楽、などいろいろ工夫できる。

私の経験だが、宿泊の体験コースの初日にケルト音楽が流され、それが心の奥に響き、自己への気づきが深まった。BGMには、自己開示や自己発見を促す効果があると思う。

●ストップウォッチ：SGEでは現実原則を学ばせるために時間の枠を与えるが、そのためにストップウォッチは必需品である。時計を見ながらできないわけではないが、メンバーの様子を観察しながら時計の針を見るのは大変である。ストップウォッチがあると、余裕をもって実施できる。また、ストップウォッチと同じようにタイマーも便利だ。エクササイズ開始と同時にセットしておけば安心である。合図の音色もいろいろあるが、やわらかい音色のほうがエクササイズを邪魔せずによいと思う。

●笛・ベル・マイク：比較的狭い場所でエクササイズを実施するときは、マイクを使わずともよい。しかし、大声でインストラクションするのはよくないので、場所が広いときはマイクを使ったほうがよい。また、運動場などの広い場所の場合は、笛などを使うとメンバーにしっかりと伝えることができる。

●クリップボード（画板）：エクササイズの中で使用頻度が高い。これがあれば、机がなくてもワークシートに記入できる。輪になって話し合いをするときなど、机がない分、メンバー間の身体的距離を縮め、ふれあいを促進させてくれる。

●紙板書：エクササイズのねらいやルールのポイントをわかりやすく画用紙などに書いておき、メンバーに見てもらいながらインストラクションを行うと短時間で理解してもらうことができる。また、エクササイズやシェアリングのとき再確認することもできるので、準備しておくとよい。

●プリント：エクササイズに必要なワークシートや振り返り用紙（カード）など、ねらいが深まるよう言葉やカットなど工夫して準備しておくとよい。

●その他：クレヨンや画用紙、サイコロ、新聞紙、ゼッケン、はちまきなど、いろいろな小道具をエクササイズに応じて事前に準備することが大切である。

（大漁博子）

Part 1 エンカウンターについて知ろう【入門】
第1章 構成的グループエンカウンターとは
第2章 学校教育に生かす構成的グループエンカウンター

Part 2 エンカウンターをやってみよう【実践】
第3章 実施までの手順
第4章 インストラクション
第5章 エクササイズ
第6章 シェアリング
第7章 介入
第8章 振り返りとアフターケア
第9章 継続的な実践とプログラム

Part 3 柔軟に展開しよう
第10章 いまここでのSGEをめざして
第11章 子ども・学級の理解と育成
  1 心を育てる意味と方法
  2 集団を育てる意味と方法
  3 教師と子どもの関係
  4 リーダーの役割
  5 学級状態の確かめ方
第12章 構成の工夫
第13章 リーダーとして求められるもの

Part 4 エクササイズカタログ
第14章 スペシフィックエクササイズ
第15章 ジェネリックエクササイズ

Part 5 資料編

教育基本法をひもといてみても，学校教育の目的が，自他の人間の存在価値を尊重し，自分の生活をコントロールし，社会的に自立した形で自己責任を積極的に果たそうとするパーソナリティの完成をめざすものであることは明らかである。近年強調されてきた「心の教育」をあらためて言うまでもなく，教育の目的は，究極的には心を育てることである。

したがって，「心を育てることの意味は」と聞かれれば，個人のパーソナリティの完成を支援することであるといえよう。

人とのかかわりの中で，社会とのかかわりの中で，自分なりに輝ける個性をもつ人間が形成されていく。「人間は人の間で人になる」とは，まさにこのプロセスを指しているといえよう。

対人関係の中で心が育つ

人間が心理社会的に発達をとげ，自己を確立したり，パーソナリティを完成したりするためには，その発達段階に見合った対人関係を体験学習することが不可欠である。

対人関係は，その人の心のよりどころとして情緒の安定に寄与するだけではない。「他者」「自分」という視点は，人とかかわり合うことを通してはじめて生まれる。そして，自分というイメージは，他者から得る，自分に対するフィードバック（評価，励まし，叱責，

肯定など）により形成される。

したがって、自己の確立、パーソナリティの完成にいたるプロセスでは、いろいろなタイプの人とかかわり合い、自分のいろいろな面を体感することが必要である。

また、青年期に入る時期から、人は自分なりの価値観を形成するようになる。それには、自分は何を大事にしたいのか、どのように生きていきたいのか、という実存的な問題を語り合えるような対人関係をもつことが必要である。そのような仲間との交流により、自分に対するイメージが、自己概念として形づくられていく。

このように、対人関係には、①より広く、②より深く、という2つの側面があり、この直交するベクトルのバランスをとることが必要である。

そして、対人関係は、適度な負荷の中で、試行錯誤しながら体験的に学習されることが理想的といえる。つまり、社会の規則や道徳観を教え込むより、集団生活の中での対人交流を通して、自ら気づき、学び、身につけていくことがより重要なのである。

このように対人関係を体験的に学習する方法として、構成的グループエンカウンター（SGE）が最適なのである。

■学級こそ心の教育の中心地

学級という集団に所属して、授業やさまざまな活動に他の級友と共に取り組んだり、休み時間や給食などを共にしたりという一連の集団活動・生活は、単に公教育を効率化するためだけのシステムではない。

学級集団は、学校における子どもたちにとっての社会であり、友人たちとかかわり合う中で自分の責任、個性を自覚し、自分らしく生きることを学習する場なのである。自分を確立していく場なのである。したがって、学級での活動は、心の教育の中心となる、とても大切な統合された教育プログラムといえよう。

学級生活・活動それ自体が、学校教育の目的を具現化する、基本的な単位なのである。その学級という単位で行われる授業や活動は、統合された教育プログラムの中の、言うなれば、一つ一つの部分集合である。

授業や活動の中には、当然、心の教育の要素である、対人交流が溶け込んでいるはずである。学級で行われる一つ一つの授業や活動に、級友たちと共に取り組むことを通して、最終的には自分の発達課題にも取り組んでいくことになる。それだけに、学級の子どもたちの人間関係の状態、学級集団の状況は、学習環境として重要な意味をもつ。

学級経営は、心の教育の中心と言っても過言ではない。集団体験学習の面をもつSGEを活用することで、心を育てる機能がより充実することだろう。

（河村茂雄）

Part1 エンカウンターについて知ろう【入門】
第1章 構成的グループエンカウンターとは
第2章 学校教育に生かす構成的グループエンカウンター

Part2 エンカウンターをやってみよう【実践】
第3章 実施までの手順
第4章 インストラクション
第5章 エクササイズ
第6章 シェアリング
第7章 介入
第8章 振り返りとアフターケア
第9章 継続的な実践とプログラム

Part3 柔軟に展開しよう
第10章 いまここでのSGEをめざして
第11章 子ども・学級の理解と育成
1 心を育てる意味と方法
2 集団を育てる意味と方法
3 教師と子どもの関係
4 リーダーの役割
5 学級状態の確かめ方
第12章 構成の工夫
第13章 リーダーとして求められるもの

Part4 エクササイズカタログ
第14章 スペシフィックエクササイズ
第15章 ジェネリックエクササイズ

Part5 資料編

集団の力を活用した教育の必要性

　子どもたちを，学校あるいは学級という集団の中で教育するということは，大きなグループアプローチの1つであるといえるだろう。

　グループアプローチとは，参加するメンバーの教育・成長をめざした，グループ，集団での生活体験のことである。その生活体験が，体験学習としての意味をもつようプログラムされているわけである。発達途上にある学齢期の子どもたちにとって，人とのかかわりが自己の確立に不可欠な要素であることを考えると，学校・学級での活動や生活という集団体験は，まさにグループアプローチそのものとなる。

　そして，構成的グループエンカウンター（SGE）は，教育におけるグループアプローチの有効な方法の1つである。SGEは，「構成」することでメンバーが相互に影響を与え合う力を効果的に活用するからである。

　逆に言えば，子どもたちが学級での活動や生活を通して，集団体験の効果を得られないとしたら，その学級集団は単に知識や技能を効率よく習得する場でしかないということになる。子どもたちが知識や技能を習得する場や方法が，学校以外にもたくさんある時代である。子どもたちが学級の生活に感じる魅力も，相対的にどんどん低下してしまうだろう。

　したがって，集団を育てることの意

味は、集団のもつ機能や特性を活性化させ、子どもたちにより多くの良質な集団体験を提供し、子ども一人一人を育むことである。

■個人と集団との関係

個人と集団との関係は、「らせん」のようになっている。学級を集団として育成することが子どもたち一人一人の育成につながり、子どもたち一人一人への対応が、結果として学級集団の育成につながっていくのである。

集団とは、構成員個々の単純な総和以上の性質をもっている。また集団は全体として、個人のように独特の個性をもっており、それがその集団の風土になる。そして、集団に所属する成員一人一人の行動は、その集団の影響を受けるのである。「朱に交われば赤くなる」というように、校外で非行グループとつき合っていくうちに、子どもが反社会的な傾向をおびていくというのはその例である。

また同時に、集団は成員個々の行動や成員相互の関係性によって形づくられ、常に変化していく。例えば、4月当初に学級編成がえが行われた同じ学年の2つの学級でも、半年たった時点で1組が親和的でまとまりのある学級集団を形成しているのに対して、2つ目の組は学級崩壊状態を呈してしまった、というケースもありうる。所属する子どもたちの関係のあり方で、集団が特定の方向に形づくられていくわけである。

これらのことに配慮しながら、集団と個人のあり方を同時にとらえて育成していく必要がある。

SGEは個人と集団との関係を押さえたうえでプログラムを構成して展開できるので、個と集団を計画的に育成することができるのである。

■個人を育てる集団とは

人が集団に所属するということは、いい意味でも逆の意味でも、変容のきっかけになることが多い。したがって、教師には、子どもたちの心理社会的発達を建設的に促進するような集団を育成することが期待されるのである。

集団は、成員個々の行動や成員相互の関係性によって、「成熟」「退行」という2つの相反する力のバランスで形成されていく。したがって、時間とともに成熟していく場合もあれば、退行し、崩壊していく場合もある。

子どもたちの心理社会的発達を促進するような集団とは、成熟していく方向に向かっている集団である。

「成熟」：凝集→統合→変化→組織化
　　　　（リーダーシップの分散）

「退行」：解体→分裂→安定化→混沌化（リーダーシップの拡散）

成熟の方向に向かっている集団には、

次の2つの要素が確立していることが必要条件になる。

1つは，集団内のルールの確立である。対人関係に関するルール，集団活動・生活をする際のルールが全員に理解され，集団内に定着していることが必要である。ルールが定着していることで，集団内の対人関係のトラブルが減少し，子どもたちは他者から不必要に傷つけられないという安心感の中で過ごすことができる。友人との交流も促進される。SGEは「構成」をするので，ルールの定着を促進しやすい。

もう1つは，リレーションの確立である。リレーションとは互いに構えのない，ふれあいのある本音の感情交流がある状態である。集団内にリレーションがあることで，子どもたち同士の間に仲間意識が生まれ，集団活動（授業，行事，特別活動など）が協力的に，活発になされるのである。SGEは役割交流のうえに無理のない感情交流が生じるように計画されているので，リレーションが確立されやすい。

これら2つの条件を満たし，集団として成立した学級集団が，集団としてさらに成熟していくと，その学級集団は教育力をもつようになる。

集団のもつ「教育力」とは，子どもたちが学級で生活する中で，相互に学び合って社会性を身につけたり，親和的な人間関係の中で，自分を対象化する作用が生まれ，自己の確立を促進したりすることである。このように教育力のある学級集団は，所属する子どもたち一人一人にとっての居場所となり，彼らの心理社会的な発達を促進するのである。

集団を育てる方法

では，教育力のある集団を育てるにはどうしたらよいか。

それには，学級全体にルールとリレーションの統合的な確立をめざしながら，集団の中で，子どもたち一人一人が建設的な人間関係を，より広く，より深く，形成・維持できるように支援していくことである。この原理にそって学級が育っていくようSGEを活用する。

次に，集団が成熟に向かってたどる具体的な段階を説明したい。

①混沌・緊張—2人組の段階

集団成立初期の段階である。子どもたちは学級の中で他の子どもたちとどうかかわればよいのか，とまどっている状態である。

ここでは，SGEによって子ども同士でかかわったり，何人かで活動したりする場を設定し，そのやり方やルールを明示して，共有させることが必要である。

ルールを守って行動したら楽しかった，という思いを子どもがもてるように支援できるかがポイントである。

②4人組―小集団の段階

　学級内に小集団ができ始めた状態である。少しずつ学級の凝集性が高まってきている状態でもある。

　3，4人の小グループが乱立し，また，それらに入れない子どもたちが孤立傾向にあるなどの様子が見られる。小グループの利益が全体に優先し，互いのエゴがぶつかって，グループ間の対立も少なくない。

　ここでは，学級のルールをもとに問題解決に取り組むことが必要である。なぜそのようなルールが必要なのか，どうしてこのように行動しなければならないのかを詳しく説明し，納得できるように理解させることが，ルールの確立につながっていく。

　またこの段階では，すべての子どもたちがどこかの小集団に属し，その中で緊張なく，楽しく活動できるような体験をSGEで積み重ねることが大切である。

③小集団―中集団の段階

　いくつかの小集団が統合し，より大きな規模の集団で動ける機能が成立してきた状態である。

　この時期に注意すべきことは，力の強い小集団が周りの小集団を支配するような形にならないようにすることである。中集団が上下関係によって組織されるのではなく，小集団同士が協働していくうちに互いに開かれていき，中集団として統合されるという形が求められるのである。

　このとき，ルールをもとに学級集団で活動するためのコツを，子どもたちに体験学習させることが必要である。より大きな活動に取り組めた喜び，他の友人とかかわる楽しさをSGEで体験できると，学級集団はさらに成熟に向かっていく。

④中集団―学級全体集団の段階

　学級集団としての機能が成立し，そのもとで子どもたちが自主的に動けるようになってきている段階である。

　課題ごとに，それが得意な子どもがリーダーシップをとるので，リーダーは固定せず，課題にふさわしい柔軟な組織づくりが可能となる。

　集団がこのような状態になると，子どもたちは集団活動・生活の中から，自発的に，自然に，とても多くのことを学ぶようになる。SGEでも豊かなふれあいと気づきが生じるようになる。

　集団の状態は，成熟と退行の間を行ったり来たりしながら変化するものである。けっして一直線に成熟に向かうものではない。その時点での状態に合った対応が必要である。　　（河村茂雄）

参考：國分康孝監『エンカウンターで学級が変わる・小学校3』図書文化，P.24〜27。河村茂雄『学級崩壊　予防・回復マニュアル』図書文化。

Part1	エンカウンターについて知ろう【入門】
第1章	構成的グループエンカウンターとは
第2章	学校教育に生かす構成的グループエンカウンター

Part2	エンカウンターをやってみよう【実践】
第3章	実施までの手順
第4章	インストラクション
第5章	エクササイズ
第6章	シェアリング
第7章	介入
第8章	振り返りとアフターケア
第9章	継続的な実践とプログラム

Part3 柔軟に展開しよう

第10章　いまここでのSGEをめざして

第11章　子ども・学級の理解と育成
1　心を育てる意味と方法
2　集団を育てる意味と方法
3　教師と子どもの関係
4　リーダーの役割
5　学級状態の確かめ方

第12章　構成の工夫
第13章　リーダーとして求められるもの

Part4	エクササイズカタログ
第14章	スペシフィックエクササイズ
第15章	ジェネリックエクササイズ

Part5　資料編

■ 子どもから見た教師の存在

いまの子どもたちは，教師との人間関係を，友達関係の延長線上，私的な二者関係のレベルからとらえる傾向がある。これは，家庭や地域で幅広い人間関係を体験学習していないため，ある程度公的な，役割を伴った相手との人間関係のもち方がわからないことが多くなってきたからであろう。

そのため，教師と児童生徒たち一人一人の間に親和的な二者関係が形成されていない状態で，教師と児童生徒という役割関係を前面に出しすぎると，教師に抵抗感をもってしまい，心を閉ざすことがある。教師と距離をとる，教師の指導や指示を素直に聞かないという態度や行動は，その結果として表れたものととらえられる。

学級集団の育成の第1歩は，教師と一人一人の子どもとの二者関係づくりである。これは学級で構成的グループエンカウンター（SGE）を実施するときに，リーダーとしての教師に必要な条件でもある。

■ 二者関係づくりのポイント

子どもたちは出会った相手に対して，だいたい2か月以内で自分なりのイメージを固定させる傾向がある。したがって教師との二者関係の形成においても，新学級での出会いから2か月がとても重要である。ここで教師に否定的

なイメージをもってしまうと，そのイメージにこだわって，1年間ずっと教師にかかわってくる。

　良好な二者関係を形成する秘訣は，4,5月の段階で，子どもたちに教師の人間的魅力を伝えることである。それがうまくいくと，子どもたちは自ら教師に心を開いてくるようになる。

　教師の人間的魅力とは，教師に対する「親近感」や，自分を受け入れてくれるという「被受容感」のことである。また，一緒にいると楽しい気分になれるという「明朗性」にひかれる場合もある。さらに，ものすごくバレーボールがうまいなど，ある種のあこがれ「準拠性」にひかれる場合もある。

　このような教師の人間的魅力は，子どもとのある程度のパーソナルな関係の中で伝わるものである。したがって，教師はSGEを実施する際に，学級全体の前で意識的に自己開示を行う必要がある。また同時に，一人一人の子どもとのちょっとしたかかわりの中でも自己開示を行うことが必要不可欠である。廊下で出会ったとき，休み時間の教室で，ほんの数分でいいのである。

　このような教師との小さなかかわりの積み重ねが，現代の子どもたちには重要である。

人間的魅力と教師役割のバランス

　子どもは自我が未熟なので，教師に対して安心感をもち始めると，甘えてきたり，自分だけへの特別な対応を望んだりするようになる。そういう形で人間関係を確認するのである。

　ここが次の段階へのステップである。子どもと同じレベルだけで対応していると，ふれあいがなれあいになってくる。子ども個人との関係と，学級全体の中での関係にもギャップが出てきて，子どもも教師も葛藤してくる。

　そこで，子どもとの個人的な関係だけでなく，教え方のうまさなどの「専門性」，熱意などの「熟練性」をもとにした教師役割の魅力を伝えることができると，子どもは教師を教師として信頼するようになる。SGEを実施する場合も，インストラクションをわかりやすく，興味がもてるように，楽しく行い，なぜ取り組むのかという意味を，その教師なりに語ることが教師役割の魅力を伝えることにつながる。

　教師の人間的魅力と教師役割の魅力を十分感じることができた子どもは，教師を1人の人間としてのモデルととらえるようになる。その結果，教師の指導や指示に，自ら耳を傾けようとする。

　一人一人が教師との間に二者関係をしっかり築けていると，子どもは精神的に安定する。それが子ども同士の関係にも好影響を与え，教師は子ども同士の人間関係づくりを積極的に展開することもできる。2つの魅力の発揮の仕方について学習するには，合宿制のSGEに参加し，リーダーをモデリングするとよいだろう。　　　（河村茂雄）

Part1	エンカウンターについて知ろう【入門】
第1章	構成的グループエンカウンターとは
第2章	学校教育に生かす構成的グループエンカウンター

Part2	エンカウンターをやってみよう【実践】
第3章	実施までの手順
第4章	インストラクション
第5章	エクササイズ
第6章	シェアリング
第7章	介入
第8章	振り返りとアフターケア
第9章	継続的な実践とプログラム

Part3 柔軟に展開しよう

第10章　いまここでのSGEをめざして

第11章　子ども・学級の理解と育成
1　心を育てる意味と方法
2　集団を育てる意味と方法
3　教師と子どもの関係
4　リーダーの役割
5　学級状態の確かめ方
第12章　構成の工夫
第13章　リーダーとして求められるもの

Part4	エクササイズカタログ
第14章	スペシフィックエクササイズ
第15章	ジェネリックエクササイズ

Part5	資料編

　学級経営を行う教師と，構成的グループエンカウンター（SGE）のリーダーとは似ている。つまり，両者に共通するリーダーとしてのあり方，リーダーシップの発揮の仕方が共通している。

　換言すれば，教師は，学級という集団で行われる授業・活動などの体験学習を通して，最終的に子どもたちの人格の形成を支援していく役割をもつ。このような役割をもつ教師は，SGEのリーダー像に近づいていくことが理想になると思う。

リーダーの役割

　リーダーの役割は大きく2つある。1つは，メンバーの教育・成長を促進する集団体験が生まれるような集団の育成である。もう1つは，その体験がメンバーの気づきとなるよう支援することである。

　この役割を達成するために，リーダーには集団の機能や特性を活性化させることが求められる。集団の機能や特性とは，同じ集団に所属する者同士の協同の活動や，日々の集団生活の中で発生する，人間関係の相互作用のことである。

　学級集団を育成することは，子どもたち一人一人の育成につながり，子どもたち一人一人への対応は，結果として学級集団の育成につながっていく。つまり，個人と集団との関係は，らせんのようになっているのである。

■ 役割を遂行するための過程

教師が，リーダーとしての役割を遂行するためには，次のプロセスが必要である。
①教育の目的，学級経営・集団育成の目的を明確にする。
②子どもの特性，学級集団の状態をアセスメントする。
③②の結果にそったリーダーシップ・スタイルを採用する。
④③に応じたリーダーシップを発揮する。
⑤成果を適宜評価し微修正をしながら柔軟にリーダーシップを発揮する。
①は本章1,2節，②は本章5節，③④⑤は12章3-5節を参照してほしい。

■ 教室でのリーダーの役割

教師がリーダーとなって教室でSGEを実施する場合，次の2点を中心にリーダーシップを発揮することが必要である。1つはルールの定着，もう1つはリレーションの確立である。メンバーの教育・成長を促進する集団体験が生まれるような集団には，この2つが必要条件になるからである。

現状の学級集団の状態をスタート地点として，そこからルールとリレーションがしっかりと確立するように対応していく。
①ルールの定着

インストラクションで，エクササイズの内容と同時に，取り組む際のルールをしっかり確認しておく。また，エクササイズの展開中も，ルール違反があった場合には，集団の状況を勘案しながら，毅然とその子どもやグループに介入する。

人とかかわるためのルールが定着すると，学級内の対人関係のトラブルも減少する。すると，子どもたちは傷つけられないという安心感をもつことができ，友達との交流も促進される。
②リレーションの確立

リレーションの状態を勘案し，無理のない感情交流を促す。エクササイズの選定，展開する際のグループサイズ，取り組む時間設定など，子どもたちや集団の状態に合った構成のあり方を決定する。

リレーションができると，子どもたち同士の間に仲間意識が生まれ，集団活動が協力的に，活発になされる。

以上を要約すると，リーダーの役割とは，集団を育成する過程で個人の発達を支援すること，個人の支援を集団の育成にそった中で行うこと，となる。

個人と個人の関係，個人と集団との関係，集団全体の状態は，常に変化していく。状況に合ったリーダーシップを発揮するためには，集団に関する理論，集団をアセスメントする方法，集団を育成する理論とスキル，柔軟なリーダーシップの理論とスキル，カウンセリングの理論とスキルを知っておくことが求められる。 （河村茂雄）

Part1 エンカウンターについて知ろう【入門】
- 第1章　構成的グループエンカウンターとは
- 第2章　学校教育に生かす構成的グループエンカウンター

Part2 エンカウンターをやってみよう【実践】
- 第3章　実施までの手順
- 第4章　インストラクション
- 第5章　エクササイズ
- 第6章　シェアリング
- 第7章　介入
- 第8章　振り返りとアフターケア
- 第9章　継続的な実践とプログラム

Part3 柔軟に展開しよう
- 第10章　いまここでのSGEをめざして
- **第11章　子ども・学級の理解と育成**
  1. 心を育てる意味と方法
  2. 集団を育てる意味と方法
  3. 教師と子どもの関係
  4. リーダーの役割
  5. 学級状態の確かめ方
- 第12章　構成の工夫
- 第13章　リーダーとして求められるもの

Part4 エクササイズカタログ
- 第14章　スペシフィックエクササイズ
- 第15章　ジェネリックエクササイズ

Part5 資料編

　学級集団とそこに所属する一人一人の子どもの育成は，現在の状態をアセスメントすることからスタートする。現在の状態を押さえておかなければ，対応が効を奏さないばかりか，マイナスの結果にいたる場合がある。

　例えば，親和的な雰囲気のない集団では，子どもたちは友達と表面的にかかわろうとする。その中で内面を語らせるような対応をすれば，子どもたちは抵抗しトラブルも生じかねない。

　アセスメントする内容は，次の3点である。
- 子ども個人の把握
- 学級集団の状態の把握
- 学級集団と個人との関係の把握

Q-Uを用いたアセスメント

　標準化された質問紙の中で，教師にとって使い勝手のよいものに「楽しい学校生活を送るためのアンケートQ-U（小・中・高校生用）」がある。これは「いごこちのよいクラスにするためのアンケート（学級満足度尺度）」と「やる気のあるクラスをつくるためのアンケート（学校生活意欲尺度）」の2つの下位尺度から構成されている。

　ここでは，そのうちの「いごこちのよいクラスにするためのアンケート（学級満足度尺度）」を中心に紹介する。この下位尺度1つで，前述の3点のアセスメントが同時にできるという利点があるからである。

学級満足度尺度は，2つの得点から子どもの学級生活における満足感を計る。得点の1つは，子どもが自分の存在や行動が級友や教師から承認されているか否かを示す「承認得点」である。もう1つは，不適応感やいじめ・ひやかしなどを受けているかを示す「被侵害・不適応得点」である。それぞれの得点を，全国平均値と比較して4つの群に分類する（295ページ図1）。なお，2つの軸の直交しているポイントは，標準化されたときの全国平均値（図は小学校用）である。

4つの群に分類される子どもの特徴は，以下のとおりである。
①学級生活満足群
「承認得点」が高く，かつ「被侵害得点」は低い。

不適応感やトラブルも少なく，学級生活・活動に意欲的に取り組めている子どもである。
②非承認群
「承認得点」が低く，かつ「被侵害得点」も低い。

不適応感やいじめ被害を受けている可能性は低いが，学級内で認められることが少なく，自主的に活動することが少ない，意欲の低い子どもである。
③侵害行為認知群
「承認得点」が高く，かつ「被侵害得点」も高い。

対人関係でトラブルを抱えているか，自主的に活動しているが自己中心的な面があり，ほかの子どもとうまくいっていない可能性の高い子どもである。被害者意識の強い子どもも含まれる。
④学級生活不満足群
「承認得点」が低く，かつ「被侵害得点」は高い。

いじめや悪ふざけを受けている，不適応になっている可能性の高い子どもで，学級の中で自分の居場所を見いだせないでいる子どもである。不登校になる可能性が高いといえる。

学級状態に応じた展開の仕方

学級満足度尺度の結果（学級全体のプロット）から，さらに学級集団の状態を推測することができる。また，学級集団の状態と子ども個人の位置から，集団と個人の関係性を把握することも重要な視点である。これらを応用して，学級崩壊の予防もできる。

学級には，親和的なまとまりのある学級，グループの対立がありギスギスした学級，バラバラでまとまりのない学級，しらけた学級，騒然とした荒れた学級など，さまざまな状態がある。学級満足度尺度の結果パターンと照らしながら，以下に解説していきたい。

図2は，学級の子ども全体の被侵害得点が，平均以下に抑えられているものの，承認得点の差が大きくなっている例である。

一見静かで，落ちついたような学級に見えるが，学級生活を送る子どもの意欲に大きな差が見られ，人間関係も

希薄な学級集団のときに出現する。

このような状態では，エクササイズにゲーム的な要素を盛り込むなどして，子どもたちが楽な感じで交流できるようにSGEを展開するとよい。終わったあとに，またやりたいなと思わせることができたらとてもよい。また，教師もインストラクションでより自分を出した自己開示をするなど，役割を越えたかかわりの工夫が必要である。

図3は，学級の子ども全体の承認得点は平均以上に高まっているのだが，被侵害得点の差が大きくなっている例である。

一見元気で，にぎやかで，子どもが自由にのびのびとしている雰囲気の学級のようだが，学級内の行動規範が低下し，係活動の遂行などに支障が見られ始め，子どもの間で小さなトラブルが頻発している学級集団のときに出現するプロットである。

このような状態では，インストラクションでルールの確認を，手短かに，しかし確実に行うことが求められる。できれば望ましい取り組み方，望ましくない取り組み方などの例を実際に示して，ルールを守るという意識を高めておくことも必要である。

エクササイズは，やり方が複雑でなく，短時間でできるものが望ましい。ルールを守ってみんなで活動したら楽しかったという体験を，少しずつ蓄積していくことが大事である。

図2，3の状態の学級集団に対して，具体的な対応がなされないまま同じような状況が続いていくと，図4のプロットが出現する。

それまで学級のプラス面としてとらえられていた，一見静かで落ちついた雰囲気（図2の学級）や，一見元気でにぎやか，子どもが自由にのびのびとしている雰囲気（図3の学級）が徐々に喪失していく。そして，学級集団は教育力のある集団としての条件を失った状態になっていく。これは，学級内にルールとリレーションが喪失したことを意味している。

このような状態になると，教師のリーダーシップは徐々に効を奏さなくなり，子どもたちの間では，互いに傷つけあう行動が目立ち始めてくる。

したがってSGEを行う際には，子どもたちが心的外傷を負わないような配慮が特に求められる。ルールの確認はもちろん，実施する目的をしっかり説明し，同意のうえで参加するという契約をすることも必要だろう。

エクササイズは，感情交流を強く求めるというよりも，役割交流を中心としながら，その中で無理のない感情交流が生まれればよいというレベルで取り組むとよいだろう。

物理的に可能ならば，TTの教師，副担任，養護教諭などがサブリーダーとして参加し，リーダーをサポートする形で展開するのが理想である。個別対応が可能になるからである。

図5は，いわゆる学級崩壊の状態像

のプロットである。学級生活不満足群に70％以上の子どもがプロットされた状態は，すでに集団としての体をなさない。学級は教育的環境としての意味をもたず，授業は成立しない。それどころか，子どもたちは集まることによって傷つけあい，学級に所属していることにも肯定的になれないのである。

このような状態で無理にSGEを実施する必要はない。かかわり合うことでさまざまなトラブルが出現するし，素直な感情交流もむずかしいからである。ただし，子どもたち一人一人が個別に書いたものを教師が集めて整理し，1枚のプリントにして配布するなどの方法は有効であろう。要するに，直接かかわることなく，子ども同士の感情交流を促すわけである。

SGEの実施は，学級集団の状態の把握がスタートとなり，その結果から，教育実践やSGEの取り組みの目的と方法を検討していくことが不可欠である。適切なアセスメントができれば，SGEの効果はとても向上し，学級集団の育成も計画的にできるだろう。

（河村茂雄）

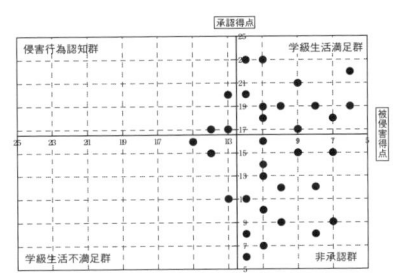

図2　リレーションに問題が見られる学級のプロット

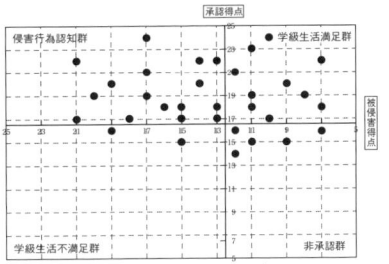

図3　ルールに問題が見られる学級のプロット

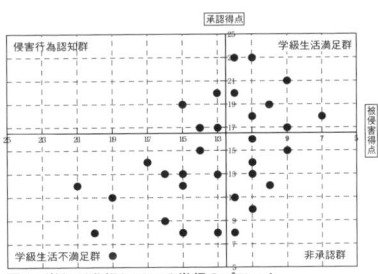

図4　崩れが進行している学級のプロット

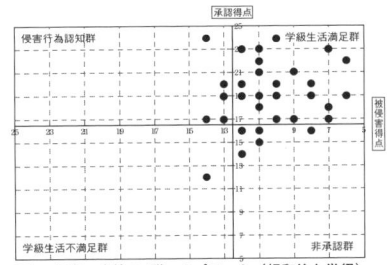

図1　児童・生徒の4群へのプロット（親和的な学級）

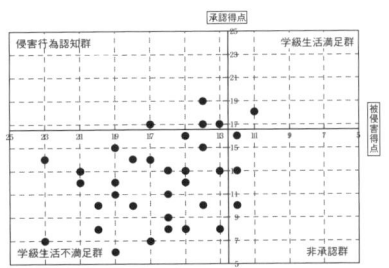

図5　崩壊状態の学級のプロット

参考：河村茂雄「楽しい学校生活を送るためのアンケートQ-U」図書文化．河村茂雄編『Q-Uによる学級経営スーパーバイズ・ガイド 小・中・高等学校編』図書文化．河村茂雄『学級崩壊　予防・回復マニュアル』図書文化．

Part1　エンカウンターについて知ろう【入門】
第1章　構成的グループエンカウンターとは
第2章　学校教育に生かす
　　　　構成的グループエンカウンター

Part2　エンカウンターをやってみよう【実践】
第3章　実施までの手順
第4章　インストラクション
第5章　エクササイズ
第6章　シェアリング
第7章　介入
第8章　振り返りとアフターケア
第9章　継続的な実践とプログラム

Part3　柔軟に展開しよう
第10章　いまここでのSGEをめざして
第11章　子ども・学級の理解と育成
第12章　構成の工夫
　1　構成のねらいはどこにあるのか
　2　何を構成したらよいか
　3　子どもの理解力に合わせる構成
　4　集団の状態に合わせる構成
　5　ねらいが深まる構成
第13章　リーダーとして求められるもの

Part4　エクササイズカタログ
第14章　スペシフィックエクササイズ
第15章　ジェネリックエクササイズ

Part5　資料編

構成とは何か

構成的グループエンカウンター（SGE）の「構成的」とは，「枠を与える」という意味である。おもな枠には，グループのルール，グループサイズ，グループの構成員，時間制限，エクササイズをするときの条件がある。「枠を与えられたグループの中で，枠を与えられたエクササイズを体験し，与えられた時間とトピックという枠の中で体験をシェアし合う」のがSGEである。したがって，構成とは対象とする集団や個々のメンバーの状態をアセスメントし，ねらいを設定し，それぞれの枠を，ねらいが達成しやすいように工夫することである。

なぜ構成が必要か

①心的外傷の予防

　これが，構成が必要な最大の理由である。特に学校教育でSGEを活用する場合は「薬にはならなくても毒にならない」「効果はなくても逆効果は避ける」ことが最低限の条件である。もし構成なしに自由にホンネを言い合えば，自我も人間関係スキルも未熟な子どもたちは，お互いに傷つけ合う可能性がある。

　SGEは学級という継続集団を単位として行われる。この集団は，日常の利害や葛藤関係の延長線上にある。この点を考慮しつつ，日常の人間関係に配

慮したり自我の発達に効果的な構成を工夫したりする必要がある。

②コミュニケーション能力の育成

自己開示を促進するためにも構成が必要である。また、学校教育で子どもたちに活用する場合は、自己開示し合うためのコミュニケーション能力の育成という視点も欠かせない。SGEはコミュニケーションスキルを体験学習できるよい機会である。それが構成の工夫によって可能になる。

例えば、話し方や聞き方を指定する。話し手は「私は〜です。なぜならば〜だからです」と結論を先に述べ、理由をつけ足す。聞き手は、口をさしはさまずうなずきながら聞く。これを繰り返すことがトレーニングにもなる。また傾聴することの大切さに気づくチャンスともなる。

③ルール意識の確立

SGEには時間厳守のルールがある。宿泊のワークショップでは、セッションの最初に、リーダーは全員がそろっていることを確認する。エクササイズの中でも「2分以内」とか「15分間」というような時間制限を設ける。また、初めには前後左右の人と握手をしてあいさつをするリチュアルがある。

人がただ集まっただけでは集団とはいえない。このようなルールを共有する体験を通して、集団としてまとまっていくのである。

豊かな体験ができる集団にするためには構成が必要である。それが結果としてルールの中で自分を生かす社会的な力を身につけることにつながる。

④対象の状態に合わせる

子どもたちは、コミュニケーション能力や理解力が未発達である。インストラクションで説明しただけではエクササイズのやり方を理解できないことも多い。ペアを決めるときに、自由に相手を選べず、日常の人間関係を考慮して、教師がグループを指定しなければならない場合もある。このような対象の状態に合わせてエクササイズの展開を工夫する必要がある。

「四つの窓」のエクササイズを例に説明してみよう。4つの選択肢から1つを選んで移動し、その理由を伝え合う場面をどのように構成するか。

方法は2つ考えられる。全体でやる場合とグループでやる場合である。前者は、時間はかかるが、言い方がわからない子や理由が思いつかない子にとってはモデリングの機会が多く有効である。また、教師が一人一人をサポートすることもできる。後者は時間がないときに便利である。

子どもたちにSGEの経験が少ないときや低学年の場合には、前者の形で展開することが多い。最初は前者の形で流し、あとはグループでというアレンジもある。要は自分の目の前の子どもたちにふさわしい展開ができるよう構成することである。　　　（品田笑子）

参考：國分康孝ほか『エンカウンターとは何か』図書文化。

Part 1 エンカウンターについて知ろう【入門】
第1章 構成的グループエンカウンターとは
第2章 学校教育に生かす
　　　構成的グループエンカウンター

Part 2 エンカウンターをやってみよう【実践】
第3章 実施までの手順
第4章 インストラクション
第5章 エクササイズ
第6章 シェアリング
第7章 介入
第8章 振り返りとアフターケア
第9章 継続的な実践とプログラム

Part 3 柔軟に展開しよう

第10章 いまここでのSGEをめざして
第11章 子ども・学級の理解と育成
第12章 構成の工夫
　1　構成のねらいはどこにあるのか
　2　何を構成したらよいか
　3　子どもの理解力に合わせる構成
　4　集団の状態に合わせる構成
　5　ねらいが深まる構成
第13章 リーダーとして求められるもの

Part 4 エクササイズカタログ
第14章 スペシフィックエクササイズ
第15章 ジェネリックエクササイズ

Part 5 資料編

非日常性の設定

　構成的グループエンカウンター（SGE）の時間には，日常生活の利害や葛藤をいったん棚上げし，いま，ここでのふれあいに専念できるような仕掛けが必要である。非日常性を演出し，SGEの世界に入る覚悟をさせたい。

　例えば最初と最後のあいさつを，教室で通常行われている号令ではなく，前後左右の人と握手する，異性を含めた10人と握手する，アウチをするといった方法に変えるなどが考えられる。また，机を廊下に出して椅子だけにする，オープンスペースに移動するなど場所を変える手もある。呼んでほしい名前やペンネームをつけ，SGEの時間はそれで呼び合うことも有効である。SGEの時間の約束を合言葉にして掲示し，みんなで読み合うことで，特別な時間であることを意識させることもできる。

　ルールとして定型化できれば，SGEの世界に入るリチュアル（儀式）となり，非日常性を演出できる。

グループサイズ

　小学校低学年は大人数のグループでエクササイズを行うのはむずかしい。まずは2人組で行う。相手を変えながら多数のクラスメイトとのふれあいを経験させたい。クラスがえ直後などでまだ人間関係が希薄な状態では，年

齢・学年を問わずこうした配慮が必要である。人間関係の深まりや広がり，発達の状況をチェックし，3人組，4人組……というように段階的にグループサイズを広げていく。

■ メンバー構成

全員が未知のメンバーなら，適当にグルーピングして徐々に人間関係を深めていけばよい。しかし既知のメンバーの場合は，日常の人間関係の状態によっては構成を工夫する必要がある。孤立している子，自己中心的な子，障害を抱えている子などがいる場合も同様である。生活班を活用するだけでなく，くじ，ゲームなどで盛り上げてグルーピングしたり，エクササイズで徐々に抵抗を取り除いたり，気になる子をさりげなくグループに入れたりするなど細かな配慮が必要となる。性差を意識する年ごろでは，男女混合グループが必ずしも効果的といえない場合もある。一人一人の子どもたちや集団の状態を事前に把握し，それに合わせた構成を工夫したい。

■ 時間制限

時間制限を設け，守らせることは，参加者全員の権利を守り，平等に体験の機会を与えるために必要である。グループに与えられた時間を1人が全部使うことは，他のメンバーが自己表現のチャンスを奪われることになる。

しかし，時間制限の効果はそれだけではない。例えば，グループに与えられた課題を協力して達成しようとするときなど，凝集性を高め，体験に集中するきっかけとなる。「あと5分でーす」などと残り時間を告げたり，終了1分前からカウントダウンしたりすると，急に活動が活発になる。

また，もう少し時間がほしいという要望があっても決然として終了することは，時間は有限であること，だからこそ大切であることを子どもたちに気づかせることになる。しかし，延長することで，グループが1つになることもある。「やめ」という言い方1つも，あなどれない構成の要素である。

■ エクササイズの条件（ルール）

エクササイズをするとき，「身振り手振りで意志を伝え合う」とか「グループの人には必ずコメントを書く」などと条件をつけるのは，ねらいを達成しやすくするためや，心的外傷を防ぐためであることが多い。もし自由に「ありがとうカード」を書かせたら，たくさんメッセージをもらう子とまったくもらえない子が出てしまう。また，言語が使えないから必死で意志を伝えようとし，その結果グループがまとまるのである。

エクササイズの条件は感情体験の豊かさを育てる要因になる。（品田笑子）

Part1 エンカウンターについて知ろう【入門】
第1章 構成的グループエンカウンターとは
第2章 学校教育に生かす構成的グループエンカウンター

Part2 エンカウンターをやってみよう【実践】
第3章 実施までの手順
第4章 インストラクション
第5章 エクササイズ
第6章 シェアリング
第7章 介入
第8章 振り返りとアフターケア
第9章 継続的な実践とプログラム

Part3 柔軟に展開しよう

第10章 いまここでのSGEをめざして
第11章 子ども・学級の理解と育成

第12章 構成の工夫
1 構成のねらいはどこにあるのか
2 何を構成したらよいか
3 子どもの理解力に合わせる構成
4 集団の状態に合わせる構成
5 ねらいが深まる構成

第13章 リーダーとして求められるもの

Part4 エクササイズカタログ
第14章 スペシフィックエクササイズ
第15章 ジェネリックエクササイズ

Part5 資料編

　構成的グループエンカウンター（SGE）を学校で実践する場合，子どもたちの理解力によってエクササイズのやり方を工夫する必要がある。小学校高学年に対する授業と低学年に対する授業では，やり方がまったく違うのと同じである。

　しかしSGEに対する子どもたちの理解力は，年齢による違いだけでなく，集団によっても異なるうえ，SGE経験の有無にも左右される。

　小学校高学年だからといって，高学年用のエクササイズや展開の仕方が合っているとは限らない。低学年に対するように，細かく具体的に説明するなどの配慮が必要なこともある。中学生，高校生でも同様である。あくまでも実態に即した工夫が必要である。

　ここでは，一般的な年齢の区切りで述べるが，対象とする子どもたちの理解力をきちんと把握して，それに合った構成を工夫していただきたい。また，集団全体の傾向と同時に，個人差への配慮も必要である。

■ デモンストレーション

　インストラクションを終え，いざエクササイズに取りかかろうというときに，「何するの？」と聞く子どもは多い。「あんなに真剣に聞いていたのに何で……」とがっかりする瞬間である。

　デモンストレーションとは，「百聞は一見に如かず」のとおり，子どもた

ちの前で実際に教師（リーダー）がエクササイズをしてみせて，具体的な手順を理解させることである（P.127）。

特に小学校低学年では，教師が全体にする話は自分に向けられたものではないと思ってしまう子が多い。直接教えてもらうという二者関係から卒業していないのである。とはいえ一人一人に直接説明して歩くのではエクササイズは展開できない。そのときに有効な方法がデモンストレーションである。

デモンストレーションは，教師が1人でやってみせる場合と，だれかと一緒にやってみせる場合とがある。

相手を子どもたちの中から選ぶとエクササイズを身近に感じ，取り組む意欲が高まる。また低学年などは，数人を相手にしたり，子ども同士でもやらせたりすると意欲が高まる場合も多い。

ティームティーチング（TT）体制がとれるときは，教師同士でやる場合もある。特にエクササイズの内容が少し複雑なときは有効である。

時間があるときには，VTRで実際の場面を見せながら，ときどき一時停止するなどしてインストラクションとデモンストレーションを同時に見せると理解しやすい。

なお，デモンストレーションは，手順をわかりやすく説明するだけでなく，エクササイズの雰囲気を決定づける効果がある。教師がSGEらしい自己開示を交えてデモンストレーションを行えば，教室には，がぜん本音と本音でふれあう雰囲気が流れ始める。

同じエクササイズを繰り返す

たとえ簡単なエクササイズでも，やり方を理解して手順どおりに動くだけで精いっぱいになってしまうことがある。それでは，本音と本音のふれあいを味わったり，自分の気づきに耳を傾けたりする余裕など生まれない。特に小学校低学年のように，言語理解が未熟でSGE体験も乏しい時期は，「1度ではできない」という前提で始めたほうがよい。

そこで，同じエクササイズを繰り返し実施する。繰り返し実施は，参加意欲を高め，ねらいを達成しやすくする。

繰り返し実施の例

相手が同じでも違っても，繰り返し実施するほうが効果的なもの
「背中合わせの会話」「ジャンケン手の甲叩き」
相手を変えれば何回でも新鮮に体験できるもの
「友達ビンゴ」「質問ジャンケン」
定期的な繰り返しに意味があるもの
「いいとこ探し」「ありがとうカード」「パチパチカード」「☆いくつ」
テーマを変えることで繰り返し実施できるもの
「友達ビンゴ」「四つの窓」「サイコロトーキング」「スゴロクトーキング」「ブレーンストーミング」

事前に練習する

うまくいけば意味のあるエクササイズでも，子どもたちにとっては，やり方を理解するのがむずかしい場合がある。そのような場合は事前に少しずつ練習し，やり方をマスターさせておくとよい。

①朝の会や帰りの会で

SGEは小グループで活動することがほとんどである。サイコトーキングなどのようにグループごとにやるエクササイズの場合，教師の援助なしできるようになるには，かなりのエンカウンター経験が必要である。

グループで活動するときに，個別に支援しなければならない子が多いと教師がグループを回ってフォローする。しかし，それにも限界がある。

そこでこのような場合，「日直のサイコトーキング」のように朝の会のプログラムに位置づけ，前もって何度か実施するとよい。日直はたいてい2人くらいである。理解力に応じて事前に指導することやその場でアドバイスすることもできる。

あとは「いつものサイコトーキングをグループでやってみよう」と言えば，すぐにエクササイズが始まる。

要は，どの程度の練習をしたらグループごとにできるようになるか，子どもたちの理解力を把握し，計画を立てることである。

②ゲームで

ゲームの形で体験することも，エクササイズのやり方を理解しやすくし，ねらいの達成につながる。

例えば，「友達ビンゴ」などは，ビンゴのやり方を数字で練習しておくとよい。しかし，市販のビンゴカードを使った体験だけではむずかしい場合がある。1年生に実施したとき，1～50までの数字の書き込みを自力でできない子が多かった。これは繰り返し練習するしかない。

テーマに対して，自由連想でビンゴカードを完成するエクササイズを予定している場合には，選択肢から選んでカードを完成する形を体験しておくなどのステップを踏むとよい。

ただ，1回のエクササイズのために膨大な時間を使う以上，テーマを変えたら何度でも体験が可能なエクササイズにしたほうがむだがない。

③段階的な実施

段階的な実施とは，教師が子どもたちの理解力をきちんと把握し，ねらい達成に向けて，事前に基礎となる体験を積み上げていくことである。

これはかなりの準備や時間が必要なので，体験すること自体が大きな意味をもつエクササイズに使いたい。

例えば「みんなでリフレーミング」は，「優柔不断」と見える性格も，見方を変えれば「慎重」と見ることができると気づき，自分も他者も肯定的に

受けとめられるようになるエクササイズである。劇的な効果が期待できる反面，思考力が必要とされる，高度なエクササイズでもある。

健全な異性理解の元となる自己理解・他者理解を育てるために，リフレーミングを小学4年生で実施する計画では，段階的に実施することでむずかしさを克服し，成功に導くことができる。具体的に，原田の実践を例に説明する。

小学4年生という自己概念の形成期にある子どもたちにとって，リフレーミングは，自己を肯定的にとらえるきっかけにできる反面，やり方を理解することも，実際にリフレーミングすることもかなりむずかしい。これを実現させるために，原田は以下のように段階的に実施した。

●基盤になる気づきの材料を集める

この実践は「男らしさ・女らしさを超えた自分らしさ」に気づいてほしいという願いから発している。そこで，まず，自分自身について考えるために「自分発見カード」を作成する活動を設定した。この活動で子どもたちは「自分の短所」「長所」「自慢」「独自の体験」「好きなこと」「ちょっと嫌だと思うこと」をカードに整理した。

●話し方の基礎力づくり

さらに並行して，帰りの会で「私は○○です。なぜならば○○だからです」という話型に，1日の感想をあてはめて発表させた。

●グループで話し合う基礎力づくり

授業では，課題に対する自分の考えを隣同士で話し合い，その後4人組になって発表し合う活動を体験させた。

このようにグループによるリフレーミングの基礎体験を積み上げた。

●本番のエクササイズの組み立て

本番では，まず導入として，全員で「性格・特徴を表す言葉集め」をして，黒板に掲示した。

次にこの結果と自分発見カードを参考に，自分の長所と短所を10個書き出した。事前に1度考えてあったので，多くの子がスムーズにできた。

そして掲示資料を活用し，教師のリードでリフレーミングの練習をしたあと，グループごとにリフレーミングを行った。

そこでは，友達の短所をなんとか長所に変えようと知恵を絞る子どもたちの姿を見ることができたそうである。また，友達が自分のことのように熱心に考えてくれたことが，貴重な体験になった子もいたそうである。

「段階的な実施」は，単にこのエクササイズにつなぐという目的だけで行うものではない。子どもたちのコミュニケーション能力を高め，ワンランク上のエクササイズの効果を体験できる基礎となるためのものである。

(品田笑子)

参考：原田友毛子「リフレーミングを用いた性に関する指導」，國分康孝監『エンカウンターで学級が変わる・小学校編3』図書文化。

Part1 エンカウンターについて知ろう【入門】
第1章 構成的グループエンカウンターとは
第2章 学校教育に生かす構成的グループエンカウンター

Part2 エンカウンターをやってみよう【実践】
第3章 実施までの手順
第4章 インストラクション
第5章 エクササイズ
第6章 シェアリング
第7章 介入
第8章 振り返りとアフターケア
第9章 継続的な実践とプログラム

Part3 柔軟に展開しよう
第10章 いまここでのSGEをめざして
第11章 子ども・学級の理解と育成
第12章 構成の工夫
 1 構成のねらいはどこにあるのか
 2 何を構成したらよいか
 3 子どもの理解力に合せる構成
 4 集団の状態に合わせる構成
 5 ねらいが深まる構成
第13章 リーダーとして求められるもの

Part4 エクササイズカタログ
第14章 スペシフィックエクササイズ
第15章 ジェネリックエクササイズ

Part5 資料編

第11章でも明らかなように，SGEによって子どもたちに効果的な集団体験をさせるためには，教師が集団の状態を把握し，それに合わせてねらいを設定し，構成を工夫する必要がある。その手順を無視して実施すると，子どもたちに豊かな体験を提供できないばかりか，ダメージにつながってしまう危険性がある。

ここでは，実際のエクササイズの展開場面を例にあげ，学級集団の状態に合わせた構成の工夫を紹介する。

■ ペア・グループづくりの工夫

①ゲームを活用して

クラスがえ直後のようにまだ人間関係が浅い集団では，自分たちでペアをつくることに抵抗がある。まずは席の隣同士でペアをつくることから始めるとよい。しかし，人間関係を広げるためにはいつまでも隣同士でというわけにはいかない。そこですすめたいのがゲームの活用である。機械的に前後の座席を交換する，列を入れ替えるなどの方法もあるが，ゲームを取り入れて楽しさを感じさせることが抵抗を取り除くきっかけになる。

例えば，こんな方法がある。いろいろな長さのテープを2本ずつブラックボックスの中に入れておく。それを一人一人が引き，同じ長さの人を探してペアになる。探すときに非言語でやりとりすれば，子どもたちは一気に盛り

上がる。クラスを2つに分け，別々にカードを引いて，同じカードが出た人同士がペアになるという方法もよい。

このようにゲームを活用した運命のペアリングを試してみてほしい。テープやカードの組合せを変えれば，グルーピングの方法としても応用できる。

②仲よしペア・仲よしグループから

学級に小グループがいくつもでき，対立している状態では，教師が意図的にペアやグループをつくろうとしても抵抗が起きる。子どもたちに不安が高く，グループ以外の人とふれあう余裕がないのである。

このような場合は，仲よしペアやグループから，エクササイズを始めるしかない。その中でお互いのよさを認め合うことを繰り返し，徐々に緊張と不安を解く。心に余裕ができたところで少しずつ違うメンバーによるグループへと移行していきたい。

■ 段階的なプログラムと自己開示

子どもたちの人間関係がまだ浅い場合や葛藤・不安がある場合には，エクササイズで深い自己開示をすることに抵抗がある。まず，簡単で短時間にできるゲームなどを繰り返し，ていねいに緊張を解く必要がある。次に，自己開示を内面にあまり踏み込まない程度に設定してエクササイズを実施したい。

例えば「二者択一」では，子どもたちの発達段階と興味関心のある身近な内容を選択肢にする。小学生なら「スネ夫とジャイアンのどっちになりたい」，中学生以上なら「歌手と俳優のどっちになりたい」とか「○○と△△のアイドルではどっちが好きか」とかである。その際，2人組をつくるときのあいさつや発表の仕方の形式を決め，それに従って自己開示をさせる。

初めのうちは1回に1テーマを行うのがよい。うまくいかなくても短時間なら影響が少ない。継続して実施していく過程で学級の状態が改善されてきたら，徐々に自己開示の程度を調節していく。

■ ワークシートを活用して

学級集団の状態によっては，直接子ども同士をふれあわせないほうがよいこともある。ルールやリレーションが崩れているときは，ふれあいが傷つけ合いになってしまうからである。

そんなときは，教師と子ども一人一人との関係づくりからていねいに始めることをすすめる。ワークシートに一人一人が意見を書き込み，それを回収して教師がコメントを書くのである。そして，子どもたちの書いたものや結果を，匿名で学級通信に載せて伝えれば，教師の完全コントロールのもとで子ども同士の交流が可能になる。

このようなワークシートの例として紹介したいのは，保健室・相談室・適応指導教室での「教室に行けない子」

への支援方法として考案されたものである（参考文献参照）。これらは，子どもが1人でワークシートを読みながら書き込めるようになっている。「あなたのこと教えて」「私のヒットチャート」「お願いドラえもん」「先生ちょっと聞いてよベスト3」「まほうのゴミ箱」「めちゃ×2ランキング」などのワークシートは，そのまま学級でも活用できるが，対象の子どもたちに合わせてアレンジが必要な場合もある。

シェアリングを最初に

SGEでは，インストラクション→エクササイズ→シェアリングのワンセッションが一般的な流れである。しかし，話し合いによるシェアリングができない学級状態の場合は，振り返りカードへの記入で一人一人が体験を振り返り，1時間を終えることも必要である。

振り返りカードの結果は，教師がまとめて次のSGEの時間の最初に全体に伝え，それを受けて展開するとよい。つまり，前回のシェアリング→インストラクション→エクササイズ→振り返りカード記入という流れである。実際にこの展開を試したことがあるが，冒頭のシェアリングが動機づけとなり，毎回の参加意欲が高まった。

紙上討論で動機づけ

学級のルールが崩れ，子どもたちに投げやりな行動が目立ってきたときには，SGEも含めて建設的な活動に抵抗を示すことがある。「めんどくさい」「かったるい」などと参加しなかったり，ふざけてじゃまをしたりする子がいるので，インストラクションもエクササイズもなかなか進まない。時間がふだんの何倍もかかり，たとえ実施できても効果が見られないことが多い。

このように，子どもたちに目的意識がない状態では，ねらいの達成は望めない。このような状態の軌道修正に使えるのが「紙上討論」である。

学級には，非建設的な行動をとりながらも，心の底では「このままではいけない」と思っている子が必ずいる。強く自己主張する子の勢いに押されて，何も言えない子もいる。そこで，表だっては言えない建設的な意見や願いを文章に書かせ，匿名で全体に提示するのである。

それについての考えを文章で書かせ，また全体に提示する。これを繰り返していく。だれが何を書いたかを知っているのは教師だけである。プライバシーが守られるので，自由に自分の意見を主張できる。その結果，「このままではいけない」「いい学級にしたい」という願いをもつ子どもが増えていく。それを受けて，SGEを実施すると参加意欲が高まる。「紙上討論」の詳しい実施の仕方については，参考文献を参照してほしい。　　　　　（品田笑子）

参考：河村茂雄編『ワークシートによる教室復帰エクササイズ』図書文化。品田笑子「聞き方トレーニング」，國分康孝監『エンカウンターで学級が変わる・小学校編3』図書文化。

集団の状態に合わせた構成の工夫

	Ⅰ期	Ⅱ期	Ⅲ期	Ⅳ期	Ⅴ期
活動人数	2人組	小集団 4人組	中集団 8人組	大集団 学級全体	取り組みに応じた集団
メンバーの構成	仲のよい者	考え方が似ている者	対立のない者	違う考えをもつ者	
ルールや役割の構成	自由度が少ない	構成度がやや強い	自由度と構成度が半々	自由度がやや高い	自由度が高い
1回の時間 継続期間	1時間 1～2週間	2～3時間 1か月	半日まで 2か月	1日まで 3か月	1日以上可能 3か月以上可能
活動のレベル	協力すれば容易に取り組める	集団で試行錯誤する幅が少しある	試行錯誤することが2～3ある	活動それ自体が試行錯誤	
交流のレベル	特定の課題への取り組みや、役割を介した表面的交流	部分的な感情交流の場がある	役割交流と感情交流が半々	役割交流をきっかけにした感情交流が主となる	自分の考えや価値観をぶつけ合える
教師の働きかけと留意点	・隣同士でペアになり、協同作業や認め合い活動を通して安心感を感じる。 ・2か月をめどに3人の異なる相手と2人組を体験させる。	・2人組をくっつけて協同作業や認め合い活動を行い、安心できる範囲を広げさせる。 ・集団内での役割の取り方や連携の仕方を体得させる	・互いの思いや願いをすり合わせ、共同で活動する練習をする。 ・互いの力を合わせると、もとの量以上の取り組みができることを体得させる。	・集団の動いていく方向や、それと個人との関連を定期的に評価させる。 ・大目標に対して下位目標を設定するなど、大集団での活動の仕方を体得する。	・エクササイズにふさわしい集団の規模を、その都度設定する
枠の強さ	・モデルを示し模倣させる ・事前に不適切な行動を取りあげ禁止する	・複数のモデルから選択させる ・事前に不適切な行動を明示する	・代表例をもとに工夫させる ・代表例を参考に、自己表現させる	・リーダーによるインストラクションで自由に行動する	・必要最低限のルールで自主的に行動する

■使い方

集団の段階に応じたエクササイズのアレンジとは何か，どのような課題ならできるのか，どんな指導が必要なのかなどをこの表で確認できる。

例えば，出会いの初めであるⅠ期では，仲のよい者でペアを組ませて，内容がかなり決められている（構成度が高い）活動に取り組ませる。そして，協同作業やいいとこさがしなどを体験して，集団の中で自分が安心できる相手をつくっていく。

転載：河村茂雄「学習集団の育て方」，國分康孝監『エンカウンターで総合が変わる・小学校編』図書文化より一部改変。

Part1 エンカウンターについて知ろう [入門]
- 第1章 構成的グループエンカウンターとは
- 第2章 学校教育に生かす構成的グループエンカウンター

Part2 エンカウンターをやってみよう [実践]
- 第3章 実施までの手順
- 第4章 インストラクション
- 第5章 エクササイズ
- 第6章 シェアリング
- 第7章 介入
- 第8章 振り返りとアフターケア
- 第9章 継続的な実践とプログラム

Part3 柔軟に展開しよう
- 第10章 いまここでのSGEをめざして
- 第11章 子ども・学級の理解と育成
- **第12章 構成の工夫**
  1. 構成のねらいはどこにあるのか
  2. 何を構成したらよいか
  3. 子どもの理解力に合わせる構成
  4. 集団の状態に合わせる構成
  5. **ねらいが深まる構成**
- 第13章 リーダーとして求められるもの

Part4 エクササイズカタログ
- 第14章 スペシフィックエクササイズ
- 第15章 ジェネリックエクササイズ

Part5 資料編

■ インストラクションの工夫

インストラクションはエクササイズの目的，やり方，ルールを説明することで，子どもたちの不安を軽減し，参加意欲を喚起する役目をもっている。簡潔明瞭であると同時に，内容や方法が，目の前の集団に合っているかどうかが重要である。

学級集団で構成的グループエンカウンター（SGE）を行う場合，子どもたちは日常的な人間関係の延長線上にある。その弊害を排除するとともに，日常の関係を効果的に生かすことが，ねらいを深めることにつながる。

例えば集団の状態から，子どもたちが「やりたくない」と言うなど，実施に対して抵抗をもつことが予想されることがある。その場合は，やり方やエクササイズの目的を説明する前に，学級の状態について解説し，さらにSGEの体験により，どのような改善が期待できるかをていねいに説明したい。

また，抵抗はなぜ起こり，どんな反応があるか，それが学級の状態にどのように影響を与えるか，例をあげて説明しておくとよい。自分の行動と学級の未来との関係を知ることで，安易に抵抗できなくなる。そして真剣に取り組んだ姿をタイミングよく認め，建設的な行動へのきっかけにするとよい。

例えば，「みんなの中には自分の気持ちを話してもわかってもらえないのではないかと不安で，参加する気持ち

になれない人がいると思う。その気持ちを『やりたくねえよ』と言ったり、ふざける、笑ってごまかすという形で表したりすることがあります。これは、勇気を出して参加しようとしている人から見れば、とても残念だと思う。もちろんクラスの雰囲気も悪くなるよね。不安なときは遠慮なく『みんながわかってくれるか、ちょっと心配なんだ』と正直に言ってほしいな」という具合である。

さらに、日常生活の生の例を活用することも工夫の1つである。それがトラブルであっても、望ましい行動であっても、意味づけしだいでねらい達成への動機づけになる。事実には、一般論にはない迫力がある。それには教師作成のアンケートや、「楽しい学校生活を送るためのアンケート（Q-U）」の結果を提示するのも1つの方法である。エクササイズのねらいを理解すれば、積極的な参加につながる。

例えば、「このあいだのアンケートの結果をまとめてみたら、『自分の気持ちをわかってくれそうな友達が見つからなくて、学校に来るのがつらい』と感じている人が○人くらいいることがわかりました。先生は、全員が学校に安心して来られるようにしたいと思うんだけど、みんなはどうかな」と子どもたちの同意を求め、「そのきっかけにするために、先生が考えている友達づくりの作戦を試してみたいんだけど、協力してくれないかな」と続ける。

さらに、エクササイズ中にどのような体験が予想できるかをインストラクションで説明することも、ねらいを深める方法である。

例えば「トラストウォーク」をするときに、「目をつぶっているときに、危なくないように相手が一生懸命に自分を守ってくれているのを感じたり、手のあたたかさを感じたりする人がいると思います。また、怖いという気持ちがわかってもらえなくて困ったりするかもしれません。案内する人は、怖がっている相手を見て、どうしたら安心して歩いてもらえるだろうかと悩むかもしれませんね。どちらも、体験しているときの気持ちをよく覚えておいてください」という具合である。

あまり強調しすぎると、過剰適応を起こしたり、体験に対する評価的な態度につながったりする危険性がある。しかし、あらかじめ例を聞いていたからこそ「これがそうか」と意識できるメリットもある。特に小学校低学年は、自分で自分をモニタリングすることが苦手なので、体験を意識化できないことが多い。事前に体験のイメージをもたせる工夫をしたい。

教師の自己開示

フィクションよりノンフィクションのほうが子どもたちには身近に感じられる。教師は、インストラクションやシェアリングで、積極的に自分の体験

を語りたい。教師の自己開示は，子どもたちの自己開示のモデルになる。触発されて子どもたちの自己開示が促進されれば，ねらいの達成に近づく。

■ シェアリングの構成

SGEのねらいは，体験を言語化し合い，それを共有する過程で深まっていく。つまり，ねらいの深まりはシェアリングの内容しだいである。しかし，SGEを教育実践に取り入れている人の悩みで，最も多いのがシェアリングのさせ方である。

大人のSGEでは「エクササイズを通して感じたり，気づいたりしたことを語ってください」と内容を限定せずに促すことが多い。しかし，子どもたちに同様に促すと，「楽しい」「面白かった」などと表面的な感想しか出ず，シェアリングの場面が停滞してしまう。それは，自力で体験を振り返り，自分の感情や行動をモニタリングし，言語化する能力が未発達であることに原因がある。そこで，シェアリングのときに表現の仕方を教えたり，モデルになる言い方を取り上げたりしてスキルを育てていく必要がある。

また，「友達に質問されているときにどんな気持ちになったか発表してください」というように，シェアリングの内容を指定する方法も効果がある。もちろん，それだけに限定せず自由に発言できるような配慮は必要である。

さらに，エクササイズのようにシェアリングを構成することも，シェアリングを活発にする方法である。

例えば，以下のような手法がある。

① 「四つの窓」を活用

エクササイズ「四つの窓」(P.378参照)をシェアリングに活用できる。

まず，子どもたちから「楽しかった」「うれしかった」「おどろいた」「ちょっとつまらなかった」などという感想が出たら，教室を4つのコーナーに分け，感想ごとに集まる場所を指定する。次に，子どもたちに，自分の気持ちに1番近いコーナーに移動してもらう。そのコーナーの中で，どこが楽しかったのか，なぜ楽しかったのかなどの理由を発表し合わせるのである。

「私は〜です。なぜならば〜だからです」にあてはめて発言させると発表しやすい。次々に相手を変えながら2人組で伝え合う方法もある。最後に，聞いて「なるほど」と思った友達の感想を紹介させれば，個と全体をつなぎ，体験を共有できる。

私は，SGEの導入初期によくこの方法を使う。すぐに言えない子はパスをし，みんなの発表を聞いたあとに，自分と1番近い考えだった人の意見をヒントにして言っていいというルールを決めておくと，無理なく全員が言えるようになる。それを続ければ，やがて自信がついて，自分の独自性が出てくる。一人一人のシェアリングの視点が

育っていけば，内容の質も向上し，形式を指定しなくてもよくなる。

「四つの窓」だからと，なにも4という数にこだわることはない。3つでも，2つでも，もっと多くてもよい。要は，同じ意見同士でグループになることで安心感が生まれ，同じ意見でも理由が違うことを発見できることが大切なのである。それがこの方法を活用する意義である。

②歩きながらシェアリング

次々に相手を代えながらじゃんけんをするゲームがある。それと同じように，エクササイズを通して感じたことなどを，次々に相手を代えて伝え合う方法である。

まず，出会った人と握手をする。

どちらが先に自分の感想を言う。じゃんけんで順序を決めさせてもよい。感想は，例えば次のように言う。

「私は，このエクササイズをしてうれしかったです。なぜならば，走るのが1番早いBくんと同じチームになったからです。あなたはどうですか？」

それ受けて相手が返す。

「ぼくは，このエクササイズをしてびっくりしています。なぜならば，クラスで1番小さいCさんがすごくじゃんけんが強かったからです。ありがとうございました」

そして，お辞儀をして別れ，次の相手を探す。

このように一応の型を提示し，それにあてはめてやっていくうちに，子どもたちは表現することに慣れてくる。

この方法のよさは，集団にさらされないので，自己表現に抵抗をもっている子も失敗を気にせずにできることである。教師も個別援助がしやすい。また，同じことを繰り返し言っているうちに表現することに慣れる。私の経験では，声が小さく人前でまったく発表しない子でも，この方法だとまずは仲よしの友達を選んで試し，次には，指名された友達にはだれでも同じように返すことができるようになった。

③二重円でシェアリング

子どもたちを二重の輪にして座らせ，目の前の人と感想を発表し合う。

次に輪のどちらかを左右どちらかに1人分ずつ移動させ，同様に目の前の人同士で発表し合う。これを繰り返すのである。つまり，オクラホマミキサー方式である。

この方法だと相手を選ぶことができないので，なれあいを防ぎ，全員と交流させることができる。時間がなければ，2人とばしに回るなどと指示すればよい。

指導例に載っている定番のシェアリングの仕方にこだわらず，自分の学級の実態に合わせていろいろアレンジし，シェアリングの能力を育ててほしい。

（品田笑子）

参考：品田笑子「シェアリングの仕方」，國分康孝監『エンカウンターで学級が変わる・小学校編3』図書文化

Part 1　エンカウンターについて知ろう【入門】
- 第1章　構成的グループエンカウンターとは
- 第2章　学校教育に生かす構成的グループエンカウンター

Part 2　エンカウンターをやってみよう【実践】
- 第3章　実施までの手順
- 第4章　インストラクション
- 第5章　エクササイズ
- 第6章　シェアリング
- 第7章　介入
- 第8章　振り返りとアフターケア
- 第9章　継続的な実践とプログラム

Part 3　柔軟に展開しよう
- 第10章　いまここでのSGEをめざして
- 第11章　子ども・学級の理解と育成
- 第12章　構成の工夫
- 第13章　リーダーとして求められるもの
  1. リーダーに求められる態度・思想
  2. アセスメントの能力
  3. リーダーシップ
  4. 知っておきたいカウンセリング技法
  5. エンカウンターを学ぶには
  6. エクササイズ開発のヒント
  7. エンカウンターを自分自身に生かす
  8. エンカウンターを支えるカウンセリングの理論

Part 4　エクササイズカタログ
- 第14章　スペシフィックエクササイズ
- 第15章　ジェネリックエクササイズ

Part 5　資料編

　教師は構成的グループエンカウンター（SGE）によって，子どもたちが，人とのかかわり合いを学び，自己成長していくことを望む。このとき，リーダーを務める教師にも，求められる態度や思想がある。

　それは，多種多様の思想・価値観をもった子どもたちを対象に，1つの思想・価値観にだけとらわれないようにするためである。また，SGEを行ううえで，自分の考えのよりどころとなる哲学をもっておくことが必要になるからである。

　ここでは1人の人間として，リーダーに求められる態度や思想を述べる。

■すべての人を受け入れる態度

　リーダーに第1に必要なものは，すべての人を受け入れる態度である。

　SGEにはグループの成長力，教育力がある。このグループの成長に伴って個人が成長していく。

　それゆえリーダーは，個人が成長する力，つまり自分自身で問題解決をする能力を信じ，メンバー一人一人を大切にすることが求められる。

　換言すれば，SGEのリーダーは，人を愛する力が試されるのである。ここで言う愛とは，すべての人の存在を認めるということである。そして，その存在をかけがえのないものとして尊重するということなのである。

よりどころとなる哲学をもつこと

第2に必要なものは、自分の発言や行動の前提になる哲学をもつということである。

一例をあげれば、イギリスのA・S・ニイルがいる。ニイルとは、精神分析を教育の中に取り入れた教育家である。

彼の著作に『問題の子ども』という本がある。この中でニイルは、「困った子どもというのは実は不幸な子どもである。彼は内心で戦っている。その結果として外界に向かって戦うのである」と述べている。このニイルの言葉は、困っているのは大人ではなく、子ども自身だということを表している。

このようなニイルの思想は性善説といえる。人には自ら成長する力が存在していると考えているのである。

個の尊重

第3に必要なのは、第1と第2を受けたうえでの個の尊重である。つまり、一人一人の子どもを見ることである。

エクササイズを行っているときの子どもの反応は実にさまざまである。肯定的にとらえる子もいれば、否定的にとらえる子もいる。反応が1つに固定することはない。

リーダーは、このエクササイズならば予定外のことは起きないだろうという先入観を捨てることである。すべての子どもの反応がまちまちだったとしても、それはそれでかまわないことなのである。むしろ、それを受け入れられないリーダーのほうが問題なのである。

ともに成長する態度

SGEのリーダーに求められる最後のものは、リーダーの自己成長力である。

SGEのリーダーはメンバー(子ども)の超自我対象でもある。つまり、生き方のモデルである。

エンカウンターがメンバー相互の自己開示によって進むのは、リーダーが率先して自己開示を示すからである。エクササイズという触媒とリーダーの自己開示により、メンバーは本音で語ることができる。つまり、リーダーにもまた、メンバーとエンカウンターする力が必要なのである。

では、どのようにその力をつけたらよいか。それには、合宿制のSGEに参加するのがよい。自分の性格傾向を知ることができるので、さらなる成長ができる。また、各種のカウンセリング理論を学ぶことで自己分析ができる。

要するに、リーダーは常に「I am OK」の状態でありたいのである。

最後に、SGEのリーダーは、そのグループの責任をすべて担っている。そのことを忘れてはならない。

それゆえ、リーダーはメンバーの幸せのために、自らも常に学習していなければならない。　　　　　(田島　聡)

参考：A・S・ニイル，堀真一郎訳『問題の子ども』黎明書房。國分康孝ほか編『エンカウンタースキルアップ』図書文化。國分康孝・片野智治『構成的グループ・エンカウンターの原理と進め方』誠信書房。

Part 1 エンカウンターについて知ろう【入門】
- 第1章 構成的グループエンカウンターとは
- 第2章 学校教育に生かす構成的グループエンカウンター

Part 2 エンカウンターをやってみよう【実践】
- 第3章 実施までの手順
- 第4章 インストラクション
- 第5章 エクササイズ
- 第6章 シェアリング
- 第7章 介入
- 第8章 振り返りとアフターケア
- 第9章 継続的な実践とプログラム

Part 3 柔軟に展開しよう
- 第10章 いまここでのSGEをめざして
- 第11章 子ども・学級の理解と育成
- 第12章 構成の工夫
- 第13章 リーダーとして求められるもの
  1. リーダーに求められる態度・思想
  2. **アセスメントの能力**
  3. リーダーシップ
  4. 知っておきたいカウンセリング技法
  5. エンカウンターを学ぶには
  6. エクササイズ開発のヒント
  7. エンカウンターを自分自身に生かす
  8. エンカウンターを支えるカウンセリングの理論

Part 4 エクササイズカタログ
- 第14章 スペシフィックエクササイズ
- 第15章 ジェネリックエクササイズ

Part 5 資料編

構成的グループエンカウンター（SGE）を展開する際，リーダーはアセスメントを行うことが必要である。

アセスメントとは，例えてみれば，教科学習で試験を行い，この子は，この部分の理解はできているが，この部分の理解はできていないなどと評価することである。要するに，実践の目的に照らしながら，対象のどこがどうなっているかを調べることである。

SGEにおけるアセスメントには，大きく2種類ある。1つはグループに関するもの，もう1つは個人に関するものである。SGEはグループの教育力に着目している。グループが成長するとき，そのメンバーも成長する。それゆえ，両方のアセスメントが重要なのである。

■ グループのアセスメント

グループに関するアセスメントの情報は，グループの動きの中から得られる。その観点は，リレーションがあるか，エクササイズに対するレディネスがあるかどうかということである。リレーションがあると防衛規制がとれて本音を語りやすくなり，レディネスがあるとエクササイズにのりやすく，心的外傷を防ぐことができる。

私が，学校行事の前の緊張をほぐすためにリラクゼーションを取り入れたエクササイズを展開したとき，あとになって，もうSGEはやめてほしいと生徒から言われたことがある。このとき

私は，その生徒が，学級の雰囲気が受容的であるとは受けとれない，あるいは学級が自分の心を支えるほどの存在にはなっていないと感じていることを読み取れていなかった。つまり，リレーションについてのアセスメントが正確でなかったのである。

リレーションがないと，表面的な交流しか行われない。例えば，シェアリングでの発言はあっても，いまひとつ本音が語られないといった様子が見られる。話の内容をよく聞いていると，自分の感情ではなく，事実だけを語っている場合が多い。

また，エクササイズに対するレディネスがない場合は，参加を拒否したり，やりたくない様子を示したり，我慢してエクササイズに臨んでいる様子が見られる。この場合，全体的にグループの活動が沈滞気味になり，ほかのメンバーに対する反応が乏しい。相手の話をうわの空で聞いていることもある。

このため，教師はエクササイズをしている最中，各グループを巡回し，メンバーの表情を見ながら，話の内容がステレオタイプになっていないかなどを観察することが必要なのである。

■ 個人のアセスメント

個人に対するアセスメントの観点は，まず，グループへの参加の度合いである。学級で行う場合は，日常の子どもの様子を観察することである。例えば休み時間など，1人でぽつんとしていないかどうかを見る。

次に，エクササイズやシェアリングへの参加の度合いである。表情や行動，メンバーの発言に対するかかわりなどを観察し，抵抗を起こしていないかどうかを確認する。例えば，参加しない状態はないか，われ関せずの表情が見られないか，などである。

前述のSGEをもうやめてほしいといった生徒は，「友人がいじめにあったことを思い出して嫌な気持ちになった」と教えてくれた。教師はエクササイズ中の様子から，メンバーの状態を把握することができていなかったということになる。

教師がもっている子どもに関する情報量はたかが知れている。エクササイズを実施している，まさにそのときに，各個人の表情や行動などをつかみ，その真情をおもんぱかることが重要である。また，SGEの実施後に，振り返り用紙からフォローアップすることも大切である。

■ アセスメントの力を磨く

アセスメントの力を磨くためには，その判断基準となるカウンセリング理論に通じることである。理論を学ぶことで，なぜそのような状態が起こっているのかの推論ができるようになり，対処の方法が見つかるようになる。

（髙橋浩二）

Part 1	エンカウンターについて知ろう【入門】
第1章	構成的グループエンカウンターとは
第2章	学校教育に生かす構成的グループエンカウンター

Part 2	エンカウンターをやってみよう【実践】
第3章	実施までの手順
第4章	インストラクション
第5章	エクササイズ
第6章	シェアリング
第7章	介入
第8章	振り返りとアフターケア
第9章	継続的な実践とプログラム

Part 3 柔軟に展開しよう

第10章	いまここでのSGEをめざして
第11章	子ども・学級の理解と育成
第12章	構成の工夫

第13章 リーダーとして求められるもの

1 リーダーに求められる態度・思想
2 アセスメントの能力
3 リーダーシップ
5 知っておきたいカウンセリング技法
6 エンカウンターを学ぶには
7 エクササイズ開発のヒント
8 エンカウンターを自分自身に生かす
9 エンカウンターを支えるカウンセリングの理論

Part 4	エクササイズカタログ
第14章	スペシフィックエクササイズ
第15章	ジェネリックエクササイズ

Part 5	資料編

リーダーとしてのあり方

　リーダーの資質の最大公約数は，子どもたちにとって，人間としてのモデルとなる存在であることだと思う。そのために，リーダーは次の資質を備えていることが求められる。

- 人生に対して肯定的であること
- 人に対して無条件の信頼感をもてること
- 人に語れる哲学・生き方をもっていること
- 自分の感情をセルフコントロールできること

　これらの資質を備えるためには，自分の劣等感，発達課題の積み残しに気づき，受容できていることが求められる。その結果，1人の人間として飾らず，説教・自慢くさくなく，自己開示のモデルを示すことができるのである。また，リーダーとしての自分の責任を自覚し，必要な場面で毅然と自己主張し，介入することができるのである。

リーダーシップの発揮

　リーダーの役割は，集団を育成する過程の中で個人の発達を支援すること，そして個人の支援を集団の育成にそった中で行うことである。リーダーには，適切な集団のアセスメントのもとに，集団の状態に合った柔軟なリーダーシップを発揮することが求められる。
　リーダーシップの有効性は，子ども

たちの特性や集団の状況と，リーダーが発揮するリーダーシップ・スタイルとの関数である。つまり，あらゆる状況で最適な唯一のリーダーシップ・スタイルというものはなく，状況や要因に応じて，リーダーシップ・スタイルは異なるのである。

■代表的なリーダーシップ・スタイル

学級の子どもの特性，学級集団の状態に応じたリーダーシップ・スタイルをとるにあたって，教師の代表的なリーダーシップ・スタイルを，PM理論をもとに解説する。

三隅（1984）は，リーダーシップ機能を2つの次元から解説することを提唱している。

1つは，目標達成ないし課題遂行機能であるP（performance）機能である。教師のリーダーシップとしては，学習指導や生徒指導の遂行に関する機能である。もう1つは，集団維持機能であるM（maintenance）機能である。教師のリーダーシップとしては，学級内の好ましい人間関係を育成し，子どもの情緒の安定を促したり，学級集団自体を親和的にまとめたりする機能である。

三隅は，この2つの機能の強弱を組み合わせ，4つのリーダーシップ・スタイルを提唱した（右図）。P機能とM機能をともに強く発揮するPM型，P機能の発揮が弱くM機能を強く発揮するM型，P機能を強く発揮しM機能の発揮が弱いP型，P機能とM機能の発揮がともに弱いpm型である。

教師のイメージで例えると，PM型は細やかな気づかいの中に強い指導性をあわせもつ教師，M型は温和で気づかいの細やかな教師，P型は一貫して厳しく指導する教師，pm型は放任型教師というところだろうか。

構成的グループエンカウンター（SGE）のリーダーはPとMの両方の機能を兼ね備えているのがベターである。カウンセラーがおもに用いるM機能だけをとれればよいというわけではない。集団の成長を支援し，個人の気づきを促進するためには，毅然としてP機能を発揮できなければならない。

國分康孝は「SGEリーダーは細心にして大胆であれ」と言っている。例えば，メンバーが落ち込んでいるときにはMを，介入が必要なときにはPをという具合に，SGEのプロセスに応じて，PとMを自由に出し入れできるのがよい。

（河村茂雄）

指導行動ＰＭ4類型

	P機能	
P		PM
		M機能
pm		M

参考：三隅二不二『リーダーシップ行動の科学』有斐閣．

Part 1　エンカウンターについて知ろう【入門】
第1章　構成的グループエンカウンターとは
第2章　学校教育に生かす
　　　　構成的グループエンカウンター

Part 2　エンカウンターをやってみよう【実践】
第3章　実施までの手順
第4章　インストラクション
第5章　エクササイズ
第6章　シェアリング
第7章　介入
第8章　振り返りとアフターケア
第9章　継続的な実践とプログラム

Part 3　柔軟に展開しよう
第10章　いまここでのSGEをめざして
第11章　子ども・学級の理解と育成
第12章　構成の工夫
第13章　リーダーとして求められるもの
1　リーダーに求められる態度・思想
2　アセスメントの能力
3　リーダーシップ
4　知っておきたいカウンセリング技法
5　エンカウンターを学ぶには
6　エクササイズ開発のヒント
7　エンカウンターを自分自身に生かす
8　エンカウンターを支えるカウンセリングの理論

Part 4　エクササイズカタログ
第14章　スペシフィックエクササイズ
第15章　ジェネリックエクササイズ

Part 5　資料編

構成的グループエンカウンター（SGE）を実施するにあたり，リーダーはメンバーの心的外傷を防ぐのに必要なカウンセリングの技法を知っておくべきである。最低限必要な技法は，以下の4つである。

受容

受容はすべてのカウンセリング活動の基本である。なぜ受容が必要か。それは教師が子どもを受容することにより両者の間にリレーションが形成され，それにより子どもの自己開示が促進され，自己受容につながるからである。

自己開示することにより，自分のもっているものが明確になる。そして，それを教師が受容してくれると，同じように自分でも自分を受容するようになり，自己肯定感が高まる。つまり「I am OK」の状態になる。

抱えている問題が深ければ深いほど，子どもは，どこかで自分が違っていると思っている。しかし，それを口に出して言うと，自分が拒否されると感じている。人の愛を失うことを怖がっているのである。それゆえ，教師は子どもをそのまま受け入れることが必要なのである。

支持

支持とは，「そうだね」「私もそう思う」などと賛意を示すことである。

SGEは「人生の主人公は自分である」という考えに基づいている。

「自分のつらい気持ちが他人にわかるわけはない」「この世の中で，つらい目にあっているのは自分1人である」。こういう思いは，人生を否定的にとらえてしまう原因になる。人生に対する勇気がわいてこない。つねに自分はだめなのだという否定的感情がついて回り，投げやりになってしまう。

これを改善するには，受容だけでは十分ではない。人から支持されることにより，人生に自信をもつことができるようになるのである。自分にも味方がいる，自分にも理解者がいてくれる，生きていてよかった，と思えるから，自分の人生を生きていこうという気概をもてるのである。

リフレーミング

リフレーミングとは，ゲシュタルト理論でいう「地を図に，図を地に変える」ことである。つまり，1つの現象を，いろいろな方角から見るということである。例えば，「私は臆病で仕方がないのです」といった場合に，「ものごとに慎重なのですね」と言いかえるのがそれである。

多くの場合，問題になるのは自嘲的な行動や感情である。これらの否定的な見方をリーダーがリフレーミングすることにより，メンバーの自己肯定感が高まり，人生を肯定的にとらえられるようになるのである。

介入

介入は，リーダーの自己主張能力を必要とする，高度でしかも効果的な技法である。おもなものに「強化法」「役割交換法」「指示」「明確化」がある。

強化法は，強化したい行動（例：本音を言うこと）を推奨し，定着させることである。メンバーが「SGEは偽善だと思う」とネガティブに反応したときに，「この表現こそが自己開示だ。これがエンカウンターだ」と対応するのがその例である。

また，メンバー同士の対立が収まらないときには，その立場を交換して演じる役割交換法がある。相手の立場への理解が深まる。

話が抽象的になっているとき，「もっと具体的に話をして」と介入するのは指示である。

そして，エクササイズを実施しているときに，抵抗（反発・回避・無関心）を起こしているメンバーにそれを言語で表明させるのが明確化である。つまり，「つまらなそうにしているけど，気がのらないのか」と，表情のもとになる感情を言語化させるのである。

以上の4つの技法が最低限必要な技法である。この技法を生かすためにもカウンセリングの理論が必要である。

（田島　聡）

参考：國分康孝『カウンセリングの理論』誠信書房．國分康孝ほか『エンカウンターとは何か』図書文化．國分康孝・片野智治『構成的グループ・エンカウンターの原理と進め方』誠信書房．

Part1 エンカウンターについて知ろう【入門】
第1章 構成的グループエンカウンターとは
第2章 学校教育に生かす
　　　構成的グループエンカウンター

Part2 エンカウンターをやってみよう【実践】
第3章 実施までの手順
第4章 インストラクション
第5章 エクササイズ
第6章 シェアリング
第7章 介入
第8章 振り返りとアフターケア
第9章 継続的な実践とプログラム

Part3 柔軟に展開しよう

第10章 いまここでのSGEをめざして
第11章 子ども・学級の理解と育成
第12章 構成の工夫
第13章 リーダーとして求められるもの
1　リーダーに求められる態度・思想
2　アセスメントの能力
3　リーダーシップ
4　知っておきたいカウンセリング技法
5　エンカウンターを学ぶには
6　エクササイズ開発のヒント
7　エンカウンターを自分自身に生かす
8　エンカウンターを支えるカウンセリングの理論

Part4 エクササイズカタログ
第14章 スペシフィックエクササイズ
第15章 ジェネリックエクササイズ

Part5 資料編

構成的グループエンカウンター（SGE）をしたいのだが，既存のエクササイズ集に「これだ！」というものがない，と感じることもある。

それならいっそ自分でつくってしまおう。「必要は発明の母」。これこそ新エクササイズ誕生の夜明けである。

■ 願いをかたちに

エクササイズ開発には「願い」がある。体験をくぐり抜け，気づきを得る人々を目のあたりにし，「そう，こんなことに気づいてほしかったたんだ」と実感できるようにしたい。

そうした「願い」をエクササイズという「かたち」にするには押さえておかなければならないことがある。①対象はだれか，②目的は何か，③そのエクササイズで「何をしたいのか」。これらを明確にしておくことである。

例えば，適応指導教室や，相談学級などに通う不登校の子どもたちに実施したいという場合もあるだろう。保護者会をなごやかな雰囲気にするために実施したい場合もあるだろう。それぞれに応じたねらいをもつエクササイズを考えることである。

さらに，ねらいの達成のためにどんな方法（技法）をとるのか。その根拠（理論）は何か。どういう効果があるのか。これらについて説明できなくてはならない。

SGEは折衷主義

SGEは折衷主義である。特定のカウンセリング理論，方法，技法には固執しない立場をとる。これについて，アレン・アイビイ（A.E.Ivey）は，"which treatment to which individual under what conditions."（どの方法を，どの人に，どういう場合に適用したらよいかを考えよ）と述べている。

これまでに開発されたエクササイズを見てみると，もとにした理論や方法から，次の7種類に分類できる。

①カウンセリングの理論や技法
内観，エゴグラム，ロールプレイなどの応用

②SGEエクササイズ
『エンカウンター』『人間づくり』『エンカウンターで学級が変わる』などに所収のSGEエクササイズの応用

③体験学習，グループ体験の活動
人権教育，国際理解教育，演劇教育，プロジェクトアドベンチャー，グループワークトレーニング，ニューカウンセリングなどに示唆を得て

④特色ある研究法や問題解決法
ブレーンストーミング，カード式グループ発想法などの応用

⑤集団づくりのゲームや伝統的な教育実践
団結の樹，人間知恵の輪，じゃんけん，鉛筆対談などに示唆を得て

⑥だれかの授業や実践
同僚の実践などに示唆を得て

⑦日常生活や文学・テレビ・映画など
映画『E・T』などに示唆を得て

エクササイズ開発の留意点

あくまでも，どこまでもSGEの基礎基本を踏まえることである。それはSGEの目的を大切にすることでもある。エクササイズには，あたたかで守られた環境の中で，①他者とのふれあい（リレーションの形成），②自他発見を促進する枠組みが必要である。

さらに，SGEはエクササイズだけではない。シェアリングで感情や気づきを語ることが大切になる。よいエクササイズは多くの気づきをもたらす。それだけ，よいかかわりと感情の交流が促進されるからである。

自分なりの検証と追求を

どのようなものをもとにして開発したエクササイズでも，思想的・理論的・技法的な背景は明らかにしておきたい。よくわからない場合でも，既存のどんなカウンセリング理論や技法に似ているのか，相違は何かを説明できることはとても大切なことである。

また，実際にセッションを重ねてみて，リーダーやメンバーの感触や気づきを把握し，改良を重ねたい。効果測定などの検証も行いたい。これは倫理的な説明責任となるだけでなく，そのエクササイズを世に出した自分について，その志向性や問題意識を明確にするきっかけにもなるからである。

（川端久詩）

参考：國分康孝『エンカウンター』誠信書房．國分康孝監『教師と生徒の人間づくり第1〜5集』瀝々社．國分康孝監『エンカウンターで学級が変わる』シリーズ．図書文化．

Part1　エンカウンターについて知ろう【入門】
- 第1章　構成的グループエンカウンターとは
- 第2章　学校教育に生かす構成的グループエンカウンター

Part2　エンカウンターをやってみよう【実践】
- 第3章　実施までの手順
- 第4章　インストラクション
- 第5章　エクササイズ
- 第6章　シェアリング
- 第7章　介入
- 第8章　振り返りとアフターケア
- 第9章　継続的な実践とプログラム

Part3　柔軟に展開しよう
- 第10章　いまここでのSGEをめざして
- 第11章　子ども・学級の理解と育成
- 第12章　構成の工夫

第13章　リーダーとして求められるもの
1. リーダーに求められる態度・思想
2. アセスメントの能力
3. リーダーシップ
4. 知っておきたいカウンセリング技法
5. エンカウンターを学ぶには
6. エクササイズ開発のヒント
7. **エンカウンターを自分自身に生かす**
8. エンカウンターを支えるカウンセリングの理論

Part4　エクササイズカタログ
- 第14章　スペシフィックエクササイズ
- 第15章　ジェネリックエクササイズ

Part5　資料編

　構成的グループエンカウンター（SGE）は，新たなる自分，そして見知らぬ人との出会いのステージである。リーダーはこのステージをメンバーに提供し，リーダーとメンバー，メンバー同士の絆を深める援助の役割を担う。そのためには，リーダーもSGEを体験しておくことが大切である。

　そして，SGEの体験から得られるさまざまな感情や気づきを，自らの生き方に反映させていくことが重要である。つまり，SGEにはリーダーの人間性が大きく影響するのである。

　SGEに自分自身が参加することで，リーダーのスキルを学ぶとともに，人間的な魅力を磨くことができる。

SGEの体験がリーダーとしての自分にどう生かされているか

　リーダーが自分を語ることは，メンバーの模倣の対象となる。メンバーの自己開示を促進し，メンバー同士の絆を深める。リーダーが自己開示できるようになるためには，自己肯定感を高めることが必要である。なぜなら，劣等感が強いと防衛的になり，ありのままの自分を出せないからである。

　私は何度目かに参加したSGEのシェアリングで，いままで自分が生徒指導で経験してきたつらく厳しい思いを初めて自己開示した。そのとき，多くのメンバーが自らのことのように涙を流しながら聞いてくれた。この体験から，

自分を認めてくれる仲間がいることの喜びと自己開示をする勇気，そして「私はいまのままでよいのだ」という自己肯定感を与えてもらった。

いっぽう話を真剣に聞いてもらい，自分が認められているということを体感できると，私の中にも，相手のことをもっと知りたいという思いがわいてきた。人は，認められることによって，人を受け入れることができるようになる。リーダーもしかりである。

SGEの体験が自分の生き方にどう生かされているか

私がSGEにおいて新たな自分との出会いを経験したのは，「忘れ得ぬ人」というエクササイズであった。私にとって，忘れ得ぬ人とは父であった。

私は高校3年生のとき，受験によるいらだちから父に反発していた。しかし，大学受験には父が同行することになった。試験日当日，会場近くの駅に着くと激しく雨が降っていたが，私たち親子は傘を持っていなかった。ずぶ濡れになりながら受験会場へと向かった。そのとき，少し離れて歩いていた父に「傘に入りませんか」と声をかけてくださる人がいた。父はいったん傘に入ったが，すぐに次のようにお願いしている声が聞こえてきた。「大変申し訳ございません。息子が受験ですので，代わりに傘に入れてやってください」。するとその人は，父を傘からはずし，私を傘に入れてくださった。父は，激しい雨でずぶ濡れになりながら，うれしそうに私を見守っていた。

そのときのことを思い出したとき，私は初めて父の思いを知った気がした。厳しいが，優しさあふれる父であった。そして，ここぞというときは子どもを守る姿勢を見せてくれた。

これが，いまの私に生きている。優しく人をケアし，そして，厳しくても間違いにはNOといえる自分がある。

教育分析としてのSGE

「自己発見」とは，新たなる自分との出会い，自己盲点への気づきという意味である。SGEには，この気づき・発見を促す教育分析的機能がある。

教育分析とは，自らの思考・感情・行動のパターンや意味，原因を洞察することである。自らの思考・感情・行動の偏りに気づき，それを修正拡大することにより，リーダーはよりよいSGEを展開することができる。

例えば，ある人の自己開示にメンバーがみな涙ぐんでいるのに，どこか冷めて距離をおいている自分がいたとする。なぜ自分は泣けてこないのか。この洞察を深めることで，「感情的になるべきではない」という自分のビリーフに気づくことができる。これを意識しておくことで，自分はとっさのときの感情表出をためらわないほうがいいという判断が可能になる。（朝倉一隆）

参考：國分康孝ほか『エンカウンターとは何か』図書文化．國分康孝ほか編『エンカウンタースキルアップ』図書文化．
片野智治『構成的グループ・エンカウンター』駿河台出版社．

Part1 エンカウンターについて知ろう【入門】
第1章 構成的グループエンカウンターとは
第2章 学校教育に生かす構成的グループエンカウンター

Part2 エンカウンターをやってみよう【実践】
第3章 実施までの手順
第4章 インストラクション
第5章 エクササイズ
第6章 シェアリング
第7章 介入
第8章 振り返りとアフターケア
第9章 継続的な実践とプログラム

Part3 柔軟に展開しよう
第10章 いまここでのSGEをめざして
第11章 子ども・学級の理解と育成
第12章 構成の工夫

第13章 リーダーとして求められるもの
1 リーダーに求められる態度・思想
2 アセスメントの能力
3 リーダーシップ
4 知っておきたいカウンセリング技法
5 エンカウンターを学ぶには
6 エクササイズ開発のヒント
7 エンカウンターを自分自身に生かす
8 エンカウンターを支えるカウンセリングの理論

Part4 エクササイズカタログ
第14章 スペシフィックエクササイズ
第15章 ジェネリックエクササイズ

Part5 資料編

構成的グループエンカウンター（SGE）は折衷主義を基盤にしている。つまり，複数の哲学的背景とカウンセリング理論を統合した知識体系を活用している。それは，メンバーの抱える問題は多様であり，彼らの価値観も多様であるからである。

それゆえカウンセリング理論をどの程度，どの範囲まで体得しているかで，リーダーの能動性とそれによって引き出せる気づきには差が出てくる。

理論を知るということは推論が立てられるということであり，それは，メンバーの抱える問題に気づくということにつながる。問題に気づけば，リーダーはメンバーに対していろいろな角度からのアプローチが可能となる。

これはちょうど，教科学習において，1つのことを教えるのに複数の側面から例示することにより，子どもが理解の道をつかむことと同じである。1つの側面からだけ見ていると，偏った見方になり，個人の全体像あるいはグループ全体をとらえることができない。

ここでは，最小限知っておきたいカウンセリング理論を8つあげる。すなわち，ゲシュタルト療法，論理療法，実存主義的アプローチ，交流分析，行動療法，精神分析，来談者中心療法，グループ理論である。そして，これらを活用する枠組みである折衷主義について述べる。

（田島　聡）

1. ゲシュタルト療法

ゲシュタルト療法は，F・パールズがゲシュタルト理論と精神分析療法とを融合させたものである。

SGEを行ううえで，ゲシュタルト療法で特に注目しておきたいことが3つある。①図と地が入れ替わる（ゲシュタルトの再構成）体験，すなわち感情を伴う洞察，②シェアリング，③リーダーシップである。

ゲシュタルト療法の特徴

精神分析は，簡単に言うと，カウンセラーがクライエントに解釈を与え，それによりクライエントが洞察し，症状が緩和されるというものである。しかし，ゲシュタルト療法の創始者であるパールズは，このような知的な洞察に対して，感情を伴った洞察が必要であるとした。

また，パールズはワークショップを好んだ。グループの中で個人の問題を解くことは，それが，他のメンバーのモデルにもなり，他のメンバーは，自分がカウンセリングを受けなくても，学習効果があることに着目した。それゆえ，他の理論よりも，カウンセラーは能動的であるという特徴をもつ。

また，ゲシュタルト療法の背景となる2人の主張は重要である。すなわち，パールズは「個人は人のために存在するのではなく，自分自身のために存在する」ということを主張した（パールズ「ゲシュタルトの祈り」）。

さらに弟子のW・タブスは，この「個人主義」への偏りを超え，「個人が存在するのは，周囲の人とのかかわりがあればこそである」という「世界内存在」を主張した（タブス「パールズを越えて」）。

SGEでの生かされ方

ゲシュタルト療法は，SGEでは次のように生かされている。

感情を伴った洞察を，SGEでは，エクササイズを体験して，それによる心の動きを体験するととらえている。またシェアリングは，その体験をメンバーの前で言語化することにより，自分自身の気づきを確かなものにするとともに，ほかのメンバーのモデルになるという役割を果たしていると考える。

この気づきを促進するため，リーダーは構成と介入をする。つまり，SGEでもリーダーはメンバーの気づきのために能動的に働きかける。この際，リーダーの自己開示と自己主張も，メンバーの気づきにとって大きな要素になる。

リーダーはメンバーに，自己理解をさせてくれる鏡のような働きをしてくれる。人が生かされるのは相手がいてこそという世界内存在の思想を，ここでも体験することになる。（田島　聡）

参考：F・S・パールズ『ゲシュタルト療法』ナカニシヤ出版。

2. 論理療法

SGEのもとになる理論の1つに，論理療法がある。論理療法とは，論理と事実に基づかないビリーフ（思考）が人を不幸にすると考える。

例えば論理療法では，恋人にふられたからもう生きていけないと結論づけるようなことはしない。恋人にふられたという事実と，生きていけないという事実に何の論理性もないと考える。これを，心理療法として提唱したのがA・エリスである。

ABC理論

論理療法の骨子は，思考を変えれば感情も変わるということである。出来事（A：Activating event）がすぐに結果（C：Consequence）に結びつくのではなく，その2つの間には，出来事についてどう考えるかという思考（B：belief）がある。だから，人の感情を修正するには，この過程の中で思考（B）を変えればよいと考える。

前述の例でいえば，こうなる。

恋人にふられたからといって，必ずしも生きていけないということはない。恋人にふられたという事実（A），そして，生きていけないという結果（C）の間には，その人の思考（B）がある。だから，この思考（ビリーフ）を変えれば，結果が変わるのである。

ビリーフの修正

自分を不幸に陥れるような極端な結果を導いている場合，そこには「すべての人に愛されなければならない」などの論理的でない思考（イラショナルビリーフ）があると考えられる。そのために「人から愛されなければ生きていけない」というビリーフが導かれる。

この思考を「人に愛されるに越したことはない」という論理的な記述（ラショナルビリーフ）に変えると，一意的な見方から解放され，「つらいかもしれないが，生きていけないほどではない」という結果になる。

簡便法

SGEは限られた時間の中で行われる。限られた時間の中で，メンバーのもつイラショナルビリーフを粉砕し，ラショナルな思考に変えるには，効率的かつ効果的である論理療法が適切である。エリスは，前述の展開を15分くらいで行うと言っている。

また，論理療法を使うことで，リーダー（教師）自身のイラショナルビリーフを粉砕する。つまり，自己分析を行うことができる。

リーダーが自己分析できるということは，メンバーを心的外傷から守るということにもつながる。　　（田島　聡）

参考：A・エリス，國分康孝ほか訳『どんなことがあっても自分をみじめにしないためには』川島書店。國分康孝『ポジティブ教師の自己管理術』図書文化。

3. 実存主義的アプローチ

実存主義は「いま，ここで（here and now）」を強調する。つまり「いま，ここで」実際に存在している自分，その具体的感覚や知覚，体験こそが，この世で間違いなく存在しているものであると考える。

いまここで

SGEでは，過去を話すことをしない。「あそこで，あのとき（there and then）」はすでに終わったことで，これを取り上げることは感想を述べることになりかねないからである。

例えば，「私も同じような経験をしたことがある」という表明は事実の自己開示ではあるが，「いま」の感情が述べられていない。SGEでは，過去の経験から，いま現在はどう感じているのかを開示することを大切にする。題材が過去のものであっても，「いま，ここで」感じていることを話すのである。それが，本音と本音でつき合うこと，つまり，感情交流のある人間関係である。

ありたいようにある

SGEの強調する，いま，ここで「ありたいようなあり方をする」ことも実存主義に基づくものである。

これは，偽らない自分を表明することである。例えば，エクササイズに抵抗を感じているなら，「いま，ここで抵抗を感じている自分」を明らかにすることである。

自己開示

SGEのリーダーには自己開示の能力が必要である。自己開示は，いま，ここでの，ありたいようにある自分を確認することになる。

メンバーの自己開示を促進するためにも，リーダーは自ら自己開示する勇気をもつ必要がある。

「あんなことを言ったら，こんなことを言ったら，私は笑われるかもしれない」と思うことがあるかもしれないが，自分が何かをつかむためには，笑われるくらいのリスクを冒す決断も必要なのである。

「虎穴に入らずんば虎児を得ず」の境地である。

有縁を度す

実存主義では，SGEのリーダーもメンバーも，お互いにその場にいる実存であるととらえる。

そして，縁あってその場に居合わせた人たちに誠意を尽くそうと考える。國分はこれを親鸞を引用して「有縁を度す」と言っている。いま，ここにいる人とのかかわり合いを大切にするのである。

（田島　聡）

参考：フランクル『夜と霧』みすず書房。諸富祥彦『どんな時も人生にYesと言う』大和出版。

4. 交流分析

交流分析は，E・バーンが創始した理論である。その骨子は，時間の構造化をはじめ，人と人とが交わるときのパターンを明らかにしたことである。

交流分析では，人の性格（自我状態）を3つの構造からとらえる。つまり，親心のP，大人心のA，そして子ども心のCである。さらに，Pは批判的な親心（CP）と養育的な親心（NP），また，Cは自由な子ども心（FC）と従順な子ども心（AC）に分けて考えられる。

そしてこの5つの心の偏りを示すものがエゴグラムである。

P・A・Cの出し入れ

交流分析では，人の性格構造は画一的なものではなく，場面や状況によって変わるものと考える。そして，上記のP・A・Cを自由に出し入れできるのが健常状態としている。

例えば，SGEでエクササイズをしているときに，あるメンバーが批判ばかりして自分のことを話さないとする。

このような場合，このメンバーはCPが高いと考えられる。それゆえリーダーは，グループのほかの人に，いまの話を聞いてどんな感じかを聞いてみる。つまり，「説教されている感じの人はいないか」と投げかけてみるのである。SGEは自己開示を求めるものであるからである。そうすることによ り，話し手は，自分はCPが高いことに気づき，状況に適した判断をするように心がけるのである。

自我状態を知る

SGEでは，「自分の苦手なものに取り組め」というときがある。これは，苦手なことに取り組むほど，自分を考えるきっかけになるからである。このとき，リーダーが交流分析の理論を知っていると，5つの自我状態のうち低いものにふれるエクササイズを実施することができる。

例えば，ACが高い人にはFCを高めるようなエクササイズ（自由奔放を体験するエクササイズ）を行うなどである。「ジャンケン列車」[※1]などは，FCが高まるエクササイズである。

現実判断の力を高める

このように，5つの心を自由に出し入れできるようになると，現実の場面での失敗は少なくなる。例えば，言わなくてもいいときに言ってしまう自分から脱却できる。

現実の社会では，発言したくても言わない方がいい場合がある。上司に苦言を呈するときなど，Aを発揮して，現実判断をするのである。（田島　聡）

※1：國分康孝監『エンカウンターで学級が変わる・小学校編1』図書文化。参考：池見酉次郎・杉田峰康『セルフ・コントロール』創元社。杉田峰康『教育カウンセリングと交流分析』チーム医療社。

5. 行動療法

行動療法を支える行動理論の骨子は，「人の性格は後天的に学習した反応の束である。それゆえ，反応の仕方を見ることにより，その人の問題となるところが浮き彫りになる」というものである。

具体的な応用としては，その人にとって苦手な課題を与え，その取り組みの中で行動を修正し，自己発見につなげるのである。

スモールステップ

SGEでは，メンバーに課題（エクササイズ）を与える際，抵抗を避けるために，徐々にむずかしい課題を与えていくようにする。

SGEのエクササイズの配列は，國分の「コーヒーカップ方式」で組み立てられている。つまり，リレーションをつくり，問題発見をし，現実へ復帰するという3段階を経ている。

リレーションづくりは，まさにスモールステップで行われる。いきなり深いふれあいを求めるのではなく，メンバーが苦痛を感じないように，徐々に深いふれあいになるように配列する。この思想が，SGEのすべてに行きわたっている。

強化法

SGEでは，リーダーがメンバーの発言に対して，例えば「いまの発言は非常に自己開示的である」といったほめるコメントをするときがある。これが強化法である。

この場合，特定のメンバーにその行動を定着させるために行われるのではなく，グループ全体の行動目標となるものを取り上げているのである。

モデリング

SGEではメンバー同士のモデリングが豊富になるよう工夫している。

モデリングにおける模倣の対象は多いほどよい。それは，自分に合った模倣対象を探しやすくなるからである。模倣する内容は，思考，感情，行動のいずれかである。

そのため，グルーピングをするとき，知り合い同士のグループよりも，まだ話していない人とグループをつくるように指示する。これは，そこに新しい発見があると考えるからである。

この他にも，現実場面脱感作法，主張反応などの行動療法の技法がSGEではよく用いられる。

SGEは体験学習であるから，実際に対人行動（エクササイズ）を課す。ただし，無理強いはしない。エクササイズのたびに，ていねいにインフォームド・コンセントを得るようにしている。

（田島　聡）

参考：祐宗省三ほか編『新版行動療法入門』川島書店．

6. 精神分析

精神分析理論の骨子は，無意識の意識化である。意識化することにより個人の問題が解決すると考える。

カウンセラーは，クライエントの話を聞いて解釈を行い，それをクライエントに伝える。この過程でクライエントはいろいろな反応をする。例えば，感情転移や抵抗を起こす。これは防衛機制が働くからである。SGEの中でもこの種の反応はよく起こる。

解釈

解釈には，「行動のパターンの解釈」と「行動の意味の解釈」，そして「行動の原因の解釈」がある。これらの解釈を行う目的は，メンバーが抵抗を起こしている場合に，その行動と行動の意味，あるいは行動の原因への気づきを促すことである。

解釈投与は，エクササイズをしているときより，シェアリングの場面のほうがそれを必要とすることが多い。メンバーの一人一人の状態が観察しやすいからである。

防衛機制

防衛機制とは，自己防御の仕方である。必要以上の防衛が問題となる。

例えば，自分の感情を知られたくないがために，あるメンバーの発言が知的になることがある。このようなとき，リーダーは，「自分の感情を語れ」と介入する。また，他人のことばかり話す人がいる。「SGEでは自分を語れ」と指示する。過度の防衛機制には，リーダーの介入が必要である。

抵抗の処理

抵抗（回避反応）も防衛機制の1つである。SGEでは，3種類の抵抗（國分久子）が起こる。第1は，エス抵抗。問題を回避する抵抗。第2は，自我抵抗。損得計算に由来する抵抗。そして第3が超自我抵抗で，羞恥心などから起こる抵抗である。これらの抵抗を処理することは，自己開示を促し，自己発見，自己受容につながる。

また片野・國分康孝らはSGEにおける抵抗を研究した。現時点では，「取組みへの抵抗」「変化への抵抗」「構成への抵抗」が見いだされている（上記第1から第3に対応[※1]）。

対抗感情転移

対抗感情転移は，リーダーの中に起こる感情である。特定のメンバーに対して好感情をもつとか，逆に嫌悪感情をもつことである。この感情に気がついていないと，メンバーに心的外傷を与えることになりかねない。それゆえ，リーダーもメンバーとしてSGEに参加し，自己理解を深めたい。（田島　聡）

※1：國分康孝・片野智治『構成的グループ・エンカウンターの原理と進め方』誠信書房。参考：フロイト『フロイト著作集・1〜11』人文書院。國分康孝『カウンセリングと精神分析』誠信書房。

7. 来談者中心療法

来談者中心療法を支える理論は，C・ロジャーズの自己理論である。

自己一致

ロジャーズは，人が心理的に健康な状態にあるとき，「自己一致」しているという。自己一致とは，あるがままの自分とありたい自分が一致していることである。

例えば，自分は清貧に甘んじる人間であるという自己概念をもっている人が，金持ちになりたいと願っているのは自己不一致の状態である。しかし，必要に迫られて金を稼ぐことができたとき，この人は，ありたい自分とあるがままの自分が一致していることに気がつく。このとき，彼の自己概念も変容しているのである。

非審判的・許容的態度

SGEは，思考・感情・行動の変容を目的とする。例えばエクササイズを介してとったある行動がきっかけで，自己概念が変わり（例：人に好かれる人間である），自己一致に近づくことがある。

また，メンバー同士が来談者中心療法でいう受容的で共感的なあり方・態度をすると，非審判的・許容的な雰囲気がつくられ，リレーションが形成され，自己開示が促進される。

共感的理解

来談者中心療法では，カウンセラーは，相手のフレームで理解しようと努める。

しかしSGEでは，それぞれが感じたことを分かち合うというスタンスをとる。あるがままの自分に気づくことで自己一致の自分になりやすい。

例えば，いままで独りよがりだった人が，シェアリングによって他者の見方にふれ，自分だけの思いから解放されると，その独りよがりが消失する。

すなわち，思い込みの自分が消失することによって，自己一致に近づくことになる。メンバーがこの独りよがりに気がつかないとき，リーダーは介入する。

パーソンセンタード

SGEでは，リーダーも自己開示をためらわない。そこには，リーダーとメンバーという役割の構図より，人と人との関係がある。これは，ロジャーズのパーソンセンタード（来訪者中心）の考え方と同じである。

自己開示できるリーダーは，自己一致しているということである。そのようなリーダーがメンバーから信頼され，メンバーのモデルになる。（田島　聡）

参考：諸富祥彦『カール・ロジャーズ入門　自分が"自分"になるということ』コスモス・ライブラリー。

8. グループ理論

グループ理論には，グループ・プロセス論，集団力学，集団構造論，リーダーシップ論などが含まれる。

グループとは，複数の個人の間に，「感情交流」と「役割関係」の2条件があることをいう。この2条件が整うと，グループにコミュニケーションが生じ，目的と集団規範がつくられる。グループのリーダーは，グループの感情交流，役割関係，コミュニケーションの状態などを通してアセスメントを行い，グループの凝集性を維持し，動きを促進し，メンバーの育成・福祉に貢献する（國分）[1]。

SGEはグループを扱うから，リーダーはこれらの理論になじんでおくのがよい。

集団規範は成長を促す

集団規範は，グループが成長し，個人が成長するために重要な要素である。集団規範つまりルールが徹底すると，お互いにしていいことと，してはならないことが認知され，集団の目標を遂行できるようになる。

例えばSGEでは，自己開示によって自他発見を促進する。このとき，メンバーに対して，守秘義務などの契約をする。グループの中でお互いの守秘義務が守られるから，安心して自己開示できるのである。

役割を通した関係

個人間のリレーションは，感情交流（パーソナルリレーション）と役割関係（ソーシャルリレーション）によってつくられる。感情交流のみでなく，役割関係がリレーションづくりに有効なのは，役割を通して相手を知ることができるからである。

例えば，SGEでは，点呼係，食事係など，役割を通して，感情交流を促進するようにしている。物静かな人が，意外とリーダーシップを発揮していたりすると，相手への認知が変容するのである。

リーダーとメンバーのリレーション

メンバーの成長は，グループの成長と切り離せない。メンバー一人一人に対する気配りも，SGEのリーダーの大切な役割の1つである。例えば，自分を押し殺してグループに入っている，エクササイズに否定的感情をもっている，グループになじめないなどの問題をもつメンバーへの対処などがある。いずれの場合でも，リーダーはメンバーとのリレーション形成を図る。それがメンバーにとって認められる体験になり，メンバーの心のケアになるからである。

（田島　聡）

※1：國分康孝監『現代カウンセリング事典』金子書房，P.202。参考：國分康孝『リーダーシップの心理学』講談社。

9. 折衷主義の展開

ここまでに，SGEを支える8つの理論を概観してきた。では，なぜ，SGEに8つもの理論が必要なのだろうか。

読み取りが多様になる

SGEが折衷主義をとるのは，1つの現象を見るとき，一方向からものを見ると平面的にしか見えなくなるからである。

例えば，ストレートにものを言う人を，実存主義では「勇気のある人」と読み取るが，精神分析では「対抗感情転移にすぎない」と読み取る。いつも親切な人を，自己理論では「他者受容の人」と読み取るが，交流分析では「ワンパターンの人間」と読み取る。

このように，アセスメントは理論によって異なるので，SGEリーダーは妥当なアセスメントをするために複数の理論になじんでおく必要がある。

さらにSGEが折衷主義をとるのは，1つの理論だけでは問題を解けない場合があるからである。

例えばSGEのシェアリングの場面で，「自分は融通がきかない」と悩んでいる人がいたとする。このような場合，来談者中心療法の共感的理解だけでは問題は改善されない。そこで，実存主義的アプローチでリフレーミング（意味づけ）をするとよい。つまり，「融通がきかない」ことにどういう利点があるかを考えていき，「融通がきかないのではなく，これは慎重な態度である」といった新しい考え方を示すのである。このようにして，自己否定的な感情を改善することができる。

SGEでよく使われる理論

SGEでよく使われるのは，論理療法である。

SGEは枠の中で行われる。つまり，限られた時間の中で，効率的かつ効果的に行われるように努力している。それゆえ，簡便法である論理療法は，短時間の間にメンバーのイラショナルビリーフを発見し，ラショナルビリーフに変える，SGEリーダーにとって役に立つ理論である。

もう1つ，SGEで特に役立つ理論は，ゲシュタルト療法である。

「図を地に，地を図に」という認知変容の原理は，エクササイズの効果を考える助けになる。またこの理論は技法をたくさんもっているので，リーダーが介入するときの支えになる。

8つのカウンセリング理論は，メンバーに真摯に対応するリーダーの道具なのである。

（田島　聡）

参考：(P.326〜335共通)：國分康孝『カウンセリングの理論』誠信書房。國分康孝編『カウンセリング辞典』誠信書房。國分康孝監『エンカウンターで学級が変わる・中学校編1』『同・中学校編3』図書文化。

Structured Group Encounter
ENCYCLOPEDIA
構成的グループエンカウンター事典

Part4
エクササイズカタログ①

構成的グループエンカウンターのエクササイズには何があるの？
学校でやるためのエクササイズは？
とっておきの傑作エクササイズを教えて！

スペシフィック
エクササイズ

14章：スペシフィックエクササイズ

エクササイズの特色について

- ●目的　エクササイズの目的で次の6種類がある
  - 自己理解　他者理解　自己受容　自己表現・自己主張　感受性の促進　信頼体験
- ●時間　実施時間の目安
- ●場所　実施場所の目安
- ●対象　対象年齢の目安
- ●リーダーの熟練度
  - ★☆☆　はじめて行う
  - ★★☆　何度か実施した
  - ★★★　カウンセリングになじみがある

配列について　奇数ページ右端のツメは典型的な活用場面の分類を示す

出典について　そのエクササイズの掲載されている書籍，あるいはエクササイズのもとになった活動が掲載されている書籍を示す

スペシフィックエクササイズ

　スペシフィックSGEは，ふれあいと自他発見を目標として，学習者の教育課題（単元における本時の授業目標）の達成を目的にしている。学習者とは，児童生徒，もしくは専修学校（例：看護学校）や短期制・4年制大学の学生である。または，カウンセリング研修の受講者などである。

　ここでは，児童生徒（子ども）を主たる対象としたエクササイズを紹介する。

エクササイズについて

　子どもを対象としたエクササイズはきわめて豊富である。現在500余のエクササイズが開発されている。学齢期に合わせ，カリキュラムに位置づけられている授業内容にそって，バリエーションをもたせて開発されている。

　カリキュラムの枠組みの中で行われるという意味は，「領域」「キャリア教育」「特別活動」「道徳教育」「総合的な学習の時間」というような枠組みの中で展開されるということである。教科指導の中でも展開される。

　以上のことから，スペシフィックSGEは当該授業の目標を達成するための補助手段として活用されるとともに，当該授業の目標達成が優先される。したがって実施後の評価（振り返り）は，本時の授業目標に関連する項目やSGEのふれあいと自他発見につながる項目にそって行われるのが望ましい。すなわち教師は，SGEが授業目標の達成にどのように寄与したかを問う必要がある。

展開方法と留意点

　スペシフィックSGEの対象について，ここではおもに子どもを取り上げている。子どもの自我は未成熟である。未成熟とは，

大人ほどの欲求不満耐性をもっていないという意味である。例えば，見たくない自分が見えてきたときは，一時的に苦痛を感じる。そのようなとき，欲求不満耐性に欠けていると心の傷になる。

したがって，子どもには内面をゆさぶるようなエクササイズを実施せず，多くの子どもが抵抗なく取り組めるエクササイズを展開するのが原則である。換言すれば，子どもの自己肯定感や自己受容を育て，仲間同士の理解と承認（ふれあい）の促進に寄与するエクササイズを実施するのがよい。

また，子どもは自己表現が稚拙であるので，教師は質問技法や繰り返し技法，明確化技法を用いて，子どもの気持ちを引き出すような介入をして，自分の気持ちがわかってもらえた，気持ちが通じたという実感がもてるようにすることが大事である。

この「Part4　エクササイズカタログ①②」で取り上げたのは，500余のエクササイズの中から厳選された116のエクササイズである。そして本章は，スペシフィックSGEの代表例である88のエクササイズを紹介する。多くの教師がこれらを活用してきた。見方を変えれば，多くの教師が「なじんだ」エクササイズであるといえる。

リーダーはエクササイズになじむことである。なじむことがリーダーの熟練度を高める。目新しいエクササイズを開発することも意味があると思うが，そこに精力を注ぎ込むよりも，気負いのない，なじんだエクササイズを展開するほうが，子どもと教師とのふれあいや，子ども同士のふれあいを促進できる。

スペシフィックSGEのことを学校エンカウンターとは言わない。スペシフィックという言い方は，参加メンバー（対象）と，そこで行われるSGEの目標や目的に関連して使用される言い方である。授業とか教育課程，学校という空間などの枠組みが設定されていて，文化的孤島の集中的グループ体験とは異なるので区別を設けている。ジェネリックとスペシフィックとの相違点については第1章9節（P.30）を参照してほしい。

（片野智治）

X先生を知るイエス・ノークイズ

藤川 章

■**ねらい** ①教師の自己開示により，子どもとのリレーションをつくる。②子ども同士が自己紹介し合うときのモデルを示す。

第1問 先生が生まれたのは鹿児島県である！（事実に関する質問）

第2問 先生は子どもが5人いる。（事実に関する質問）

第9問 先生は泣き虫である。（感情に関する質問）

第10問 先生は小さい頃弁護士になりたいと思っていた。（価値観に関する質問）

藤川先生を知る
イエス・ノークイズ
年　組　番　名前
1．藤川先生が生まれたのは鹿児島県である　YES・NO
　理由〔　　　　　　〕
2．藤川先生は子どもが5人いる
　YES・NO
　理由〔　　　　　　〕

第14章 スペシフィックエクササイズ
学校向けエクササイズ

エクササイズの特色
- ●目的　他者理解
- ●時間　40分
- ●場所　室内
- ●対象　子どもから大人まで
- ●リーダーの熟練度　★☆☆

■**おすすめの使い方**……担任が学級開きの冒頭に，また教科担任が最初の授業で。子どもにも自分に関するイエス・ノークイズを作成させ，教室掲示にしたり学級便りに載せたりするとよい。

■**実践レビュー**……ユーモラスな問題，意外な問題があると，一気に教師に対する親しみを見せるようになる。「先生，ほんとうに○○だったの？」，「うちのお父さんも○○だったんだよ」，「A君は，絶対にイエスだって言ってた」などの反応に会話が広がっていく。

出典：國分康孝監『エンカウンターで学級が変わる・中学校編1』図書文化。「はじめましての一問一答」，片野智治ほか編『エンカウンターで進路指導が変わる』図書文化。

■背景となる理論・技法　無条件の肯定的関心，自己開示，モデリング

■子どもの気づきと，それを引き出す教師の構成・介入
①「先生は鹿児島生まれですか。おじいちゃんと同じです。じいちゃんは『おいどんは』とよく言います」／②「私は女検事になりたい。セクハラなんて絶対許せない」
→ 介入　②「先生の答えを参考に，周りの人とお互いに自分のことを話してください」

〈準備〉	・イエス・ノークイズシート。
	・4人組をつくる。
〈インストラクション〉	「これから，私に関する10問のクイズを出します。1年間このクラスで一緒に過ごす先生のことを，クイズを通してよく知ってもらいたいと思います」
	「クイズは，イエスかノーで答える形ですから，友達と4人1組になって相談して正解を考えてください」
	「単純にジャンケンや多数決で決めず，なぜそう思うか理由を言い合って，グループの答えを決めるようにしてください」
〈エクササイズ〉	・教師が自分に関するクイズを1問ずつ読み上げる。項目は事実→感情→価値観に関するものへと徐々に深めていく。
	・子どもは4人で相談してグループの答えを決める。
	・全問終わったところで，1問ずつ正解を言いながら，教師自身を面白く自己紹介する。
	・グループごとの正答数を挙手で確認し，いちばん多かったグループに拍手を送る。
	・グループで話し合わせて，追加の質問を1問ずつ受け付ける。自分のことを人に知られることは恥ずかしい反面，うれしいことでもあるので，「よくぞ聞いてくれた」というような，聞かれてうれしくなるような質問を考えさせる。
〈シェアリング〉	「先生を知るクイズをやってみて，やる前と比べて気持ちが変わりましたか。感じたことを何でも話してみてください」
〈介入〉	・班の中に黙っている子どもがいるのに，1人の子どもがどんどん答えをまとめていってしまう場合には，声かけをする。
	・意地悪な質問には答えない自由もあることを知らせる。

私の名前の深い意味

山内　修

■**ねらい**　教師の名前やニックネームの由来を想像することでリレーションを高める（好意的・肯定的な関心を伝える）。

> 私の名前（ニックネーム）は○○と言います。それには深い訳があるのです。
>
> では先生になりきって……。
>
> わたしのニックネームは大仏と言います。何があってもめったに驚かないのです……。
>
> 私の性格をいろいろ想像してくれているね。
>
> なるほど。
>
> そんな感じするなぁ。

■**おすすめの使い方**……新学期のオリエンテーション期間に，教師と子どもの相互理解促進の手段として。

■**実践レビュー**……教師のニックネームについては子どもの関心が高く，興味をもって取り組んでいた。名前によって想像しやすいものとしにくいものがあるようである。子どもは正解を知りたがる。子ども同士で行ったとき，正解として本人に由来を語らせてもよいが，からかったり，無理に語らせたりしないよう配慮が必要。

Part 4　エクササイズカタログ

第14章　スペシフィックエクササイズ
学校向けエクササイズ

エクササイズの特色
- 目的　他者理解
- 時間　15分
- 場所　室内
- 対象　子どもから大人まで
- リーダーの熟練度　★☆☆

出典：國分康孝監『エンカウンターで学級が変わる・ショートエクササイズ集1』図書文化．

■背景となる理論・技法　自己開示

■子どもの気づきと，それを引き出す教師の構成・介入
「先生に○○のことを話してみようかな」「先生に喜ばれた。優しい先生だな」
→ 介入　（ニコニコしながら）「うれしいねえ。君の想像は，名づけてくれた私の父母の思い（期待）を言いあてているねえ。すごいなあ。先生はこの名前が好きなんだ」「A君，よくぞ言ってくれた。君の言ってくれたイメージを，先生は大事にしたいなあ」

〈準備〉　　　　　・ワークシート，筆記用具，黒板。

〈インストラクション〉　「相手の名前の由来やイメージを想像して紹介することで，お互いのことをもっと理解し合いたいと思います」
　　　　　　　　「シートに『私の名前（ニックネーム）は○○○と言います。それには深いわけがあるのです』とあります。相手の名前（ニックネーム）について，この続きを自由に想像して書いてください。例えば，優しい人になってもらいたいという願いを込めて『優子』にしました……のように」

〈エクササイズ〉　・教師が自分の名前（ニックネーム）を紹介し，子どもはワークシートにその由来を想像して書く。
　　　　　　　　・教師になりきって名前の由来を発表する。
　　　　　　　　・教師が，自分の名前の由来をいろいろ想像してもらったことに対する感想を語る。
　　　　　　　　・その後，子ども同士で自分の名前（ニックネーム）を紹介したあと，互いにその由来を考え，発表する。

〈シェアリング〉　「今日のエクササイズをしてみて，自分が感じたことを話してみましょう」

〈介入〉　　　　　・教師の名前の由来が発表された場面で，教師がいろいろ考えてもらってうれしかったことをしっかり伝える。

あいこジャンケン

鎌田好子

■**ねらい**　①子どもの感受性の幅を広げる。②気持ちを合わせるむずかしさや，合ったときの心地よさを味わう。

（イラスト内）
- ぼくはチョキ
- 私と同じものを出す「あいこジャンケン」しましょう。
- うーん　むずかしいね　だせるかな。

Part4　エクササイズカタログ

第14章　スペシフィック　エクササイズ　学校向けエクササイズ

エクササイズの特色
- ●目的　感受性の促進
- ●時間　5分
- ●場所　室内
- ●対象　子どもから大人まで
- ●リーダーの熟練度　★☆☆

第15章　ジェネリック　エクササイズ

■**おすすめの使い方**……小学校低学年での新学期の朝の会・帰りの会で緊張を解きほぐすため。学級の中がしっくりしていないとき。協力して1つのことに取り組むとき。

■**実践レビュー**……学級に落ちつきのなさを感じたとき，全体の気持ちを1つにするために実施した。子ども同士でも行え，低学年ほど楽しむようだ。じゃんけんのほかに「魚の仲間」「曜日」「色」などのテーマでも可。子どもの反応に，常に注意しながら進める。

出典：國分康孝監『エンカウンターで学級が変わる・ショートエクササイズ集1』図書文化。

■背景となる理論・技法　　かかわり技法

■子どもの気づきと，それを引き出す教師の構成・介入
①「じっと見つめていたら，先生の気持ちが伝わってきたよ」／②「えぇー？　できるかな？　心配だなぁ」「先生と同じのが出せたよ。うれしい」
→ 介入 ②「まだちょっと気持ちが合わないみたいだね。どうしたらいいかな？」

〈準備〉　　　　　・特になし

〈インストラクション〉　「今日ね，みんなに先生の身になってほしいんだ。先生がどんな気持ちでいるか，察してほしいの」
「先生をじーっと見て，先生の気持ちを受信してくれないかな。ジャンケンで確かめるんだよ」
「先生と同じのが出せたらすごいね。先生すごーく元気になっちゃうな！」
「同じにならなくても，みんなが一生懸命やってくれたらうれしいね。いいかい？」

〈エクササイズ〉　・「せーの」でジャンケンポン。
・あいこの子の手をあげさせ人数を確認する。
・2～3回繰り返す。
・今度は隣の人とやってみる。2～3回繰り返す。

〈シェアリング〉　「みんながとっても一生懸命やってくれたので，先生はとっても元気になれました。みなさんはどうですか？」
「隣同士でいまの気持ちを言い合いましょう」

〈介入〉　　　　・同じにならないときのフォロー。「みんなが先生を真剣な表情でじっと見てくれていると思うと，先生，何だかとてもうれしくなっちゃった。あいこにならなくても，みんな見ててくれているだけでいいんだ。ありがとうね」

若返りジャンケン

品田笑子

■ねらい　①ジャンケンの楽しい雰囲気でいろいろあった1日を締めくくる。②同じ役割を演じることでお互いの親近感を高める。

3回とも勝った人
- おばあさん、帰ろうか。
- ええ、帰りましょう。
- お達者で。

1回負けた人は
- あら、奥様お帰りですか。
- そうでございます。
- ごめんください。

2回負けた人は
- 元気いっぱいの子どもだ。
- さあ、帰ろう。
- さようなら。

3回とも負けた人は
- バブバブ。
- バブバブ。
- バブバブ。

Part4 エクササイズカタログ

第14章 スペシフィックエクササイズ
学校向けエクササイズ

エクササイズの特色
- 目的　感受性の促進
- 時間　5分
- 場所　室内
- 対象　子どもから大人まで
- リーダーの熟練度　★☆☆

■おすすめの使い方……帰りの会で「さようなら」のあいさつ代わりに実施し、1日の嫌な出来事を帳消しにして楽しい印象で下校する。

■実践レビュー……子どもたちの心が解放されておらず、まだ様子見の感じがしたときに、雰囲気を盛り上げる目的で実施した。同じ役割同士で帰るときの会話は、すぐに自由にできるようにはならないので、モデルや例示などでサポートが必要。また、ルールを変えるとか「○○ジャンケンの日」を決めるなどマンネリ対策も必要。

出典：国分康孝監『エンカウンターで学級が変わる・ショートエクササイズ集1』図書文化。

■背景となる理論・技法　カタルシス，ロールプレイ

■子どもの気づきと，それを引き出す教師の構成・介入
① 「ジャンケン，ポンって大きな声で言うとなんかスッキリするみたい」／② 「負けたけど友達といっしょにハイハイして帰ったら楽しくなっちゃった」
→ 介入　② 「勝っても負けても，いろいろな役ができて楽しいね。明日はなんの役になって，だれと一緒に帰れるかな」

〈準備〉　　　　・若返る順とポーズ，あいさつの例を書いたカードを掲示。

〈インストラクション〉　「帰りの会の最後に，『若返りジャンケン』で仲間をつくって一緒に帰ります。だれと仲間になるか楽しみですね」
「私と3回ジャンケンをします。最初は全員おじいさん，おばあさんです。1回負けるごとにお父さん，お母さん→子ども→赤ちゃんと若返ります。おじいさん，おばあさんは杖をついてゆっくり動きます。お父さん，お母さんはふつうに立ちます。子どもは元気いっぱいなので力こぶ。赤ちゃんは，バブバブの赤ちゃん語でハイハイします」
「恥ずかしがったりふざけたりしないで，その役になりきることがルールです」

〈エクササイズ〉　・教師と3回ジャンケンをし，負けるごとに若返る。
・役割ごとの帰りのあいさつの仕方を説明する（イラスト参照・2回目からは説明を省略）。
・おじいさん，おばあさん役から順にあいさつをして帰る。

〈シェアリング〉　・すぐに「さようなら」となる展開なので，エクササイズ後に時間を取ってシェアリングすることはむずかしい。翌朝，「昨日はどんな気持ちがした？」と振り返るとよい。

〈介入〉　　　　・負け続けて落ち込み，あいさつをしなかったり，ふざけたりしたときには，次の日の挑戦や同じ役の子どもとのふれあいに目を向けさせる。
・友達をばかにする子には，家族としてのつながりに注目させる。

| Part1 エンカウンターについて知ろう |
| 第1章 |
| 第2章 |

| Part2 エンカウンターをやってみよう |
| 第3章 |
| 第4章 |
| 第5章 |
| 第6章 |
| 第7章 |
| 第8章 |
| 第9章 |

| Part3 柔軟に展開しよう |
| 第10章 |
| 第11章 |
| 第12章 |
| 第13章 |

Part4 エクササイズカタログ

第14章 スペシフィック エクササイズ
学校向けエクササイズ

エクササイズの特色
- ●目的 感受性の促進
- ●時間 5分
- ●場所 室内
- ●対象 子どもから大人まで
- ●リーダーの熟練度 ★☆☆

第15章 ジェネリック エクササイズ

Part5 資料編

アウチでよろしく！

川端久詩

■**ねらい** 人さし指と人さし指のスキンシップと，アイコンタクトを通して親和的な出会いをつくる。

■**おすすめの使い方**……試合中にホームランを打った選手をベンチで迎えてハイタッチするように，いい意見や行動をとった友達をたたえてアウチ！

■**実践レビュー**……キャンプ中，長いウォークラリーからヘトヘトで帰ってくる子どもたちに，ゴール地点で一人一人とアウチした。そのあと，同じ班同士でそれぞれにアウチし合う姿が見られた。転校する友達にも，別れの思いをこめて「アウチ！」をし合った。

出典：國分康孝監『エンカウンターで学級が変わる・ショートエクササイズ集1』図書文化。

■背景となる理論・技法　アイコンタクト，スキンシップ，抵抗の低減

■子どもの気づきと，それを引き出す教師の構成・介入
「ちょっと恥ずかしかったけど，やっていて楽しくなった」「ふだん女子との交流が少ないので，ものすごく緊張したがとてもよかった」
→ 介入　「初めは照れくさいかもしれないけど，ここ一番というときはきちっと決めよう」「ムードも大事だよ」

〈準備〉	・自由歩行できるスペースを確保。
〈インストラクション〉	「みなさん。人が出会い，仲よくなるときには，あいさつのほかに軽いふれあいもあると，より親しさがわいて効果的だといいます。そこで，それをみんなでやってほしいんです」 「やり方はこう。笑顔でやさしくお互いの目を見つめ合う。人さし指同士の先をふれあわせ，『アウチ！』とあいさつ」 「これ，どこかで見たことあるでしょう？　そう，映画のE.T.だよ。あのクライマックスシーンのとき，字幕が『いつまでも君のこころに……』ってなっていて，私はとても胸を打たれたんだ。それで，これは今日の出会いが，あとあと，いつまでも消えない思い出になってほしいなっていう願いをこめたエクササイズなんです。みんなもせっかくやるのだから，ちょっとそういうムードをつくって，感じを出して，ほら，こんなふうにアウチしてみてください。『アウチ！』」 「人を傷つけない，やさしいまなざしをつくってね」
〈エクササイズ〉	・笑顔でやさしくお互いの目を見つめ合う。 ・人差し指同士の先をふれ合わせ，「アウチ！」とあいさつ。
〈シェアリング〉	「アウチしてみてどうだった？　いまどんな感じか聞かせて」 「グループで話し合ったことを全体に発表してください」
〈介入〉	・男女が恥ずかしがってアウチをためらっているとき，「みんな輪になってください。先生が先頭で，全員とアウチするよ。みんな先生のあとに続いて，全員とアウチしよう」 ・全体の雰囲気が停滞しているときは，ホームランを打った選手をベンチで迎えるように，人さし指と人さし指のハイタッチ式で，アイコンタクトとスキンシップを伴うアウチにする。

Part1 エンカウンターについて知ろう
　第1章
　第2章

Part2 エンカウンターをやってみよう
　第3章
　第4章
　第5章
　第6章
　第7章
　第8章
　第9章

Part3 柔軟に展開しよう
　第10章
　第11章
　第12章
　第13章

Part4 エクササイズカタログ

第14章
スペシフィック
　　エクササイズ
学校向けエクササイズ

エクササイズの特色

●目的　他者理解

●時間　20分

●場所　室内

●対象　子どもから大人まで

●リーダーの熟練度　★☆☆

　第15章　ジェネリック
　　　　　エクササイズ

Part5 資料編

これからよろしく

藤澤ゆかり

■ねらい　①新しい集団での友達づくりを促進する。②友達づくりを通して，集団の和をつくる。

（イラスト内のセリフ）
・鉄道が好きな○○です。
・恐竜が好きな△△です。
・メロンが好きです。よろしく。
・ジャンケンポン
・ヤッター
・勝ったほうが名刺をもらう。

■おすすめの使い方……新学期など新しい集団づくりのために。学年集会や全校集会での交流に。

■実践レビュー……クラスがえ直後の学級で，子どもたちの人間関係をつくり，新しい学級集団を形成していくために実施した。事前に名刺を準備したので，自己紹介などもスムーズにいった。自分で相手を見つけて活動しなければならないので，だれにも声をかけられず困っている子どもが出てくればサポートする。

出典：「あいさつゲーム」，國分康孝監『エンカウンターで学級が変わる・小学校編1』図書文化。

■背景となる理論・技法　自己開示，かかわり技法

■子どもの気づきと，それを引き出す教師の構成・介入
① 「○○ちゃんは□□が好きだって」「■■くんも△△が得意だってわかりました」
② 「名前を覚えてもらえてうれしかったな」「今度○○ちゃんと遊びたいな」
→ 介入 ① 「たくさんの友達と知り合うには，相手の話を集中して聞くことが大切です」

〈準備〉	・机，椅子を片づけて広いスペースを確保する。 ・名刺カードを1人に数枚。グループごとに色別にする。自分の好きな食べ物など，簡単な自己紹介を事前に記入しておく。
〈インストラクション〉	「これから，いろいろな人と自己紹介しながら，友達をどんどん増やす活動をしましょう」 「用意ドンの合図で，相手を見つけて2人組になり，自己紹介をして握手をします。そのあと，ジャンケンをして，勝った人は負けた人から名刺をもらいます。いろいろな色の名刺がありますから全部の色を集めるようにしてみましょう」 「こんなふうに相手の目を見て，握手をしたら自己紹介しましょう。私の名前は，○○です。好きな食べ物はケーキです。……さあ，ジャンケンです。負けたら自分の名刺をあげましょう。ジャンケンに負けても，『負けるが勝ち』です。自分のことを知ってもらえるってうれしいものですよ」
〈エクササイズ〉	・スタートの合図で相手を探し，出会った相手と握手をして自己紹介をし合い，ジャンケンで勝った人が名刺をもらう。 ・相手を変えて握手，自己紹介，ジャンケンを繰り返す。
〈シェアリング〉	「友達について，発見したことがあったら発表してください」 「活動をやってみて，いまどんな気持ちですか。近くの人と話し合ってみましょう」
〈介入〉	・自己紹介の会話の型を板書しておくと，うまく自己紹介できない子どもはそれを見ながら話ができる。 ・相手がうまく見つけられない子どもには，一緒に相手に声をかけてあげる。ときには，ペアリングしてあげる。 ・どんどん相手を変えていけるよう声かけする。

「?」と「!」

浮ヶ谷優美

■ねらい　他者理解を深め，親近感を高める。

（ぼくの名前は○○○です。）
（ぼくはカレーが好きで必ず3杯食べます。）
（びっくり）

第14章
スペシフィック
エクササイズ
学校向けエクササイズ

エクササイズの特色

- ●目的　他者理解
- ●時間　15分
- ●場所　室内
- ●対象　子どもから大人まで
- ●リーダーの熟練度　★☆☆

第15章　ジェネリック
　　　　エクササイズ

■**おすすめの使い方**……学年の始まり，学期の始まり，席がえ後など，新しい人間関係づくりの支援として。2人組自己紹介のバリエーションの1つとして。

■**実践レビュー**……自己紹介を聞く人にも活動があり，両者がかかわり合いながら楽しく活動できた。!カードの提示により，話し手に話す意欲がわき，話が弾むことが期待できる。うまく話せない子のために，「話の種カード」などを事前に用意するとよい。

出典：國分康孝監『エンカウンターで学級が変わる・ショートエクササイズ集1』図書文化。

■背景となる理論・技法　自己開示，無条件の肯定的関心

■子どもの気づきと，それを引き出す教師の構成・介入
「○○さんのことがたくさんわかってよかったな」「ぼくのことをいっぱい知ってもらえてうれしいな」「ほかの人にも話したいな」
→ 介入 「?や!カードが出たとき，どんな気持ちになりましたか。不愉快な気持ちになりましたか。もっと話したいという気持ちになりましたか」

〈準備〉	・!と?カードを2人組に1セット。話の種カード。
〈インストラクション〉	「友達ともっと仲よくなるために自己紹介をします。自分のことをたくさん知ってもらいましょう」 「自己紹介を聞く人は!と?のカードを持ちます。まず，?を見せたら，相手の人は自己紹介を始めます。話す人は，できるだけたくさん話してください。聞く人が，相手の話に『なるほど』『びっくり』と思ったら，声を出さずに!を見せます。すぐに?に戻し，話し手に話を続けてもらいます。2分たったら交代します」 「例えば，私の名前は優美です。優しく美しい女性になるようにとつけられた名前です。家族は5人です。姉と妹がいます。間にはさまれて，ちょっとさびしいときもありました」 「カードを持っている人は，質問をしたり，声を出したりしてはいけません」
〈エクササイズ〉	・2人組になり聞き手が?カードを出す。 ・話し手が自己紹介を始める。「私の名前（ニックネーム）は○○です」「好きな食べ物はケーキです」 ・聞き手はびっくりした様子で!を示し，その後?を示す。 ・自己紹介を続ける。 ・時間になったら，役割を交代する。
〈シェアリング〉	「お互いに思ったことや感じたことを伝え合いましょう」 「2人で話し合ったことを全体に発表してください」
〈介入〉	・うまく話せない子には，「話の種カード」を持たせる。 ・話し手と聞き手の対話になっていたら，聞き手は声を出さずにカードで反応するというルールを確認する。

Part1 エンカウンターについて知ろう
　第1章
　第2章

Part2 エンカウンターをやってみよう
　第3章
　第4章
　第5章
　第6章
　第7章
　第8章
　第9章

Part3 柔軟に展開しよう
　第10章
　第11章
　第12章
　第13章

Part4 エクササイズカタログ

第14章
スペシフィック
**　　エクササイズ**
学校向けエクササイズ

エクササイズの特色
●目的　自己理解・他者理解
●時間　10分
●場所　室内
●対象　子どもから大人まで
●リーダーの熟練度　★☆☆

　第15章　ジェネリック
　　　　　エクササイズ

Part5 資料編

いいこと探し

二宮喜代子

■ねらい　①見過ごされがちな「いいこと」を探し，生活に喜びを見いだす。②他者に受容される体験を通して自己肯定感を高める。

いいこと探しの会話
A.何かいいことありましたか？
B.ええ○○○○（理由）で
　△△△△（感情）でした
A.そうですか。
　○○○○で△△△△だったのですね。
　（Bの繰り返し）
　それは良かった。（Aの感想）
―交代して繰り返す。

（うれしかったことを見つけて話してみましょう。）

（先生何かいいことありましたか？）

（子猫が生まれてうれしいです。）

（そうですか。子猫が生まれてうれしかったんですね。それはいいですね。）

（わたしはね、今日も学校にみんなが来てくれてよかったと思いました。）

■おすすめの使い方……毎日を惰性で過ごしているようなとき。帰りの会や週末，学期末など，振り返りとしていつでも使える。
■実践レビュー……個々の学習に追われている留学生クラスで人間関係づくりをめざして実施した。ちょっと立ちどまって振り返ったことで，見過ごされがちな小さな喜びに気づいて元気が出てきた。友達のいいことを聞いて，うれしくなったという人もいた。会話例は板書でよく見えるように示した。準備が簡単。短時間でできる。

出典：國分康孝監『エンカウンターで学級が変わる・ショートエクササイズ集1』図書文化。

■背景となる理論・技法　かかわり技法

■子どもの気づきと，それを引き出す教師の構成・介入
①「ふだん何でもないことが，実はうれしいことだったんだ」「今日はよかった。ありがとうという気持ちでいっぱい」／②「私の気持ちがわかってもらえてうれしかった」
→ 介入 　①「最近のことで，しあわせな気分になったことをあげてみて」「お父さん（お母さん）にほめられてうれしかったことは？」

〈準備〉
・会話の流れを板書などで示す。
・タイマーを用意する。

〈インストラクション〉
「毎日の生活の中でよかったことやうれしかったことを見つけてみましょう。どんな小さなことでもいいです。友達に話してそれを認めてもらえると，とてもうれしいものです」
「やり方は会話例のように，2人組で『聞く・話す』を，役割を交代しながら，3分間で何回か続けます」
「では，見本を見せますね。だれか私の相手になってください」（A→B→Aのモデル会話を2回して，教師が聞く・話すの両者の役を示す）
「ルールは，相手の話をよく聞くことです。聞き手は必ず『そうですか』と話を受け，聞いた話を簡単に繰り返して，最後にひとこと感想を言います」
「先生は，今日のエクササイズを，みんながやろうやろうと言ってくれてうれしいです」

〈エクササイズ〉
・2人組になり，ジャンケンでAとBを決める。
・イラストに示した会話例の流れにそって会話する。
・A→B→Aの会話を1回ごとに役割を交代して3分間続ける。

〈シェアリング〉
「2人だけのことにしておいてはもったいないなと思うことがあったら，全体に教えてください」
「やってみて感じたこと，思ったことを話してみましょう」

〈介入〉
・参加できない子には「とりあえず友達がするのを見ていてね」「あとでいいところを伝えてあげて」と見学を促す。
・例を無視して勝手に話しているペアには，会話の流れを示して確認させる。受容の「そうですか」を忘れないように。

Part 1 エンカウンターについて知ろう	
第1章	
第2章	
Part 2 エンカウンターをやってみよう	
第3章	
第4章	
第5章	
第6章	
第7章	
第8章	
第9章	
Part 3 柔軟に展開しよう	
第10章	
第11章	
第12章	
第13章	

Part 4 エクササイズカタログ

第14章
スペシフィック　エクササイズ
学校向けエクササイズ

エクササイズの特色
- 目的　自己理解・他者理解
- 時間　15分
- 場所　室内
- 対象　子どもから大人まで
- リーダーの熟練度　★☆☆

第15章　ジェネリック　エクササイズ

Part 5 資料編

忘れられない経験

森泉朋子

■ねらい　自分にとって忘れられない大切な経験を振り返り，人と共有することで，互いをより深く理解し合う。

（私はドイツに留学した時のことが忘れられません。さあ！ みんなの話をきかせて。）

（友達とハイキングに行って道に迷っちゃったんだドキドキしちゃって…。）

■おすすめの使い方……新学期や新年度が始まってしばらくたったあとで，表面的なつき合いにとどまらず，一歩踏み込んだ理解を促したいときに。

■実践レビュー……留学生のクラスで，お互いをより深く理解し合うことができるように実施。どんなことを話すかで，各人の個性が表れるのを感じた。また，学生たちは友達の経験を聞くことで，その人について新たな発見をすることができたようだ。

出典：國分康孝監『エンカウンターで学級が変わる・ショートエクササイズ集2』図書文化。森泉朋子，斉木ゆかり，林伸一『グループで学ぶ日本語7』，『月刊日本語』アルク。

■背景となる理論・技法　自己開示，傾聴

■子どもの気づきと，それを引き出す教師の構成・介入
「私も○○さんと同じような経験をしたことがあるよ」「○○さん，そんな経験したことあったんだ」「ちょっと恥ずかしかったけど，聞いてもらえてよかった」
→ 介入　「そのときの状況や場面の説明はほどほどにして，気持ち（感情）を語ってね」

〈準備〉
・2人が向き合って座れるような椅子の配置にする。
・タイマーを用意しておく。

〈インストラクション〉
「いままで，みなさんはいろいろな経験をしてきたはず。楽しかったこと，うれしかったこと、悲しかったこと。いちばん強く印象に残っている経験，忘れられない経験は何ですか」
「そのことを思い出して，2人で話し合ってみましょう」
「私の忘れられない経験は，ドイツに留学したときのことです。最初の2週間，住むところを探して，慣れない土地を1人で回りました。言葉も通じないので，心細くて，だれも私を相手にしてくれないような情けない気持ちになりました。やっと見つけられたときの喜びはいまでも忘れられません」
「1分間，忘れられない経験を思い出してください」
「隣の人とペアになり，1人が話す役，1人が聞き役になります。3分話したら，役割を交代します」
「聞く人は相手の話を最後まで黙って聞いたあとで，感想を言ってください」

〈エクササイズ〉
・2人組をつくり，どちらが先に話し手になるか，決める。
・過去の忘れられない経験を1分間で思い出す。
・話し手が自分の経験を話す。聞き手は話を黙って聞き，話が終わったあとで感想を述べる。
・話し手と聞き手の役割を交代して，同じことを行う。

〈シェアリング〉
「2人で話し合ったことと話を聞いて感じたことを発表してください」

〈介入〉
・何を話していいかわからずとまどっている子どもには，教師が質問することによってヒントを出す。

二者択一

森田　勇

■**ねらい**　お互いの好みや考え方を伝え合うことで，相互理解を促進する。

Part 1　エンカウンターについて知ろう
　第1章
　第2章

Part 2　エンカウンターをやってみよう
　第3章
　第4章
　第5章
　第6章
　第7章
　第8章
　第9章

Part 3　柔軟に展開しよう
　第10章
　第11章
　第12章
　第13章

Part 4　エクササイズカタログ

第14章
スペシフィック　エクササイズ
学校向けエクササイズ

エクササイズの特色
- ●目的　自己理解・他者理解
- ●時間　30分
- ●場所　室内
- ●対象　子どもから大人まで
- ●リーダーの熟練度　★☆☆

　第15章　ジェネリック　エクササイズ

Part 5　資料編

（吹き出し）
- あっ同じものを選んでもけっこう違うんだな。
- どうして田舎にしたの？
- 私は太陽…。うーん私とはちがうんだなあ。
- 私は月だわ。それは……。

二者択一
1　ジュース　　　アイスクリーム
2　田舎　　　　　都会
3　太陽　　　　　月
4　（生まれ変わるなら）
　　女　　　　　　男

気づいたこと・感じたことを自由に書いてください。

■**おすすめの使い方**……出会いの時期の，人間関係づくりの支援として。自己を見つめる道徳の授業（価値葛藤場面）として。

■**実践レビュー**……道徳の価値葛藤場面で，より高い価値に気づき，自己選択・自己決定する勇気を醸成するのに有効だった。この場合は，話し合いが深まる一方で，他者の考えを攻撃することもあるので，実態に応じた，答えの出ない教材を用意することがポイント。

出典：國分康孝監『エンカウンターで学級が変わる・中学校編1』。「ねえどっちがいい」，『同・ショートエクササイズ集1』図書文化。

■背景となる理論・技法　自己開示

■子どもの気づきと，それを引き出す教師の構成・介入
「○○さんと答えが全部同じだった。うれしい」「△△さんのことが少しわかった」「自分らしく生きなくちゃ」
→ 介入　「相手の人と，似ているようで違う。この違いを違いとして，自分の考え方を大事にしたいね」

〈準備〉
- 机や椅子を片づけてスペースを確保する。
- 対照的な言葉の組み合わせを記入したワークシート。
- 筆記用具，ストップウォッチ。

〈インストラクション〉
「今日は，二者択一という活動をします。自分の考え方や感じ方を伝え合いながら，相手と自分の違いを大切に，いままで以上に仲よくなってもらいたいと思います」
「いまから，プリントを配ります。各項目について，2つのうちから好きなほうを選んでください」
「次に2人1組になって，紹介し合います。同じものを選んでも理由は違うものです。必ず理由も伝えてください」
「例えば，海と山なら，先生は，海を選びます。理由は，気持ちが落ちつき，心が洗われる感じがするからです」
「どちらを選んでも間違いということではありません。それがその人らしさの1つということです」

〈エクササイズ〉
- シートの各項目にそってどちらか1つを選択する（3分）。
- 近くの人とペアになり，シートを交換する。
- なぜそれを選んだのか，相手に理由を説明する。相手に聞きたいことがあったら聞いてみる（10分）。

〈シェアリング〉
「2人の話の中で，ほかのみんなに紹介したくなったこと，あるいは感じたことや気づいたことなど，無理のない範囲で発表してください」

〈介入〉
- 理由がうまく話し合えないペアには，教師が質問の仕方や答え方をデモンストレーションする。
- 人の話を冷やかしている子には注意を促し，その人らしさを大切にするというルールを確認する。

Part 1 エンカウンターについて知ろう
　第1章
　第2章

Part 2 エンカウンターをやってみよう
　第3章
　第4章
　第5章
　第6章
　第7章
　第8章
　第9章

Part 3 柔軟に展開しよう
　第10章
　第11章
　第12章
　第13章

Part 4 エクササイズカタログ

第14章
スペシフィック
　　エクササイズ
学校向けエクササイズ

エクササイズの特色

● 目的　感受性の促進
● 時間　5分
● 場所　室内
● 対象　子どもから大人まで
● リーダーの熟練度　★☆☆

第15章　ジェネリック
　　　　エクササイズ

Part 5 資料編

ジャンケン手の甲たたき

岡田　弘

■**ねらい**　①楽しいスキンシップを通して緊張感をほぐし，自分を語りやすくする。②相手の気持ちや存在感を，体を通して感じる。

（ジャンケン…。／やったー！／痛かったでしょ。／痛い！）

■**おすすめの使い方**……学級開き，集会でふだんは接触の少ないメンバーが顔を合わせたとき。集団のムードが沈滞したとき。子どもから大人まで幅広くできる。

■**実践レビュー**……特に教師研修会や保護者会で，ちょっと身体接触が必要かなと思うときにはピッタリ。「子ども心（FC）の発揮です」とリフレーミングすると，意識してふれあおうとする雰囲気が広がる。

出典：國分康孝監『エンカウンターで学級が変わる・ショートエクササイズ集1』図書文化。

■背景となる理論・技法　無条件の肯定的関心，スキンシップ

■子どもの気づきと，それを引き出す教師の構成・介入
①「やってるうちに，遠慮がなくなった」／②「負け続けたぼくを気づかってくれた」「たたくときもたたかれるときも，ぎゅっと握手してた」
→ 介入　①②「相手の人はどんな感じがしたかな」「右手のほうから感じたことは何だろう」

〈準備〉　　　　・ペアのつくり方を決めておく。

〈インストラクション〉「痛いかもしれないけれど，すぐに仲よくなってしまう魔法のジャンケンをしたいと思います」
「2人1組になって，まず右手で握手します（デモンストレーション）。握った手は離さずそのままで，あいている左手でジャンケンをします。勝った人は相手の右手の甲をパチッとたたきます。負けた人は黙ってたたかれます。1分間，ジャンケンを繰り返します。もしもジャンケンに負け続けたら，ずっとたたかれっぱなしです。1分間が終わったら，きっとどっちの人の右手も赤くなっているはずなので，『痛かったでしょう』と言って，相手の右手をさすってあげてください」
「たたかれる悔しさは仲よくなるための試練です。でもエキサイトしすぎて，力任せのたたき合いになると，楽しくありません。少し相手のことを気にするのがコツです」

〈エクササイズ〉・2人組になり，右手で握手をし，手をつないだ状態にする。
・左手でジャンケンし，勝った方が相手の右手を軽くたたく。
・時間になったら，右手をつないだまま，「痛かったでしょう」と言って，お互いに相手の右手の甲を左手でさする。

〈シェアリング〉「やってみて感じたことや，相手の人について感じたこと，気づいたことを話し合ってください」

〈介入〉　　　・手をつなげない場合は，手のひらを軽く合わせて行う。
・勝負に必死になっている場合は，「仲よくなるためにやっているんだから，痛くても楽しめる範囲でね」と声をかける。
・強くたたきすぎたと思っている子には，心を込めて「痛かったでしょう」と相手にいたわりの気持ちを伝えるよう促す。

Part1 エンカウンターについて知ろう
　第1章
　第2章

Part2 エンカウンターをやってみよう
　第3章
　第4章
　第5章
　第6章
　第7章
　第8章
　第9章

Part3 柔軟に展開しよう
　第10章
　第11章
　第12章
　第13章

Part4 エクササイズカタログ

**第14章
スペシフィック
　　エクササイズ
学校向けエクササイズ**

エクササイズの特色

● 目的　**信頼体験**

● 時間　**10分**

● 場所　**室内**

● 対象　**子どもから大人まで**

● リーダーの熟練度　**★☆☆**

　第15章　ジェネリック
　　　　　　エクササイズ

Part5 資料編

肩もみエンカウンター

林　伸一

■**ねらい**　①甘える・甘えさせるという原初的な信頼体験をする。
②自己開示を促進し，相手の話を受容的に聞く。

「私が今日の授業で特に印象に残っていることは…。」

「僕がこの時間に期待していることは…。」

■**おすすめの使い方**……朝の会で「今日期待すること」，帰りの会で「今日あったこと」をテーマに。授業の開始時に「前回学んだこと」，終了時に「この時間に学んだこと」をテーマに。

■**実践レビュー**……合宿・研修会など，初対面の人の集まりで緊張ほぐしとして，また長時間の座学で肩が凝ったときの気分転換に行った。対人関係が苦手な人をあらかじめ把握しておくのにも有効。嫌がることを強制しないセクハラ防止のための研修にも用いた。

出典：國分康孝監『エンカウンターで学級が変わる・ショートエクササイズ集1』図書文化。

■**背景となる理論・技法**　スキンシップ，自己開示

■**子どもの気づきと，それを引き出す教師の構成・介入**
①「すごーく気持ちがよかった。快感！」／②「相手の気持ちをもっと聞きたいと感じました」
→ 介入　①「自分で肩をもんでも，こんな気持ちのよさは感じられないよ。これはね，甘えられたからなんだ。スキンシップと甘えが，この快感の源だよ」

〈準備〉	・人数分の椅子と時間を区切るためのタイマー。
〈インストラクション〉	「今日は『肩もみエンカウンター』（板書）をします。もむ人は精一杯のやさしい気持ちを込めてもんであげます。さらに，最近の自分のことで，聞いてほしいことを話してください」 「（デモンストレーション）例えば，先生は，娘の誕生日に，あるひとことを言いたかったけど，タイミングがなくてね，言い出せなかったんだ。それ以来ここ1週間，胸がつかえているんだ」 「肩をもまれる人は相手に自分を任せる一方で，相手の話をよく聞いてくださいね。質問せずにひたすら聞いてください」 「2分間話したら，同じペアで役割を交代して同様に行います」
〈エクササイズ〉	・2人組をつくり，ジャンケンをする。負けた人が勝った人の肩をもみながら話をする。 ・2分たったら，同じペアで役割を交代し，同様に肩もみをしながらテーマにそって話をする。
〈シェアリング〉	「では，いまの活動を振り返って気づいたこと，感じたことをお互いに話し合ってください。時間は2分です」 「次に，もしさしつかえなければ，いまの話の内容をみんなに紹介してください。2人だけの話にしておいてはもったいないような話はありませんでしたか」
〈介入〉	・肩もみに抵抗のある人もいるので，相手に強制している場合にはとめる。身体接触に抵抗のある場合は，同性同士のペアとする。 ・肩もみに集中して，あまり話をしていないペアには，話をするように促す。逆の場合にも手も動かすように促す。

背中合わせの会話

岡田　弘

■**ねらい**　二者関係における信頼感を体験的に味わう。

（吹き出し）
- あったかい感じだ。赤かな？
- 赤かな？黄色かな？
- 青だよ。
- 今ぼくは元気いっぱいだから赤だ。赤・赤…

■**おすすめの使い方**……学級開き後や，席がえのあとに。2人だけの共通体験を大切にすることで，居場所づくりの最小単位である2人組がクラスの中にできる。

■**実践レビュー**……学級でパートナーを変えながら数日続けて行った。「みんなと仲よく話せるようになった」という感想も聞かれ，クラス全員との仲間づくりに役立ったようである。

出典：國分康孝監『エンカウンターで学級が変わる・ショートエクササイズ集1』図書文化。

Part1　エンカウンターについて知ろう
　第1章
　第2章

Part2　エンカウンターをやってみよう
　第3章
　第4章
　第5章
　第6章
　第7章
　第8章
　第9章

Part3　柔軟に展開しよう
　第10章
　第11章
　第12章
　第13章

Part4　エクササイズカタログ

第14章　スペシフィックエクササイズ
学校向けエクササイズ

エクササイズの特色
- ●目的　感受性の促進
- ●時間　15分
- ●場所　室内
- ●対象　子どもから大人まで
- ●リーダーの熟練度　★☆☆

第15章　ジェネリックエクササイズ

Part5　資料編

■背景となる理論・技法　非言語コミュニケーション，対象関係論，スキンシップ

■子どもの気づきと，それを引き出す教師の構成・介入
「背中からあたたかさが伝わってきて安心した」「背中がもじもじして集中するまで時間がかかった」「人って何かを発しているんだ。それをわかるかどうかはこちら次第だ」
→ 介入　「あたりはずれだけでなく，わいてきた感じが相手からのテレパシーだよ」

〈準備〉	・ペアをどのようにつくるか決めておく。
〈インストラクション〉	「私がボーッと考え込んでいると，『○○さんどうしたの。困ったことがあるの？』と，声をかけてくれた先生がいました。話をしたのは初めてでしたが，急に親しみがわいてきました。言わなくても，思いをわかってもらうのはうれしいですね」 「これから相手が思っていることを感じ取るエクササイズをします。相手のテレパシーを感じて，仲よくなりましょう」 「2人で背中合わせに座ります。1人が黙ったまま心の奥底から念じて，相手に気持ちを伝えます。初めてなので，赤・青・緑・黄色・黒の中から選んで念じてみましょう。もう1人は，1分間でそれを感じ取るようにします」 「伝える人は接している背中に集中して，『伝われ』と心の中で呼びかけながら色を無言で伝えてください。受け取る人は，全身を耳にして相手の訴えを聞いてください。『いまはあたたかい気持ちだから赤』とか，きっといろいろなものが伝わってくるはずです。自分が感じたことを大切にしましょう」
〈エクササイズ〉	・椅子を2つ並べ，背中合わせに座る。 ・1人が赤・青・緑・黄・黒から1つ選んで相手に念じる。 ・1分後，伝えた色を確認し合う。 ・交代して同様に行う。
〈シェアリング〉	「背中合わせの会話をしているときに感じたことや，相手の人について感じたことを話しましょう」
〈介入〉	・身体接触に抵抗のある場合は，同性同士のペアとする。 ・ふざけ合っているような場合は，背中越しに相手に意識を集中するように促す。

Part 1 エンカウンターについて知ろう
　第1章
　第2章

Part 2 エンカウンターをやってみよう
　第3章
　第4章
　第5章
　第6章
　第7章
　第8章
　第9章

Part 3 柔軟に展開しよう
　第10章
　第11章
　第12章
　第13章

Part 4 エクササイズカタログ

第14章
スペシフィック
エクササイズ
学校向けエクササイズ

エクササイズの特色
● 目的　自己理解・他者理解
● 時間　45分
● 場所　室内
● 対象　子どもから大人まで
● リーダーの熟練度　★☆☆

第15章　ジェネリック
　　　　エクササイズ

Part 5 資料編

他己紹介

向井知恵子

■ねらい　他者理解を促進し，交友関係の輪を広げる。

（イラスト内セリフ）
- クリリンて呼ばれている○○です。
- クリリンて呼ばれてる○○君です。
- △△さんですエミリーって呼んであげてね。
- エミ子っていうの。
- エミリーはピアノが得意なんだよ。

■おすすめの使い方……学級開きのあとに。縦割り班活動，委員会，クラブ活動の発足時や終盤時。保護者会，茶話会など。
■実践レビュー……教職員の自己紹介にも活用できる。私の職場では，新年度の出発会には，異動してきた人に対して，異動しなかった者同士が右隣の人を紹介することが定番となっている。異動してきた人にも好評。

出典：國分康孝監『エンカウンターで学級が変わる・小学校編1』『同・ショートエクササイズ集2』図書文化。

■背景となる理論・技法　ロールプレイ（役割演技）

■子どもの気づきと，それを引き出す教師の構成・介入
「へえ〜，そうなのか。ぼくと同じだ」「○○さんは友達をよく見ているなあ」「こんなに私のことを言ってくれるなんてうれしい」「ぼくのことをずいぶん知っているんだな」
→ 介入 　「うれしい紹介をしてもらっているときは，ガッツポーズやピースサイン，拍手で相手の人に伝えよう」

〈準備〉
・椅子を一重円やコの字型に並べる。
・必要に応じてインタビューカードを配る。

〈インストラクション〉
「今日のエクササイズは他己紹介です」
「先生はね，研修会などで司会者から紹介されることが多いんだ。でも素っ気ない紹介のときは気分が悪いし，不満感が出てくるね。心のこもった紹介をしてもらうと，うれしいな，今日はがんばろうっていう気持ちになる。不思議だね」
「そこで今日は相手の身になった紹介をしてみよう。お互いが親しみをもてて，これが縁で仲よくなれるといいよね」
「初めのペアは立ってください。紹介する人は，聞いている人に自分の相手のことを紹介します。順番に回っていきます」

〈エクササイズ〉
・必要に応じてペアの相手にインタビューしておく。
・ペアの相手の，名前，好きなこと，得意なこと，どんな人か，性格や人柄，趣味などを1〜2分間話す。
・その子についてもっと紹介できる子が補足説明する。
・全員が交代して紹介する・紹介されるを行う。

〈シェアリング〉
「友達の紹介を聞いて，思ったことや気づいたことを話し合いましょう」
「自分が紹介されたときに，感じたことを話しましょう」
「よくぞ言ってくれたと感じたところを出し合いましょう」

〈介入〉
・欠点や短所が出たら，別の見方をさせてほかの言い方ができないか，全体に促し支援する（リフレーミング）。
・異年齢集団などで話すことに抵抗がある場合，周りの子がタッチして紹介役を代わる。
・話の聞き方の，よいところを取り上げて傾聴させる。

Part 1 エンカウンターについて知ろう
　第1章
　第2章

Part 2 エンカウンターをやってみよう
　第3章
　第4章
　第5章
　第6章
　第7章
　第8章
　第9章

Part 3 柔軟に展開しよう
　第10章
　第11章
　第12章
　第13章

Part 4 エクササイズカタログ

第14章
スペシフィック
　　エクササイズ
学校向けエクササイズ

エクササイズの特色

● 目的　自己理解・他者理解
● 時間　25分
● 場所　室内
● 対象　子どもから大人まで
● リーダーの熟練度　★☆☆

第15章　ジェネリック
　　　　エクササイズ

Part 5　資料編

友達発見

藤澤ゆかり

■ねらい　①自分も友達もそれぞれよいところがあることに気づく。②子どもたち一人一人が自己を肯定的にとらえる。

（イラスト：「ものをなおすのがうまい人知ってる？」「えーと。」「パイロット。」「大きくなったら何になりたいの？」「びっくりしたこと自分と同じだなあと思う人を見つけた人はいるかな？」）

ぼくの／わたしの　**大はっけん！！**　　年　組　名前

番号	しつもん	だれ？	さらにしつもん
1	スポーツを一生懸命している人は？		どんなスポーツ？
2	さいきん，だれかを助けた人は？		だれを？
3	どこかおもしろいところに行った人は？		どこに？
4	さいきん，何かできるようになった人は？		何が？
5	大きくなったら何になるか決めている人は？		何になるの？
6	外国語で何か言える人は？		何語で？
7	物をなおすのがうまい人は？		なにを？
8	今までにけんかをとめたことがある人は？		どうやって？
9	よくないことはよくないと言う人は？		なぜ？
10	いやなことを我慢できる人は？		なぜ？

■おすすめの使い方……学級開きのあとに友達づくりの支援として。ふれあいの活動を通し，友達をさまざまな面から認識していくきっかけとして。
■実践レビュー……友達の思わぬ一面を知り，またお互いのよいところを探すことで肯定的な目を育て，人間関係をよりよいものにしていくことを目的に実践。インタビューはデモンストレーションを行って練習させ，手法を十分に理解させてから行うことが大切。

出典：多田孝志ほか編『ユニセフによる地球学習の手引き　小学校』教育出版。國分康孝監『エンカウンターで学級が変わる・小学校編2』図書文化。

■背景となる理論・技法　質問，自己開示

■子どもの気づきと，それを引き出す教師の構成・介入
① 「○○ちゃんて，すごいところがあるんだ」「ぼくにもいいところがあったぞ」
② 「こんないいところがあったんだ」「いいところを見つけてもらってうれしいな」
→ 介入　① 「友達のことで知っていることを，たくさんの人にも教えてあげられるといいね」

〈準備〉	・机，椅子を片づけて広いスペースを確保する。 ・ワークシートを配る。 ・インタビューの仕方を考え，練習する。
〈インストラクション〉	「今日は，いままで知らなかった友達のよいところをたくさん発見できるようにインタビューしてみましょう」 「いいところを教えてもらうのってうれしいですね。先生にもいいところがけっこうあると思うんですが，教えてくれませんか」 「次に，ワークシートに書かれたことに，あてはまる人がいるかどうか，みんなにインタビューしてみます。質問は1人に対して1つだけ。自分ができることがあったら，友達にインタビューしないで1つだけ自分の名前を書いてもいいです」 「あてはまる人が見つかったら，右側の欄について，さらに質問します。インタビューしたことはメモしてくださいね」
〈エクササイズ〉	・自由に歩き回って相手を見つけ，プリントをもとに質問する。 ・質問の答えをさらに詳しく聞き，メモをする。 ・質問を終えたら，ほかの友達に次の質問をする。
〈シェアリング〉	「友達から聞いたことを発表してください」 「いままで知らなかったことを発見したり，自分と同じだなあと思ったこと，驚いたことがあった人はいましたか」
〈介入〉	・うまく質問できない子どもにはインタビューの仕方を教える。うまくできている子が質問し，答えさせてみてもよい。 ・相手が見つからない子どもには，見つける手伝いをする。 ・友達のいいところをみんなでほめ合い，それを発見できた子どもにも賞賛の目を向けさせるようにする。

Part 1 エンカウンターについて知ろう
- 第1章
- 第2章

Part 2 エンカウンターをやってみよう
- 第3章
- 第4章
- 第5章
- 第6章
- 第7章
- 第8章
- 第9章

Part 3 柔軟に展開しよう
- 第10章
- 第11章
- 第12章
- 第13章

Part 4 エクササイズカタログ

第14章 スペシフィックエクササイズ 学校向けエクササイズ

エクササイズの特色
- ●目的　他者理解
- ●時間　10分
- ●場所　室内
- ●対象　子どもから大人まで
- ●リーダーの熟練度　★☆☆

第15章　ジェネリックエクササイズ

Part 5 資料編

あわせアドジャン

岡田　弘

■ねらい　①気持ちを合わせる体験により，他者への積極的で好意的な関心を高める。②自分の考えを自由に表現する。

声をそろえて…。

アドジャン

みんなの数が同じだったら大成功！

やった合った！

すごい！

■おすすめの使い方……楽しく活発に人間関係づくりをしたいときによい。協力して行う活動の導入として，集団の凝集性を高めたい場面でもやりやすい。班や係などの結成時にも最適。

■実践レビュー……荒れているクラスの立て直しで活用した。ルールが単純でメンバーを次々に変えてできるところが，よかったようである。「数字が合ったときは思わず大きな声で喜んだ。楽しいから何度でもやりたい」という感想もあった。

出典：國分康孝監『エンカウンターで学級が変わる・ショートエクササイズ集2』図書文化。

■背景となる理論・技法　無条件の積極的関心

■子どもの気づきと，それを引き出す教師の構成・介入
①「人と気持ちを合わせるのは，むずかしいけど楽しいね」／②「みんなの意見が役に立ったね」
→ 介入 　①「合わせるために大切にしたことは何？　それでいまはどんな感じ？」

〈準備〉　　　　　・リズミカルなBGM。

〈インストラクション〉　「仲のよい人とは，知らないうちに同じことをしていたりするよね。今日はその逆。同じことをして仲よくなってみよう」
「変わったジャンケンをします。グー・チョキ・パーの代わりに，指を1本から5本まで5通りの中から選んで，『アドジャン』のかけ声で出します。グループ全員が同じものを出せば成功です。ルールは2つ。全員で声をそろえて『アドジャン』と言うこと。同じ数字は続けて出せないことです」
「ヒントは，ほかの人の様子に注目することです。また，途中で1度作戦タイムをとります。2つのルールに反しないかぎり，どんな作戦を立ててもいいです」
「先生のこれまでの経験では，そろい始めると不思議なくらいに合ってくるんだ。そのたびに目と目で『いいぞ』と言い合ったりして，盛り上がってくるんだ。5人がそろう確率は625分の1なのにね」

〈エクササイズ〉　・4～5人グループをつくる。
・「アドジャン」と言いながら，いっせいに指で1～5までの数字を示す。全員がそろうまで1分間繰り返す。
・1人が同じ数を2回続けて出すことはできない。
・1分が終わったら，2分間の作戦会議をとる。
・再開して3分間行う。

〈シェアリング〉　「『あわせアドジャン』をしてみて，どんな感じがしますか」
「一緒にやったグループの人に，どんな感じがしていますか」

〈介入〉　　　　　・人と合わせるためにどんな努力をしたかを聞く。
・作戦会議では，全員が発言するように促す。

Part 1 エンカウンターについて知ろう
　第1章
　第2章

Part 2 エンカウンターをやってみよう
　第3章
　第4章
　第5章
　第6章
　第7章
　第8章
　第9章

Part 3 柔軟に展開しよう
　第10章
　第11章
　第12章
　第13章

Part 4 エクササイズカタログ

**第14章
スペシフィック
エクササイズ
学校向けエクササイズ**

エクササイズの特色
● 目的　他者理解
● 時間　20分
● 場所　室内
● 対象　子どもから大人まで
● リーダーの熟練度　★☆☆

　第15章　ジェネリック
　　　　　エクササイズ

Part 5 資料編

なんでもバスケット

山宮まり子

■ねらい　他者理解を通して，友達とのあたたかい関係をつくる。

（イラスト：「次はなんでもバスケットよ。」「○○君はサッカーが好きなんだ。」「早く行かなくちゃ。」「今日，サッカーでここあいで遊びたい人。」「僕もやりたいよ。」）

■おすすめの使い方……学級開きのあとに。小学校低学年のSGE導入として。
■実践レビュー……小学校4年生で実践した。フルーツバスケットの要領で，コールの種類を限定して練習してからなんでもバスケットに移るとよい。オニのコールが考え出せない子にはサポートが必要。席があいていると呼んだり，同時のときは自然に椅子を譲り合ったりと，自然な，優しい気持ちがあふれていた。

出典：國分康孝監『エンカウンターで学級が変わる・小学校編1』図書文化。

■背景となる理論・技法　無条件の肯定的関心，支持

■子どもの気づきと，それを引き出す教師の構成・介入
「○○が好きだったんだ」「席あいているって教えてくれてうれしかったな」
→ 介入　「友達は何が好きか，何をしたい人か，何ができる人かなど，よく知っている人には，このエクササイズはもってこいだね」「とっさに助け舟を出せるなんて，察しのいい人なんだね」

〈準備〉	・机を片づけて広いスペースを確保する。椅子は人数分出す。 ・まん中にオニの立ち位置を示す円を描く。
〈インストラクション〉	「これからみんなで，だれが同じ同士で，だれが違うのかという『なんでもバスケット』をします」 「これはお友達のいろいろなところがわかって，みんながもっと仲よくなるためのエクササイズです。相手のことがわかれば，もっと相手の身になれる，仲よくなれるということだね」 「まん中の円にオニがいます。オニが言ったこと，コールに合う人は出てきて，円を踏んで，それまでと違う席に座ります。席は1つ少ないから，急いで座らないと次のオニになります。オニさんはいろいろと楽しいコールを考えてください」 「まず先生がオニをします。（円に入って）『みんなで遊ぶことが大好きな人！』。コールと違う場合はそのまま座っていていいですよ。1人座れなかったね。○○さんが次のオニです」 「ルールは，オニのコールをよく聞くこと。急ぎすぎて人とぶつからないことです」
〈エクササイズ〉	・オニを決める。椅子を人数分より1つ少なくする。 ・オニがコールする。あてはまる人は円を踏み，違う席に移動する。 ・座れなかった子が次のオニになる。
〈シェアリング〉	「今日はどんなところが楽しかったかな。いま座っているところで4人組になって話し合ってください」 「グループで話し合ったことを，みんなに発表してください」
〈介入〉	・コールが浮かばないオニには，近寄って相談にのる。 ・よくコールを聞かない子どもには，注意を促す。

Part 1 エンカウンターについて知ろう
- 第1章
- 第2章

Part 2 エンカウンターをやってみよう
- 第3章
- 第4章
- 第5章
- 第6章
- 第7章
- 第8章
- 第9章

Part 3 柔軟に展開しよう
- 第10章
- 第11章
- 第12章
- 第13章

Part 4 エクササイズカタログ

第14章 スペシフィックエクササイズ
学校向けエクササイズ

エクササイズの特色
- ●目的　他者理解
- ●時間　15分
- ●場所　室内
- ●対象　子どもから大人まで
- ●リーダーの熟練度　★☆☆

第15章 ジェネリックエクササイズ

Part 5 資料編

われら○○族

宮本幸彦

■ねらい　①メンバーの共通点を探すことで自己開示を促し，リレーションをつくる。②緊張をほぐし，なごやかな雰囲気をつくる。

（へえ滝本さんでこんな本読むんだ。一緒だよ。）

（みんな青が好きなんだね。）

（じゃあどんな名前にしようか。）

（性格も似てるぞ。）

共通点探しヒントカード

- 好きな色は？
- 好きな食べ物は？
- 好きなテレビ番組は？
- 好きな芸能人は？
- 好きな本は？
- 好きなスポーツは？
- 好きな言葉は？
- 好きな花は？
- 好きな季節は？

趣味（これをしているときが楽しい！）

性格（例：おしゃべり，おとなしい，明るい，もの静か…）

■おすすめの使い方……年度始めの自己紹介と友達づくりの支援として。チームワークを高めることをねらいとして。

■実践レビュー……クラスにはいつもいくつかのグループができる。グループ間の交流を盛んにし，全体を1つの大きなグループに近づける目的で実施した。自分との共通点を知ることができると親近感がわくようだ。自分を出したがらない子どもはためらうことがあるので，サポートすることが大切である。

出典：薗田碩哉『みんなの協調ゲーム』ベースボール・マガジン社，P.64〜65。國分康孝監『エンカウンターで学級が変わる・ショートエクササイズ集2』図書文化。

■**背景となる理論・技法**　自己開示，支持

■**子どもの気づきと，それを引き出す教師の構成・介入**
① 「私と全然違う性格だと思ってたのに，○○さんも同じことを感じてるんだ」
② 「ほっとしたよ」「自分のことを聞いてもらえて安心したよ」
→ 介入　①「自分のことをできるだけ率直に話してくれると，お互いの共通点を見つけやすいですねぇ」

〈準備〉　・ヒントカード

〈インストラクション〉　「『類は友を呼ぶ』（板書）ということわざがあります。共通点があると友達になりやすいということです。これから偶然に集まった人同士で，共通点を探してみましょう」
「共通点を探しやすいようにヒントカードを配るので，それに書いてある質問に答えてください。それをお互いに発表し合いながら，グループ全員の共通点を見つけます」
「発表はこんなふうにします。先生は，花では，明るさと力強さを感じるひまわりが好きです。太陽の下の黄色や緑色はほんとうにきれいで，生きているという気持ちになるんです」
「ルールは，うなずきながら黙って人の話を聞くことです」
「全員が発表したら，グループの共通点が一発でわかるようなグループ名をつけてください」

〈エクササイズ〉
・4人組をつくって座る。ヒントカードに各自で記入する。
・ヒントカードに書いたことを発表したり，見せ合ったりしながら，メンバーの共通点を探し出す。
・全員の共通点や特徴で「○○族」とグループ名をつける。
・各グループの名前を発表する。

〈シェアリング〉　「いまのグループでやってみて，感じたり気がついたりしたことを話し合いましょう」
「グループで話し合ったことを全体に発表してください」

〈介入〉
・共通点をうまく話し合えないグループには，司会者を立てたり発表の順番を決めてあげたりする。
・内気な子どもには励ましの言葉をかける。
・ちゃかす子どもには，黙って聞くというルールを確認する。

Part1 エンカウンターについて知ろう
　第1章
　第2章

Part2 エンカウンターをやってみよう
　第3章
　第4章
　第5章
　第6章
　第7章
　第8章
　第9章

Part3 柔軟に展開しよう
　第10章
　第11章
　第12章
　第13章

Part4 エクササイズカタログ

第14章
スペシフィック
　エクササイズ
学校向けエクササイズ

エクササイズの特色

● 目的　自己理解・他者理解
● 時間　30分
● 場所　室内
● 対象　子どもから大人まで
● リーダーの熟練度　★☆☆

　第15章　ジェネリック
　　　　　エクササイズ

Part5　資料編

四つの窓

片野智治

■ねらい　①共通点を見いだすことで知らない者同士の親近感を高める。②自分の感じ方や考え方を明確にする。

（イラスト：教師「四つのうち好きな色の所に集まりましょう」／「赤」「青」の札／子どもたち「赤がいいよ」「青だ」「そうだね」「青の人！」「海の色だ」「かっこいいよな」「やっぱり燃えてくるね」）

■おすすめの使い方……学級開きのあとに友達づくりの支援として。仲よしグループが硬直化しているときの打開策として。
■実践レビュー……意見を積極的に発表しない学級で，話し合いを深める目的で実施した。話す・聞くのスキルが低くてもやりやすいと感じた。ただ，どれかの答えを選ばなくてはならないので，細かい点にこだわって選べない子が出ることがある。サポートすることが大切である。

出典：國分康孝監『エンカウンターで学級が変わる・小学校編1』『同・ショートエクササイズ集2』図書文化。

■背景となる理論・技法　「ジョハリの窓」理論，無条件の積極的な関心

■子どもの気づきと，それを引き出す教師の構成・介入
①「話を聞いてくれて気持ちよかった」「○○君と話しやすくなったぞ。続きをあとで話そう」／②「みんな考えていることは違うんだ」「○○君の言うことはもっともだ」
→ 介入　①「友達と同じものが好きだとうれしいね。そのわけを聞くと，もっと仲よくなれるんじゃないかな」

〈準備〉
・机・椅子を片づけて広いスペースを確保する。
・部屋の四隅に選択肢を掲示する。
・各自の答えを記録するカードを配る。

〈インストラクション〉
「いまみなさんは知らない者同士です。これから似た者同士が集まって，似ている点を聞き合います。似ていてもまったく同じということはないですね。違う点も探してみましょう」
「質問とそれに対する4つの答えを示すので，自分の答えにいちばん近いと思うところへ移動します。集まった人同士で，その答えを選んだ理由をインタビューし合います」
「例えば，先生は色では紫が好きです。人は欲求不満の色だというけど，自分ではハングリーでいいと思っています」
「ルールは相手の話を最後まで黙って聞くことです」

〈エクササイズ〉
・第1問で，自分の答えにいちばん近いものを選んで移動する。
・選んだ答えをカードに記入する。
・好きな理由をインタビューし合う。
・同様に質問（色，動物，食べ物など）と対話を繰り返す。

〈シェアリング〉
「自分と同じ答えが多かった4～5人が集まって，やってみて感じたことを話しましょう」
「グループで話し合ったことを全体に発表してください」

〈介入〉
・理由がうまく話し合えないグループには，教師が質問の仕方や聞き方をデモンストレーションする。できているグループをモデルに取り上げてもよい。
・人の話を批判している子どもには注意を促し，黙って人の話を聞くというルールを確認する。

Part1 エンカウンターについて知ろう
　第1章
　第2章

Part2 エンカウンターをやってみよう
　第3章
　第4章
　第5章
　第6章
　第7章
　第8章
　第9章

Part3 柔軟に展開しよう
　第10章
　第11章
　第12章
　第13章

Part4 エクササイズカタログ

第14章
スペシフィック
**　　エクササイズ**
学校向けエクササイズ

エクササイズの特色

●目的　自己理解・他者理解
●時間　15分
●場所　室内
●対象　子どもから大人まで
●リーダーの熟練度　★☆☆

　第15章　ジェネリック
　　　　　　エクササイズ

Part5 資料編

この指とまれ！

原田ゆき子

■**ねらい**　①自分の好みや趣味などを自己主張することで自己理解を深める。②自分や他者を肯定的にとらえ、お互いのよさに気づく。

（吹き出し）
・集まった人同士で理由を話し合いましょう。
・プリン好きな人この指とまれ！
・カレーが好きな人この指とまれ！
・ラーメン好きな人この指とまれ！

■**おすすめの使い方**……学期始めなど仲間意識が薄い時期や、友達関係が固定化して広がりが見られないときなど。
■**実践レビュー**……学級開き後まもなく、友達関係を広げるときに実施。お互いに知らない同士でも、共通点が見つかると会話がはずんでいた。なかなか理由が言えなくても、そのときはそれも認め、友達の話をヒントに話せるときに話してよいことにした。「この指とまれ」という簡単な身体接触も、徐々に楽しんでいた。

出典：國分康孝監『エンカウンターで学級が変わる・ショートエクササイズ集1』『同・ショートエクササイズ集2』図書文化。

■背景となる理論・技法　明確化，支持

■子どもの気づきと，それを引き出す教師の構成・介入
①「自分の好きなものは，○○」「理由なんて考えたことなかったな」／②「○○さんと似たところがある，今度話してみよう」「一人一人好きな理由は違うんだね」
→ 介入 　②「同じ好みや趣味でも，その理由を聞いてみると，人それぞれだと思うよ」

〈準備〉　・机や椅子を片づけ，動きやすいスペースを確保する。

〈インストラクション〉　「これから『この指とまれ』というエクササイズをします。まだお互いのことをよく知らない人もいると思います。そこで，今日は好きなものが同じ人同士で『この指とまれ』をして仲間を集め，そのあと，好きな理由やよさを紹介し合いましょう」
「例えば，先生はプリンが好きです。『子どもっぽ～い』と，よく言われますが，お皿の上のプリンは，ぷるんとしていて，こわれそうでこわれない。幸せをイメージできるからです」
「ルールは，自分の好きなものをはっきり主張すること，人の話は『へぇ～，なるほど』『そうかぁ，いいなぁ（いいねぇ）』と，うなずきながら最後まで聞くことです」

〈エクササイズ〉　・「食べ物」「教科」などのテーマに合わせて，「○○の好きな人，この指とまれ」と，口に出しながら仲間を探して歩く。
・集まった仲間で選んだ理由を紹介し合う。聞く人は「へぇ～，なるほど」と言いながら聞く。
・テーマを変えて「この指とまれ」を数回繰り返す。
・最後に，黙ったまま，1回目からのテーマごとに，一緒になった人同士が再び集まる。

〈シェアリング〉　「自分や友達の好きなことや，その理由がわかりましたか。このエクササイズをしてみて，感じたことを話し合いましょう」
「話し合ったことを全体に発表してください」

〈介入〉　・同じものを選んだ仲間が見つからないときや理由がうまく発表できないでいるときは，教師がアドバイスする。
・人の話を聞いていないようなときは，ルールを確認する。

サイコロトーキング

中居千佳

■ねらい　①相手をよく知るきっかけにする。②自分との共通点や相違点を見つける。

第14章
スペシフィック　エクササイズ
学校向けエクササイズ

エクササイズの特色

- ●目的　自己理解・他者理解
- ●時間　45分
- ●場所　室内
- ●対象　子どもから大人まで
- ●リーダーの熟練度　★☆☆

1. うれしかったこと
2. 困ってしまったこと
3. はずかしかったこと
4. 感動したこと
5. ゆかいだったこと
6. 願いがひとつだけかなうなら

（はずかしかったことを話します。）
（ほんとう？）
（へぇ〜！）
（僕もそんなことがあった！）

■おすすめの使い方……学級の親密さをもう少し深めたいときに。仲間に受け入れられているという受容感をもたせたいときに。班がえのあとや，新しいグループで活動する前に。傾聴の仕方の練習にも。

■実践レビュー……クラスがえのあと，仲よくなりかけたクラスで，お互いの理解をさらに深める目的で行った。話しやすい内容から少し気持ちが入る内容まで準備し，抵抗なく話ができるようにした。

出典：河村茂雄編『グループ体験によるタイプ別！学級育成プログラム・小学校編』図書文化。國分康孝監『エンカウンターで学校が変わる・小学校編1』図書文化。

■**背景となる理論・技法**　自己開示

■**子どもの気づきと，それを引き出す教師の構成・介入**
①「○○さん，サッカーが好きなんだ」「△△さんは，悲しかったんだね」／②「□□さんの気持ち，私もわかるなぁ」
→ 介入 　①②「話題（テーマ）は同じでも，内容は一人一人違うから，よく聞いてごらん。おもしろいと思うよ」「相手の身になって聞けるといいねぇ」

〈準備〉
・グループの数だけのサイコロ。
・サイコロの目の話題（年齢やグループに応じた内容）を黒板に書くか，紙に書いて貼る。

〈インストラクション〉
「これから，お互いのことをもっとよく知るために，サイコロトーキングというエクササイズをします。相手がどんな人なのか，自分と比べながら聞いてください」
「やり方は，サイコロを振って，出た目の話題について簡単に話をします」
「たとえば（実際にサイコロを振る），4だから感動したことだね。この前，友達が私に秘密で誕生会をしてくれました。びっくりしたけれど，先生，うれしくて涙が出てきちゃった。以上です。最後に『以上です』と言うと，次の人へバトンタッチしやすいですよ」
「聞く人は，静かに聞いてください。うなずきながら聞けるといいですね。もし，どうしても話すことが浮かばないときは，もう1度だけサイコロを振ることができます」

〈エクササイズ〉
・輪になって座る。
・順番にサイコロを振り，出た目の話題について話をする。

〈シェアリング〉
「友達の話を聞いて，どのような気持ちになりましたか」
「うなずきながら聞いてもらって，どんな気持ちになりましたか」
「心に残った話があれば発表してください」

〈介入〉
・どうしても話をしたくないときは，パスしてもかまわない。
・聞く側は，話している人が話しやすいように黙って聞き，共感する場合はうなずくなどしてその意思を示す。

スゴロクトーキング

小丸信一

■**ねらい** 自分の考えや経験を話したり，聞き合ったりすることで相互理解を深める。

すごろく盤面の内容

- きらいな動物を聞かせる。（理由も…）
- 一回休み。くつろいでください。
- 行ってみたい国を聞かせる。（理由も…）
- **2すすむ** がんばれ!!
- きらいな食べ物を聞かせる。（理由も…）
- 好きな動物を聞かせる。（理由も…）
- 最近の日本のせいじをどう思うか？
- **2すすむ** ただしきのう10時までにねた人のみ。悪い子はダメです！
- **5もどる** またどうぞ。
- **ゴール!!** おつかれさま!! あともう少し！
- 趣味を聞かせる。
- テストにまつわる悲しい話を聞かせる（ない人はいないだろう…）
- 好きな季節を聞かせる。（理由も…）
- **チャンス!!** となりの人とジャンケンして，勝ち→2すすむ 負け→2もどる
- そんけいする人物を答える。（マンガ・歴史上の人物など，だれでもよい）
- このあいだの日曜日何をしていたかを聞かせる。
- **2もどる** がんばるんだ!!
- **3すすむ** ゴールめざしてダッシュだ！
- まきぞえのマス。全員1マスもどる。
- 好きな食べ物または今日のおべんとうの中身を聞かせる。
- 一回休み。最初から不吉な…。
- やぼうを聞かせる。（将来の夢でもよい）
- **スタート！** いってらっしゃーい♥

Part4 エクササイズカタログ

第14章 スペシフィックエクササイズ

学校向けエクササイズ

エクササイズの特色

- ●目的 自己理解・他者理解
- ●時間 20分
- ●場所 室内
- ●対象 子どもから大人まで
- ●リーダーの熟練度 ★☆☆

■**おすすめの使い方**……学級のリレーションづくりの支援として。班活動を行う際の効果的な班づくりの一方法として。

■**実践レビュー**……不登校児童生徒の学校復帰をめざした適応指導教室で実施した。不登校の児童生徒には，自己表現や自己主張を苦手とする子が多いので，このエクササイズを通して会話の楽しさを学ばせたいと考えた。

出典：「さいころトーキング」，國分康孝監『教師と生徒のための人間づくり第3集』瀝々社。國分康孝監『エンカウンターで学級が変わる・ショートエクササイズ集1』図書文化。

■背景となる理論・技法　かかわり技法

■子どもの気づきと，それを引き出す教師の構成・介入
①「途中から相手のことを思いながらやったよ」「いろんな人とかかわったなあ」
②「○○さんの意外な一面を知って，楽しかったな」
→ 介入 　①② 「ねらいは，この人と仲よくなりたい，親しくなりたいという気持ちを相手に伝えていくことにあります。コツは『遠慮せず，聞きすぎず』です」

〈準備〉	・机と椅子を片づけて広いスペースを確保する。 ・話の種シート（P.516）。
〈インストラクション〉	「いろんな人とジャンケンしたり話したりするゲームです」 「最後の『足し算トーク』では，思っていることを話すととても気持ちいいし，友達の話を聞いていて，『へ〜』と思って，見直すことがたくさんありますよ」 ●ひたすらジャンケン（Step1）……「1分間にできるだけ多くの相手とジャンケン。勝った回数を覚えておきます。時間の許す限りいろいろな人と行います」「○○さんが，○回も勝ちました。拍手」 ●あいこでジャンケン（Step2）……「今度は，『アドジャン』と言いながら，グー…0，人差し指…1，2本指…2，3本指…3，4本指…4，パー…5で，相手と同じ数が出るまで続けます。あいこ（同じ数）になったら，自己紹介と握手をして別れます。続けてまた新しい相手と行います」 ●足し算トーク（Step3）……「4〜5人組になり，Step2同様に0〜5をどれか使ってアドジャンします。今度は全員の出した数を合計し，『話の種シート』の同じ番号のテーマについて，1人ずつ順番に話します。周りの人はよく聞いていましょう。話したくない場合はパスできます」
〈シェアリング〉	「ひたすらジャンケンとあいこでジャンケンのとき，気持ちの変化はありましたか？」 「足し算トークでは，友達のことを知ることができたかな？」
〈介入〉	・のらない子どもには，教師が誘ってジャンケンをすすめる。 ・お互いに肯定的に受けとめて話しているか観察する。

友達ビンゴ

品田笑子

■ねらい　①自分と友達との共通点に気づき親近感を高める。②自分や友達の固有性に気づく。

Part4 エクササイズカタログ

第14章 スペシフィック エクササイズ
学校向けエクササイズ

エクササイズの特色
- ●目的　自己理解・他者理解
- ●時間　45分
- ●場所　室内
- ●対象　子どもから大人まで
- ●リーダーの熟練度　★☆☆

第15章　ジェネリック エクササイズ

（吹き出し）
- 友達ビンゴ！すきな食べものの巻
- 他の人の発表で同じものがあったら同じマークします。
- なかなかビンゴしないのはユニークってことかな。
- やったリーチ！
- 私はカレーが好きです。理由は…。

■おすすめの使い方……展開のアレンジしだいで，グループ内・グループ同士・学級（集団）全体で，また転入生・教師・ゲストティーチャーなどの特定の人と学級全体での実施が可能。テーマしだいでは，課題発掘やシェアリングの場面で実施が可能。

■実践レビュー……グループのリレーションづくりのために実施。マスを全部埋められない子には，記入するマスの位置を工夫させるなどのアドバイスが必要。

出典：國分康孝監『エンカウンターで学級が変わる・小学校編2』図書文化。参考：「先生とビンゴ」，國分康孝監『エンカウンターで学級が変わる・ショートエクササイズ集1』図書文化。

■背景となる理論・技法　自己開示

■子どもの気づきと，それを引き出す教師の構成・介入
①「〇〇さんと好きな食べ物が同じだなんてうれしいな。今度ほかのことを聞いてみよう」／②「私の好みって人と違ってるんだ」
→ 介入 ②「なかなかビンゴしない人は，人にはない感性のもち主なのかもしれないね」

〈準備〉
- ビンゴカード人数分，筆記用具。
- テーマを書いたビンゴカードを拡大して黒板に貼る。
- ビンゴをする4人グループで机を寄せる。

〈インストラクション〉
「今日はビンゴゲームのやり方で，グループで好きな食べ物を聞き合って友達と仲よくなるエクササイズをします。好きな食べ物がだれとどのくらい同じか楽しみですね。なかなかビンゴしない人は特別な人かもしれないよ」

「では，カードに自分の好きな食べ物を書き込みましょう。簡単に好きな理由を言ってもらうので，それも考えながらやりましょう。9個思いつかない人は，ビンゴする並べ方を工夫して書くといいですね」

〈エクササイズ〉
- 9マスビンゴカードに好きな食べ物を書き込む（5分程度）。
- ジャンケンをして勝った人から，時計回りに，カードに書いた好きな食べ物を言い，簡単に理由をつけ足す。同じ食べ物を書いた人には手をあげてもらい，お互いに○をつける。
- 縦横斜めの列があと1つでそろいそうになったら「リーチ」，そろったら「ビンゴ」と言う。
- ビンゴした人にはグループ全員で拍手。ビンゴが出ても全員が言い終わるまでゲームを続け，3周したらゲームを終了。なかなかビンゴしない場合は様子を見て延長してもよい。
- ビンゴした人を立たせて全員で拍手をする。

〈シェアリング〉
「グループで好きな食べ物を聞き合って，感じたことを全体に紹介してください」

〈介入〉
- なかなかビンゴができず落ち込んでいる子には，自分がユニークな存在であることに気づかせる。

Part1 エンカウンターについて知ろう
　第1章
　第2章

Part2 エンカウンターをやってみよう
　第3章
　第4章
　第5章
　第6章
　第7章
　第8章
　第9章

Part3 柔軟に展開しよう
　第10章
　第11章
　第12章
　第13章

Part4 エクササイズカタログ

第14章
スペシフィック
　エクササイズ
学校向けエクササイズ

エクササイズの特色

●目的　自己理解・他者理解
●時間　50分
●場所　室内
●対象　子どもから大人まで
●リーダーの熟練度　★☆☆

　第15章　ジェネリック
　　　　　エクササイズ

Part5 資料編

ブラインドデート

酒井　緑

■**ねらい**　友達に対する見方や考え方を広げ，相互に受容し認め合える，あたたかい人間関係をつくる。

■**おすすめの使い方**……ある程度時間が経過して，メンバーに固定したイメージができてきたとき，それを解く手段として。
■**実践レビュー**……男女の仲が何となくしっくりいかないときに実施した。異性間で自己の存在をアピールできるので，効果的だった。あてるのに時間がかかる子，正答率が極端に低い子が落ち込むことへの配慮が必要。

出典：國分康孝監『教師と子どもの人間づくり』瀝々社。國分康孝監『エンカウンターで学級が変わる・中学校編1』図書文化。

■背景となる理論・技法　　自己開示，受容

■子どもの気づきと，それを引き出す教師の構成・介入
「たしかに○○さんは，人の話を聞くときは，いつもほほえんでうなずいているな」「△△さんは，看護師になりたいと言っていたなあ。ぼくはロボット作りをしたいんだ」
→ 介入　　「学級の人と話したり遊んだりしている中からヒントがつかめるね」「周りの人にいい意味での興味関心を寄せると，もっと正解できるよ」

〈準備〉
・自分の特徴を10個書く記入カード。事前に各自で記入し，貼っておいてもよい。
・予想した名前を書き込む解答用紙（P.517）。

〈インストラクション〉
「今日は，友達の特徴や考え方の違いに気づき，相手のよさを認め合うエクササイズをします」
「あまりみんなに知られていない，自分の大切な情報をカードに書いていきます。全員のカードを壁に貼り，どのカードがだれのものかを予想します。自分のカードがどれかは秘密です。相談はしないで，自分の力であてていきましょう」
「全員が知っていることを書くとすぐわかってしまうし，ぼやかして書くと，だれにもあててもらえません。悩みますね。でも自分の知ってほしいところは，思いきって書くようにしましょう」
「例えば，以前，船乗りにあこがれて，船乗りを養成する大学に通っていたことがありますとか，小林一茶の蛙にエールを送っている俳句が好きです，なんて書きます」

〈エクササイズ〉
・通し番号をふられたカードに，無記名で自分の特徴を書く。
・全員のカードを貼り出し，だれが書いたカードかを予想して記入用紙にその名前を書く。
・番号順に正解者が起立して答え合わせをする。

〈シェアリング〉
「友達や自分について感じたこと，思ったことを話し合いましょう」

〈介入〉
・記入カードの前で長時間迷っている子どもには，まず思いついた子の名前を書けばよいことをアドバイスする。
・相談をしている子どもには，自分の力で書くよう伝える。

ブレーンストーミング

城崎 真

■ねらい　抵抗感なく発言できる受容的な学級の雰囲気をつくる。

（イラスト内の発言）
- たくさんの割り箸があったら、それで何を作りますか。できるだけいっぱいアイデアを出しましょう。
- 約束は、「できない」「だめだ」などと、反対意見を言わないことです。
- 橋！
- てっぽう！
- あっ、同じだ。
- 貯金箱！
- すだれ！
- 家！
- いす！

Part 1　エンカウンターについて知ろう
- 第1章
- 第2章

Part 2　エンカウンターをやってみよう
- 第3章
- 第4章
- 第5章
- 第6章
- 第7章
- 第8章
- 第9章

Part 3　柔軟に展開しよう
- 第10章
- 第11章
- 第12章
- 第13章

Part 4　エクササイズカタログ

第14章 スペシフィックエクササイズ
学校向けエクササイズ

エクササイズの特色
- ●目的　自己理解・他者理解
- ●時間　15分
- ●場所　室内
- ●対象　子どもから大人まで
- ●リーダーの熟練度　★☆☆

第15章　ジェネリックエクササイズ

Part 5　資料編

■おすすめの使い方……発言者が一部に偏ってきたときや，集団の中に自由に発言する雰囲気がないような場合。

■実践レビュー……持ち上がりでない小学校高学年を担任したとき，1学期に2回実施した。女子の間に発言しにくい人間関係ができていたので，その修復が目的。1回だけで雰囲気は変えられなかったが，他のエクササイズ（「初めての保護者会」のアレンジ版など）と組み合わせて行うことで，自由に発言できる雰囲気が育っていった。

出典：國分康孝監『エンカウンターで学級が変わる・小学校編1』図書文化。

■**背景となる理論・技法**　非審判的許容的雰囲気，創造的思考法

■**子どもの気づきと，それを引き出す教師の構成・介入**
「思ったことや考えたことを出し合うことが，大切だということがわかった」
→ 介入　「いい悪いの判断をしない」「つまらないとか，面白いとかの評価をしない」
「人のアイデアをさらに生かすことができるといいね」「そのためには『聞き耳をたてる』んだよ（ジェスチャーで示す）」

〈準備〉
・A7，B7判程度の紙を多数。罫線のある紙。筆記用具。

〈インストラクション〉
「これから頭の中を嵐にするエクササイズをします。それくらいアイデアをどんどん出してほしい。友達のアイデアを改良するのもOKだから，聞き耳をたてよう（動作でしてみせる）」
「いまからテーマを言います。3分間でできるだけたくさん紙に書いてください」
「例えばテーマが『学校にあるといいものは』だったら，先生は迷わずに屋上ビアガーデンと書きます。みんなが帰ったあと，沈む夕日を眺めながらキューッと生ビールを飲む。考えただけでもワクワクしてくるなあ……」
「守ってほしいことは1つ。そんなの無理だとか，できるわけないなどと，否定的な意見は言わないようにしましょう」
「では始めます。今回のテーマは，たくさんの割り箸があったらそれで何をつくるか……。用意，はじめ」

〈エクササイズ〉
・各自で，テーマについてたくさんの考えを書き出す。
・グループの中で発表。友達と同じものは「同じです」と声高に言う。
・グループで合計いくつ出せたか，そしてどんなアイデアが出たかを発表する（数にこだわらない）。

〈シェアリング〉
「仲間の出したアイデアの中で『奇想天外』（板書）と思われるものは何でしたか」
「自分の出したアイデアを活用・応用してもらったとき，どんな気持ちになりましたか」

〈介入〉
・初めて行う場合には，事前に簡単な練習を行う。
・否定的な発言をする子どもには注意を促す。

学校を10倍楽しくする方法

登村勝也

■**ねらい** 仲間の理解的態度の中で意識性と責任性を育てる。

（吹き出し）
- 給食に世界の料理が出たらいいな。
- 体育を増やす！
- ネットを使った授業はどうかな。
- きまりを減らすだ！

第14章 スペシフィックエクササイズ
学校向けエクササイズ

エクササイズの特色
- ●目的　自己理解・他者理解
- ●時間　15分
- ●場所　室内
- ●対象　子どもから大人まで
- ●リーダーの熟練度　★☆☆

■**おすすめの使い方**……クラスが安定してきた学期の半ばごろ。人間関係が固定し始めたと感じたとき。

■**実践レビュー**……各学年で，学校生活が惰性になりやすい時期（例：5月，11月初め）もしくは節目（例：1月，3月）で実践してきた。学校を楽しくすることは，「学校は自分にとってどのような意味があるか」を発見する視点をもつことである。意味の発見が認知（学校に対する見方，受け取り方）の修正・拡大につながる。

出典：國分康孝監『エンカウンターで学級が変わる・ショートエクササイズ集1』図書文化。川喜田二郎『発想法』中央公論新書。

■背景となる理論・技法　「意味への意志」(V・フランクル)，リフレーミング

■子どもの気づきと，それを引き出す教師の構成・介入
「学校が楽しくなりそうだ」「自分で楽しくするんだよね」
→ 介入　「出たアイデアを，それは無理だ，できないよといったふうに決めつけてしまうのは避けようね」「君たちは惰性とかマンネリから抜け出るために，学校の先生が何かしてくれることを期待しているのかな」

〈準備〉	・黒板，筆記用具。
〈インストラクション〉	「今日は『学校を10倍楽しくする方法』というエクササイズをします。楽しくするのもつまらないものにするのも，君たちしだいだと先生は思います」
	「先生がこの学校で君たちとふれあうことは発見であり，学ぶことであり，何よりも楽しいことなんです。君たちとふれあうために何をするか，歩いているときも，電車に乗っているときも，バスに乗っているときも，いつも考えています。思いつくと，立ちどまってメモします。してみたくなってワクワクしてきます。こういう自分が好きなんだなあ」
	「今日は『学校は何だ，どんな意味があるのか』について，君たちがふだん感じていること，思っていることを自由に出してみましょう。学校なんてつまらない，退屈，単調で面白くない，などの見方や受け取り方も大歓迎です。そういう人こそ，どうすれば楽しくできるのかを知っているはずですから」
〈エクササイズ〉	・6人程度のグループをつくる。
	・「学校を10倍楽しくする方法」をできるだけたくさんグループで出し合う。
	・出たアイデアを各グループから発表してもらう。
〈シェアリング〉	「このエクササイズに取り組んで感じたこと，気づいたことを話し合ってください。そして，グループで話し合ったことをまとめて全体に発表してください」
〈介入〉	「学校なんてつまらない，退屈，単調で面白くないと感じている人は，逆にいえば学校を自分にとって意味のあるものにしたいと思っているんですよ。どうだろう」

Part1 エンカウンターについて知ろう
 第1章
 第2章

Part2 エンカウンターをやってみよう
 第3章
 第4章
 第5章
 第6章
 第7章
 第8章
 第9章

Part3 柔軟に展開しよう
 第10章
 第11章
 第12章
 第13章

Part4 エクササイズカタログ

**第14章
スペシフィック
エクササイズ
学校向けエクササイズ**

エクササイズの特色

● 目的　自己理解・他者理解
● 時間　60分
● 場所　室内
● 対象　高学年から大人まで
● リーダーの熟練度　★☆☆

 第15章　ジェネリック
　　　　　エクササイズ

Part5 資料編

私が学校に行く理由(わけ)

大関健道

■ねらい　自分と仲間との価値観の違いを知る。

（吹き出し）
- 思いつくかぎり学校に行く理由を自分で付せんにかく。
- 勉強するためかな？
- えーっと、給食を食べに。
- 部活！部活！テニス部が私の青春よ！
- 義務教育は法律で決まっているのよね。
- いや、僕は勉強して○○高校に進学するんだ！
- どうして？
- へえー。
- 整理した「理由」を、各自で順序づけて、グループで話し合う。

■おすすめの使い方……学年の中期以後（具体的には10月以後），あるいは進路を意識し始める中学2年生の半ば以後に。
■実践レビュー……義務教育段階の小中学生，特に小学生には，学校に行く理由を答えさせるのは少しむずかしいかもしれないが，ブレーンストーミングによって，多くのアイデアを生み出す楽しさを味わうことができる。分類して，まとまりごとにタイトルをつけるのに多少時間がかかるので，ヒントを与えることも必要。

出典：國分康孝監『エンカウンターで学級が変わる・中学校編1』図書文化。

■**背景となる理論・技法**　自己開示，創造的思考法（ブレーンストーミング，カード式グループ発想法）

■**子どもの気づきと，それを引き出す教師の構成・介入**
「自分の考えが受けとめてもらえて，うれしかった」「義務教育だからあたりまえだと思っていたので，理由を考えるのがむずかしかった」「いろいろな理由があるんだな」
→ 介入　「ほかの人が言ったことを，批判したり冷やかしたりしないのがルールです」

〈準備〉
・付せん（人数×15枚程度），順位の記入用紙を人数分，模造紙とマジック（8色セット）。

〈インストラクション〉
「毎日生活している，学校に対するみなさん一人一人の思いや考えをあらためて確認してもらおうと思います」
「人にはさまざまな『学校に行く理由』があると思います。自分が『学校に行く理由』を，目を閉じて考えましょう。思い浮かんだら目を開けて，1つだけを付せんに書いてください。そして座席の隣の人と伝え合いましょう」
「通り一遍の理由ではなく，本音で学校に行く理由を語ってほしい。かっこうよく言わなくたっていいです」
「ではグループになって，『私が学校に行く理由』をブレーンストーミングという方法で，思いつく限り，できるだけたくさん出してください。思いついたものは，1つずつ付せんに書いてください。時間は15分間です」
「ルールは，出された考えを批判しない，すべて受け入れる，そして，たくさん考えが出たほうがよいということです」

〈エクササイズ〉
・「私が学校に行く理由」をたくさん付せんに書き出す。
・内容の似ているもの同士を集め，グルーピングして模造紙に貼り，それぞれのまとまりごとにタイトルをつける。
・まとめた「学校に行く理由」をグループごとに発表する。
・グループでまとめた「学校に行く理由」に，自分が大切だと思う順に順位をつけ，グループ内で発表し合う。

〈シェアリング〉
「グループで，このエクササイズを通して気づいたこと，感じたことを一人一人話しましょう」

| Part1 エンカウンターについて知ろう |
| 第1章 |
| 第2章 |

| Part2 エンカウンターをやってみよう |
| 第3章 |
| 第4章 |
| 第5章 |
| 第6章 |
| 第7章 |
| 第8章 |
| 第9章 |

| Part3 柔軟に展開しよう |
| 第10章 |
| 第11章 |
| 第12章 |
| 第13章 |

| Part4 エクササイズカタログ |

第14章
スペシフィック
エクササイズ
学校向けエクササイズ

エクササイズの特色

● 目的　自己理解・他者理解
● 時間　45分
● 場所　室内
● 対象　子どもから大人まで
● リーダーの熟練度　★★☆

第15章　ジェネリック
エクササイズ

Part5　資料編

無人島SOS

藤澤ゆかり

■**ねらい**　①友達の多様な考え方を知り，お互いを認め合える人間関係を築く。②自分の考えを主張する。

大嵐にあって無人島にたどりつきました。救助が来るまで生き延びるために大切なものを順に8つあげてください。

やっぱり火が必要だよ。

望遠鏡で助けを探そう。

■**おすすめの使い方**……お互いに尊重し合える人間関係の基礎づくりのために。自由に意見を出し合える雰囲気づくりや，話し方，聞き方のトレーニングとして。
■**実践レビュー**……意見を積極的に発表しない学級で，多様な考えがあることに気づき，自分の考えをもとに話し合いを深める目的で実施した。答えは1つではないことを確認し，人の意見を認めず，否定的な態度をとる子どもには毅然とした指導が必要である。

出典：「宇宙船SOS」，國分康孝監『教師と生徒の人間づくり第4集』瀝々社。國分康孝『エンカウンターで学級が変わる・小学校編1』図書文化。

■背景となる理論・技法　主張反応（行動療法）

■子どもの気づきと，それを引き出す教師の構成・介入
① 「ぼくは，○○だと思うけど△△ちゃんは違うんだ」「こんな考えもあるんだ」
② 「自己主張していても，ぼくの考えを押しつけようとしているわけではないからね」
→ 介入　② 「ここぞというときに自己主張しないと，自分らしさを保てないよ」

〈準備〉　・ワークシート（P.518）とそれを拡大した掲示物。

〈インストラクション〉
「先生の苦い経験です。ちょっとした誤解で，相手の人が一方的に怒鳴り込んできて，まったく否定されたみたいなことがありました。先生はとても腹が立ったけど，それでいて言い返すこともできなかった。後悔したし，無念だったね」
「これから冷静沈着（板書に意味を添える）に自己主張して，自分を打ち出すためのエクササイズをします。冷静沈着と自己主張は人間関係を保っていくには欠かせないのです」
「ワークシートを見てください。あなたは，大きな船での旅を楽しんでいました。ところがひどい嵐がやってきて船はこわれ，無人島に到着しました。そこには，水と食べ物以外何もありません。島で生き抜いていくため，または島から脱出するために，いったいどのようなものが必要でしょうか。ワークシートの中から8つ選んで，大切な順に番号をつけ，理由を書きましょう」

〈エクササイズ〉
・初めは1人で順番をつけ，その理由を記入する。
・4人組になり，意見を出し合い，話し合って意見をまとめる。
・最後に，自分でもう1度考えて順位をつける。
・多数決や平均を出して決めないこと。
・少数意見をしっかりと聞くこと，話し合ってまとめること。

〈シェアリング〉　「意見を聞いて，気づいたことや感じたことを発表しましょう」

〈介入〉
・答えは1つではないことを確認し，自分の意見に自信がもてるよう支援する。また，意見がもてたことを認め，励ます。
・友達の意見も大切な意見として尊重し合える雰囲気づくりをし，結論に固執して人の意見を否定することはさせない。

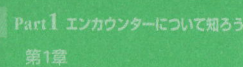

| Part1 エンカウンターについて知ろう |
| 第1章 |
| 第2章 |

Part2 エンカウンターをやってみよう
　第3章
　第4章
　第5章
　第6章
　第7章
　第8章
　第9章

Part3 柔軟に展開しよう
　第10章
　第11章
　第12章
　第13章

Part4　エクササイズカタログ

第14章　スペシフィック　エクササイズ
学校向けエクササイズ

エクササイズの特色
- 目的　自己理解・他者理解
- 時間　50分
- 場所　教室
- 対象　子どもから大人まで
- リーダーの熟練度　★★☆

第15章　ジェネリック　エクササイズ

Part5　資料編

トランプの国の秘密

鹿嶋真弓

■ねらい　①みんな対等な関係で、一人一人が不可欠な存在であることに気づく。②自分や他者の言動・感情について振り返る。

（吹き出し）
- 「同じマークが横に並ぶ」だよ。
- そっちのカードは何て書いてあるの？
- そうか！
- さっきの話と合わせると…。

■おすすめの使い方……学級内で仲間はずれが起きたとき、また協力して創り上げる活動の前に行うと、協調性やまとまりが高まる。
■実践レビュー……だれかが意見を言うと、人の足を引っ張るような、あるいは相手を傷つけるようなヤジが飛び交う雰囲気を改善することを目的に実施した。人の話に耳を傾け、理解したうえで意見交流しないと完成できないことを体験的に学んでいく。目的に合った気づきを取り上げ、全体に紹介するのがコツ。

※必ずしもすべてのトランプが使えるわけではありません。一度、解答（P.521）と合わせてから使ってください。ここでは日本カルタ製、任天堂製のトランプをもとに作成しました。

■**背景となる理論・技法**　傾聴的態度（理解的態度）の技法化

■**子どもの気づきと，それを引き出す教師の構成・介入**
①「みんなで考えたり，知恵を出し合ったりすることが大事なんだと思った」／②「よくわからなくってイライラした」「みんなのヒントを聞き漏らすまいと必死になった」
→ 介入　①②「協力して白地図を完成するために，自分が気をつけたことや，大切だなと感じたことはどんなことですか」

〈準備〉	・トランプ（絵札12枚），ヒントカード（P.520），白地図（台紙）。
〈インストラクション〉	「以前ジグソーパズルを作っていたら，1ピースなくしてしまって絵になりませんでした。1ピースだけあっても1ピース足りなくても絵になりません。クラスの仲間も同じです。先生は，このクラスの1人でもいないと，さびしい，どうしているかな，どうしたのかなと気がかりで仕方がないの」 「今日はこのメンバーが全員でかかわらないと解決できないことにチャレンジしてみましょう」 「ここにトランプと白地図と18枚のヒントカードがあります。それぞれに配られるヒントカードの情報を総合して，ジャック・クイーン・キングを白地図上に並べ，『トランプ王国』を完成させてください」 「競争ではありません。正解・不正解も関係ありません。全員で協力して完成させるまでのプロセスが大切です」 「ルールは，ほかの人のヒントカードを見ない。自分のヒントカードをほかの人に見せない，渡さない，です。ヒントは言葉だけで伝え合ってください。時間は15分です」
〈エクササイズ〉	・準備物を各グループの机の上に置く。 ・ヒントカードを1人3枚ずつランダムに手にする。 ・自分のヒントカードに書かれている情報を読み合い，トランプを白地図の上に並べていく。 ・ヒントカードは見せ合ったり，白地図上に書いたりしない。
〈シェアリング〉	「お互いに気づいたことや感じたことを話し合ってください」
〈介入〉	・ぎくしゃくしているグループに，持っているヒントカード1枚1枚がとても重要なヒントであることを再度伝える。

Part1 エンカウンターについて知ろう
  第1章
  第2章

Part2 エンカウンターをやってみよう
  第3章
  第4章
  第5章
  第6章
  第7章
  第8章
  第9章

Part3 柔軟に展開しよう
  第10章
  第11章
  第12章
  第13章

Part4 エクササイズカタログ

**第14章
スペシフィック
エクササイズ
学校向けエクササイズ**

エクササイズの特色
- 目的　自己理解・他者理解
- 時間　30分
- 場所　室内
- 対象　子どもから大人まで
- リーダーの熟練度　★★☆

第15章　ジェネリック
　　　　エクササイズ

Part5　資料編

共同コラージュ

石黒康夫

■ねらい　写真やイラストを切り貼りした描画を通して，自己表現・主張を育てる。

① 共同コラージュ

② その後，本番まで

■おすすめの使い方……合唱コンクールの事前指導など。
■実践レビュー……合唱コンクールでは，練習に協力しない子どもや，歌が苦手な子どもがいる。その場合，コラージュを作ることで，バラバラの素材でも1つになるとすばらしい作品になることを実感させ，それぞれが互いを生かし合うイメージをつくる。メッセージ交換の場面では，成功させるために互いにどうすればもっとよくなるかというような，プラスのメッセージを送り合うことが大切。

出典：國分康孝監『エンカウンターで学級が変わる・中学校編3』図書文化。

■背景となる理論・技法　ゲシュタルト（意味のある全体像）

■子どもの気づきと，それを引き出す教師の構成・介入
「バラバラの素材なのに，こんなにきれいなコラージュができるんだね」「このコラージュみたいに歌うには，どんなふうにすればいいかな？」
→ 介入　「ポイントは，写真やイラストなどのバラバラな素材を生かしながら思いを表現することだよ」

〈準備〉
・模造紙，マジック（数色），はさみ，のりを各グループ分。
・コラージュ用の写真，雑誌，切り抜きなど。
・事前に目的や活動内容を伝え，適した素材を用意させる。
・グループは合唱のパートごとにつくるとよい。

〈インストラクション〉
「いよいよ合唱コンクールだね。今日は，曲のイメージや，自分たちの気持ちをコラージュにしてみよう」
「いま，パートごとの班になってもらっているけど，その班で曲に対するイメージ，自分の思い，聞いてくれる人に感じてもらいたいことを，写真やイラストを切り貼りして表現してみてください。上手とか下手は関係ありません」
「それぞれの人がいろんな素材を持ってきてくれたと思うので，お互いに相談しながら，コラージュを作りましょう」
「注意してほしいのは，できるだけみんなの素材を使うことと，人に感動を与えるために前向きなイメージをもつことです」

〈エクササイズ〉
・班ごとに曲のイメージや伝えたいことをコラージュに表現する。
・コラージュに加えてマジックで絵をつけ加えてもよい。
・できあがったらタイトルをつける。
・時間が足りなければ，あとで追加や修正をしてもよい。

〈シェアリング〉
「コラージュを作っているときの気持ち，できあがったものを見ての気持ちを話し合ってください」
「班で出た意見を，全体に発表してください」

〈介入〉
・できるだけ班全員の素材を使うように介入する。
・消極的な生徒は，素材を切ったりするだけでもよい。全員が何らかの作業をやるように気を配る。

Part1 エンカウンターについて知ろう
　第1章
　第2章

Part2 エンカウンターをやってみよう
　第3章
　第4章
　第5章
　第6章
　第7章
　第8章
　第9章

Part3 柔軟に展開しよう
　第10章
　第11章
　第12章
　第13章

Part4 エクササイズカタログ
第14章 スペシフィック エクササイズ　学校向けエクササイズ

エクササイズの特色
- 目的　信頼体験
- 時間　20分
- 場所　オープンスペース
- 対象　子どもから大人まで
- リーダーの熟練度　★☆☆

　第15章　ジェネリック エクササイズ

Part5 資料編

トラストアップ

中里　寛

■ねらい　支え合う体験を通して，相手の身になる人間関係やあり方を味わう。

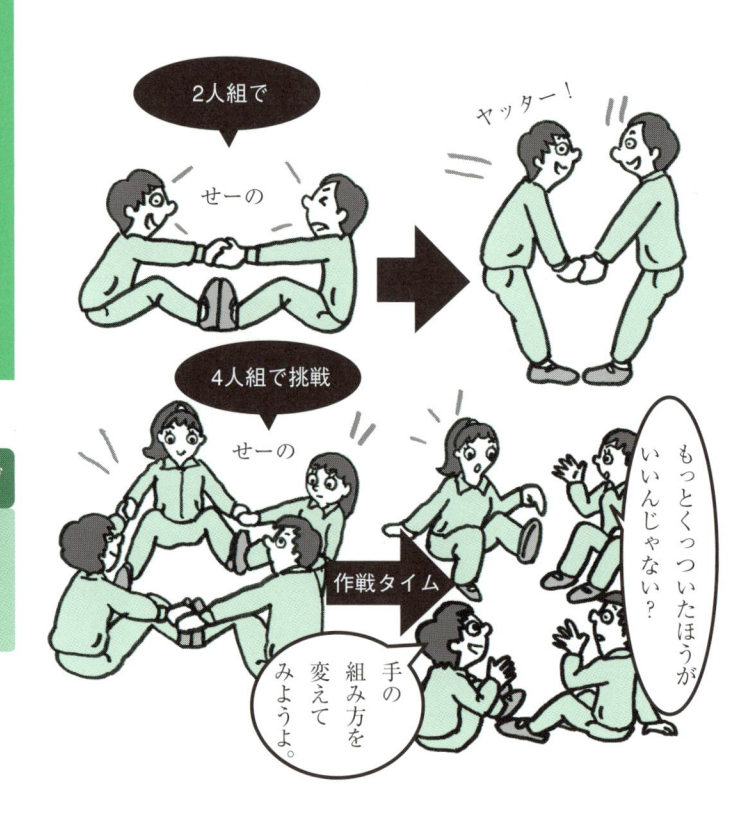

（2人組で／せーの／ヤッター！／4人組で挑戦／せーの／作戦タイム／もっとくっついたほうがいいんじゃない？／手の組み方を変えてみようよ。）

■おすすめの使い方……学級開きや最初の学年集会などで集団のリレーションづくりをしたいときに。また，学級対抗行事の事前活動として実施すると盛り上がる。

■実践レビュー……中学生を対象に，学級活動で実施した。男女混合班で行ったが，グループが大きくなるにつれ，恥ずかしそうにしていた男子も大声を出して参加するようになっていった。少人数のときに注意して見ると，集団になじみにくい生徒が発見できる。

出典：高久啓吾『楽しみながら信頼関係を築くゲーム集』学事出版，P.131。國分康孝監『エンカウンターで学級が変わる・ショートエクササイズ集1』図書文化。

■**背景となる理論・技法**　ワンネス，ウイネス（Being-in, Being-for, C・ムスタカス）

■**子どもの気づきと，それを引き出す教師の構成・介入**
「作戦タイムで話し合って，いろんな考えを出し合えたのがうれしかった！」「お互いの気持ちを合わせたから，みんなで立ち上がれたんだね」
→ 介入　「お互いの気持ちを合わせるというのは，まずどういうふうにすることなのかな」「支えるというのは，自分が一方的にしたいようにすることではないと思うけど」

〈準備〉　・動きやすい服装

〈インストラクション〉　「2人組になり，足を伸ばしてつま先をつけ，手をつないで座ります。お互いのかけ声で同時に立ち上がります。1回ごとにどうしたらいいか話し合います。2人組が終わったら，次に4人組，6人組，8人組と人数を増やしていきましょう」
「成功の秘訣は，何といっても作戦タイムの話し合いです。どうしたらうまくいくか，一生懸命話し合いましょう」
「ここで先生の好きな言葉を1つ。『愛のないパワーは暴力である。パワーのない愛はセンチメンタル（単なる感傷）である』（M・ルーサー・キングJr.）。今日のエクササイズは，愛とパワーの出し方を体験学習することがねらいです」

〈エクササイズ〉
・2人組になり，1度だけ試行させる。
・2回目の前に，30秒ほどの作戦タイムをとる。
・子どもの要求に基づいて，繰り返し挑戦させる（必ず作戦タイムでの話し合いをもたせる）。
・以降，4人組，6人組，8人組，それ以上と，時間のかぎりチャレンジさせる。

〈シェアリング〉　「いま感じていることや思っていることを，グループで話し合ってみましょう」

〈介入〉
・タイミングが合わず，なかなか立ち上がれないグループには，かけ声を合わせることがコツであることを伝える。
・体格差がある場合，体重のかけ方や腕の組み方などをアドバイスする。

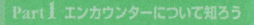

Part 1 エンカウンターについて知ろう
　第1章
　第2章

Part 2 エンカウンターをやってみよう
　第3章
　第4章
　第5章
　第6章
　第7章
　第8章
　第9章

Part 3 柔軟に展開しよう
　第10章
　第11章
　第12章
　第13章

Part 4 エクササイズカタログ

第14章
スペシフィック
　　エクササイズ
学校向けエクササイズ

エクササイズの特色
● 目的　感受性の促進
● 時間　10分
● 場所　オープンスペース
● 対象　子どもから大人まで
● リーダーの熟練度　★☆☆

　第15章　ジェネリック
　　　　　エクササイズ

Part 5 資料編

誕生日チェーン

髙橋光代

■ねらい　無邪気な子ども心を丸出しにして，雰囲気づくりをする。

> 話をしないで誕生日の順に輪になってください。

■おすすめの使い方……学級懇談会。学級開き後の学活やレクリエーションの初め，アトランダムなグループ分けをするとき。非言語エクササイズの導入として。

■実践レビュー……学級経営においては，保護者の協力や保護者同士の横のつながりが重要であるということを前もって伝えておいた。保護者同士がコミュニケーションをとるきっかけとなり，顔見知り同士のグループにとらわれずに話し合いの場がもちやすくなった。

出典：國分康孝監『エンカウンターで学級が変わる・ショートエクササイズ集1』図書文化．

■背景となる理論・技法　FC（交流分析）

■子どもの気づきと，それを引き出す教師の構成・介入
「このエクササイズをする前より，みんなと近づけた気がする」「間違って恥ずかしかったけど，みんなが楽しんでくれた」
→ 介入　「子ども心には2種類あって，無邪気な心を出し合うと，堅い雰囲気がとれて，なごむんですよ」「間違った人が一役かってくれたので，場がなごんだね」

〈準備〉　・椅子を大きな輪に並べておく。

〈インストラクション〉「みなさんが仲よくなるための簡単なエクササイズを行います」
「まず初めに，全員で大きな輪になりましょう」
「では，説明します。これから，1月1日から12月31日までの誕生日順に，1つの大きな輪に並び直します。私の右を1月1日に最も近い人とします。すると，私の左側には12月31日に最も近い人が来るはずですね」
「このエクササイズをやるために，1つだけ約束を守ってください。それは，ひとこともしゃべらないということです。身振り手振りは大歓迎です」
「先生はね，カラオケでも，いまいち歌にはまれないんです。歌につく振り付けなんか苦手だねえ。でも，このエクササイズでは，不思議と身振り手振りをしてしまいますよ」

〈エクササイズ〉・全員で大きな輪になって並ぶ。
・教師を基準として，1月1日から12月31日までの誕生日順に円をつくって並び直す。その際，しゃべってはいけない。
・終了後，教師の隣から，誕生日を順に聞いていく。間違いのあった場合は正しい場所へ誘導する。

〈シェアリング〉「いま，どんな気持ちですか。いま，感じていることを話してください」

〈介入〉・ためらっている子どもには，一緒にジェスチャーをして非言語コミュニケーションの方法を伝える。
・ルールを守れないときは「声を出さない約束ですよ」と介入する。

Part 1 エンカウンターについて知ろう
　第1章
　第2章

Part 2 エンカウンターをやってみよう
　第3章
　第4章
　第5章
　第6章
　第7章
　第8章
　第9章

Part 3 柔軟に展開しよう
　第10章
　第11章
　第12章
　第13章

Part 4 エクササイズカタログ

第14章
スペシフィック
エクササイズ
学校向けエクササイズ

エクササイズの特色

● 目的　自己理解・他者理解
● 時間　45分
● 場所　室内
● 対象　子どもから大人まで
● リーダーの熟練度　★☆☆

　第15章　ジェネリック
　　　　　エクササイズ

Part 5 資料編

いいとこさがし

品田笑子

■ねらい　①友達のよさを探すことで他者を肯定的に受け入れる。
②お互いに認め合うことで自尊感情を高める。

（吹き出し：小さい子に優しいね。／今度、私もまねしよう。／いいところが多いなあ。／そうだ。僕もはろう。／私と同じところがある。）

■おすすめの使い方……グループが解散するとき，学習発表会や行事などのあとで。定期的に繰り返すことで内容的にも向上する。
■実践レビュー……子ども同士の小さなトラブルが気になり始めたときに実施した。目立たない子のよさを考えるときに苦戦していたので，事前に予告したり，具体的な例をあげたり，ヒントを用意したりしておく必要があると思った。また，日直などのよさを，全員で探す活動を体験しておくとイメージしやすいと感じた。

出典：國分康孝監『エンカウンターで学級が変わる・小学校編1』『同・ショートエクササイズ集2』図書文化。

■背景となる理論・技法　支持，強化法

■子どもの気づきと，それを引き出す教師の構成・介入
① 「○○さんはおとなしいよね」「でも，給食当番の仕事を始めるのは一番だったよ」
② 「自分も気づかなかったいいところを見てくれていたんだ。だれだろう。うれしいな」
→ 介入　① 「おとなしいというのは，みんなの様子を静かに見て，よく考えているとも言えるよね。そう考えて，気づくことはないかな」

〈準備〉
・4人グループをつくり，机を寄せる。
・いいとこカード人数分と掲示用に拡大したもの，シール（1人につき10枚程度），筆記用具。

〈インストラクション〉
「『自分のいいところは？』と聞かれても急には思いつきません。そこで今日は，友達にいいところを見つけてもらいましょう」
「グループで，友達のいいところやがんばっているところを考えます。例えば，おとなしいけど給食当番や掃除当番の仕事を黙ってテキパキやっている人がいるよね。また，字がていねいな人……など，ふだんの様子を思い出してください（拡大したカードに教師が実際に書き，イメージをもたせる）」

〈エクササイズ〉
・自分のカードに名前を書き，他のグループと交換する。
・グループで相談して，友達のカードにいいところを3つ以上書き込む。時間は1人に対して2分，合計8分。
・違うグループと交換し，1人に2つ以上いいところをつけ足す。
・机を教室の四方に並べ全員のカードを貼る。
・「いいとこ探検」をする。1周回って，自分のグループのメンバーが書いたいいところや，他のグループが考えた友達のいいところで，なるほどと思ったところにシールを貼る。

〈シェアリング〉
「自分のカードを持ち帰って輪になって座りましょう。自分のカードを見て感じたことを発表してください。友達のいいとこ探しや，いいとこ探検で感じたことでもいいですよ」

〈介入〉
・思いつかない場合には，例を板書しておき，選ばせる。

Part1 エンカウンターについて知ろう
　第1章
　第2章

Part2 エンカウンターをやってみよう
　第3章
　第4章
　第5章
　第6章
　第7章
　第8章
　第9章

Part3 柔軟に展開しよう
　第10章
　第11章
　第12章
　第13章

Part4 エクササイズカタログ

第14章
スペシフィック
　　エクササイズ
学校向けエクササイズ

エクササイズの特色
- 目的　自己理解・他者理解
- 時間　10分
- 場所　室内
- 対象　子どもから大人まで
- リーダーの熟練度　★☆☆

第15章　ジェネリック
　　　　エクササイズ

Part5 資料編

3つの発見

原田友毛子

■ねらい　自分や他者の肯定的な側面を発見したり，他者から肯定的な評価を受けたりすることによって，自己肯定感を高める。

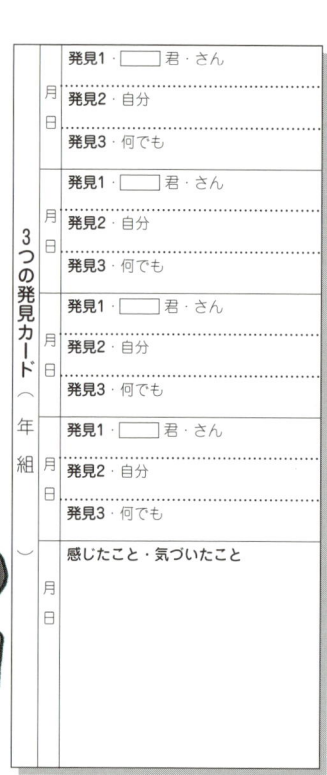

○○君の発見みっけ！

毎日「自分」「友達」「何でも」について発見したことを書く。

自分で発見したことは…。

5日目　最終日には書きためたものを読みあう。

こんなことがあったんだ。

へえー。

僕のことを書いてくれている。

3つの発見カード（　年　組　）		
月日	発見1・□君・さん	
	発見2・自分	
	発見3・何でも	
月日	発見1・□君・さん	
	発見2・自分	
	発見3・何でも	
月日	発見1・□君・さん	
	発見2・自分	
	発見3・何でも	
月日	発見1・□君・さん	
	発見2・自分	
	発見3・何でも	
月日	感じたこと・気づいたこと	

■おすすめの使い方……班がえをしたあとや，学校行事などの活動が多いとき，落ち着いた気持ちで1日が終了できるように。
■実践レビュー……お互いのよさを認め合うような主題の道徳の授業に結びつけると効果的である。小学校高学年や中学校の場合などは，事前にエゴグラムによる自己理解のエクササイズをやっておくのもよい。自分が知っている自分と，自分では気づいていなかった自分とを比較することができる。

出典：國分康孝監『エンカウンターで学級が変わる・ショートエクササイズ集2』図書文化。

■背景となる理論・技法　肯定的ストローク（交流分析），参加的観察

■子どもの気づきと，それを引き出す教師の構成・介入
「私もけっこうがんばってるな」「発見カードに書いてもらってうれしくなった」
→ 介入　「自分から話しかけたり，何かを一緒にやってみたりすると発見しやすくなりますよ」

〈準備〉　・3つの発見カード（ワークシート），筆記用具。

〈インストラクション〉　「班の仲間のいいところ，感心したところ，してもらったり言ってもらってうれしかったことなどを，帰りの会でワークシートに書きます。自分から話しかけたり，何かを一緒にやってみると見つけやすくなりますよ。これが発見1です」
「次に，1日を振り返って，自分なりによくやったなあ，がんばったなあと思ったことを書きます。これが発見2です」
「最後に，どんなことでもいいです，うれしくなったこと，ありがとうと言いたくなったこと，ごめんねと言いたくなったことなどを書いてください。これが発見3です」
「この3つの発見を今週の帰りの会で続けますので，班全員のいいところを発見できるように，注意深く観察してみてください。最終日に発表会をして，どんなことに気づいたか，どんな気持ちになったか分かち合いたいと思います」

〈エクササイズ〉
・朝の会でワークシートを配布し，インストラクションしておく。帰りの会でもう一度，簡単にねらいを伝え，ワークシートに記入させる。
・毎日回収し，教師のひとことを赤ペンで記入しておく。
・最終日にそのワークシートを班の中で発表し合う。

〈シェアリング〉　「自分のいいところを発見してもらって，どんな気持ちがしましたか。班の中で順番に話してみましょう。話し終わった班は，感じたこと，気づいたことの欄に記入をしましょう」
「感じたこと，気づいたことを，全体に発表してみましょう」

〈介入〉
・書きあぐねている子がいたら，もっと話ができたらよかった，などの希望を書いてもよいと伝える。

今日発見したキミ

鹿嶋真弓

■ねらい　①仲間のよいところを見つけることで肯定的に他者を理解する。②他者からよさを認めてもらうことで自己理解を深める。

Part1　エンカウンターについて知ろう
第1章
第2章

Part2　エンカウンターをやってみよう
第3章
第4章
第5章
第6章
第7章
第8章
第9章

Part3　柔軟に展開しよう
第10章
第11章
第12章
第13章

Part4　エクササイズカタログ

第14章 スペシフィックエクササイズ
学校向けエクササイズ

エクササイズの特色
- 目的　自己理解・他者理解
- 時間　15分
- 場所　室内
- 対象　子どもから大人まで
- リーダーの熟練度　★☆☆

第15章　ジェネリックエクササイズ

Part5　資料編

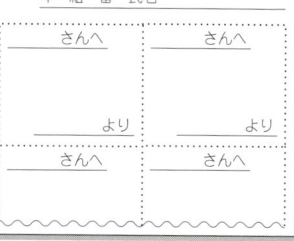

（イラスト内テキスト）
今日は○○君の発見を書こう…。
3日後…
ぼくはみんなに優しいと思われていたんだ。

よいところ発見メモ
第　週　月　日（　）〜月　日（　）
年　組　番　氏名
さんへ／さんへ／より／より／さんへ／さんへ

よいところ発見シリーズ　＜本人記録用＞
年　組　名前
班やクラスの人に書いてもらった自分のよい点を、ここにまとめていこう。
そして、自分がどう変わったかをみていきながら、自分の「よさ」を確認していこう。
（同じ内容は、正の字を書いてその数を記録すること）

	人に書いてもらった自分のよい点	自分の評価・感想
第1週 / （　） ↓ （　）		
第2週		

■**おすすめの使い方**……新しい学級や新しい班の仲間づくりに。行事の準備期間中に行うと、行事への参加意欲も高まる。
■**実践レビュー**……互いのよさを認め合える学級づくりを目的に実施した。声に出して言いにくいことでも、メモにして渡すことならできると感じた。メモには、目の前で起こった具体的な出来事と、そのときの感情を書くことで、より真実味が相手に伝わり、相手も素直に受けとめやすくなる。

出典：國分康孝監『エンカウンターで学級が変わる・中学校編2』図書文化。

■**背景となる理論・技法**　「ジョハリの窓」理論，肯定的ストローク（交流分析），参加的観察

■**子どもの気づきと，それを引き出す教師の構成・介入**
① 「○○さんってしっかりしてるな」／② 「へぇ〜，こんなふうに見られていたんだ」
→ 介入　② 「人に言われないと気づかないことって多いよね。自分のよいところ，わかったかな？」

〈準備〉　　　　　・よいところ発見メモ，本人記録用紙。

〈インストラクション〉「今日は友達のよいところ，すごいなと思ったところ，感心したことなどをたくさん見つけてみましょう」
「つい2，3年前に，私は学年のある先生からこう言われました。『○○先生は，仕事をしているときはほんとうに黙々，キビキビしていますねえ』……私はこう言われてうれしくなってしまいました」
「まず，自分の班の仲間をよく観察します。授業中，休み時間，掃除のときなどよく観察して，よいところをたくさん見つけ『発見メモ』に記入しておきます」
「例えば，このクラスの黒板はいつもきれいです。実は，係に関係なくきれいにしてくれている人が何人もいるのです。気持ちよく授業ができるようにしてくれてるんだと思って，とてもうれしくなりました」
「具体的な発見と，そのときの気持ちを書いてください」

〈エクササイズ〉　・帰りの会で「発見メモ」に班の全員分のよいところを書く。
・3日間繰り返したあと，お互いにメモを交換し合う。
・もらったメモを自分の「記録用紙」に転記し，感想を書く。
・3日ごとに対象を変えて繰り返す（対象：異性・クラス全体・内面的な部分・メモを渡したことのない人など）。

〈シェアリング〉　「記録用紙を読みながら，この3日間を振り返り，気づいたこと，感じたことを班の人と話し合いましょう」
「班で話し合ったことを全体に発表してください」

〈介入〉　　　　　・表面的な部分ばかりではなく，内面的な部分へも目を向けられるよう，内面的な事柄を書いた人のメモを紹介する。

マインドタイム

木村正男

■ねらい　①仲間のよさに注目することにより他者理解を深める。
②互いのよさを伝え合うことで自己への肯定的な感情を育てる。

1. いいことを見つけたらビー玉を一個入れてみんなの前で発表する。

毎日に帰りの会で

> 僕が鉛筆を落としたらゆかちゃんがひろってくれました。

2. これまであったことを振り返る。

ビー玉がいっぱいになったら

> たくさんのビー玉が入ったね。このビー玉一つ一つにどんなことがあったか覚えていますか。

Part4 エクササイズカタログ

第14章
スペシフィック
エクササイズ
学校向けエクササイズ

エクササイズの特色

●目的　自己理解・他者理解
●時間　15分
●場所　室内
●対象　子どもから大人まで
●リーダーの熟練度　★☆☆

第15章　ジェネリック
エクササイズ

■おすすめの使い方……帰りの会に取り入れて日常的に行う。ビンいっぱいにビー玉がたまったら、みんなで話し合ってお祝いを。
■実践レビュー……新学期、仲間同士の関係をつくり始める段階から導入。徐々に内面的な配慮のある仲間の行為に注目できる子が出てきて、学級全体の仲間を見つめる目が深まっていった。ビー玉の大きさや入れるビンの大きさを変えると、より連帯意識が強くなっていくようである。

出典：國分康孝監『エンカウンターで学級が変わる・小学校編3』図書文化。

■**背景となる理論・技法**　強化法，参加的観察

■**子どもの気づきと，それを引き出す教師の構成・介入**
①「○○君がボールを一緒に探してくれたこと，実はとてもうれしかったんだ」「○○さんは，よく仲間のことを見ているなあ」「○○さんは，人のよさを見つけるのがうまいなあ」／②「自分のことを仲間が注目して見ていてくれるんだな」
→ 介入 ②「友達がいいなと思って伝えてくれたことを，しっかりと受けとめよう」

〈準備〉	・適度な大きさのガラスビン（ふたのできるものがよい）。
	・ビンがいっぱいになるだけのビー玉。
〈インストラクション〉	「今日1日を振り返って，仲間やクラスのために，だれが，どんなとき，何をしてあげていたかを思い出して発表していきます。そして，発表するたびに，ガラスビンにビー玉を1個入れていきましょう。もしもビンいっぱいにビー玉がたまって，ふたを閉めることができなくなったら，みんなでお祝いをしましょう」
	「小さなことでも，自分にとってはとてもうれしいという場合があります。例えば先生は，さっき学年の○○先生に，こう伝えました。『私の雑談につき合ってくれてありがとう。○○先生はほほえんで，うなずきながら私の話を聞いてくれましたね。実は私，少し落ち込んでいたんですが，おかげで元気が出てきました』と」
〈エクササイズ〉	・仲間のよさを見つけることができたら前に出て並ぶ。
	・出てきた順に自分の見つけたよさを発表し，ビー玉を入れる。
	・ビー玉を入れたら，席に戻り，ほかの子どもの発言を聞く。
	・並んだ全員がこれを繰り返していく。
〈シェアリング〉	「よさを伝えているとき，伝えてもらっているとき，あなたはどんな気持ちでしたか（どんな気持ちになりましたか）」
〈介入〉	・ふだんから，よく仲間のことを見ていないと言えないような内容が出てきたときには，大いに認める。
	・あまり指摘されない子がいた場合には，教師が発表する人になって，全体の前で発言し，ビー玉を入れてもよい。

Part 1 エンカウンターについて知ろう
第1章
第2章

Part 2 エンカウンターをやってみよう
第3章
第4章
第5章
第6章
第7章
第8章
第9章

Part 3 柔軟に展開しよう
第10章
第11章
第12章
第13章

Part 4 エクササイズカタログ

第14章
スペシフィック
エクササイズ
学校向けエクササイズ

エクササイズの特色

● 目的　自己理解・他者理解
● 時間　45分
● 場所　室内
● 対象　子どもから大人まで
● リーダーの熟練度　★☆☆

第15章　ジェネリック
エクササイズ

Part 5 資料編

パチパチカード

品田笑子

■**ねらい**　①友達のがんばりを探すことで他者を肯定的に受け入れる。②がんばりを友達に認めてもらうことにより成就感をもつ。

パチパチカードを書く

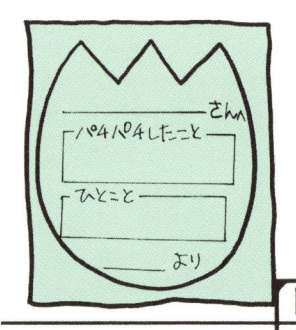

グループの友達あての
パチパチカードを集める。

パチパチカードを切り抜き、
花束のワークシートにはる。

| 1 | 2 |
| 3 | 4 |

グループで表彰しあう。

■**おすすめの使い方**……席がえや活動の終わりなどグループ解散時や学期の終わりに実施し、学級に一人一人の居場所をつくるために。

■**実践レビュー**……1学期の終わりに、認められる喜びを一人一人に感じさせ、実践意欲を高める目的で実施した。最初は書く内容や書き方がわからない子が多かったので、カードの記入例を拡大して掲示。カードの枚数に差が出ないよう、グループのメンバーには必ず書かせ、教師も全員分を用意し袋に入れておいた。

出典：國分康孝監『エンカウンターで学級が変わる・小学校編1』図書文化。

■背景となる理論・技法　支持，強化法

■■子どもの気づきと，それを引き出す教師の構成・介入
①「○○君はおとなしくて目立たないんだけど，何かがんばってることはないかな。1週間の間に見つけよう」／②「ぼくがボールを1人で片づけたこと○○さんは見ていてくれたんだ。うれしいな」
→ 介入 　①「自分だけが見つけてあげられる，小さながんばりを発見できるといいね」

〈準備〉	・パチパチカード，一人一人の名前を書いたカード入れ，花束シート，完成した花束シートの例，のり，色鉛筆，はさみ。 ・予告してカードを配布，グループのメンバーの分は必ず書かせる。思いついたほかの友達の分も随時書かせる。
〈インストラクション〉	「人からほめてもらうとやる気が出ますね。今日はみんながやる気満々になるように，パチパチカードをこのような花束にして表彰し合い，お互いにほめ合いたいと思います」 「まず，グループの中で，だれがだれの花束を作るか決めてください。次にその人のパチパチカードを集め，カード入れに入れます。表彰するまで本人には見せないように気をつけてください。自分から見に行くのもがまんしてください」
〈エクササイズ〉	・グループのメンバーで，自分が花束をつくる相手のパチパチカードを本人には見せないように集める。 ・思いついた「ほめてあげたいこと」は，活動の途中でもパチパチカードに書き，担当者に渡す。 ・集まったパチパチカードを切り抜いて花束シートに貼ったり，色を塗ったりして花束シートを完成させる。 ・グループで花束贈呈式を行う。
〈シェアリング〉	「自分のパチパチカードを静かに読みましょう」 「自分のパチパチカードを読んだり，友達の花束シートを作ったりして，感じたことを話し合ってみましょう」
〈介入〉	・パチパチカードが書けない子には個別に相談にのる。 ・乱暴な子やおとなしい子など，学級で認められにくい子については，元気な面やまじめに仕事をしているところに目を向けられるように，予告の際にリフレーミングをするとよい。

ありがとうカード

髙橋さゆ里

■ねらい　①他者からの親切に気づき，感謝の気持ちを伝える。②肯定的なメッセージのやりとりを通して，親密さを育む。

第14章 スペシフィック エクササイズ 学校向けエクササイズ

エクササイズの特色

- ●目的　自己理解・他者理解
- ●時間　25分
- ●場所　室内
- ●対象　子どもから大人まで
- ●リーダーの熟練度　★☆☆

■おすすめの使い方……学校行事やグループ活動のあと，学期末，席がえによるグループ解散前など。

■実践レビュー……グループ活動終了後に実施した。仲間と協力したあとなので，ありがとうを具体的にかつたくさん見つけやすいようだった。また受け取った側にも響きやすい効果があった。カードをもらうと全体があたたかい雰囲気になる。書き方に不安を抱く子どものために，事前にヒントカードを準備することも大切。

出典：國分康孝監『エンカウンターで学級が変わる・小学校編1』図書文化。

■背景となる理論・技法　「パールズを越えて」（W・タブス）

■子どもの気づきと，それを引き出す教師の構成・介入
①「こんなにたくさん親切にしてもらっていたんだな」「うちのクラスってあったかくっていいクラス！」／②「友達は私を見ていてくれてるんだな」
→ 介入　①「ふれあうと優しくなれるというけど，このクラスの一人一人を見ていると，ほんとうにそう思うな」

〈準備〉	・ありがとうカード（カードは1人にグループの人数分ずつ配布），ヒントカード。 ・机を移動しグループをつくる。
〈インストラクション〉	「友達にしてもらってうれしかった気持ちを，言葉にして届けてみましょう」 「みんなは先生をよく見てくれているよね。みんなが先生にかけてくれる言葉から，先生を大事に思ってくれていると実感できるんだ」 「何も特別なことではなく，小さなことでいいですよ。うれしかったことを思い出して，グループの仲間に1枚ずつ『ありがとうカード』を書きます」 「例えば，『○○さん。赤ペンのインクが切れたとき，赤ペンを貸してくれてありがとう！』などです」 「もらった人が悲しくなる言葉は避けましょう」
〈エクササイズ〉	・まずはグループの1人に対して，親切にしてもらったこと，優しくしてもらったことを思い出してカードに書く。 ・同様に，時間内に他のメンバーについてもひとことずつ書く。 ・最後に，グループ内でカードを交換する。
〈シェアリング〉	「書いているとき，もらったときの気持ちはどうですか？　グループで話し合いましょう」 「グループで話し合ったことを全体に発表してください」
〈介入〉	・書き方がわからないための「書けないつらさ」，また「もらえない悲しさ」を防ぐ必要がある。書けずに困っている子どもには，事前に準備してあるヒントカード（うれしくなるような形容詞を載せたもの）を見せる。

Part1 エンカウンターについて知ろう
　第1章
　第2章

Part2 エンカウンターをやってみよう
　第3章
　第4章
　第5章
　第6章
　第7章
　第8章
　第9章

Part3 柔軟に展開しよう
　第10章
　第11章
　第12章
　第13章

Part4 エクササイズカタログ

第14章
スペシフィック
　　エクササイズ
学校向けエクササイズ

エクササイズの特色

●目的　自己理解・他者理解

●時間　50分

●場所　室内

●対象　中学生・高校生

●リーダーの熟練度　★☆☆

　　第15章　ジェネリック
　　　　　　エクササイズ

Part5　資料編

私たちの得た宝物

川崎知己

■ねらい　学校行事での各生徒の役割遂行について相互に評価し合い，自己の存在意義や存在価値を確認し合う。

「君がいたおかげで…」に続けて，紙に書いてある名前の相手にコメントを書き加えていく。

（こんなふうに思われていた。）

山田正人君
きみがいたおかげで…
・一緒に声を合わせられた
・出だしの一声がうまくいった

■おすすめの使い方……合唱コンクール，運動会，文化祭などの学校行事のあと。取り組み過程での，各自が担った役割，果たした役割の相互確認と，感動の分かち合いを通して，自己有用感を高める。同時に，学級内の人間関係の凝集性を高めたり，クラスの帰属意識を高めたりして，日常の学級経営に生かす。

■実践レビュー……行事への取り組みを振り返り，各自の存在価値を相互に伝え合うことで自己有用感を高めようと実施した。

出典：國分康孝監『エンカウンターで学級が変わる・中学校編1』図書文化。

■背景となる理論・技法　組織心理学，役割理論

■子どもの気づきと，それを引き出す教師の構成・介入
「自分って，こんなところで人の役に立っていたんだ」「このことについてはあの人に感謝したいな」
→ 介入　「みんなで考えた果たすべき役割を，だれかがどこかで担っていたから，すばらしいハーモニーが生まれたんだろうね。それを思い出そう」

〈事前活動〉
・「感動的な合唱コンクールのために，果たすべき役割」についてブレーンストーミングを行い，内容を模造紙などにまとめて（「どこかで役に立とう」）教室に張り出しておく。

〈準備〉
・教室掲示「どこかで役に立とう」。
・「君がいたおかげで……」と書いたカード。
・円を描くように椅子を配置する。

〈インストラクション〉
「昨日のみんなを見ていて，先生はこう思った。このハーモニーは君たち一人一人の役割遂行（板書）によってつくりだされたものだと。よくやったよ。胸がジーンと熱くなった」
「今回の合唱コンクールについて，準備の始まりから，当日，終わって舞台から降りるまで，だれがどんな部分でがんばっていたかを思い出し，それを伝え合ってみよう」

〈エクササイズ〉
・カードを一人一人に配布し，名前を書かせる。
・名前を書いたカードを，いっせいに隣の生徒に渡す。
・カードには隣の生徒の名前と「君（あなた）がいたおかげで……」と書いてあるので，そのあとに続く感謝の言葉を1分で書き込む。
・1分たったら，カードを右隣に回す。これを繰り返す。

〈シェアリング〉
「自分のカードが次の合図で戻ってきます。自分のカードにあるクラスの人の言葉を読んで，その感想を4人1組のグループで伝え合います」
「グループで話し合ったことを発表してもらいます」

〈介入〉
・感謝の言葉を思いつけない子どもに対して，掲示物「どこかで役に立とう」を参考にするよう助言する。

Part1 エンカウンターについて知ろう
　第1章
　第2章

Part2 エンカウンターをやってみよう
　第3章
　第4章
　第5章
　第6章
　第7章
　第8章
　第9章

Part3 柔軟に展開しよう
　第10章
　第11章
　第12章
　第13章

Part4 エクササイズカタログ

第14章 スペシフィック エクササイズ
学校向けエクササイズ

エクササイズの特色
- 目的　自己理解・他者理解
- 時間　50分
- 場所　室内
- 対象　中学生・高校生
- リーダーの熟練度　★☆☆

　第15章　ジェネリック エクササイズ

Part5 資料編

君はどこかでヒーロー

川崎知己

■**ねらい**　一人一人の活躍や活動を相互に認め励まし合い、学級の連帯感を強めるとともに、個々の自己有用感を高める。

（イラスト中のセリフ）
この短冊は○○君にあげたいね。
競技／応援／準備／○組フレーフレー

■**おすすめの使い方**……運動会をはじめ，特別活動の学校行事（学芸的行事，健康安全・体育的行事など）を実施したあと。

■**実践レビュー**……運動会，合唱コンクールなどの実施後の興奮や，感動の余韻があるときに，学級の子どもたちが相互に関心を深め，自己有用感を高めるのに効果がある。話し合い活動が活発にならない場合も，子どもに無理を強いることなく実施できる。

出典：國分康孝監『エンカウンターで学級が変わる・中学校編1』図書文化。

■背景となる理論・技法　組織心理学，役割理論，コンピテンツ（有能感）

■子どもの気づきと，それを引き出す教師の構成・介入
「○○さんは□□のとき，かっこよかったなぁ」「△△が盛り上がったのは，○○君の□□のおかげだったよなぁ」
→ 介入　「準備のこと，一つ一つの種目のこと，応援のこと，片づけのこと……。一つ一つの場面をじっくり思い出してみよう」

〈事前準備〉
・運動会などの前に「どういう働きをする人が運動会を盛り上げるんだろう」という教師の問いかけに応じて，短冊状の色画用紙にできるだけたくさん思いついたことを書くというエクササイズを実施。作成された短冊（ヒーロー短冊）を分類して教室に貼り出す。

〈準備〉
・ヒーロー短冊，予備の短冊（色画用紙）。

〈インストラクション〉
「運動会の前に『運動会を盛り上げる人』について短冊をたくさん書いてもらいましたね。運動会でいろいろな場面がありましたが，今日は，それぞれの人の活躍を思い出して，班で相談して，ここにある短冊を渡します」
「必ず全員に短冊を渡します」
「同じ内容の短冊を複数の人に渡したいとき，短冊にない内容で渡したいと考えたときは，ここに予備の短冊が用意してありますから，これを使って書いてください」

〈エクササイズ〉
・貼られていた短冊を1枚1枚はがす。
・班ごとに，だれにどの短冊を渡すか話し合う。
・渡す短冊を用意（追加分を含む）する。
・各自が班を代表して短冊を渡しに行く短冊交換会を行う。

〈シェアリング〉
「どんな短冊をもらいましたか。感想を班で話し合います」
「一人一人にみんなの前で感想を述べてもらいます」
「班で話し合ったことなど含めて，明日までに感想を書いてきてください。それを文集にします」

〈介入〉
・短冊を全員がもらえるよう，一人一人の活動シーンをデジタルカメラで写したものなど，具体物を用意する。

Xからの手紙

齋木雅仁

■ねらい　プラスのフィードバックを交換し合い，①友達を思いやる心の大切さに気づかせる。②自らの向上に努める態度を育てる。

（吹き出し）
- 書いてある宛名の人にいいところを探して手紙を書きましょう。
- 書き終えたら回収してもう一度配る。
- ○○さんには礼儀正しいところを書いてあげよう。
- ○○君だと清掃をしっかりやるところかな
- いいよ。
- 私のだ！ねえ交換して。

Part 1　エンカウンターについて知ろう
　第1章
　第2章

Part 2　エンカウンターをやってみよう
　第3章
　第4章
　第5章
　第6章
　第7章
　第8章
　第9章

Part 3　柔軟に展開しよう
　第10章
　第11章
　第12章
　第13章

Part 4　エクササイズカタログ

第14章　スペシフィックエクササイズ　学校向けエクササイズ

エクササイズの特色
- ●目的　自己理解・他者理解
- ●時間　45分
- ●場所　室内
- ●対象　子どもから大人まで
- ●リーダーの熟練度　★★☆

　第15章　ジェネリックエクササイズ

Part 5　資料編

■おすすめの使い方……学校行事のあとや学期のまとめの時期に，それまでの自分の取り組みを振り返るきっかけとして。

■実践レビュー……子ども同士のリレーションの確立がやや低い学級で，行事の取り組みを振り返る目的で実施した。リレーションが高まっていなくても，他者からのプラスのフィードバックを受けることで，リレーションが深まりやすくなるように感じた。ただし，書きにくい生徒にはサポートが必要。

出典：國分康孝監『エンカウンターで学級が変わる・小学校編1』『同・ショートエクササイズ集1』図書文化。國分康孝監『教師と生徒の人間づくり第2集』瀝々社。

■背景となる理論・技法　世界内存在，ワンネス（Being-in, C・ムスターカス）

■子どもの気づきと，それを引き出す教師の構成・介入
①「人のいいところを探すのが楽しかった」／②「○○君がほめてくれたので，もっとがんばろうと思った」「自分を見ていてくれる人がいてうれしかった」
→ 介入　①②「手紙を読んで，自分のいいところや，それを見ていてくれた人がいることをどう感じましたか」

〈準備〉
・あて名を書いた封筒と手紙用紙を配る。
・筆記用具。

〈インストラクション〉
「今日はクラスの友達何人かに手紙を書いてもらいます。友達のよい点やがんばっている点を書いてください」
「これから封筒を配ります。封筒の中にはあて名の書かれた手紙が入っていますので，その人に手紙を書いてください。手紙には自分の名前を書きません。もし，自分あてのものや同じ人のものが回ってきたら，周りの人と取りかえてください」
「いい点はどんな小さな点でもいいです。例えば，ゴミを拾った，しっかりあいさつをしたなどでもOK。ルールは，手紙をもらった人が喜べることを書くということです」
「手紙にはメールとは違ったよさがあります。また，Xってだれだろうと好奇心がそそられますね。先生が前にX氏から手紙をもらったとき，だれかがどこかで私を見ていてくれている，この世の中（人生）には，私によってなされることを待っている何かがあると感じて，元気が出てきました」

〈エクササイズ〉
・あて名の書かれた手紙に，友達のいい点を書く。
・回収して配り直し，2～3人からメッセージがもらえるように繰り返す。
・自分あての手紙を受け取って読む。

〈シェアリング〉
「自分に配られた手紙を読んでみて，いま，どんな気持ちですか」

〈介入〉
・手紙がなかなか書けない子どもには，教師が具体的な書き方をデモンストレーションする。
・肯定的なメッセージを送ることをしっかりと確認する。

Part1 エンカウンターについて知ろう
第1章
第2章

Part2 エンカウンターをやってみよう
第3章
第4章
第5章
第6章
第7章
第8章
第9章

Part3 柔軟に展開しよう
第10章
第11章
第12章
第13章

Part4 エクササイズカタログ

**第14章
スペシフィック
　　エクササイズ
学校向けエクササイズ**

エクササイズの特色

● 目的　自己受容
● 時間　15分
● 場所　室内
● 対象　子どもから大人まで
● リーダーの熟練度　★★☆

第15章　ジェネリック
　　　　　　エクササイズ

Part5　資料編

キラキラ生きる

米田　薫

■ねらい　①祝福し祝福される体験から自己肯定感を高める。
②自分らしく生きるための勇気を得る。

■おすすめの使い方……①全員を対象に学期末や行事のまとめの時期。②誕生日の子を対象に，キラキラチームを編成して朝の会で実施。③信頼体験のエクササイズのあと。④保護者会や職員研修。
■実践レビュー……「やってみよう」という気持ちを高めるのが成功の秘訣で，デモンストレーションが不可欠。互いにどんな人間かがわかっている時期なら，「3つの言葉」は，本人は2つにして，3つ目はグループが考えることにすると，さらに効果がある。

出典：國分康孝監『エンカウンターで学級が変わる・ショートエクササイズ集2』図書文化。石崎洋一氏のきらきらゲームの実践を参考にした。

■背景となる理論・技法　強化法，支持

■子どもの気づきと，それを引き出す教師の構成・介入
①「言ってもらいたいことを言ってもらえて，うれしかった。元気がもらえた」「喜んでくれるので，祝福する方もあたたかい気持ちになった」／②「私はこれでいいんだ。がんばるぞっていう感じ」
→ 介入　①「祝福しているとき，どんな気持ちになるかな？」

〈準備〉	・歌詞を板書するか掲示する。4人以上のグループに分ける。 　「キラキラ生きる　あなたの命（時計回り） 　　まばたきしては　みんなを照らす（反時計回り） 　　かけがえのない（正面に集まって片ひざ立ち） 　　あなたの命（両手を前にしてお辞儀） 　【3つの祝福の言葉】（両手でキラキラウェーブ！）」
〈インストラクション〉	「人から言われると心がウキウキする言葉ってあるよね。今日は自分に言ってほしい言葉を3つ言ってもらって，そのときに感じた気持ちと，これからの決意を語ってもらいます」 「言葉を贈る前に，祝福し祝福される気持ちを高めるために，『キラキラ星』の替え歌を振りつきで歌います」 「私は『若い・ステキ・燃えてる』と言ってもらい，照れたけどうれしい。この元気をみんなにあげるって決意しました」 「恥ずかしがらずにチャレンジすることがルールです」
〈エクササイズ〉	・各グループの最初に祝福される人を選ばせる。 ・選ばれた子に「言ってほしい言葉」をグループに伝えさせる。 ・選ばれた子を輪の中心にして残りの子は手をつなぎ，合図に合わせて「キラキラ生きる」を始める。 ・「キラキラ」を終えたら決意の言葉を促し，交代していく。
〈シェアリング〉	「祝福されて，祝福してどんな気持ちかを話し合ってください」 「決意を語って，いまどんな気持ちかを話してください」
〈介入〉	・「言ってほしい言葉」が決められない子どもが多いときは，代表的なものを板書したり，例を紹介したりする。 ・「手抜き」をされる子どもがないように留意し，援助する。 ・決意を言えない子には，その子に合った具体例を複数示す。

Part1 エンカウンターについて知ろう
　第1章
　第2章

Part2 エンカウンターをやってみよう
　第3章
　第4章
　第5章
　第6章
　第7章
　第8章
　第9章

Part3 柔軟に展開しよう
　第10章
　第11章
　第12章
　第13章

Part4 エクササイズカタログ

第14章
スペシフィック　エクササイズ
学校向けエクササイズ

エクササイズの特色

●目的　自己受容
●時間　45分
●場所　室内
●対象　子どもから大人まで
●リーダーの熟練度　★★☆

　第15章　ジェネリック　エクササイズ

Part5　資料編

あなたの○○が好きです

安達紀子

■**ねらい**　友達のよいところを探し，その人に伝え，自分も友達から言ってもらうことで，自尊感情を高める。

（イラスト内の吹き出し）
・発表が多いところが好きです。
・一緒にいると楽しくなるわ。
・走るのが速いところが好き。
・だれにでも親切なところが好きです。
・元気のある声が好き！
・絵が上手なところが好き！

■**おすすめの使い方**……少し知り合った1学期の初めや，よく知り合った学年末に。ちょっと自信をなくしている子がいるときに。
■**実践レビュー**……ちょっとしたことでぶつかり合うことが多い2人がいるクラスで，互いに認めさせ，気持ちを穏やかにさせようと実施した。二重円を作る際に，この2人が最後のほうでペアを組めるよう配慮したところ，2人とも多くの友達によいところを言ってもらったあとだったので，スムーズに認め合うことができた。

出典：國分康孝監『エンカウンターで学級が変わる・小学校編1』図書文化。

■背景となる理論・技法　支持，強化法

■子どもの気づきと，それを引き出す教師の構成・介入
「もっとお友達のよいところを見つけてあげたい」「私も優しい言葉を言ってあげたい」
「お友達のよいところがいっぱいあって，言ってあげるといい気持ちになったし，楽しかった」
→ 介入　「相手のいいな，好きだなと思うところを，率直に伝えられるといいですね」

〈準備〉	・机を片づけて広い場所をつくる。
〈インストラクション〉	「だれでもいいところが必ずありますが，それに気がついていても，言ってあげる機会はなかなかありません。そこで今日は，よいところをたくさん言ってあげる活動をします」 「先生が教師になろうと思ったのは，好きな先輩から『君は後輩のめんどうをよく見るね。そういう一途なところがいいな』と言われたのがきっかけでした」 「相手のよいところを交代でたくさん言ってあげましょう」 「例えば，『絵が上手』『走るのが速い』といった具合です」
〈エクササイズ〉	・二重の円を作り，2人が向かい合ってペアをつくる。 ・ペアの相手のよいところを交代でたくさん言い合う（1分）。 ・円の外側が時計回りに1人分動いてペアを変える。 ・新しいペアとよいところをたくさん言い合う（1分）。 ・最初のペアに戻ったら終わりにする。
〈シェアリング〉	「友達によいところを知らせてあげて，友達からよいところを言ってもらいました。いま，どんな気持ちですか」 「いまの気持ちをみんなに伝えてください」
〈介入〉	・よいところがすぐに言えないような状態のときは，始める前に教師が1人の子どもを例によいところをたくさん言ったり，みんなで見つけてたくさん言ってみたりなどして，言いやすい雰囲気をつくる。 ・時間は1ペア1分ぐらいとするが，クラスの人数により交代の時間を調整する。 ・言えなくなってしまった場合は，待てるようにしておく。

Part1 エンカウンターについて知ろう
第1章
第2章

Part2 エンカウンターをやってみよう
第3章
第4章
第5章
第6章
第7章
第8章
第9章

Part3 柔軟に展開しよう
第10章
第11章
第12章
第13章

Part4 エクササイズカタログ

第14章
スペシフィック エクササイズ
学校向けエクササイズ

エクササイズの特色
● 目的 自己受容
● 時間 50分
● 場所 室内
● 対象 子どもから大人まで
● リーダーの熟練度 ★☆☆

第15章 ジェネリック エクササイズ

Part5 資料編

君をほめるよ！

米田　薫

■ねらい　①肯定的な他者からの評価を得て，自己肯定感を高める。②自他理解を深める。

（吹き出し：山田君はやさしい。／山田君は足が速い。／照れるなあ　うれしいなあ。／山田君はパソコンが得意。）

■おすすめの使い方……①クラスの人間関係がある程度できた時期に相互のよさを知らせたいとき。②進路教育・道徳教育で等身大の自分を確認させたいとき。③保護者会や職員研修。
■実践レビュー……テンポよく進めることが1つのポイントになる。テレビのバラエティ番組などを取り入れてエクササイズ名や進め方をアレンジすると，インストラクションが伝わりやすくなり，子どもの参加度が高まる。

出典：「マジカルほめ言葉」，國分康孝監『エンカウンターで学級が変わる・中学校編1』．「照れずにほめジョーズ」，『同・高等学校編』図書文化．

■**背景となる理論・技法** 　肯定的ストローク（交流分析）

■**子どもの気づきと，それを引き出す教師の構成・介入**
① 「輪の中心にいるときは，恥ずかしかったけど『もっと言って』という気持ちだった」
② 「よいところを見つけてあげるのって，自分までうれしくなっちゃう」
→ 介入　② 「相手が，よくぞ言ってくれたという内容になるといいね」「人の長所をほめるときは，実感がこもっているといいね」

〈準備〉　　　　　・あれば，タンバリンなどのリズムをつけられる楽器。

〈インストラクション〉　「世の中には自分に厳しすぎたり自己否定がきつすぎたりして，自分のよさを知らない人がいます。今日は友達からよいところをほめてもらって，自分の長所を再確認しましょう」
「1人が輪の中心に入り，その人のよいところを順番に3分間，次々と言います。合いの手として，みんなが両手でパンパンと手をたたきます。はじめに練習してみよう」
「私は『生き生きしてる』と言ってもらって，『あくせくしてるんじゃなくて生き生きしてるんだ』と気持ちを切り替えられたことがあるんだよ」
「ルールは1つ，『相手を傷つけることは言わない』です」
「まず，1グループを使ってデモンストレーションします」

〈エクササイズ〉　・椅子を持って6・7人のグループの分かれ，輪になって座る。
・『あ』のつく言葉で練習し，詰まった人が中心に入る。
・合図に従って，中心に入った人のよいところをグループの人が順に言う（3分間）。
・交代して，全員が輪の中心に入る。

〈シェアリング〉　「自分のよさを言ってもらえてどんな気持ちか，言ってあげてどんな気持ちかを話し合ってください」
「グループで話し合ったことを全体に発表してください」

〈介入〉　　　　・全体としてほめることが苦手な場合は，人のよさを見つける観点や，言語的スキルについて，板書も用いて伝えておく。
・もらえる「ほめ言葉」の量が少ないと予想される子どものときは，教師が子どもたちにヒントを与えるようにする。
・クラスの状況に応じて1人あたりの時間は変える。

よいところをさがそう

鈴木祐弘

■**ねらい** ①友達のよいところをお互いに知り合う。②自己肯定感を高める。

Part4 エクササイズカタログ

第14章 スペシフィック エクササイズ
学校向けエクササイズ

エクササイズの特色
- 目的 自己受容
- 時間 20分
- 場所 室内
- 対象 子どもから大人まで
- リーダーの熟練度 ★★☆

第15章 ジェネリック エクササイズ

■**おすすめの使い方**……子どもたちの人間関係がある程度できてきた時期に。「相手のよいところ」というのは，気がついていてもふだんの生活の中では表現する機会がなかなかない。このエクササイズを行うと，子どもたちの人間関係が目に見えてよくなる。教師が自信をもって行うことが成功させるコツである。

■**実践レビュー**……言葉ではなくジェスチャーにすると，言いたいことをスッキリさせる必要があるので，考えが明確になるようだ。

出典：國分康孝監『エンカウンターで学級が変わる・高等学校編』図書文化。

■背景となる理論・技法　ワンネス（Being-in, C・ムスターカス），強化法

■子どもの気づきと，それを引き出す教師の構成・介入
①「一生懸命私のいいところを伝えようとジェスチャーしていのに，わかってあげられなくて気の毒した」／②「言うほうが照れてしまうのに，A君はほほえみながら，私の目を見て伝えてくれた。ほんとうにうれしくなっちゃった」
→ 介入　②「一生懸命に伝えようとしてくれる，積極さや熱意が感じ取れるといいね」

〈準備〉
・机，椅子を片づけて広いスペースを確保する。
・ゆっくりとした静かな音楽とテンポの速い明るい音楽。

〈インストラクション〉　（静かな音楽を流す）
「今日は，ふだん気がついている友達のよいところをジェスチャーで伝える練習をします。お互いによいところを認め合うと，気持ちのいい人間関係をつくることができます」
「では先生がしてみせるよ。このクラスのよいところは……（動作やジェスチャーをする）。先生がみんなに伝えたかったことがわかったかな？　わかった人，だれか言ってみてくれないかなぁ。……そうだ。その通り。察しがいいなぁ。先生が考えたこのクラスのよいところは，一人一人の仲がいいことなんだ」

〈エクササイズ〉　（明るい音楽を流す）
・2人組をつくって，ジャンケンをする。
・ジャンケンに勝った人は，自分のパートナーをよく見て，よいところを考える。
・よいところに気がついたらジェスチャーで相手に伝える。
・ジェスチャーで相手に伝えることを，もう1度行う。
・ジェスチャーで伝えたかったことを言葉で相手に伝える。
・役割を交代する。

〈シェアリング〉　「よいところを伝えてもらってどんな感じがするかな」

〈介入〉
・よいところだけを表現するように，最初に確認する。
・よいところを上手に伝え合っているペアに，みんなの前でやってもらう。

自分への手紙

品田笑子

■**ねらい**　①自分を肯定的に総括することで成長に気づく。②自分を自分で認めたり励ましたりする習慣をつける。

（イラスト：子どもたちが自分への手紙を書いている場面）
- まだできないけどクロールの息継ぎができるように自由時間も練習しているな。
- 学校探検では一年生を二人も案内したんだわ。
- 私は整とん係の仕事を工夫してやったわ。
- 逆上がりがやっとできたんだ。手にマメができるほど練習したっけ。
- うーん…

Part4 エクササイズカタログ

第14章 スペシフィック エクササイズ
学校向けエクササイズ

エクササイズの特色
- ●目的　**自己受容**
- ●時間　**45分**
- ●場所　**室内**
- ●対象　**子どもから大人まで**
- ●リーダーの熟練度　★☆☆

■**おすすめの使い方**……学期あるいは学年の終わりに自分の努力を評価し、次の学期（学年）のエネルギーに変えるきっかけとする。

■**実践レビュー**……自分の努力や成長を自分ではなかなか発見できず、反対に注意されたことばかりが記憶に残り、自分を好きになれない子が多いと感じたので実施した。他人になったつもりで自分に手紙を書くという形式を小学生に理解させるには、教師の例示や個別のアドバイス、友達のモデリングや、数回の経験が必要である。

出典：國分康孝監『エンカウンターで学級が変わる・小学校編1』図書文化。

■背景となる理論・技法　メタ認知，モニタリング，強化法

■子どもの気づきと，それを引き出す教師の構成・介入
①「手のまめがつぶれても，あきらめないで逆上がりの練習をしていることはすごいかもしれない」／②「自分で書いた手紙なのに，何だかファイトがわいてきた。自分をほめるっていいことだなあ」
→ 介入　①②「できあがった手紙は何度もゆっくり読んでみましょう」

〈準備〉　　　　　「がんばったことベスト5」と「自分への手紙」が書けるワークシート，筆記用具，自分への手紙の例。

〈インストラクション〉　「自分で自分をほめたり励ましたりすると，くじけないでがんばろうとするエネルギーが生まれます。むずかしいけど，今日はそれに挑戦してみましょう」
「まず，今学期にがんばったことやできるようになったことを思い出してみましょう（発表を板書する）。次に『がんばったことベスト5』に自分ががんばったことをまとめましょう」
「今度は，それを参考に自分に手紙を書きます。友達やお母さんが自分に話しかけているように書いてみましょう。これは，先生が自分に書いた手紙です。参考にしてね」

〈エクササイズ〉　・「がんばったことベスト5」や教師の手紙の例を参考にして，「自分への手紙」を書く。
・グループで「がんばったことベスト5」と「自分への手紙」を紹介し合う。

〈シェアリング〉　「自分への手紙を発表したい人は手をあげてください」
「みんなの前で手紙を紹介してほしい友達がいる人は，手をあげてください。その理由も聞かせてください」
「自分への手紙を書いたり友達の手紙を聞いたりして，感じたことを発表しましょう」

〈介入〉　　　　　・「がんばったことベスト5」が書けない子には，教師がヒントを与える。また，がんばったことが具体的に書かれてない場合は質問しながら書き直させる。
・手紙の書き方が理解できないでいる子には，文章完成法を活用した練習用のワークシートを渡し，個別指導する。

ほめあげ大会

安達紀子

■**ねらい**　クラスの友達みんなから肯定的に見られることで，思いやりの心を育てる。

- ○○君はいつもみんなと仲よく遊ぶなあ。
- △△さんはいつも優しいなあ。
- □□君は、一生懸命掃除をするよ。
- 字もていねいだよ。
- 私もそう思っていたわ。
- 「絵がとっても上手です」って書いてもらいました。ありがとう。
- パチパチパチパチ

Part4　エクササイズカタログ

第14章
スペシフィック　エクササイズ
学校向けエクササイズ

エクササイズの特色
- ●目的　自己理解
- ●時間　45分
- ●場所　室内
- ●対象　子どもから大人まで
- ●リーダーの熟練度　★☆☆

第15章　ジェネリック　エクササイズ

■**おすすめの使い方**……いつでも使えるが，大きな行事が終わったあとなどは，その活躍も含めて具体的にほめることができて効果的。
■**実践レビュー**……運動会が終わったあとに実施した。日常生活の中だけでなく，運動会を舞台にして「表現のとき，とても動きが大きくて力強かった」「ぼくが負けちゃったとき，『気にしなくていいよ』って言ってくれて優しい」など，具体的な場面を示してたくさんほめることができ，達成感を味わうことができた。

出典：國分康孝監『エンカウンターで学級が変わる・小学校編1』図書文化。

■背景となる理論・技法　強化法，参加的観察

■子どもの気づきと，それを引き出す教師の構成・介入
「こんなにほめられたのは，初めてでした。ほめたのも初めてでした」「こんなことだれにも言われたことがなかったので，うれしかった」「渡すとき，ドキドキした」
→ 介入　「意外だなと思うことをほめてもらったとき，どんなことを感じたかな」

〈準備〉	・机を下げて広い場所を作る。 ・ほめることを書く用紙1人3枚と鉛筆を用意する。
〈インストラクション〉	「友達にほめてもらうことはよくありますか。ほめられるっていい気持ちですね。ほめてもらうと自信がつきます。ほめる人も，相手に喜んでもらえます」 「先生は，学年のある先生からほめられたことがあります。『○○先生，あなたの話の聞き方は上手ですね。私はあなたをモデルにしているんですよ』と。お世辞を言っているふうには見えなかったので，私はほんとうに話の聞き方が上手なんだと，そのときから自信をもつようになりました」 「今日は『ほめあげ大会』というエクササイズをします」 「1人3枚の紙を配ります。その紙にグループの3人についてほめることを2つずつ書いてください」
〈エクササイズ〉	・デモンストレーションとして，教師が例を示す。 ・たくさんほめることがあれば，その中でも特にという2つを書くようにする。 ・書き終わったら交換する。 ・自分がもらった3枚の紙を見て，自分がそうだと思えば○，意外だな，そうかなと思えば△をつける。
〈シェアリング〉	「みんなの前で，○をつけたところを1つ発表しましょう」 「いまの気持ちを振り返りカードに書きましょう」
〈介入〉	・男女混合の4人組をつくれるようにする。 ・お世辞は言わないように徹底する。 ・○がなかったら，本人は△をつけているけど，みんなはどう思っているのかを聞き，自己肯定ができるよう助言する。

Part1 エンカウンターについて知ろう
　第1章
　第2章

Part2 エンカウンターをやってみよう
　第3章
　第4章
　第5章
　第6章
　第7章
　第8章
　第9章

Part3 柔軟に展開しよう
　第10章
　第11章
　第12章
　第13章

Part4 エクササイズカタログ

第14章
スペシフィック
　　エクササイズ
学校向けエクササイズ

エクササイズの特色

●目的　自己理解
●時間　30分
●場所　室内
●対象　子どもから大人まで
●リーダーの熟練度　★☆☆

第15章　ジェネリック
　　　　エクササイズ

Part5　資料編

☆いくつ

尾高正浩

■ねらい　①自分を見つめ直し，自己評価と他者評価を比べる。②自分のよさを再認識し，がんばるべきところを明らかにする。

（配られたプリントのお友達にあてはまる項目をいくつか選び星4つ塗りつぶしてください。）

（江口さんは努力家に2つ星。）

（吉田君はすすんで働く人だわ。）

☆いくつ

なまえ

① 面白い　　　　　　☆☆☆☆☆
② 元気がある　　　　☆☆☆☆☆
③ 思いやりがある　　☆☆☆☆☆
④ めんどうみがよい　☆☆☆☆☆
⑤ 自信がある　　　　☆☆☆☆☆
⑥ 努力家だ　　　　　☆☆☆☆☆
⑦ 意見をはっきり言う☆☆☆☆☆
⑧ すすんで働く　　　☆☆☆☆☆
⑨ まじめだ　　　　　☆☆☆☆☆
⑩ けじめがある　　　☆☆☆☆☆
⑪ ものごとをよく考える☆☆☆☆☆
⑫ 想像力豊か　　　　☆☆☆☆☆

■おすすめの使い方……総合的な学習の時間や道徳の時間で，自己理解を深めるための手だてとして。
■実践レビュー……「自分を外から見るのと，内から見るのとでは違うと思った」「もっと星が増やせるような，魅力的な人になりたい」など自分について深く考えさせることができる。項目をつくるところから，子どもたちと一緒に行うとよい。また項目は，学期ごとなどに子どもたちと話し合って変え，継続して行うことが大切。

出典：國分康孝監『エンカウンターで学級が変わる・ショートエクササイズ集1』図書文化．

■背景となる理論・技法　肯定的ストローク（交流分析）

■子どもの気づきと，それを引き出す教師の構成・介入
①「私ってこう思われているんだ。意外だぁ」／②「私のことをきちんと見ていてくれてうれしい。ああ，よかったなぁ」
→ 介入 　①「自分のつけた星と，友達のつけてくれた星を比べてみて，何か発見がありましたか」

〈準備〉　　　　　・「☆いくつ」プリントを人数分×2用意する。

〈インストラクション〉　「みんなは，自分のことを人がどう見ているか知りたいと思ったことはないですか。何日か前に先生は〇〇さんから，『先生は私の話を最後までゆっくり聞いてくれるから，何でも話しやすい』と言われて，妙に納得したんです。今日は，自分と友達のことを見つめる活動をします」
　　　　　　　　　「プリントには12の項目がありますね。自分についてあてはまると思う言葉のところの星を塗りつぶしてください。塗っていい星の数は，1人星4個です。1つの項目に4個使ってもいいですし，1個ずつ4つの項目に振り分けてもいいですよ。わからない言葉のある人は質問してください」

〈エクササイズ〉　・2枚のプリントを配り，それぞれに自分の名前を書く。1枚目に，自分が当てはまると思う項目について星を4個塗る。
　　　　　　　　　・全員からプリント2枚を別々に回収する。
　　　　　　　　　・星が塗られていない2枚目のプリントをランダムに配る。
　　　　　　　　　・配られたプリントに名前が書かれている友達に対して，星を4個塗る。2枚目も回収する。
　　　　　　　　　・全員から回収したプリント（自分のプリントと友達からのプリント）を個人に渡し，自分と友達の星を比べる。

〈シェアリング〉　「4人グループで感じたことを話し合ってみましょう」
　　　　　　　　　「グループで話し合ったことを全体に発表してください」

〈介入〉　　　　　・その人についてよく知らない場合は，「見た感じでかまわないから塗ってみよう」と助言する。
　　　　　　　　　・自己評価より他者評価が低い項目が多い場合は落ち込むことがあるので，ケアをする必要がある。

Part 1 エンカウンターについて知ろう
　第1章
　第2章

Part 2 エンカウンターをやってみよう
　第3章
　第4章
　第5章
　第6章
　第7章
　第8章
　第9章

Part 3 柔軟に展開しよう
　第10章
　第11章
　第12章
　第13章

Part 4 エクササイズカタログ

第14章
スペシフィック
　エクササイズ
学校向けエクササイズ

エクササイズの特色

●目的　自己理解
●時間　45分
●場所　室内
●対象　子どもから大人まで
●リーダーの熟練度　★★☆

　第15章　ジェネリック
　　　　　エクササイズ

Part 5 資料編

私はわたしよ

朝日朋子

■ねらい　①自分の個性に誇りをもち，友達の個性を尊重する。②お互いの思いがけない面を知ることによって親しみを増す。

自分が「学校の友達と違うところ，自分だけが体験したこと」を三つ書いてください。

テレビにでたことがある。
扁桃腺がよくはれて入院した。
釣りが好き。
さて，だれでしょう？

■おすすめの使い方……お互いがより知り合うための手だてとして。また，友達への評価が固定してしまったときや，学級の価値観が偏ってしまったときの打開策として。
■実践レビュー……「人と違うことは恥ずかしい・同じであることがいい」という価値観が子どもたちに広がっていたときに実施。楽しくできるので，人と違うことを肯定的に認めることができた。読み上げるとき，一人一人への教師のあたたかいコメントが大切。

出典：國分康孝監『エンカウンターで学級が変わる・小学校編1』『同・小学校編2』『同・ショートエクササイズ集1』図書文化。國分康孝『教師と生徒の人間づくり』瀝々社。

■**背景となる理論・技法**　自己開示，強化法

■**子どもの気づきと，それを引き出す教師の構成・介入**
①「自分のことを言われるのが恥ずかしかったが，わかってもらえてよかった」
②「みんな違うところがあるので驚いた」
→ 介入 ①「隣同士で手のひらを見せ合ってください。穴があくほど見てください。自分の手と比べてみてどうですか」

〈準備〉　・人数分の紙と解答用紙と筆記用具。

〈インストラクション〉　「人と違うと恥ずかしい，同じがいいと思うことはありませんか。でも，人は一人一人顔が違うし，性格も違います。今日は，『人は一人一人違うんだ』ということを認め合うエクササイズをします」
「この紙に，自分が人と違うところや，人と違った体験をしたことなどを3つ書いてください。書き終わったら，あとで集めて読み上げます。それで，だれのものかみんなで当てっこしましょう」
「例えば，先生だったら，①お化けを見たことがある，②実は自転車に乗れない，③ケーキが大好き……などと書きます」
「当てっこをするので，ほかの人には見せないように，ほかの人のものを見ないようにしてください」

〈エクササイズ〉
・ほかの人にはない自分の個性や経験などを3つ考えて紙に書く。
・時間になったら回収し，教師が一人一人読み上げていく。
・読み上げるたびに名前を予想して紙に書き，最後に答え合わせをする。

〈シェアリング〉
「どのくらい当たりましたか」
「感じたこと，気づいたことを話し合ってみましょう」

〈介入〉
・あまり人に知らせたくないことは書かなくてよいことを確認する。
・子どもが書いたことを読み上げるときは，教師があたたかいコメントをつけるようにする。

Part1 エンカウンターについて知ろう
　第1章
　第2章

Part2 エンカウンターをやってみよう
　第3章
　第4章
　第5章
　第6章
　第7章
　第8章
　第9章

Part3 柔軟に展開しよう
　第10章
　第11章
　第12章
　第13章

Part4 エクササイズカタログ

第14章
スペシフィック
　エクササイズ
学校向けエクササイズ

エクササイズの特色
●目的 自己理解
●時間 45分
●場所 室内
●対象 子どもから大人まで
●リーダーの熟練度 ★☆☆

第15章 ジェネリック
　エクササイズ

Part5 資料編

気になる自画像

酒井　緑

■**ねらい**　ほかの人からの支持により，自己肯定感を高め，なごやかな人間関係をつくる。

1. 冷静な　2. 誠実な　3. ユーモアのある　4. 気取らない　5. 優しい
6. 理性的な　7. 公平な　8. 敏感な　9. 勇敢な　10. 個性的な
11. あたたかい　12. 静かな　13. まじめな　14. 親切な
15. 思いやりのある　16. エネルギッシュな　17. 頼りになる
18. 明るい　19. 正直な　20. 活発な　21. 注意深い　22. 社交的な
23. 素朴な　24. 愛想のよい　25. 心が広い

■**おすすめの使い方**……学級の小グループ化が進んで，固定し始めた時期に実施する。グループをほぐす1つの方策として。
■**実践レビュー**……お互い，なかなかプラスのメッセージを送ることができないでいる子どもたちに，自己肯定感をもたせる目的で実施した。言葉の選択が主なので，実施しやすい。ただ，言葉の意味の説明が必要な子，選択に時間がかかる子がいるので，サポートが必要。

出典：國分康孝監『エンカウンターで学級が変わる・中学校編1』図書文化。「私の自画像ってこんな人なの？」，國分康孝監『教師と生徒の人間づくり第3集』瀝々社。

■背景となる理論・技法　「ジョハリの窓」理論，自己開示，支持

■子どもの気づきと，それを引き出す教師の構成・介入
「みんなが言っていること，ほんとうかなあ？」「自分ではそう思っていなかったのに，3人の人がその言葉を選んでくれて，とてもうれしいです」
→ 介入 　「○○さんは選んでもらった言葉を聞いてどう思いましたか？」

〈準備〉	・グループで円になって座る。 ・ワークシート（P.519）。
〈インストラクション〉	「今日はほかの人から見た自分について知り，自分のよさに気づくためのエクササイズをします」 「まず自分とメンバーにあてはまる言葉を選びます。『冷静な』『誠実な』『ユーモアがある』など，人の特長や印象を表す言葉です。次に，選んだ言葉を伝え合い記録していきます。最後に，選んでくれた言葉を見て感想を言い合います」 「先生が以前にやったとき，自分で選んだ言葉とみんなが選んでくれた言葉に大きな違いがあったのですが，そんなふうに見える自分があることを知って，とてもびっくりしました。そしてうれしかったです」 「だけど，もし，とまどったり気持ちがスッキリしない人がいたら，気軽に先生に声をかけて！　すぐ行くよ」
〈エクササイズ〉	・6人組になる。自分とメンバーにあてはまると思う特長を表す言葉を選んでワークシートに記入する。 ・1人ずつ，選んだ言葉をグループのメンバーに伝える。 ・メンバーは，選んでもらった言葉を表に書き込む。 ・自分の選んだものと，メンバーが選んだものを比べる。
〈シェアリング〉	「ふだん思ってもいなかった自画像を伝えられた人は，それをどう感じたか話しましょう。気づいたことも話しましょう」
〈介入〉	・友達の選んだ言葉を信じられないと感じている子には，その言葉も自分の一面を示していることを伝える。 ・言葉をなかなか選択できないでいる子には，悩まず直感でひらめいた言葉を書くようアドバイスする。

Part1 エンカウンターについて知ろう
 第1章
 第2章

Part2 エンカウンターをやってみよう
 第3章
 第4章
 第5章
 第6章
 第7章
 第8章
 第9章

Part3 柔軟に展開しよう
 第10章
 第11章
 第12章
 第13章

Part4 エクササイズカタログ

第14章
スペシフィック
**　　エクササイズ**
学校向けエクササイズ

エクササイズの特色
● 目的　**自己理解**
● 時間　**50分**
● 場所　**室内**
● 対象　**中高生から大人まで**
● リーダーの熟練度　★☆☆

　第15章　ジェネリック
　　　　　エクササイズ

私の四面鏡

川崎知己

■**ねらい**　肯定的な印象を伝え合うことで自己認知を変え，個々の自己肯定感を高めるきっかけを設ける。

（吹き出し）
・えー，ほんと…うれしいな。
・誠実な親切な気どらない。
・わたしが感じる鈴木君のイメージは…。
・信念のある強い活発な！

■**おすすめの使い方**……学級開き，学期末，行事後。保護者会，教員の研修会など。目的を明確にすれば時期や機会を限定せずに幅広く活用できる。
■**実践レビュー**……初対面では第一印象を伝え合う目的で行う。何か活動を行い，互いにある印象をもったときに，それを伝え合う活動を通して，自己の肯定的側面に目を向けるのに効果的である。

出典：國分康孝監『エンカウンターで学級が変わる・中学校編1』図書文化。「私の自画像ってこんな人なの？」，國分康孝監『教師と生徒の人間づくり第3集』瀝々社。

Part5 資料編

■背景となる理論・技法　図と地の変換（ゲシュタルト療法）

■子どもの気づきと，それを引き出す教師の構成・介入
「自分のことをそんなふうに見てくれていたのか」「自分では嫌だと思っていたところを，そういうふうな見方をしてくれていたんだ」「自分もまんざら捨てたものじゃないな」
→ 介入　「いわしの頭も信心から，と言うんだよ」「自分で自分を値引きしないほうがいいと思うけど」

〈準備〉
・ワークシート1「手鏡」，ワークシート2「四面鏡」（P.522）。
・原則として5人1組グループを編成する。

〈インストラクション〉
「グループの一人一人の人がもつ魅力的なところを見つけ，伝え合い，自分のよさを見つめ直すことがねらいです」
「自分のよいところを自分であげることは照れくさいことですが，今日は，図々しくやってみましょう」
「ワークシートに並んでいる形容（動）詞から，自分に，またはその人に合うものを選んで○をつけていきます」「○は必ず5つつけます。ちなみに，私は自分について，素朴だ，ねばり強い，公平だ，ものわかりがいいほうだ……こんなふうに自画自賛したよ」

〈エクササイズ〉
・2枚のシートにグループのメンバーの名前を記入する。
・教師の合図で，ワークシート2「四面鏡」の「私から見た私」の欄に，自分で○を5つつける（1分）。
・教師の合図で，グループのメンバー一人一人について，ワークシート1「手鏡」の欄にそれぞれ○を5つつける（5分）。
・ジャンケンで順番を決める。最初の人はワークシート2「四面鏡」を出す。他のメンバーはワークシート1「手鏡」で，その人に○をつけた箇所について，「私は○○さんについて△番の□□，◎番の△△……という印象をもっています」と伝える。本人はそれを「四面鏡」に記入する。順次行う。

〈シェアリング〉
「自分の『四面鏡』を見て，感じたこと，思ったことをグループで伝え合ってください」

〈介入〉
・印象を受け取ってとまどっている子どもがいる場合，どうしてその印象をもったか，理由を聞く時間を設定する。

あなたの印象

安野陽子

■**ねらい**　①相手へのあたたかい関心を高める。②相手が自分にもっているイメージから，自分も気づかなかった自己イメージを知る。

■**おすすめの使い方**……学級開き，学活，研修会などで相手を知るきっかけづくりとして。

■**実践レビュー**……合宿や研修会で，まだかたい雰囲気の中で，お互いを知るきっかけとなるように，第一印象を伝え合う目的で行った。相手に対するイメージがわきにくい場合は，花や色彩のみの表現でもよいことにした。上手な作品を作ろうとする人がいるが，上手・下手を批評し合う場ではないことを伝えた。

出典：國分康孝監『エンカウンターで学級が変わる・ショートエクササイズ集2』図書文化。

エクササイズの特色

- ●目的　**自己理解**
- ●時間　**20分**
- ●場所　**室内**
- ●対象　**子どもから大人まで**
- ●リーダーの熟練度　★☆☆

■背景となる理論・技法　無条件の肯定的関心，支持

■子どもの気づきと，それを引き出す教師の構成・介入
①「○○さんからそんなイメージをもっていると言ってもらってうれしいです。私は○○さんによく思われていないんじゃないかと感じていたので」／②「私にはこんなイメージがあるのか」
→ 介入　②「相手が自分をどう思っているかがわかると，こちらも動きやすくなります」

〈準備〉
- 人物の下絵（左頁）・クレヨン（折り紙，雑誌の切り抜き）。
- ヒーリング音楽のような静かな音楽テープまたはCD。

〈インストラクション〉
「友達が自分に対してもっているイメージを知ると，自分では気づかなかった一面を見つけることがあります。ペアになった相手から感じる印象を，色や形にして表現して伝え合ってみましょう。相手への印象を作品にすることで，知らなかった一面に気づくかもしれません」

「これから相手の印象を作品にしてみましょう。例えば，クレヨン・折り紙などを使って，下絵の服やまわりの空白をその人の印象の色で表現してみましょう」

「私は○○さんに対して太陽のように明るいイメージをもっているので，赤と黄色で表現してみました」（サンプルを示す）
「相手の似顔絵を描くのではないので，相手に対するイメージを感じるままに描いてみましょう」

〈エクササイズ〉
- ペアをつくり下絵を配布する。
- クレヨン，折り紙などを使い作品を作る。
- 作品を交換する（シェアリング後，相手にプレゼントする）。
- 作品を見せ合い，どういうイメージで作ったかを話し合う。

〈シェアリング〉
「話を聞いて，感じたこと，気づいたことを相手に伝えてください。1人が話し終わったら交代します」
「話し合ったこと，いま感じていることをみんなに発表してください」

〈介入〉
- 相手の似顔絵を描くことが主ではないので，イメージがわきにくい場合は相手のイメージの色や模様だけでよいと伝える。
- 作品の上手・下手を競う場ではないと伝える。

みんなでリフレーミング

中里　寛

■ねらい　①自分の短所が，見方を変えれば長所でもあることを知る。②自己肯定感を高める。

★みんなでリフレーミング・ワークシート

あなたが日ごろ短所だと感じている自分の性質を友達にリフレーミングしてもらいましょう

●あなたの名前を書きましょう。
① _____（君・さん）は，

●あなたが短所だと感じている性質を書きましょう。
② _____（こと）を短所だと思います。

●ここまで書いたら友達に渡しましょう。

●さて，友達の短所をリフレーミングしてあげましょう。
③しかし，見方を変えれば，それは _____ という長所なのです。

●リフレーミングした結果を友達に教えてあげましょう。①②③の順に，続けて読んであげてください。

> ボクはガンコっていわれるな。

> 自分の意志をもってしっかりしていることだよ。

エクササイズの特色

- ●目的　自己受容
- ●時間　50分
- ●場所　室内
- ●対象　中学生から大人まで
- ●リーダーの熟練度　★★☆

■おすすめの使い方……学校では不安を抱えやすい2学期以降に行うと効果的。保健室，相談室通いの子どもにもおすすめ。

■実践レビュー……「楽しい学校生活を送るためのアンケート（Q-U）」の調査結果で，リレーションが高まらないことが気になりだした学級で実施したところ，真剣に考えてくれた友達に感謝する感想が多く出された。自分の短所を自己開示できる程度の人間関係ができている必要がある。

出典：國分康孝監『エンカウンターで学級が変わる・中学校編3』図書文化。参考：R・バンドラー，J・グリンダー『リフレーミング』星和書店。

■背景となる理論・技法　論理療法

■子どもの気づきと，それを引き出す教師の構成・介入
「失敗をするのはだめな人間のように思ってびくびくしてた。でも，失敗しない人間はいないし失敗が成功につながることもあると思った」
→ 介入　「失敗しない人が立派な人なのかな。失敗しない人はいるだろうか」

〈準備〉
・2つの考え方を板書をする。
・4人の机をつけ，グループ席をつくる。

〈インストラクション〉
「くよくよ悩んだり，不安で気が滅入ったりすることがありますが，それは，出来事がそうさせるのではなく，出来事をどう考えるかによるのです」
「大学受験の直前，先生は模試の結果を見て自信をなくしました。自分では完璧な準備ができていると思っていたのに，不合格は目に見えていると，落ち込みました。すると父がね，この人生を完璧に成し遂げる人はいない，精一杯の力を尽くせばいいんだと言ってくれたので，肩の力が抜けたんです」
「4人組になります。まず，不安を起こしている考え方は何かをグループで話し合います。次に，その不安を軽減するためにはどう考えればいいかを話し合います」
「ルールは，よい悪いは決めないことです。少しでも不安が減って，気持ちが前向きになる考え方を探すことが大切です」

〈エクササイズ〉
・いまの自分の悩みや不安や怒りについて，そのもとになっている出来事と感情を紙に書く。
・4人組になり1人ずつ発表する。不安を引き起こしている考え方に無理はないか，不安を軽減する考え方にはどんなものがあるかを，グループで話し合う（1人につき5分）。

〈シェアリング〉
「やってみて感じたことを，4人で話し合ってください」
「グループでどんな話が出ましたか。全体に発表してください」

〈介入〉
・不安を引き起こしている考え方がなかなか浮かばないようならば，「失敗するとだめな人間だと思われる」「失敗は格好悪い」などと具体例をあげる。

Part 1 エンカウンターについて知ろう
　第1章
　第2章

Part 2 エンカウンターをやってみよう
　第3章
　第4章
　第5章
　第6章
　第7章
　第8章
　第9章

Part 3 柔軟に展開しよう
　第10章
　第11章
　第12章
　第13章

Part 4 エクササイズカタログ

第14章 スペシフィック エクササイズ
学校向けエクササイズ

エクササイズの特色
- 目的　自己理解
- 時間　30分
- 場所　室内
- 対象　子どもから大人まで
- リーダーの熟練度　★☆☆

　第15章　ジェネリック エクササイズ

Part 5 資料編

わたしのしたいこと

簗瀬のり子

■ねらい　言語化（意識化）することを通して，自分の気持ち，願い，欲求に気づいたり，明確にしたりする。

（吹き出し）
- わたしのしたいことは25センチ以上のブラックバスを釣ることです。
- わたしのしたいことはプールで思いっきり泳いで涼しい木陰でお昼寝です。
- そうですか。
- そうですか。
- そうですか。
- そうですか。
- わたしのしたいことは三国志を読破することです。
- わたしのしたいことは自分の部屋をもって模様替えすることです。

■おすすめの使い方……進路指導，行事の事前指導，男女理解の授業など，いろいろな指導・授業の導入として。

■実践レビュー……定期テストの学習計画作成の際，具体的な学習内容や方法を気づかせるために実施した。テーマは「テスト勉強でしたいこと」とした。インストラクションでいくつか例をあげると具体的に出てくる。互いに相手の発言を参考にする様子が見られた。

出典：國分康孝監『エンカウンターで学級が変わる・ショートエクササイズ集2』図書文化。

■背景となる理論・技法　　自己開示，創造的思考法（ブレーンストーミング）

■子どもの気づきと，それを引き出す教師の構成・介入
「考えずに次々に言ったけど，そのほうがほんとうに思っていることのように感じた」
→ 介入　　「できるとかできないとか，実現するとかしないとかにこだわらない」「取捨選択せずに，思いついたことを口にする」「1つのことをくどくどと語らない」

〈準備〉　　・「わたしのしたいことは〜です」という話型を貼る。

〈インストラクション〉　「自分がしたいことは，意外とはっきりわからないものです。いま，したいと思っていることを口に出して，はっきりさせる作業をします」
「2人組でやります。1人が『わたしのしたいことは〜です』と話し，もう1人が『そうですか』とうなずきながら聞きます。これを2分間繰り返します。交代して同様にやります」
「先生がやってみますので，みなさんは『そうですか』と言ってください。例えば，『わたしのしたいことは，機織り機で布を織ることです』（『そうですか』），『わたしのしたいことは，源氏物語を読破することです』（『そうですか』）……」
「ルールは，言う側は2分間次々と言い続けること。聞く側は黙って聞いて，1回ごとに『そうですか』とうなずくことです」

〈エクササイズ〉　・2人組になり，役割を決め，言う側が2分間言い続ける。聞く側は，毎回「そうですか」とうなずく。
・役割を交代し，同様に2分間行う。

〈シェアリング〉　「いまの2人組で，感じたことや気づいたことを話し合いましょう」
「どんな気づきや感想が出たか全体に発表してください」

〈介入〉　　・言えない子どもには，どんな小さなことでもよいことを伝え，いくつか例を示す。言い遅れた分の時間を確保する。

Part 1 エンカウンターについて知ろう
- 第1章
- 第2章

Part 2 エンカウンターをやってみよう
- 第3章
- 第4章
- 第5章
- 第6章
- 第7章
- 第8章
- 第9章

Part 3 柔軟に展開しよう
- 第10章
- 第11章
- 第12章
- 第13章

Part 4 エクササイズカタログ

第14章 スペシフィックエクササイズ
学校向けエクササイズ

エクササイズの特色
- ●目的　自己理解
- ●時間　30分
- ●場所　室内
- ●対象　子どもから大人まで
- ●リーダーの熟練度　★☆☆

第15章　ジェネリックエクササイズ

Part 5 資料編

自分がしたいことベスト10

河村茂雄

■ねらい　自分の願望を意識化し，友達と表現し合うことで自己理解を深め，学校生活を主体的に送ろうとする意欲を喚起する。

（吹き出し）
- 一番目はパソコンが使えるようになりたい。
- 二番目はサッカーの地区大会で優勝！
- パソコンで何をするの？

■おすすめの使い方……自分を意識する場面を通して，子どもたちの自己理解と主体性を向上させたいときに使える。また，「移動教室のクラスレクリエーションでやりたいこと」など限定して展開すれば，その活動の意欲を高めることをねらった，導入のエクササイズとしても展開できる。

■実践レビュー……意欲を喚起すると同時に，したいこと・なりたいもののために，いま何をするのかが明確になる。

出典：國分康孝監『エンカウンターで学級が変わる・小学校編1』，「私のしたい10のこと」『同・中学校編1』図書文化。

■背景となる理論・技法　明確化（欲求と思考）

■子どもの気づきと，それを引き出す教師の構成・介入
「友達の発表を聞いて自分もやってみたいと思いました」「友達と似ているところがあるなと思いました」
→ 介入　「自分のしたいことをいつも意識していると，実現したり達成できたりすることが多いそうだよ」

〈準備〉　・B5程度の紙と筆記用具。

〈インストラクション〉　「いま，自分がなんとなくしたいな，なりたいなと考えていることを発表したり，友達の発表を聞いたりしながら，自分が本当にしたいこと・なりたいものを考えてみます」
「配った紙に，いま，してみたいな・なりたいなと思うことを心に思い浮かんだ順に書いてください。それをグループで発表し合います」
「例えば先生のベスト10を発表します。まず，ひと夏，北海道をバイクでゆっくりツーリングしたい。静かなホテルにこもって好きな歴史小説をとことん読みたい。小さな喫茶店のマスターになりたい……です」
「聞いている人は発表の内容を冷やかしたり，ばかにしたりしてはいけません。発表している人の現在の様子を考え，なぜその希望をもつのかを推測しながら聞いてください」

〈エクササイズ〉
・いまやってみたいことを，思いついた順に10個書き出す。
・10個を，特にやりたい順に並べ変える。
・4人組をつくり，並べ替えたものをグループで発表する。
・1人ずつ順に説明する。その他の3人は質問する。
・4人が終わったところで，グループで出たことや感想を話し合う。

〈シェアリング〉　「班の発表会を通して，感じたこと・気づいたことを自由に話し合ってください」

〈介入〉
・10個書けない子どもには，書けるだけでいいことを伝える。
・4人組をつくる際には，子ども同士の人間関係に配慮する。

Part 1 エンカウンターについて知ろう
　第1章
　第2章

Part 2 エンカウンターをやってみよう
　第3章
　第4章
　第5章
　第6章
　第7章
　第8章
　第9章

Part 3 柔軟に展開しよう
　第10章
　第11章
　第12章
　第13章

Part 4 エクササイズカタログ

第14章
スペシフィック
エクササイズ
学校向けエクササイズ

エクササイズの特色
- 目的　自己理解・他者理解
- 時間　15分
- 場所　室内
- 対象　子どもから大人まで
- リーダーの熟練度　★★☆

第15章　ジェネリック
　　　　エクササイズ

Part 5 資料編

気になるあなたへ

飯野哲朗

■ねらい　相手の立場や状況に配慮して、相手になりきり、実感をもって相手を理解する態度を養う。

今いちばん気になる人へ三行ぐらいの手紙を書きましょう。

相手の気持ちになりきって私への手紙を書きましょう。

たぶんこう思うかな？

■おすすめの使い方……学級会活動などで、他者理解を促す活動として。友達や班員などとのトラブル時の指導として。

■実践レビュー……自分の周りの気になる人について考える、他者理解を目的とした時間を定期的にもった。毎回、対象となる人を変えていくと、生活の中でのいろいろな人と自分とのつながりが意識されるようになってくる。それぞれの人の状況への配慮の必要性を感じ、自分の人生の広がりを感じたりするようである。

出典：國分康孝監『エンカウンターで学級が変わる・ショートエクササイズ集1』図書文化。杉田峰康監『ロール・レタリングの理論と実際』チーム医療社。

■**背景となる理論・技法**　役割交換法，書簡法

■**子どもの気づきと，それを引き出す教師の構成・介入**
「○○のことを知っているとか，班長であったりするとかで，感じることや考えることが違ってくるんだなぁ」
→ 介入　「班長の田中さんは，どう感じ，どう考えたと思う？」（条件や立場による行動や発言の仕方の違いを具体的に表現させる）

〈準備〉
・A4（あるいはB5）の用紙と筆記用具。

〈インストラクション〉
「自分の気になっている人について，その人が自分をどう思っているか，その人になりきって考えてみましょう」
「配った用紙の上の方に，その人へのメッセージを書きます。自分を『私』，相手を『あなた』で表します。相手の人がお姉さんだったら，お姉さんが『あなた』です。例えば，『私は先週，あなたに，ボールペンを勝手に使わないでって大声で言われて，とっても不愉快だった。お母さんにちょっと叱られたくらいで八つ当たりしないでよね』と記入します」
「メッセージが書けたら，次は，その下の方に，自分のメッセージに対するお姉さんの返事を書きます。今度は，自分がお姉さんになりきって，『私は～』という形式で返事を書きます。自分自身のことは『あなた』で表されます。例えば，お姉さんになりきって，『私は，お母さんが古臭いことを言うし，でも反論できないし，そこにいたあなたに大声でも出さないとどうしようもなかったの』という具合です。返事を書くときには，相手の様子を思い出し，相手になりきって，相手の気持ちを推測することが重要です」

〈エクササイズ〉
・自分がこだわっている出来事を考え，気になる人を決める。
・気になる人へのメッセージを書く。
・気になる人になりきって，一人称で（自分に）返事を書く。
・時間があればメッセージと返事のやり取りを繰り返す。

〈シェアリング〉
「メッセージや返事を書いてみて，それまでの自分とその人に対する気持ちに，何か新たに気づくことがありましたか。近くの人と話し合ってみましょう」

Part 1 エンカウンターについて知ろう
　第1章
　第2章

Part 2 エンカウンターをやってみよう
　第3章
　第4章
　第5章
　第6章
　第7章
　第8章
　第9章

Part 3 柔軟に展開しよう
　第10章
　第11章
　第12章
　第13章

Part 4 エクササイズカタログ

第14章 スペシフィックエクササイズ
学校向けエクササイズ

エクササイズの特色
- 目的　自己理解
- 時間　15分
- 場所　室内
- 対象　中学生から大人まで
- リーダーの熟練度　★★★

第15章　ジェネリックエクササイズ

Part 5 資料編

2人の私

丸山尚子

■**ねらい**　表面に表れている自分と，心の中にかくれている自分を比べながら語ることによって本音を引き出す。

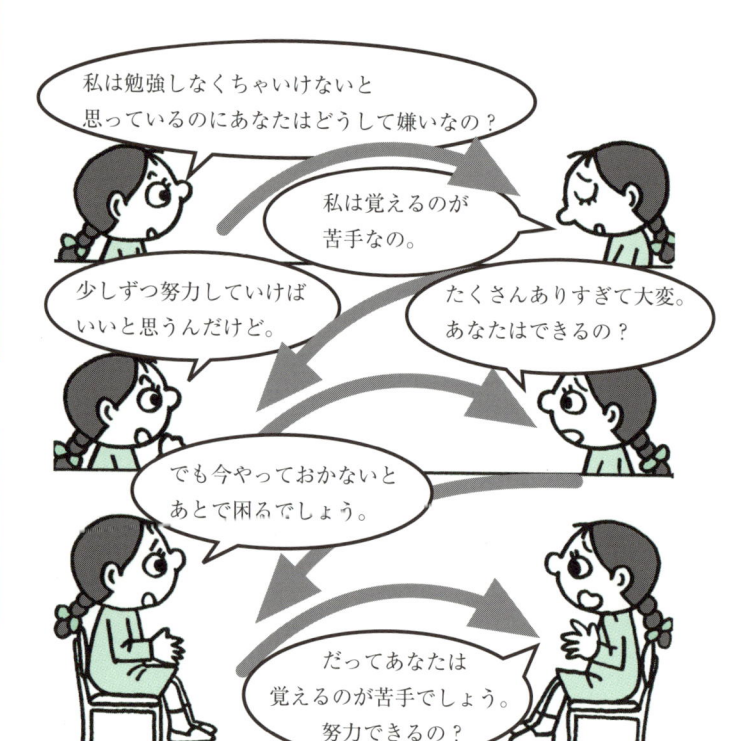

（吹き出し）
- 私は勉強しなくちゃいけないと思っているのにあなたはどうして嫌いなの？
- 私は覚えるのが苦手なの。
- 少しずつ努力していけばいいと思うんだけど。
- たくさんありすぎて大変。あなたはできるの？
- でも今やっておかないとあとで困るでしょう。
- だってあなたは覚えるのが苦手でしょう。努力できるの？

■**おすすめの使い方**……学級の活動の中で相反する意見が出たとき。道徳での葛藤場面。相談室で迷いを感じている子どもに対して。

■**実践レビュー**……周囲の意見に流されがちな子どもたちが多い学級で実施。本音を押さえ込んでストレスを感じる子どもたちが，自分の思いを吐き出す場にしたいと考えた。「演じる」要素があるので，恥ずかしがる子どもには無理強いせず，観察者の役割から始めるなど配慮が必要である。

出典：國分康孝監『エンカウンターで学級が変わる・ショートエクササイズ集2』図書文化。國分康孝編『カウンセリング辞典』誠信書房。F・パールズ，倉戸ヨシヤ監訳『ゲシュタルト療法』ナカニシヤ出版。

■背景となる理論・技法　エンプティチェア（ゲシュタルト療法）

■子どもの気づきと，それを引き出す教師の構成・介入
「自分の心の中にはいろんな気持ちがあるんだな」「複数の自分がせめぎ合っていた」
「どちらがほんとうに思っていることなのか，言えないこともあるんだ」
→ 介入　「先生が1人2役をしてみせるから，ポイントがどこか感じ取ってね。ほかの人がどう考えるかとかを気にしなくていいんだよ」

〈準備〉	・2人組をつくり，2つの椅子を向かい合わせておく。
〈インストラクション〉	「自分の中には異なった複数の気持ちがあるよね。『どっちなんだよう』って困ることもあるくらいだね。今日はそれを手がかりに本音の自分に気づくエクササイズをします」 「静かに目を閉じましょう。みなさんの心の中には，自分の思いと反対のことを思う自分がいませんか？　例えば『勉強はしなくちゃいけないと思っている自分』と『いまは勉強なんて嫌だと思う自分』のようにです」 「椅子に座って，もう片方の椅子に座っている自分に聞きます。『私は勉強をしなくちゃいけないと思っているのに，あなたはどうして嫌なの？』。もう片方の椅子に移動して『私は覚えるのが苦手なの』と答えます。もとの椅子に移動して答えます。『少しずつ努力していけばいいと思うんだけど』。このように椅子を往復して，もう1人の自分と会話します」 「ポイントは，それぞれの椅子に座るときに，その椅子の立場の自分になりきって，『私は』『あなたは』と話すことです」 「観察役は表情や言い方に変化がないか見ていてください」
〈エクササイズ〉	・2人組の一方が2役を演じ，もう1人は観察役。 ・せめぎ合う2人の自分，それぞれの立場になりきり「私は」と一人称で語り，もう1人の自分を「あなたは」と呼ぶ。役をスイッチするときに2つの椅子を行き来する。 ・5往復くらいしたら，本人と観察役が感想を話し，交代する。
〈シェアリング〉	「感じたこと，気づいたことを出し合いましょう」 「話し合ったことを全体に発表してください」
〈介入〉	・演じにくい子には，空いているほうの椅子にだれかが座る。

Part1 エンカウンターについて知ろう
　第1章
　第2章

Part2 エンカウンターをやってみよう
　第3章
　第4章
　第5章
　第6章
　第7章
　第8章
　第9章

Part3 柔軟に展開しよう
　第10章
　第11章
　第12章
　第13章

Part4 エクササイズカタログ

第14章
スペシフィック
エクササイズ
学校向けエクササイズ

エクササイズの特色
● 目的　自己理解・他者理解
● 時間　50分
● 場所　室内
● 対象　子どもから大人まで
● リーダーの熟練度　★★☆

　第15章　ジェネリック
　　　　　エクササイズ

Part5 資料編

みんな違ってみんないい！

大関健道

■ねらい　自分の中のステレオタイプな見方に気づき，それぞれの個性や価値観の違いを知るとともに，その多様性を受容する。

> 私が友達になったジャガイモさんは「ジャガ太郎」君です。
> どんなジャガイモさんかな。
> ジャガイモもいろいろあるな。

■おすすめの使い方……学年の中期以後，あるいは生活班・生活グループの中期以降に，個性や価値観を意識させたい時期に有効。
■実践レビュー……ジャガイモの生い立ちや将来の夢を考えるのは小中学生には少しむずかしいかもしれないので，記入シートを用意しておき，そこに自分の考えを書かせるとよい。大学生以上では，ジャガイモに自分自身を投影しすぎる場合があるので，デモンストレーションで，入り込む「深さ」をガイドすることも必要。

出典：國分康孝監『エンカウンターで学級が変わる・中学校編2』図書文化。

■背景となる理論・技法　実存主義（我と汝の関係）

■子どもの気づきと，それを引き出す教師の構成・介入
「ジャガイモは，どれもみんな同じだと思っていたけど，1個1個違うんだな」「ジャガイモの名前や生い立ち，家族や将来の夢を考えるのは，少しむずかしかったけど，楽しかった」「何だかジャガイモと友達になった気分」
→ 介入　「君のジャガイモと，ひと山いくらのジャガイモの違いはなんだろう」

〈準備〉
・ジャガイモとジャガイモさん紹介シートを人数分用意。
・ジャガイモは中の見えない袋に入れ，グループごとに分ける。

〈インストラクション〉
「今回は，私たちの中にある人間や物に対する思い込みや偏見に気づく体験をします。また，お互いの個性の違いに目を向け，それを認め合えるようにもなってほしいと思います」
「袋の中を見ずにジャガイモを1人1個手にとって，よく観察し，ジャガイモさんと友達になってください。何という名前のジャガイモさんですか？　どんな特徴がありますか？　友達になったジャガイモさんは，生まれてからいままでどんな人生を送ってきたのでしょう？　家族や将来の夢などについても聞いてください」
「先生が友達になったジャガイモさんの名前は，ジャガ吉君，生まれは北海道の富良野というところです。家族は20人で，おじいさん，おばあさんと……。将来の夢は松井選手のように大リーグで活躍する野球選手になることだそうです」
「ルールは，仲間の紹介を最後まで黙って聞くことです」

〈エクササイズ〉
・6人組になる。自分のジャガイモをよく観察し，特徴を調べ，名前，生い立ち，家族，将来の夢を考えて記入用紙に書く。
・グループで，自分のジャガイモさんを仲間と紹介し合う。
・紹介し合ったジャガイモを1度袋に戻し，もう1度袋から出して，自分が友達になったジャガイモさんを見つける。
・グループの中で，順に「私は人と違います。なぜならば……」と自分の特徴を言う。

〈シェアリング〉
「グループで，このエクササイズを通して感じたこと，気づいたことを一人一人話しましょう」

わたしのために あなたのために

黒沼弘美

■**ねらい** 「人からお世話になったこと」を振り返ることを通して，人とのかかわりによって支えられ，生かされている自分に気づく。

Part4 エクササイズカタログ

第14章 スペシフィック エクササイズ
学校向けエクササイズ

エクササイズの特色
- 目的　自己理解
- 時間　20分
- 場所　室内
- 対象　子どもから大人まで
- リーダーの熟練度　★☆☆

■**おすすめの使い方**……学級の人間関係を深めたいとき，学活の時間に。生き方教育の一環として，総合的な学習・生活科の時間に。

■**実践レビュー**……「自分がしてほしいこと」「自分がしてもらえなかったこと」など，子どもたちは自分中心に，ものごとをとらえがちである。自分が「していただいたこと」をじっくり振り返ることで，自他のかかわりに対する意識が高まり，自己受容・他者受容の深まりが見られた。何回か継続して行うと，より効果的である。

出典：國分康孝監『エンカウンターで学級が変わる・ショートエクササイズ集2』，「内観」『同・中学校編2』図書文化。三木善彦監『VTR　内観への招待』奈良内観研修所。

■背景となる理論・技法　簡便内観法

■子どもの気づきと，それを引き出す教師の構成・介入
「気づかなかったけど，こんなにいろんなことを人からしてもらっていたんだね」「たくさんしてもらえてよかったね。私も，もっとしてあげたいな」
→ 介入　　「書いたことをもう1度ゆっくり読んで，出来事を思い出してみよう」
→ 構成　　目的に応じて，振り返る対象・テーマを設定する。

〈準備〉
・2人組をつくって座る。
・筆記用具を用意し，ワークシートを配る。

〈インストラクション〉
「この前，荷物がたくさんあって困っていたとき，それを見て何人かの人が手伝ってくれました。とてもうれしかったなあ。私たちは，いろいろな人とかかわって生活していますね。これから少しの時間，今週1週間を振り返ってみましょう」
「今週，あなたは，だれからどんなことをしてもらったでしょうか。クラスの友達でも，家族や近所の方でもいいです。お世話になったことを思い出してください」
「静かに，目をつぶって考えてみましょう」

〈エクササイズ〉
・今週1週間について，人からお世話になったこと・してもらったことを思い出す。
・お世話になったこと・してもらったことをワークシートに書き込む。
・お世話になったときの気持ちについて，振り返る。

〈シェアリング〉
「隣の人と，お世話になったときの気持ちについて，思ったことや，いま感じていることを話し合ってみましょう」
「2人で話し合ったことを，全体にも伝えてください」

〈介入〉
・「してもらったこと」をなかなか思い出せない子には，その子に実際にあった例を教えたり，ほかの子の例から，自分にあてはまるものがないかどうかをたずねたりする。
・全体に向けた発表が出ないときは，2人組から4人組と段階的にグループを広げたり，教師が全体に紹介したりしてもよい。
・「してもらったこと」を思い出すときは，静かな雰囲気をつくる。

10年後の私

城崎　真

■**ねらい**　自分の将来を意識し，さらに友達と表現し合うことで，生活を主体的に送ろうとする意欲を喚起する。

Part4　**エクササイズカタログ**

第14章
スペシフィック
エクササイズ
学校向けエクササイズ

エクササイズの特色

- ●目的　自己理解
- ●時間　45分
- ●場所　室内
- ●対象　子どもから大人まで
- ●リーダーの熟練度　★☆☆

第15章　ジェネリック
　　　　エクササイズ

僕は大学で星の研究をするんだ。

私はピアノコンクールでアメリカに行くわ！

へええ。料理が好きなんだ！

おれ、コックの修行をしているところ。

料理の学校に行ってるの？

十年後に何をしているか。それまでの道のりを短文にします。人にしてもらうのではなく、自分がやればできると思うものです。

■**おすすめの使い方**……生活が停滞してきたときの打開策として。行事や長期休暇の前の意識づけとして。

■**実践レビュー**……持ち上がり学級で、夏休みを有効に過ごせる目的で「1か月後の自分」として実施した。約1か月後の自分を想像するのは簡単かと思ったが、書けない子が数名おり、インストラクションで簡単な例を提示したり、個人的なアドバイスをしたりすることが大切だと実感した。

出典：國分康孝監『エンカウンターで学級が変わる・小学校編1』図書文化。國分康孝監『実践サイコエジュケーション』図書文化。

■背景となる理論・技法　イメージ法

■子どもの気づきと，それを引き出す教師の構成・介入
「友達の考えが聞けてよかった」「○○さんは，しっかりとした考えをもっているんだなあ」「10年後の自分を考えると，いまはとても大切な時期なんだ」
→ 介入　「お互いに自由に思い描いた内容には，良し悪しの判断をしないことにしますよ」

〈準備〉
・B5判程度の紙と筆記用具。

〈インストラクション〉
「今日のエクササイズは，10年後の私の青写真（素描，デザイン）を描くことがねらいです」
「いまの自分の特長や好きなことなどから考えて，10年後の自分がどうなっているかを考えて発表しましょう。また，友達の発表もしっかり聞いて，参考にしましょう」
「友達のものを見たり，相談したりしないで書きます。10年後の自分とそれにいたるまでの道のりがはっきりわかるように具体的に書きましょう。発表後にシェアリングをします」
「例えば先生は，子どものころは車のデザイナーになりたかったです。毎日ノートの隅に自動車の絵を描いていました。自分がデザインした車が町を走るなんて素敵ですよね」
「守ってほしいことは2つです。1つ目は，そんなの無理だとかできるわけないなどの否定的な意見は言わないようにしましょう。2つ目は友達の意見は黙ってしっかり聞きましょう」

〈エクササイズ〉
・10年後の自分の姿を短い文章で箇条書きにする。
・小グループをつくって，発表し合う。
・全員が発表し終わったら，質問し合い，これからどうしていったらいいかなどの意見交換をする。

〈シェアリング〉
「『10年後の私』の発表会をして，よかったなあと思うことや気がついたことを語り合ってください」

〈介入〉
・書けない子には，教師がついて話を聞き取りながら書き出せるようにアドバイスする。
・否定的な発言をしている子どもや，意見を黙って聞いていない子どもにはルールを確認する。

Part1 エンカウンターについて知ろう
　第1章
　第2章

Part2 エンカウンターをやってみよう
　第3章
　第4章
　第5章
　第6章
　第7章
　第8章
　第9章

Part3 柔軟に展開しよう
　第10章
　第11章
　第12章
　第13章

Part4 エクササイズカタログ

第14章
スペシフィック
**　　エクササイズ**
学校向けエクササイズ

エクササイズの特色

● 目的　自己理解
● 時間　20分
● 場所　室内
● 対象　子どもから大人まで
● リーダーの熟練度　★☆☆

　第15章　ジェネリック
　　　　　エクササイズ

Part5 資料編

竹の節目　私の節目

別所靖子

■ねらい　先輩をモデルに，2年後，3年後の自分像をつくる。自分の変えたくない部分と，変えたいと感じる部分に気づかせる。

（イラスト：
「やった！中学生だ！」
「部活・勉強がんばるぞ！」
「次の節目の『卒業』をイメージしましょう。」
「えー、もう？」
「いいな、なりたいなと思う先輩を思い出しましょう。」
「毎日練習していたな。」「素振りもしよう。」
「先輩のようになるには…。」）

■おすすめの使い方……学校生活をどう過ごすか，自分像をつくることによって自分のあり方・生き方をつかむ支援として。
■実践レビュー……中学1年生の5月，学校生活に目標をもたせるために実践した。この時期は生徒会や部活などで上級生と接する機会も増えるため，モデルを探せると考えた。しかしモデルを見つけられない子もいたので，上級生と接した場面を一つ一つ振り返らせモデル探しを支援した。

出典：片野智治ほか編『エンカウンターで進路指導が変わる』図書文化。

■背景となる理論・技法　モデリング法（バンデューラの社会的学習理論）

■子どもの気づきと，それを引き出す教師の構成・介入
「『いいな』『すてきだな』とあこがれている先輩は，自分のあり方のモデルなんだ」「自分のめざすもの（自分像）がはっきりしてきて，やる気がでたぞ」
→ 介入　「あこがれの先輩に近づくには，いまの自分の何を伸ばして，何を変えるといいかな」

〈準備〉
・注意を引きつけるための竹の現物。
・自分像を探る手がかりとするメモ用紙（A4）と筆記用具。

〈インストラクション〉
「これから『竹の節目　私の節目』というエクササイズをします。目的は先輩を参考にして人生の節目である卒業時の自分像をつくることです。コツはモデルをもつことです」
「先輩を見て『いいな』『あんなふうになりたい』と思うこととその理由をたくさん書き出します。それを参考にして人生の節目である卒業時の自分像を描いていきます」
「私が教師になりたてのころ，話し方の上手な先輩がいました。その先輩はゆったりと落ち着いた口調で『私はこう思うの』と気持ちを込めて子どもたちに語りかけます。みんな自然と耳を傾け，うんうんとうなずきながら聞いていました。『自分もあんなふうに話せるようになりたいな』と思いました」
「なりたい自分像は，その時々で変わってもいいのです。でも，変わらない部分に注目することも大切です」

〈エクササイズ〉
・モデルにしたい先輩のいいところとそのわけをできるだけたくさんあげ，それを参考に卒業時の自分像をイメージする。
・自分像に近づくために，いまから実行することをあげる。
・4, 5人組をつくり，1人ずつ自分像と実行することを発表する。

〈シェアリング〉
「友達の発表を聞いて感じたことを伝えましょう。相手がうれしいと感じるようなことを伝えてください」
「今日の活動で感じたことを発表してください」

〈介入〉
・どうしてもモデルが見つからなかったら，先輩以外でもよしとする。また，「いまは見つからないけどあせることない。これからだよ」と安心感をもたせる。

Part 1 エンカウンターについて知ろう
　第1章
　第2章

Part 2 エンカウンターをやってみよう
　第3章
　第4章
　第5章
　第6章
　第7章
　第8章
　第9章

Part 3 柔軟に展開しよう
　第10章
　第11章
　第12章
　第13章

Part 4 エクササイズカタログ

第14章
スペシフィック
エクササイズ
学校向けエクササイズ

エクササイズの特色
● 目的　自己理解
● 時間　50分
● 場所　室内
● 対象　子どもから大人まで
● リーダーの熟練度　★☆☆

　第15章　ジェネリック
　　　　　エクササイズ

Part 5 資料編

私の価値観と職業 [新版]

中井克佳

■ねらい　①選んだ職業を通して，自分の価値観に気づく。②人と異なる自分だけの理由を通して，個性というものに気づかせる。

（イラスト：グループで話し合う様子）
・つきたい仕事が似た人同士で理由を話そう。
・私も同じ理由よ。
・ぼくは町を元気にしたいんだ。
・みんな少し理由が違うね。
・職業って価値観が影響しているのね。

■おすすめの使い方……自分の個性や適性に気づく援助に。職場体験学習の行き先を考えるために。
■実践レビュー……中学生の進路学習の導入の1時間として実施。職業や生き方は自分の価値観で決まってくるということが，すべての生徒にすんなり理解されやすいと感じた。シェアリングは，前半にお互いを受容し合う雰囲気が高まり，後半は個性が尊重・評価される雰囲気が高まる。進路学習以外でも使える。

出典：國分康孝監『エンカウンターで学級が変わる・中学校編1』図書文化を改良。

■**背景となる理論・技法**　意味の明確化，進路成熟理論

■**子どもの気づきと，それを引き出す教師の構成・介入**
① 「自分も○○さんと同じ理由だよ」「職業は，価値観が関係してくるんだね」
② 「ほとんど同じだけど，それでも自分だけの理由ってあるんだね」
→ 介入 ② 「似た者同士なんだけど，それでいて十人十色なんだ。不思議なもんだねぇ」

〈準備〉	・職種（公務員，経営者，政治家，医療・福祉関係者，研究開発者，技術者など）の選択肢を示すカード。 ・職種を選んだ理由を書き込めるカード。
〈インストラクション〉	「みんながやりたい職業には，どんなものがあるかな。今日は，やりたい職種を考えてみましょう」 「同じ，もしくは似たような職種を選んだ人たちが集まって，どうしてそれを選んだのか，その理由を探し合っていきます」 「みんなで理由を明らかにしていくと，自分のこだわりや，ものの考え方（価値観）がわかってきます」 「例を示します。先生は，公務員を選びたいです。人に喜んでもらえること，人のために役立つことが好きだからです。先生はそんな自分が気に入っています」 「今日大事にしてほしいのは，人と違う自分の考え方です」
〈エクササイズ〉	・示された職種の中から，やりたいものを1つ選び移動。 ・似た種類を選んだ人同士で，なぜその職種を選んだのか，理由をカードに書いて，紹介し合う。 ・同じ理由の場合は賛成を表明し，違う理由があれば発表する。
〈シェアリング〉	「それぞれの理由を聞いて，感じたこと，気づいたことを出し合ってください」 「グループで話題になったことを，全体に発表してください」
〈介入〉	・シェアリングは同調傾向になりやすいが，一定時間，同調を体験させると安心感が広がり，次の段階で人との小さな差異が出てくる。タイミングを見て，教師自らが差異の部分を自己開示し，全体にモデルとして示すとよい。

| Part1 エンカウンターについて知ろう |
| 第1章 |
| 第2章 |

Part2 エンカウンターをやってみよう
第3章
第4章
第5章
第6章
第7章
第8章
第9章

Part3 柔軟に展開しよう
第10章
第11章
第12章
第13章

Part4 エクササイズカタログ

**第14章
スペシフィック
エクササイズ
学校向けエクササイズ**

エクササイズの特色

●目的　自己理解
●時間　50分
●場所　室内
●対象　中学生・高校生
●リーダーの熟練度　★☆☆

第15章　ジェネリック
　　　　エクササイズ

Part5 資料編

究極の学校選択

川崎知己

■ねらい　進学校の選択にあたって，個々の生徒が，①自己の選択基準を明確にするとともに，②選択基準を見直す。

（どの教科もまんべんなく学ぶB校）
（特定の教科に強いA校）
How are you
なぜなら私は…
自分はこんなことを大切に思っていたんだ。

■おすすめの使い方……進学指導にあたり，上級学校訪問前後，進学に関する調査・面接前後などに実施する。
■実践レビュー……進学先は，将来を見通した自分の意思で，さまざまな情報を得ながら自分で選び取っていくものだという認識を生徒がもつよう実施した。相反する極端な例をあげ，どちらをより重視するか考える過程で，自己の進学に関する価値観をとらえ直す点で効果がある。

出典：國分康孝監『エンカウンターで学級が変わる・中学校編2』図書文化。

■背景となる理論・技法　自己開示，進路成熟理論

■子どもの気づきと，それを引き出す教師の構成・介入
①「自分はこういうことを高校に期待しているんだな」「自分は高校を選ぶとき，こういうことにこだわりがあったんだな」／②「そうか，そういう考え方もあったのか」
→ 介入 ①②「自分が選んだことをながめていると，何かわかってくることはないかな」

〈準備〉
・4人～6人組で机を寄せる。
・ワークシート（P.524）。

〈インストラクション〉「先生は中学校時代に，みんなが行くから自分も進学するんだ程度の気持ちしかもたずに受験勉強し，高校に進学したんだ。そのために高校に行ってから気が抜けてしまってね，勉強も部活動も中途半端だったなと後悔している」
「このエクササイズは，君たちが，進学について自分のはっきりした基準や考えを見つめ直すために行います」
「ワークシートには極端な2つの選択肢が意地悪く並んでいて，君たちを悩ますと思うけれど，どちらかを選択していく中で自分が見えてくるはずだよ」
「また，ほかの人はどういうことを大切にしているのか知ることも，自分の考えを広げるためには大切だね」

〈エクササイズ〉
・ワークシートに個人で記入する（10分）。
・ワークシートの設問1について，グループで自分の考えを順番に伝え合う。
・順次，設問についてそれぞれ自分の考えを伝え合う。

〈シェアリング〉「選ぶときの基準で気づいたこと，ほかの人の話を聞いて参考になったこと，考え直したことなどを話し合いましょう」
「グループで話し合ったことをクラスの人に伝えてください」

〈介入〉
・当初から進学をしない意思（または事情）のある生徒に配慮したインストラクションをする（実際の進学のためだけでなく，自己理解を深める意義があるなど）。
・作業に抵抗がある生徒に対しては，その抵抗に配慮して，面接などで考えを聞かせてほしいことを伝える。

Part1 エンカウンターについて知ろう
第1章
第2章

Part2 エンカウンターをやってみよう
第3章
第4章
第5章
第6章
第7章
第8章
第9章

Part3 柔軟に展開しよう
第10章
第11章
第12章
第13章

Part4 エクササイズカタログ

第14章
スペシフィック
エクササイズ
学校向けエクササイズ

エクササイズの特色

● 目的 自己理解
● 時間 50分
● 場所 室内
● 対象 中学生から大人まで
● リーダーの熟練度 ★★☆

第15章 ジェネリック
エクササイズ

6人の人生

冨士盛公年

■**ねらい** 男女の違いをふまえ，将来の人生像を描く過程で結婚や性に対する自分の価値観を明らかにし，進路意識を高める。

専業主婦の
ルミ子さん

共働きの
ミホ子さん

キャリアウーマンの
マリ子さん

ペンションオーナーの
タカオさん

忙しいビジネスマンの
ヨシオさん

遊び上手な
アキオさん

僕は自然にかこまれた仕事がしたいな。

私は結婚しても働きたいな。

■**おすすめの使い方**……現代社会や倫理では思春期に関する単元で，家庭科や保健では性と生き方，ジェンダーを考えさせる導入として。自分の価値観を考えさせることで，進路学習の準備に。
■**実践レビュー**……担任やスクールカウンセラーが，中学でも高校でも使える。生徒に実施したあと保護者会でも行い，親子で価値観を話し合うきっかけづくりとして好評だった。精神科の思春期外来のデイケアでも好評で，家族面接の導入にも使える。

Part5 資料編

出典：國分康孝『エンカウンターで学校が変わる・高等学校編』図書文化。

■**背景となる理論・技法**　自己開示，進路成熟理論

■**子どもの気づきと，それを引き出す教師の構成・介入**
「私も仕事をバリバリやって，自分がどこまでできるか突き進んでみたい」「姉を思い出す。ときどき自分が取り残されていきそうだとさびしげだった」
→ 介入　「登場人物になったつもりで，自分の生き方を熱っぽく語ろう」

〈準備〉
- 4人組をつくっておく。
- ワークシート（P.525）と感想用紙を配布する。

〈インストラクション〉
「今日は男女の生き方と人生について考えたいと思います。私は，教師になる前に企業で働いていました。5年間，右も左もわからない中で，無我夢中で仕事，仕事といって働いたけれども『俺はこれでいいのだろうか』と，突然不安になりました。そんなときにある女性と知り合って，あらためて職業・結婚・子育てなどについて考えました」
「人には，それぞれに生き方があり，それをどう考えるかにもいろいろな視点があります。どの視点から見るかによって見えるものが違ってきますが，今日は男性と女性という性の違いと，人生の価値観という切り口から見ていこうと思います」
「6人の男女の人生を読んで，自分が好きな順に順位をつけてください。そして，順位と理由を10分で書いてください」
「なりたい人より好きな人物を選んでください。男子が女性の生き方を1番に選んでもかまいません」
「その後，4人組をつくります。互いに6人の人生にどう順位をつけたか，その理由を言ってください。時間を10分程度とります。これはディベートではないので，だれの意見が正しいかでなく，さまざまな考え方があることを理解しましょう」

〈エクササイズ〉
- ワークシートを読み，好きな順位と理由を記入する。
- 4人組になり，自分のつけた順位とその理由を述べ合う。

〈シェアリング〉
「やってみて，感じたこと，気づいたことを話し合ってください」

〈介入〉
- 4位や5位の順位をつけにくい場合は，「だいたいでかまわないよ。君が何に価値をおいているかが大切だ」と介入する。

最高にうれしい「おはよう!」

粕谷貴志

■ねらい　ふれあい・出会いのあいさつ(リチュアル)の仕方を身につける。

（吹き出し）
- 明るい声がいいと思う。
- 目をみて言っているのがいいわ。
- うれしくなったり、あたたかい気持ちになる「おはよう」をしてみよう。
- おはよう!
- 元気な声って目が覚めるようだ。
- 笑顔だと私まで笑顔になるわ。

Part 1　エンカウンターについて知ろう
- 第1章
- 第2章

Part 2　エンカウンターをやってみよう
- 第3章
- 第4章
- 第5章
- 第6章
- 第7章
- 第8章
- 第9章

Part 3　柔軟に展開しよう
- 第10章
- 第11章
- 第12章
- 第13章

Part 4　エクササイズカタログ

第14章 スペシフィック エクササイズ
学校向けエクササイズ

エクササイズの特色
- ●目的　自己理解
- ●時間　15分
- ●場所　室内
- ●対象　子どもから大人まで
- ●リーダーの熟練度　★☆☆

第15章　ジェネリック エクササイズ

Part 5　資料編

■おすすめの使い方……クラスの明るいムードづくりのきっかけとして。伝わるメッセージを意識したコミュニケーション・スキルの学習の導入に。

■実践レビュー……新しい学級がスタートして、子どもたちが小グループで落ちつき始めたころに実施した。同じ「おはよう」でも伝え方によって違いがあることに注目させる。めざすところは、ふれあい・出会いのあいさつ(リチュアル)である。

出典：國分康孝監『エンカウンターで学級が変わる・小学校編3』図書文化。

■背景となる理論・技法　SGEのリチュアル

■子どもの気づきと，それを引き出す教師の構成・介入
「同じ『おはよう』でも言い方でずいぶん感じが違うよ」「○○君の『おはよう』は，言われるとうれしくなるな」「あいさつだけでもあったかい気持ちになれる気がする」
→ 介入　「目線が合うと，私の存在に気づいてくれていると感じてうれしくなるよねぇ」

〈準備〉	・机と椅子を片づけて広いスペースを確保する。
〈インストラクション〉	「人によっていろいろな『おはよう』がありますね。人は言葉のほかに，身ぶりや態度などからもメッセージを受け取っています。うれしくなったり，あたたかい気持ちになったりする『おはよう』を考えてみましょう」
	「グループで1人ずつ順番に『おはよう』をします。周りの人は，その『おはよう』のよいところを見つけて，本人に言ってあげてください」
	「私はこんな『おはよう!!』（手を振りながら元気に）が，元気がよくて好きだよ。でも，こんな『おはよう』（言葉はないけどニコっと笑って手で表情をつくる）も気持ちが伝わるなぁと思うんだ」
〈エクササイズ〉	・教師の合図でグループの初めの人が「おはよう」を言う。
	・メンバーは，よいところをひとことずつ言う。
	・同様に，次の人が合図に合わせて「おはよう」をして，それを順に繰り返す。
〈シェアリング〉	「グループから，よかった『おはよう』を発表してもらいます」
	「どんなジェスチャーや言い方が，相手の気持ちにふれると思いましたか？」
	「やってみて感じたこと，気づいたことをグループで話し合いましょう」
〈介入〉	・取り組まない子どもが出てきたグループでは，教師が『おはよう』のバリエーションをモデルとして示し，よい面を探させることから取り組ませる。

Part 1 エンカウンターについて知ろう
　第1章
　第2章

Part 2 エンカウンターをやってみよう
　第3章
　第4章
　第5章
　第6章
　第7章
　第8章
　第9章

Part 3 柔軟に展開しよう
　第10章
　第11章
　第12章
　第13章

Part 4 エクササイズカタログ

第14章
スペシフィック
**　　エクササイズ**
学校向けエクササイズ

エクササイズの特色
● 目的　感受性の促進
● 時間　15分
● 場所　室内
● 対象　子どもから大人まで
● リーダーの熟練度　★☆☆

　第15章　ジェネリック
　　　　　エクササイズ

Part 5 資料編

ふわふわ言葉とチクチク言葉

髙橋光代

■ねらい　言葉が引き起こす感情に気づく。

ふわふわことば
ありがとう
がんばってね
いっしょにあそぼう
どうしたの

ちくちくことば
チビ、でぶ
ばか、ブス
あほ、むかつく

（教師）「言われたことのあるちくちくことばを教えてください。」
（子ども）「あと、どんな言葉？」

■おすすめの使い方……学級で「悪口を言う」が問題になったとき，個別の問題を一般化して話し合う。道徳で思いやりを考えさせたいとき。帰りの会で，よかったことや困ったことの発表のために。
■実践レビュー……子どもから出てきた言葉は，批判したり評価したりしないで受容することが大切。各自で口に出して言ってみて，わき起こってくる自分の気持ちに注目させる。教師の意見を押しつけることなく，2つの言葉の違いに気づかせていく。

出典：國分康孝監『エンカウンターで学級が変わる・ショートエクササイズ集1』図書文化。手塚郁恵『好ましい人間関係を育てるカウンセリング』学事出版。

■背景となる理論・技法　ストローク（交流分析）

■子どもの気づきと，それを引き出す教師の構成・介入
「ふわふわ言葉は，思わず顔がニッコリする」「チクチク言葉は，言うときはスカッとする。でも，嫌な気分が残る」「『バカ』と言ったけど，ほんとうは『ぶつかられて痛かったよ』と伝えたかったんだ」
→ 介入　「相手に対してほんとうに伝えたかった気持ちはどんなかな？」

〈準備〉	・黒板あるいは模造紙。
〈インストラクション〉	「さっきね，職員室で，お隣の席の先生がこう言ってくれたの。『○○先生，先生がくださったあの1枚のプリントで，私ほんとうに助かったわあ。どうもありがとうございました』と。先生はとってもいいことしたんだと思えて，うれしくなっちゃった」 「言われるとうれしくなったり，元気が出たり，心があったかくなる言葉がありますね。そんな言葉を『ふわふわ言葉』と言います。その反対が『チクチク言葉』です」 「今日は言葉と感情のつながりについて体験してみましょう」
〈エクササイズ〉	・言われると悲しくなったりイライラしたりする「チクチク言葉」をどんどん出し，黒板の半分に書く。 ・反対に，うれしかった言葉，元気が出る「ふわふわ言葉」を黒板の半分に書き出す。 ・出された言葉を声に出して言ってみる。
〈シェアリング〉	「声に出して言ってみたとき，どんな気持ちがしましたか」
〈介入〉	・「もっとあるんだよ」と嫌な体験を思い出している子どもには，「あなたはとても嫌な気持ちだったんだね」と，だれが言ったということではなく，わき起こってくる自分の気持ちに注目させる。

うれしい話の聞き方

品田笑子

■**ねらい**　①積極的に話を聞いてもらうことの心地よさに気づく。
②相手の気持ちを考えて積極的に話を聞こうとする意欲をもつ。

- 話す人の方に体をむける。
- 話す人の顔を見る。
- よそ見や手いたずらをしない。
- 最後まで話を聞く。
- うなずいたり、相づちをうったりする。
- 話す人のじゃまにならないようにときどき質問をする。

（うちのネコは寝ているといつも、くっついてきます。）

（なるほど。）　ウンウン

■**おすすめの使い方**……聞き方の違いが自分にどんな影響を与えるか体験し，相手を大切にする聞き方を意識させるために。

■**実践レビュー**……自分の話の聞き方と相手の気持ちとの関係を理解させるために実施した。「最近うれしかったこと」「今朝学校に来るまでの出来事」「1週間の忘れられないこと」「私の宝物・大切にしている物」などをテーマにできる。聞き方だけでなく，相手を大切にする話し方も意識させる必要があると感じた。

出典：國分康孝監『エンカウンターで学級が変わる・小学校編2』図書文化。

第14章 スペシフィックエクササイズ　学校向けエクササイズ

エクササイズの特色
- 目的　自己理解
- 時間　20分
- 場所　室内
- 対象　子どもから大人まで
- リーダーの熟練度　★☆☆

■背景となる理論・技法　対話の技法化，ロールプレイ

■子どもの気づきと，それを引き出す教師の構成・介入
①「真剣に聞いてもらうと，何だか自分が大切にされている感じがする」／②「自分も相手を大切にしたい。相手がもっと話したいと思うような聞き方をしよう」
→ 介入　①②「相手が一生懸命に話を聞こうとしてくれているとき，どんな気持ちがするかな」

〈準備〉
・話すテーマを予告し，内容を決めさせる。
・必要に応じて，相手を大切にする話し方を整理した表（掲示用）を用意する。話し方の話型。筆記用具。

〈インストラクション〉
「今日は，話すのがうれしくなる聞き方について考えてみたいと思います。まず，全員で先生の話を『これをしたら話したくなるだろうな』と思う聞き方で聞いてみてください」

〈エクササイズ〉
・教師の話を，「相手の気持ちを察して大事にするような聞き方」で聞く。
・どんな聞き方を工夫したか発表し合い，板書する。
・3人組で板書を参考に，話し手，聞き手，観察者の役を交代で体験し，話し手の気持ちや様子を伝え合う。
・「話すのがうれしくなる聞き方」のポイントを確認する。
・3人組で，話し手，聞き手，観察者をもう一度体験する。

〈シェアリング〉
「話すのがうれしくなるような聞き方をされたとき，聞いてくれる人に対して，話す人はどんな気持ちがわいてきたかな」
「話す人の気持ちを考えて心を込めて聞くと，話す人は自分が大切にされていると感じ，話をするのがうれしくなるんだね。相手を大切にする聞き方を工夫していこうね」

〈介入〉
・ふざける子が出ることが予想される場合は「暴力をふるわない」「教室から出ない」などのルールを事前に決めておく。
・人数が多く，声が聞き取れないことが予想される場合は，何回かに分けるか，体育館などの広いところで実施する。
・話すのが苦手な子には，新鮮さは薄れるが事前に練習させておく。テーマについて話す形が無理な場合は，計画の段階で詩の暗唱や歌に変更してもよい。

私の話を聞いて

鹿嶋真弓

■**ねらい** 気持ちが通じ合う，ふれあうという対話を体験する。

[言葉]
- 相づち
- 繰り返し
- 支持
- 質問

[非言語]
- 姿勢
- うなずき
- 表情

吹き出し：
- 「昨日の帰り校門で…。」
- 「へー！」
- 「昨日○○さんと一緒に…。」
- 「……。」

受容的に話をきく　　　拒否的に話をきく

■**おすすめの使い方**……ロールプレイの経験がまったくなくても，非常に取り組みやすい。初めてのロールプレイとして活用できる。
■**実践レビュー**……何気ない言葉や態度が誤解を招き，人間関係を崩すことがあるということを，体験的に理解するために中学校で実施。気持ちをわかってもらえる会話（対話）と，そうでない会話の違いを，言語と非言語に分けて板書し，視覚的にとらえるとより効果的である。

出典：國分康孝監『エンカウンターで学級が変わる・中学校編2』図書文化。

Part4 エクササイズカタログ

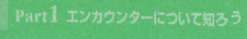

第14章 スペシフィックエクササイズ 学校向けエクササイズ

エクササイズの特色
- 目的　感受性の促進
- 時間　50分
- 場所　室内
- 対象　子どもから大人まで
- リーダーの熟練度　★★☆

第15章　ジェネリックエクササイズ

■背景となる理論・技法　SGEのシェアリング

■子どもの気づきと，それを引き出す教師の構成・介入
「こんな態度じゃ聞いてもらっている感じがしないな」「無理やり話をさせられるのって，けっこうつらいことなんだな。苦しいことなんだな」
→ 介入　　「プリントの文章を読みながら，それが自分だったとしたらどんな気持ちになるか，考えてね」

〈準備〉
・ワークシートと自分の考えを記入する用紙。
・グルーピングの配慮をしておく。

〈インストラクション〉
「みなさんは，自分が話した内容をペラペラと他人にしゃべられたり，頭ごなしに『違う』と決めつけられたりしたらどう感じるでしょうか。先生の場合，じっくり考えたいのに無理やり話せと言われたら，反抗心がむくむくわき上がって，絶対に話すものかと思ってしまいます。話を聞くときに大切なこと・してはいけないことを体験しながら学びましょう」
「これからプリントの文章を読んで，①自分だったらどう感じるか，②なぜそう感じるかを書いて，4人のグループでお互いに発表します。考えを書くときには，頭の中でイメージを盛り上げて自分の心の様子をよく見つめてくださいね」

〈エクササイズ〉
・いくつかの例が提示されたワークシートを読み，自分だったらどう感じるかを各自が記入する（5分）。
・4人組をつくり，A君の場合について，自分が書いた内容を発表し合う。感じたこと気づいたことを話し合う。
・各グループが発表する。その後，教師は感じたことを伝える。
・同様に，B君，C君の場合について行う。

〈シェアリング〉
「このエクササイズで感じたこと，気づいたことを話し合いましょう」
「何人かに発表してもらいましょう」

〈介入〉
・うまく文章が書けない生徒がいるときはそばへ行き，生徒の気持ちをうまく引き出すよう補助する。
・シートの例の通りにならないよう，発表の内容を受容的な態度で聞くよう助言する。

Part 1 エンカウンターについて知ろう
　第1章
　第2章

Part 2 エンカウンターをやってみよう
　第3章
　第4章
　第5章
　第6章
　第7章
　第8章
　第9章

Part 3 柔軟に展開しよう
　第10章
　第11章
　第12章
　第13章

Part 4 エクササイズカタログ

第14章
スペシフィック エクササイズ
学校向けエクササイズ

エクササイズの特色
- 目的　自己表現・自己主張
- 時間　50分
- 場所　室内
- 対象　中学生から大人まで
- リーダーの熟練度　★★☆

　第15章　ジェネリック エクササイズ

Part 5 資料編

川遊びのプラン

藤川　章

■ねらい　思い通りにならないとき，攻撃的になったり投げやりになったりせずに，粘り強く努力を続けて目標を達成する。

A　提案者。仲間の不満にめげず，意見を聞き入れ，計画をまとめる。

B　反対はするが，いちばん始めに賛成に意見を変える。

C　のらりくらりと反対するが，意見が聞き入れられ，二番めに賛成する。

D　Aさんがリーダーシップをとることに不満。最後は賛成に回る。

泳ぎたいなぁ。

ええ〜っ！

マスを釣ってバーベキューはどうですか？

実は魚が嫌いなんだ！

■おすすめの使い方……気心の知れた友達関係を生かした自己主張訓練なので，学年の終わりに実施する。2人組のロールプレイの経験を積んだうえで実施したい。A役には希望者を募るか，または事前にエゴグラムを実施して，CPが低い子どもを指名する。

■実践レビュー……のったグループは各役割がエキサイトして大騒ぎになる。A役がやり込められて，話がストップしてしまうことも。満足にせよ悔しいにせよ，自分に対する気づきは大きい。

出典：國分康孝監『エンカウンターで学級が変わる・中学校編1』図書文化。

■背景となる理論・技法　主張反応（行動療法），ロールプレイ

■子どもの気づきと，それを引き出す教師の構成・介入
「A役は苦しかった。でもここでやめてなるものかと，がんばったよ」「反対するのも勇気が必要だな」「やっぱりイヤなときはイヤと言うべきだな」
→ 介入　「今日は遠慮なく自分の意見を主張しよう。練習なんだ」「練習だけどさ，勇気（気概）を出さないと，押されるよ」

〈準備〉
・シナリオカード4種（P.526），笛。
・A役を演じる子どもの見当をつけておく。

〈インストラクション〉
「今日は，仲よし4人組の君たちが，川に遊びに行く場面を設定したロールプレイをやります。なかなか決まらない計画を粘り強く話し合ってまとめてください」
「4人にはそれぞれの役割のシナリオカードを渡しますから，その指示に従って，ロールプレイを進めます」
「A役は遊びのプランを立ててみんなを説得する役なので，初めはイライラするかもしれません。この役に挑戦したい人をまず決めてください」

〈エクササイズ〉
・シナリオの説明。特にAが中心的役割であると告げる。
・4人グループをつくり，ABCDの配役を決める。シナリオカードを配布し，各自が役割の説明を読む。
・ロールプレイを始める。Aが川遊びのプランを説明するが，一同は賛成しない。
・Aは説得を続け，1回目の笛でBが，2回目の笛でCが賛成に回る。3回目の笛ではついにDも同意する。
・4人は目をつぶって，当日の楽しい場面を想像し，その後，3人はAに心を込めて礼を言う。
・役割を解除する。嫌な感情が残っていたら，言葉にしてそれを相手に伝え，しこりを解消しておく。

〈シェアリング〉
「それぞれの役割を演じて感じたこと，そして友達についてお互いに気づいたことなどを話し合ってください」

〈介入〉
・A役がやり込められて話が立ち往生してしまったら，様子を見ながら，1回目の笛を吹くタイミングを早める。

それはお断り

簗瀬のり子

■**ねらい** 必要ならば「NO」と自己主張することの大切さに気づく。

(場面1) あなたの時計を貸してくれませんか？ / えっ？

(場面2) 部活で必要なんです。 / お願い！

(場面3) 1年間も小づかいをためてやっと買ったんです。だめです。 / お願い！

(場面4) 何回頼まれても大切なので貸せません。 / 30分だけ

第14章 スペシフィックエクササイズ
学校向けエクササイズ

エクササイズの特色
- ●目的 自己表現・自己主張
- ●時間 30分
- ●場所 室内
- ●対象 中学生から大人まで
- ●リーダーの熟練度 ★★☆

■**おすすめの使い方**……「一緒にいて楽しいけれど疲れる」というような気兼ね状態の打開策として，本音で自己主張する勇気（気概）を体験する。

■**実践レビュー**……「断ることは失礼でも嫌われることでもない。我慢して相手に合わせるほうが問題だ。思っている本音を言い合って納得し合うことが，相手も自分も大切にすることになる」とまとめた。

出典：國分康孝監『エンカウンターで学級が変わる・ショートエクササイズ集2』図書文化。

■背景となる理論・技法　主張反応（行動療法）

■子どもの気づきと，それを引き出す教師の構成・介入
「つい相手に気をつかってゆずってしまうが，どうしてもゆずれないときは断ってもいいんだと思う」
→ 介入　「自己主張は，本音と本音の交流に必要なものなんだね。本音で人に相対するには，本音の自分を打ち出す勇気をもったほうがいいと思うんだけど，どうかなあ」

〈準備〉　・振り返り用紙を配る。

〈インストラクション〉　「はっきり自分の気持ちを言わないであとで後悔したり，人に合わせてばかりいて疲れてしまったりすることがあります。そこで今日は，自己主張の体験をします」
「2人組でやります。1人は，相手の大切なものを貸してほしいと頼み続けます。もう1人は，理由を言って断り続けます。だれにも貸したくない大切なものは各自で決めます」
「例えば，先生のだれにも貸せない大切なものは楽焼きの抹茶茶碗です。『お茶会があるので貸して』→京都で偶然出会って，一目惚れして買ったものですから貸せません。『そういう品だからこそ借りたい』→とても高価なのを無理して買ったんですから，貸せません。『茶碗がないので困っているから貸して』→悪いけれど，大事にしているのでだれにも貸せません……というように。時間は1分間です」
「念を押すけど，自己主張は本音の自分を打ち出すことであって，相手を攻撃するとか，屈服させることではありません」

〈エクササイズ〉
・2人組になる。各自，人には貸せない大切なものを決める。
・断る役が「自分の大切なもの」を相手に伝えて，始める。
・役割を交代して始める。

〈シェアリング〉
「どんな気持ちでしたか？　振り返り用紙に書きましょう」
「丸をつけた項目を挙手で教えてください」

〈介入〉
・ふざけているペアや，険悪な雰囲気になってしまっているペアはやめさせて，ほかの2人組の様子を観察させる。そして，どうしてそうなってしまったかを考えさせる。

Part 1 エンカウンターについて知ろう
- 第1章
- 第2章

Part 2 エンカウンターをやってみよう
- 第3章
- 第4章
- 第5章
- 第6章
- 第7章
- 第8章
- 第9章

Part 3 柔軟に展開しよう
- 第10章
- 第11章
- 第12章
- 第13章

Part 4 エクササイズカタログ

第14章 スペシフィック エクササイズ
学校向けエクササイズ

エクササイズの特色
- ●目的　感受性の促進
- ●時間　45分
- ●場所　体育館
- ●対象　子どもからから大人まで
- ●リーダーの熟練度　★☆☆

第15章 ジェネリック エクササイズ

Part 5 資料編

オートマティックペーパー

原田友毛子

■ねらい　力関係によって，動かす側と動かされる側の感情に気づく。

（吹き出し）
- 一人が新聞を動かしてもう一人がその新聞のように動きましょう。
- やりすぎちゃった！
- 簡単簡単。
- むぐぐ…
- こんなのは…
- バタッ！

■おすすめの使い方……「体ほぐしの運動」にヒントを得たエクササイズなので，総合のテーマ（人権・平和教育など）として実施するほかに，体育の一環に取り入れることもできる。

■実践レビュー……友達に対して，おだやかな言動で接するのが苦手な子どもがいたので，乱暴することの影響を体感してほしくて実施。奴隷の気持ち・王様みたい・家来のよう・操作すると鏡みたいで愉快・次の動きが楽しみ……など，感想は多岐にわたった。

出典：「ベンディングペーパー」，國分康孝監『エンカウンターで総合が変わる・小学校編』図書文化．

■背景となる理論・技法　サイコドラマ

■子どもの気づきと，それを引き出す教師の構成・介入
「自分が新聞紙だからしゃべれないし，さからえないのでくやしくなった」「思っていたよりハードだった。新聞紙が破けたとき，思わず痛みを感じた」
→ 介入　「新聞紙の気持ちになりきれるといいねぇ」「新聞紙の気持ちになるのがむずかしい人は，なりきれない気持ちをかみしめながらやってみてください」

〈準備〉
・人数分の新聞紙（若干の予備）。
・体育着に着替えておく。

〈インストラクション〉
「（新聞紙を広げて）これが人間だとしたらどんな動きが考えられますか。○○君にお手本でやってもらいましょう。（右の角を曲げる→右手を曲げる，上に持ち上げて下ろす→ジャンプする，床に広げる→ねそべる，裏返す→寝返る，直角に折る→腹筋で起き上がる）。上手ですね。動きには上下・前後・左右・回旋跳躍・走るなどが考えられます」
「これから2人組になって，新聞紙役とそれを自由に動かす役に分かれます。新聞紙を相手に見立てて，あやつるときとあやつられるときとでは，自分の心の動きが違うはずです。どんなことを感じるか，自分の心にしっかり注意を向けて覚えておきましょう。そのために，合図があるまで言葉は一切使わないこと。悪ふざけはルール違反です」
「時間は8分間です。合図をしたら役割を交代します」

〈エクササイズ〉
・2人組になり，新聞紙を取りに行く（ペアに1枚）。
・どちらが先に動かす役をするか，ジャンケンで決める。
・8分間，1人が新聞紙をあやつり，1人がそのとおりに動く。
・笛や鈴などで終了の合図があったら，新しい新聞紙を取りに行き，役割を交代して始める（8分間）。

〈シェアリング〉
「やってみて感じたことをペアで2分間話し合います。正直に『僕はこういう感じがしたよ』と伝えられるといいですね」

〈介入〉
・おそるおそるやっている→教師が一緒に動かしてみる。
・度を越しそうになる→「すべて意味のあることだよ，ふざけ半分はだめです」など，場に応じて適切に対応する。

共同絵画

朝日朋子

■**ねらい** いまの自分の感情を表現するとともに、他者の感情を察知する。

Part1 エンカウンターについて知ろう
- 第1章
- 第2章

Part2 エンカウンターをやってみよう
- 第3章
- 第4章
- 第5章
- 第6章
- 第7章
- 第8章
- 第9章

Part3 柔軟に展開しよう
- 第10章
- 第11章
- 第12章
- 第13章

Part4 エクササイズカタログ

第14章 スペシフィックエクササイズ 学校向けエクササイズ

エクササイズの特色
- ●目的 感受性の促進
- ●時間 30〜45分
- ●場所 室内
- ●対象 子どもから大人まで
- ●リーダーの熟練度 ★☆☆

第15章 ジェネリックエクササイズ

■**おすすめの使い方**……席がえをしたあとの友達づくりの支援や、グループ活動が円滑にできないときの解決策として。

■**実践レビュー**……自分勝手に行動したり相手を責めたりして、円滑なグループ活動ができない学級で、グループ活動のよさを体感させるために行った。言葉を話さないで行うので、お互いに責め合うこともなく、また、全員が順番に描くというルールを徹底させることで、グループで協力し合うよさを感じてもらえたようだ。

Part5 資料編

出典：國分康孝監『エンカウンターで学級が変わる・小学校編1』『同・中学校編1』図書文化。

■**背景となる理論・技法**　明確化（感情），反射

■**子どもの気づきと，それを引き出す教師の構成・介入**
「言葉を使わずに気持ちを伝え合うのはむずかしいけれど，お互いにわかり合おうとすると通じるものだな」「チームワークがよくなったみたい」
→ 介入　「目顔（表情）やジェスチャーを豊かにするといいねぇ」

〈準備〉
・グループごとに画用紙1枚，クレヨン1セット。

〈インストラクション〉
「グループで力を合わせ，1枚の絵を描いてもらいます。ねらいは，共同作業をすることでチームワークを高めることにあります。ただし，お互いに言葉を使わずに作業をすることがルールです。相手の気持ちを察する経験もしてみましょう」
「時間は15分。全員が交代しながら少しずつ描きます。できれば1人2～3回順番が回るようにしてください。でも，その間だれもしゃべってはいけません。『そろそろ交代だよ』という合図もサインを送るなど工夫してください」

〈エクササイズ〉
・4人1組のグループで机を寄せ合う。
・15分程度かけて，グループで，まとまりのある絵を描く（小学生には，テーマや必ず描くものをあらかじめ示しておくと描きやすい）。
・時間がきたら作業をやめ，作業中に聞きたかったことなどをお互いに質問し合う。描ききれなかったところにつけ足しをしてもよい。

〈シェアリング〉
「描いているときは，どんな気持ちがしましたか。できあがった絵を見てどう思いましたか」
「話さなくても相手の気持ちがわかりましたか。また，自分の気持ちもわかってもらえましたか」

〈介入〉
・自分の描いた絵を消されたり，自分が描こうとしていたものとは違うものに解釈されたりして，傷つけられたと感じている子どもには，シェアリングの場面でその気持ちを語れるよう支援する。

しりとり絵かき

藤村一夫

■**ねらい** 考えていることをわかってもらったり，わかってあげたりする喜びや楽しさを共有する。

（吹き出し：パンダの次は…／次はダンゴだ。／何をかくんだろう？／パンダ！）

エクササイズの特色

- ●目的　感受性の促進
- ●時間　45分
- ●場所　室内
- ●対象　子どもから大人まで
- ●リーダーの熟練度　★☆☆

■**おすすめの使い方**……学級活動，親子懇談会，教師集団のリレーションづくりなどに活用できる。

■**実践レビュー**……10名ほどの教師集団を5名ずつ2チームにし，黒板を使って行った。絵の苦手な人もいたので，ジェスチャーを加えてもよいことにした。あまりていねいに描いていると時間がなくなるので，だいたいの絵を描き，次の人がそのあとを想像してつなげていくのが楽しいと伝えると，絵の苦手な人の抵抗感が薄れる。

出典：國分康孝監『エンカウンターで総合が変わる・小学校編』図書文化。

■背景となる理論・技法　非言語コミュニケーション

■子どもの気づきと，それを引き出す教師の構成・介入
「友達にわかってもらえると，とてもうれしい」「友達が伝えようとしていることがわかると，とても楽しい」
→ 介入　「○○さんが描きたいものをわかってあげて，しゃべらずに助けてあげて」

〈準備〉　・クレヨンや色鉛筆，しりとりシート。

〈インストラクション〉「自分の考えていることが相手に伝わると，とてもうれしいものです。下手な絵でも，それが何の絵なのかわかってもらえると，これもまたうれしいですね。今日は，言葉を使わないで相手に伝えるエクササイズをします。絵を描いてしりとりをするのです。あまり上手に描かないのがコツです。なぜなら，何を考えているのか，何を描こうとしているのか，相手の気持ちになって考えることがねらいだからです」
「絵で伝わらないときはジェスチャーで説明してもいいです。でも，自分が見えるように判断してしりとりを進めてもおもしろいですよ。何を描きたいのかがわかったら，どんどんつなげていきましょう」
「それではグループごとに，リーダーから時計回りにしりとりシートに描き込んでいきましょう。自分のところを描いたら，次の人と交代してください。時間は5分です。できるだけたくさん続けるようにしましょう」

〈エクササイズ〉・しりとりの「り」から，無言で絵を描いてしりとりをスタートする。
・グループの作品をみんなに発表する。

〈シェアリング〉「グループごとに，楽しかったことや友達の行動でよかったことなどを発表し合ってください。リーダーから時計回りに始めましょう」

〈介入〉　・なかなか描けない子には，教師がジェスチャーで伝える。
・シェアリングでは，なぜ楽しかったのか，そのわけまで気づかせるようにする。

トラストウォーク

鎌田好子

■ねらい　自分を他者にゆだねる体験をし，信頼感を培う。

> 身をまかせたり、まかされたりという体験です。相手の気持ちを察し、精一杯やさしさを出して誘導しましょう！

エクササイズの特色

- ●目的　信頼体験
- ●時間　30分
- ●場所　室内
- ●対象　高学年から大人まで
- ●リーダーの熟練度　★☆☆

■おすすめの使い方……学級開きや合宿の初日のリレーションづくりとして実施。

■実践レビュー……思いやりややさしさ，人に対して自分がどんな接し方をしているのかを再確認するために有効である。非言語による体を使った活動なので，身体接触などもあり，自分と人について思わぬ発見ができる。視覚を使わないことで，日常何気なく見過ごしていることにも敏感になり，さまざまな気づきが得られる。

出典：飛田浩昭「ブラインドウォーク」，國分康孝監『エンカウンターで学級が変わる・小学校編1』，『同・ショートエクササイズ集1』『同・ショートエクササイズ集2』図書文化。

■背景となる理論・技法　対象関係論

■子どもの気づきと，それを引き出す教師の構成・介入
「えぇっ！　できないよ」「だって目が見えないんだよ！　怖いよ」「意外と大丈夫だったよ」
→ 介入 　「身を任せて頼っている（頼られている）自分の中に，どんな感情が起こってきたのかなぁ」

〈準備〉　・広いスペース（教室では机を寄せて通路を広くとるとよい）。

〈インストラクション〉　「今日は思いやりややさしさについて体験します。人に対して自分がどんな接し方をしているかを，もう1度考えましょう」
「2人組をつくり，片方の人が目をつぶります。相手に身を任せてください。もう一方の人は，目をつぶった人を誘導します。時間で役割を交代します。2人とも声を出さずにやります」
「それではみんながやる前に，ちょっと私が目をつぶる役をしてみます。誰か誘導の役をお願いします」
「身を任せたり任されたりという体験なので，できるだけ相手の気持ちを察し，精一杯やさしく誘導しましょう」

〈エクササイズ〉
・2人組をつくる。
・動いてよい範囲を決めたり，危険な行動，誘導の仕方についての注意をする。
・片方が目をつぶり，もう片方が声を出さずに誘導する。
・時間で役割を交代する。

〈シェアリング〉
「どうでしたか？　お互いに目をつぶって感じたことや誘導して，気がついたことなどの感想を言い合いましょう」
「それでは全体で振り返りましょう」

〈介入〉
・ふざけてしまいそうな子にはその場で目を閉じさせ，不安を体験させてみる。
・状況にもよるが，時間は3～10分程度に抑える。

Part1 エンカウンターについて知ろう
　第1章
　第2章

Part2 エンカウンターをやってみよう
　第3章
　第4章
　第5章
　第6章
　第7章
　第8章
　第9章

Part3 柔軟に展開しよう
　第10章
　第11章
　第12章
　第13章

Part4 エクササイズカタログ

第14章
スペシフィック
エクササイズ
学校向けエクササイズ

エクササイズの特色
●目的　信頼体験
●時間　15分
●場所　室内
●対象　小学生からから大人まで
●リーダーの熟練度　★☆☆

　第15章　ジェネリック
　　　　　エクササイズ

Part5 資料編

団結くずし

河村茂雄

■ねらい　身体接触を伴う活動を通して，子どもたちの心理的距離を短時間で縮め，リレーション形成のきっかけをつくる。

（イラスト内の台詞）
・強いなあ。
・負けるな！離さないぞ！
・う～ん！
・ぐぐぐー。
・よいしょ！
・そーれ！
・一分間、足をもって引き抜く。
・仲よくなるのが目的です。度を超えた乱暴はルール違反です。

■おすすめの使い方……ほかのエクササイズの導入や体育の授業の導入に使える。また，学級がえをしたあと，子どもたちが，新しい集団・仲間との出会いの中で，漠然としたとまどいや緊張を抱えているときに，体感的にそれらを払拭するために使える。

■実践レビュー……「〇〇の好きな人」などチームづくりを工夫する。仲の悪い子ども同士も共通の趣味を発見でき，また体をくっつけて団結することで，心理的距離を縮めることができる。

出典：國分康孝監『エンカウンターで学級が変わる・小学校編1』図書文化。河村茂雄編『グループ体験によるタイプ別！学級育成プログラム・小学校編』図書文化。

■**背景となる理論・技法**　ウイネス（Being-for, C・ムスターカス）の技法化

■**子どもの気づきと，それを引き出す教師の構成・介入**
「団結するにはみんな一緒にがんばらないとダメだ～」「力の弱そうな人をみんなで力を合わせて守ろう」「ぼくたちは一緒にがんばった仲間だ！」
→ 介入 　「団結のカギはチームワークだよ」

〈準備〉
・マット（すもうマット）。　　・笛。
・教室の半分くらいの場所と運動のできる服装。

〈インストラクション〉
「これから『団結くずし』というエクササイズをします。クラスのみんなで楽しんで，友達と仲よくなるのが目的です」
「クラスの男子，マットの中央に背中合わせに丸くなって，足を前に伸ばして座ってください。そして，しっかり腕を組んで団結してください。これから1分間，女子が男子の足を引っ張って，男子の団結を崩します」
「『おしくらまんじゅう』のように腕を組むんだよ」
「度を超えた乱暴をしたり，お互いに足を蹴り合ったりしてはいけませんよ。ルール違反はその場で退場です」
「今度は好きなものの同じ人同士で団結します。私は，温泉が好きな人，ハンバーガーが好きな人と団結したいな」

〈エクササイズ〉
・○年生のときのクラス，サッカーの好きな人など，さまざまなテーマに該当する子ども同士でグループをつくる。人数を調整する。
・グループの子どもが背中合わせに腕組みし，マットの中央に車座に座る。その際に足を前に伸ばす。
・ほかの子どもたちが，団結している子の足を1分間引っ張り，事前に決められた線の外に引っ張り出す。

〈シェアリング〉
「『団結くずし』をやってみて楽しかったこと，友達の様子などを発表してください」

〈介入〉
・団結のうまい組み方，引っ張るコツ，引っ張る相手などについて，教師が積極的にアドバイスする。
・危険な行為や人を傷つける悪ふざけは，事前に注意する。

身振り手振り「新聞紙の使い道」

簗瀬のり子

■**ねらい** 言葉を使わずに、アイデアを伝えたり受け取ったりする体験を通して、友達とのつながりをより親密にする。

（何かを包むってこと？包装紙の代わり。）

対角線上のペア

Part1 エンカウンターについて知ろう
- 第1章
- 第2章

Part2 エンカウンターをやってみよう
- 第3章
- 第4章
- 第5章
- 第6章
- 第7章
- 第8章
- 第9章

Part3 柔軟に展開しよう
- 第10章
- 第11章
- 第12章
- 第13章

Part4 エクササイズカタログ

第14章 スペシフィックエクササイズ 学校向けエクササイズ

エクササイズの特色
- ●目的 感受性の促進
- ●時間 30分
- ●場所 室内
- ●対象 子どもから大人まで
- ●リーダーの熟練度 ★☆☆

第15章 ジェネリックエクササイズ

Part5 資料編

■**おすすめの使い方**……ある程度リレーションができたクラスの親密感を、さらに促進することを目的として。

■**実践レビュー**……ジェスチャーへの抵抗を考えて、ある程度リレーションができてから実施した。非言語でのコミュニケーションが進むと親密感が格段に増すように感じた。使い方を考えていて、メンバーのジェスチャーを見なくなる子が出るので、友達がやっているときはよく見るよう指示した。

出典：國分康孝監『エンカウンターで学級が変わる・中学校編1』図書文化。

■背景となる理論・技法　FC（交流分析）

■子どもの気づきと，それを引き出す教師の構成・介入
「わかってもらったとき，とてもうれしかった」「必死で相手の身振りや表情を見ていると，なんか一体感みたいなものを感じた」
→ 構成　非言語の状態をつくるために，声を出せる人をグループで1人にする。
→ 介入　「コツは心で読み取るんだ」

〈準備〉
・机と椅子を片づけて広いスペースを確保する。
・新聞紙を全員に見せる。

〈インストラクション〉
「これからするエクササイズでは，表情や身振り手振りだけで思いついたアイデアを伝えます」
「6人組になります。この新聞紙の使い方をいろいろ考えてジェスチャーで伝えます。ジェスチャーする人の向かい側の人が，それを読み取って当てます」
「順番にやっていきますが，どうしても使い方が浮かばないときや読み取れないときは，パスしてもいいです」
「例えば，椅子の使い道を先生がジェスチャーしてみますから，わかった人は手をあげてください」
「声を出せる人は当てる役の1人だけ，グループで1人だけだというのがルールです。YESやNOも，パスの合図も，友達のジェスチャーへの助太刀もすべて無言です」

〈エクササイズ〉
・6人組になって座り，向かい側の人を確認する。
・スタートする人を決め，ジェスチャーを始める。
・向かい側の読み取る人が当てたら，次の人へと進む。

〈シェアリング〉
「いまの6人組で，やってみて感じたことを話しましょう」
「グループでどんな話が出ましたか。全体に発表してください」

〈介入〉
・当てる役以外の子どもには，「無言」のルールを徹底させる。

別れの花束

飛田浩昭

■ねらい　①人のよさを見つけることで他者に対する肯定的な感情を育てる。②お互いの気持ちを交換して自分の成長を確認する。

（イラスト内台詞）
- 歴史に詳しかった○○君。先生の知らないことまで教えてくれて驚いたよ。
- はじめはそっけない感じがしたけど今は頼りになるわ。
- ヤッター！みんなにこんなにたくさん書いてもらった！

Part 4　エクササイズカタログ

第14章　スペシフィックエクササイズ
学校向けエクササイズ

エクササイズの特色
- ●目的　感受性の促進
- ●時間　30分
- ●場所　室内
- ●対象　子どもから大人まで
- ●リーダーの熟練度　★☆☆

第15章　ジェネリックエクササイズ

■おすすめの使い方……行事，終業式，卒業など集団生活が終わるときに実施すると，メンバーのよさを認められ，あたたかな人間関係を確かめることができる。グループの帰属意識が高まる。
■実践レビュー……ふだんの生活で，本人が意識しない言動を他人が見ていることに気づいて，自尊感情が強化される。人はいい面をいくつももっていることに気づかせ，グループ全員に肯定的な言葉が行き渡るよう教師がサポートすることが大切。

出典：國分康孝監『エンカウンターで学級が変わる・小学校編1』『同・中学校編1』図書文化。

■**背景となる理論・技法**　支持，強化法，ホットシート（ゲシュタルト療法）

■**子どもの気づきと，それを引き出す教師の構成・介入**
① 「あの人のいいところがこんなにあったんだ」「この人に支えてもらったな」／②「こんなにたくさん書いてもらった」「君がそんなふうに見てくれていたんだ」
→ 介入　② 「カードには書いた人の心がつまっている。何度も読み返してごらん」

〈準備〉　・筆記用具，手紙用紙を多数（手紙形式で伝える場合）。

〈インストラクション〉　「卒業を迎える（この学年を終える）君たちに，今日は，○年間の生活を振り返ってもらいます。自分を振り返るだけでなく，友達への贈る言葉も一緒に考えてみましょう」
「目を閉じて思い出しましょう。思い出の場所はどこですか，自分を励ましてくれた人，支えてくれた人，元気にしてくれた人はだれでしょうか。思い出してください」
「いつ，どんなときにどうやって支えてくれたかを手紙に書いてみましょう。あて名ごとに違う紙に書きましょう」

〈エクササイズ〉
・手紙用紙に，その人に感謝したいことや気持ちを書く。書いたものを本人に届ける。
・あらかじめあて名を書いたものも用意し，全員にメッセージが行き届くようにする（書いた人は匿名でも可）。
・たくさんのメッセージを書いたりもらったりする時間を設定する。

〈シェアリング〉　「自分がもらった言葉をどのように受けとめたか，感じたことを話し合ってください」（全員，またはグループで）
「みんなが話してくれたことを聞いていて，どんなことを感じたのか聞かせてもらえますか」

〈介入〉
・鉛筆が進まない子，贈る言葉を探せない子には，学級活動や行事，運動会などの場面を思い出させるように声かけする。
・相手が受け取ったときの気持ちを考えて，欠点や嫌みではなく，がんばっている姿，よい行いなどを書くよう促す。
・ダメージが心配される場合は，書いたものを集め，教師が内容を確認してから本人に渡す。

素敵なあなた・素敵なわが子

鎌田好子

■ねらい　①相手をよく観察し，肯定的な人間関係を深める。②ほめられることの心地よさを体験し味わう。

Part 4　エクササイズカタログ

**第14章
スペシフィック
エクササイズ
学校向けエクササイズ**

エクササイズの特色

● 目的　自己理解・他者理解

● 時間　45分

● 場所　室内

● 対象　教師・保護者

● リーダーの熟練度　★☆☆

第15章　ジェネリック
　　　　　エクササイズ

■おすすめの使い方……最初の保護者会で，保護者同士のふれあいをもつために。また学級の子どもたちの人間関係を深めるために。

■実践レビュー……第1回目の保護者会で，保護者の緊張感をやわらげ，親近感を高めるために子どもと一緒に実施。とまどいもあったが，全体が徐々にその気になっていった。最後に自分のメッセージに目を通したときは，大人も子どもも顔がほころんでいた。レディネスの差はほとんど問題にならなかった。

出典：國分康孝監『エンカウンターで学級が変わる・中学校編1』図書文化。

■背景となる理論・技法　支持，強化法

■参加者の気づきと，それを引き出す教師の構成・介入
①「○○さんとは初対面だけど，安心感と信頼感がわいてきました」／②「ほめすぎだけどうれしいわ」
→ 介入 ①「ほめあげようとするのではなく，いま感じている相手のよさを自然な口調（記述）で表現するといいですね」

〈準備〉
・机を片づけ広いスペースを確保，人数分の椅子を用意する。
・「素敵なあなた」のプリントと筆記用具を人数分用意する。
・5～6人のグループをつくり，自己紹介をすませておく。

〈インストラクション〉
「今日のエクササイズは，一人一人のよさ，長所，いいところを積極的に伝えてあげることが目的です」
「グループのみなさん一人一人の素敵なところを見つけ，ほめてあげます」
「プリントに自分の名前を書き，右隣に回します。書かれた名前の人の素敵だと思うところを書いて，次の人に見えないように回します」
「例えば私のものが回ってきたら，『今日の先生はとても話し方が上手で聞きやすいです』『今日の洋服は，とても似合っていて素敵です』とか書いてもらうとうれしいです」
「皮肉などはなしに，多少のお世辞はかまいません」

〈エクササイズ〉
・プリントに名前が書いてある人のいいところを書き込む。
・書いたら右隣の人にプリントを回して，回ってきたプリントにまた書き込む。
・ひと回りしたら，いっせいに自分のメッセージを見る。

〈シェアリング〉
「いかがでしたか？　いまの気分，気持ちをグループで教え合って全体に発表してください」
「ぜひ家で，お子さんにもよいところを書いてプレゼントしてあげてください」

〈介入〉
・保護者の場合はほとんどなし。どうしても書けない人には，例を示す。

Part1 エンカウンターについて知ろう
  第1章
  第2章

Part2 エンカウンターをやってみよう
  第3章
  第4章
  第5章
  第6章
  第7章
  第8章
  第9章

Part3 柔軟に展開しよう
  第10章
  第11章
  第12章
  第13章

Part4 エクササイズカタログ

第14章
スペシフィック エクササイズ
学校向けエクササイズ

エクササイズの特色
- 目的　**自己理解**
- 時間　**20分**
- 場所　**室内**
- 対象　**保護者**
- リーダーの熟練度　★★☆

　第15章　ジェネリック エクササイズ

Part5 資料編

子どもからのメッセージ

吉野昭子

■**ねらい**　親が子どもの気持ちになって，子どもの気持ちを理解する。子どもへの対応の仕方について見直す。

（吹き出し）
- 自分のお子さんになったつもりでいすの後ろに立ちます。
- この前に座っているのは私の母です。
- 母は大雑把で少しおっちょこちょいですが、いつも私のことをほめてくれます。

■**おすすめの使い方**……PTAのクラス懇談や保護者会の際に。子どもの目を通して見た自分に気づき，子どもに対して肯定的な見方をしながら話し合いができるようにする。

■**実践レビュー**……保護者には，学級通信などで事前に予告しておくとよい。また，事後は参加者の感想を学級通信などで紹介していくと，参加していない保護者も自分自身を振り返ることができる。

出典：國分康孝監『エンカウンターで学級が変わる・高等学校編』図書文化。

■背景となる理論・技法　エンプティチェア（ゲシュタルト療法）

■参加者の気づきと，それを引き出す教師の構成・介入
「これまで，子どもの気持ちを考えずに自分の意見を言ってたな」「子どもは悲しい，苦しい思いをしていたのかもしれないな」
→ 介入　「感じたまま，口をつくままに，子どもさんになりきってみてください」

〈準備〉
・机を片づけて広いスペースを確保。輪になって椅子に座る。
・人数が多いとき，時間がないときは6〜8人のグループで。

〈インストラクション〉
「子どもの気持ちや立場になって考えてみることをします。子どもの気持ちに近づき，子どもに対する理解が進む実習です。子どもの目を通した自己紹介です」
「子どもになったつもりで，椅子のうしろに立ちます。前には保護者である自分が座っています。次のように言ってから，自分自身を3分以内で紹介してください。『前に座っているのは私の母（父）です。今日はこの母（父）を紹介します』」
「紹介する内容は，ふだんの親子の関係，親の好きなところ，親に望むことなどが中心です」
「例えば，『前に座っているのは私の母です。母は大雑把で少しおっちょこちょいなのですが，いつも私のことをほめてくれます』……というように紹介します」
「人の話はじっくり聞いてくださいね。また，自己紹介が終わるごとに拍手をお願いします」

〈エクササイズ〉
・1人ずつ順番に椅子のうしろに立ち，自分の子どもの立場から，親である自分を紹介する。

〈シェアリング〉
「今日の実習について，1人，2人感想をお願いしましょう」
「ワークシートをお配りしますので，今日感じたことを素直な気持ちで記入してください」

〈介入〉
・なかなか言葉が出てこない保護者には，ゆっくり考えていいと伝えたり，順番を最後にするなどの配慮をする。
・子どものことを思い出して，涙ぐんだり言葉を詰まらせる人もいるので，そのような場合は声かけしたりして支援する。

「見知らぬ」わが子

伊澤成男

■**ねらい** 思春期に入ったわが子への接し方を，ほかの人と話し合うことで悩みを共有し，自らの接し方を見直す契機とする。

1. 子どものことで困っていることを話す

「アルバイトをしたがって…，悪い仲間とつきあうのではないかと…。」
「なるほど。」

2. 聞き手は相手の子どもの立場に立って感じたことを伝える

「自分を信じてもらえないと感じるかもしれませんね。」

エクササイズの特色
- 目的　自己理解
- 時間　30分
- 場所　室内
- 対象　保護者
- リーダーの熟練度　★★☆

■**おすすめの使い方**……保護者懇談会などで，保護者の人間関係づくりや，わが子を理解するための支援として。

■**実践レビュー**……保護者懇談会が，教師からの一方的な伝達だけにならないよう実施した。リラックスできる雰囲気づくりのために，緊張をほぐす活動と教師自身の自己開示，また秘密保持に関しての約束などに留意した。懇談会の雰囲気がなごやかになり，次の会の参加意欲を高めることにもつながった。

出典：國分康孝監『エンカウンターで学級が変わる・高等学校編』図書文化。

■背景となる理論・技法　ロールプレイ

■参加者の気づきと，それを引き出す教師の構成・介入
「うちの子だけじゃないんだな」「そうか，子どもはそんなふうに感じているのか」「もう少し子どもの気持ちを考えて対応しよう」
→ 介入　「今日はここだけの話という約束で，思い切って話してみてはどうでしょうか。案外同じ悩みをもっているものですよ」

〈準備〉　・机を片づけ，椅子だけにする。

〈インストラクション〉　「お子さんのことで理解できないことが増えてきていませんか？　私の娘はいま高校生ですが，私を避けているのかほとんど話をしません。話が必要なときには母親を介している状態です。仕方ないのかなと思う反面，やはりさびしいですね」
「今日は，お子さんのちょっと理解できない行動や納得できない行動，困っていることなどを，お互いに少し話し合っていただきたいと思います」
「お隣と2人組をつくって，1人ずつお子さんについて感じていることを語ってください。聞く人は，批判や非難をしないで，うなずいたり，相づちを打ったりして，相手が話しやすいようにしてください」

〈エクササイズ〉　・2人組で，最初の話し手と聞き手を決め，実行する。
・聞き手が「特に共感できたところ」を伝える。
・聞き手が「その子どもになって感じる気持ち」を伝える。
・役割を交代して繰り返す。

〈シェアリング〉　「いま，どんなお気持ちですか？　近くのペアと4人組になり，ご自分のお子さんについて『感じたこと，気づいたこと，わかったこと，やっていきたいこと』を1人ずつ順番に話してみてください」
「グループで出た話を，全体に発表してください」

〈介入〉　・話すことがなくてとまどっている保護者には，ちょっとしたことでもいいのだと，例をあげて提示する。
・話すことに抵抗がある場合は，話せる部分だけでいいことや，守秘について確認する。場合によっては無理に誘わない。

子どもの長所の棚卸し

吉田隆江

■**ねらい** ①自分の子どものよさ，長所を再発見する。②よさや長所を見いだす見方に気づき，ポジティブな感情体験をする。

（吹き出し）
- 好きなところを言うときはためらわずにご遠慮なく。
- 私は私の子どもが好きです。なぜなら肩もみをしてくれるからです。
- なぜなら…最近私と違う考えを言うようになったからです。

第14章 スペシフィック エクササイズ
学校向けエクササイズ

エクササイズの特色
- ●目的　自己理解・他者理解
- ●時間　30分
- ●場所　室内
- ●対象　保護者
- ●リーダーの熟練度　★☆☆

■**おすすめの使い方**……保護者会で使うのが最もオーソドックス。親の啓蒙活動の1つとして講座を開くのもおすすめ。

■**実践レビュー**……SGEを中心にした保護者会を開くと，保護者同士が仲よくなれる。また，子どもについての日ごろの悩みが軽減され，親の気持ちが楽になる。子どものポジティブな面を見つける練習であるこのエクササイズを通して，保護者には，それを発見する喜びを体験してもらいたい。

出典：國分康孝監『エンカウンターで学級が変わる・中学校編2』図書文化。

■**背景となる理論・技法**　支持，強化法，リフレーミング

■**参加者の気づきと，それを引き出す教師の構成・介入**
① 「うちの子って，けっこういいところあるんですよ」／② 「こんな視点で子どもを見たことなかったわ」
→ 介入　①② 「お子さんをどう見るかはお母様ご自身の視点ですね。親は子どもの最大のサポーターでありたいですね」

〈準備〉　・ワークシート，筆記用具。

〈インストラクション〉　「今日の保護者会の目的は『子どもの長所』の再発見です。日常生活の中では，子どもの欠点が多く目につきませんか？しかしそれだけでは子どもを伸ばすことはできません。子どもは親や友達や教師など，身近な人の言葉から『自分はどんな人間なのか』という自分像をつくりあげていくからです。これを『自己概念』といいます。ポジティブな自己概念は，その人の行動のもとになります」
「例えば私は『自分は，最後はがんばれる人だ』と思っているので，どんなにダメそうなときでも，最後までがんばることができます。もし『私はダメだ』と思っていたら，あきらめてしまうのではないでしょうか」
「やり方は『私は私の子どもが好きです。なぜならば～だからです』と言っていきます。人の子と比べる必要はありません。遠慮なく自分の子どものよさを言ってみてください」

〈エクササイズ〉　
・全員立ち上がり，周りの人と握手をしたら，6人組になる。
・「私は私の子どもが好きです。なぜならば～だからです」と1人ずつ順に言っていく。時間がくるまでぐるぐる回る。
・自分が言ったことをすべてワークシートに書き出す。
・その中から「子どもの長所ベスト3」を選び，具体的な出来事を思い出して書き足す。

〈シェアリング〉　「書いたものをもとに，グループごとに，やってみて感じたこと，気づいたことを語り合ってください」

〈介入〉　・子どものよさを見いだせない保護者には「ほかの方の話をよく聞いてみましょう。それがヒントですよ」と介入。

Part1 エンカウンターについて知ろう
第1章
第2章

Part2 エンカウンターをやってみよう
第3章
第4章
第5章
第6章
第7章
第8章
第9章

Part3 柔軟に展開しよう
第10章
第11章
第12章
第13章

Part4 エクササイズカタログ

第14章 スペシフィック エクササイズ
学校向けエクササイズ

エクササイズの特色
- 目的 感受性の促進
- 時間 45分
- 場所 室内
- 対象 教師・保護者
- リーダーの熟練度 ★☆☆

第15章 ジェネリック エクササイズ

Part5 資料編

聞いてもらえる喜び

足立司郎

■ねらい　聞いてもらえる喜びを実感し，聞く喜びを味わう。この喜びが，相手に対する好意の気持ちと信頼関係を生む。

1. 拒絶的な態度で聞かれる体験

「最近息子が…。」
「……。」

2. 受容的な態度で話を聞いてもらう体験

「私が子どものころの話をしていたらね、それでどうしたの、もっと話してよって。」
「ええ、ええ。」
「そうですか！」

■おすすめの使い方……面接技法の訓練として。親の会（サポートグループ）などにおける関係づくりの支援として。親子の会話が成り立たず硬直化しているときの打開策として。
■実践レビュー……面接での対話や親子の対話では，聞くというよりも親が一方的に話してしまいやすい傾向があるので，話を深める基本を学習するために実施した。話の内容は，自分自身に関する話のほうがより実感が得られやすいと感じる。

出典：國分康孝監『エンカウンターで学級が変わる・高等学校編』図書文化。

■背景となる理論・技法　うなずき・うながし・観察などのカウンセリングの基本技法

■参加者の気づきと，それを引き出す教師の構成・介入
「いくら話しても，知らん顔されると腹が立つ」「話を聞いてもらうと，こんなにうれしくなるとは思わなかった」「話す人にきちんと応えることだな」
→ 介入　「話を聞いてもらったという実感がわいてくるといいですね」「受け入れてもらっているという気持ちになると，いっそういいですね」

〈準備〉	・椅子だけにする。隣のペアの声が聞こえない間隔を確保。
〈インストラクション〉	「話を聞いてもらえるときの気持ち，聞いてもらえないときの気持ちを，体験的に味わってみたいと思います」 「2人1組になって，ジャンケンをしてください。勝った人は，この1週間で気になったことを1分間話してください。内容は何でもかまいません。負けた人は，うなずきたくなるのをがまんして，知らん顔をして聞いてください」 「2回目は，しっかりうなずきながら，2分間，話を聞いてあげてください。『うん，うん』とうなずくだけです。話の内容を変えてもいいですし，それまでの続きでもいいです」 「まず，私がやってみます。私の話をどなたか聞いてくれる方がいらしたら，手伝ってください」
〈エクササイズ〉	・2人1組になり，1人が「ここ1週間で気になっていること」などを話す。もう1人は，うなずいたり話す人の目を見たりせず，腕を組んだり足を組んだり，あたりをきょろきょろするなどして，知らん顔をして話を聞く。 ・次に，うんうんとうなずきながら親身になって話を聞く。 ・役割を代えて，2通りの聞き方を繰り返す。 ・話しているとき，どんな感じや気持ちがしたかを話し合う。
〈シェアリング〉	「話を聞いてもらえないことをどう感じましたか。また，意識的に聞かないことでどんな気持ちがしましたか。近くのペアと4人1組になって話し合ってください」 「話し合ったことを全体に発表してください」
〈介入〉	・拒絶的な態度で聞くときもうなずいている人には，知らん顔をするルールを確認する。

心象スケッチ

加勇田修士

■**ねらい**　先入観はさまざまな誤解を起こしやすいことに気づき，いっそう傾聴して共感できる姿勢を築く。

> 学校の校舎があります。校舎の前には運動場があります。長い休みが終わって子どもたちが戻ってきました。蝶がひらひらと飛んでいます。

> 聞いた言葉は，一緒なのに

> 私は，こんな感じに受け取りました。

Part4　エクササイズカタログ

第14章　スペシフィックエクササイズ　学校向けエクササイズ

エクササイズの特色

- 目的　感受性の促進
- 時間　45分
- 場所　室内
- 対象　教師・保護者
- リーダーの熟練度　★☆☆

第15章　ジェネリックエクササイズ

■**おすすめの使い方**……自分の言葉が，自分が考えたイメージ通りに相手に伝わっているとは限らない。逆に，人の言葉を聞くときも同じことが言える。そのような思い込みを人に押しつけない，思い込みに振り回されないための体験として。

■**実践レビュー**……「ディスカッションのあり方」のような主題に迫る場合，また学級懇談会の初めの部分で，会の雰囲気づくりとあり方を考えるときに実践した。

出典：國分康孝監『エンカウンターで学級が変わる・中学校編2』図書文化。「星と家」，(財)日本レクリエーション協会監『新グループワーク・トレーニング』遊戯社。

■背景となる理論・技法　共感的なあり方

■参加者の気づきと，それを引き出す教師の構成・介入
「人によってずいぶん違うものね」「相手の言いたいことを理解するのはむずかしいことなのかも知れないですね」
→ 介入　「うまい下手は関係ありません。ご自分の心にわいてくるイメージを絵にしてみてください。心の風景の展覧会をしましょう」

〈準備〉	・A4の白紙とマジック。5〜6人組のグループをつくる。
〈インストラクション〉	「今日は，体験しながら感じていただく形で進めていきたいと思います。これから私たちにとってなじみのある風景を言います。この言葉を聞いてイメージすることを，絵に描いてください。描き終わるまではいっさいの質問は許されませんし，描き直すこともできません」（A4の白紙を配布） 「この活動のねらいは，それぞれの人の個性や感性の違いを味わっていただきたいということです。絵のうまさを競うわけではないので，気楽に思ったように描いてください。何か質問はありますか」
〈エクササイズ〉	・リーダーの指示に従って，1人1人が絵を描く。 「これから私の言う順序に従って，白紙に絵をかいてください。白紙を横長に使ってください。まず学校の校舎があります（間）。校舎の前には運動場があります（間）。長い休みが終わって，子どもたちが戻ってきました（間）。校庭を蝶がひらひらと飛んでいます」
〈シェアリング〉	「見せ合って，感じたこと，気づいたことを話し合ってください。そして，各グループで話し合った内容を要約して発表してください」 「宮澤賢治は心動かされる風景の描写を試み，それを『心象スケッチ』と呼びました。無造作に描かれた風景画から，彼の内的世界のある側面が語られています。今日は私の言葉から，みなさんの『心象スケッチ』を試みていただきました」
〈介入〉	・各小グループの発表を聞き流さずに，「みなさんはどうですか」ともう1度全体に問いかける。

アドジャン（386ページ）

アドジャン・話の種シート（小学生用）

<例>

合わせた数		おはなしをする　こうもく チェック			チェック
0	①	生まれかわるとしたら、おとこ？　おんな？　どうして？	②	いってみたいところ	
1	①	すきなきゅうしょくのメニュー	②	おおきくなったら，なにになりたいか	
2	①	じぶんのすきなところ	②	すきないせいのタイプ	
3	①	どうぶつ（いぬ，ねこ，うしなど）の，なきまねかポーズ	②	もし100万円をひとりでつかえるとしたらなにをするか	
4	①	いまいちばんほしいもの	②	とてもはずかしかったこと	
5	①	かぞくのしょうかい	②	かったことのあるどうぶつとそのなまえ	
6	①	じぶんのいいところ	②	さいきん，ほめられたことやうれしかったこと	
7	①	よくみるテレビばんぐみ	②	いちばんのふるいおもいで，それは，なんさいごろのどんなこと	
8	①	このクラスのじまんできるところ	②	さいきんほめられたこと	
9	①	たんにんのせんせいのすきなところ	②	だれもしらないわたしのひみつ	

※合計10以上は1の位の数とする。まず、①を行う。同じ人のときに数がまた同じものが出てしまったら、②を行う（①または②としてもよい）。答えたくない質問は「パス」してよい。

アドジャン・話の種シート（中学生用）

<例>

合わせた数		お話をする項目 チェック			チェック
0	①	生まれかわるとしたら、男？　女？　どうして？	②	好きな異性のタイプ	
1	①	親がいてありがたいと思うこと	②	世の中に言いたいこと	
2	①	自分の弱点	②	もし100万円を1人で使えるとしたら何をするか	
3	①	自分の好きな食べ物	②	部活でのエピソード	
4	①	自分の好きな芸能人	②	小学校のときの失敗談	
5	①	家族の紹介	②	飼ったことのある動物とその名前	
6	①	左どなりの人のいいところ	②	自分のいいところ	
7	①	将来の夢	②	いちばん古い思い出、それは何歳ころで、どんなこと	
8	①	この学級のいいところ	②	最近、ほめられたことかうれしかったこと	
9	①	先生について一言	②	だれも知らない私の秘密	

※合計10以上は1の位の数とする。まず、①を行う。同じ人のときに数がまた同じものが出てしまったら、②を行う（①or②としてもよい）。答えたくない質問は「パス」してよい。

各集団の実態により独自の質問や課題を作成する。

ブラインドデート (390ページ)

この部分，事前に男子は青，女子は赤ラインで色をぬっておくとよい

ブラインドデート・解答用紙

年　組　番　名前

男子…赤ラインの用紙を読んであてる。女子…青ラインの用紙を読んであてる。

No.	名前	答(○×)	No.	名前	答(○×)	No.	名前	答(○×)	No.	名前	答(○×)
1			6			11			16		
2			7			12			17		
3			8			13			18		
4			9			14			19		
5			10			15			20		

正解数　　　個

無人島SOS (398ページ)

無人島SOS

年　組　番　名前 ＿＿＿＿＿＿＿＿＿＿

　船に乗って旅行中のことです。ある日，大きな嵐がやってきて，あなたの乗った船が，こなごなにこわれてしまいました。あなたは，こわれた船のかけらにつかまって，小さな無人島にたどり着きました。
　島には，食べ物と水はありますが，ほかには何もありません。
　島で生きぬいていくため，または島から脱出するためには，いったいどんなものが必要でしょうか。次の中から，あなたがもっとも大切だと思うものを8つ選んで，大切だと思う順に番号を書きましょう。

しなもの	自分の考え	選んだ理由	4人の考え	さいごに
ナイフとフォーク				
マッチ				
な べ				
お の				
ウィスキー				
ロープ				
海 図				
テント				
毛 布				
時 計				
ラジオ				
くすり				
さいほう道具				
カメラ				
鉛筆と紙				
ぼうえんきょう				

今日の感想
＿＿＿＿＿＿＿＿＿＿＿＿＿＿＿＿＿＿＿＿＿＿＿＿＿＿＿＿＿＿＿＿＿＿＿
＿＿＿＿＿＿＿＿＿＿＿＿＿＿＿＿＿＿＿＿＿＿＿＿＿＿＿＿＿＿＿＿＿＿＿
＿＿＿＿＿＿＿＿＿＿＿＿＿＿＿＿＿＿＿＿＿＿＿＿＿＿＿＿＿＿＿＿＿＿＿

気になる自画像 (442ページ)

「気になる自画像」

年　組　番　名前　　　　　　　

自分のことをみんなはどう見ているのかな？
どんなに見られていても平気！

1.冷静な	2.誠実な	3.ユーモアのある	4.気どらない
5.優しい	6.理性的な	7.公平な	8.敏感な
9.勇敢な	10.個性的な	11.あたたかい	12.静かな
13.まじめな	14.親切な	15.思いやりのある	
16.エネルギッシュな		17.頼りになる	18.明るい
19.正直な	20.活発な	21.注意深い	22.社交的な
23.素朴な	24.愛想のよい	25.心が広い	

でも，ちょっと気になるなあ……

私が選んだメンバーの特性 表の中から3つ（以内）選び，言葉で書く			グループのメンバーの名前	メンバーが選んでくれた私の特性		
			自分			

トランプの国の秘密 (400ページ)

～ヒントカード～

1 同じマークのカードが横1列に並ぶ	2 見つめ合っているのはキングとクイーン	3 キング自身が宝物を守っている国は1つだけある
4 1番上の国のクイーンの花はいまにも落ちそう	5 カードの上側の顔の向きに注意！	6 全員の洋服に国のマークが入っている国は1番上
7 ジャックとキングが変装して入れ替わっている国が1つある	8 左端の人は宝物を見えないように守っている	9 キングの洋服だけに国のマークが入っているのは上から3番目
10 葉が頭についているジャックは1番下の国	11 キングが真ん中にいる国は2つある	12 ジャックは端でキングとクイーンを見守っている
13 ジャックが変装しているキングは両手が見えている	14 1番下の国の左側はクイーン	15 見えている目の数が1番多い国が1番下
16 ジャックに変装したキングは葉を持っている	17 上から2番目の国はハート	18 クイーンがまん中にいる国が2つある

トランプの国の秘密(400ページ)

～解答（色の数字はヒントカードと対応）～

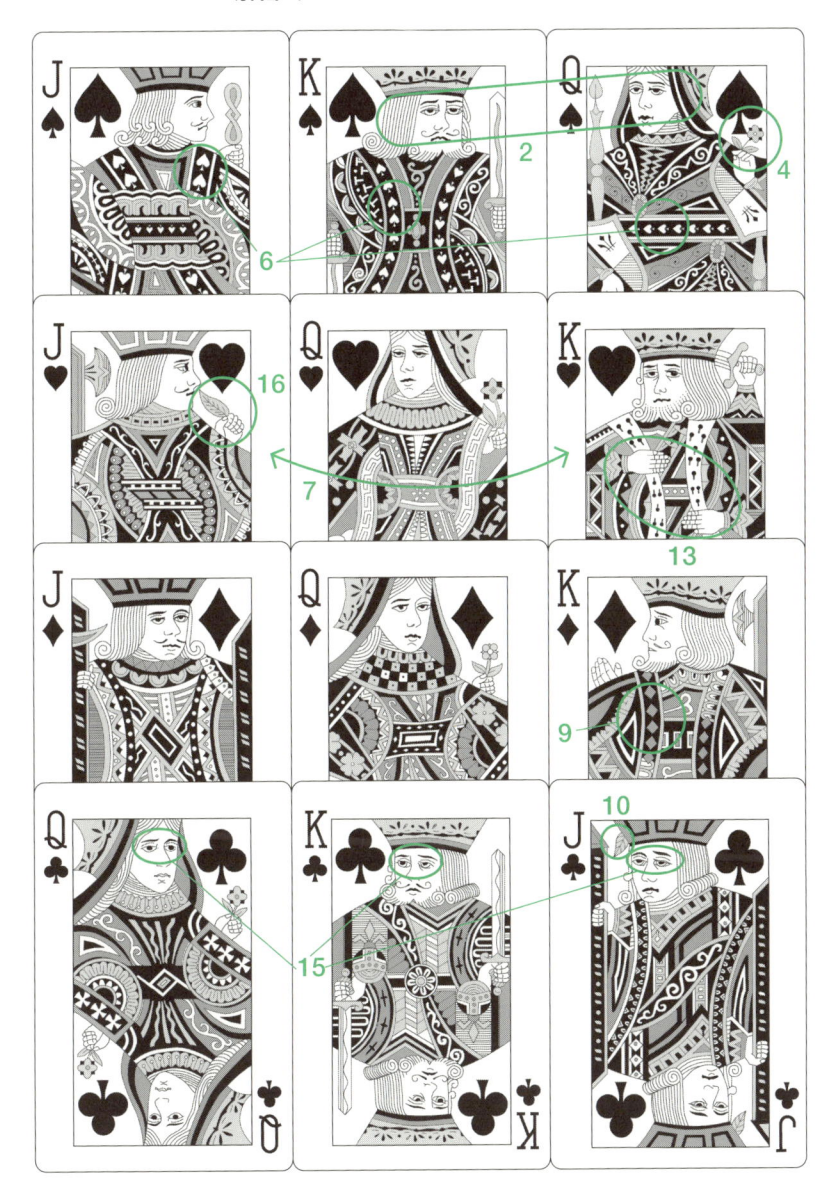

※必ずしもすべてのトランプが使えるわけではありません。一度，解答と合わせてから使ってください。ここでは日本カルタ製，任天堂製のトランプをもとに作成しました。

私の四面鏡 (444ページ)

私の四面鏡ワークシート2　四面鏡

	私から見た私	さんから見た	さんから見た	さんから見た			私から見た私	さんから見た	さんから見た	さんから見た	さんから見た
1 何でもできそうな						28 意志の強い					
2 頭のよさ											
3 物わかり											
4 知的な											
5 しっかり											
6 たよりに											
7 信念のあ											
8 責任感の											
9 堂々たる											
10 心くばり											
11 まじめな											
12 公平な											
13 礼儀正し											
14 清潔な											
15 決断力の											
16 勇敢な											
17 エネルギ											
18 強い											
19 陽気な											
20 無邪気な											
21 人なつっ											
22 活発な											
23 ユーモア											
24 好奇心旺											
25 ひかえめ											
26 物知りな											
27 がまん強											

私の四面鏡ワークシート1　手鏡

		私から見た						私から見た			
		さん	さん	さん	さん			さん	さん	さん	さん
1	何でもできそうな					28	意志の強い				
2	頭のよさそうな					29	味のある				
3	物わかりのよい					30	シャープな感性の				
4	知的な					31	静かな				
5	しっかりしている					32	おだやかな				
6	たよりになる					33	てきぱきとした				
7	信念のある					34	かわいい				
8	責任感のある					35	誠実な				
9	堂々たる					36	親しみやすい				
10	心くばりのある					37	思いやりのある				
11	まじめな					38	きたえられた				
12	公平な					39	親切な				
13	礼儀正しい					40	落ち着いている				
14	清潔な					41	やさしい				
15	決断力のある					42	愛想のよい				
16	勇敢な					43	寛大な				
17	エネルギッシュな					44	素朴な				
18	強い					45	率直な				
19	陽気な					46	気どらない				
20	無邪気な					47	温かい				
21	人なつっこい					48	お兄さんのような				
22	活発な					49	お姉さんのような				
23	ユーモアのある					50	さわやかな				
24	好奇心旺盛な					51	おおらかな				
25	ひかえめな					52	ねばり強い				
26	物知りな					53	人情のある				
27	がまん強い					54	正直な				

みんなでリフレーミング（448ページ）

リフレーミング辞書

索引	書きかえたい語	リフレーミングすると	索引	書きかえたい語	リフレーミングすると
あ	甘えん坊	人にかわいがられる	し	消極的な	ひかえめな
	飽きっぽい	好奇心旺盛な		〃	周りの人を大切にする
	〃	興味が広い	す	ずうずうしい	堂々とした
	あきらめが悪い	一途（いちず）な	せ	せっかちな	行動的な
	〃	チャレンジ精神に富む		〃	すぐに行動に出る
	あわてんぼ	行動的な		責任感がない	無邪気な・自由な
	〃	思考より行動		外面がいい	社交的な
い	いいかげんな	こだわらない	そ	だまされやすい	率直な・純粋な
	〃	おおらかな		〃	人を信じられる
	意見が言えない	争いを好まない	た	だらしない	こだわらない
	〃	協調性がある		〃	おおらかな
	いばる	自信のある		短気な	感受性豊かな
う	浮き沈みが激しい	表情豊かな		〃	一本気
	うるさい	明るい・活発な	ち	調子にのりやすい	雰囲気を明るくする
	〃	元気がいい		〃	ノリがいい
お	おこりっぽい	感受性豊かな	つ	つめたい	知的な・冷静
	〃	情熱的な		〃	判断力がある
	おしゃべりな	社交的な	て	でしゃばり	世話好きな
	おっとりした	細かいことにこだわらない・マイペースな		生意気な	自立心がある
	〃			涙もろい	人情味がある
	おとなしい	穏やかな		〃	感受性豊かな
	〃	話をよく聞く	ね	根暗な	自分の心の世界を大切にしている
	面白みがない	きまじめな			
か	かたくるしい	きまじめな	の	のんきな	細かいことにこだわらない・マイペースな
	勝気な	向上心がある			
	カッとしやすい	情熱的な		のんびりした	寄り道・道草を好む
	変わっている	味のある・個性的な	は	八方美人な	人づきあいが上手な
	がんこ	意志が強い		反抗的な	自立心のある
	〃	信念がある		〃	考えがはっきりした
	〃	一貫性がある	ひ	人づきあいが下手	こまやかな心をもった
き	気が弱い	いじこにならない		〃	心の世界を大切にする
	〃	我慢ができる		人に合わせる	協調性がある
	気性が激しい	情熱的な・感情豊か		一人になりがち	自立した・独立心がある
	きつい感じの	シャープな感性の		人をうらやむ	理想のある
	きびしい	責任感がある	ふ	ふざける	子ども心がある
	〃	自分に自信がある		〃	陽気な
く	口がきつい	率直な		プライドが高い	自分に自信がある
	口が悪い	歯に衣をきせない	ほ	ぼうっとしている	細かいことにこだわらない・マイペースな
	口が軽い	うそのつけない			
	〃	社交的な	ま	周りを気にする	心配りができる
	口下手な	うそがつけない・朴訥		負けずぎらい	向上心がある
	暗い感じの	自分の心の世界を大切にしている		向こうみずな	思いきりがいい
	〃			〃	行動的な
け	けじめがない	物事に集中できる		〃	決断力がある
	けちな	経済観念のある		無口な	穏やかな
こ	強引な	エネルギュッシュな		〃	話をよく聞く
	〃	リードする力がある		無理をしている	期待に応えようとする
	興奮しやすい	情熱的な		〃	協調性がある
	こだわりやすい	感受性の強い	め	命令しがちな	リーダーシップがある
	ことわれない	相手の立場を尊重する		目立たない	素朴な
	〃	人のために尽くす		〃	協調性がある
	〃	寛大な		目立ちたがる	自己表現が活発な
さ	さわがしい	明るい・活発な		面倒くさがる	おおらかな
	〃	元気がいい		よく考えない	行動的な
し	しつこい	ねばり強い	よ	乱暴な	たくましい
	自分がない	協調性豊かな	る	ルーズな	こだわらない
	自慢する	自己主張できる		〃	おおらかな
	〃	自分を愛している			
	地味な	素朴・ひかえめな			

究極の学校選択 （470ページ）

どちらを選ぶ？　私の進学選択のポイント

年　　組　　番　　名前 _____

進学先の学校を決めるとき，①と②の条件のうち君はどちらを重視しますか。重視するほうの（　）に○をつけて，その理由を「なぜなら私は～」に続く文章で書いてください。

1　① 学校の施設や設備が充実しているが学費が高いA高校　　　　　　　　（　）
　　② 学校の施設や設備はともかく，学費が安いB高校　　　　　　　　　　（　）
　　なぜなら私は_____と思っているからです。

2　① 将来の就職に役立つ専門的な勉強をするC高校　　　　　　　　　　　（　）
　　② 国語，社会，数学，理科，英語の授業を中心に行うD高校　　　　　　（　）
　　なぜなら私は_____と思っているからです。

3　① ある特定の教科授業を特別重視して行うE高校の○○科（○○コース）　（　）
　　② どの教科も他の学校と比べて平均的な時間で行うF高校　　　　　　　（　）
　　なぜなら私は_____と思っているからです。

4　① 進学のための勉強はきついが，部活動や学校行事は活発でないG高校　（　）
　　② 進学のための勉強はともかく，部活動や学校行事が活発なH高校　　　（　）
　　なぜなら私は_____と思っているからです。

5　① 学習する環境は抜群だが，通学時間が1時間以上かかるI高校　　　　　（　）
　　② 学習環境はともかく，通学時間が30分以内のJ高校　　　　　　　　　（　）
　　なぜなら私は_____と思っているからです。

6　① 授業の進行が速く，競争が厳しいが，大学への進学状況のよいK高校　（　）
　　② 大学進学状況はともかく，無理なく自分のペースで勉強できるL高校　（　）
　　なぜなら私は_____と思っているからです。

7　① 生徒が落ちついていることで評判はよいが，校則がとても厳しいM高校　（　）
　　② 学校の評判はともかく，校則がゆるやかで自由な雰囲気のN高校　　　（　）
　　なぜなら私は_____と思っているからです。

6人の人生 (472ページ)

6人の人生

年　　組　　番　名前

　今日のテーマは「価値観（人生で何を大切にするか）」です。男性か女性かによって生き方は違うし、何を大切にするかで人生は違ってきます。今日はそれを考えてみましょう。

　次の6人は、年齢が35歳前後の人たちです。それぞれの人生を読み、あなたが好きだと思う人生の順に1～6の数字を（　）に書き込んでください。

（　　）マリ子さんの人生

　マリ子さんは、いわゆるキャリア・ウーマンと呼ばれる女性です。巨大企業で男性と同じように仕事をこなし、世界を飛び回ってビジネスを成功させています。特に語学力に優れ、外国人との交渉では彼女の右に出る者はいないと会社でも評判です。忙しいので男性とつき合うひまもなく、独身です。特に結婚するつもりはありません。仕事が生きがいです。しかし、家にいるとだれもいないことをさびしく思うときもあります。

（　　）アキオさんの人生

　アキオさんは独身で広告関係の会社に勤めています。職業柄、いろいろなつき合いで遊ぶことが多く、女性とも自由につき合っています。だれにも束縛されずに好き勝手に暮らしているので気は楽ですが、病気になったときや不規則な食事が続くとわびしい気持ちになります。将来のことはあまり考えないようにしています。結婚については考えることもありますが、面倒な気がして積極的になれません。

（　　）ヨシオさんの人生

　ヨシオさんは忙しいビジネスマンです。結婚していますが、子どもはありません。ヨシオさんは子どもがほしいのですが、なかなか子どもができません。奥さんは外で働きたいと言っていますが、ヨシオさんは反対しています。やはり、妻には外で働かずに、家の中のことをきちんとしてほしいからです。夫は外で家族のために働き、妻は家を守るというのが、ヨシオさんの信念です。

（　　）タカオさんの人生

　タカオさんは、夫婦でしゃれたペンションを経営しています。子どもも3人います。タカオさんは、以前はサラリーマンでした。忙しくて家族と一緒に過ごせないので、思いきって会社を辞め、高原のペンションを始めたのです。いまではお客さんに奥さんの手料理が評判で、いちばん上の娘も手伝ってくれるようになりました。いつでも家族と一緒に過ごせるのが何よりいいことですが、収入が不安定なのが少し不安です。また、ふと自分だけの時間がほしいと思うことがあります。

（　　）ミホ子さんの人生

　ミホ子さんは、結婚して共働きの夫婦です。子どもはいません。つくる予定もありません。夫とは、互いにあまり干渉せず暮らしています。駅前にあるパン屋さんで店長をやっています。以前は趣味でパンを作っていたのですが、ほかの人にも食べてもらおうと、同じ趣味の友達と一緒にパン屋を始めました。仕事はたいへんな面もありますが、やりがいがあり、マスコミに紹介されるようにもなりました。夫はサラリーマンで忙しく、ミホ子さんもパン屋で朝が早く帰るのが遅いので、何日も会わないことがあります。最近、こんなにかかわりのない夫婦で一緒にずっとやっていけるのかなと疑問に思うことがありますが、夫は「いまはやりがいのあることを懸命にやることが大切」とお互いを尊重してくれます。

（　　）ルミ子さんの人生

　ルミ子さんは子育てに忙しい専業主婦です。出産を機に会社を退職しました。2人の小さい子どもを抱えて、毎日育児に追われています。下の子はまだおしめが必要で目が離せないため、1日中休むひまがありません。休日は、少しは夫に子どもの面倒を見てもらいたいのですが、夫も会社で働いた疲れがどっと出てしまうようなので、あまり頼めません。育児に追われていると、社会とのつながりがなくなってしまったようで、さびしい気がします。いっぽうで、子どもの成長は夫婦そろっての楽しみでもあります。子どもが大きくなって手が離れたら、外へ働きに出たり、夫婦そろって旅行に行くことがいまの夢です。

順番をつけた理由

....

....

川遊びのプラン (484ページ)

A役　シナリオカード：川遊びのプラン

1. 時程
   希望ヶ丘駅7:00集合〜快速電車7:05乗車〜
   高原駅8:20着〜虹の川公園（8:30〜15:45）
   高原駅16:00快速電車〜17:15希望ヶ丘駅着・解散
2. 内容
   ①マス釣り　②バーベキュー
3. 分担
   ①釣りざお…各自　　　②買い出し…A，B
   ③バーベキュー道具…C　④炭…D
4. 献立
   ・釣れたマス
   ・焼きそば（そば4袋，キャベツ，もやし，ソース）

【演技者Aさんへ】
　まず，シナリオカードを見ながら，計画をおおざっぱに説明してください。そして，「この計画でどう？」とみんなに聞いてください。あなたの提案に，最初は3人とも賛成してくれません。それぞれ理由は違うようですが，それをはっきり言ってくれません。粘り強く説得を続けて，仲よく4人で川遊びに行けるよう努力してください。
　ヒント：計画全体を大きく変えないようにしながら，B・C・Dさんの希望を入れるように工夫すると，賛成してくれるはずです。

C役　シナリオカード：川遊びのプラン

1. 時程
   希望ヶ丘駅7:00集合〜快速電車7:05乗車〜
   高原駅8:20着〜虹の川公園（8:30〜15:45）
   高原駅16:00快速電車〜17:15希望ヶ丘駅着・解散
2. 内容
   ①マス釣り　②バーベキュー
3. 分担
   ①釣りざお…各自　　　②買い出し…A，B
   ③バーベキュー道具…C　④炭…D
4. 献立
   ・釣れたマス
   ・焼きそば（そば4袋，キャベツ，もやし，ソース）

【演技者Cさんへ】
　Aさんの説明した計画に，あなたたち3人全員が賛成しません。あなたは釣りが好きなAさんの提案より，泳いだりカヌーに乗ったりしたいと思っています。ほかの2人に合わせて，乗り気でない態度で，のらりくらりと反対してください。
　途中で，Aさんの説明に「それならいいな」と思えたら，あなたは2番目に賛成に回ってください。また，そう思えなくても，2回目の笛が鳴ったら，あなたはAさんに賛成してあげてください。

B役　シナリオカード：川遊びのプラン

1 時程
   希望ヶ丘駅7:00集合〜快速電車7:05乗車〜
   高原駅8:20着〜虹の川公園（8:30〜15:45）
   高原駅16:00快速電車〜17:15希望ヶ丘駅着・解散
2. 内容
   ①マス釣り　②バーベキュー
3. 分担
   ①釣りざお…各自　　　②買い出し…A，B
   ③バーベキュー道具…C　④炭…D
4. 献立
   ・釣れたマス
   ・焼きそば（そば4袋，キャベツ，もやし，ソース）

【演技者Bさんへ】
　Aさんの説明した計画に，あなたたち3人全員が賛成しません。あなたはバーベキューにするのはいいのですが，実は魚が嫌いなので，最初はほかの2人に合わせて，不満そうに黙っていてください。
　しかし，Aさんが困っていたら「じつは魚が嫌いなんだ」と言ってみてください。Aさんが満足するような案を出したら，あなたはいちばん早く賛成に回ってください。また，十分に満足しなくても，1回目の笛が鳴ったら，Aさんに賛成してあげてください。様子を見ながらAさんを応援して，C・Dさんを説得してください。

D役　シナリオカード：川遊びのプラン

1. 時程
   希望ヶ丘駅7:00集合〜快速電車7:05乗車〜
   高原駅8:20着〜虹の川公園（8:30〜15:45）
   高原駅16:00快速電車〜17:15希望ヶ丘駅着・解散
2. 内容
   ①マス釣り　②バーベキュー
3. 分担
   ①釣りざお…各自　　　②買い出し…A，B
   ③バーベキュー道具…C　④炭…D
4. 献立
   ・釣れたマス
   ・焼きそば（そば4袋，キャベツ，もやし，ソース）

【演技者Dさんへ】
　Aさんの説明した計画に，あなたたち3人全員が賛成しません。あなたは計画自体に反対というよりも，親友のAさんが最近仕切りすぎることが気に入りません。そのことは言わず，いろいろなことに文句をつけて，3人の中でいちばん強く反対してください。
　もしAさんが，あなたの気持ちをよくわかってくれたと感じたら，最後に賛成してください。また，そう思えなくても3回目の笛が鳴ったら，Aさんに賛成してあげてください。

ディスカウントとストローク (512ページ)

ディスカウント（値引き）具体例

1 理屈で押さえつける

場面……自分でやりたい（塾，けいこ，部活など）と言ってやり始めたことを「やめたい」と言いだしたとき。

ディスカウント……あんたはいつもそうなんだから！　あんたがやりたいって言ったんでしょ。長続きしないからよしなさいっていったのに…。月謝も高いのよ！！　責任もちなさいよね。いつまでも子どもじゃないんだから。やっちゃあ，やめ，やっちゃあ，やめしていたら何にも身につかないよ。ろくな人間にならないわよ！

2 ないがしろにする

場面……「次のテストはがんばる！」と言っておきながら，テスト前もいつもと変わらない取り組みで…。案の定，テストの点数は相変わらずよくなかった。

ディスカウント……あんたはいつも口先だけなんだから…。お兄ちゃんはしっかりしているのに，あんたはどうしちゃったんだろうね。お兄ちゃんがしっかりしているから，あんたはどうでもいいけどサ！！

3 じゃま者扱いにする

場面……ほかの兄弟姉妹はしっかりしており，進学も手がかからなかった。何ごとも手のかかる子どもに向かって…。

ディスカウント……あんたさえしっかりしてくれれば，母さんはほんとうに安心なんだけどねえ。あんたがいちばん心配だよ。お兄ちゃんやお姉ちゃんみたいにしっかりして，母さんを安心させてよ。

4 決めつける

場面……何ごとも口先だけで，行動が伴わない子へ。

ディスカウント……どうせあんたは口先だけだから！　そんなこと，あんたにできっこないでしょ！

5 鼻でわらう

場面……テスト前めずらしく勉強している子へ。

ディスカウント……へえ〜，雨でも降るんじゃない！

6 萎縮させる

場面……次はがんばろうと意欲的になっている子へ。

ディスカウント……努力してもできないことがあるのよ！　ムリ！　ムリ！　お金と時間のむだ使いよ！

7 ほかの物差しで測る

場面……前のテストよりよい点をとってきた子どもへ。

ディスカウント……前よりいいけど，平均より低いね！　前よりいいんだ。でも平均は何点なの？

8 攻撃する

場面……「忘れ物が多い」と担任から電話が入った。

ディスカウント……あんたがしっかりしないから，母さんまで恥ずかしい思いするんでしょ。しっかりしてよ。そんな子，うちの子じゃないわよ。

9 しかる対象を広げる

場面……茶わんを落として割った子どもへ。

ディスカウント……何をやってもドジなんだから！　ぼんやりしすぎだよ！　そういえば今朝も遅刻したっていうし，勉強もやらないで，ゲームばっかりやって〜ェ！　だから成績も悪いんだョ。もっと，しっかりしなさいよね！！

Structured Group Encounter
ENCYCLOPEDIA
構成的グループエンカウンター事典

Part 4
エクササイズカタログ②

構成的グループエンカウンターの定番は何か？
不自由な自分を脱し，自分の意志で人生を切り開くには？
自他発見の気づきはエクササイズでどう生じるか？

ジェネリック
エクササイズ

15章：ジェネリックエクササイズ

エクササイズの特色について

● 目的　エクササイズの目的で次の6種類がある
　　　　自己理解　他者理解　自己受容　自己表現・自己主張　感受性の促進　信頼体験
● 時間　実施時間の目安
　配列について　奇数ページ右端のツメは宿泊プログラムの流れに沿った配列を示す
　　　　　　　　似たねらいのものを集めてある
　出典について　15章のエクササイズは，おもに國分康孝『エンカウンター』誠信書房に掲載の
　　　　　　　　エクササイズである

ジェネリックエクササイズ

　ジェネリックSGEは，参加者の行動変容（自己変容，人間的成長）を目的としている。健常な成人を対象に，2泊3日，3泊4日などの合宿で，文化的孤島（未知集団）を形成して実施する。スペシフィックSGEとは識別され，リーダーやスタッフには，カウンセリングの素養がきわめて重要である。

ジェネリックエクササイズについて
　ジェネリックエクササイズは，合宿のプログラムを組んで実施される。プログラムは，國分のコーヒーカップモデルにそって組まれる（プログラム例については，590頁を参照）。
　また行動変容を目的としているので，リーダーは参加者の気づきが深まるよう自己分析を迫ることが多々ある。すなわちリーダーが，対決，自己開示，解釈，リフレーミング，ロールプレイなど，能動的にメンバーにかかわる場面がスペシフィックSGEよりも多い。

展開方法と留意点
　ジェネリックSGEは，スペシフィックSGEよりもエクササイズ以外のことをプログラムに組み込むことが多い。シェアリングのみのセッション（全体シェアリング）も数回行う。

●オリエンテーション
①目的の説明……例えばリーダー養成のワークショップなら，リーダーの立ち居振舞いを相互学習（参加的観察）することが目的となる。
②方法の説明……同様にリーダー養成のワークショップなら，エクササイズ係によるエクササイズの展開，メンバーのフィードバック（直接的・間接的），スーパービジョン，全体シェアリングという流れで行うことを説明する。

参考：國分康孝『エンカウンター』誠信書房。國分康孝・片野智治『構成的グループ・エンカウンターの原理と進め方』誠信書房。

③ルールの確認……次のようなルールを確認する。守秘義務（SGEでの話を口外しない約束）を守ること。アイメッセージでフィードバックする（非難，批評，押しつけ，レッテル貼りをしないで，育てる評価を行う）こと。文化的孤島を守る（家族や職場との交流を断つ，新聞・テレビを見ない，携帯電話の電源を切る）こと。特定のペアリング（親しい者同士で組む）を避けること。時間を守ること。セッションのときメモはとらないこと。

④スタッフ紹介……スーパーバイザー・リーダー・事務局（カウンセラー）を，他者紹介の形で，順番に紹介する。

● 役割遂行

点呼係，受付係，文書係，保健係，サービス係，音楽係，コンパ係，学習環境係，エクササイズ係など，メンバーとリーダーのやりとりで事前に決めた各役割を紹介する。各係は立ち上がって拍手を受け，任命を受ける。

國分によると，役割遂行のねらいは次のとおりである。①役割を通して，いままで気づかなかった自分（隠された役割，hidden role）に気づく。②役割を通して，他者とコンタクトをもつ。パーソナルなレベルでは引っ込み思案な人でも，役割を介することで，抵抗が少なく人と接することができる。③メンバーの役割遂行でリーダーが雑務から解放される。また役割を通してメンバーに集団性が育ち，グループの運営がスムーズになる（実利性）。

● リチュアル

リチュアル（ritual）とは，共通の行動様式のことである。宗教的儀式はその一例であるが，これに國分は心理学的意味をもたせて応用している。例えば，ワークショップの開始時に，「みなさん，今日の出会いに感謝の気持ちを込めて全員と握手してください」と司会がインストラクションする。1日のセッション終了時にも，2日目の開始時と終了時も同様に行う。このように，ワークショップは握手に始まり握手に終わるという定型化した行動を設定する。

リチュアルのねらいは集団の凝集性を高め，メンバーの集団への所属感を強くするところにある。また握手はスキンシップなので，感情交流が促進され，リレーションづくりに役立つ。

〔大友秀人〕

Part 4 エクササイズカタログ

第14章 スペシフィックエクササイズ

第15章 ジェネリックエクササイズ
集中的グループ体験向け

エクササイズの特色

● 目的　自己理解

● 時間　20分

ペンネーム

片野智治

■**ねらい**　自分で自分に名前をつけ，この文化的孤島で主体的に生きることを表現（宣言）する。守秘義務を実行する。

（吹き出し）どんな思い入れがあるんですか？

（吹き出し）ユーモアを言える私になりたいです。

■**自己発見の例**……●ペンネームに違和感や不自由を感じた。私は親がつけてくれた名前が好きなんだなとあらためて感じた。メンバーには，自分の名前が嫌いだと言う人がいた。理由は，自分が自分でないような気がするからと言っていた。●私は第一子長女で生まれた。私の名前には親の期待が込められて，何代も続いたこの家の跡取りにふさわしいものであった。やがて第二子長男が生まれた。私はペンネームが書けなかった。「家」から離れられない私であった。

出典：國分康孝『エンカウンター』誠信書房．片野智治『構成的グループ・エンカウンター』駿河台出版社．

■背景となる理論・技法　実存主義の考え方（"Courage to be" "Being is choosing" "I want to be what I am" 一般意味論における実態と名との乖離を埋める）

■メンバーの気づきと，それを引き出すリーダーの構成・介入
「それぞれ思い入れがあるんですねぇ」「理想自我が表現されているなあ」「新聞や雑誌にある匿名希望やペンネームとは，かなり違うなあ」
→ 介入　「素の自分を出せるような名前がいいですね」

〈準備〉
- B5サイズの厚紙（パンチ穴2つあけたもの）。丸い細いひも。多色のマジックを豊富に用意する。
- ハサミ（厚紙の角を切り取りたいメンバーのために）。

〈インストラクション〉
「これから，こんなふうにペンネームをつくってください。ねらいは自分で自分に名前をつけることで，この文化的孤島で主体的に生きることを表現（宣言）することです。人の期待にそうためではなく，自分の期待にそうためです」
「留意点は，素の自分を出せるような名前がいいです」
「私のペンネーム『ユーモア』は，癒しの根元（喜怒哀楽の感情そのもの）という意味です。私のリーダーぶりを参加メンバーに評価してもらったところ，ユーモアが必要であるという意見がありました。國分先生は『古典落語を繰り返し聞け』と助言してくださいました。この瞬間，私はSGEをライフワークにしたいと思ったのです」

〈エクササイズ〉
- 厚紙にペンネームを書く。文字は大きくカラフルに。絵入りOK。役割を右下に書く。時間は12分。
- ペンネームを3回，ぶつぶつとつぶやく。
- ペンネームの展覧会。首にかけて無言で見合う。
- 隣近所のメンバーとペンネームで自己紹介しながら握手。
- 入浴と就寝以外は，恥ずかしくてもはずさない（羞恥心粉砕）。

〈シェアリング〉
「このエクササイズを体験してみて，感じたこと，気づいたことを自由に話し合ってください。時間は2分です」

〈介入〉
- 同じペンネームの場合は，枕に形容詞をつけるように教示する。変えてもよいという場合は話し合いをして変更する。

自由歩行・握手

別所靖子

■**ねらい**　参加者同士が，浅くてもよいから広く顔なじみになる。本音を意識しながら不安と孤独に耐える。

［自由歩行］

- 意外にむずかしいな。
- なんだか不安。
- 人のあとについてしまうな。
- はじめましてよろしく。

ワイワイ　ガヤガヤ

［握手］

エクササイズの特色

● 目的　自己理解

● 時間　5分

■**自己発見の例**……●だれかに見られているようで気恥ずかしく，自由歩行なのに緊張した。●握手したとき，相手と視線を合わせるのが恥ずかしかった。手もしっかり握れない。みんな楽しそうに握手しているのに自分はどうも握手が苦手だ。●自由歩行なのに，いつの間にか人のあとをついて歩いていた。そのほうが楽だし安心する。そういえば職場でも人に合わせて波風を立てないようにしている。それがクセになっているようだ。

出典：國分康孝『エンカウンター』誠信書房。片野智治『構成的グループ・エンカウンター』駿河台出版社。

■**背景となる理論・技法** 実存主義（自由と自立に不安と孤独はつきもの。これに耐えてこそ健全な生き方をめざせる），アイコンタクトとスキンシップ

■**メンバーの気づきと，それを引き出すリーダーの構成・介入**
「自由に歩くって，けっこう緊張するなあ」「いつも人混みでは流れにそって歩いていた。そのほうが楽だったから」
→ 介入 「自分を感じながら，足裏で一歩一歩を踏みしめて歩いてください」

〈準備〉 ・時間を計るストップウォッチかタイマー。

〈インストラクション〉 「この部屋の中を自由に歩き回ってもらいます。自分を感じながら自由に歩いてください。声を出さずに，照れずに，他人に左右されずに1分間歩き回ります。つい人のあとについていきたくなりますが，このくらいの不安や孤独に耐えられないようでは，人に頼られる教師やカウンセラーにはなれないぞという気概をもって，大地を踏みしめるようにゆっくり歩いてください。1分たったら合図します」

「そのあとですれ違う人と握手します。相手の目を見てしっかり握手してください。なるべく全員としましょう」

「私はこのエクササイズをするとき，自分に言い聞かせます。歩きなれた道を歩くな。渡りなれた橋を渡るなと」

〈エクササイズ〉 ・全員が無言で会場の中を歩き回る。
・追従的だったり受け身的だったりしたら介入する。
・1分たったら近くの人と握手する。積極的に，なるべく全員と行う。

〈シェアリング〉 「体験してどんなことを感じましたか。感じたことや気がついたことをみんなに話してください」

〈介入〉 ・自由に歩くことが不安で，人のあとについて歩き回る人に対しては，「人のあとについて回るのは不安と孤独のためと思いますが，若干の孤独と不安に耐えて，1人で自由に歩いてください」と伝える。
・握手をするとき視線を合わせない，手をしっかり握れないとき，「握手するときは，相手の目を見てください。目は口ほどにものを言うといいますよ」と介入。

二人一組（ききあう）

別所靖子

■ねらい　相互に関心をもち合い，質問するということで好意の念を相手に伝える。相手について知る。

Part1 エンカウンターについて知ろう
- 第1章
- 第2章

Part2 エンカウンターをやってみよう
- 第3章
- 第4章
- 第5章
- 第6章
- 第7章
- 第8章
- 第9章

Part3 柔軟に展開しよう
- 第10章
- 第11章
- 第12章
- 第13章

Part4 エクササイズカタログ
- 第14章　スペシフィックエクササイズ
- **第15章 ジェネリックエクササイズ 集中的グループ体験向け**

エクササイズの特色
- ●目的　他者理解
- ●時間　10分

（吹き出し）
- 質問に好意の念をこめて内面にも迫りましょう。
- 喫茶店をやりたいです。
- 夢は何ですか。
- 姉と弟が一人ずついます。
- きょうだいは何人ですか。
- お仕事中何をしていますか。
- 今楽しいことは何ですか。
- 庭の花が咲き始めたのです。

■自己発見の例……●話しているとき「うんうん」とうなずきながら，笑顔でじっと聞いてくれた。相手に関心を向けるって質問や言葉だけじゃない，表情や仕草からも伝わるんだ。●「クラスの子との人間関係づくりで心がけていることは？」と聞いてくれた。よくぞ聞いてくれましたと心で叫んでしまった。私の最大の関心事だったのです。

Part5　資料編

出典：國分康孝『エンカウンター』誠信書房。片野智治『構成的グループ・エンカウンター』駿河台出版社。

■背景となる理論・技法　無条件の肯定的関心（C・ロジャーズ）

■メンバーの気づきと，それを引き出すリーダーの構成・介入
「私の目を見て，うなずきながら熱心に聞いてくれた。うれしかった」「緊張したけど，家族や趣味のことから，だんだんに気持ちを聞いていってくれた。よかった」
→ 介入　「相手から遠くなるような質問は避けましょう」
→ 構成　質問は表面から心の内面へ進める。「パスする権利もある」ことを教示する。

〈準備〉
・人数分の椅子。
・2人組になる。

〈インストラクション〉
「これから自分のパートナーについて知りたいことをどんどん質問します。質問することによって『あなたに関心をもっています』と好意の念を伝えるのです。時間は2分間です」
「質問は表面的なことだけでなく，内面に迫るようなことも聞けるといいですね。コツは『臆さず聞きすぎず』『芋づる方式OK』です。答える人は聞かれたことだけに答えてください。もし答えたくなかったら，パスと言います。つまり，いまは答えたくないと言えばよいのです」
「初めにリーダーがやってみます。みなさん，何か私に質問してください。だれか2分間時間を計ってください」（質問には自己開示的に答えて，デモンストレーションをする）

〈エクササイズ〉
・2人組をつくり，向かい合って椅子に座る。
・1人が相手のことを知るための質問をする。答えを聞いたらまた次に質問を続ける。
・2分間たったら役割を交代する。

〈シェアリング〉
「相手のことをどれくらい理解できましたか。よくぞ聞いてくれましたという質問はあったでしょうか。感じたことや気がついたことを2人で話し合ってください。くれぐれもエクササイズの続きをしないように」

〈介入〉
・シェアリングが，それまでのエクササイズの延長になってしまうことがよくある。そういうときは「エクササイズをして感じたことや気づいたことについて話し合うのですよ」と介入する。

Part1 エンカウンターについて知ろう
第1章
第2章

Part2 エンカウンターをやってみよう
第3章
第4章
第5章
第6章
第7章
第8章
第9章

Part3 複数に展開しよう
第10章
第11章
第12章
第13章

Part4 エクササイズカタログ
第14章 スペシフィック エクササイズ

第15章 ジェネリック エクササイズ 集中的グループ体験向け

エクササイズの特色

● 目的　信頼体験

● 時間　10分

Part5 資料編

マッサージ

髙橋浩二

■**ねらい**　甘える・甘えさせる（甘えられる）体験を通じてリレーションをつくる。

（イラスト内セリフ）
- こんなふうに注文してくれるとこっちはうれしいんですけど。私の娘もこういうふうに言ってくれるといいんですがねえ。
- どうしたほうがいいですか。
- もう少し強く。
- もう少し下の方！
- あっそこ！う〜ん気持ちいい。

■**自己発見の例**……●マッサージがこんなに気持ちのよいものかと、あらためて思った。話題も自然に出てきて、相手との間にあった厚いベールが取れたような感じがした。●緊張してうまく甘えられなかった。私自身が親から大事にされた、心から愛情をもってふれられた、と思う瞬間が少なかった気がする。弟がひどく病弱で、親の関心は弟にあったと思う。いまでも親に甘えたい、けれど甘えられない気持ちや、一種の憎しみ、怒りを感じていることがわかった。

出典：國分康孝『エンカウンター』誠信書房。片野智治『構成的グループ・エンカウンター』駿河台出版社。

■**背景となる理論・技法**　アタッチメント（愛着）理論，NP・FC（交流分析）

■**メンバーの気づきと，それを引き出すリーダーの構成・介入**
「けっこう気持ちがよいものだ」「自分はしてもらうことが苦手だな」
→ 介入　「抵抗を感じるのは自然なことですが，短い時間ですし，気づきにいたるには勇気をもって飛び込んでみることも大切です」

〈準備〉　・2人組で行うのでグルーピングの工夫。

〈インストラクション〉　「これから2人組でマッサージを行います。お互いに自分の親愛の情を，マッサージを通じて伝え合うこと，そして甘えを出し合い，それを受けとめ合うことがねらいです」
「ジャンケンで順番を決めます。マッサージする人は，マッサージする箇所，強さ，やり方などをたずねながら行ってください。してもらう人は強さや場所などを要求してください」
「私はこのエクササイズが好きです。何ともいい気分（甘える・甘えられる快感）にさせてくれるからです。シンプルですが，たいへん奥が深いエクササイズです」
「マッサージをする人は，自分が大切に思っている人に語るような感じでやってください。マッサージの加減について，この調子でよいか，問うことも忘れないでくださいね」

〈エクササイズ〉　・2人組に分かれ，順番を決め，お互いにマッサージを行う。

〈シェアリング〉　「感じたこと，気づいたことなどについてペアで話し合ってください」
「近くのペアと4人組になり，話し合ったことを発表してください」

〈介入〉　・抵抗を示す参加者には，無理しないことを伝えたうえで，自分が何に抵抗をもっているのか見つめるよう教示する。リーダーとしては，長い時間ではないので，可能ならがんばってエクササイズに飛び込んでみてほしいことも伝える（無理強いは避ける）。場合によっては，リーダーと相手が行っているところをそばで観察してもらうのもよい。それも厳しい場合は，集団全体を見てもらうようにするのも方法である。

将来願望

阿部明美

■**ねらい** これからしたいと思っていることを語ることで自分を開く。

Part 1 エンカウンターについて知ろう
　第1章
　第2章

Part 2 エンカウンターをやってみよう
　第3章
　第4章
　第5章
　第6章
　第7章
　第8章
　第9章

Part 3 柔軟に展開しよう
　第10章
　第11章
　第12章
　第13章

Part 4 エクササイズカタログ
　第14章 スペシフィックエクササイズ
　第15章 ジェネリックエクササイズ　集中的グループ体験向け

エクササイズの特色

● 目的　自己理解
● 時間　10分

（吹き出し）
- 私が将来したいことは高原に住みたい そこで喫茶店をやりたい…。
- 私が将来したいことはハワイに行きたい 本をたくさん読みたい。
- なるほど そうですか。

■**自己発見の例**……●その日その日に追われていて、夢や願望から遠くなっていた。さびしいなあ。●相手が熱心に聞いてくれるので、話しているうちに元気が出てきた。いまのことにとらわれていた自分から解放された気がした。●やりたいことはいろいろあるけれど、よく知らない相手に話すのはためらわれた。思ったよりも苦しかった。

Part 5 資料編

出典：片野智治『構成的グループ・エンカウンター』駿河台出版社。國分康孝『エンカウンター』誠信書房。

■**背景となる理論・技法**　自己開示，受容（うながしを含む）

■**メンバーの気づきと，それを引き出すリーダーの構成・介入**
「話を聞いて，相手をさらに身近に感じた」「恥ずかしかったけど，聞いてもらえてうれしかった」
→ 介入　「勇気を出して『虎穴に入らずんば，虎児を得ず』の心境でやってみてください」

〈準備〉　　　　　・リーダーは自分が自己開示できるよう準備しておく。

〈インストラクション〉「これから将来の願望を語り合います。1分間で，浮かんでくることを，思いつくままに，箇条書きのように語ってください」
「ねらいは，勇気を出して自分を開くことです」
「私が将来したいことは，留学中の娘に会いにアメリカに行きたい，筋力トレーニングをしたい，私の住んでいる町の人々を対象にエンカウンターをやりたい，○○県に教育カウンセラーの支部を設立したい，です」
「留意点は，①1つのことをくどくど語らないこと，②思い浮かんだことを取捨選択しないで語ること，③できないとか実現しないとか気にとめないことです」

〈エクササイズ〉　・2人組になって横並びに座り，相手の肩に手を回してもらう。（抵抗があれば肩は組まなくてもよい）
・話す順番を決め，将来の願望を語る。
・1分間で交代する。

〈シェアリング〉　「将来の願望を語り合って，いま感じていること，気づいたことを自由に話し合ってください」

〈介入〉　　　　　・遠慮が強い様子のペアには，椅子をもう少し近づけてもらう。
・時間が短いので，極力介入しない。

Part1 エンカウンターについて知ろう
第1章
第2章

Part2 エンカウンターをやってみよう
第3章
第4章
第5章
第6章
第7章
第8章
第9章

Part3 柔軟に展開しよう
第10章
第11章
第12章
第13章

Part4 エクササイズカタログ
第14章 スペシフィック
　　　　エクササイズ

**第15章
ジェネリック
　　　エクササイズ
集中的グループ体験向け**

エクササイズの特色

● 目的　自己理解

● 時間　20分

印象を語る

片野智治

■ **ねらい**　「人からどう思われるだろう」という不安から生じる無用な防衛機制を取り払い，ホンネを語りやすくする。

> あなたの印象は、おおらかそうな人です。

> あなたの印象は…。

■ **自己発見の例**……● 相手の印象を伝えられない自分がいた。いかに関心をもって人のことを見ていないかに気づいた。周りの人も，自分が思うほど私のことを気にかけていないのだとしたらさびしいなあ。● ペアを組む前の，握手のときのことを覚えていてくれて，「大きな手があたたかそうだった」という印象がうれしく，この人にだったらいろいろなことを話せそうな気がした。

Part5 資料編

出典：國分康孝『エンカウンター』誠信書房。片野智治『構成的グループ・エンカウンター』駿河台出版社。

■**背景となる理論・技法**　防衛機制（精神分析理論）

■**メンバーの気づきと，それを引き出すリーダーの構成・介入**
「少し思い切って伝えた『自分に厳しそうな人だと思う』という印象が，相手に喜ばれてほっとした」「自分で思っているよりいい印象を言われてこそばゆかった」
→ 介入　「相手が自分をどう思っているのかわからないと，不安になるものです」
→ 構成　見た目のことから，だんだん相手の具体的な行動をとらえて印象を伝えていく。

〈準備〉	・音楽（オルゴールなどの環境音楽を会場にBGMで流す）
〈インストラクション〉	「ペアの相手の人とは，このエンカウンターで初めて出会った人同士ですが，お互いのことが少しずつわかってきました。しばしの時間を共有してきて，相手に対して何らかの印象をもったことと思います。このエクササイズでは，お互いに相手の印象を伝え合います」
	「自分が人にどう受けとめられているのかわかると安心できます。たとえそれがよくない印象だったとしても，自分のホンネを語ってくれる人に対して無用な防衛機制を働かせる必要がないからです。気兼ねや遠慮をしないで語り合う関係をつくることがこのエクササイズのねらいです」
	「もみじさん。前に出て協力してくださいますか。私のもみじさんの印象は，ふんわりした人です。笑い方がとても優しそうなところから感じました」
	（もみじ）「私のリーダーに対する印象は，静かで落ちついた人です。みんなを見るまなざしから，そのように感じました」
〈エクササイズ〉	・これまでの2人組を生かしたペアで行う。
	・3分の間にお互いの印象を伝え合う。
〈シェアリング〉	「このエクササイズを体験して，感じたこと，気づいたことを自由に伝え合ってください。時間は5分間です」
〈介入〉	・ペアの距離が離れすぎている場合は，近づけるようにする。
	・印象とその理由の両方を伝えるようにする。

Part 1 エンカウンターについて知ろう
　第1章
　第2章

Part 2 エンカウンターをやってみよう
　第3章
　第4章
　第5章
　第6章
　第7章
　第8章
　第9章

Part 3 柔軟に展開しよう
　第10章
　第11章
　第12章
　第13章

Part 4 エクササイズカタログ
　第14章　スペシフィック
　　　　　エクササイズ

第15章
ジェネリック
　エクササイズ
集中的グループ体験向け

エクササイズの特色
●目的　他者理解
●時間　10分

Part 5 資料編

四人一組（他者紹介）

大木百合江

■**ねらい**　受け入れられる感じを味わい、メンバーの多様な面を知る。人の話に耳を傾けられる自分・そうでない自分に気づく。

（吹き出し）
- ハルさんです　愛読書は星野富弘さんの「鈴の鳴る道」で、この本は、気持が落ちついてくると言っています。
- 生徒から「虫博士」と呼ばれている信さんです。

（名札：リョウ／ハル／ミー／信）

■**自己発見の例**……●「そこまで」と言われたとき、ホッとした。しかし、紹介した内容は職業や出身地など外側のことばかりだった。●機械的に淡々と紹介されたという感じで、私の心は満たされなかった。そして、「何と素っ気ない淡白な人だろう」と相手を非難したい気持ちにかられた。私は自分がナーシシズムの強い人間であることに気づいた。●いちばん紹介してほしいことを言ってくれたので、とても満足です。

出典：國分康孝『エンカウンター』誠信書房。片野智治『構成的グループ・エンカウンター』駿河台出版社。

■**背景となる理論・技法** 　受容，くり返し，支持，強化法

■**メンバーの気づきと，それを引き出すリーダーの構成・介入**
「一生懸命私のことを紹介してくれて，うれしくなりました」「紹介しているとき，パートナーの表情が気になり確認したくなるんです」
→ 介入 　「紹介する（される）前と後では気持ちに変化がありましたか」

〈準備〉　　　　　・2人組で自己開示し合うエクササイズに続けて行う。

〈インストラクション〉　「これから4人1組になり，いままで一緒だったパートナーを新しいパートナーに紹介します」
　　　　　　　　「ねらいは，2人から4人へとヒューマンネットワークを広げることです。コツはパートナーを売り込むことです」
　　　　　　　　「例えば，私はテキパキと仕事をこなすことができず，帰宅はいつも8時過ぎですと自己紹介したところ，『時間を惜しまず誠実に仕事をする方です』と紹介してくれた人がいて，とてもうれしくなったことがあります」
　　　　　　　　「留意点は，雑駁な紹介にならないこと。相手の存在に敬意を表して，本人に満足してもらえるように紹介しましょう。忘れたという人は誠意がないからですよ」

〈エクササイズ〉　・2人で手をつないで歩き，相手のペアを見つけて4人1組になる。
　　　　　　　　・順番を決めて，1人1分で自分のパートナーを新しい2人に紹介する。
　　　　　　　　・各自の自己紹介が終了しても，そのまま4人で雑談する。

〈シェアリング〉　「感じたこと，気づいたことを自由に話し合ってください。時間は4分です」

〈介入〉　　　　　・「忘れてしまった」というざわめきが起こったときは，パートナーにごめんなさいと言うように促しながら，「忘れてしまった自分（どんな自分だったのか）について語ってください」と教示する。

Part 1 エンカウンターについて知ろう
第1章
第2章

Part 2 エンカウンターをやってみよう
第3章
第4章
第5章
第6章
第7章
第8章
第9章

Part 3 柔軟に展開しよう
第10章
第11章
第12章
第13章

Part 4 エクササイズカタログ
第14章 スペシフィック エクササイズ

第15章 ジェネリック エクササイズ
集中的グループ体験向け

エクササイズの特色
- 目的 信頼体験
- 時間 15分

トラストウォーク

仲村將義

■**ねらい** 他者に身を任せられる自分・任せられない自分に気づく。他者の身になれる自分・なれない自分に気づく。

（吹き出し）
- 不安…。
- あっ 大丈夫？
- この速さで大丈夫かな。
- けっこう こわいなあ。
- 私はパンジーさんに安心して自分をまかせている。

（名札）パンジー／ヒデ

■**自己発見の例**……●目を閉じ，空気の流れ，音，光の変化と身体接触だけで得られる世界は不安を伴う。リードはあっても，あくまで自分の足と手で探りながら納得するように歩く自分がいた。日ごろから他者に身を委ねるのが好きでない自分に気がついた。●汗ばみ，手にギュッと力が入る動きから，相手の不安や緊張の変化が感じられた。ふだんは一緒にいても相手の気持ちにあまり関心がなく，自分のペース優先で，寄り添うことをしてない自分に気づいた。

Part 5 資料編

出典：「ブラインド・ウォーク」，國分康孝『エンカウンター』誠信書房。「ブラインド・ウォーク」，片野智治『構成的グループ・エンカウンター』駿河台出版社。

■背景となる理論・技法　防衛機制，NP（交流分析），精神分析的発達論

■メンバーの気づきと，それを引き出すリーダーの構成・介入
「こんなに1歩が踏み出せないとは思わなかった」「相手を思いやって，安心させたい気持ちが強くなっている自分に気づきました」
→ 介入　「動けないときは，そのときの気持ちを味わってください」

〈準備〉　　　　　・広い空間。

〈インストラクション〉　「ねらいは2つあります。1つは，他者に身を任せられる自分・任せられない自分に気づくこと。もう1つは，他者の身になれる自分・なれない自分に気づくことです」
「2人組になります。1人は目を閉じて，他の1人が目を開けて誘導して歩きます。歩き回る場所は○○までです。時間は3分です。合図で元の場所に集まってください。その後，役割を交代します」
「私がやったとき，こんなふうに相手の肩に手を置かせてもらい，そのあとについて行きました。目を閉じているので，不安でいっぱいでした。やがて安心感がわいてきて，相手に身を任せられるようになり，一体感を感じましたね」
「決してふざけないでください。また言葉を使わないでコミュニケーションしてください」

〈エクササイズ〉　・ペアで誘導される役・誘導する役，姿勢を決める。
・1人が目をつぶり，1人が誘導して無言で歩く。
・3分間たったら，同じペアで役割を交代して実施する。

〈シェアリング〉　「このエクササイズを体験してみて，感じたこと気づいたことを自由に出し合ってください。誘導の仕方について話すというよりも，身を任せられたかどうか，相手の身になれたかどうか，そのときの感情について話してください」

〈介入〉　　　　　・緊張・不安で行動をためらっている人に，「ためらっている自分・緊張している自分，まず自分について話してみるといいですね」と介入。

Part1 エンカウンターについて知ろう
  第1章
  第2章

Part2 エンカウンターをやってみよう
  第3章
  第4章
  第5章
  第6章
  第7章
  第8章
  第9章

Part3 柔軟に展開しよう
  第10章
  第11章
  第12章
  第13章

Part4 エクササイズカタログ
  第14章 スペシフィック エクササイズ

  第15章 ジェネリック エクササイズ
  集中的グループ体験向け

  エクササイズの特色
  ●目的 自己理解
  ●時間 15分

Part5 資料編

私に影響を与えた人

飯野哲朗

■**ねらい** 自分の人生に影響を与えた人，もしくは出来事を思い出し，その人とのかかわりの中での自己の成長について理解する。

（吹き出し）就職して間もなく精神的に弱っている時にアドバイスしてくれた先輩がいました。

（吹き出し）なるほどそんな方がいらしたのですか。

■**自己発見の例**……●先輩は「計算ミスをやるような軽い気持ちで仕事をしてはいけない」と叱責したのだと思っていました。ところが，そのことで同僚に遅くまで仕事をさせ，謝罪にまで行かせたことを思い出すと，簡単そうな仕事も全体につながり，大きな責任を伴うことにあらためて気づきました。●失敗をするたびにだれかがサポートしてくれて，周囲の人たちは私を見捨てませんでした。みんなに見捨てられず支えられ生かされていて，感謝したいと思います。

出典：「支えられている私」，國分康孝監『エンカウンターで学級が変わる・高等学校編』図書文化．

■背景となる理論・技法　世界内存在（実存主義）

■メンバーの気づきと，それを引き出すリーダーの構成・介入
「先輩が私を叱ったのは，計算ミスをとがめるためだけではなかったんだなあ」
→ 介入　「先輩に叱られたことが，あなたの成長にどんな役割を果たしているのですか」
（その人や出来事が，いまの自分にとってどんな意味があるかを問いかける）

〈準備〉　　　　　・ペアで対面するための椅子。

〈インストラクション〉「自分に影響を与えた人との関係で，印象に残っている出来事を思い出し，『私は～』という一人称で，5W1Hの要領でペアに語ってみましょう」
「例えば，私は職について5年たって病気休職し，精神的にも立ち直れずに，そのまま退職しようと思ったことがありました。そうこうしているとき，ある先輩が訪ねてきて，『これ読んでみてくれ』といって，ご自身の若いころの日記帳を置いて行かれました。読んでみると，先輩の若いころの職業に対する疑問や悩みが率直に書かれていたのです。そうまでして私に職業の意味を教えようとしたことに驚き，また感謝しました。職業人としての先輩の生き方に自らの未熟さを痛感し，励まされて，私は復職する決心ができたのでした」
「語る内容は，ペアに話すことに抵抗のない程度のものでけっこうです。勇気を出して，印象に残ってはいるが自分でもよく消化できていないことに挑戦してみるのもよいでしょう」

〈エクササイズ〉　・影響を与えた人，出来事について考える（思い出す）2分。
　　　　　　　　・自分に影響を与えた人，出来事について1分半で語る。
　　　　　　　　・役割を交代して語る。

〈シェアリング〉　「このエクササイズを体験してみて，感じたこと，気づいたことを自由に出し合ってください。時間は2分です」

〈介入〉　　　　　・ペアの話に対して質問をしすぎるメンバーには，傾聴をすすめる。

みじめな体験・成功体験

髙橋浩二

■**ねらい** 他者の人生の一端にふれ，他者理解を深める。

> 高校生のころ合唱部であと一歩で全国大会のところまでいきました。うれしかったです。

> そんなことがあったのですか。

> 私は仲間はずれになったときのことを思い出すと今でもみじめな気持ちがわいてきます。

Part4 エクササイズカタログ

第14章 スペシフィック エクササイズ

第15章 ジェネリック エクササイズ 集中的グループ体験向け

エクササイズの特色
- 目的 自己受容
- 時間 45分

■**自己発見の例**……●周囲の人たちのあたたかさが身にしみた。いろいろあったが，自分は自分でよかった。●みじめな体験を乗り越えたと思っていたが，そうでもなかったんですね。●なかなかみじめな体験を語ることができなかった。無意識のうちに，自分のつらいことや嫌なことから逃げようとしているのかもしれない。でも，自分にとってこれがとても大切な気もする。みじめな体験も成功体験もすべてひっくるめて自分なのかなという感じがしている。

出典：國分康孝『エンカウンター』誠信書房。片野智治『構成的グループ・エンカウンター』駿河台出版社。

■**背景となる理論・技法**　自己開示，受容

■**メンバーの気づきと，それを引き出すリーダーの構成・介入**
「自分もよくやってきたなあ」「それぞれにいろいろな歴史をもっているんだなあ」
→ 介入　「人の人生に軽重はあるのでしょうか。私は師匠から『人の話を一笑にふすな』と教えられました。ましてや他人様の人生の一コマを聞かせてもらうのですから，ひたすらに聞き入ることです」

〈準備〉　・自己開示のレベルや深さ，内容が，集団に合う例を用意。

〈インストラクション〉　「これからグループで，みじめな体験と成功体験を語ってもらいます。語る側は過去の自分をもう1度見つめ，受容することにつながります。聞く側は他人の人生にふれ，学びや気づきを得ることにつながります」

「準備ができたら，みじめだったこと・情けなかったことを順番に話してください。全員終わったら，次に，得意な気分になったこと・自慢したいことを話してください」

「例えば私がいちばんみじめだったのは，いじめられたことです。集団からねちねちやられ，自分はちっぽけな存在で，この世にいなくてもいいんだと思いました。この気持ちはいまでも何となく残っています。でも，こうして話せたのは自分の中で変化の兆しがあったからなのかもしれません」

「語ることに抵抗のある方もいるかもしれません。そういう過去に対決してほしいと思いますが，言わなければよかった，と落ち込んでしまっては意味が薄れます。無理のない範囲で語ってください。聞く人は，他者の人生の一端にふれるわけです。尊重する気持ちで，ひたすら聞いてください」

〈エクササイズ〉　・5人組をつくって，話す順番を決める。
・みじめな体験を順番に話していく。
・その後，成功体験を同様に行う。

〈シェアリング〉　「感じたこと，気づいたことを話し合ってください」
「各グループの内容を全体で発表してみませんか」

〈介入〉　・話の腰を折ったり，質問したりする参加者がいたら，「ただひたすら聞き入る姿勢の重要さ」を伝える。

Part 1 エンカウンターについて知ろう
　第1章
　第2章

Part 2 エンカウンターをやってみよう
　第3章
　第4章
　第5章
　第6章
　第7章
　第8章
　第9章

Part 3 柔軟に展開しよう
　第10章
　第11章
　第12章
　第13章

Part 4 エクササイズカタログ
　第14章 スペシフィック
　　　　 エクササイズ

**第15章
ジェネリック
　　エクササイズ
集中的グループ体験向け**

エクササイズの特色

●目的　自己表現・自己主張

●時間　50分

Part 5 資料編

共同絵画

吉田隆江

■**ねらい**　非言語で，共同で絵を仕上げることによって，自分の中に起こってきた感情に気づく。非言語による感受性の促進。

（イラスト内の吹き出し）
- どこにかこうか。
- 話せないってつらいな。
- あっ　じゃ次はこうかな？
- この先はどうなるのかな。

■**自己発見の例**……●私は，とても沈黙が苦しかった。日ごろおしゃべりなんだな。それに，みんなが何を伝えたいのかわからなくてイライラした。感受性が乏しいんだと思う。●私は絵に対してコンプレックスをもっているんですね。小学校のときに「なに，その絵」と言われて以来，自信がなくなったんです。でも，ここではうまく描く必要はなかった。自分自身でそう感じました。

出典：「共同描画」，國分康孝『エンカウンター』誠信書房。片野智治『構成的グループ・エンカウンター』駿河台出版社。

■**背景となる理論・技法**　描画法，集団力学

■**メンバーの気づきと，それを引き出すリーダーの構成・介入**
「黙っているのがとても苦しくて。何を言いたいかよくわからない私でした」「私は絵が下手なので，みんなの足手まといになるのではないかと，とまどいました」
→ 介入　「うまく描いてほしいとは言ってないんですよ。そう感じたんですね」

〈準備〉
- 模造紙，各グループ1枚ずつ。
- クレヨン，各グループ1セット，新聞紙。
- 靴を脱いで床でするとよい。

〈インストラクション〉
「これから共同絵画をします。非言語で互いの気持ちをくみ取るというのが，このエクササイズのねらいです。模造紙に各グループの総意で，1つの絵を仕上げてください。メンバーの総意で仕上げるんですよ。順番に描いたりすることのないように，というのがルールです」
「私はこのエクササイズに意味を感じているんです。私が体験したとき，自分の中のコンプレックスと対面することになったんです。絵に対してだけでなく，日常の中で『いろいろなことをうまくしなければならない』『完璧にしなければならない』と考えている，自分の思い込みに気づいたんです」
「留意点はグループのメンバーの総意で仕上げること。うまい絵を描こうとする必要はないし，仕上げねばならないというわけではない，ということですよ」

〈エクササイズ〉
- グループメンバーは模造紙を囲むように座る。
- 非言語で何を描きたいかを決める。
- 非言語のまま20分間絵を描く。

〈シェアリング〉
「はーい。そこまでです。言語解禁です」
「では，描いていたときの自分の気持ち，始まりから終わりまでの気持ちの変化を語り合ってください。今回のシェアリングはその気持ちの動きがポイントです。時間は10分です」

〈介入〉
- 1人ぽつんと人の描画を見つめているような場合は，「何か入り込めない感じがしているのですか」と介入する。

私のお願いを聞いて

橋本 登

■ねらい　自己主張に必要な気概や勇気に気づく。

（イラスト内テキスト）
私のお願いを聞いて
ねらい：自己主張

お宅のワンボックスワゴン次の日曜に貸してください。

次の日曜はちょっと都合が…。

Part 4　エクササイズカタログ
第14章　スペシフィックエクササイズ

第15章 ジェネリックエクササイズ 集中的グループ体験向け

エクササイズの特色
● 目的　自己表現・自己主張
● 時間　15分

■**自己発見の例**……●私のお願いを粘り強く言い続けるなんてできないと思っていた。相手は断っているけど，優しさを感じた。ロールプレイでも，願いが受け入れられるとうれしい。●なにごとも断られるのが怖い自分がいた。断られることは，自分を否定されることとは違うことがわかった。ものを頼むことは悪いことではない。ギブ・アンド・テイクの生き方をやっていこうと思えた。頼まれると嫌と言えなかったけど，都合が悪いときには断ってもいいんだ。

出典：「お願い」，國分康孝『エンカウンター』誠信書房。片野智治『構成的グループ・エンカウンター』駿河台出版社。

■背景となる理論・技法　主張反応（行動療法）

■メンバーの気づきと，それを引き出すリーダーの構成・介入
「私のお願いを言うだけでも勇気のいるものですね」「粘り強く言い続けることはけっこうエネルギーが必要だね」「打ち出すエネルギーですね」
→ 介入　「自己主張（攻撃欲の外向化）をするための気概や勇気を相手に向けることが大切です」

〈準備〉　　　　　・2人組が対面して座るため，人数分の椅子。

〈インストラクション〉　「このエクササイズのねらいは，自己主張を試みることです」
「1人がお願いをする役，もう1人がお願いされる役になります。お願いする人は，お願いをし続けます。お願いされる役の人は断り続けます。2分たったら合図をしますから，折り合いをつけるようにして，最後はお願いを受け入れます」
「私はお願いするのが苦手で，うまいお願いの仕方を気にしていました。ここが私の盲点でした。本音の自分を打ち出すことのほうが先だ，ということに気がつきませんでした」
「留意点は，うまく願いを聞き入れてもらうための工夫というよりは，自己主張，すなわち攻撃欲の外向化をためらわないことです。コツは，手を替え品を替え，ひたすら『お願い』する粘り強さを出すことです。断られ続けるフラストレーションに耐えながら主張し続けることです」
「ではデモンストレーションとして私がやってみます」

〈エクササイズ〉　・お願いする役・される役の分担と，何をお願いするかを決める。必要に応じて場面設定をする。
・初めの2分間は，お願いする役はひたすらお願いする。お願いされる役はむげに断り続ける。
・合図のあと1分間で折り合いをつけ，最後に受け入れる。
・役割を交代して行う。

〈シェアリング〉　「お願いをしているとき，それを断り続けているときの気持ちを思い出し，感じたこと，気づいたことを話し合ってください」

〈介入〉　　　　　・お願いする側，またはされる側が言いよどんでいるときは，代わりに言葉を発して助ける（補助自我）。

紙つぶて

橋本　登

■**ねらい**　自己主張すべきときに自己主張できるよう，攻撃欲を外向化する気概と勇気をもつ。

紙つぶて
ねらい：自己主張
　　　　攻撃欲の外向化

ヨシ！

Ｎｏ，Ｉ　am　Ｉ．

エクササイズの特色

●目的　自己表現・自己主張

●時間　30分

■**自己発見の例**……●相手のペンネームカードに当てるのが意外とむずかしかった。これは罪意識なんだろうか。●何の抵抗もなくできたけれど，最後まで違和感は残った。この感覚は何か，これが私の課題だ。●最初は抵抗があったが，バレーボールで2人組のアタック練習のつもりで挑んだら，すんなりできた。これも1つのコミュニケーションであることがわかった。

出典：國分康孝『エンカウンター』誠信書房。片野智治『構成的グループ・エンカウンター』駿河台出版社。

■背景となる理論・技法　実存主義，主張反応，現実場面脱感作法（行動療法）

■メンバーの気づきと，それを引き出すリーダーの構成・介入
「攻撃欲は悪いものだと思い込んでいました」「攻撃欲の外向化には気概が必要だ」
→ 介入　「そのやりにくさ，抵抗感の意味は何なのでしょうねえ」「それが悪いとかいいとかではなくて，そういう自分とつき合ってみるといいですよ」「攻撃欲を出すことへの罪障感があるから，このエクササイズはつらいのです」

〈準備〉　　　　　・新聞紙を1人2枚ずつ用意する。

〈インストラクション〉「ねらいは，攻撃欲を外向化する気概や勇気をもつことです」
「新聞紙を丸めて，紙つぶてを1人2つずつ作ります。2人組で，紙つぶてを投げるほうと受けるほうの分担を決めます。1分間，『No, I am I.』と言いながら，受けるほうのペンネームカードに向けて紙つぶてを投げ続けてください」
「留意点は，攻撃性と敵意を識別することです。攻撃性には，自分の権利を守る，人を指導する，感情を表現するなどの働きがあります。自己主張・正義感・愛の告白・子どもを叱る・プロテクトするなどは攻撃欲のプラス外向化の例といえます。いっぽう敵意は，相手を粉砕して自分の生命や利益を守ることが中心になります」
「このエクササイズのコツは，武道のように相手に対する礼をもって，胸を借りるつもりで取り組むことです」

〈エクササイズ〉　・新聞紙1枚を丸めて，紙つぶてを作る。1人2つずつ作る。
・投げるほうと受けるほうの役割分担を決める。
・1分間，「No, I am I.」と言いながら，相手のペンネームカードに向けて紙つぶてを投げ続け，終わったら役割を交代する。

〈シェアリング〉　「投げているときの気持ち（気概・勇気）や受けているときの気持ちに焦点を当て，感じたこと，気づいたことを語り合ってください」

〈介入〉　　　　　・抵抗を示す人に「受けるほうだけでもやってみませんか？」と促す。「もしやれそうなら，投げてみたらどうですか」「でも無理はしなくてもいいですよ」と介入する。また「見ていて，あなたの中にどんな感情が起きてきますか」と付言する。

Part 1 エンカウンターについて知ろう
- 第1章
- 第2章

Part 2 エンカウンターをやってみよう
- 第3章
- 第4章
- 第5章
- 第6章
- 第7章
- 第8章
- 第9章

Part 3 柔軟に展開しよう
- 第10章
- 第11章
- 第12章
- 第13章

Part 4 エクササイズカタログ
- 第14章 スペシフィック エクササイズ

第15章 ジェネリック エクササイズ
集中的グループ体験向け

エクササイズの特色
- ●目的 自己表現・自己主張
- ●時間 15分

Part 5 資料編

視線による会話・手による会話

吉田隆江

■**ねらい** 目を見つめたり、手を握り合う非言語が、言語以上に人間が本来もっているあたたかさを伝えることに気づく。

（吹き出し）
- 思えばいつもはこんなによく見てないかも。
- 何か訴えられているような…。
- あなたは大切な人ですそのままでいいんだよ。

■**自己発見の例**……●私は照れくさくて、何だか落ち着かなかった。視線が定まらない自分だなと思いました。●私は、目は怖いものだと思ってたんです。だから、最初、相手の目を見るのは怖かったんですけど、手のぬくもりと同時に、目からあたたかさが伝わってきて、人間ってあったかいんだなと感じました。

出典：國分康孝『エンカウンター』誠信書房。片野智治『構成的グループ・エンカウンター』駿河台出版社。

■背景となる理論・技法　非言語的コミュニケーション

■メンバーの気づきと，それを引き出すリーダーの構成・介入
「何だか落ちつかなくて，じっと目を見ることができませんでした」「優しくあたたかい目と言われて，そんなこと言われたことがなかったので，うれしかった」
→ 介入　「恋人同士がじっと見つめ合っている，無言であるというのは，とてもよい感じですねえ。まさに『愛（目）でる』です」

〈準備〉	・特になし
〈インストラクション〉	「これから非言語のエクササイズをします。アイコンタクトです。お互いの目をじっと見つめるというだけです」
	「目は口ほどにものを言う，目は心のチャンネルなどと言いますね。コミュニケーションをとるときは，言語より非言語のほうがよりその人を伝えているんですね。自分の視線や，手の感じはどうでしょうか。今日は，その確認をしてみるのがねらいです」
	「私は，目で生徒を安らかな気持ちにできたらいいな，と思っているんです。それに混乱した人や哀しみを背負った人には，言葉よりも手のぬくもりをあげたいと。自分がそうされたとき，とっても安らかな気持ちになりましたから」
	「やり方は，2人1組になっている人と，向かい合ってください。互いに軽く手を握ってください。時間は30秒ですよ」
	「さあ，いま目の前にいる人はあなたの大切な人です。そのままでいいんだよ，という気持ちになって，それを目と手で伝えてください」
	「留意点は，照れないことですよ」
〈エクササイズ〉	・2人1組になり，向かい合って適度な距離で座る。
	・互いに手を軽く握り，目と目を見つめ合う。
〈シェアリング〉	「このエクササイズを体験してみて，感じたこと，気づいたことを自由に出し合ってください。時間は3分です」
〈介入〉	・じんわり感動している人にその気持ちを聞いて，それを全体にフィードバックする。
	・苦しかったという人の気持ちを聞き，その感情を受けとめる。

アニマルプレイ

瀬尾尚隆

■**ねらい** ナーシシズムを粉砕し，自分の感情を素直に表現する。

怒りの表現

やさしさの表現

Part4 エクササイズカタログ

第14章 スペシフィック エクササイズ

第15章 ジェネリック エクササイズ
集中的グループ体験向け

エクササイズの特色

● 目的　自己表現・自己主張

● 時間　30分

■**自己発見の例**……●アニマルだったので怒りの感情は出しやすかった。私って抑え込むところがあるので。●このエクササイズは私にとっては困難だった。最後までやり通したけど，これほど不自然な自分を感じたことはなかった。これは効いたよ。●身構えなくてもよい仲間や，家族の意識で身を寄せ合ったときには，とてもおだやかな気持ちになれました。

出典：國分康孝『エンカウンター』誠信書房。片野智治『構成的グループ・エンカウンター』駿河台出版社。

■背景となる理論・技法　ロールプレイ，FC・NP（交流分析）

■メンバーの気づきと，それを引き出すリーダーの構成・介入
「動物になって動き回るなんて，恥ずかしく，抵抗を感じる」「自由に動物になれて，楽しかった。面白かった」
→ 構成　リーダーが照れくさがったり，恥ずかしがったりしないでデモンストレーションする。

〈準備〉　　　　　・特になし。

〈インストラクション〉　「このエクササイズは，動物になりきって，自分の感情を動作で表現するというエクササイズです」
「（敵意ではない）怒りの感情とか優しさの感情を感じつつ，それを表現するところがねらいです」

〈エクササイズ〉　・それぞれの動物になりきって床をはって歩く。時間は2分程度。
・まず怒りの感情を表現する。ただし，声だけにとどめる。体をぶつけたりしない。
・次に優しさの感情を表現する。今度は体をこすり合ってもかまわない。
・夜。動物たちはお互いに体を寄せ合って寝る。だれかの体を枕にするもよし，足を枕にするもよし，とにかくだれかとふれあいながら，眠りに入る。
（シーンとなったら次のようなセリフを語ってもよい）
「夜になりました。穏やかで平和な夜です。私たちはみな，絆で結ばれています。仲間よ（家族よ），お休みなさい」
・目を開けて少し体を動かす。

〈シェアリング〉　「いまのエクササイズを通して，感じたこと，気づいたことを話し合ってください」

〈介入〉　　　　　・ふざけてやっている場合や，攻撃的に体をぶつけている場合，「このエクササイズのねらいに戻りましょうか」「ぶつけるというよりも，仕草（ジェスチャー）や鳴き声で表現してみましょう」と介入。

Part 1 エンカウンターについて知ろう
第1章
第2章

Part 2 エンカウンターをやってみよう
第3章
第4章
第5章
第6章
第7章
第8章
第9章

Part 3 柔軟に展開しよう
第10章
第11章
第12章
第13章

Part 4 エクササイズカタログ
第14章 スペシフィック
エクササイズ

第15章 ジェネリック エクササイズ
集中的グループ体験向け

エクササイズの特色

●目的　自己理解

●時間　20分

Part 5 資料編

自己概念カード

片野智治

■**ねらい**　自分の行動の仕方の基準（内的準拠枠）になっている自己概念を取り出して、自己理解を深める。

（吹き出し）
- 「私は権威に弱い人間です」か。わかるなあ。
- 私の行動パターンに影響を与えている自己像は…。
- 私は多くの人によって生かされている人です。

■**自己発見の例**……●子どもころに親から言われた「あんたはほんとうに頑固だね」という言葉がいまでも自分の中に根づいていることがわかりました。●「自分はだらしない人間だ」とカードに書いたところ、「あなたの書類はいつもきちんとしていて助かるよ」というリフレーミングをもらってうれしかった。だらしない部分は消えていないと思うが、「人とうまくやれる程度にはきちんとしてる」と思えた。

出典：國分康孝『エンカウンター』誠信書房。片野智治『構成的グループ・エンカウンター』駿河台出版社。

■**背景となる理論・技法**　自己理論（来談者中心療法）

■**メンバーの気づきと，それを引き出すリーダーの構成・介入**
「なかなか自分のことって書けないものですね」「『おまえはいい加減な人間だ』という父のひとことが，いまでも大きく影響していることに気づきました」
→ 介入　「自己概念（思い込みの自己像）は，他者の評価を取り入れてつくられたものです」「この思い込みの自己像が，実は私たちの行動の仕方の基準になっているんです」

〈準備〉　　　・1人2枚のカードとマジック。

〈インストラクション〉　「自己概念とは，自分が自分をどう見ているか，受け取っているかという自己像のことです。例えば私は，『私はつまらない人間です』という自己概念をもっています。そのため，人前では必要以上のことをできるだけ話さないようにしてしまいます。これは，子どものころに友達から『おまえの話は落ちがなくてつまらない』と言われたことが影響しているように思います。自己概念は，親とか，教師など，自分にとって重要な他者からの評価を取り入れてつくられており，さらに，自分でもそれに合わせた行動をとってしまうようになるので，人の性格に大きく影響します」
「自己概念とあるがままの自分がずれてしまうと，苦しい感じになります。エンカウンターの中で，あるがままの自分を自分の目で見きわめ，新しい自己概念をつくるのがこのセッションの目的です」

〈エクササイズ〉　・カードを1人に2枚配る。
・「私は……です」という文章形式で自己概念を表現し，マジックでカードに書く。ペンネームも記入する。
・書き終えたカードをフロアに並べて展覧会をする。

〈シェアリング〉　「このエクササイズを体験して，感じたこと，気づいたことを，近くの人と3～4人グループになって自由に出し合ってください。時間は5分間です」

〈介入〉　　　・自己概念を書けないメンバーに，「ひとことで自分の全部を表そうとしないで，たくさんある側面のうちから2つを選んで書いてみてください」とアドバイスする。

エゴグラム

鹿嶋真弓

■**ねらい** 自分の行動の偏りに気づく。自分の行動と修正するポイント（P・A・C）をつかむ。

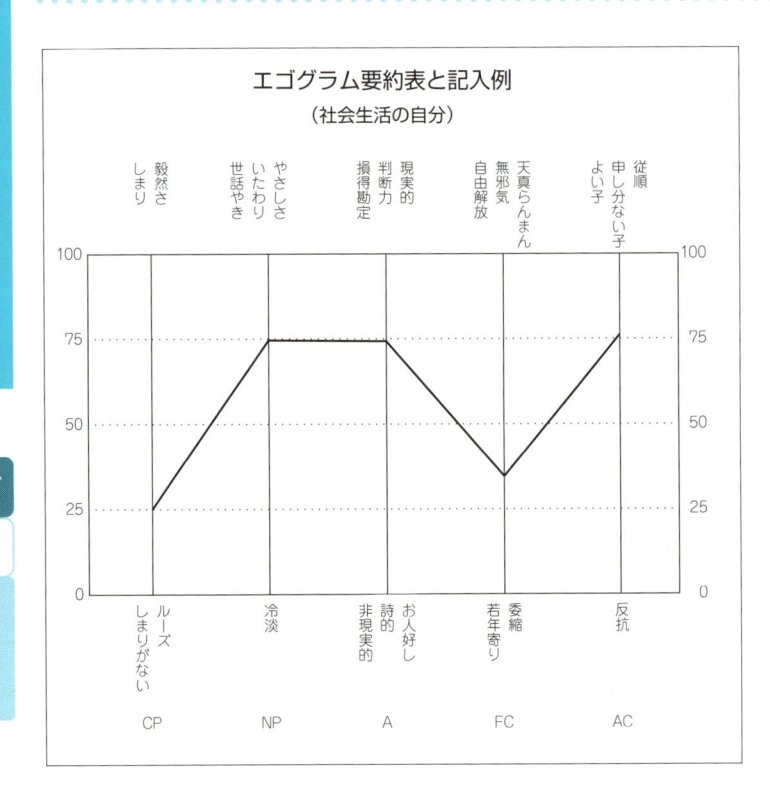

エゴグラム要約表と記入例
（社会生活の自分）

	CP	NP	A	FC	AC
高い	毅然さ／しまり	やさしさ／いたわり／世話やき	現実的／判断力／損得勘定	天真らんまん／無邪気／自由解放	従順／申し分ないよい子
値	25	75	75	35	75
低い	ルーズ／しまりがない	冷淡	お人好し／詩的／非現実的	委縮／若年寄り	反抗

■**自己発見の例**……●エゴグラムがかきづらい。自分を客観視するのはむずかしいと思った。自分をよく見せたくて、現実の自分についてかくことに強い抵抗を感じる。3つの場面で、自分がこれほどまでに違う対人行動をしていたのかと気づいた。●メンバーから言われて初めて、私はⒸⓅが高いうえに、人に厳しすぎることに気づいた。●社会生活での自分はⒶが低いので、もう少し現実を見つめながら判断できる○○さんのようになりたい。

出典：國分康孝『エンカウンター』誠信書房。片野智治『構成的グループ・エンカウンター』駿河台出版社。

- Part 4 エクササイズカタログ
- 第15章 ジェネリックエクササイズ 集中的グループ体験向け
- エクササイズの特色
- ●目的 自己理解
- ●時間 50分

■**背景となる理論・技法** 構造分析（交流分析）

■**メンバーの気づきと，それを引き出すリーダーの構成・介入**
「私は家庭でも教師づらしているんだろうな。子どもたちは窮屈だろうなあ」「自分の理想とするエゴグラムはどのようなグラフになるだろう」
→ 介入 「自分が近づきたいと思うエゴグラムのパターンをもつ人は，どんな行動をとっているか，自分と比較してみるのもよいですね」

〈準備〉　　　　　・エゴグラムの要約表（1人につき3枚）

〈インストラクション〉「ねらいは，エゴグラムの要約表を記入しながら，自分の行動の特徴（偏り）に気づくことです」

「交流分析では，5つの心を自由に出し入れできる人が心理的に健康であると考えています。そうは言っても，私たちは心の出し入れに偏りがあります。今回はその偏りをグラフにして，自己理解を深めようというわけです。私はⒻⒸの出し入れが不自由なんですよ。このグラフで示したように，人の目が気になってしまって，天真らんまん・無邪気な心をうまく出せないんですね」

「交流分析では『随所に主（あるじ）になれ』と言っているんですけれども，自由に出し入れできないのはどの心でしょうか」

〈エクササイズ〉・家庭の自分，職場の自分，社会生活の自分と，3つの場面における自分を，それぞれの要約表にプロットし，線で結びグラフを作る。
・4人1組になる。3つのエゴグラムを机上に置き，それを見ながら4分間で自分を語る。あとの4分間でメンバーがそれについて感じたことを語る。順に全員が行う。
・この8分で自分の行動（反応）の仕方の改善のヒントを得る。

〈シェアリング〉「このエクササイズを通して，感じたこと，気づいたことを話し合ってください。時間は10分です」

〈介入〉　　　　・自分を語ったあとの4分間で，メンバーは「君のⒻⒸはそんなに低くない」「あなたのⒻⒸはもっと高いはずだ」など，どんどん言うようにすすめる。

二者択一

瀬尾尚隆

■**ねらい** 選択にあたっての価値観にふれるとともに，意識性と責任性を高める。

選ぶもの（○で囲む）		
社長	か	副社長
都会	か	田舎
テレビ	か	ラジオ
山	か	海
（生まれかわるなら）		
男	か	女
手紙	か	電話
家庭	か	仕事

都会 VS 田舎
電話 VS 手紙
山 VS 海

さくら：「私なら山です。山頂から見る朝日は忘れられません。」

もり：「私は海です。釣りが楽しいです。」

Part4 エクササイズカタログ

第14章 スペシフィックエクササイズ

第15章 ジェネリックエクササイズ 集中的グループ体験向け

エクササイズの特色

●目的 自己理解

●時間 45分

■**自己発見の例**……●選択したものは同じであっても，その基準や価値観は，きちんと聞いていくとけっこう違うものだ。●選択を迫られると，好みというか，何となくのフィーリングで判断していたほうが多い自分だったなあ。●自分は，人の上に立って動いたり考えたりすることが多いことに気がついた。自分の考え方は，父に影響されたのではないか。

出典：國分康孝『エンカウンター』誠信書房。國分康孝監『エンカウンターで学級が変わる・中学校編1』図書文化。片野智治『構成的グループ・エンカウンター』駿河台出版社。

■背景となる理論・技法　実存主義（Being is choosing）

■メンバーの気づきと，それを引き出すリーダーの構成・介入
「ほかの人と自分の考えは，こんなに違っているのか」「自分には，人の前に立ちたいと思う傾向がある」
→ 介入　「全体を通して，どんな傾向があるかも考えてみてください」

〈準備〉
・二者択一シート（社長か副社長か，田舎か都会か，などを書いて印刷したもの）。

〈インストラクション〉
「人生は（生きるとは）選択の連続であると言われます。自分がこの人生を主体的に生きるということは，意識性と責任性をもって生きていくことにほかなりません。今回のエクササイズでは，あなたの価値観（意味づけ）で選択してください。ねらいは，自分の価値観をオープンにしたり明確にしたりすることです」
「このシートには，『社長か副社長か』『田舎か都会か』など2つの単語がペアになって書かれています。それぞれについて大切だと思うほうを選んで○をつけてください。これはどちらが正しいということはありません。自分ならどちらを選ぶか考えて，どちらか一方を選んでください」

〈エクササイズ〉
・対照的な意味をもつ2つの選択肢から，自分によりフィットするものを選んでいく。
・シートの記入を確認したあとペアになり，どちらを選んだか，そしてなぜそれを選んだかを話し合う。

〈シェアリング〉
「いま感じていること，気づいたことをお互いに話し合いましょう」

〈介入〉
・話が脱線しているペアに「相手の選んだ根拠に焦点を当てて耳を傾けてください」と介入する。

Part1 エンカウンターについて知ろう
  第1章
  第2章

Part2 エンカウンターをやってみよう
  第3章
  第4章
  第5章
  第6章
  第7章
  第8章
  第9章

Part3 柔軟に展開しよう
  第10章
  第11章
  第12章
  第13章

Part4 エクササイズカタログ
  第14章 スペシフィック エクササイズ

第15章 ジェネリック エクササイズ
集中的グループ体験向け

エクササイズの特色
- 目的　自己受容
- 時間　40分

Part5 資料編

墓碑銘

阿部千春

■ねらい　いままでの自分の生き方について振り返る。過去を捨て，新しく生きることを実感する。

（吹き出し・イラスト内テキスト）
・・・の女　ここに眠る…。
○○の墓
○○○○に眠る
○○さんらしいね。
自分も思いあたりますよ。

■自己発見の例……●「平凡ながら二十数年を過ごしてきたが，自分の生きてきた道もまんざら悪くはなかったなとあらためて感じ，満足感にあふれている」「ノーと言えないばかりにいつも損をしていた自分に訣別する」●「『自分の人生を振り返る→墓碑銘を書く→墓碑銘を壁に飾る』といった一連の作業を通して，私は過去に訣別できた，1歩踏み出したという実感があった」「そうだ，これなんだという『確信』という言葉がぴったりとくる」

出典：國分康孝『エンカウンター』誠信書房。國分康孝・片野智治『構成的グループ・エンカウンターの原理と進め方』誠信書房。

■**背景となる理論・技法**　実存主義（実存主義では，人間が生きているとは，自己決定のプロセスであり，古い自分をたえず乗り越えていくことであると考える）

■**メンバーの気づきと，それを引き出すリーダーの構成・介入**
「しがらみの人生にさよならしたいと思ったのですよ」「こうして見ると，多くの人が家族や他者への感謝の念を表していますね」
→ 介入　「墓碑銘はその人の生き様でもありますので，敬意を表して見たいものですね」

〈準備〉　・模造紙（幅30cm，長さ1mにカットしたもの），マジックペン，（掲示するための）セロハンテープか画びょう。

〈インストラクション〉　「これから墓碑銘というエクササイズを行います。墓碑銘の紙を渡しますので，みなさんは紙の前に座り，静かに待っていてください」（紙が渡り，静かな状態になったら，リーダーは，その雰囲気にふさわしい音声，トーンで語る）
「自分の過去，人生を振り返ってください。いままで忘れてしまっていたもの，自分の中の宝物に思いをめぐらし，掘り起こしてください。それらを，ひとことで言うとどういう人生でしたか。それを墓碑銘として書いてください。それは自分の中で再び生きる，再生のための内容になると思います」
「私はこんな墓碑銘を書きました。『母の娘としてしっかりと生きてきた娘の墓』です」
「留意点は，エクササイズ中は，それぞれが自分との対話をしますので，私語は慎みましょう」

〈エクササイズ〉
・自分の墓碑銘をマジックペンで書く。
・書き上げたら，各自，壁に貼りつける。
・壁に貼られたメンバーの墓碑名を見合う。
・自分の墓碑銘をしばらくの間見つめながら，沈黙の時を味わい，過去の自分と訣別する。
・各自が静かに墓碑銘を壁からはずし，リーダーに渡す。

〈シェアリング〉　「このエクササイズを通して，感じたこと，気づいたことを，語れる範囲でグループのメンバーと語り合ってください」

〈介入〉　・感情が高ぶってしまったメンバーには，サブリーダーがその場で簡便法のカウンセリングを行う。

簡便内観

阿部明美

■**ねらい** 感謝の念を体験する。世界内存在（being in the world）である自分に気づく。

（吹き出し・イラスト）
- してもらったこと。
- 父は、怒って家をとび出した僕の帰りを待っていてくれた。
- して返したこと。
- 母の日に折り鶴を折ったわ。
- 迷惑をかけたこと。

（人物名札：クッキー／おさむ）

Part4 エクササイズカタログ
第14章 スペシフィック エクササイズ

第15章 ジェネリック エクササイズ
集中的グループ体験向け

エクササイズの特色
- ●目的　自己理解
- ●時間　30分

■**自己発見の例**……●口下手でほとんど話らしい話もしたことのない父だったが、子どものとき、母に叱られて押入れに閉じ込められ、泣き疲れて寝入った私を、仕事から帰ってきた父が、抱いて出してくれたことが浮かんできた。言葉ではない父の愛情を再確認した。●壁に向かって母のことを思い浮かべてみたが、恨みごとばかりが浮かんできた。感謝の気持ちがまったくわかないばかりか、怒りがわいてきた。私はいったいどうしたんだ!?

出典：片野智治『構成的グループ・エンカウンター』駿河台出版社。「内観」，國分康孝監『エンカウンターで学級が変わる・中学校編2』図書文化。國分康孝『エンカウンター』誠信書房。

■**背景となる理論・技法**　内観法，ゲシュタルト療法

■**メンバーの気づきと，それを引き出すリーダーの構成・介入**
「母にほんとうにお世話になったとわかった」「何も浮かばなかった」
→ 介入　「周囲の人の話を聞いて，どんな気持ちになりましたか」「何も浮かばなかった自分にどんな感じがしますか」

〈準備〉　・部屋の照明を暗くして静かな環境をつくる。

〈インストラクション〉　「これから内観を行います。内観とは，他人から受けた愛情を確認することです。いままで，自分が『してもらったこと』『して返したこと』『迷惑をかけたこと』という3点について，身近な人について思い起こしていきます。ねらいは，人から支えられて生きてきた自分に気づくことです」
「私の内観はこうです。思春期に私は父を避けていましたが，自由奔放にして夜遅く帰宅する自分を，父は寝ずに，私が帰るまでいつも起きて待っていてくれました。私のことを心配してくれたのですね」
「もし泣けてくるときは，抑えようとせず，わき出る感情に身を任せてください。また，最近亡くなったばかりの人を思うのは避けてください。無理をして参加することはありません」

〈エクササイズ〉
・だれに対する自分を考えるかを決める。
・落ちついて1人になれる場所や姿勢を探す。
・「してもらったこと」「して返したこと」「迷惑をかけたこと」を思い出す。
・時間は10分。

〈シェアリング〉　「内観を体験して，いま感じていること，気づいたことを自由に話し合ってください」

〈介入〉
・無理をして語っているメンバーがいないか注意する。涙がとまらないような場合，無理して話を続けないように言う。
・感情が制御できないような場合は，その場でリーダー（サブリーダー，カウンセラー役）がカウンセリングするか，メンバーに支えてもらう。

「未完の行為」の完成

原田友毛子

■**ねらい** してほしかったこと，したくてもできなかったことのような，心の引っかかりを完成する。

（イラスト内テキスト）
- 安易な退学はゆるさない。
- 退学させないようにこんなふうに取り組んでいるのです。
- 我々は安易になどさせていません。

Part1 エンカウンターについて知ろう
- 第1章
- 第2章

Part2 エンカウンターをやってみよう
- 第3章
- 第4章
- 第5章
- 第6章
- 第7章
- 第8章
- 第9章

Part3 柔軟に展開しよう
- 第10章
- 第11章
- 第12章
- 第13章

Part4 エクササイズカタログ
- 第14章 スペシフィックエクササイズ

第15章 ジェネリックエクササイズ
集中的グループ体験向け

エクササイズの特色
- ●目的 自己表現・自己主張
- ●時間 50分

■**自己発見の例**……●昔めざしていた職業があって，そのために師匠についていた。しかし，事情ができて，師匠には何も告げないままやめてしまった。このエクササイズによって，少し自分の気持ちが落ちついた。●以前，「エンカウンターより宴会のほうが打ち解け合うのではないか」と冷笑されたとき，相手に反論できなかった。このエクササイズを通して，エンカウンターの実践を続けていく気概がわいてきた。

出典：國分康孝『エンカウンター』誠信書房。片野智治『構成的グループ・エンカウンター』駿河台出版社。

Part5 資料編

■背景となる理論・技法　ゲシュタルト療法

■メンバーの気づきと，それを引き出すリーダーの構成・介入
「この行為が，これほどまでに心の引っかかりになっていたことを，あらためて実感しました」「未完の行為に向き合ってこなかった自分と訣別できました」
→ 介入　「してほしかったときの自分，したくてもできないでいた自分をなりふり構わず出せるといいですね」

〈準備〉　　　　　・B6サイズの画用紙とマジックペンを人数分。

〈インストラクション〉　「いままでの人生で，こうすればよかった，ああすればよかった，などと未完のまま過ごしてきていることがありませんか。例えば，親が生きているうちに『ありがとう』と伝えておけばよかったという後悔や，上司に『なぜ自分を不遇にするのだ』と言い返したかった思いなどです。今日はグループのメンバーに協力してもらい，その場面を再現して，未完だった行為をここで完成させます」
「私がやってみます（デモンストレーション）。ここまでいかなくても大丈夫です。受けとめる相手が大切なのです」
「自分にとっての未完の行為を思い浮かべましょう」
「やりたい度合いを自分で決め，この用紙に5段階の数字で記入してください。この場でやってみようという気持ちなら5，まだ勇気が出ないなら1です」

〈エクササイズ〉
・4～5人程度のグループになる。時間は30分間。
・数字を見せ合い，だれから始めるかをグループで決める。
・初めの人がメンバーに自分の未完の行為を話し，完成させるための段取りをする（役，場面，ストーリーなどを決める）。
・場面を再現して，果たせなかった行為を完成させる。
・交代して順に全員が未完の行為を完成させる。

〈シェアリング〉　「体験して，感じたこと，気づいたことを語り合ってください」

〈介入〉
・思うように相手に言えないメンバーがいたら，心の支えになって，感情語で言えるようにセリフを教えるとよい（いやだ，くやしい，つらい，悲しい，さびしい，みじめだ，腹が立つ，侮辱するな）。

Part 1 エンカウンターについて知ろう
　第1章
　第2章

Part 2 エンカウンターをやってみよう
　第3章
　第4章
　第5章
　第6章
　第7章
　第8章
　第9章

Part 3 柔軟に展開しよう
　第10章
　第11章
　第12章
　第13章

Part 4 エクササイズカタログ
　第14章 スペシフィック エクササイズ

第15章
ジェネリック エクササイズ
集中的グループ体験向け

エクササイズの特色
● 目的　自己理解
● 時間　20分

Part 5 資料編

銅像

中山光一

■ **ねらい**　自分の気持ちにぴったりした銅像になることによって，自分の心理・性格に気づく。

（吹き出し）
- 思いきり自分はここにいるってさけんでるみたいだ。
- 何か迫ってくるようだ。
- 感じが出ているね。

■ **自己発見の例**……● 考えれば考えるほど，銅像はつくりにくくなった。しかし，頭ではなく，体にどんな銅像がいいか聞いてみたら，自然に銅像になりきれた。大切なことは自分の体が知っているのかもしれない。● 私はこのエクササイズにはのれなかった。適当に銅像をつくってごまかしたが，メンバーから，「あなたは嘘っぽい」と言われた。これまでの人生で，私は自分がしたくないことはごまかしたり，逃げたりしてきたということを突きつけられた気がした。

出典：國分康孝『エンカウンター』誠信書房。片野智治『構成的グループ・エンカウンター』駿河台出版社。

■背景となる理論・技法　非言語的コミュニケーション，ゲシュタルト療法

■メンバーの気づきと，それを引き出すリーダーの構成・介入
「あのポーズはね，腹の立つ上司に一言いってやりたい気持ちを思い切って表現したんです」「銅像を見ても，何を言っていいかわからない感受性の乏しい私でした」
→　介入　「何も感じなければ『何も感じない』と言えばいいですよ。考えるのではなく，感じたことをそのまま表現しましょう」

〈準備〉　　　　　・特になし。

〈インストラクション〉　「いま，この瞬間，つくりたい銅像をつくってください。体内からわき上がる感じを大事にして，それを銅像にしてください。ねらいは自己表現（自己開示）を介しての自己発見です」
「10人くらいで円をつくります。そしてその円の真ん中に1人ずつ出てきて，銅像になるわけです。銅像になりきる時間は1分が目安です。その間，ほかのみなさんはその銅像に対して，どのように感じたかを言ってあげてください。終わったら次の人と交代します。時間は全体で10分とります」
「留意点としては，体からわき出るイメージで，形をつくってみてください」

〈エクササイズ〉
・10人組をつくり，円になる。
・リーダーがデモンストレーションする。
・円の真ん中に1人ずつ出てきて，それぞれ銅像になる。
・ほかのメンバーは，その銅像に対して，どのように感じたかをフィードバックする。
・順番に全員が銅像になる。

〈シェアリング〉　「この体験を通して，感じたこと，気づいたことを自由に出し合ってください。時間は7分です」

〈介入〉　　　・つくりたい銅像が見つからず，もじもじしているメンバーに対して，headよりfeelingに忠実になるよう助言する。

トラストフォール

中山光一

■**ねらい** 相手に自分を任せきったり，相手を自分が支えたりする体験を通して，信頼している（信頼されている）自分を味わう。

（イラスト中のセリフ）
- ア。
- ホッ。
- グーっとうけとめて！！
- 私にまかせてください。
- 恐いたおれられない。

・倒れる角度は15度までとする。
・ハイヒールやブーツを脱ぐ。

第15章 ジェネリック エクササイズ 集中的グループ体験向け

エクササイズの特色

● 目的 信頼体験

● 時間 15分

■**自己発見の例**……●私は真剣に相手を受けとめていた。こんな自分でも相手が全幅の信頼をおいて私に倒れてくれた。まんざらでもないな，と少し自信がついたような気がしてうれしかった。●私がうしろに倒れてから相手が自分を支えてくれるまでの間，不安で仕方がなかった。「この人なら大丈夫」と相手のことを完全に信頼して倒れたはずなのに，心のどこかで疑っている自分がいることがわかった。

出典：「後倒を支える」，國分康孝『エンカウンター』誠信書房。「後倒を支える」，片野智治『構成的グループ・エンカウンター』駿河台出版社。

■**背景となる理論・技法**　対象関係論の技法化，論理療法，ゲシュタルト療法

■**メンバーの気づきと，それを引き出すリーダーの構成・介入**
「任せられない自分だった。倒れようとする瞬間，片足をうしろに動かしてしまった」
「パートナーの重量を感じながら，私に身を任せてくれていると実感した」
→ 介入　「後倒の瞬間，そして背中に相手の両手を感じた瞬間，どのような感情が起きるでしょうねえ」

〈準備〉	・安全上，ハイヒール，ブーツなどは脱いでもらう。
〈インストラクション〉	「これからトラストフォールを行います。ねらいは信頼体験をすることです。後倒する人はパートナーに身を任せることになります。相手に頼る自分はどんな感情をもったのか，この時間にじっくり味わってください。後倒を支える人はパートナーから身を任せられることになります。相手に頼られている自分は，心の中にどんな感情がわいたのか，この時間に意識してください」
「やり方を説明しますね。（デモンストレーションしながら）背丈が同じくらいの2人組が同じ方向を向いて前後に立ちます。次に，前に立った人は足を動かさずに，そのままうしろに倒れます。うしろの人は足を前後に開いて，倒れてきた人の肩甲骨のあたりを両手でしっかり受けとめます」
「倒れる人の留意点は，肩の力を抜いて，軽く目をつぶってゆっくりと後倒するといいです。支える人は傾斜15度のところで相手を受けとめてください。安心して身を任せられるのは15度といわれています。それを超えてしまうと不安を感じる人が多いということですよ」
〈エクササイズ〉	・2人組をつくる。できれば同じ体格の人とペアになる。
・どちらが最初に倒れるか，支えるのかをペアで決め，トラストフォールを行う。
・役割（倒れる人，支える人）を交代し，再度行う。
〈シェアリング〉	「この体験を通して，感じたこと，気づいたことを自由に出し合ってください。時間は5分です」
〈介入〉	・支え方が不安定なメンバーに対して助言，またはデモをする。

トラストウォール

森　憲治

■**ねらい**　母の胎内にいる胎児のように，「任せきる」「甘える」体験を通して信頼感を味わう。また信頼される体験をする。

- ハイヒールやブーツを脱ぐ。
- ペンネームをはずす。

（吹き出し）
- あったかくて気持ちいい…。
- 自分が何か大切なものになったみたい。

Part 4　エクササイズカタログ
第14章　スペシフィック　エクササイズ
第15章　ジェネリック　エクササイズ　集中的グループ体験向け

エクササイズの特色
- 目的　信頼体験
- 時間　20分

■**自己発見の例**……●どうしても任せきれない自分がいた。傾きかけると1歩出てしまう。●案外，信頼して任せきってしまうと気持ちがよかった。自分の「構え」を捨てたら，とても気持ちよく任せられた。●「信頼して」と言葉で言うのは簡単だが，大切なことは，言葉よりもっと深いところで（感覚的に）相手に向き合っていないと信頼してもらえないように感じた。いままで言葉だけで人とかかわっていたような気がする。

参考：國分康孝『エンカウンター』誠信書房。片野智治『構成的グループ・エンカウンター』駿河台出版社。

■**背景となる理論・技法** 対象関係論の技法化，論理療法，ゲシュタルト療法

■**メンバーの気づきと，それを引き出すリーダーの構成・介入**
「自分が大切なものになったみたいだ」「人に甘えさせてもらうことは新鮮だな」
→ 介入　「委ねきったとき，委ねられたときに，どんな感情が心の奥からわき出してくるのか，ゆったりと味わってみてください」

〈準備〉
- 音楽（オルゴールなどの環境音楽を会場にBGMで流す）。
- 安全のためにハイヒールやブーツ類を脱ぐ。ペンネームをはずす。

〈インストラクション〉
「私はこのエクササイズが好きなんです。ゆらーり，ゆらーり，なびいている感じ。自分がいて，自分がいないというか……，いい気持ちがするんです」
「メンバーに囲んでもらって目をつぶり，身を委ねて好きな方向へ倒れます。ねらいは『任せきる』『甘える』体験を通して，信頼すること，信頼されることを味わってみることです」
（デモンストレーションを行いながら）「真ん中の人は，胸の前で手を交差させておいて，好きな方向へ自由に倒れます。周りのメンバーは，一緒に倒れてしまわないように，腰を落として片足をうしろに引き，倒れてきたメンバーを宝物のようにゆっくりと受けとめ，また静かに元の方向へ戻してあげてください。これを無言で行ってください」

〈エクササイズ〉
- 8～10人のグループをつくる。
- 1人1～2分（時間管理は各グループ）で交代する。
- 時間があまったら2回目を行い，希望者がいなければ静かに座って全グループが終わるのを待つ。

〈シェアリング〉
「この体験を通して，感じたこと，気づいたことを各グループで自由に出し合ってください。時間は5分間です。急いで言葉にしなくても，ゆっくり余韻を味わってからでけっこうです」

〈介入〉
- 急いで押し返しているようなグループには，ひと呼吸とめてから押し返すようにと，実際にやって見せる。

Part1 エンカウンターについて知ろう
 第1章
 第2章

Part2 エンカウンターをやってみよう
 第3章
 第4章
 第5章
 第6章
 第7章
 第8章
 第9章

Part3 柔軟に展開しよう
 第10章
 第11章
 第12章
 第13章

Part4 エクササイズカタログ
 第14章 スペシフィック
      エクササイズ

第15章
ジェネリック
   エクササイズ
集中的グループ体験向け

エクササイズの特色

●目的 信頼体験

●時間 40分

Part5 資料編

トリップ・トゥ・ヘブン

森　憲治

■ねらい　「支えの手」を感じ，母の胎内にいる胎児のように「任せきる」「甘える」体験を通して信頼感を味わう。

（吹き出し）
- 天井がこんなに近い。
- みんなの手があたたかい。

● ハイヒールやブーツ類を脱ぐ。
● ペンネームをはずす。

■自己発見の例……●雲の上で眠っているようで，何ともいえない，浮いている感じが心地よかった。「あ〜支えられているなあ……」という，言葉にならない感じが体の中からしてきた。言葉にできない何かあたたかいものがわき出てきた。●「甘えられない」のは自分が相手を信じていないからだと気づいた。妻を失ってさびしかったが，彼女もこうやってみんなに支えられて天国に行ったのかと思うと，少しほっとしたような気がする。

出典：「胴あげ」，國分康孝『エンカウンター』誠信書房。片野智治『構成的グループ・エンカウンター』駿河台出版社。

■背景となる理論・技法　対象関係論の技法化，論理療法，ゲシュタルト療法

■メンバーの気づきと，それを引き出すリーダーの構成・介入
「この浮遊感は，この旅独特のものだ」「全身を任せきって，初めてこの身が浮くのを感じた」「体中で支えの手を感じられて，私は幸せ」
→ 介入　「現実の世界ではまず味わえない体験です。ここはみんなに任せきって体験してみましょう」

〈準備〉　　　　・音楽（ピアノソロなどの静かな曲を会場に流す）。

〈インストラクション〉　「横たわったままの体をメンバー全員に無言で持ち上げてもらいます。ねらいは，『任せきる』『甘える』体験を通して，信頼することを味わってみることです」
「希望者が真ん中で横たわり，心の準備ができたら静かに合図をします。メンバーは静かにゆっくり持ち上げていき，下ろしたあとは背中に手をあててゆっくり起こしてあげます。そして次の人です。参加は強制せず希望者から行ってください。どんな感じがわいてくるのか味わってみてください」

〈エクササイズ〉　・体力が均等になるように，12人程度のグループをつくる。
・大きな円になって静かに座り，希望者は中央で横になる。
・中央の人は，準備できたら手を小さくあげて合図を出す。
・全員で近寄って静かに囲み，ゆっくりと持ち上げて，上げられる高さまで上げる。
・ゆっくりと下ろして，床についたら背中に手を添えて静かに起こす（これを交代して繰り返す）。

〈シェアリング〉　「このエクササイズを体験して，感じたこと，気づいたことを各グループで自由に出し合ってください。時間は15分間です」

〈介入〉　　　・レクリエーション的になったり，疲れてきて静かな雰囲気が保てないときは，休んだり位置を交代するように指示し，無言で静かな雰囲気をつくるようにする。
・参加を気兼ねしているメンバー（例：体格の大きい人）には，（強制はしないが）現実世界では味わえない体験ができることを伝えて参加を促す。

Part 1 エンカウンターについて知ろう
- 第1章
- 第2章

Part 2 エンカウンターをやってみよう
- 第3章
- 第4章
- 第5章
- 第6章
- 第7章
- 第8章
- 第9章

Part 3 素敵に展開しよう
- 第10章
- 第11章
- 第12章
- 第13章

Part 4 エクササイズカタログ
- 第14章 スペシフィック エクササイズ
- **第15章 ジェネリック エクササイズ**
  集中的グループ体験向け

エクササイズの特色
● 目的　自己受容
● 時間　30分

Part 5 資料編

私は私が好きです。なぜならば

伴野直美

■**ねらい**　自画自賛丸出しで，自分のよいところを表現することによる自己概念の再構成。

（リーダー）「ためらわずに声高に言いますよ。」

「…なぜなら最近自分の考えを小さな声でも言うようになったからです。」

「…なぜなら妻にやさしい言葉をかけるからです。」

■**自己発見の例**……● ちょっと照れるけど，何かうれしい気持ちが広がるなあ。何か自分の中に自信が生まれてくるような気がした。● こんなふうに自分を素直に認めることは，いままでなかった。いつも短所や足りないところばかりに目をやって，もっと努力しなくてはと自分を追い立ててばかりいたような気がする。

出典：「自分は自分が好き，なぜならば」，國分康孝『エンカウンター』誠信書房．片野智治『構成的グループ・エンカウンター』駿河台出版社．

■背景となる理論・技法　ゲシュタルト療法

■メンバーの気づきと，それを引き出すリーダーの構成・介入
「言葉に出して声高に言ってみると，自分でもそう思えてくる」「仲間のよいところを注意深く聞いていると，新たな長所発見につながった」
→ 介入　「謙譲の美徳から脱却します。自画自賛丸出しです」

〈準備〉　・5，6人のグループをつくる。

〈インストラクション〉　「これから，『私は私が好きです。なぜならば』のエクササイズをします。エクササイズの名前が示すように，自分のよいところをアピールするエクササイズです。ねらいは，自分のよいところをひたすら表現することなんです」
「やり方は，『私は私が好きです。なぜならば』に続けて，自己アピールをします。1人1つずつ順番に言っていきます。私ならば，『私は私が好きです。なぜならば，SGEのよさを一生懸命伝えようとしているからです』とアピールしたいですね。恥ずかしがらずに，取り組んでみてくださいね」
「見つからないときには，短所の逆を言うのもいいです。例えば，『字が汚い』と思う人は『私は私が好きです。なぜならば，字がきれいだからです』となります。ゲシュタルト療法では100％ダメな人はいないと考えます。つまり，100％字が汚い人はいないからです」

〈エクササイズ〉　・3分間，自分のよいところを考える。
・12分間，1人1つずつ順番に「私は私が好きです。なぜならば……だからです」と声に出して言っていく。
・聞き手は真剣に聞く。

〈シェアリング〉　「このエクササイズを体験してみて，感じたこと，気づいたことをグループで自由に出し合ってください。時間は5分です」

〈介入〉　・自分のよいところを言えていない人には，例を出してやってみせる。
・声が小さい人には，大きい声でアピールするよう勇気づける。
・指定された文章を省略しない，変えないように教示する。

私はあなたが好きです。なぜならば

伴野直美

■ねらい　無条件の好意の念を伝え合うことによる相手の自己肯定感の育成。

（吹き出し）
- …なぜならやさしい言葉をかけてくれるからです。
- …なぜなら積極的に意見を言って話し合いをもり上げていたからです。
- うん、うん

第14章　スペシフィックエクササイズ

第15章　ジェネリックエクササイズ
集中的グループ体験向け

エクササイズの特色

● 目的　自己理解

● 時間　30分

■自己発見の例……●照れるなあ。「あなたが好き」っていう言葉は，自分にはなかなかなじまないので大変だった。自分はふだん，人をほめることが少ないなあ。人のよいところもあまり見ようとはしていないかもしれない。●よいところを言ってもらうと，照れるけど，とてもうれしい。自分がこんなに素直に感じるとは思わなかった！　文句なしに元気が出た。仲間がこんなに自分のことをあたたかい目で見ていてくれることもうれしかった。

出典：「あなたの○○が好きです」，國分康孝監『教師と生徒の人間づくり』瀝々社。國分康孝・片野智治『構成的グループ・エンカウンターの原理と進め方』誠信書房。

■**背景となる理論・技法**　ゲシュタルト療法，ストローク（交流分析）

■**メンバーの気づきと，それを引き出すリーダーの構成・介入**
「あたたかい言葉は気持ちがほぐれるものだ」「自分は人から認められることを求めていたのかもしれない」
→ 介入 　「以心伝心に頼らないで伝えましょう」

〈準備〉　・仲がよく，よく知り合っている者で5～6人の組をつくる。

〈インストラクション〉　「人のよいところや好感をもっているところを素直に伝えるエクササイズです。ねらいは，その人のよさを誠実に伝え合うことです。自分のよいところを人から言ってもらうことで，いままで気づかなかった自分の一面に気づくことです」
「やり方は，1人の人に対して，グループの人が順番に『私はあなたが好きです。なぜならば』に続けて，よいところを1つずつ言っていきます。例えば，『私はあなたが好きです。なぜならば，いま，私を一生懸命見て，話を聞いてくれているからです』という具合です」
「相手の顔を見て伝え，言われる人も相手の顔を見て，黙って聞いてください。恥ずかしがらずに，取り組んでみましょう」

〈エクササイズ〉
・最初に仲間それぞれのよいところを考える（3分間）。
・1人の人に対して，メンバーが1つずつ順番に「私はあなたが好きです。なぜならば……」と言っていく（3回まわる）。
・言われる人は黙って聞く。

〈シェアリング〉　「このエクササイズを体験してみて，感じたこと，気づいたことをグループで自由に出し合ってください。時間は5分です」

〈介入〉
・人のよいところを言えていない人がいるグループには，うまく言えた人の言い方をほめて手本にさせる。
・言われたことを否定する人には，黙って聞くように促す。
・シェアリングのとき，照れる気持ちの反動で騒がしくなるようなことがあったら，シェアリングを2段階にする。通常の形で行ったあとに，軽く目を閉じ，「うれしくなった気持ち」をかみしめて，もう1度。うれしい感情に焦点化する。

Part1 エンカウンターについて知ろう
　第1章
　第2章

Part2 エンカウンターをやってみよう
　第3章
　第4章
　第5章
　第6章
　第7章
　第8章
　第9章

Part3 柔軟に展開しよう
　第10章
　第11章
　第12章
　第13章

Part4 エクササイズカタログ
　第14章 スペシフィック
　　　　 エクササイズ

第15章
ジェネリック
　　エクササイズ
集中的グループ体験向け

エクササイズの特色
●目的　信頼体験
●時間　40分

Part5 資料編

別れの花束

冨田久枝

■ねらい　別れがたさ，うしろ髪を引かれるしみじみとした別離体験が，生死を深く味わえる人間に育てる。

（吹き出し）
ドキドキ
ワイワイ
私にも書かせて。
書ききれないわ。
何て書いてくれているのかしら。

■自己発見の例……●相手のことを思い浮かべ，人のよさを発見することにだんだん喜びを感じるようになりました。また，このような喜びを通して，認められるうれしさや，自分を支えてくれる人との出会いに感謝する気持ちがわいてきました。●直接言葉で伝えることができなかったけど，自分がメンバーに贈っていた言葉は自分に向けた言葉でもあり，メンバーから贈ってもらった言葉から，さらに自分のよさを再発見することができたように思います。

出典：國分康孝監『エンカウンターで学級が変わる・小学校編1』図書文化。國分康孝『エンカウンター』誠信書房。

■**背景となる理論・技法**　絆の中の自分（世界内存在・実存主義），分離不安の克服（精神分析理論），自己概念の再構成（自己理論）

■**メンバーの気づきと，それを引き出すリーダーの構成・介入**
「この人と再会する機会は，もうないかもしれないと思うと，この花束（出会い）には意味があると実感できました」「エンカウンターは人生における甘露の一滴」
→ 介入　「『会うは別れのはじめ』とは，よく言ったものです。」

〈準備〉
・画用紙，カラーペン（クレヨンでも可），洗濯ばさみ，BGM。

〈インストラクション〉
「このエクササイズでは，知り合った仲間に，いままで感じてきた気持ちを贈る，仲間からもらうという体験を通して，心の交流を深めることをねらいとしています」

「贈る言葉を記入する紙と洗濯ばさみを配ります。画用紙を首のところでペンネームのひもに洗濯ばさみでとめ，背中にあててください」

「目を閉じてください。このワークショップのすべてを通して私たちは仲間と，自分とエンカウンターしてきました。その仲間への別れがたさと感謝の気持ちを込めて別れのメッセージを花束にかえて贈ります。どんな言葉を贈りたいか，思い浮かべましょう」

「このあと，音楽が流れている間にメンバーの背中の用紙にメッセージを記入します。例えばこのように書いていきます」

〈エクササイズ〉
・これまでのエクササイズを振り返りながら，そのときの自分の感情やメンバーへの気持ちを，目を閉じて思い出す（2分）。
・音楽のスタートとともに，それぞれが自分のメッセージをメンバーの背中に貼られた画用紙に記入する（25分）。
・終了の合図で一重円になって椅子に座る（音楽停止）。
・合図でいっせいに背中の画用紙をはずし，メンバーからのメッセージを各自が味わう（声を出さずに読む・3分）。

〈シェアリング〉
・宿泊ワークショップの最後のエクササイズになることが多いので，基本的にシェアリングは実施しない。

〈介入〉
・1人の人にメッセージが集中したり，少なかったりして偏りが出た場合は，記入を促す。

全体シェアリング

　全体シェアリング（community group sharing）では，これまでのすべてのセッションを振り返って，感じたこと，気づいたことを自由に出し合い，相互の内的世界を共有する。
●リーダーのインストラクションの例
　「開校式や講義，ペンネーム，その後も数々のエクササイズに取り組んできました。これまでを振り返って，感じたこと，気づいたことを，自由に出し合ってください。またネガティブな気持ちを感じている人は，ここで話してください。持ち越さないほうがいいですよ」
　「まずペンネームを言って，話したいこと・結論から先に言うようにしてください。時間は60分です。ではどうぞ」

全体シェアリングではエクササイズをせず，まるまる1セッション（60分〜90分）をシェアリングにあてる。参加メンバーは二重円をつくって座る。

●回数を重ねるごとに深まる

2泊3日の集中的グループ体験では，全体シェアリングは4回行われる。第1回目は，メンバー個々人の気づきについての単発的な発言（ほかのメンバーにかかわらない発言）が多い。例えば次のような発言が見られる。

「初めてで緊張しましたが，エクササイズをしていくうちにだんだんそれがなくなりました。リーダーのリードで，ほかのメンバーとも自然に親しくなれました。ベーシック・エンカウンターグループとはまったく違っていますね」

●リーダーの介入

リーダー（またはスーパーバイザー）の積極的な介入は，全体シェアリングで行われる。これは，集団の中で起きた問題は集団の中で解決するという考え方に基づいている。公共性のある問題であれば，1人の問題解決から多くのメンバーの洞察が進むし，問題解決の仕方を模倣できる。また，この介入がメンバー相互の心的外傷を予防することにもなる。

このようにリーダーが積極的に介入するのは，参加者が健常な成人であり，子どもと比べると自我が成熟している（欲求不満耐性がある）からである。例えば次のように介入する。

「○○さん，『生徒になめられたら教師をやっていけなくなる。なめられないように言動に気をつけている』と言っていましたね。その場面を具体的に見せてくれると，もっとよくわかると思うんですよ。私を生徒役に，ロールプレイをしてみましょうか」「とても大事な問題だし，あなたと同じように思っている方が多いと思うんですけど」「時間を使ってしまって悪いなんて，思わなくていいんですよ」

リーダーは，そのメンバーとエンカウンターするとともにコンフロンテーション（対決）する。これらがメンバーの行動変容を促す。対決とはメンバーが自分のホンネに対峙するよう仕向けることである。例えば次のように言う。

「なめられないようにというのは，そこに恐怖を感じているのではないですか。つまり生徒から見捨てられてしまうのではないかという恐怖をね。どうだろう」「○○さん，ここで『俺は怖い，見捨てられるのが怖い』と言ってみて」

（片野智治）

プログラムの例

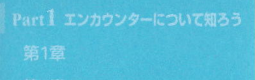

　構成的グループエンカウンター（SGE）の研修にはさまざまな形態があるが，ここでは2泊3日の体験ワークショップと1日の研修プログラムの例をあげる。
　また，ここにあげたものはあくまでも一例であり，対象・目的・人数の違いによって，プログラムの内容は随時変更されるものである。

2泊3日体験コース

対象：教育，産業，医療，福祉の各分野での援助専門職を志し，SGE参加体験ないし実施体験を5時間以上有する人。
人数：40名
目的：ふれあいと自他発見
　2泊3日のSGEの参加中は，テレビや新聞などから距離をおき，配偶者などの同伴は禁じられている。また，緊急時を除いて外部との連絡も禁じられている。ひたすら自己とふれあい，他者とふれあうことが求められる。

プログラムの例（2泊3日）

	時刻	内容（エクササイズ）	グループサイズの例
1日目	9:30	受付	
	10:00	開講式　スタッフ紹介 　　　　オリエンテーション 　　　　役割任命	全体
	10:30	レクチャー	全体
		ペンネームづくり	全体
	12:00	昼食・休憩（チェックイン） 役割ごとの打ち合わせ	全体
	13:30	歩き回る・握手	全体
		誕生日チェーン	全体

参考：日本教育カウンセラー協会編『教育カウンセラー標準テキスト　初級編』図書文化．

1日目		インタビュー（ペンネームの由来）	2人1組
		夢を語る（将来願望）	
		視線による会話	
		印象を語る	
		他者紹介	4人1組
		みじめな体験・成功体験	
		シェアリング	
	15:15	休憩	
	15:30	二者択一	6人1組
		シェアリング	
		共同絵画	6人1組
		人生時計	
		シェアリング	
	18:00	夕食・休憩	
	19:00	「未完の行為」の完成	6人1組
		全体シェアリング	全体
2日目	9:00	リチュアル	全体
		全体シェアリング	全体
	10:40	マッサージ	2人1組
		手による会話	
		自己概念カード（展覧会）	
		自己概念カードのリフレーミング	4人1組
		シェアリング	
	12:00	昼食・休憩	
	13:30	私のお願いを聞いて	3人1組
		紙つぶて	2人1組
		シェアリング	
	15:00	休憩	
	15:20	トラストフォール	3人1組
		トラストウォール	9人1組
		ライフライン	6人1組
		シェアリング	
	17:45	休憩	
	18:00	全体シェアリング	全体
	19:00	ワインカウンセリング（懇親会）	希望者

	9:00	リチュアル	全体
		全体シェアリング	全体
	11:00	トリップ・トゥ・ヘブン	10人1組
	12:00	昼食・休憩	
3日目	13:00	私はあなたに似ています。なぜならば	6人1組
		私はあなたと違います。なぜならば	
		私はあなたが好きです。なぜならば	
		私は私が好きです。なぜならば	
		別れの花束	全体
	15:00	閉講式　ペンネーム解除	全体
		役割解除	
		修了証書授与	
		受講生のことば	

学級づくりのエンカウンター入門ワークショップ

対象：小・中・高校教員，教育関係者（教育現場でSGEを行うための基礎知識を必要とする人）

人数：300人

目的：ジェネリックSGEの基本的なエクササイズを体験する。

　SGEの正統的な理論と技法を，実際に体験しながら学習する。ふれあいのある，活気に満ちた集団づくりに生かすことのできる，定番のエクササイズを中心にプログラムを構成してある。次ページにプログラム例を示す。

研修プログラムを構成するには

　エンカウンターの研修プログラムを構成する場合は，リーダー経験者の助言を得ることが望ましい。リーダー経験者が周囲にいない場合は，E-net2000の各キーステーションで，エンカウンターの実践や講師の派遣などについて相談を受けつけている（16章5節参照）。

プログラムの例（1日）

時刻	内容（エクササイズ）	グループサイズの例	所要時間（目安）
9:20	受付		
9:40	●全体講義Ⅰ	全体	80分
11:00	休憩		
11:15	●全体講義Ⅱ	全体	45分
12:00	質疑	全体	20分
12:20	移動・昼食		
13:30	●分科会		
	ペンネームづくり	全体	15分
	ペンネームの展覧会		5分
	自由歩行・握手	全体	5分
	聞き合う	2人1組	10分
	夢や願望を語る	2人1組	5分
	シェアリング		5分
	他己紹介	4人1組	5分
	私に影響を与えた人	4人1組	15分
	シェアリング		7分
	リーダーについて聞く ＊リーダーについて質問したいことを聞く。リーダーはためらわず自己開示する。	全体	8分
	マッサージ	2人1組	5分
	トラストウォーク	2人1組	10分
	トラストフォール	2人1組	10分
	シェアリング		7分
	私は私が好きです。なぜならば	5人1組	7分
	みじめな体験	5人1組	10分
	シェアリング		10分
	簡便内観	全体	20分
	シェアリング		10分
	別れの花束	全体	30分
17:20	解散		

Structured Group Encounter
ENCYCLOPEDIA
構成的グループエンカウンター事典

Part5

構成的グループエンカウンターをもっともっと知りたい！
エンカウンターに関する保存版の資料とは？
さくいんから本書を読む！

資料編

1 エンカウンター略年譜
2 エンカウンター主要論文・主要文献
3 エンカウンターに関する研究
4 全エクササイズ一覧
5 エンカウンターの学びあい
6 基本用語解説
7 さくいん

1 エンカウンター略年譜

片野智治

●構成的グループエンカウンターの誕生地エスリン

　エスリン研究所（所在地カリフォルニア州ビッグ・サー，Big Sur）は1960年代・70年代「ヒューマン・ポテンシャル運動」の中心地であった。このヒューマン・ポテンシャル運動を支えた心理学が「ヒューマニスティック心理学」であり，これはアブラハム・マズロー，フリッツ・パールズ，カール・ロジャーズおよびロロ・メイなどといった人々と同一視される心理学のことである。心理学界の「第三勢力」といわれる。

　ヒューマン・ポテンシャルとは「人間のあらゆる可能性」への挑戦を意図した運動のことである。この運動を支えたヒューマニスティック心理学は，実存主義や現象学の影響を強く受けている。実存主義は一人一人の具象的体験や知覚や体感（experiencing）こそが，この世で間違いなく存在（実在）するものであるという考え方をする。また現象学は，個々人の思い込みの世界（現象学的世界）こそすべてであるという考え方をする。

　エスリン研究所では，人間の可能性を開発するために，あらゆる方法が試みられていた。ゲシュタルト療法はここで成立し，ここから世界に発信された。フリッツ・パールズは，エスリン研究所の主演男優のようであった。

　またウィリアム・シュッツ（Schutz,W.）のオープン・エンカウンターも，ここで名のりをあげ，これもまた，ここから世界中に広がっていった（W・T・アンダーソン，伊東博訳，1998『エスリンとアメリカの覚醒—人間の可能性への挑戦』誠信書房，P.334）。

　シュッツは1951年UCLAで博士号をとり，シカゴ大学，ハーバード大学，カリフォルニア大学，さらにニューヨークのアルバート・アインシュタイン医科大学の教授を歴任した。以上がエスリンに来るまでの彼の経歴である。

　彼がエスリンで実践していたエンカウンターの特徴は，「オープン・エンカウンター」，「いい気持ちになる（feeling good）」ということであった。前者は「他に開かれた方法」という意味で，折衷的という意味である。後者の"feeling good"とは「よろこび」のことであり，それは「自分の可能性を充足したときに起きる感情」である。さらに「可能性が充足されれば，環境に対処できるという感じが得られる。自分は重要な人間で，有能であり，愛すべき人間であり，どんな状況が起こってもそれに対処することができ，自分の能力を十分に発揮することができ，その感情を自由に表現することができるという自信が湧いてくる」というものであった。

　國分康孝は2度目の渡米（フルブライト交換教授，ミシガン州立大学，1973～74年）をした際，同大学でエンカウンターを体験学習する機会と，学部のエンカウンターの授業でコメンターを務める仕事を得た。帰国後，東京理科大学に勤務した國分は，以後，大学生を対象にした集中的なSGEを提唱・実践し始めた。70年代後半のことであった。

　1980年には学校法人武南学園・武南高等学校にカウンセリングルームが開設され，3年後の1983（昭和58）年に教育相談部として独立した校務分掌となり，同部の活動として，1泊2日または2泊3日の集中的グループ体験（「ふれあい合宿」）が実践されるようになった。また「ロング・ホームルーム」の時間にエクササイズが実施され始めた。

1977　國分康孝らによる大学生を対象とした集中的グループ体験SGEワークショップ（第1回）が行われる。

1978　國分康孝・菅沼賢治らによる学会発表。これらを皮切りに、継続的な発表が行われる。
- 「大学生の人間関係開発のプログラムに関する研究（その1）：大学生の友人関係形成欲求に関する調査」日本相談学会第11回大会
- 「大学生の人間関係開発のプログラムに関する研究（その2）：Structured Groupの内容に関するPilot Study」日本相談学会第11回大会
- 「大学生の人間関係開発のプログラムに関する研究（その3）：人間関係尺度のPilot Study」日本教育心理学会第20回総会
- 「大学生の人間関係開発のプログラムに関する研究（その4）：Structured Group体験の人間関係への効果測定に関するPilot Study」日本教育心理学会第20回総会

1979　國分康孝・菅沼謙治らによる学術論文が初めて発表される。
- 「大学生の人間関係開発のプログラムとその効果に関するパイロット・スタディ」、『相談学研究　第12巻2号』P.74－84

1980　武南高校で高校生を対象とした集中的グループ体験SGEの実践が始まる。

1981　SGEに関する理論とエクササイズの図書が初めて出版される。
- 國分康孝『エンカウンター』誠信書房

1985　小・中・高校生を対象としたSGE実践研究が発表される
- 吉田隆江・片野智治「ふれあい合宿：高校生のための構成的エンカウンター・グループ」日本相談学会第18回大会
- 平ियाT正志「エンカウンター・グループの小学生への適用」上越教育大学大学院学校教育科修士論文

1986　エクササイズに焦点化された、学校で活用できる図書が初めて出版される。
- 國分康孝監『教師と生徒の人間づくり』瀝々社

1987　以下の研究・発表が行われる。
- 水上和夫「小学生の構成的グループ・エンカウンター・プログラムとその効果に関する研究：児童の人間関係の向上をめざして」研修報告（上越教育大学修士論文を中心にまとめたもの）

1989　以下の研究・発表が行われる。
- 村久保雅孝「小学校高学年における構成的エンカウンター・グループへの取組み：開発的教育相談に関する連携と実践」日本カウンセリング学会第22回大会

1992　小・中・高校生を対象としたSGE実践報告集が初めて出版される。
- 國分康孝編『構成的グループ・エンカウンター』誠信書房

1996　小・中学校に普及・定着が始まる。
- 國分康孝監，岡田弘編『エンカウンターで学級が変わる・小学校編1』図書文化
- 國分康孝監，片野智治編『エンカウンターで学級が変わる・中学校編1』図書文化

1997　東京都渋谷区立鉢山中学校で藤川章・石黒康夫・鹿嶋真弓らによってSGEを活用した教育実践研究発表が行われる。
- 千葉県野田市立福田中学校で大関健道らを中心に同和教育にSGEを活用した教育実践研究発表が行われる。
- （財）応用教育研究所・國分カウンセリング研究会主催「学級経営のためのエンカウンター入門講座」（第1回）が宮城県仙台市で実施される。

以降、教育現場を中心に実践・研究が進められている。

エンカウンター 主要論文・主要文献
武蔵由佳

研究論文一覧

赤澤恵子，1997「開発的カウンセリングによる学級作りの実践研究」『カウンセリング研究』30-2，P.130-141

林真一郎，1996「イニシエーションとエンカウンターグループとの類似点と相違点についての一考察」『教育相談研究』34，P.1-9

片野智治，1994「構成的エンカウンター・グループ参加者の体験的事実の検討」『カウンセリング研究』27，P.27-36

片野智治・堀洋道，1992「構成的グループ・エンカウンターと自己記述の変化」『教育相談研究』30，P.30-42

片野智治・堀洋道，1994「構成的グループ・エンカウンターと自己認知の変化－エクササイズ・リーダーの介入行動との関連－」『教育相談学研究』32，P.29-43

片野智治・國分康孝，1999「構成的グループエンカウンターにおける抵抗の検討－抵抗の種類と属性との関係」『カウンセリング研究』32，P.14-23

片野智治・吉田隆江，1989「大学生の構成的エンカウンター・グループにおける人間関係プロセスに関する一研究」『カウンセリング研究』21（2），P.150-160

河村茂雄，2001「構成的グループ・エンカウンターを導入した学級経営が学級の児童のスクール・モラールに与える効果の研究」『カウンセリング研究』34，P.153-159

河村茂雄，2002「教師が活用できる児童生徒の人間関係能力育成プログラムの開発」平成11～13年度科学研究費補助金基盤研究C2（課題番号11610098）研究成果報告書

川崎知己，1994「構成的グループ・エンカウンターが中学生の進路意識に及ぼす効果」『カウンセリング研究』27，P.132-144

國分康孝・西昭夫・村瀬旻・菅沼憲治・國分久子，1987「大学生の人間関係開発のプログラムに関する男女の比較研究」『相談学研究』19（2），P.71-83

國分康孝・菅沼憲治，1979「大学生の人間関係開発のプログラムとその効果に関するパイロット・スタディ」『相談学研究』12（2），P.74-84

真仁田昭・村久保雅孝「小学校高学年における構成的エンカウンター・グループへの取り組み―開発的教育相談に関する連携と実践―」『教育相談研究』27，P.29-37

森美保子，2002「自己開示抵抗感のある学生に対する想定書簡法の効果－構成的グループ・エンカウンターと比較して－」『カウンセリング研究』35，P.20-29

村瀬旻・國分久子・西昭夫・菅沼憲治・國分康孝，1988「大学生の人間関係開発のプログラムとしての構成的グループ・エンカウンターにおける知り合いのひろがりについて」『カウンセリング研究』21，P.14-28

武蔵由佳・河村茂雄，2003「大学生における親和動機の下位動機の階層性の検討－発達

を促進するための構成的グループ・エンカウンターを活用した援助のあり方－」『カウンセリング研究』36，P.10-19

武蔵由佳・河村茂雄，2003「日本におけるエンカウンター・グループ研究とその課題－Basic Encounter GroupとStructured Group Encounterの比較から－」『カウンセリング研究』36，P.282-292

野島一彦，1985「構成的エンカウンター・グループにおけるHigh　LearnerとLow Learnerの事例研究」『人間性心理学研究』3，P.58-70

野島一彦，1989「構成的エンカウンター・グループと非構成的エンカウンター・グループにおけるファシリテーター体験の比較」『心理臨床学研究』6（2），P.40-49

小野寺正己・河村茂雄，2003「学校における対人関係能力育成プログラム研究の動向－学級単位の取り組みを中心に－」『カウンセリング研究』36，P.272-281

清水安夫・児玉隆治，2001「エンカウンター・グループを応用した授業形態による大学生のメンタルヘルス促進の効果」『学校メンタルヘルス』4，P.65-71

鈴木慶子・鍋田恭孝・塩崎尚美，2002「バウムテストからみた構成的エンカウンター・グループの効果　グループワーク前後のバウムテストの分析を通して」『心理臨床学研究』20（4），P.384-393

高田ゆり子・坂田由美子，1997「保健婦学生の自己概念に構成的グループ･エンカウンターが及ぼす効果の研究」『カウンセリング研究』30，P.1‐10

山本銀次，1990「作業課題の集団活性化および成員のセルフ・エスティームに与える効果」『カウンセリング研究』23（1），P.39-48

山本銀次，1995「構成的グループ・エンカウンターの追跡調査に見る効果と課題」『カウンセリング研究』28，P.1-20

主要文献（図書）

國分康孝監，林伸一・飯野哲朗・簗瀬のり子・八巻寛治・國分久子編，1999『エンカウンターで学級が変わる・ショートエクササイズ集1』図書文化

國分康孝監，林伸一・飯野哲朗・簗瀬のり子・八巻寛治・國分久子編，2001『エンカウンターで学級が変わる・ショートエクササイズ集2』図書文化

國分康孝監，片野智治編，1996『エンカウンターで学級が変わる・中学校編1』図書文化

國分康孝監，藤川章・吉澤克彦・大関健道・國分久子編，2000『エンカウンターで総合が変わる・中学校編』図書文化

片野智治，2003『構成的グループ・エンカウンター』駿河台出版社

片野智治・桐村晋次・田島聡・川崎知己・橋本登・石黒康夫・別所靖子編，2001『エン

2 エンカウンター主要論文・主要文献

カウンターで進路指導が変わる』図書文化

國分康孝監，片野智治・岡田弘・加勇田修士・吉田隆江・國分久子編，1999『エンカウンターで学級が変わる・高等学校編』図書文化

河村茂雄編，2000『学級崩壊 予防・回復マニュアル』図書文化

河村茂雄編，2001『グループ体験によるタイプ別！学級育成マニュアル・小学校編』図書文化

河村茂雄編，2001『グループ体験によるタイプ別！学級育成マニュアル・中学校編』図書文化

河村茂雄編，2002『ワークシートによる教室復帰エクササイズ 保健室・相談室・適応指導教室での「教室に行けない子」の支援』図書文化

國分康孝監，河村茂雄・品田笑子・朝日朋子・國分久子編，1999『エンカウンターで学級が変わる・小学校編3』図書文化

國分康孝監，河村茂雄・品田笑子・朝日朋子・飛田浩昭・國分久子編，2000『エンカウンターで総合が変わる・小学校編』図書文化

國分康孝監，國分久子・片野智治編，1997『エンカウンターで学級が変わる・中学校編2』図書文化

國分康孝監，國分久子・岡田弘編，1997『エンカウンターで学級が変わる・小学校編2』図書文化

國分康孝，1981『エンカウンター』誠信書房

國分康孝，1992『構成的グループ・エンカウンター』誠信書房

國分康孝，2000『続・構成的グループ・エンカウンター』誠信書房

國分康孝・片野智治，2001『構成的グループ・エンカウンターの原理と進め方 リーダーのためのガイド』誠信書房

國分康孝・國分久子・片野智治・岡田弘・加勇田修士・吉田隆江，2000『エンカウンターとは何か』図書文化

國分康孝・國分久子・吉田隆江・加勇田修士・大関健道・朝日朋子編，2001『エンカウンター スキルアップ ホンネで語る「リーダーブック」』図書文化

諸富祥彦・明里康弘・萩原美津枝・平田元子・加瀬和子・高橋章編，2002『エンカウンターで学級づくりスタートダッシュ！小学校編』図書文化

諸富祥彦・千葉市グループエンカウンターを学ぶ会編，2000『エンカウンターこんなときこうする！小学校編』図書文化

諸富祥彦・千葉市グループエンカウンターを学ぶ会編，2000『エンカウンターこんなときこうする！中学校編』図書文化

諸富祥彦・植草伸之・浅井好・齋藤優・明里康弘編，2002『エンカウンターで学級づくりスタートダッシュ！中学校編』図書文化

國分康孝監，岡田弘編，1996『エンカウンターで学級が変わる・小学校編1』図書文化

國分康孝監，岡田弘・水上和夫・吉澤克彦・國分久子編，2001『エンカウンターで学校を創る　心を育てる学校ぐるみ実践集』図書文化

國分康孝監，大関健道・藤川章・吉澤克彦・國分久子編，1999『エンカウンターで学級が変わる・中学校編3』図書文化

國分康孝監，押切久遠，2001『クラスでできる非行予防エクササイズ』図書文化

國分康孝・國分久子監，酒井緑，2002『エンカウンターでイキイキわくわく保健学習』図書文化

國分康孝監，篠塚信・片野智治編，1999『実践サイコエジュケーション』図書文化

山本銀次，2001『エンカウンターによる"心の教育"　ふれあいのエクササイズを創る』東海大学出版会

國分康孝・國分久子編，2004『自分と向き合う！究極のエンカウンター』図書文化

文献検索の方法

文献検索は，構成的グループエンカウンターをキーワードに1970年から2003年までの学会論文，図書を検索した。

研究雑誌は，臨床，教育，発達，カウンセリング，心理学領域である，心理学研究，人間性心理学研究，心理臨床心理学研究，教育心理学研究，発達心理学研究，カウンセリング研究（相談学研究），グループ・アプローチ，実験社会心理学研究，学校メンタルヘルス研究をあたった。また，これらの論文中で頻繁に引用されている論文は，大学紀要も抽出した。結果，25件抽出された。

図書についても同様に，構成的グループエンカウンターをキーワードに32件抽出した。

まとめ

構成的グループエンカウンターに関連する図書は，『エンカウンター』（國分，1981），『構成的グループ・エンカウンター』（國分，1992）を中心として，1996年の『エンカウンターで学級が変わる』の発行以来，小，中，高校の教育現場における集団体験の具体的な活用方法の提起が急速になされてきている。そしてその実践報告も，学校現場を例にとると，学校の校内研究紀要や市町村，県の教育実践センターの紀要などに数多く紹介されており，文献一覧に紹介しきれないほどである。このようなSGEの実施対象の広がりや，さまざまに工夫されたエクササイズの開発に伴った活用の多様化は，SGEの普及，集団体験の教育的な効果を広く知らしめたと思われる。

今後は，SGEの実証的な研究の蓄積が望まれるところである。実践の結果のまとめや効果の検討は，次の実践につながる視点の探索となる。SGEの研究や実践が整理され，体系化されることで，さらなる実践の向上がなされると思われる。

エンカウンターに関する研究

1. 学級経営

武蔵由佳

研究の成果

構成的グループエンカウンター（SGE）を学級経営に取り入れた報告は数多くある。全体的な傾向として，共感性（思いやり）の増加，教師と子どもとの信頼関係の形成，個別の結びつきの強化，学級全体としての凝集性の高まり，学級への帰属度，満足度，依存度の増加，友達関係に対する肯定的な認知の高まり，対人関係の改善，自己肯定感の増加，などが報告されている。

具体的に以下に記す。

加藤（1998）は，SGEのオリジナルエクササイズを開発する中で，低学年においては，対人関係に対する肯定的な感情をもてることをねらいとし，内容として①ゲーム性のあるもの，②ルールが単純なもの，③ロールプレイを導入する，④エクササイズを繰り返して行う，⑤スモールグループへ発展させる，⑥フィードバックするという視点が重要であることを指摘している。

小学校中学年を対象とした研究では，SGEを学級経営に導入することは，共感・援助スキルの向上に有効であり，友達への共感性（思いやり）が増す（朝日，1995），学級が単なる個人の集まりから，個々の子どもが結びつき，学級として一体感をもつ集団へと変化する（真野，1996）ことが指摘されている。

小学校高学年を対象とした研究では，子どものスクール・モラールが高まる（河村，2001），学級に対する帰属度，満足度，依存度が高まる（平宮，1985），学級内に親密なリレーションが早くでき，子ども相互の円滑な人間関係が促進され，友人関係に対する認知もよい方向につくられていく（水上，1987），相互に心理的な強い結びつきが見られ，いっそう望ましい人間関係へと発展する（松田，1988），対人関係の改善，凝集性の高まり，自己を肯定的にとらえられるようになる（栗田・川田，1988），ソシオメトリックテストのISSS値（社会的地位指数）総和が増加する，孤立児童，周辺児童の減少，人間関係の改善（真仁田・村久保，1989．長野，1991）に効果があることが指摘されている。

中学生を対象とした研究からは，学級でSGEを意図的に実施すると，生徒相互の関係は適切で質の高い人間関係になる（大西，1993），女子で特に学級・学校適応感が高まる，学級担任と話しやすくなったという生徒が増える（吉田，1996），学級内での人間関係を広げる効果，ソシオメトリックテストでISSS値（社会的地位指数）が上昇する（赤澤，1997），などが指摘されている。

これらの報告から，学級経営にSGEを導入することの有効性が示されたと考えられる。

今後は，河村（2001）が指摘するように，学級集団の状態に合わせたSGEのエクササイズ，グループサイズ，時間など，SGEの構成にかかわる視点の研究が求められると考えられる。

主要文献

赤澤恵子，1997「開発的カウンセリングによる学級作りの実践研究」『カウンセリング研究』30，P.130-141

朝日朋子，1995「小学校中学年段階における友人関係の変化に及ぼす構成的グループ・エンカウンターの有効性の実験的研究」筑波大学大学院教育研究科修士論文

平宮正志，1985「エンカウンター・グループの小学生への適用」上越教育大学大学院学校教育研究科修士論文

加藤治代，1998「構成的グループ・エンカウンターの開発に関する研究―小学校低学年への適用事例を通して―」上越教育大学大学院学校教育研究科修士論文

河村茂雄，2001「構成的グループ・エンカウンターを導入した学級経営が学級の児童のスクール・モラールに与える効果の研究」『カウンセリング研究』34，P.153-159

河村茂雄編，2001『グループ体験によるタイプ別！学級育成プログラム・小学校編』『同・中学校編』図書文化

栗田初江・川田恵美子，1988「構成的グループ・エンカウンターを取り入れた学級集団づくり―小学校五年生を対象にして―」『群馬県教育センター研究紀要』120，P.125-137

真野登美子，1996「児童相互の共感的人間関係を育てる学級活動の在り方―構成的グループ・エンカウンターの活用を通して―」『教育指導の実践的研究（小学校編）』教育研究シリーズ，42，広島県立教育センター，P.34-44，P.143-144，P.197

真仁田昭・村久保雅孝，1989「小学校高学年における構成的エンカウンター・グループへの取り組み―開発的教育相談に関する連携と実践―」『筑波大学学校教育部教育相談研究分野　教育相談研究』27，P.29-30

松田修，198「グループ体験の学級づくりに与える影響に関する研究」兵庫教育大学大学院学校教育研究科修士論文

水上和夫，1987「小学生の構成的グループ・エンカウンター・プログラムとその効果に関する研究」上越教育大学大学院学校教育研究科修士論文

長野俊秋，1991「『心のつながり』のある学級を求めて―構成的エンカウンター・グループによる人間関係づくり―」香川教育センター

大西純，1993「お互いに認め合い，支えあう学級集団づくり―構成的グループ・エンカウンターの実践を通して―」『上越教育大学教育実践研究』3，P.147-152

吉田智恵子，1996「構成的グループ・エンカウンターのエクササイズを生かした学級作りへの援助」『福井県教育研究所研究紀要』101，P.63-71

エンカウンターに関する研究

2. 道徳・総合的な学習・学習意欲

武蔵由佳

■ 道徳

上薗ら（2001）は，小学生を対象として，SGEによる人間関係づくりと道徳授業による視点づくりを組み合わせた実践を行い，自己を肯定する意識が高まったことを明らかにしている。

阿部（2004）は，SGEの手法を取り入れた道徳の授業は，中学生の道徳授業への取り組みに対する意識性を高める効果があることを指摘している。さらに，生徒の道徳的判断力を向上させていく可能性をもった取り組みであることも指摘している。

大曲ら（2002）は，中学生を対象として，SGEなどの手法を用いて道徳授業を実践し，心を育てる教育の1つとなりうることを指摘している。

栗林（2002）は，道徳の授業の前後1回ずつ，特別活動の時間に，SGEのエクササイズを行っている。実践から，道徳教育における心情の育成とともに，体験活動としてSGEを関連づけると人間関係を構築する力が育成されることが示されている。

■ 総合的な学習

佐々木（2002）は，中学生を対象として「総合的な学習の時間」の学習活動に必要となる協力関係の基盤づくりのために，人とのかかわり方に関する能力を育むグループワークとして，SGEを実施している。

山下（1996）は，小学校において国語科，生活科，学級活動，道徳の時間など各教科を関連づけ，さまざまな時間をとらえてSGEを実施し，人間関係づくりに効果があることを明らかにしている。

時澤（2000）は，人間関係づくりを中心とするワークを試作し，それを段階的に組み合わせ，「総合的な学習の時間」に位置づけられるようプログラムを構成している。

大阪府枚方市立第4中学校（2001）は，「総合的な学習」および各教科，学年行事など，学校全体でSGEの手法を取り入れて実践しており，Q-Uを用いて学級内の人間関係づくりに取り組んでいる。

千葉市立若松中学校（2001）は，学級活動・道徳・各教科・行事などを通して，SGEの手法を取り入れて実践し，悩み調査，教研式POEMを用いて効果を実証している。

■ 学習意欲

松下（2001）は，高校1年生を対象に，SGEの手法を用いて，小グループを活用した数学科の取り組みを行っている。その結果，SGEの手法を活用したクラスでは，そうしなかったクラスよりも期末テストの得点が上昇したことから，クラスの親和度を高め，数学の苦手意識を克服し，学習意欲を高める実践の1つであるとしている。

主要文献

阿部宰士，2004「生徒たちが人としての『生き方』を感じ・考えることのできる道徳の時間を求めて－エンカウンターの要素や討論活動の要素を導入した授業過程の工夫を通して」『教育実践総合センターレポート』22，P.38-52

千葉市立若松中学校，2001「心を育む場として学校に何ができるか－自己の心と向き合い，他者の心と触れ合う機会をどのように設定すればよいか－」「様々な交流活動を通して自己の生き方を考えられる生徒の育成─心を育む場として学校に何ができるか─」平成11・12年（心を育む教育）千葉市教育委員会指定研究紀要千葉市立若松中学校

上薗恒太郎・西田利紀・内野成美，「グループ・エンカウンターとつなげた道徳授業」『長崎大学教育学部紀要』60，P.9-20．

栗林直人，2002「小学校 学級経営 望ましい人間関係を育てるための道徳の時間と教育相談的活動の関連づけに関する研究」『青森県総合教育センター平成13年度紀要』P.173-180．

松下淑江，2001「数学科における構成的グループ・エンカウンターの試み」『平成11年度心の教育授業実践研究』第2号，兵庫県立教育研修所心の教育総合センター

大曲美佐子・内山裕之・今里正博・増田和幸・山下耕三・石丸幸勢・御園文一・増田優子，2002「道徳教育におけるセルフエスティーム育成に関する効果的な授業の開発とその評価」『人間科学研究』10，P.48-63

大阪府枚方市立第4中学校，2001『他者とのふれあいを通じて一人一人の自己実現をめざす』平成12・13年度 文部科学省人権教育研究指定校 教育研究紀要（別冊）

佐々木啓悟，2002「中学校 生徒指導 望ましい人間関係を育むための指導・援助の在り方─『総合的な学習の時間』にグループワークを生かす─」青森県総合教育センター P.199-206

時澤裕子，2000「教育相談における『生きる力』を育てるワークの試作─『総合的な学習の時間』に構成的グループ・エンカウンターを位置付けて─」群馬県総合教育センター

山下眞一，1996「自己指導能力の育成を図る生徒指導～開発的教育相談の実践を通して～平成8年度」生徒指導担当研修教員研修報告書

エンカウンターに関する研究

3. 特活，行事，異学年交流，部活，委員会

髙橋浩二

■ この分野の研究の様子

SGEに関係する学術研究の報告例はそれほど多くない。理由はいくつかある。

まず，効果測定に関する問題点がある。通常SGEを実施してその効果を測定する場合，統計的手法を用いるのが一般的である。プログラムの効果を検証するには，たいていの場合，統制群（通常活動のみを行ったグループ）と実験群（プログラムを実施したグループ）を設定して，実施前と実施後で比較するが，周囲の協力が十分に得られなければ統制群を立てることは現実的にかなり厳しい（行事などに関して，異学年にしろ，複数の学校間にしろ，すべて条件を統一するのは事実上不可能である）。よって，1要因の変化を追究せざるをえなくなる。

次に，主たる研究分野が特活場面である，ということもあげられよう。

生徒の変容に関して，その追究を心理面から行うか，それ以外の面から行うかにより手法が大きく異なる。それに伴い研究の中心もシフトする。

■ 小中学生にSGEを用いた例

2001年，筆者は横浜市内の小中学校のリーダー74名にSGEプログラムを実施し，PM機能（集団の課題解決を志向した機能次元と，集団の過程維持を志向した機能次元）に着目して，効果を検討した。効果測定は山本（2001）が用いたPM評価表と独自に作成した振り返り用紙を用いた。

PM評価表に関しては，SGEプログラム参加者から中学生を抽出してデータ集計し，横浜市内中学校1校の学級委員会を統制群として，群（2）×時期（2）の2要因混合計画の分散分析（集団間の得点の散らばり方を比較する分析）を行った。

分析の結果，P得点〔$F_{(1.38)} = 4.37$, $p < .05$〕，M得点〔$F_{(1.38)} = 8.96$, $p < .01$〕双方において交互作用が有意であった（偶然ではない変化があった，ということを示している）。振り返り用紙でも，リーダー性の涵養や相互理解の深化を示す記述が見られた。

しかし，本研究の問題点は，比較対照する他のプログラムが実施されていない，実験条件の統制が不十分である，などがあげられる（統制群も苦しまぎれの感は否めない。本来は小中学校のリーダー集団を集めて，何も実施せずにデータを集め，比較しないと統制群とはいえない）。本研究では，SGEを小中学生のリーダー集団に用いた結果，何らかの作用が働いたことが推測されるのみである。

今後，実験条件をより統制した研究が行われることを切に望んでいる。

■ 委員会に用いた例

次に委員会活動に用いた例をあげる。プロ

参考文献：和泉修一，1997「中学校移行のためのオリエンテーションに関する研究—中学生との交流に着目して—」上越教育大学大学院修士論文。

グラムが効果測定を念頭において組み立てられていないこと，研究仮説の練り上げ時間が少なかったことから，2で紹介した研究よりも精度は落ちるが，長期間経過後に聴取できた例である。

この実践は，1996年から1998年の3年間にわたり，中学校1校の学級委員会の活動時にSGEのエクササイズを導入する形で実施された。

1年次にはおもにリーダーとしてのスキルを学ぶものを実施した。実施頻度は，2か月に1回程度であった。聞き方のスキル，話し合いのスキル，表現のスキル，伝達のスキルなどで文献から収集して用いた。2年次にはおもに他者理解・他者尊重，相互の信頼感をテーマとしたものを用いた。3年次には，自己主張や我々意識の向上を中心とするものを用いた。

3年間のプログラム展開は「スキル」→「You are OK」,「We are OK」→「I'm OK」という流れで考えた。

実施6年後に，聞き取りを行った。現在22歳になる学年である。聞き取りには，学級委員会経験者16名のうち，9名が参加した。

まず，いまでも印象に残っているエクササイズについてたずねた。指摘されたのが，「スリーショット」（トラストウォーク後，相手をカメラに見立てて，3枚の風景をプレゼントする）であった。卒業式を目前にひかえた学級委員たちが，放課後にぜひSGEをやっ

てほしいと希望して実施したものであった。印象に残っている理由は，贈られた風景を通じて，真に相手が自分を大切にしてくれていることを強く感じたからだという。ある者はそのときに贈られた1ショットを，いまでもよく覚えていると述べた（パンジーで，色彩などまで鮮明に）。

このほか，多くの者があげたのがトラストウォーク，トラストフォールであった。相手に任せきることの重要性を肌で感じたそうである。

また，就職活動中の者が6名（うち内定者2名を含む）いたが，自己表現のスキルを中学生のうちに学んだことを評価する意見が見られた。「シュウカツ中（就職活動のこと）にセミナーに行ったけど，先生が中学校でやったエクササイズみたいな感じで（聞き方や見つめ方，言語・非言語を用いた自己表現などのそれを指している），目新しいことはなかった。あらためて，中学校での経験はすごいことだったんだと思った」と語った。

いっぽうで，会議のスキルのエクササイズでは，机をはずして互いの距離を縮めることへの抵抗感を，トラストウォーク，トラストフォールでは，相手に身を預けることへの抵抗感を訴える者がいた。また，エクササイズによる自己変容に対する抵抗感を強く訴える者がいた。プログラム構成に工夫を要する点である（全般的にSGEに対する評価は高いが，上記の点に配慮して実施するほうがよい）。

参考文献：山本祐一，2001「中学生のリーダーシップ行動に関する一研究—PM理論を用いたリーダー研修会のプログラム作成を通して—」上越教育大学大学院修士論文。

エンカウンターに関する研究

5. いじめ，不登校（適応指導教室・相談学級），ひきこもり

川端久詩

■「すくみ」というキーワード

「登校拒否」に代わり「不登校」という用語を日本で初めに用いた花輪敏男（2002）は，「不登校は学校に対するすくみ反応である」と述べている。
- ひきこもり→社会に対してのすくみ
- 学校外にある適応指導教室通級→学校へのすくみ（いわゆる「明るい不登校」はここに位置するが，決して「明るい」のではない）
- 学校内にある相談学級通級→教室に対してのすくみ

これらの範囲は人によって違うのである。どこの範囲で「すくみ」が起こるのかが把握できると，本稿のタイトルを読み解くことができる。つまり，「不登校」や「ひきこもり」はそれらの「すくみ」の総称である。そして「いじめ」はすくみをもたらす不登校要因の1つである。

いずれも，「不登校（ひきこもりも含めて）」は，人間関係における傷つきや困難から，それ以上日常的・継続的な関係を維持することができなくなって起きるものである。

さらに，日本の風土・社会における儒教的思想・風潮は「ねばならない」をより強くすり込む。学校に行けなくなったという「破滅的な事実」に加え，「だれもが通う（参加する）ことができている学校（社会）に，人と同じようにあたりまえに行く（参加する）こともできない自分は，だめな人間なのだ」という自分に対しての二重加罰が，自己肯定感の低さをもたらす。人とかかわることが怖い，よいイメージをもてない，方法がわからない，傷ついた体験の記憶が容易に想起されてしまう，などが相次ぎ，こうしたことが「すくみ」を増幅させるのである。

■ 不登校・ひきこもりへのSGE

公教育における日常的な不登校支援は，おもに，適応指導教室，相談（指導）学級，病弱養護学校，などで行われている。これからは，特別支援教育のための通級学級での支援も期待される。

これらの機関でのSGE研究についての論文は，富山県立ふるさと養護学校(1997)，曽山和彦(2000)，川端久詩(2001)などがある。曽山は，不登校には社会的スキル（友人関係の維持，自己主張のスキル育成）がストレス反応の軽減に影響を与えるという結果を示した。

その他，対人不安，孤独感，ストレス反応（不機嫌・怒り感情，身体的反応），「無気力」，進路決定不安の軽減を促進する，と述べており，いずれも「すくみ」の一端を軽減していることになる。

■ SGEの以前になされるべきこと

重要なのは，対象者が，不登校（ひきこも

り）状態から，自分の意思で通級（通所）を始めた事実であり，そのこと自体，本人が未来志向であり，すでに変わりつつある存在であると意識化させる「リフレーミング」を多用することである。

これらの機関は，基本的に個別支援を基盤とする。対象者は「お世話されたい」状態である。指導者との1対1の信頼関係をつくりつつ，「同年代の二者関係」を経験させ，充足しないと関係が拡大しない者もいる。人が人とかかわる発達のプロセスを，中学生であれば「思春期の死と再生」のプロセスに合わせ，もう1度ていねいにやり直すのである。

ゆるやかな小集団づくりを行いながら，それが自分にとって安全であることがわかると，初めてSGEに取り組んでみようという意欲がもてるようになる。こうしたSGEまでの前段階をじっくりつくることが大切になる。将来に向けて「新たな関係を結び」「自己を発見する」。支援の方向はSGEの目的に一致する。

どういうSGEにするか

これまで，これらの対象者に対して行われてきたエクササイズは，オリジナルも従来行われてきたものもある。

エクササイズ開発が重要なのは言うまでもないが，それぞれの機関の構成条件は，対象者やそのときどきで異なる。

例えば，いじめによる傷つき体験がフラッシュバックしやすい者，神経症的症状のある者には，安全性が高いものを選び，負担をかけないようにすること。また，軽度の発達障害には，内容が理解しやすい，表現がしやすいようにするなど，配慮したエクササイズやセッションを行う周到さが必要である。セッションには，介入しやすく，こまやかな介入となるよう，少人数に対して多くの指導者を配置することが望ましい。

いじめてしまう側への支援はこれから

「いじめ」というと，いじめられる側のエクササイズを想定するが，いじめてしまう側にも傷つき経験があるのは言うまでもない。また，いじめる側が言い抜けて，解決に向かわないケースも多い。

これだけいじめが蔓延している現今の状況の中で，SGEはあたたかく守られた環境で，体験を通して学ぶことができる得がたい機会である。これらの課題についても具体的・積極的にエクササイズ開発を行うことが，喫緊の課題である。

参考文献：富山県立ふるさと養護学校，1997研究紀要。曽山和彦，2000「構成的グループエンカウンターを用いた不登校生徒のストレスマネジメント　社会的スキルとself-esteemの視点から」修士論文。川端久詩，2001「中学校相談学級における構成的グループ・エンカウンターに関する実践的研究　プログラム開発に着目して」修士論文。牟田武生，2002『すぐに解決！　子ども緊急事態Q&A』オクムラ書店。

エンカウンターに関する研究

6. 帰国子女，異文化理解

坂本洋子

帰国子女を対象とした，また異文化理解を目的としたSGEに関する論文，報告，実践例などを収集したが，十分ではない。今回は限られた文献の中での限られたレビューということにとどめたい。

研究の成果

①研究の成果で明らかになったこと

SGEの位置づけと活用について，長岡は「国際理解教育におけるSGEの活用は，日本の教育で不足している人権，交流，共感的他者理解，貢献など人間性や生き方を目標とする教育の部分を補うことになる」と言う。

大関も，国際理解教育の目標である個人としての自己の確立，コミュニケーション能力，考えや意思の表現力，共感性，他者とのかかわりから自分の考えや行動の仕方などを柔軟に変えることのできる実践的態度の育成と，SGEそのものの目標や機能が一致していることから，導入の有効性を論じている。

学校における導入と活用は，各科目間の連携を基盤に，クロスカリキュラムで，また総合学習での効果が期待される。

SGEの目標と期待する効果については，自己および他者理解，自己および他者受容，認識の理解のみではなく感情レベルでの共感と交流，気づきの促進などに設定している実践例が多く見られた。

坂本の研究は，帰国子女のみを対象にSGEの効果を測定して示しているが，結果については原文を参照されたい。

②今後課題とされること

SGE効果のプロセス，エクササイズの機能，ファシリテーター機能の分析などである。

関連論文・レポート・文献

●関連論文・レポート

①坂本洋子，1992「帰国子女に対する構成的グループ・エンカウンター」，國分康孝『構成的グループ・エンカウンター』誠信書房，P.212-226

②大関健道，1997「エンカウンターで国際理解教育・人権教育」，國分康孝監『エンカウンターで学級が変わる・中学校編2』図書文化，P.122-123

③長岡素巳，1999「国際理解教育での活用―コミュニケーション能力・表現力・共感性・個の確立―」，國分康孝監『エンカウンターで学級が変わる・中学校編3』図書文化，P.56-59

④塘内正義，1997「いじめ防止プログラム（人権教育としての20セッションのエクササイズ）」，田浦町立小田浦小学校『ビープロの森』校内誌

⑤長浜市立長浜小学校，1999「国際理解教育部の取り組み」『研究集録　ふたばの窓　第40集　自己を大切にし仲間とともに高めあう集団づくりをめざして―自尊感情を高める活

動を通して─』P.62-65
●エクササイズ
① 『エンカウンターで学級が変わる・中学校編2』より
佐々木ひとみ「異文化の国を小旅行」／文化によって行動や考え方が違うことを知り，それに出会ったときに相手を尊重し相互理解する態度を育てる目的のエクササイズ。
坂本洋子「ジャパン・サミット」／国際理解の第1歩はまず自国について理解を深めること。外国人から見た日本と日本人についての見聞をもとに話し合い，認識を深める。
坂本洋子「ところ変われば人変わる」／異文化間では，さまざまな生活習慣，価値観，対人態度があり，感じ方や判断の違いからずれやトラブルが生じる。これらの場面カードを使って行う，カルチャー・アシミレーター学習法に基づいたエクササイズ。
斉藤仁「私の仲間はだれ？」／偏見や差別は，彼我の差異への着目から生じる。異質なものの中から共通点を見いだして相互理解する体験を，グループづくりを通して学ぶ。
大関健道「みんな違ってみんないい！」／ステレオタイプな偏見に気づくことが目的。同じ物をじっくりと観察し交流することで，個性に気づく。またさまざまな権利の順位づけから，相互の価値観や考え方に気づく。
② 『エンカウンターで学級が変わる・中学校編3』より
長岡素巳「違っていいこと？」／外国事情を記したカードを使い，各国の立場から「あっていい違い」「あってはならない違い」を話し合い，相互理解の大切さを知る。
岩田靖「私の町の年中行事」／外国人を数名招待し，それぞれの国の年中行事を聞き，文化による風習の違いとともに人類共通の願いなどを見いだし，相互理解を深める。
渡部陸浩「出会いのビンゴ」／外国人を招き，簡単な英語で質問し合いながら，ビンゴのゲーム形式を取り入れて交流を進める。
③ 『エンカウンターで総合が変わる・中学校編 総合的な学習のアイディア集』より
斉藤仁「初めまして，よろしく」／外国人講師とのふれあいの授業の中で行われるエクササイズ。さまざまな相手国の，関心の深い事柄をたずね合う体験である。
吉澤克彦「言葉の壁をこえて」／韓国の中学校との友好交流の一環で行われたエクササイズ。非言語的なコミュニケーションとグループ体験がテーマ。
佐藤謙二「私の国の家が一番」／世界のさまざまな住居の写真を見て，どれか1つを選び，その住居についてインターネットなどで調べる。同じ住居を選んだ者同士でグループ学習し，発表する中で，民族・風土と住居の関係を知識ばかりでなく感じることで，より深く理解する。
根田真江「世界の宝物」／教室内に各国の大使館をつくり，レポーターによるインタビュー形式で異文化理解を深める。

エンカウンターに関する研究

7. 効果研究について

田島 聡

　SGEの効果測定は多岐にわたって行われている。例えば，人間関係の改善，自己受容，進路意識などである。
　このような研究の中で，基礎となる効果研究の1つが「自己肯定感」に関するものである。本稿では，この自己肯定感の研究を中心に述べることとする。

SGEと自己肯定感

　自己肯定感とは，自分のしていること，自分の存在など自らを肯定的にとらえる感情のことをいう。
　本稿では，ローゼンバーグ（1965，山本ほか訳）の作成した自尊感情尺度により定義されたものを用いていることが多い。ローゼンバーグの尺度は，他人との比較からではなく，自分自身で自分をどう感じているかということに焦点を当てているという特徴がある。
　SGEの効果として，なぜ自己肯定感の高まりに注目するのか。それは，「人生の主人公は自分である」というSGEの哲学による。自分で自分をほめたたえる態度がなければ，人生を肯定的に過ごすことができないと考えるからである。また，ふれあいというものが，自己と他者を一人のかけがえのない人格をもった存在であることを認め合う体験であると考えるからである。
　SGEが効果測定を大事だと考える理由は，大きく2つに分けられる。1つは，少しでも役に立つものがよいものであるというプラグマティズムの考え方である。効果のない活動をしても意味がないと考えるから，その効果を立証しようとするのである。
　第2は，SGEの実施条件による差を明らかにするためである。例えば，エクササイズの種類，リーダーの機能，宿泊体験であるか否か，などによって効果に違いがあるかを検証するのである。

測定方法と結果

　ワークショップの前後にアンケート調査を行い，その有意差を検定する方法がある。
　例えば，國分カウンセリング研究会では，主催する2泊3日のワークショップにおいてアンケートを行った。アンケート調査対象は，①体験コース，②リーダー養成コース，2つのコース参加者である。
　この調査の結果では，いずれのコースへの参加者もワークショップの前後で自己肯定感が有意に高くなった。また4か月後のフォローアップ調査でも同様な結果が得られた。この研究は，SGEを体験した前後だけでなく，体験し終わってからも，その感情が継続し，学習効果があることを示唆するものである。
　また前述したように，SGEはそのプラグマティズムの思想から，効果的かつ効率的なワークショップを実施するには，どのようなエクササイズを，どの場面で行うとよいか，メ

ンバーの人数は何人がよいかといったことに興味をもち，研究の対象としている。現在は学校現場でもSGEが多く取り入れられていることから，学校現場で効果的かつ効率的に実施するための条件などの研究も必要であろう。

対人信頼感の研究

SGEが自己肯定感を高めることがわかるにつれ，自己肯定感を築くもとが何かということも研究の対象となってきた。

E・H・エリクソンは，人間の発達課題の初めは信頼対不信であるとしている。つまり，人が心理社会的な成長をする前提として，人への信頼感の獲得が必要なのである。

前述の國分カウンセリング研究会主催のワークショップにおいて，対人信頼感を調査したところ，2泊3日のワークショップにおいて，1泊した中日の夕方から対人信頼感が高くなる結果が得られた。対人信頼感があるから，ホンネを話せるようになり，自分を見つめる題材を得られる。あたたかい集団の中で素直に自分を見つめられるから，自己肯定感が高まる。このような推論ができる。

集団への効果

以上は，特に個人の心理過程を意識しているが，グループの変化も自己肯定感の高揚の大きな要素になると推測される。つまりグループプロセスを調べることにも意味がある。

SGEの宿泊体験では，1日目にリレーションづくり，2日目に問題解決，そして最終日に現実復帰という流れが設けられており，それに従ってエクササイズを配列している。このほかの配列でもグループの成長が見込まれるか否かという研究は進んでいない。

課題

研究という点からは，ワークショップ参加者からとったデータを比較しただけでは，ほんとうの意味の効果測定とはいえない。対照群として別のグループを設置し，SGEワークショップと同じ時間を別の活動をしたりふだんの生活をしたりして過ごしている場合と比較することが必要になる。例えば，同じ条件のグループに対して，異なるリーダーでSGEを行うといったような比較が必要である。

参考文献：川崎知己，1994「構成的グループ・エンカウンターが中学生の進路意識に及ぼす効果」『カウンセリング研究』27（2）。田島聡ほか，2001「SGE体験コースが参加者のセルフエスティームに及ぼす効果の研究」『日本カウンセリング学会第34回大会発表論文集』。加勇田修士ほか，2001「SGEリーダー養成コースが参加者のセルフエスティームに及ぼす効果の研究」『日本カウンセリング学会第34回大会発表論文集』。田島聡ほか，2003「SGEにおける信頼感の形成過程に関する研究」『日本カウンセリング学会第36回大会発表論文集』。ローゼンバーグ，1965「自尊感情尺度」，堀洋道ほか『心理尺度ファイル』垣内出版，P.67-69。

エンカウンターに関する研究

8. リーダーのタイプ，教師への影響

藤村一夫

■ リーダーシップの重要性

SGEは，リーダーの指示に従ってメンバーが活動するものであり，カウンセリングの1つとしてとらえられるので，サブリーダーを立てて複数のリーダーで行うのが基本となっている。それほどリーダーは重要な役割をもっている。

■ リーダーシップのとり方

学校で教師がSGEを行う場合，リーダーシップのとり方は，「母性原理」を基調にして，さらにその上に「父性原理」を発揮することが必要といわれている。母性原理とはとりわけカウンセラーに求められているものであり，以下のような態度があげられる。

- 受容的支持的な態度をとる。
- 非評価的，非審判的であること。
- お互いの違いを認め合い，尊重する。
- お互いあるがままに受け入れる。
- 威圧的，権威的な態度をとらない。
- お互い相手の感情に敏感になり，共感的に理解する。
- 傾聴する。
- ある部分は受け入れるが，他の部分は受け入れないという条件つきの承認をしない。(大関)

「父性原理」は指導面が強く，そのリーダーシップを発揮する際の留意点は以下のとおりである。

- エクササイズを実施するうえで，ルールの徹底を図る。とくに，悪ふざけやからかい，ひやかしを厳重に規制する。
- エクササイズの目的，やり方の説明・指示は簡潔に，しかもわかりやすくする。
- 時間の管理をしっかりと行い，限られた時間を有効に使う。

以上の父性原理，母性原理は，PM型理論に置きかえて考えることもできる。リーダーは，父性原理を基調としたP機能（集団目標達成機能）と同時に，母性原理を基調としたM機能（集団維持機能）を発揮することが望ましいと考えられる。特に学校教育においては，リーダーを担任教師が1人で行う場合が多いので，なおさらである。

しかし，教育実践の一環としてSGEを実施する場合，ふだんとまったく同じリーダーシップのとり方では，SGEの効果はあまり期待できないという指摘もある。もちろんカウンセリングマインドをふだんから意識している教師もいるが，とりわけSGEは「育てるカウンセリング」の一手法であるから，教師はカウンセリングの心構えと技術が必要となってくる。

教師に期待される心構えとしてはカウンセリングマインドが不可欠であり，子ども一人一人の存在を認め，受容する姿勢が必要であろう。また教師に期待される技術はカウンセリングの技法であり，以下のようなものがあ

参考文献：河村茂雄，「こころを動かす教師のひと言」，國分康孝監，1997『エンカウンターで学級が変わる・小学校編2』図書文化。

げられる（河村）。
- 契約法：エクササイズのねらいと実施の仕方，ルールを確認し契約する。
- 質問技法：そのときの感情を質問し，子どもに冷静に考えさせる。
- 支持・共感：子どものよさがわかったり，気持ちが通じたりした場合は，言葉に出して伝える。
- 自己主張：自分の考えを表明する。

すなわち教師はリーダーを務めるために，カウンセリングの理論について研修を深める必要がある。

リーダーに求められる能力

リーダーに求められる能力としては，自己開示能力，自己主張能力があげられる。自己開示能力は個人的感情の能力で，自分の事実，自分の感情，自分の思考をオープンにすることである。また，自己主張能力は役割関係の展開能力であり，現実原則にのっとった自信に満ちた主張が必要である。さらに，この2つの能力を発揮するときに，コミュニケーション能力が役立つのである（國分・片野）。

リーダーが，父性原理と母性原理，P機能とM機能，自己開示と自己主張を自分ではしているつもりでも，それをメンバーに伝える術がなければ，まったく独りよがりのリーダーシップをとっていることになる。メンバーの状態に合わせたコミュニケーションのとり方が重要になる。

SGEにおけるリーダーへの影響

SGEのリーダーを経験することは，リーダーの人間性を高めることにつながる。学校教育においては，教師としての素養を高めることにつながる。それは，SGEのリーダーを務めるためには，リーダー自身が自己を振り返り，他者理解・自己理解を行うからである。エクササイズの内容が人生観や生き方にかかわったとき，リーダーが形ばかりのありきたりな話をしても，うすっぺらなものにしかならない。リーダーが自分の人生観や生き方を自己開示し，メンバーとともに考え，高め合う。そんな謙虚で勇気のあるリーダーシップをとるように努めれば，おのずと自分の成長につながるに違いない。

しかし，前にも述べたとおり，独りよがりのリーダーシップになっていないか確認し，常に研修をしていかねばならない。

そのためには，リーダーは自分のリーダーシップがメンバーにどうとらえられているのか，自己チェックをすることはもちろん，教育分析を受け，自分の得意とするところや苦手なところを把握することが大切であろう。

参考文献：國分康孝・片野智治，2001『構成的グループ・エンカウンターの原理と進め方』誠信書房。大関健道，「リーダーシップのとり方」，國分康孝監，1996『エンカウンターで学級が変わる・小学校編1』図書文化。

エンカウンターに関する研究

9. 児童のシェアリング能力について

別所靖子

■ 児童のシェアリング

吉田（2001）はシェアリングについて次のように語っている。

「シェアリングはむずかしい。たくさんの思いの中から自分にぴったりの言葉を探すのは苦しいものだ。また，自分の気持ちを見つめないで生きていることのほうが多いから，突然『感じたこと』を聞かれても困る。大人になればなるほどその傾向が強くなる。かえって低学年の子どもたちのほうが，正直に自分の思いを語ることができるくらいだ」。

たしかにその通りで，私の経験でも低学年などは「はい，はい」と元気に手をあげ，「楽しかった」「うれしかった」「悲しかった」「嫌だった」などと正直である。しかし，内容は表面的で，語彙も少ない。自分の気持ちを掘り下げて表現することにも限界がある。学年が進むにつれて，シェアリングの内容は深まるが，どの子も自分の気持ちを表現することは簡単ではない。

小学生は，まだ自我が確立されていない状態にあり，語彙も不足しているので，大人に比べてシェアリングには限界がある。その力を徐々に育てていくことが大切だと思われる。私は，低学年のうちは，まずみんなに伝えようとする素直な気持ちを尊重することが大切であると考えている。また，日直のスピーチや日記など，その学年に合った場を設定して，自分の気持ちを見つめることに慣れさせるよう意識している。

■ シェアリングのスキルアップ

教師がどのような対応をしたら子どものシェアリング能力が高まるかについて，いくつかの論文が見られる。

河村（1996）は，シェアリングのコツとして次の5つをあげている。①時間の確保，②環境・マナーの整備，③教師自身のマナーの遵守，④リーダーとしての態度（モデルを示す・適切な介入をする），⑤学校生活へのシェアリングの活用。

品田（1999）は，シェアリングの仕方において3つのポイントを提唱している。①教師の声かけの仕方，②シェアリングの構成の仕方，③授業への活用の仕方。

岡田（2001）は，シェアリングの工夫について次のように述べている。①ショートのシェアリングで練習する，②2〜3のエクササイズをまとめてシェアリングする，③振り返り用紙を用いてシェアリングする，④調査法の用紙を用いてシェアリングする，⑤アンケート方式でシェアリングする。

朝日（2001）は，シェアリングを練習するポイントとして次の4つを述べている。①何でも言える雰囲気をつくる，②どの気持ちに近いかを考えさせる（「四つの窓」シェアリング編），③マンツーマンでシェアリングをする，④まずは教師が自分の気持ちを語る。

吉田（2000）は，次のように指摘している。「『教材をエクササイズ風に用い，教材を通して気づいたことや感じたこと』を語る，シェアリングのある授業を積み重ねていけば，子どもたち同士が互いの感じ方を共有する時間が増える」。

　子どものシェアリング能力についての研究や論文は少なく，これからの研究が待たれるところである。

スキルアップのポイント

　以上の指摘から，子どものシェアリングをスキルアップするポイントとして，次の2点を押さえたい。

　まず，気持ちを語ることのモデルを得させることである。子どもたちを取り巻く大人は意外に少ない。親，教師，習いごとの先生，ご近所の人たちくらいである。この中でモデルとなりうるのは，やはり教師ではないだろうか。

　私も，かつては自分の気持ちを人に話すことが苦手だった。人前であまり抵抗なく気持ちを語れるようになったのには，國分康孝というスピーチのモデルを得たことが大きい。國分は「面白くてためになり，かつ学問的背景があるスピーチを心がけよ」と言う。そして，「結論から先に」「核心を端的に」「歯切れよく」「自己開示的に」語る。教え子にもスピーチ上手が多いので，國分のまわりはモデルがたくさんいる。

　次に，何でも語れる学級の雰囲気づくりが大切である。「聞いてもらえない」「否定されそう」と思ったら，だれだって自由に語れない。「どんな意見でも最後まできちんと聞く」というルールを徹底させ，安心して語れる自由を保障する。

　どうしても語れない子には「まだ君にぴったりの言葉は見つからないのかもしれないね」「言いたくなったら言ってね」と，個別対応でフォローする。集団を育てつつ，必要に応じて個別対応していくことが大切であると思う。

　私も教師のサポートグループという月例学習会で，自分の悩みや気づきを思い切って自己開示するようにしているが，みんながあたたかい気持ちで聞いてくれると思うと，下手でも安心して語れる。

参考文献：國分康孝ほか，2000『エンカウンターとは何か』図書文化，p113-115。國分康孝ほか編，2001『エンカウンタースキルアップ』図書文化，p134-135。岡田弘「シェアリングのパターン」，同書，p142-145。朝日朋子「シェアリングの練習を」，同書，p154-156。河村茂雄「シェアリングのコツ」，國分康孝監『エンカウンターで学級が変わる・小学校編1』図書文化，p90-91。品田笑子「シェアリングのしかた」，國分康孝監『エンカウンターで学級が変わる・小学校編3』図書文化，p46-51。品田笑子，1997「教師はこのようにカウンセリングを活用している」『カウンセリング研究』30（1），p.72-75。

エンカウンターに関する研究

10. 幼児へのエンカウンターについて

冨田久枝

幼児へのSGEの必要性

　現在，幼児教育の現場において，核家族化や少子化の影響で兄弟（姉妹）や家族からコミュニケーションを学ぶ機会が失われ，社会性の育成が困難になっているという問題がある。そのため，異年齢保育を取り入れて，集団の力を活用してコミュニケーション力や社会性の育成に力を注ぐ施設も少なくない。

　核家族化や少子化は，幼児の感情交流やその体験を激減させる。このような体験全般の減少は，幼児期における感情や社会性の発達を阻害するばかりではなく，知能や環境適応力（コンピテンス）の発達にも影響を及ぼす可能性がある。このような時代背景にあって，SGEを幼児教育にもぜひ生かしたいと考えるのは当然のことであろう。

　また，國分（1981）はSGEによる体験を，以下の6つに大別している。
①自分のホンネを知る「自己覚知」
②自己開示
③自己主張
④他者受容
⑤信頼感
⑥役割遂行

　これらの体験は，感情，認知，それに伴う行動を育てる基本である。これらにつながるような原体験を，幼児期において充実させることも，SGEがめざす人間教育の土台をつくることになるのではないだろうか。

幼児教育におけるSGE活用の実態

　近年，NPO日本教育カウンセラー協会主催のカウンセラー養成講座において，保育者が参加者の数%を占めるようになってきた。これは，幼児教育施設に子育て支援の役割を担うことが義務づけられ，カウンセリングの活用が不可欠となったからである。また，保育者養成校においても，「保育臨床」といった科目が準必修として扱われ，カウンセリング学習の風潮が高まっている。

　しかし，講演会などの機会にアンケートを実施してSGEの周知度を調べてみると，ほとんどの人が知らないという実態が見えてくる。例えば，2003年に開催された日本教育カウンセリング学会の研究発表会の論文集では，幼児へのSGEを扱った論文はたったの1本であった。

　鈴木（2003）は幼稚園におけるカウンセリングの実践の一環として，月1回，計6回，5歳児を対象にSGEを取り入れた。友達とうまくかかわれなかったA子が，友達から遊びに誘われる姿が見られるようになり，A子もクラスの一員としての気持ちが芽生えたという結果を得ている。

　「論文」という形にはなっていないが，SGEを学んだ保育者が，子どもたちの人間関係づくりを目的に，その技法を保育内容に取り入れているという実践報告を受けるケースは年々増えてきている。

幼児へ行うSGEの課題

実際にSGEを保育に取り入れようとする場合，既存のSGEのエクササイズをそのまま取り入れることは不可能である。SGEの基本的な教育観は保育に必要なものであるが，その具体的実践については，現在の段階ではまったくの手探りの状態であるといえよう。

ここでは，幼児にSGEを行ううえでの課題を明らかにしたい。

①構成

SGEは，インストラクション，エクササイズ，シェアリング，介入という要素で構成されている。この内容を進めるのがリーダーで，体験するのがメンバーである。幼児への実施を考えた場合，リーダーは保育者であり，メンバーは幼児ということになる。幼児の場合，発達からいってもリーダー役をするのは無理があろう。

また，シェアリングはSGEの要となるものであるが，幼児は言語表現の能力が未熟である。そのため，リーダーである保育者は，促進したい感情や認知を言語ではなく行動として示すことで広めたり，幼児の非言語表現を読み取ったり，幼児の言葉を補足しながらシェアリングが円滑に行われるようフォローしなければならないといった問題点がある。

②対象年齢と方法

SGEが小学校低学年から活用されていることから推察すれば，ショートエクササイズならば，5～6歳の幼児には十分に実施可能と考えられる。

それ以下の幼児へは，SGEの個別面接への活用の知見を生かし，一人一人の幼児と手遊びなどのかかわり遊び（かかわり技法）を工夫することで，感情交流や信頼体験の促進を図ることが可能と考えられる。

③実施場面と時間

保育は，幼児一人一人が自分の遊びを見つけ，それを自分なりに発展させ，さらに友達との関係へ発展させることがその主体である。そのため，朝や帰りの会や，合同で遊びを共有する場面を利用してSGEを展開することができる。

実施時間は長くて30分である。幼児に設定保育を展開する場合，導入10分，中心活動30分，まとめ10分といったプログラムが通例である。これから考えても，30分が限界と考えられるだろう。

基本的には，短いエクササイズを日常的に保育に取り入れるほうが効果的かもしれない。

④その他の活動への活用

核家族化の影響を受けているのは幼児だけではない。保育現場では保護者同士のリレーションをつくることも重要な課題となっている。また保育者同士の連携も欠かせない課題である。

幼児に実施する前，または並行して，幼児を取り巻く大人たちがSGEの経験を積むことも重要であろう。

参考文献：國分康孝，1981『エンカウンター』誠信書房．鈴木裕子，2003「幼稚園におけるカウンセリングの実践」『日本教育カウンセリング学会研究発表大会第1回発表論文集』日本教育カウンセリング学会．

エンカウンターに関する研究

11. 学校で行われているグループアプローチの比較

苅間澤勇人

学校におけるグループアプローチ

近年，学校において，さまざまなグループアプローチが取り入れられている。例えば次のようなものがあげられる。

①構成的グループエンカウンター（SGE）
②対人関係ゲーム
③プロジェクトアドベンチャー（PA）
④グループワークトレーニング（GWT）
⑤ピアサポート

これらは，意図的に計画された活動を子どもたちに与え，かかわり合いの体験によって，人間関係の方法を学習させたり，気づきをもたせたりするものである。学校生活における不適応から起こる問題を予防したり，子どもが本来もっている力を開発したりする教育的援助の目的で，学校で取り入れられている。

各グループアプローチのプログラムの流れには，多少の違いがあるものの，おおむね体験学習サイクルのモデルにそって行われる。すなわち，ゴール設定→活動→振り返り・追体験→一般化（経験の概念化）→応用・概念の展開（他のケースへの適応）→活動，といった循環サイクルである。

いずれのグループアプローチも，リーダー（アドバイザー，トレーナー，指導者など，それぞれの活動で名称は異なる）が，意図された活動を指示したり，活動にコメントを与えたりする。

また，グループへの参加に関する契約事項が定められている。それは，グループ内に安全で安心できる雰囲気や，あたたかく支持的で許容的な雰囲気をつくるためである。

参加者は，多かれ少なかれ，自分の行動や考え，感情について，これまでの自己像がゆらぐ事実に直面し，自分に対するイメージが攪乱されたり，不安やおそれを感じたりする。それに対して，グループの中でフィードバックを受けたり，ありたい自分をイメージしたり，自分のモデルを見つけて同一化したりして，参加者は自分の中に新しい行動や考え，感情を統合する（レヴィンの変革理論でいう「解氷から再結氷へのプロセス」）。このプロセスをたどるためには，支持的で受容的な雰囲気が不可欠なのである。

したがって，リーダーは，メンバーの変容が進む環境をつくり，フィードバックを与えたり，行動のモデルとなる働きかけ（介入）をしたりする。

リーダーが指示する意図された活動は，エクササイズ，ゲーム，アクティビティ，財，主活動などと呼ばれ，グループメンバーはリーダーの指示に従って活動する。また，②対人関係ゲーム以外は，活動の振り返り（シェアリング，ディブリーフィングと呼ばれる）を必ず設定しており，いずれのグループアプローチも「いま，ここで（Here & Now）」の感じ方や行動を重視している。②対人関係ゲームもメンバーに振り返りへの抵抗がないときは，振り返りを行うことが原則である。③

参考文献：【構成的グループ・エンカウンター】　國分康孝『エンカウンター』誠信書房。國分康孝監『エンカウンターで学級がかわる　小学校編・中学校編』図書文化。

PAと④GWTでは，学校や家庭，地域社会の生活に応用するために，活動の体験と振り返りを一般化することが強調されている。

さらに各グループアプローチでは，契約事項が決められている。1つは，人をわざと傷つけるような言動をとらないといった，個人やグループ全体を尊重する姿勢をもつことである。2つは，意図的に計画された活動に参加するか，しないかは，参加者の自由意思に委ねられていることである。すなわち，強制されて仕方なく活動するのではなく，自分の意思で決定して，その責任を自分でとるという考え方をもって参加することである。

各グループアプローチの目的と方法

①SGE

実存的カウンセリングを背景にしている。集団体験による心と心のふれあいを通して，現代社会で失われがちな個人の主体性の回復をめざし，ありたいようなあり方を模索するのが目的である。具体的には，人間的な自己成長と行動変容が目的である。

リーダーは，エクササイズを与えて自己開示を促し，エクササイズのねらいを達成するために，メンバーに気づきを促すコメント（介入）をする。

②対人関係ゲーム

行動論的カウンセリングを背景にしている。運動を伴った楽しいゲームにより，学級集団という場における緊張感や不安感などの嫌な思いを徐々に消去していくことで，学校における対人関係の問題，すなわち不登校・いじめ，学級崩壊などの問題を解決することが目的である。また，問題を抱える個人の対人行動に援助することに加えて，すでに集団に所属しているメンバーが新メンバーを受け入れる不安への援助も目的としている。

③PA

子どもの自己概念の改善・向上を図ることが目的である。屋外での冒険活動をベースに，意思の強さや，逆境に耐えて立ち向かう力を培うことを意図した活動を，学校においても可能な活動におきかえて行う。

④GWT

ラボラトリートレーニングの学習理論とアドラーの成長心理学を背景としている。パティシペイターシップ（参画者意識）の養成が目的で，グループ（組織）の一員として自分のあり方を学習する。小集団活動の振り返りと一般化に重点をおき，ソーシャルスキルの習得と自己への気づきを促す。

⑤ピアサポート

子ども同士が互いに支え合い，互いの影響力で成長することを目的としており，子どもが好ましい行動を自主的に身につけるように援助するという予防教育的な視点に立っている。現在の子どもたちに不足しているソーシャルスキルの基礎的な部分を補い，それが広まっていくようにする。

参考文献：【対人関係ゲーム】　田上不二夫『実践スクール・カウンセリング』金子書房。田上不二夫『対人関係ゲームによる仲間づくり』金子書房。

①から⑤までのすべてに共通していえることは，集団活動の体験を通して，自己の成長と人間関係のつくり方を学ぶことが目的として含まれていることである。

このうち①は，自己の成長の側面が強調されている。④と⑤は特にソーシャルスキルを習得させるという視点を明確にしている。また，②は問題解決を目的とするところに，⑤は仲間を支援するための力を育てることを第1の目的とするところに特徴があるといえる。

意図された活動のねらい

①SGEのエクササイズには6つの種類がある。自己理解，他者理解，自己受容，自己表現・自己主張，感受性の促進，信頼体験である。これらは，どの側面から自己への気づきを促すかを示すものである。プログラムの順序などは國分康孝のコーヒーカップモデルに基づいて構成される。

エクササイズのねらいを学校行事や学年行事，学級活動に関連させたうえで，生徒のモチベーション，レディネス，リーダーの経験度，活動の特性によってエクササイズが選ばれている。実施の目的にもよるが，学校でSGEを行う場合はコンフロンテーション（対決）傾向が低く，自己開示と傾聴をねらいとしたエクササイズが効果的である。

②対人関係ゲームのプログラムは，ある目標を達成するために組織的に動く「群れ」をつくることを目標にしており，そのために5つのねらいをもったゲームがある。関係をつけるゲーム，他者と心を通わすゲーム，集団活動の楽しさを実感するゲーム，他者と折り合いをつけるゲーム，集団の構造・役割分担を体験する（群れる）ゲームである。

③PAのアクティビティは，およそ5つのねらいによって分けることができる。アイス・ブレーカー（緊張ほぐし），ディヒビタイザー（心ほぐし），トラスト（信頼づくり），イニシアティブ（課題解決），ピーク・エクスペリアンス（至高体験）である。この5つのねらいをもったアクティビティを，順番を追って進めていくこと（アドベンチャー・スパイラル）が効果的である。

④GWTでは，意図された活動を「財」という。例えば，情報を組み立てる，力を合わせる，聞き方を学ぶ，コンセンサスのよさを学ぶ，友達から見た自分を知る，といった財がある。学級全体に欠如していると思われるソーシャルスキルに合わせて，財を選び実践されている。

⑤ピアサポートは，傾聴スキルや問題解決スキルなど子どもに不足しているソーシャルスキルを，主活動においてスモール・ステップの手法で形成する。例えば，傾聴スキルの獲得のためには，仲間づくり，関係づくり，話し方，聞き方などのターゲットスキルを段階的に組み込んで実施する。

参考文献：【PA】　D・プラウティほか『アドベンチャーグループカウンセリングの実際』みくに出版。二宮孝ほか『今こそ学校にアドベンチャー教育を』学事出版。高久啓吾『楽しみながら信頼関係を築くゲーム集』学事出版。

学校での実践

①SGEと③PAは折衷主義的に，目的達成のために活用できるものを取り入れている。いろいろな技法が組み込まれているので，活用の幅が広い。LHRや総合的な学習のような，「心の教育」が可能な時間での実施に加えて，部活動，委員会活動などの特別活動においても実施が可能である。また，朝の会や帰りの会のような短時間で行うこともできる。授業の技法として活用することも可能である。

②④⑤は，学校の授業1時間を単位として構成されており，道徳の時間やLHR，総合的な学習の時間での活用が前提である。

⑤は，1つのソーシャルスキルの習得にまとまった時間が必要である。例えば，傾聴スキルの習得を目標とした場合，9時間程度の計画的な活用が必要である。

いずれのグループアプローチにおいても，実施にあたっては，グループのリレーション形成の度合いに配慮することが必要である。集団体験学習では，グループのメンバーと活動を共にし，かかわり合う機会が多いため，グループにリレーションができているほうが学習効果が高まるからである。活動の前にリレーションづくりを目的としたSGEを実施することが効果的である。

また，子どもの自尊感情が高くなるように援助することが大切である。自尊感情を高めるには，リーダーが子どものすべてを受け入れて「それでいいんだよ」というメッセージを常に伝えていくことが必要である。

まとめ

以上の比較から言えることは，各グループアプローチは，今日の子どもが抱える問題に対して，構成された集団活動による体験学習を通して援助している点が共通しているということである。各グループアプローチによってウェイトのおきどころに違いが見られ，名称も異なっているが，それは子どもの抱える問題の理解が違っているためであると考えられる。

いずれも，計画的に継続して行った場合には，生徒の行動変容や人間関係の方法の習得に関して，決定的な違いはないと考えられる。したがって，どのグループアプローチがより適切であるかを議論しても，その結果は出ないように思われる。むしろ，いずれのグループアプローチも，援助対象のグループにおけるルールの確立状況，感情交流のレベルを多面的に評価（アセスメント）して，目標を明確に定めたうえで，計画的に継続して実施することが大切であろう。そして，どんなグループに，どんな活動を，どのように与えたら，どのような変容が起こったかといったことを交流し合うことが必要であろう。

どのグループアプローチも「それぞれに特徴があってみんないい」ということである。

参考文献：【GWT】 坂野公信監『学校グループワーク・トレーニング』『協力すれば何かが変わる』遊戯社．【ピア・サポート】 滝充『ピア・サポートではじめる学校づくり 小学校編・中学校編』金子書房．

全エクササイズ一覧

エンカウンターで学級が変わる・小学校編

エクササイズ名	ねらい	概要	場面	種類	時間
あいさつゲーム P.102	級友の名前や特徴を覚え、肯定的な感情をもつ。学級にあたたかい人間関係をつくる。	ジャンケンに勝った人は、名前や好きな食べ物が書いてある相手の自己紹介カードをもらえる。できるだけたくさんカードを集める。	特活	自己理解・他者理解	45〜50分
ジャンケン列車 P.104	学級内のリレーションづくり。	ジャンケンに負けた人は、相手の肩に両手を置いてうしろにつながる。次に列の先頭同士がジャンケンして同様に続ける。	特活	自己理解・他者理解	45〜50分
デシデシジャンケン P.106	相手と合わせて声を出すことにより、協調性や協力し合うことの楽しさを味わう。	ジャンケンに勝った人は「あなたは私の弟子」、負けた人は「私はあなたの弟子」と、「弟子」が同時に言えるように声を合わせてセリフを言う。	特活	自己理解・他者理解	30分
サッカージャンケン P.108	学級内でのリレーションづくり。集団での役割を遂行することで、仲間づくりをする。	サッカーチームに見立て、メンバーのポジションを決める。攻撃チームは、次々にジャンケンをして、キーパーまでたどり着くと得点。攻守を交代して続ける。	特活	自己理解・他者理解	15〜20分
何でもバスケット P.110	外見だけでなく、ふだん表れていない級友の内面を知る。	フルーツバスケットの要領で、鬼が言った言葉にあてはまる人が席を移動する。次第に内面的な言葉が増えてくる。	特活	自己理解・他者理解	45〜50分
四つの窓 P.112	同じ好みや考えをもつ友達と理解を深め合うとともに、自分とは違う友達の存在を知る。	色や動物、食べ物などについて4種類を書いた紙を壁に貼り、好きな物の場所に移動する。集まった者同士、選んだ理由を話し合う。	特活	自己理解・他者理解	30分
いいとこさがし P.114	友達のよさを見つける受容的な学級づくり。	ほかのグループの友達のいいところをカードに書く。書いたカードを交換し合い、さらに書き足す。出来上がったカードを机に貼り、全員が巡回して見る。自分も同感だと思う内容にはシールを貼る。	特活	自己理解・他者理解	45〜50分
ゴリオリゲーム P.116	役割遂行を通して、学級のリレーションをつくる。学級全体を援助的な雰囲気にする。	3人組でゴリラ役とオリ役2人を決める。合図によって、ゴリラが別のオリに移動したり、逆にオリが動いたりするなど、全員が新しい相手と組む。	特活	信頼体験	45〜50分
進化ジャンケン P.118	自分が成長し変化していくことに気づく。また級友も成長する仲間であることに気がつく。	「ごきぶり→かえる→さる→人間」と進化する。同じ生き物同士でジャンケンして勝ったら進化。負けると1つ前の生物に戻る。	特活	自己受容	15〜20分
ありがとうカード P.120	友達の小さな親切に気づき、感謝の気持ちをもつ。また、肯定的な自己概念をもつ。	隣の席の人に親切にしてもらったことをカードに書いて渡す。最後は学級全員を対象に「ありがとうカード」を書いて渡す。	特活	自己理解・他者理解	30分
パチパチカード P.122	肯定的・受容的な学級の雰囲気をつくる。	友達のほめてあげたいことをパチパチカードに書く。友達にあてられたカードを集め、ワークシートに貼り、授与式を行う。	特活	自己受容	45〜50分

國分康孝監修の『エンカウンターで学級が変わる』シリーズ12冊において、これまで紹介されたすべてのスペシフィックエクササイズの一覧です。SGEのホームページからも検索が可能（P.669参照）。

エクササイズ名	ねらい	概要	場面	種類	時間
自分への手紙 P.124	自分で自分をほめることの楽しさを知る。	1学期にできるようになったことを書き出し、がんばった自分に手紙を書く。	特活	自己受容	45〜50分
カムオン P.128	集団が個人を支え、個人がほかの人との関係の中で存在することを知る。	各チームで王様を決める。王様以外の人は、他チームの王様とジャンケンし、勝ったら次の人にタッチ。負けたら「カム・オン」とチームを呼び、勝つまで繰り返す。	特活	感受性の促進	15〜20分
Sケン P.130	ルールを守りながら、仲間同士作戦を立て、協力してものごとを成しとげる体験をする。	S字型のコートを描き、両サイドに陣地を作る。相手陣地の宝物をとったチームが勝ち。移動は片足ケンケンで行う。	特活	自己主張	45〜50分
質問ジャンケン P.132	相手に関心をもって質問することで、学級内のリレーションをつくる。	2人組でジャンケンをし、勝った人は相手に質問し、負けた人は答える。数人の相手とやり、知ったことを全体の場で発表する。	特活	自己理解・他者理解	30分
ご指名です P.134	学級内のリレーションづくり。協力し、番号をコールすることで、協調性を高める。	8人程度のグループで各自に番号を割り振る。4拍子のリズムに乗せて自分の番号、次にだれかの番号をコールする。協力してできるだけ長くコールを続ける。	特活	信頼体験	30分
聖徳太子ゲーム P.136	1人の力ではむずかしいことを、グループの協力によって成しとげる体験をする。	3、4人のグループに分かれ、代表チームのメンバーが1人1音ずつ同時に発音する言葉を聞き取る。むずかしくなれば、チームで聞き取り分担を決める。	特活	信頼体験	15〜20分
目かくしジョギング P.138	グループの力を借りて見えない不安に耐えることで、信頼感や思いやりを体験的に学ぶ。	8人で円になり、1人が中心に立つ。たどりつく相手を決めて目かくしし、ぐるぐると回る。みんなに誘導されながら、目的の人のところまでジョギングする。	特活	信頼体験	45〜50分
ほめあげ大会 P.140	思いやりの心を育てる。お互いを認め合う体験を通して、自己肯定感を培う。	5人グループをつくり、自分以外の4人についてほめたい点をカードに書いて渡す。自分がもらったカードを読み、合っていることについて発表する。	特活	自己理解・他者理解	45〜50分
あなたの○○が好きです P.142	級友とお互いのよいところを見つけ合うことで、自己肯定感を高める。	2列に並び、向かい合った相手のよいところを伝え合う。ペアを変え、一巡するまで繰り返す。	特活	自己理解・他者理解	45〜50分
してあげたこと、してもらったこと P.144	人は自分以外の人との関係で生きていることを実感する。	生まれてからこれまでに、自分が「人にしてもらったこと・人にしてあげたこと」を思い出し、ワークシートに記入する。それを5、6人のグループで発表する。	特活	自己理解・他者理解	45〜50分
クリスマスツリー P.146	協力と団結によって、課題を達成する喜びを味わう。仲間への信頼感を高める。	6人程度のグループで台の上に1人ずつ乗り、全員が乗ったら30数える。台への乗り方は自由。片足が宙に浮いていてもよい。乗る順番を変えて数回行う。	特活	信頼体験	15〜20分
共同絵画 P.148	非言語によるコミュニケーションを体験することで、あたたかな人間関係をつくる。	4、5人のグループで、言葉をいっさい使わずに共同で絵を描く。1人が1つのものを描き、最低2、3回は順番が回ってくるようにする。	特活	感受性の促進	30分

エクササイズ名	ねらい	概要	場面	種類	時間
無人島SOS P.150	自分の考えを説得的に友達に伝え、多様な考えがあることを知る。	無人島で生き抜くため、または脱出するために必要な道具を8つ選ぶ。選んだ理由を発表し合う。	特活	自己理解・他者理解	45〜50分
私はわたしよ P.152	人とは違う自分を主張することで自己理解を深め、同時に相手への個性の尊重を学ぶ。	各自、紙に名前と自分の個性と自分だけの経験などを3つ書く。教師が書いたものを読み上げて、だれのものかを予想する。	特活	自己理解・他者理解	45〜50分
がんばり賞あげよっと P.154	よいところ、すばらしいところを認め合い、自尊感情を高める。	4人から6人のグループで、人のよいところ、すばらしいところを書き出す。グループでそれぞれに何賞をあげるかを話し合う。	特活	自己理解・他者理解	45〜50分
団結くずし P.156	身体接触を通して心理的距離を縮め、リレーションづくりをする。	グループで、マットの中央に背中合わせに腕組をして座る。ほかの人が足をとり、線まで引っ張り出そうとする。	特活	信頼体験	45〜50分
サイコロトーキング P.158	級友の話を通して、互いに認め合い、自分との共通点を発見する。	半円になって座る。1人ずつ前に出て、テーマが書いてあるサイコロを振る。出たテーマについて全員の前で話をする。	特活	自己理解・他者理解	45〜50分
他己紹介 P.160	インタビューを通して級友に関心をもつ。学級のリレーションづくり。	級友にインタビューした内容を各自メモし、メモを参考に友達について発表する。	特活	自己理解・他者理解	30分
ブレーンストーミング P.162	何を言っても批判されない、安心できる雰囲気を体験する。	4人から6人のグループで「新聞紙の使い道」について、思いつく限りの案を考え、出し合う。	特活	自己理解・他者理解	15〜20分
Xからの手紙 P.164	自分の行動が級友にどんな影響を与えているのかに気づく。	親切へのお礼や、よいことをした人をほめる手紙を、10人分カードに書く。書き終えたカードを相手の机の上に置き、全員が置いたあと、自分あてのカードを読む。	特活	自己理解・他者理解	45〜50分
ブラインドウォーク P.166	他者に身を任せることの体験を通して、支えられることのすばらしさと支える喜びを知る。	2人組をつくる。1人が目を閉じて、もう1人がその人の目となって誘導しながら、教室の内外を自由に歩行する。言葉は発さず、身体接触を工夫する。	特活	信頼体験	30分
探偵ゲーム P.168	友達の考えを知ることで、他者理解を深める。自己肯定感を高める。	円になって座り、目を閉じる。親分・子分・探偵を決め、親分が子分に指示して、1人のお尻を叩かせる。探偵役は数人から証言をもらい、親分・子分をあてる。	特活	自己理解・他者理解	45〜50分
カード式グループ発想法 P.170	集団への所属意識を高め、一体感を味わう。発想法と考えのまとめ方を習得する。	「どんなクラスにしたいか」をグループで考え、カードに書く。内容で分類し、それをまとめた言葉をつくる。全グループをさらにまとめ、学級目標をつくる。	特活	自己理解・他者理解	45〜50分
印象ゲーム P.172	相手の好みを推測することで交友関係をつくり、級友の評価をもとに自己理解を深める。	5、6人の男女混合のグループで、ほかの人の好みを推測して「好み推理カード」に記入する。1人ずつ当否を確認し合い、推理した理由を説明する。	特活	自己理解・他者理解	45〜50分
10年後の私 P.174	未来のために何をしたらよいか話し合うことで自己理解を深める。	自分の10年後を想像し、そこにいたる軌跡を文章にする。4人のグループで発表し合う。	特活	自己理解・他者理解	45〜50分

エクササイズ名	ねらい	概要	場面	種類	時間
自分がしたいことベスト10 P.176	願望を意識化し，表現し合うことで，自己理解を深める。主体的に生活する意欲を高める。	自分がなりたいこと・したいことを10個書き出し，やってみたい順に並べ変える。4人のグループで発表する。その理由や内容を詳しく質問し合う。	特活	自己理解・他者理解	45～50分
別れの花束 P.178	ポジティブな評価をもらうことで，自己肯定感を高め，あたたかな人間関係をつくる。	活動を共にした4，5人のグループで，その人のいままでの活動でよかったところを教える。1名ずつグループを移り，繰り返す。	特活	自己理解・他者理解	30分

エンカウンターで学級が変わる・小学校編2

エクササイズ名	ねらい	概要	場面	種類	時間
せかいのあいさつ P.28	異文化を尊重することの大切さに気づく。	行ってみたい国を選び，互いの国の言葉と身振りであいさつし，感想を話し合う。	国語	自己理解・他者理解	45～50分
うれしい話の聞き方 P.32	上手な聞き方を体験し，行動のめあてをもつ。	まず，失礼で下手な聞き方を体験する。次に話し手がうれしくなる聞き方を考え，練習してみる。	国語	自己理解・他者理解	45～50分
なりきりインタビュー P.36	相手の意見を聞く活動を通して，登場人物の心情理解を深める。	エルフが死んだあとの主人公「ぼく」にインタビューし合う。2人組で，相手を変えて数回行い，自分の考えをふくらませる。	国語	自己主張	45～50分
リレー物語 P.40	前に書いた人の意図を読み取りながら，自由な想像力を広げる。	1人原稿用紙1枚程度の話をつくり，次の人は続けてお話をつくっていく。最後にみんなで通して読み，感想を話し合う。	国語	自己理解・他者理解	45～50分
グループ学習のまとめ P.44	共同学習をした仲間に自分の活躍を評価してもらい，学習の充実感と成就感を得る。	グループでの調べ学習終了後，一人一人について，学習の中で気づいたいいところを書き込む。最後に自分について書かれたものを受け取り，感想を話し合う。	社会	自己理解・他者理解	45～50分
模擬国連 P.48	模擬国連の体験を通して，合意形成のむずかしさと大切さに気づく。	「核兵器の廃絶」について，各国（グループ）の代表が集まり国連総会をする。提案と質疑応答後，採択する意見を決める。	社会	自己理解・他者理解	60分
世界の国バスケット P.52	さまざまな国の言葉や宗教を通して，同じものと違うものを理解する。	輪になって椅子に座る。1人1枚世界の国カードをもらい，鬼の言う条件にあてはまる人は席を移動する。	社会	自己理解・他者理解	45～50分
2人で問題づくり P.56	友達に受け入れられることにより，自己肯定感をもつ。	時間と時刻を求める問題をつくり，ヒントを「たねあかし」に書く。2人組で問題を説明し合い，工夫を認め，間違いは修正する。	算数・数学	自己受容	45～50分
一本の木 P.60	責任を果たす大切さを理解し，積極的に行動する意欲を育てる。	役割を決めて木の器官を演じ，1本の木をつくる。そこにカミキリムシ役の子どもが来襲するが，協力して危機を乗り切る。	理科	信頼体験	45～50分
友達発見クイズ P.66	友達の自分史を知り，自分と同じところ，違うところがあることに気づく。	教室の壁に貼られたカードを見ながら，だれのものかあてていく。あたった数を発表して「友達発見名探偵」を表彰する。友達や自分について気づいたことを話し合う。	生活	自己理解・他者理解	45～50分

エクササイズ名	ねらい	概要	場面	種類	時間
目かくし たんけん P.72	視覚以外の感覚を駆使して、日常気づかない自然への感覚や人とのかかわりに気づく。	公園の中をバンダナで目隠しして歩く。先生を先頭に、いろいろな感覚を味わいながらグループ全員がつながってイモムシのように歩く。感想を話し合う。	生活	自己理解・他者理解	45〜50分
リズムリレー P.76	リズムを使った楽しいゲームを通して表現能力を育てる。	輪になって座り、4拍子のリズムで手を打って1小節ずつリレーしていく。前の人と同じになってはいけない。	音楽	自己主張	45〜50分
私が見つけたグアナコ P.80	テーマから受けるイメージを楽しみながら十分に広げる。	謎の生物「グアナコ」がどんな生物なのかを予想し、発表し合う。似た考えの人同士がグループになりイメージをふくらます。	図工・美術	信頼体験	45〜50分
ほめほめ賞 P.84	図工で友達の作品を鑑賞する時間を設け、他者理解を深める。	教室に貼られた友達の絵を見て、いいところを「ほめほめカード」に記入する。自分のカードを読んで感想を発表する。	図工・美術	自己理解・他者理解	45〜50分
家族の仕事 P.88	ロールプレイを通して、家族で協力し合う気持ちを育成する。	1グループを1つの家族として、役割を決めロールプレイする（観察者になってもよい）。感想を述べ合う。	家庭	自己理解・他者理解	45〜50分
ハンディキャップ走 P.92	一生懸命走ることで走力を高め、相手へのいたわりの心を育てる。	走力の違う2人（追う人と追われる人）がゴール付近で競り合うように、ハンデの距離を工夫して走る。	保健体育	自己理解・他者理解	45〜50分
こおりおに P.96	感謝の気持ちや助け合いの気持ちを培う。	鬼に「凍れ」と言われて捕まったら静止する。捕まっていない子は「溶けろ」と言ってカードを渡し、助けることができる。	保健体育	信頼体験	45〜50分
たたかい終えて P.100	チームのすばらしさをたたえ合い、運動の楽しさを体験的に得る。	試合後、対戦チームと合同で反省会をし、相手のいいところ、自分たちの努力点を話し合う。	保健体育	信頼体験	30分
言葉のおくりもの P.106	友情を深め広げていこうとする心情を育てる。	同じ班の友達のよいところをカードにまとめ、直接「言葉のおくりもの」として伝える。	道徳	信頼体験	45〜50分
きみならどうする P.110	役割を果たし、全体に利益をもたらす行動ができるようにする。	道徳資料「ぼくはこうかいしない」を読み、自分が主人公だったらどうするか想像し、グループごとに発表する。	道徳	自己理解・他者理解	45〜50分
「はしのうえのおおかみ」とありがとうカード P.114	相手を思いやろうとする意欲を育てる。	「はしのうえのおおかみ」を、ペープサートを使ってロールプレイする。親切にしてもらった体験を振り返り、「ありがとうカード」を書いて友達に贈る。	道徳	自己理解・他者理解	45〜50分
友達，大好き！ P.118	友達の考えを予想し、気持ちを推し測る体験をする。	2人組になり、10の質問について1人は自分のこと、もう1人は、相手のことを答える。役割を交代して繰り返す。	道徳	自己理解・他者理解	45〜50分
それ行け，レスキュー隊！ P.124	助けたり助けられたりする体験を通して友達の思いやりに気づく。	「入院患者」と「レスキュー隊」の役に分かれ、合図とともに患者を安全地帯まで運ぶ。役割を交代して繰り返す。	特活	自己理解・他者理解	45〜50分
艦長をねらえ P.128	役割を工夫することを通じ、自己理解・他者理解を深める。	2チームに分かれ「艦長」「駆逐艦」「水雷」を決める。駆逐艦は水雷、水雷は艦長より強い。全員または艦長を捕まえたら勝ち。	特活	自己理解・他者理解	45〜50分
お料理ごっこ P.132	他人のことを考えて活動することの大切さを体験的に学ぶ。	4人から6人のグループで、テーマ料理の作り方の手順を1人ずつ、次の人のことを考えながら順に書いていく。	特活	信頼体験	45〜50分

エクササイズ名	ねらい	概要	場面	種類	時間
窓にえがこう P.136	現実・希望等を絵で表し、話し合うことで、相互理解を深める。	ひもつきの画用紙を4分割し、4項目の絵をそれぞれの場所に描く。みんなに何の絵かあててもらう。感想を話し合う。	特活	自己理解・他者理解	45〜50分
えんぴつ対談 P.140	ふだん何気なく過ごしていたことに気づく。	2人組になりテーマについて筆談で対話する。声は出さない。	特活	自己理解・他者理解	15〜20分
なんだなんだどれだ P.144	友達と話し合うことで、表現し、相手の話を聞く姿勢をつくる。	教師が4枚のハンカチを集め、その中から選んで見せ、残りの児童が「なんだなんだどれだ」と言いながら持ち主をあてる。	特活	自己理解・他者理解	30分
タテ割りミニ集会 P.148	他学年にも同じ好みをもつ友達がいることを知り、理解を深め合う。	休み時間に学年を越えて実施。好きな食べ物が同じ人が集まって自己紹介し、好きな理由を教え合う。	特活	自己理解・他者理解	15〜20分
手話クラブの自己紹介 P.152	手話を実際に使うことで、今後の活動への意欲を育てる。	手話を使って自己紹介する。相手を決めて名前を教え合い、自己紹介をする。あいさつをして分かれ、次の相手を見つける。	特活	自己理解・他者理解	45〜50分
アイディア会議 P.156	メンバー全員に議題に対しての自分の考えを自由に出させる。	ブレーンストーミングを取り入れる。思いついたアイデアを自由にビンゴ用紙の欄に書き入れ、ビンゴをする。	特活	自己理解・他者理解	30分
「4つの窓」キャンプファイアー編 P.160	友達の考え・興味・気持ちなどを知り、理解を深める。	4つの選択肢から1つ選び、そのカードを持った係のところに移動し、選んだ理由をインタビューする。質問を変えて繰り返す。	特活	自己理解・他者理解	60分
キャンドルサービス P.164	1つの思いを分かち合う経験をし、それを時間をとって振り返る。	大ローソクに点火し、学級用の中ローソクに火を移し、さらにそれを一人一人のローソクに分ける。	特活	自己理解・他者理解	60分
友達ビンゴ P.170	お年寄りと昔遊びに興味をもたせる。	お年寄りを教室に招き、子どものときの遊びを想像し、カードに書いてビンゴする。実際にお年寄りと昔遊びを一緒にする。	国際理解	自己理解・他者理解	45〜60分
私の国はどこでしょう P.174	知識を質問に変えて推測する過程で学級内リレーションをつくる。	自分の背中にかけたカードの国名を、周りの人にヒントをもらいながらあてる。会う人1人に対して1回の質問しかできない。	国際理解	信頼体験	45〜50分
弱者の立場を知る P.178	障害をもつ人の不自由さを知ることで、助け合える人間を育てる。	2人組の1人が耳をふさぎ、相手の話を聞いてみる。次に口をきかないで身振り手振りで言いたいことを伝えてみる。	国際理解	自己理解・他者理解	45〜50分
友達発見 P.182	集団づくりの基礎をつくる。	プリントの条件にあてはまる友達をインタビューしながら探す。	国際理解	自己理解・他者理解	45〜50分
わたしの国際交流 P.186	外国の人と直接接することで、あたたかく心を通わせる。	外国人のお客様を迎える。簡単な自己紹介のあとジャンケンゲームをする。お客様の講演を聞き、感想を話し合う。	国際理解	信頼体験	45〜50分
おまつりだいすき P.190	話し合いの中で自分の意見を述べ、認められる体験をする。	日本のお祭りを6つ選ぶ。自分の希望のものが入るように話し合って調整する。お祭りの入ったすごろくを作り、やってみる。	国際理解	自己受容	45〜50分
動物サミット P.194	動物を演じることで動物の立場に関心をもたせ、共生していこうという態度を育てる。	サファリランドができるので、動物園に入るか引っ越すかの選択を、グループごとに会議で話し合う。長老だけが集まって最終決断を下す。	国際理解	自己理解・他者理解	60分

エクササイズ名	ねらい	概要	場面	種類	時間
朝起きてからのこと P.200	話し，聞いてもらうことを通して，お互いの理解を深め，あたたかい人間関係をつくる。	2人組で「朝起きてから学校に来るまでのこと」を順番に詳しく話す。2組合同で4人組になり，初めのペアの相手から聞いた話をあとの2人に説明する。	いじめ・不登校	自己理解・他者理解	45～50分
心ふるわせて P.204	適応指導教室の，児童相互の人間関係の発展を図る。	2人組になる。視線で・手を握って・好きな動物になって，気持ちを表現する。背を向けた相手に自分の経験を語りかける。	いじめ・不登校	自己理解・他者理解	45～50分
何がいじめなの？ P.208	いじめに対する認識の差を知り，いじめを防止していく。	8つの行為についていじめの度合いを判定する。次に班としての度合いを判定するために話し合う。結果を発表，質疑応答。	いじめ・不登校	自己理解・他者理解	45～50分
「仲間はずれ」のロールプレイ P.212	傷つけられる側のつらさを知って，今後の生活に生かす。	仲間はずれに「する側」「される側」「同調する観衆」「無関心な傍観者」を代表の6人がロールプレイし，感想を述べる。	いじめ・不登校	感受性の促進	45分
私はわたしよ 活用編 P.216	自分の個性に自信をもち，友達の個性を尊重する。	アンケートに答え，自分の特徴をプリントに書く。4人分ずつ教師が読み上げ，みんなでだれのことかをあてる。	いじめ・不登校	自己理解・他者理解	15分
親子いいとこさがし P.220	子どもと親の長所のとらえ方を比べ，よさを見つけることの意味を理解する。	「私は…という子どもが好きです」を，人と違うことを言うルールで行う。次に，自分のよさについて子どもが書いたことを読む。4人組で感想を話し合う。	保護者向け	自己理解・他者理解	60分
自分の口癖 P.224	子どもの気持ちを考えたものの言い方の大切さに気づく。	親子のマンガに，ふだんの自分の会話を書き込み，同じマンガに書き込んだ我が子の言葉と見比べて，感想を話し合う。	保護者向け	自己理解・他者理解	45～50分
思春期ロールプレイ P.228	思春期の子どもをより深く理解できるようにする。	我が子が思春期の3段階のどこかを考え，同じ段階の親同士で4人グループになり，親子の様子を交代でロールプレイする。	保護者向け	自己理解・他者理解	60分
教師のビリーフチェック P.232	ビリーフの強迫性を検討しながら自己盲点を意識できるようにする。	手を焼いている子ども3人を指導するうえで自分のビリーフを書き出す。ビリーフの強迫度をチェックし，ビリーフを修正する。	教師向け	自己理解・他者理解	60分

エンカウンターで学級が変わる・小学校編3

エクササイズ名	ねらい	概要	場面	種類	時間
わたしってだれ？ P.92	自分や友達の心を見つめて詩を書くことで自己理解を深める。	5，6人組。自分発見カードに自分の特徴を書き，自分らしいと思う順に並べる。友達の意見も参考に自分について詩を書く。	国語	自己理解・他者理解	45～50分
こんな形，作れるかな？ P.96	友達と協力して課題を解決することで友達や自分のよさに気づく。	2人組で協力して，四角形のカードを4枚組み合わせて，「正方形」「平行四辺形」「穴あき正方形」をつくる。	算数・数学	信頼体験	45～50分
ジグソー学習を始めよう P.100	重要な役割を果たすことで，肯定的に自己を受容する。	5，6人組の学習班で，だれがどの課題を調べていくか決める。同じ課題を調べる子どもが集まって追求班をつくり，調べ学習を行う。結果をもって学習班に戻る。	社会	自己受容	数時間

エクササイズ名	ねらい	概要	場面	種類	時間
がんばった あなたへ P.104	行事を通して自分の成長、お互いのがんばりを認め合う。	音楽会を振り返る。5、6人組に分かれて一人一人、がんばったことをひとことずつほめる。次に自分のがんばったことを話す。	音楽	自己理解・他者理解	45～50分
2人で ハーモニー P.108	相手を思いやることや、存在の大切さに気づく。	リコーダーで2人組となり、パートを分担する。全員で演奏したあと、ペアで練習する。途中うまくいく方法を全体で考える。	音楽	感受性の促進	45～50分
よみがえれ！ あのシーン P.112	経験を劇化して味わうことで、学級集団づくりと意欲を高める。	好きな体育の種目ごとのグループで、好きな理由、エピソードなどを話し合い、簡単なシナリオを作って寸劇をする。	保健体育	自己理解・他者理解	60分
テレポーテーション P.116	各作品のよさ・違いに気づき、相手の心を感じる喜びを味わう。	2枚の画用紙を重ねて穴を開け、2人組でそれぞれ「一緒に行ってみたい世界」を描く。穴が重なるように画用紙を貼り合わせ、お互いの作品を見て感想を話し合う。	図工・美術	感受性の促進	90分×3
共同粘土 P.120	共同作業を通して友達の思いを察し、自分の気持ちがどう伝わるかを体験する。	4、5人のグループで、言葉を使わずに粘土の動物園を作る。その後、作っているときの気持ちや感想を話し合う。他のグループの作品を見学する。	図工・美術	感受性の促進	45～50分
私のイメージ P.124	お互いを尊重する集団の基盤をつくる。	性格や特徴を表す言葉を全員で出し合い、自分にぴったりする言葉を選んで、プリントの似顔絵の周りに書く。	総合	自己理解・他者理解	60分
2人の木 P.128	友達や自然との一体感を感じ、自己肯定感を高める。	2人組になる。相手に目隠しをしてプレゼントする木の特徴を伝える（触らせたりする）。いったん木から離れ、相手は目隠しをはずしてプレゼントされた木を探し出す。	総合	信頼体験	60分
○○と聞いたら P.132	自分の考えなどを否定されることなく、自由に発言できる支持的な集団づくりを行う。	全員で連想ゲームを行う。次に5、6人組で、「氷と言ったら○○、そのわけは…」「○○と言ったら△△、そのわけは…」と、テーマに関する連想を広げる。	総合	自己理解・他者理解	45～50分
パス・ビーンズ・ゲーム P.136	全員でゲームを楽しむことにより、学級集団の凝集性を向上させる。	鬼を真ん中に輪になって座り、両手をうしろに回して、声をかけながらお手玉を回す。鬼はお手玉を持っている人をあてる。	特活	自己理解・他者理解	30分
○かな？ ×かな？ P.140	ゲームを楽しみながら、子どもの間の親密性を増す。	自分に関する○×クイズを作り、順番に前に出て問題を出す。ほかの人は、答えを予想して、○か×のスペースに移動する。	特活	自己主張	45～50分
私発見, あなた発見 P.144	決まった文型で自己を語ることで、意識していないよい面に気づく。	4人組になる。穴あき文の空欄を埋めながら順番に自分について話す。これを4種類の穴あき文で行う。	特活	自己理解・他者理解	30分
お絵かきリレー P.148	友達と協力し、お互いのよさを認め合う。肯定的な人間関係をつくる。	班で分担して、1匹の動物の絵を完成させる。ジャンケン係1名が他の班の画用紙の前に立つ。班は係と順番にジャンケンをし、係に勝ったら分担箇所を描く。	特活	自己理解・他者理解	45～50分
ミラクルマット P.152	助け合い活動を通して友達のよさに気づいたり、認められる喜びを体験したりする。	8人組になる。人の体にふれているときだけ沈まないミラクルマット6枚を使い、班で協力して川の向こう岸に渡る。次に、班員の半数にハンデをつけて行う。	特活	自己理解・他者理解	45～50分

エクササイズ名	ねらい	概要	場面	種類	時間
マインドタイム P.156	お互いのよさを指摘し合うことで自他への肯定的な感情を育てる。	毎日の帰りの会に時間を設け、友達のよい行いを見つけた人が発表する。発表ごとにビンにビー玉を入れていく。	特活	自己理解・他者理解	10分以内
私のちかい P.160	新学期・学年の意欲あふれる気持ちを目標という形で具体的に意識させる。	今学期の目標を具体的に考えてカードに書く。カードを持って、教室中を歩き回り、今学期の目標と理由をできるだけ多くの人と紹介し合う。	特活	自己理解・他者理解	45〜50分
荒れたクラスの君へ P.164	感じることを自由に語り、自分たちの学級を振り返る。	新聞の記事を読み、気になるところに線を引く。同じところに線を引いた人と感想を話し合う。	特活	感受性の促進	45〜50分
いっしょに楽しく P.170	楽しさを分かち合う経験を通し、協力する喜びを体験する。	体を動かす短い活動をつないで初期のリレーションづくりを行う。	特活	信頼体験	45〜50分
パズルで仲直り P.174	対立している者同士の緊張を取り除き、問題解決への動機づけをする。	仲がたがいグループを放課後残し、言葉を使わずにグループ全員で協力してパズルを作る。時間を短めにし、時間がきたら、延長するかどうかを無言で相談させる。	特活	信頼体験	45〜50分
最高にうれしい「おはよう！」 P.178	あいさつの仕方を身につけ、あいさつのあふれる学級をつくる。	「おはよう」で気持ちを伝えるにはどうすればよいか考え、グループの中で「おはよう」をやってみる。よかったことを伝え合う。	特活	自己理解・他者理解	45〜50分
にこにこプンプン P.182	対人関係のもめごとを自力で解決しようとする意欲をもたせる。	ささいなことでけんかを始めた2人の会話を読む。初めのせりふと受け手のせりふを2通りに変えてロールプレイする。	特活	自己主張	45〜50分
イヤな言葉とうれしい言葉 P.186	お互いの気持ちを味わい語り合う。受容的な集団づくりを行う。	言われて嫌な言葉とうれしい言葉を出し合う。教師に向かって「イヤな言葉」を言ってみる。次にペアで言い合い、感想を話し合う。「うれしい言葉」も同様に行う。	特活	自己理解・他者理解	45〜50分
しぐさで伝えよう P.190	協力して1つの形を完成させる達成感を味わう。	ある形を班で協力して作り上げる。見本をついたて裏に掲示し、1人目が見本を見て2人目に非言語で伝え、2人目が3人目に…というようにして完成させる。	特活	自己理解・他者理解	45〜50分
バイバイ！ストレス P.194	ペア・リラクゼーションを体験する。	ペアになり、肩に思い切り力を入れて脱力することを2回繰り返す。	特活	自己理解・他者理解	45〜50分
心さがし P.198	気持ちを意識化・言語化し、それに対処する方法を身につける。	ある小学生の悩みにアドバイスを書く。内容を「考え方を変える」「手だてを変える」に分け、班で意見を1つか2つに絞る。	特活	自己理解・他者理解	60分
初めての保護者会 P.202	教師と保護者、保護者同士のリレーションづくりをする。	出会った人と自己紹介する。ひとことずつ担任に質問する。ペアでインタビュー。6人組になり、ペアの相手を紹介する。	保護者向け	自己理解・他者理解	45〜50分

エンカウンターで学級が変わる・中学校編

エクササイズ名	ねらい	概要	場面	種類	時間
X先生を知るイエス・ノークイズ P.96	担任を知り、不安を軽減する。担任の自己開示をモデルに自己紹介ができるようにする。	担任が自分に関するクイズを読み上げる。クイズの答（イエス・ノー）を4人組で相談して決める。全問終わったところで、担任は自己紹介しながら正解を発表する。	特活	自己理解・他者理解	45〜50分

エクササイズ名	ねらい	概要	場面	種類	時間
君はどこかでヒーロー P.98	運動会終了後、人のために活躍、貢献した生徒が、自己有用感を得る。	事前に、「どのような人が運動会を盛り上げるか」について討論し、思いつくことを短冊に書き出す。運動会終了後に、ふさわしい働きをした人にその短冊を手渡す。	特活	自己理解・他者理解	45～50分
君にぴったし P.100	小学校時代の人間関係を生かしながら新しい学級づくりをする。	同じ小学校出身者4、5人のグループで、思いつく係名を発表し板書する。自分がやってみたい係名をグループ内で言い、相互に支持したり励まし合ったりする。	特活	自己理解・他者理解	45～50分
ブラインドウォーク P.102	自分を他者に委ねる体験をし、信頼感を培う。	ペアになり、目を閉じた相手を声を出さずに案内し合い、感想を話し合う。	特活	信頼体験	30分
通知票をめぐる親子の会話 P.104	前向きな親子関係をつくるための会話を意識できるようにする。	親役と子役のペアになり、通知票を素材にして親子の役割演技（ロールプレイ）をする。	保護者向け	自己理解・他者理解	45～50分
ひと夏の経験 P.106	長期の休みのあとに学級の仲間意識を呼び戻す。	教室を自由に歩き回り、出会った仲間とジャンケンをする。勝ったほうは相手に1つ質問をし、負けたほうは答える。	特活	自己理解・他者理解	45～50分
はじめてのデート P.110	ねばり強く自己主張し、目標を達成して成就感を味わう。	4人組になり、ABCDの役割を決める。AがBを5分間、デートに誘い続ける。めげずに頭を使う。その後、役割を変える。	特活	自己主張	45～50分
冬山からの全員脱出大作戦 P.112	グループが意志決定をするときに生じるさまざまなことに気づく。	冬山で遭難した登山隊となり、全員が助かるまでに必要なものに順位をつける。個人決定とグループ決定の両方を行う。	特活	自己主張	45～50分
マジカルほめことば P.115	リーダー的な役割につくことをためらう生徒に自信をもたせる。	男女混合の6人グループで円座し、真ん中に1人出る。5人で順々に「○○さんといったら頼れる」などと3分間言い続ける。	特活	自己受容	45～50分
ディスカウントとストローク P.116	日常の子どもへの接し方を振り返り、自己理解・子ども理解を深め、対応を考える。	ペアになり、親役と子役で役割演技をする。親は子にプラスやマイナスのストローク、ディスカウントになる言葉かけをし、子はそのときの気持ちを親に伝える。	保護者向け	自己理解・他者理解	30分
気になる自画像 P.119	言葉の選択・比較を通して、学級内のリレーションを深める。	25個の肯定的な言葉から、自分やグループのメンバーにふさわしい言葉を1人3つ選択し、お互いにやりとりして、話し合う。	特活	自己理解・他者理解	45～50分
私の価値観と職業 P.122	自分の価値観を知ることで自己理解、仲間と価値観を出し合うことで他者受容を深める。	ワークシート「職業について考える」に取り組む過程で気づいたことを、グループ内で質問や意見交換を行う。振り返り用紙に気づいたことを整理する。	特活	自己理解・他者理解	45～50分
森の何でも屋さん P.126	自分の長所、短所を整理し、今後の自分の行動変容の指針とする。	買いたい・交換したい性質を、各自が2、3個考える。お客、店主、観察者の3人組で商談をする。役割を交代して続ける。	特活	自己理解・他者理解	45～50分
PR大作戦 P.128	クラスがえのあと、前年度同じクラスだった友人から肯定的な面を紹介してもらう。	4、5人のグループをつくる。メンバーそれぞれのもち味、エピソードなどを出し合い、メモをとる。全員の前でグループごとに「○○さんのPR」をする。	特活	自己理解・他者理解	45～50分
私が学校に行く理由 P.129	仲間の考えを真剣に聞こうとする受容的な態度を養う。	学校に行く理由について、自分個人の考えを付せんに書く。さらに考えを出し合い、それをKJ法を使ってまとめる。	特活	自己理解・他者理解	100分

エクササイズ名	ねらい	概要	場面	種類	時間
二者択一 P.134	一人一人価値観が違うことを知り、他のメンバーと異なる自分を意識できるようにする。	4、5人のグループで、理由を言いながら二者択一する。それを聞きながら、気づいたこと、感じたことをグループごとにディスカッションする。	特活	自己理解・他者理解	45～50分
共同絵画 P.136	非言語表現も自分を伝える手段であることを体験する。	4人グループをつくり、リーダーを決める。声を出さずにコミュニケートし合い、1枚の絵を完成する。	特活	自己理解・他者理解	30分
素敵なあなた・素敵なわが子 P.138	保護者会というと固い話が多い。親同士の親密な仲間づくりをする。	5、6人のグループで「○○さんの隣の□□です」と自己紹介し合う。プリント「素敵なあなたへ」に記入し、右隣の人に回す。	保護者向け	感受性の促進	45～50分
私の四面鏡 P.140	級友という鏡に映った自己像を見て、自分を肯定的にとらえる。	3、4人のグループで、シート「私の四面鏡」に記入し、お互いのイメージを伝え合う。	特活	自己理解・他者理解	45～50分
私たちの得た宝物 P.144	コンクールで各自がどのような役割を担い果たしたかを確認し、感動体験を分かち合う。	全員が円座し「君がいたおかげで」の文章を完成する。それを隣へ回していき、ひととおり回ったら、各自が自分の短冊を受け取り、目を通す。	特活	自己理解・他者理解	45～50分
ブラインドデート P.146	異性に対する見方・考え方に気づく。	全員が画用紙に自分の特徴を書いて、掲示板に貼る。だれが書いたかあてる。	特活	自己理解・他者理解	45～50分
親のエゴグラム P.150	対人行動の特徴を理解するとともに、子どもとの接し方を考える。	保護者はTEGエゴグラムに回答し、自分の性格的特徴を把握する。次に子どものエゴグラムとの違いを認識する。	保護者向け	自己理解・他者理解	90分
考え方をチェンジ！ P.152	非合理な見方・受けとめ方を発見し、そこからの解放に取り組む。	ワークシートに悩みの出来事と感情を記入する。グループ内で読み合って非合理な認知を発見し、どう変えられるか討論する。	特活	自己理解・他者理解	45～50分
川遊びのプラン P.156	ねばり強く自己実現に向けて努力できるようにする。	4人グループをつくり、ABCDの配役を決め、役割演技を始める。BCDはAの川遊びプランを、シナリオにそいながら反対する。	特活	自己主張	45～50分
パスカルしよう P.160	心理検査の結果を通して、個性理解を広げる。	3、4人のグループで、進路適性検査の結果を各自が読み取る。気づいたこと、感じたことをワークシートにまとめる。	特活	自己理解・他者理解	45～50分
私は私が好きです。なぜならば… P.164	あたたかい学級の雰囲気と肯定的な人間関係をつくる。	4人から6人のグループで、「私は私が好きです。なぜならば…」と表明し合う。終了したら、「これをやってみて、感じたこと・気づいたこと」をシェアリングする。	特活	自己受容	30分
意外なあなたを発見 P.166	友達の新しい一面にふれ、お互いの人間関係を深める。	修学旅行の班になり、旅行で発見した友達の意外ないい面を用紙に記入する。全員がいっせいに本人に手渡す。	特活	自己理解・他者理解	45～50分
わが子の将来を語る P.168	保護者が子どもに何を期待しているかを明確にする。	ペアになり、わが子の将来に関する思い、願い、期待などを話し合う。さらに、自分や子どもとの関係について話す。	保護者向け	自己理解・他者理解	45～50分
自分探し P.170	生徒が自己啓発の具体的な視点をもてるようにする。	各自がエゴグラム・チェックリストに回答し、自己採点し、結果をグラフ化する。4、5人のグループで、ディスカッションする。	特活	自己理解・他者理解	45～50分

エクササイズ名	ねらい	概要	場面	種類	時間
無くて七癖 P.176	自分と友達のいい点，改善点を述べ合い，自己啓発へ導く。	友達に書かれた長所・短所と，自分で書いた長所・短所が，「ジョハリの4つの窓」のどれに入るか考える。	特活	自己理解・他者理解	45～50分
私のしたい 10のこと P.180	自分のしたいことを明確化する中で，自己への気づきを深める。	自分のしたいことをプリントに10個書き，グループで発表する。また，記号を書いていくなかで感じたことなどを語る。	特活	自己理解・他者理解	45～50分
身振り手振り 「新聞紙の 使い道」 P.183	言葉を使わずに気持ちを伝える体験により，人間関係を親密にする。	6人グループで，メンバーは新聞紙の使い道をできるだけ考えて，リーダーにジェスチャーで示す。グループ間で競う。	特活	信頼体験	45～50分
受験生をもつ 親の気持ち P.186	受験生の親の気持ちを分かち合い，支え合う気持ちを体験する。	班をつくり自己紹介をする。用意したワークシートにクレヨンで描画する。その絵を班員に見せながら，自分の気持ちを語る。	保護者向け	自己理解・他者理解	45～50分
どう接すれば いい？ P.188	「ふれあい」の3要素について学ぶ。	教師が提示した「友達との接し方について悩んでいる2人の女子中学生」について，3，4人のグループで話し合う。	特活	自己理解・他者理解	45～50分
25歳の 私からの手紙 P.192	キャリアデザインと現在のあり方・生き方について語り合う。	10年後の自分をイメージし，25歳の自分になったつもりで，15歳の現実の自分に手紙を書く。	特活	自己理解・他者理解	45～50分
別れの花束 P.194	卒業前，友達と意見交換をし，自分の成長を確認して新しい門出への決意を固める。	手紙に贈る言葉を記入し，グループ内で交換し合う。担任は数例を紹介し，全員から回収した手紙に贈る言葉を書き添えて返却する。	特活	感受性の促進	45～50分
思い出を歌おう P.198	3年間の出来事を好きな曲にのせて歌い，新たな思いを体験する。	男女3人ずつの6人組で替え歌をつくって練習する。1グループ3分程度の発表会をする。	特活	感受性の促進	100分

エンカウンターで学級が変わる・中学校編2

エクササイズ名	ねらい	概要	場面	種類	時間
わたしは 提案する P.28	論理的思考力と自己主張力を養う。	テーマについて問題点を考え，意見交換し，スピーチの練習をする。班の中でひとまず発表し，代表を決めて全体に発表する。	国語	自己主張	45～50分
聞き上手・話し 上手になろう P.32	安心して聞いてもらえる体験，相手の話をそのまま聞く体験をする。	2人組で話し手は自由に自分のことを語り，聞き手は受容的態度で聞く。役割を交代する。感じたことを話す。	国語	自己理解・他者理解	45～50分
EUの国調べ P.36	同じ興味をもつ生徒同士で共同作業を進めることで，相手への理解と共感が深まる。	EUの国について自分の興味のある国を選び，グループで調べ学習する。担当する小テーマを決め，各自調べる。班ごとに発表し，内容，方法，態度を評価し合う。	社会	自己理解・他者理解	50分×6
伝えよう メッセージ P.40	合唱指導の最終段階に用いて感受性を高める。	合唱の仕上げ段階で録音をとり，よい点と改善点を話し合う。詞の内容を即興劇にし，身体表現する。感じたことを話し合う。	音楽	感受性の促進	10分以内
今日はロダン P.44	粘土の感触を楽しみながら，自己イメージをふくらませ表現する。	自分の性格をカードに書き込み，デッサンをとり，粘土で形を作る。班ごとに自分の作品を説明し合い，感想を述べ合う。	図工・美術	自己理解・他者理解	80分

エクササイズ名	ねらい	概要	場面	種類	時間
ソシアル・シルエット P.50	伝えられなかった気持ちを伝えることで「未完の行為の完成」を促す。	OHPでつくったペアの顔の影を写して切り取り、教室に並べる。「伝えられなかった気持ち」をシルエットに書き込む。自分へのメッセージを読み、感じたことを話し合う。	道徳	自己理解・他者理解	100分
今日発見したキミ P.54	他人のよさを意識することにより、他者理解の雰囲気をつくる。	自分のよいところ探し、みんなのよいところ探しをする。「発見メモ」に班員のよいところを書き、1週間後に交換して、もらった感想を書く。対象を変えて同様に行う。	道徳	自己理解・他者理解	45～50分
内観 P.58	支えられて生きている自分に気づく。	お世話になったと思える人に対して、「迷惑をかけたこと」「お世話になったこと」「お返しをしたこと」をワークシートに書く。	道徳	自己受容	45～50分
どこに行ったのかな？ P.62	実際に働く人々の様子や喜び・苦労を知る。	体験学習（地域を知ろう）で調べた訪問先についてまとめたプリントから、ほかのグループが訪ねた先をあてる。	進路	自己理解・他者理解	45～50分
私はだあれ？ P.66	めあての職業や興味のある職業に関する知識をふくらませる。	つきたい職業とその職業に関する情報をプリントに書く。5人グループでメンバーは1人1回質問して、職業名をあてる。	進路	自己理解・他者理解	45～50分
どんな仕事かな P.70	具体的かつ発展的な職業理解と自己理解をめざす。	グループで話し合って職業を決める。どのように調べるか決め、発表の準備を進める。発表と質疑応答をする。	進路	自己理解・他者理解	50分×5
アポイントのロールプレイ P.74	高校訪問は、生徒が訪問の約束を取りつける段階からかかわるため、十分な練習を積む。	電話での約束の取りつけ方をロールプレイする。(1)うまくいった場合、(2)担当者が不在の場合、(3)本番のつもりのシナリオを演じ、問題点を考える。	進路	自己主張	45～50分
究極の学校選択 P.78	進学選択にあたって自分自身の選択基準を明確にする。	対照的な2つの選択肢からどちらかを選び、理由を書いてグループで発表し合う。感想を述べ合い、全体に発表する。	進路	自己理解・他者理解	45～50分
私の発達曲線 P.82	過去と現在の自己認識のずれに気づき、自分を幅広く見つめ直して改善点を見いだす。	34項目の質問に答え、ワークシートに自分の位置を記入、感想を書く。半年後に同じものに答え、前回と比較しながら答えを記入。成長点や課題を見つける。	進路	自己理解・他者理解	30＋45分
私のものさし P.88	進学への思いなどを相互に語ることで、それらが整理され発展する。	学校選択の基準となるような項目へのこだわり度を4段階で記入する。発表し、感想を話し合う。	進路	自己理解・他者理解	45～50分
模擬面接 P.92	面接を模擬体験し、実際の入試への心構えをもたせる。	グループで役割を決めて、5分間模擬面接する。チェックリストを参考に2、3分感想を話し合う。交代して、全員が実施する。	進路	自己主張	45～50分
10年後の私 P.96	同輩の多様な見方にふれ、近未来のイメージづくりに挑戦する。	10年後の自分を想像し、思いつくことを自由に記入する。グループで交換して読み、感想を話し合う。	進路	自己理解・他者理解	45～50分
気になることスッキリ！ P.100	心身のリラックスを図りながら、気になることを整理する。ストレス対処法を知る。	リラックスした状態で、心の中の気になることを思い浮かべ、名前をつけてプリントに書く。内容にはふれず、いま感じていることをグループで話し合う。	進路	自己受容	45～50分

エクササイズ名	ねらい	概要	場面	種類	時間
異文化の国を小旅行 P.106	異文化と出会ったときの自分の態度、相手の気持ちに気づかせる。	クラスを2つの部屋に分け、部屋ごとに文化を決める。3人組の探検隊で相手の部屋に行き、異文化を体験、感想を話し合う。	国際理解	自己理解・他者理解	45～50分
ジャパン・サミット P.110	外国から見た日本と日本人がどのようなものか、認識を深める。	グループで各自演じる国を決め、ジャパン・サミットを開く。各国の代表として感じること、疑問に思うことを話し合う。	国際理解	自己理解・他者理解	45～50分
ところ変われば人変わる P.114	国際的に通用する対人態度のあり方を話し合い、認識を深める。	グループで、日本と文化背景が異なる事例が書かれたカードについて、自分ならどうするか選択肢にチェックさせる。	国際理解	自己理解・他者理解	45～50分
私の仲間はだあれ？ P.118	人間関係づくりの不安や差別を体験し、差別をなくすためには新しい視点からの考え方が必要なことに気づく。	自分では見えないように両頬に異なるシールを貼る。右頬の色が同じ人だけで、できるだけ大きなグループをつくると少数派の黄色いシールが孤立する。孤立しない方法を考えてグループをつくり直す。	国際理解	感受性の促進	45～50分
みんな違ってみんないい！ P.124	じっくり観察・交流することで相手の個性と生い立ちに気づく。	【ジャガイモさんとお友達】ジャガイモさんを観察して友達になり、生い立ちを文章にして紹介する。箱の中に戻したジャガイモの中から自分の友達を見つけ出す。	人権	自己理解・他者理解	100分
いじめはなぜ起こる P.128	いじめ発生の要因を掘り下げ、一人一人の自覚を促す。	いじめ発生の要因図を見せ合い、まとめて「魚の骨」プリントに書き込む。話し合って班ごとに発表。解決策を話し合う。	人権	感受性の促進	45～50分
My Tree P.132	樹木に愛着をもち、自然の変化に目を向ける。	校庭の樹木の中からマイツリーを選んで観察・記録する。2人組で自分の木を紹介し合い、相手の木を探す。	環境	感受性の促進	100分
あなたならどうする？ P.136	1つの行動を選択するときにさまざまなジレンマが存在することに気づく。	クラスを8つのグループに分け、2枚ずつ「ジレンマ・カード」を選択する。まず各自で考えてから、グループで話し合い結論を出す。	環境	自己理解・他者理解	45～50分
日だまり丘陵の開発 P.140	自然への責任ある行動、他者への配慮をもったあり方を考える。	日だまり村の開発について賛成派と反対派に分かれる。議長1名、陪審員9名を決め、残りの人は村民や生き物の役になる。同じ意見の人で話し合う。	環境	自己理解・他者理解	50分×2
音探し・色探し P.144	いままで気づかなかった自然を見つめ直す。	【色探し】自分の選んだ「色カード」と同じ色を、校庭や公園など自然の多い場所から探して紹介し合う。	環境	感受性の促進	60分
ボランティアシップ P.150	ボランティア活動にかかわろうとする気持ちや行動がみんなにあることを知る。	ボランティアシップについての自分の体験を書き出す。小グループに分かれて発表する。教師がボランティアシップについて説明。自分の体験がこれにあたるか考える。	福祉	自己理解・他者理解	45～50分
校内車いす体験 P.154	校内で車いすを体験することで、ふだん生活している場所を見直す。	車椅子についての説明を聞き、点検する。校庭で車いすの操作と介助をしてみる。校内配置図から車いすではむずかしそうなところを予想し、確かめる。	福祉	自己理解・他者理解	50分×3
宿泊行事・バス内エクササイズ P.160	リラックスできるバス内で、ゲームを楽しみながら仲間への理解を深める。	【リレーおとぎ話】座席の横一列で4人組をつくる。お話の起承転結を分担してつくり、最後につなげる。	行事	自己理解・他者理解	60分

639

エクササイズ名	ねらい	概要	場面	種類	時間
宿泊行事・雨天プログラム P.162	ゲーム性の高いエクササイズで、メンバーとの協調性を高める。	【新聞紙ジグソーパズル】カラーの全面広告の新聞紙を32分割し、どの班がいちばん速く組み立てられるか競う。	行事	信頼体験	90分
宿泊行事・夜のエクササイズ P.166	学級の仲間と自己開示をし合い、お互いの理解を深める。	【あなたを知りたい】班ごとに輪になって座り、1人が内側に入って、ほかの人が質問する。交代して全員がやる。	行事	自己理解・他者理解	90分
私の話を聞いて P.172	現実の場面を擬似的に演技するという体験を通して自分への気づきを深める。	2人組になり、1人が昨日の楽しかった話をする。もう1人は言葉と態度で拒否的にそれを聞く。役割を交代する。隣の組と一緒になり、嫌だった点を話し合う。	特活	自己主張	45〜50分
私のお願いを聞いて P.176	試行錯誤しながらも、気合い負けしない自己主張に取り組む。	2人組になってお願いする人とされる人に分かれてロールプレイする。役割を交代。ワークシートに取り組む。	特活	自己主張	45〜50分
感情を表現しよう! P.180	感情を非言語的表現で伝え互いに理解し合う。	2人組になり自分の選んだ感情で物語を読む。相手は目を閉じて聞き、伝わった感情を言う。	特活	自己表現	45〜50分
あれこれ討論 P.184	自説を堂々と主張する勇気、反論する勇気を体験学習を通して培う。	グループで、あるテーマについてAとBに分かれる。まず自分の意見とその理由を順に発表し、次に相手の反論理由を順に発表する。相手を自分の班に勧誘する。	特活	自己主張	45〜50分
役者になろう P.188	自己表現・自己主張するためのスキルを高める。	4人組になり、役者(1)・役者(2)・監督・観衆を決めてロールプレイする。シナリオは中学生同士の会話で、役者(2)は3タイプの性格の人物を演じ分ける。	特活	自己主張	45〜50分
生命誕生 P.194	多くの人に支えられて成長してきたということに、体験的に気づく。	静かなBGMの中で、自分の成長を支えてくれた人に「してもらったこと」「迷惑をかけたこと」「して返したこと」を思い出す。	保健体育	自己理解・他者理解	45〜50分
エイズを考える P.198	自分に何ができるかを考えることで「共に生きる社会」について考える。	手袋をして乳児を抱いている写真から、その理由を考える。本当の理由を聞き、エイズに対する差別の資料を読む。簡単なロールプレイをし、感想を話し合う。	保健体育	自己主張	45〜50分
子どもの長所の棚卸し P.204	自分の子どものよさ、長所を見いだせる視点に気づく。ポジティブな感情体験をする。	6人組になり、輪になって座る。グループで1人ずつ「私は私の子どもが好きです。なぜなら〇〇だからです」と、時間の限り言っていく。振り返りシートに記入する。	保護者向け	自己理解・他者理解	60分
私の伝えたいこと P.208	日常の子どもとの会話を振り返り、接し方について改めて考える。	日ごろの会話と、そのときの率直な気持ちを書き出し、グループで演じ合う。その後、全体で感じたことを話し合う。	保護者向け	自己主張	50分
三人寄れば文殊の知恵 P.212	不安を話し合うことで対処法を確認し、自信を回復する。保護者の連帯感を高める。	3人組になる。1人が自分の子どもについて感じていることを問題提起し、残りの2人が意見を述べる。交代して全員が問題提起する。	保護者向け	信頼体験	60分
心象スケッチ P.216	先入観をもって話を聞くと障害が起こりやすいことに気づき、傾聴や共感の姿勢を築く。	リーダーからの一方通行コミュニケーションを体験するため、リーダーが言うとおりに白紙に絵を描く。質問や書き直しはできない。	教師向け	自己理解・他者理解	45〜50分

エクササイズ名	ねらい	概要	場面	種類	時間
保護者の不満 P.220	不信に満ちた保護者に対して根気強く糸口を探す態度を育てる。	2人組になり，教師役と保護者役を決める。教師に不信感をもつ保護者との面接場面をロールプレイする。	教師向け	自己理解・他者理解	45〜50分
呼吸のマッチング P.224	相手との親近感を築くため，呼吸のリズム合わせを体験する。	2人組になり，緊張する相手を想像する。1人が緊張した状態からリラックスした状態までを無言で演じ，パートナーは相手と呼吸のリズムを合わせる。交代して行う。	教師向け	感受性の促進	15〜20分

エンカウンターで学級が変わる・中学校編3

エクササイズ名	ねらい	概要	場面	種類	時間
私をたとえると P.70	自己を新たな視点で見つめ直すことで自己理解を深める。	5種の図形の中から，自分を表していると思われる図形を選びシートに書く。2人組で選んだ図形とその理由を紹介し合う。	特活	自己理解・他者理解	45〜50分
わたしは有名人 P.74	ふだんから親しんでいる有名人に自分を託すことで自己開示を促す。	どんなジャンルの有名人になりたいかを選択し，2人組で選んだジャンルと理由・やりたい活動について話し合う。	特活	自己理解・他者理解	45〜50分
私の後をお願い！ P.78	言葉を使わずに協同作業をして，友達の気持ちをくみ取る体験をする。	グループでキーワードと絵を描く順番を相談する。大きな紙に全員が交代で絵を描き，1枚の絵を完成させる。	特活	感受性の促進	45〜50分
みんなでリフレーミング P.82	見方を変えれば短所は長所でもあることを知り，自己肯定感を高める。	4人組で自分の短所と思われることをシートに書き込み，ペアでシートを交換する。4人組の中のもう1人と話し合い，リフレーミング辞書で短所を長所に変換する。	特活	自己受容	45〜50分
みんなでつくろうよりよいクラス P.86	クラスのよさに気づき相互評価を通して学級の支持的風土を向上させる。	クラスの好きなところを個人で記入。グループ内でまとめ，全体発表する。来学期に向けて期待と希望を話し合う。	特活	自己理解・他者理解	45〜50分
1年後の友へ P.90	中学校生活のゴールを肯定的にイメージして，自信を高める。	3年生の初めに行う。友達とペアになり，卒業式当日，相手が「どんな1年を過ごしてきたか」を想像し，伝え合う。	特活	自己理解・他者理解	45〜50分
教室はどこだ？ P.94	協力する喜びを感じながら，集団のリレーションづくりをする。	チームの各人に情報カードを配る。内容を言葉で伝え合い，協力して転校生の「小林くん」が教室に帰るための作業をする。	特活	自己理解・他者理解	60分
いじめの構造 P.98	第三者の態度の重要性を認識させ，いじめを予防する。	傍観者の態度が異なる2パターンの台本を読み，代表による模範演技を見せる。班ごとに2パターンのロールプレイを行う。	特活	自己理解・他者理解	45〜50分
ナンノカタチ？ P.102	日常会話のあり方を見直し，話す・聞くスキルの向上につなげる。	3人組で送信者・受信者・観察者を決め，送信者は渡された絵の内容を比喩表現を含めた言葉のみで受信者に伝える。	国語	自己理解・他者理解	45〜50分
あのね，お母さん P.106	能動的な聞き方はコミュニケーションを促進させ，愛情を深める。	3人組で，幼稚園児役・母親役・観察者を決め，聞く態度の異なる3パターンの会話を演じる。交代して3つの役を経験する。	家庭	自己理解・他者理解	45〜50分
東京ってどんな都市？ P.110	異なった意見をすり合わせ，合意することのむずかしさを体験する。	グループで，資料をもとに東京の建物や施設を付せんに記入し，同じ種類と思われるものをまとめて名称をつける。	社会	自己理解・他者理解	50分×3

エクササイズ名	ねらい	概要	場面	種類	時間
向いているのはどんな人？ P.114	職業が求める適性を理解する。	職業分類をあげ、あてはまる職業および適性を各自で選ぶ。	進路	自己理解・他者理解	45～50分
どんな職場かな？ P.118	職業体験学習の概要を理解し、活動への興味・関心を高める。	職場訪問先ごとに班をつくる。質問紙、はい・いいえで答える応答をもとにジャンケンで勝った人の訪問先をあてる。	進路	自己理解・他者理解	45～50分
6つの未来像 P.122	将来どのように生きたいのかを考えるきっかけづくりをする。	6つの未来像から1つを選び、理由をシートに記入する。同じ選択をした者同士で選んだ未来像について、よい点と問題点を考え、意見をまとめる。代表が発表する。	進路	自己理解・他者理解	45～50分
ペタペタぴたり！私の特長 P.126	互いのよさを再発見しながら、自分の特長と進路との関連を考える。	自分の特長を付せんに書き出し、職業型紙の該当箇所に貼る。班内で回覧し、あげられていないその人の特長を貼る。	進路	自己理解・他者理解	45～50分
オープン・ザ・なやみ P.130	自分の悩みを整理して語ること、級友の悩みを聞くことによって、自己理解を深める。	受験の悩みをシートに記入し、それをまとめたものを、音楽に合わせて回す。音楽がとまったときに持っていた人が1枚を読み上げる。シートがなくなるまで続ける。	進路	自己受容	45～50分
要約し合って考えよう P.134	何が正しいかを主体的に考え、判断し、勇気をもって実行していく心情を高める。	山田洋次『勇敢な少年』を3部に分けて範読し、本心が言えなかった筆者と勇気をもって本心を言った梅沢君、双方の気持ちを考える。	道徳	自己理解・他者理解	45～50分
反論に一理あり P.138	自分と異なる意見にも自分なりの考えがあることを知る。	モラルジレンマを題材にした資料を使い、A派・B派に分かれて意見と質問を繰り返す。逆も行う。	道徳	自己理解・他者理解	45～50分
新入社員 P.142	人間関係の視野を広げ、時と場に応じた言動がとれるようにする。	生徒役・教師役・観察者を決め、卒業後に担任に電話をかけるという設定でロールプレイする。	道徳	自己主張	45～50分
校庭の生物 P.146	身近な自然と積極的にかかわろうとする心情を育てる。	5、6人組になり、班のキー生物を決める。大きな紙の中央にキー生物の付せんを、周りに他の生物の付せんを貼り、食物連鎖の様子などを書き込んでいく。	環境	感受性の促進	45～50分
ノアの方舟 P.150	人以外のものになる疑似体験から、環境問題を考え、行動していく態度を養う。	くじで神様と6種類の生物役を決める。神様役は方舟に乗れない生物を1つだけ選ぶ。乗れなかった生物はその気持ちを鳴き声で主張する。	環境	自己理解・他者理解	45～50分
ウーリー・シンキング P.154	地球的規模の諸問題が互いに影響を及ぼしあっていることに気づく。	2人組になり、柱役・交渉役に分かれる。交渉役は割りあての「環境問題」と関係のある問題の柱まで行き、関連性を説明する。柱役が納得したら、毛糸を柱役とペアの柱役に結ぶ。	環境	自己主張	45～50分
違っていいこと？ P.158	相互理解の大切さや人として大切な価値観を見つめる。	5、6人のグループに分かれ、トランプの神経衰弱の要領で「あっていい違い」「あってならない違い」同士でカードを取っていく。	国際理解	自己理解・他者理解	45～50分
私の町の年中行事 P.162	年中行事を表現することで日本文化を再認識する。	各グループに1人ゲストが入る。ペアで順番に行事をゲストに紹介し、行事ごとに違う点や質問を出し合う。	国際理解	自己理解・他者理解	45～50分

エクササイズ名	ねらい	概要	場面	種類	時間
出会いのビンゴ P.166	異文化に暮らす人とふれあいながら、価値観や考え方を理解する。	外国からのゲストを招く。自由に歩き、出会った人に英語で質問し、答えがイエスだったらマスに相手のサインをしてもらう。	国際理解	自己理解・他者理解	45〜50分
男らしい・女らしいってなあに？ P.170	いつのまにか身についている社会的性差に気づく。	個人資質一覧表の中から、「男性にとって必要」「女性にとって必要」「男性にも女性にも大切」なものを選ぶ。	人権	自己理解・他者理解	45〜50分
思いやりのある学級とは？ P.174	気持ちよく生活できる学級にするため、何ができるか考える。	グループで、ブレーンストーミング方式で具体的な学級像を付せんに書き、模造紙に貼る。自分で、グループで、学級みんなでできることを書き出し、紹介し合う。	人権	自己理解・他者理解	45〜50分
水平社宣言を私たちの生活に P.178	生きていくうえで大切なものを考え、人権尊重の理解を深める。	「水平社宣言中学生バージョン」を読み、ワークシートの中から生きていくうえで大切だと思う項目を3つ選ぶ。	人権	自己主張	45〜50分
自分を支えてくれているもの P.182	いまこの瞬間を自覚的に生きる体験をする。	自分の過去を振り返り、自分を見守ってくれているものを思い浮かべ、シートに記入する。	人権	自己受容	45〜50分
宝さがし P.186	みんなが対等な関係で、一人一人が不可欠であることに気づく。	6人組で宝島の地図を完成させる。各自に渡された異なる情報紙をもとに、地図を作る。情報紙は読み上げてもいいが、見せ合ったり書き写したりしてはいけない。	行事	自己理解・他者理解	45〜50分
共同コラージュ P.192	合唱コンクールを成功させるための方法を考える。	合唱コンクールの曲に関するテーマでコラージュを作成、発表・掲示する。練習過程で気持ちの変化があったら手直しする。ボードにメッセージを貼る。	行事	自己理解・他者理解	50分×2
私たちの体育祭HOWマッチ？ P.196	自己主張する勇気や表現能力を養い、他者を尊重することを学ぶ。	体育祭の価値で大切だと思うものの値段を決める。持ち金を百万として何を買うか決め、ちょうど百万になるように調節する。	行事	自己主張	45〜50分

エンカウンターで学級が変わる・高等学校編

エクササイズ名	ねらい	概要	場面	種類	時間
聞いてもらえる喜び P.68	聞いてもらえる喜びを実感し、聞く喜びを味わう。	ペアで話し手と聞き手を決め、話し手がす話を聞き手は無関心に聞く。役割交代のあと、今度は聞き手が熱心に聞く。	保護者向け	自己理解・他者理解	45〜50分
見知らぬわが子 P.72	子どもの立場の体験を通して、思春期にある子どもの心理に迫る。	ペアで互いに、わが子について、いま困っていることを話す。聞き手はその子になったつもりで感想を言う。	保護者向け	自己理解・他者理解	45〜50分
気づきのワーク P.76	よりよい人間関係を営むために、自分のどこをどう変えていけばよいのか学ぶ。	ワークシート1・2を使い、心のポジションを考える。自分の対人態度でどこを高めるかを検討し、ペアでロールプレイをする。	教師向け	自己理解・他者理解	2時間前後
子どもからのメッセージ P.82	子どもの気持ちになって自分を見つめ直すなかで、理解を深める。	輪になって椅子に座り、自分の子どもになったつもりで、保護者である自分を紹介する。ワークシートに感想を書く。数人に感想を聞く。	保護者向け	自己理解・他者理解	45〜50分

643

4 全エクササイズ一覧

エクササイズ名	ねらい	概要	場面	種類	時間
私が最近考えること P.86	「弱く，暗く，非効率」なのは自分だけでないことに気づき，自他を理解し受容する。	「私が最近考えること」を自由作文に書く。教師がいくつかを匿名化・活字化して，全員に配る。その作文を読み，2人から8人組で感想を話し合う。	特活	自己受容	50分×2
支えられている私 P.90	支えられている自分の存在を理解する。	ペアになり，1人10分ずつ「いつだれに何で世話になったか」を反復質問法形式で聞き，感想を話し合う。	特活	自己理解・他者理解	45〜50分
友達の輪を広げよう P.96	入学時の教室の緊張感をやわらげ，友達づくりの第1歩を支援する。	【フィンガーグリップ】両手を自然に組んでから左右の親指の上下を逆に組みかえ，その感じを味わう。同性とペアになって手を組み，感じを比べる。	特活	自己理解・他者理解	45〜50分
私の親しみやすさは？ P.100	人の身になったり，察しがよかったりすることの意味を考える。	自分について質問紙に答える。グループで，質問紙の6つの領域は何を計るのか話し合う。代表がその内容を発表。プロフィール用紙に各自集計結果を書く。	特活	自己理解・他者理解	45〜50分
私の通学路 P.106	自己開示体験を学ぶ。	白紙に小学校入学当時の通学路を描き，エピソードなどを付加。ペアで当時の自分を語り合う。	特活	信頼体験	45〜50分
私の1年は… P.110	自分の「現在地」を見定める。「目的地」を明確にする。	ワークシートを実施して得た結果から，来年度の自分の「課題」「作戦」を短文にまとめる。	進路	自己理解・他者理解	45〜50分
人生を意識しよう P.116	長期的に人生をとらえ，人生に対する肯定的な態度を育てる。	人生に見たてた横長の線を引き，現在の年齢の位置に印をつける。過去の出来事と感情を考え同様に書く。直線上を0として感情の起伏を曲線で描く。	進路	自己理解・他者理解	45〜50分
どんな学部？どんな資質？ P.121	大学で自己の資質を生かし，生き生きと学生生活を送るために。	「資質名一覧表」「学部別必要資質表」「必要度上位五科目表」を使い，自分の資質と学問分野に必要な要素を知る。	進路	自己理解・他者理解	45〜50分
よいところをさがそう P.126	友人のよいところをジェスチャーで表現する。	ペアで互いに，相手のよいところをジェスチャーで伝えたあと，言葉で伝達。伝えられてどんな気持ちか，感想を話し合う。	進路	自己理解・他者理解	45〜50分
考えを少し変えてみよう P.130	いろいろな受け取り方を知り，考え方を変えてみる体験をする。	4，5人組になり，ヘルプシートを読んでその論理性を話し合う。論理性があると思う考え方を出し合い，シートの空欄に書く。進路のブランド志向を話し合う。	進路	自己理解・他者理解	45〜50分
私のイベント P.134	人生のイベントをどこに設定するかにより，人生の主人公は自分であることを実感する。	人生のイベントを考え，ワークシート(1)に記入。一人一人のイベントをグループで意見交換。それぞれのイベントの時点と自分にとっての意味をワークシート(2)に記入。	進路	自己理解・他者理解	45〜50分
ビルドアップ・ナイスパーソン！ P.138	ナイスパーソンの要素を探り，ナイスパーソンに「なるには」を検討。	自分たちがあげた人物がナイスパーソンな理由を，グループで10個考えワークシートに記入。感想などをグループで発表。	進路	自己理解・他者理解	45〜50分
キーパーソンの発見 P.143	ソーシャル・サポートの重要性を体験的に理解し適切な対処行動を知る。	ネットワークマップを分割し，サポーター名をイニシャルで記入する。図全体から自分の不安などを解決するためのキーパーソンを探す。	進路	自己理解・他者理解	45〜50分

エクササイズ名	ねらい	概要	場面	種類	時間
自己PRの情報集め P.148	自己理解のため，友人から見た自分の姿に関する情報を集める。	3人組でほかの2人について書かれたことを読み，グループで感想を話し合う。自己PR文を作り発表し合う。感想を話し合う。	進路	自己理解・他者理解	45〜50分
進学，私にとっての必要条件 P.152	進学にあたって自分に何が必要かを考え，進路意識を高める。	個人用ワークシートの項目に，進学に大切だと思う順位をつけ理由を書く。グループ用シートにその順位を記入しながら相談してグループとしての順位を決定。	進路	自己理解・他者理解	45〜50分
親友からの相談君ならどうする？ P.157	性についての態度や考え方の視点から，自分のあり方・生き方への理解を進める。	親友カップルに子どもができた相談を受けたときの対応と理由を書く。4人組でお互いの意見を述べる。数名が意見発表し，全体で要点整理。	総合	自己理解・他者理解	45〜50分
照れずにほめジョーズ P.162	他者からの承認により，自尊感情を高めるとともに，相手への好意の念を育てる。	6，7人で車座になりまん中に椅子。ゲームの要領で，まん中に座った人のいいところを順に言う。グループ全員について行い，グループごとに感想を話し合う。	総合	自己理解・他者理解	45〜50分
6人の人生 P.166	男女の違いを踏まえ，結婚や性に対する自分の価値観を明らかにする。	男女6人の生き方を読み，好きな順位と理由を記入。4人1組になり，つけた順位と理由を述べ合う。	総合	自己理解・他者理解	45〜50分
窮地を切り開け P.170	わがままや攻撃と自己主張は違うことを体験する。	ワークシートの9つの問題に解答と理由を記入し，6人組で各自の考えを発表。相談してグループとしての解答を出す。	総合	自己主張	45〜50分
もしも私が○○だったら P.178	人間関係におけるぶつかり合いなどの体験から，ふれあいの意義と必要性に迫る。	自分が水素（酸素）ならそれにどうやって気づくか，3つ以上の方法を考える。同物質同士の4人組で意見交換しグループの意見を発表。	理科	自己理解・他者理解	45〜50分
舞姫で自己主張 P.182	文学作品の登場人物の状況に自分をあてはめ，人間の心理や行動について考える。	『舞姫』の登場人物に悪いと思う順位をつけ理由を考える。4，5人組で相談してグループとしての順位を決定し，その順位と理由を発表，自由討論をする。	国語	自己主張	50分×2
My Class P.188	インタビューで自ら人にかかわる体験，英語をコミュニケーション手段とする体験をする。	各人に異なる課題のワークシートを配り，その課題に該当する人数を調べるための質問文を英語で作成する。クラス全員にインタビューし結果をまとめる。	英語	自己理解・他者理解	45〜50分
お見合い大作戦 P.192	仮想見合いを通して人生設計を考える。	男女各3名6人組でお見合いする。仲人役は当人の情報を収集し，紹介する。当人同士は結婚観を質問し合う。	家庭	自己理解・他者理解	45〜50分
自分を映す鏡 P.198	自己の盲点に気づくことで，自己発見へとつなげる。	友達，家族など周囲の環境と自分との関係を考えワークシートに記入。現在，3年後，10年後の自分は何であるかを考え書く。人から見た自分の像を予想。	社会	自己理解・他者理解	45〜50分

エンカウンターで学級が変わる・ショートエクササイズ集

エクササイズ名	ねらい	概要	場面	種類	時間
あいこジャンケン P.38	気持ちを合わせるむずかしさと心地よさを体験する。	グー，チョキ，パーの中から教師と同じものを出す。これを3回繰り返す。隣の人とペアになり，同様に行う。	特活	信頼体験	10分以内

645

エクササイズ名	ねらい	概要	場面	種類	時間
鏡よかがみ P.40	教師への愛着をもたせ、学級内の人間関係を親密にする。	合図で鏡に変身し、教師の動きをよく見てまねをして動く。鏡になっての感想、気づいたことなどを振り返り用紙に記入する。	特活	信頼体験	10分以内
若返りジャンケン P.42	ユーモアのあるポーズつきのジャンケンを行うことで、嫌な出来事を帳消しにする。	教師と3回ジャンケンをして、負けるごとに若返ってポーズをとる。最後のポーズが帰りの際の役になる。ポーズごとのさよならのあいさつを説明する。	特活	信頼体験	10分以内
握手でさよならジャンケンでさよなら P.44	握手やジャンケンで一人一人と身近に接する機会をもつことで、親近感を深める。	教室のドアに教師が立ち、全員と握手してさよならをする。または、一人一人とジャンケンをして勝った人からさよならをする。負けとあいこはもう1度並ぶ。	特活	信頼体験	10分以内
がんばりヅル P.46	「がんばれ！」という願いを込めた折り鶴を渡し、元気のない子どもを力づける。	落ち込んだ子や元気がない子のところへ、教師ができるだけ早く行って、ほかの子どもに気づかれないように折り鶴を渡す。鶴を渡す際に短く言葉をかける。	特活	信頼体験	10分以内
リレー小説 P.48	教師を主人公にした物語をつくることで、教師への関心を深め、親近感を増す。	5人程度の班をつくり、各自が教師を主人公にした話を途中まで書く。次の日、班の中でシートを回し、前の人の話に続きを書き足していく。全員の分が回るまで毎日繰り返す。	特活	自己理解・他者理解	10分以内
交換日記 P.50	交換日記により、教師と心をふれあうきっかけをつくる。	交換日記の要領で、各自が教師あてに日記を書く。数人に日記を読んでもらう。教師は全員に返事を書く。	特活	自己理解・他者理解	10分以内
1分間スピーチタイム P.52	数名の子どもと毎日確実に向き合うきっかけとする。	日直が司会進行を担当し、テーマに合わせて、ペアで1人1分ずつ話をする。最後に日直が1分間全員の前でスピーチする。日直の話に教師がコメントする。	特活	自己主張	10分以内
先生とビンゴ P.54	緊張を解きほぐし、仲間に心を開くきっかけにする。	教師が好きだと思うものを想像して選ばせ、ビンゴの枠の中に記入させる。教師が自分の好きな順に食べ物を発表する。ビンゴになったら子どもと握手する。	特活	自己理解・他者理解	10分以内
先生ってどんな人？ P.56	新学期に、時機を逃さずに子どもと担任がふれあう機会を設定する。	「先生は〇〇ですか？」などの未完成文を黒板に貼り、みんなで文を完成させる。感想を記入する。教師が数日に分けて全員分を読み上げながら自分のことを話す。	特活	自己理解・他者理解	10分以内
先生ウォッチング P.58	教師が自己開示することで、子どもとの信頼関係を育む。	過去にタイムトリップし、小学生だった教師に自分が聞いてみたい質問をする。発見したことをウォッチングカードに書く。	特活	自己理解・他者理解	10分以内
私の名前の深い意味 P.60	教師の名前とニックネームの由来を自由に想像することで、教師への親近感を高める。	教師の名前かニックネームのうち、どちらかの意味や由来を考え、紙に書く。何人かが、教師になりきって名前やニックネームの由来を紹介する。	特活	自己理解・他者理解	10分以内
グー・チョキ・パーじゃんけん P.64	楽しいゲームをすることによって、緊張感をほぐす。	2人組になり、教師が「グリコ」と言ったら、大きな声で「グー」と言い、こぶしをあげる。同じように、「チョキ」はピースサイン、「パー」は真ん中のハンカチをすばやく取る。握手をしてゲームを終える。	特活	信頼体験	10分以内

エクササイズ名	ねらい	概要	場面	種類	時間
ジャンケン手の甲叩き P.66	必要以上の自己防衛機制を解除し，人間関係がスムーズにできるようにする。	同性で2人1組のペアをつくる。右手で握手をしたまま，左手でジャンケンをし，勝った人は握手したまま相手の右手の甲を叩く。1分後，お互いの右手の甲をさすりながら，痛かったでしょうといわり合う。	特活	信頼体験	10分以内
肩もみエンカウンター P.68	軽いスキンシップで緊張をほぐしながら，自己開示を体験する。	ジャンケンで負けた人が，勝った人の肩をもみながら，今日あったことを話す。交代して伝え合う。	特活	信頼体験	10分以内
背中合わせの会話 P.70	学級での居場所づくりの基礎となる2人組を抵抗なくつくる。コミュニケーションが促進され，仲間づくりがなされる。	隣の人と椅子をベンチのように横にくっつけて並べ，背中合わせになるように，ペアで椅子に腰かける。伝える側と聞く側を決め，伝える側の人は，1から5までの数字の1つを背中を通してテレパシーで伝える。聞く側の人は相手のテレパシーを一生懸命感じる。	特活	信頼体験	10分以内
あれ？離れない！ P.72	自他の身体感覚に注意を向けながら，ごく初歩的な共同作業を体験する。	2人組で横に並び，相手に近い方のひざとひざをつける。離れなくなったと想定し，そのままで歩いたり，座ったりする。ひじ，肩，頭と部位を変えて同様に行う。	保健体育	信頼体験	15～20分
心をひとつに P.74	相手も自分も否定せず，お互いの気持ちを通わせながら動くことの心地よさを味わう。	2人組で1冊の絵本を一緒に持ち，1人が主になって絵本を自由に動かす。もう1人は相手の動きに合わせる。役割を交代して行う。	特活	感受性の促進	15～20分
私のからだが思うこと P.76	呼吸を整えることでクラスの雰囲気を落ち着ける。	2人組の1人があおむけに寝て，右手をおへその下に，左手を胸にあてる。鼻から息を吸い込み，おなかを意識して深い呼吸をする。行う前とあとではどのような変化があったか，ペアで話し合う。	保健体育	感受性の促進	10分以内
トラストウォーク P.78	自分を他者にゆだねる体験をする。	ペアをつくり，ジャンケンで勝った人が目をつぶる。負けた人は，安全に注意しながら教室の中を案内する。役割を交代し，同様に行う。お互いに感想を述べる。	特活	信頼体験	10分以内
ひとことキャッチボール P.80	感情をわかりやすく表現することで，自己理解を深めるとともに自己表現力を高める。	2人組でキャッチボールをしながら会話する。相手にボールを投げるときに，ひとこと添える。受ける側はボールと一緒に相手の気持ちも受けとめ，ひとこと添えて返球する。	保健体育	自己理解・他者理解	10分以内
クッキーデート P.82	クッキーの片割れを持っている人を探すドキドキを味わう。	2つに割ったクッキーを1片ずつ配る。もう1つの片割れを持っている相手を探す。パートナーが見つかったペア同士でその場に座り，話しながら一緒に仲よくクッキーを食べる。	特活	自己理解・他者理解	10分以内
「？」と「！」 P.84	気持ちよく自分のことを聞いてもらうことで，相手に対して好意的に接することができるようにする。	2人組の一方が初めに「？カード」を相手に見せる。相手は「私は○○です」という具合に，次々に自分のことを話す。相手は話を聞きながら「なるほど」「びっくり」と思ったら「！カード」を示す（声は出さない）。	特活	自己理解・他者理解	10分以内

エクササイズ名	ねらい	概要	場面	種類	時間
ペアで作るチェーンストーリー P.86	友達と協力して1つの話をつくる喜びを体験する。	ペアをつくり、向かい合って座る。1人6枚のカードをA（好きな言葉3枚）とB（接続詞3枚）に分け、机の真ん中に重ねて置く。1人がAを引き、それを使って文をつくる。もう1人がBAの順にカードを引き、相手の話に続くように文をつくる。同様に繰り返す。	国語	自己理解・他者理解	10分以内
有名人にインタビュー P.88	不安な気持ちを解消し、新しいクラスに早くうち解けるための雰囲気づくりを行う。	有名人にインタビューするという設定で、質問事項が書かれた用紙を見ながら2人組でインタビューし合う。2つのペアが一緒になって4人組をつくり、インタビューした相手のことを、ほかの人に紹介する。	特活	自己理解・他者理解	15〜20分
マインドマップづくり P.90	固定観念を捨て、自由な発想へと転換するためのステップとする。	ワークシートを配り、中心に書かれたテーマから連想する言葉を周りに書く。隣同士で交換し、同じ内容には○、相手が書かなかったものは書き足す。	特活	自己理解・他者理解	10分以内
ねえ，どっちがいい P.92	身近なものの二者択一を通して自分の価値観を明確にする。	ワークシートの各項目について、2つのうちから好きなほうを選ぶ。シートを交換してペアで見せ合い、選んだ理由を話し合う。	特活	自己理解・他者理解	10分以内
ほんとうに欲しいもの P.94	自分の願望にあらためて気づき、人の願望と比べながら価値観を探究するきっかけとする。	ペアになり、質問役の人は、「いちばん欲しいものは何ですか？」と2分間、相手に繰り返し尋ねる。相手役は質問に繰り返し答える。役割を交代して同様に行う。	特活	自己理解・他者理解	10分以内
続きをどうぞ P.96	絵画で自分の気持ちを表現することで、自己表現力を高める。	2人組で各自、自分の好きな模様や線を描く。用紙を交換し、相手の描いた線や模様からイメージをふくらませ、絵を完成させる。完成した絵を相手にプレゼントする。	特活	自己理解・他者理解	10分以内
好きなもの，好きなこと P.98	相互理解と共感的理解を深め、個性を認め合う人間関係をつくる。	ペアをつくり、9つの質問の中から好きなものを、相手に交代で質問し合う。終わったら、自分の9つの回答をプリントに書く。	特活	自己理解・他者理解	10分以内
いいこと探し P.100	ちょっとした「いいこと」を友達に認められる体験を通じ、自己肯定感を高める。	ペアになり、Aは「いいことはありましたか」とたずねる。Bはうれしかったことを簡単に話す。Aは「……でうれしかったんですね」とBの内容を繰り返し、感想をつけ加える。3分間、AとBを交代しながら続ける。	特活	自己受容	10分以内
そうですね P.102	自分が受容される体験をすることで、心地よさとそれがもたらす心の安定に気づく。	2人組になり、話し手は「あれは…ですね」と思いつく言葉を入れて繰り返し、聞き手は「そうですね」とだけ繰り返す。役割を交代する。	特活	自己受容	10分以内
アウチでよろしく！ P.106	あいさつ代わりの軽い身体接触で、緊張している心と体をほぐす。	参加者は人さし指を1本出し、向かい合ってお互いの指の先をふれ、同時に目を見つめ合い「アウチ！」とあいさつ。	特活	信頼体験	10分以内
いろいろ握手 P.108	いろいろなスタイルの握手を友達と楽しみながら、リレーションを高めていく。	歩き回っていろいろな人と握手する。指先握手・片手握手・両手握手・片手で頭と頭をゴッツンコ・股のぞきをして握手・耳元で握手、ひと言入れて「よろしく」。終わったら感想を聞く。	特活	信頼体験	10分以内

エクササイズ名	ねらい	概要	場面	種類	時間
誕生日チェーン P.110	保護者同士の横のつながりを深める。	全員で大きな輪になって並ぶ。教師を基準にして1月1日から12月31日まで誕生日順に無言のまま並び直す。	特活	感受性の促進	10分以内
アドジャン P.112	ステップ1，2，3を通して学級での対人行動の不安・緊張を低減し，他人と段階的にかかわり，仲間づくりの契機とする。	(1)1分間にできるだけ多くの人とジャンケンする。(2)1本指から5本指までで相手と同じ数が出るまでジャンケンする。あいこになったら，自己紹介やあいさつを交わす。(3)4人組をつくり，ステップ2と同様にジャンケンをする。	特活	自己理解・他者理解	15～20分
My name is ○○！ P.114	英語であいさつすることで，相手の名前を聞くことに，より注意を払う。	教室を歩き回り，出会った人と握手，英語であいさつ，名刺交換する。1日5人ずつ，クラス全員の分が集まるまで，繰り返す。	特活	信頼体験	10分以内
はい，ポーズ！ P.116	体の動きを静止することを楽しみながら，落ちついた姿勢に慣れる。	合図で動きや表情をとめ，一定時間静止する。仲間のポーズを取り上げてまねをする。最後は落ちついた姿勢で終わる。	特活	感受性の促進	10分以内
目や手で伝える P.118	コミュニケーションを図る手段としての動作・表情の大切さに気づく。	伝言ゲームの要領で，身振り・手振りだけで花の名前を伝える。次に，顔の下半分を隠し，目だけで感情を伝える。感情は，喜び・怒り・悲しみ・驚きの中から選ぶ。	特活	感受性の促進	10分以内
私をみつめて P.120	心の垣根を取り払い，自分の気持ちや考えを他者に伝えることに慣れる。	グループの代表に教師がジェスチャーを使って課題を伝える。代表はグループに帰って，仲間にジェスチャーで課題を伝える。終わったら課題の答え合わせをする。	特活	信頼体験	10分以内
トラストアップ P.122	やさしいエクササイズ体験から力を合わせて解決する喜びを味わう。	2人組で向かい合って座る。つま先同士をつけ，手をつなぎ，かけ声で同時に立ち上がる。4人，6人と人数を増やしていく。	特活	信頼体験	10分以内
凍結鬼ごっこ P.124	こおり鬼をしているときの気持ちを語り合うことで，いままで気づかなかったよさに気づく。	鬼にタッチされて固まった人を，カードを渡して助けることができる。男子には水色，女子にはピンクのカードを渡す。最後にカードの枚数を数えてみんなで拍手。	特活	信頼体験	10分以内
タイムトラベル P.126	ゲームを楽しみながら，自分の存在を確かめ，クラスへの所属意識をもつ。	クラス全員が思い思いのポーズをとり静止する。廊下にいたタイムトラベラーは教室に入り，10秒程度，だれがどこにいるか記憶して再び廊下に出る。教室内の1人が物陰に隠れる。トラベラーは教室に戻り，隠れた友達をあてる。	特活	信頼体験	10分以内
神様ですか？ P.128	目を閉じて神様役を探すうちにみんなが1つの輪になっている意外性を，感動をもって味わうことができる。	神様役の子どもを指名する。目を閉じて自由に歩き回り，出会った人に「神様ですか？」とたずねる。たずねられた人は自分の名前を答える。神様は返事をしないで手をつなぐ。仲間になったら返事をしない。全員の手がつながれたら目を開ける。	特活	感受性の促進	10分以内
今日のグループは？ P.130	固定化せずいろいろな人とグループをつくる機会を設けることで，子どもたちの交流を図る。	今日のテーマとそれに基づく選択肢にあてはまるところの席につく。そこでグループになり，テーマに関して話し合う。今日の学習で活躍した人や感想を記入する。	理科	自己理解・他者理解	10分以内

エクササイズ名	ねらい	概要	場面	種類	時間
ファーストネームゲーム P.132	ニックネームとその由来などを伝え合い、リレーションづくりを行う。	2人組になり、ニックネームを紹介し合う。ジャンケンで負けた方が、相手のニックネームをすぐに呼ぶ。これを繰り返す。	特活	自己理解・他者理解	10分以内
この指とまれ！ P.134	自分の好みや趣味などを主張することで、自己理解を促進する。	指示されたテーマから自分の好みを1つ決める。「この指とまれ！」と言いながら、同じものを選んだ人を探す。指をつないだ者同士で、選んだ理由を話し合う。	特活	自己理解・他者理解	15〜20分
色いろいろ P.136	自分や相手を肯定的に受けとめる体験を通してお互いのよさに気づく。	4つの色の中から自分の好みを選び、そのコーナーに移動する。同じコーナーに集まった者同士で、選んだ理由をインタビューし合う。代表者が発表する。	特活	自己理解・他者理解	15〜20分
スゴロクトーキング P.138	人前で話す訓練や、傾聴の訓練として。	班ごとにスゴロクをする。サイコロの目の数だけ進み、とまったマスに書いてあるテーマについて話す。	特活	自己理解・他者理解	10分以内
心の私とご対面！！ P.140	ふだん自分がどのように思っているか、感じているか明確にする。	各自、テーマについて思ったことを何でもノートに書く。班で発表し合う。代表が班で出たことを発表する。感想を書く。	特活	自己理解・他者理解	10分以内
その気持ちわかるよ P.142	自分の気持ちを他人と分かち合ったり、他人の気持ちに共感したりして、あたたかい人間関係をつくる。	カードに「今週うれしかったこと」などを無記名で書く。グループでカードを集めて裏返しにして積む。1人ずつカードを引き、共感できる場合は手元に置き、共感できないカードは山の横に置く。それを何度も繰り返す。感想を話し合う。	特活	感受性の促進	10分以内
☆いくつ P.144	自己評価と他者評価を比べることで自分のよさを再確認したり、がんばるところを明らかにしたりする。	12項目の中で自分に当てはまるところの☆を4つ塗りつぶす。友達の名前が書かれたワークシートも同様に4つの☆をプレゼントする。自分で記入したシートと友達に記入してもらったシートを比べる。	特活	自己理解・他者理解	15〜20分
たとえてみよう P.146	一人一人の考え方が違うことを知り、他者と違う自分について理解を深める。	「…は○○です。そのわけは□□だからです」と書かれたワークシートを配る。各自で文章を完成させる。班の中で発表し合う。感想をワークシートに記入する。	特活	自己理解・他者理解	10分以内
仲間さがし P.148	いじめの始まりにあたる「仲間はずれ」を予防する。	全員が背中にカードを貼る。無言で、同じカードの人が集まりグループをつくる。グループになれない数人に感想を聞く。	特活	自己理解・他者理解	15〜20分
○年△組が最高！ P.150	新たな学年に向かって羽ばたこうとする心のステップアップをする。	1年間を振り返り、大切な思い出をプリントに書く。班で話し合って、1つのビンゴにまとめる。各班から、これはと思うものを1つ発表していき、ビンゴを完成させる。	特活	自己理解・他者理解	15〜20分
初めまして私はわたしです P.152	コラージュの創作を楽しむことで自己イメージをふくらませ、自己肯定感を回復する。	テーマを決め、雑誌から記事を切り抜き、画用紙に自由に貼りつけていく。作品を壁に掲示し、教師がテーマとその理由を説明する。順番に自分の作品を説明する。	特活	自己受容	15〜20分
いいとこ川柳大会 P.154	耳慣れたリズムである5・7・5で、よさを認め合うことへの抵抗をなくしていく。	教師が川柳について説明する。グループごとに輪になって座り、右隣になった友達の川柳をつくる。お互いの作品を紹介し合う。感想を話し合う。	国語	自己受容	10分以内

エクササイズ名	ねらい	概要	場面	種類	時間
友達の似顔絵 P.156	友達への思いを素直な気持ちで表現させ、信頼関係を深める。	グループでモデルを1人選び、ほかのメンバーはそのよいところを絵に描く。絵を見せ合い、モデルのよいところを話し合う。	特活	自己受容	10分以内
私はあなたのベストフレンド P.158	自己発見・他者発見の喜びを味わい、クラスメイトがお互いの振る舞いに注目する機会とする。	朝の会で日直がくじを引き、ベストフレンドになる相手を決める。日直は相手が喜ぶことを帰りの会までにこっそりする。帰りの会で「自分がベストフレンドだった」と思う人は前に出て、理由を発表する。日直は相手の名前と自分のしたことを発表する。	特活	自己受容	10分以内
今日はぼくの日 私の日 P.160	だれもがヒーロー・ヒロインになって、みんなに受け入れられる体験をする。	くじ引きで選ばれた1人はその日1日、「こう呼ばれたい」名前で呼んでもらえる。給食のとき、最近うれしかったことを話し、みんなで牛乳で乾杯する。	特活	自己受容	10分以内
いいとこコレクション P.162	他者からの肯定的な評価によってプラスの自己概念を育てる。	班の仲間のよいところや、発見したことをメモする。1週間で班全員のよいところを見つけ、メモをもとに1人1人に手紙を書く。	特活	自己受容	10分以内
私はわたしよ P.164	自分が思う自分像を率直に伝え合うことで、他者に受け入れられている気持ちを味わう。	隣の人と2人組になり、一方が「あなたはどんな人ですか」とたずね、もう一方が「私は…な人です」と答えることを繰り返す。役割を交代する。	特活	自己理解・他者理解	15〜20分
Xさんからの手紙 P.166	友達からのフィードバックを、自分を向上させる真摯な自己評価と、目標を考えるきっかけにする。	宛名の書かれた用紙を封筒に入れ、誰のものかわからないようにして配る。各自は宛名の人に手紙を書く。いったん回収し、再び配り直す。最後に本人に手紙を配る。内容を読み、感想と今学期の反省を記入する。	特活	自己理解・他者理解	15〜20分
言葉の写真 P.168	友達のよさを具体的に伝えることで、自己理解や他者理解を深める。	写真を見ながら、体育祭の様子を振り返る。同じ班の人のがんばりを思い出し、具体的にその場面をカードに書く。カードを交換し、もらったカードを読む。	特活	自己受容	15〜20分
自慢のわが子 P.170	長所に目を向けることで、子どもを肯定的に見られるようになる。	2人組で1人が自分の子どもの長所を語り、もう1人が聞く。役割を交代する。隣のペアと一緒になり、自分のパートナーの子どものよいところを他の2人に紹介する。	保護者向け	自己理解・他者理解	10分以内
会話をひらくかぎ P.172	会話を始めるための言葉探しを通して、友達とかかわるきっかけづくりのスキルを把握する。	朝、友達と会って会話を始めたきっかけの言葉を5つ以上考えて書く。3人組をつくり、言葉をかける人、相手役、観察者になる。言葉をかける人は実際にセリフを言ってみる。役割を交代する。	特活	自己理解・他者理解	10分以内
ふわふわ言葉とチクチク言葉 P.174	あたたかい言葉をすすんで使う肯定的な人間関係を育てる。	言われると悲しくなったりイライラする言葉をチクチク言葉、反対にうれしくなったり元気が出る言葉をふわふわ言葉とし、黒板の半分に書き出す。声に出して言ってみる。	特活	自己理解・他者理解	15〜20分
友達づくりの会話 P.176	「質問する」「自己開示する」などの会話スキルを身につけ、集団になじみやすくする。	自分の好きなことをカードに書き、ペアになって「聞き手」と「受け手」を決める。「聞き手」は「受け手」のカードを見て、思いつくままに質問していく。役割を交代する。	特活	自己理解・他者理解	10分以内

4 全エクササイズ一覧

エクササイズ名	ねらい	概要	場面	種類	時間
ドンと来い！わるぐち P.178	悪口を言われたときの適切な行動を考え体験することで、対応の仕方を身につける。	4人程度のグループをつくり、リーダーはカードに書かれた悪口を読み上げる。その対応法を思い思いに発表。2人組をつくって実際に対応する練習を行う。	特活	自己理解・他者理解	15〜20分
呼吸を数える P.182	内面からの安らぎと落ち着きを取り戻す。	楽な姿勢で教師の声に合わせて、ゆっくりと息を吐いたり、吸ったりする。慣れてきたら自分で数えながら呼吸を続ける。	特活	感受性の促進	10分以内
イメージの小旅行 P.184	授業に集中するための内的な安らぎや落ちつきを取り戻す。	深呼吸を3回する。軽く目を閉じ、教師の朗読に合わせて場面を思い浮かべ、イメージの中で散歩を楽しむ。	特活	感受性の促進	10分以内
ミニ座禅 P.186	心に注目するとはどんなことかを体験する。	椅子に浅く腰かけて背筋を伸ばし、おへその下で両手を合わせ、ゆっくりと呼吸する。静かに3分間座禅をする。	特活	自己理解・他者理解	10分以内
心のストレッチ P.188	心と体の力を抜いて、うまくリラックスする方法を身につける。	背もたれに軽くふれる程度に椅子に座る。目を閉じ、深呼吸をして、気持ちを落ちつかせる。教師の言葉を聞きながら、体の重温感を感じていく。	特活	感受性の促進	10分以内
1日5分の自分さがし P.190	ふだんの自分を振り返ることで本来の欲求に気づく。	未完成文を完成させるワークシートを配る。作文した感想、解説、その文が浮かんできた理由などを自由に記入する。	特活	自己理解・他者理解	10分以内
夢マップづくり P.192	自分の夢を自己開示することで、何をすべきかを明確にする。	ワークシートにいまの自分の夢をどんどん書き出す。書き出したものの中でいちばんかなえたい夢をマジックで囲む。	特活	自己理解・他者理解	10分以内
エゴグラムで自分を知ろう P.194	自分の心のあり方を知り、長所短所を把握して今後に生かす。	1日のある場面を思い浮かべ、そのときの「自分に厳しい」「無責任」の程度を考えて、グラフに印をつける。	特活	自己理解・他者理解	10分以内
わたしの感情グラフ P.196	感情の動きを見つめ直すことで自分の要求や願望・価値観などを明確にする。	昨日1日の出来事を朝から順に思い出し、そのときどきの気持ち、感情の浮き沈みを曲線にしてグラフに表す。気づいたことや感想を書く。	特活	自己理解・他者理解	10分以内
学校を10倍楽しくする方法 P.198	自由にアイディアを述べ合うことで、思考・発想を柔軟にする。	「学校が10倍楽しくなる方法」をできるだけたくさんグループで話し合う。出たアイデアを分類し、模造紙に貼って似たもの同士を線で囲む。	特活	自己理解・他者理解	5+15分
気になるあなたへ P.200	友達・教師・親などとの人間関係で悩んでいるときの問題解決への糸口をつかむ。	気になっている人のことを思い浮かべ、「○○さんへの手紙」として、短い文章で自分の気持ちを書く。続いて、○○さんになったつもりで自分への返事を書く。	特活	自己理解・他者理解	10分以内
気持ちの整理箱 P.202	心の中にためていることを整理することで、心を軽くし、すっきりさせる。	ワークシートを配り、筆記用具を用意する。目を閉じて深呼吸する。目を開け、心の中に浮かんでくる気になることと、その気持ちを文や絵で表して箱の中に入れていく。	特活	自己理解・他者理解	10分以内

エンカウンターで学級が変わる・ショートエクササイズ集2

エクササイズ名	ねらい	概要	場面	種類	時間
この指とまれ P.28	自己理解・他者理解を深め、リレーションづくりを促進する。	「好きな動物」などテーマを決めて、同じ好みや考えの人同士でグループをつくり、それを選んだ理由を伝え合う。	特活	自己理解・他者理解	15〜20分
あなたにインタビュー P.30	自分が本当にしたいこと、求めていることを明確にする。	2人組になり、片方が相手に繰り返し同じ質問をして、聞かれたほうは繰り返し答える（答えは違っていてかまわない）。	特活	自己理解・他者理解	10分以内
4つの窓 P.32	集団の中に自分と同じ考えの人がいることに気づかせ、リレーションづくりを促進する。	「好きな○○」などテーマごとに4つの選択肢を用意し、同じものを選んだ人同士で理由を伝え合い、全体でシェアリングをする。	特活	自己理解・他者理解	15〜20分
いいとこさがし P.34	互いに認め合える信頼と好意に満ちたあたたかな学級をつくる。	グループのメンバーについて、相手のいいところだと思った「事実」と、自分の「感想」を書く。回収して教師が目を通してから本人に配り、感想を話し合う。	特活	自己理解・他者理解	15〜20分
カラーワーク P.36	色を媒介にすることで言語表現や人間関係が苦手な人の自己表現のチャンスとする。	同じ下絵にクレヨンや折り紙などで色をつけ、自分を表現するような作品を作る。ペアで交換して感じたことをシェアリングする。	特活	自己理解・他者理解	15〜20分
トラストウォーク P.38	言葉や視覚を使わないことで、さまざまなことに気づく。	2人組になり、片方の人が目をつぶり、もう1人が誘導して歩く。2人で感想を述べ合い、役割を交代して同様に行う。	特活	信頼体験	15〜20分
文章完成法 P.40	文章を自由にたくさんつくることで、自分を振り返り、自己理解を深める。	「小さいときわたしは……」など、いくつかの未完成の文の続きを各自考えて用紙に記入する。グループで紹介し合いシェアリング、全体で感想を述べ合う。自己紹介を兼ねることもできる。	特活	自己理解・他者理解	15〜20分
他己紹介 P.42	言い回しや言葉づかいを想像し、なりきることで、その人についての理解を具体的にする。	2人組で自己紹介をしたあと、2つのペアが組んで4人組になる。新しい人に、言葉づかいや言い回しなども含めて最初のペアの相手になりきって一人称で紹介する。	特活	自己理解・他者理解	15〜20分
内観 P.44	自分の意思で自分自身の内面と向き合うことにより、自分が支えられていることに気づく。	「お世話になったこと」「してあげたこと」「迷惑をかけたこと」を、時間を追って振り返る。2人組で語り合い、できる人には全体の前でも発表してもらい、記録しておく。	特活	自己理解・他者理解	15〜20分
わたしのしたいこと P.46	言語化により自分の気持ち、願い、考えに気づいたり、はっきりさせたりする。	ペアになり、1人が「自分のやりたいこと」を思いつくままいくつもあげる。もう1人は、相手が言うたびに「そうですか」と受ける。途中で役割を交代して行い、感想を話し合う。	特活	自己理解・他者理解	10分以内
それはお断り P.48	練習を通して拒否する自由があることを知ることで、自己主張という考えを知る。	2人組で各自大切な物を1つ決める。片方はそれを貸してと頼み、もう1人はひたすら断り続ける。役割を交代し、振り返り用紙に記入し、全体で感想を話し合う。	特活	自己主張	15〜20分

エクササイズ名	ねらい	概要	場面	種類	時間
2人組・4人組 P.50	共感的理解をしたり，逆に自分と同じように感じたりするとは限らない現実に気づく。	活動やエクササイズのあとに，気づいたこと，感じたことを2人組，4人組で話し合う。無理に統一見解を出してまとめたりせず，それぞれの気づきを大切にする。	特活	自己理解・他者理解	15～20分
青い糸 P.56	初対面の緊張感を緩和することで，人間関係づくりを進める。	2枚ずつ用意されたナンバーカードを引き，同じ番号の者同士で握手をした後自己紹介をし合う。	特活	自己理解・他者理解	15～20分
心と心の握手 P.58	相手と考えを一致させることを通して，集団内の緊張を解き，リラックスした雰囲気をつくる。	出会った人と手を握り見つめ合う。1～3までの数を思い浮かべ2人同時にその数だけ手を握り，相手と数が一致するまで繰り返す。できるだけ多くの人と行う。	特活	自己理解・他者理解	10分以内
つながりカップル P.60	初顔合わせでの緊張緩和やリレーションづくりを促す。	自己紹介をしながら姓名に共通点や関連がある2人組のカップルをつくり，全員の前での「つながり」を発表する。隠れつながりなども見つけると盛り上がる。	特活	自己理解・他者理解	10分以内
おはよう，昨日ねぇ！ P.62	自分が受け入れられる喜び，自分の存在を認められる喜びを味わう。	2人組をつくる。1人が「おはよう！」と声をかけ，昨日の出来事を話し，2人で自由に語り合う。聞く方と話す方を交代する。	特活	自己理解・他者理解	15～20分
言葉のプレゼント P.64	自分のよいところに気づき，もっとよいところを伸ばそうとする自己肯定感を強める。	ペアをつくり，黒板に書かれた人の性格や性質を表す肯定的な言葉のうち，相手に合うものとその理由を短冊に書き，プレゼントし合う。全体で感じたことを話し合う。	特活	自己理解・他者理解	15～20分
一番おかしい失敗談 P.66	失敗談を語り合い一緒に笑うことで，親しい関係づくりを行う。	ペアで順番に「いままでで一番おかしい自分の失敗談」を話し，感じたことを話し合う。また希望者は全員の前でも発表する。	特活	自己理解・他者理解	15～20分
トラストパッティング P.68	積極的に体を動かすことで疲労を軽減する。他者をいたわることでリレーションづくりに役立てる。	リズムミカルに体をパッティング（軽くたたく）し，手のひらをこする。ペアになり相手の背中をいたわりながらマッサージする。お互いに印象を話し合う。	保護者向け	感受性の促進	10分以内
そんなあなたが好き好き！ P.70	自分の嫌なところを開示し，それを含めて受容されることで自己肯定感を深める。	ペアになり，自分の嫌なところを相手に伝え「それでも好きになってくれませんか」と言う。相手は内容を繰り返したあと，リフレーミングして「好きです」と言う。	福祉	自己受容	15～20分
カラーで相手をさがそう P.72	ペアをつくるためのエクササイズ。あまり親しくない人とでも，自然にリレーションづくりができる。	色の名前が書かれたくじを引く。全員が同時に大きな声で自分の色を言い，同じ色の相手を探してその人と色の好き嫌いやその理由などを話し合う。	特活	自己理解・他者理解	10分以内
時間半分トーク P.74	自分の話をよく聞いてもらう体験を通して，自分が受け入れられる感覚を味わう。	ペアになり，1人が今週の出来事を2分で話す。相手は相づちを打ちながら聞き，それを要約して1分で話す。交代して繰り返し，感じたことを話し合う。	特活	自己理解・他者理解	10分以内
うちの子マップ P.76	年度始めの保護者会などで，相互理解を助け，互いの子どもについての理解を深める。	紙に楕円を書き，中に自分の子どもの名前を，周りにその子について連想される言葉や文章を書く。ペアで交換・紹介し合い，話し合う。	保護者向け	自己理解・他者理解	10分以内

エクササイズ名	ねらい	概要	場面	種類	時間
素朴な コロンブス P.78	素朴な発見を披露することで自己開示し、共感を得ることにより、他者理解をする。	面白い・うれしい・おいしいの3つの発見を書き込むコロンブスシートを配り、各自記入する。ペアで発表し合い、そのあと全体で感想を話し合う。	特活	自己理解・ 他者理解	15〜 20分
忘れられない 経験 P.80	忘れられない記憶を振り返り、人と共有することで、お互いをもっと深く理解し合う。	ペアで片方が自分の忘れられない経験を話し、もう片方は質問したり感想を述べたりする。役割を交代して同様に行い、最後に感じたことなどを話し合う。	特活	自己理解・ 他者理解	15〜 20分
この色 なーんだ！ P.82	リラックスして自由な発想を楽しむ中で、自分でも意識しなかった自分の発想を発見する。	各自3色ずつ好きな色紙を持つ。ペアで交互に1枚ずつ出しながら色から連想することを話す。最後にペアや全体で、感じたことなどを話し合う。	特活	自己理解・ 他者理解	15〜 20分
2人で描こう P.84	言葉を使わないコミュニケーションの面白さに気づく。	2人で1枚の画用紙に、声を出さずに協力して絵を描く。完成した絵を見て話し合い、題名をつける。	特活	自己理解・ 他者理解	15〜 20分
イメージ トリップ P.86	自分が行きたいところをイメージすることで、自分の奥にあるものに気づく。	静かな音楽を聞きながら、各自自分が行きたかったところを旅するシーンを想像。それをペアなどで話し合い、シェアリングする。	特活	自己理解・ 他者理解	15〜 20分
あなたの印象 P.88	作品づくりを通して、友達へのあたたかい関心を高める。自分でも気づかなかった自己イメージを知る。	下絵に折り紙やクレヨンなどで色をつけて、相手のイメージに合う作品を作る。そのイメージについて話し合い、友達への関心を深める。	特活	自己理解・ 他者理解	15〜 20分
われら○○族 P.92	初対面の緊張をほぐし、なごやかな雰囲気をつくる。	4人組になり、各自で好きな色や食べ物などをカードに書いてグループの共通点や特徴を探し、「われら○○族」とグループ名をつけて発表、感想を話し合う。	特活	自己理解・ 他者理解	15〜 20分
みんなでミラー P.94	見たり見られたりする受容体験を通して、楽しみながら自己表現できる雰囲気をつくる。	2人組・4人組などになり、1人が音楽に合わせて動き、他の人がまねをする。楽しみながら自己表現できる雰囲気をつくる。	特活	自己受容	15〜 20分
どうやって そうなったの？ P.96	困ったことを乗り越えた体験とその解決法を伝え合うことで、勇気とヒントを与え合う。	メモに自分の困難な体験と、その切り抜け方を書く。4人組で発表し、感じたことを話し合うことで、他者への思いやりを育む。	特活	自己理解・ 他者理解	15〜 20分
それから P.98	少人数のグループで会話するときの基礎技能を身につけ、慣れる。	3人での会話トレーニング。話し役1人は聞き役2人に、平等にはたらきかけるよう気をつけながら2分間話し、他の2人は相づちを打ちながら聞く。役割を交代して全員が繰り返す。	特活	自己理解・ 他者理解	15〜 20分
つもり運動 P.100	そこにないものを見ようとする共通体験を通して、心を通わせ合いリレーションを深める。	2人・4人などで縄があるつもりの縄跳び、ボールがあるつもりの円陣パスなど、見えないものを一緒に見ようとする共通体験をする。	保健 体育	自己理解・ 他者理解	10分 以内

エクササイズ名	ねらい	概要	場面	種類	時間
カードトーキング P.102	聞いてみたい，話題にしてみたいことを書いたカードを使って，楽しみながら知り合う。	1人数枚ずつ，友達に聞きたいこと・話題にしたいことをカードに書く。グループごとにカードを集めて中央に置き，順番にカードを引いて書いてある質問に答える。	特活	自己理解・他者理解	15～20分
ポジティブしりとり P.104	自分のポジティブな事柄を紹介し，受け入れられる体験を通して自己肯定感を高める。	3～5人のグループで，好きなものや長所など自分のポジティブな面と関係する言葉を使ってしりとりをする。気づいたことや感想を自由に話し合う。	特活	自己理解・他者理解	15～20分
キラキラ生きる P.106	支持したり支持されたりする体験から自己肯定感を高める。	6人以上で組になり，1人が「言ってもらいたい言葉」を3つ決める。その人を中心にして残りの人が輪になり，「キラキラ星」の替え歌にのせてその言葉でほめる。	特活	自己受容	15～20分
私の3大ニュース P.108	自分のよいところや一生懸命取り組んできたことを意識化することで，自己肯定感をより高める。	1年間の自分の3大ニュースを書き，教師が回収して読み上げ，だれのものかをあてる。全員が行ったあと，感想を話し合う。	特活	自己理解・他者理解	15～20分
何が伝わった？ P.110	身体表現が多くのことを伝えていることに気づく。	4人組になり，最近強く感じた出来事を1人ずつジェスチャーで伝え，他の人が伝わってきたことを話す。最後にジェスチャーをした人が伝えたかったことを説明する。	特活	自己理解・他者理解	15～20分
何考えてるかあててみて！ P.112	一人一人が順に全員から注目される経験を通して，クラスでの心の居場所づくりをする。	各自が記入した自己紹介カードを，事前に教室に掲示などしておく。1人が前に出てその中でいちばん興味のあることを思い浮かべ，何人かで質問してあてる。	特活	自己理解・他者理解	15～20分
はらはら親子紹介 P.114	学年始めや出会いの時期に，保護者同士，子ども同士，保護者と子どもの間に親密感をもたせる。	親子が混ざって円になり，音楽に合わせてはちまきを回す。音楽がやんだときにはちまきを持っていた親子同士で，互いに名前などをみんなに紹介し合う。	特活	自己理解・他者理解	15～20分
3つの発見 P.116	1日をポジティブに振り返ることで，自己肯定感を高める。	1日の最後に友達・自分・その他について発見したことを書く。5日目に数人ずつ円になって座り，互いのカードを回し読みして感じたことなどを発表する。	特活	自己理解・他者理解	10分以内
体ぜんぶで自己紹介！ P.118	体を動かしながら互いにニックネームを呼び合うことで，親密感を深める。	全員で輪になり，自分の好きなニックネームを発表し，全員が呼んで1周，2周目はそれにポーズをつけ，ポーズもまねながら呼ぶ。	特活	自己理解・他者理解	15～20分
自己紹介トス P.120	クッションのトスと，あたたかい受け答えで，短時間で自己受容や他者理解を促す。	5～7人で輪になり，「○○な△△さん。××な□□です」と自己紹介どおりに相手を呼びながらクッションを投げ，受け手は「ありがとう××な□□さん」と受け取ることをくり返す。	特活	自己理解・他者理解	10分以内
あわせアドジャン P.122	自己理解・他者理解を促進し，グループの凝集性を高める。	4～5人組になって同時に0～5の数を手で示し，1分間の間に全員が一致する回数を競う。各グループ一致させるための作戦を話し合い，協力し合う。	特活	自己理解・他者理解	10分以内

エクササイズ名	ねらい	概要	場面	種類	時間
トーキング・ペンダント P.124	友人からプラスのフィードバックをもらうことによって，自尊感情を高め，ありのままの自己を見つめて受け入れるきっかけをつくる。	グループの中央にペンダントを置き，1人がそれを人にかけて感謝したいことを言う。相手は「私もうれしいです」と言って受け取り，同様に次の人にかける。感想を話し合う。	特活	自己受容	15〜20分
心の色は何ですか？ P.126	健康状態や気分を色にたとえて伝えることで，自分の体調を振り返り，無理のない自己開示を促す。	健康観察の際，自分の健康状態に合う色を答える。元気な子はその理由と今日がんばることを話す。具合の悪い子への接し方も話し合う。	特活	自己理解・他者理解	10分以内
SAY YES！ P.128	友達の発表をよく聞き合おうとする気持ちを高める。	修学旅行などのあとに。ペアになり，相手の班別自由行動の様子を想像して，YESと答えてもらえるよう質問する。交代して繰り返し，足りないことなどを伝え合う。	特活	自己理解・他者理解	15〜20分
ぼく，わたしのヒーロー，ヒロイン P.130	親近感を高め，リレーションづくりを促進する。	自分の好きなキャラクターなどをカードに書き，4，5人のグループをつくってお互いに紹介し合い，感じたことを話し合う。	特活	自己理解・他者理解	15〜20分
ハンドパワーの輪 P.132	スキンシップを通して他者に支持の気持ちを示し，支持を受けている感覚を体験する。	全員で同じ方向を向いて円になり，真心を込めながら前の人の背中に手のひらをつける。他者への支持や他者からの支持を体感する。	特活	自己理解・他者理解	10分以内
得意なこと・できること P.134	肯定的な自己概念を形成する。自己理解と他者理解を深めながら人間関係づくりをする。	4人組で順に左の人に得意なこと・できることをたずね，聞かれた人は1つ答える。他の3人はその答えに対して肯定的な感想を述べたり，ほめたりする。	特活	自己理解・他者理解	15〜20分
ねえ，どうして？ P.136	なぜ大学（大学院，会社）に入りたいかを語ることにより，目的，価値観を明確にする。	3人ほどの組でお互いに進路などについてなぜそうしたいのかをたずね，聞かれた人は理由を答えて，聞いた人はうなずく。順番に繰り返し，最後に気づきや感想を話し合う。	特活	自己理解・他者理解	15〜20分
心の中の鬼さがし P.140	自覚された嫌なところを明るく紹介することで，嫌なところをもっている自分や仲間を受け入れる。	鬼の絵に「いじわるオニ」「仲間外しオニ」「なまけオニ」など自分の嫌なところの名前をつけてみんなに紹介する。そんな自分や他人を受け入れる。	特活	自己受容	15〜20分
わたしのためにあなたのために P.142	人とのかかわりによって支えられ，生かされている自分に気づく。	1週間で人からお世話になったことの数と，そのときの自分の気持ちを思い出し，その数の分だけ，またそのときの気持ちに近い表情の絵に色を塗り，感想を話し合う。	特活	自己理解・他者理解	15〜20分
私へのメッセージ P.144	「自分を見つめてくれていた何か」からのメッセージを受け取ることで，がんばった自分を認める。	行事や学期中に自分を見守ってくれた何か（時計や黒板など）を見つけ，それらが自分に送ってくれるメッセージを受け取り，感じたことを班で話し合う。	特活	自己理解・他者理解	15〜20分
いまの私は何色？ P.146	色を選ぶことで，今の自分の気持ちを確かめ表現する。	いまの自分の気持ちを見つめて，それに合う色をワークシートに塗る。ペアでその理由と感想を話し合う。	特活	自己理解・他者理解	10分以内

エクササイズ名	ねらい	概要	場面	種類	時間
マイ・ビューティフル・ネーム P.148	自分の名前の意味，名前に対して感じていることを語ることで，自分への気づきを深める。	教師が自分の名前の意味や由来，感じていることを話す。子どもたちでグループになり，教師と同様に自分の名前についてみんなに話し，感想を話し合う。	特活	自己受容	15〜20分
もしもなれるなら P.150	自分の思いや願いに注意を向け，自分自身を大切に感じるようになる。	虫だったら，車だったら，などテーマごとに各自なりたいものとその理由を考え，班の中で発表，代表で全員に感想や気づきを伝え，最後に感想を書く。	特活	自己理解・他者理解	10分以内
2人の私 P.152	心の中にあるさまざまな感情に気づく。	人数分のイスを用意。「学校嫌だけど好き」など，自分の中の反する考えを2つの椅子を移動しながら述べ，友達が観察して感想を話し合う。最後に振り返りを行う。	特活	自己理解・他者理解	15〜20分
魔王の関所 P.154	自分の短所について整理して考え，見方を変えれば長所でもあることに気づく。	魔王と人間のペアをつくり，人間は自分の嫌なところを魔王に伝え，魔王はそれをリフレーミングして人間に返し，感想を話し合う。	特活	自己理解・他者理解	15〜20分
養育費の計算 P.156	自分にかけられたお金を計算することにより，親や人から「してもらったこと」を考える。	食費や教育費，買物，こづかいなど1年間に自分に使われたお金を計算して，感想を記入する。	特活	自己受容	15〜20分
ヘルプ・ミー P.158	悩みを話すことで気持ちがすっきりしたり，アドバイスがもらえたり，同じ悩みをもつ人の役に立つことを知る。	比較的仲のよい者で組になり，1人が「最近困っていること」を話し，全員で解決策を相談し合う。相談して，また相談されてどう感じたかを話し合う。	特活	自己理解・他者理解	15〜20分
どっちがソンdeショー P.160	「私らしさ」を大切にし，互いに理解し合うきっかけをつくる。	男と女，どちらがどう損をして，そのときどう感じたか，逆に生まれていたらやりたいことは何かを発表し合い，その後グループでいまの気持ちを話し合う。	特活	自己理解・他者理解	15〜20分
じつは私…… P.162	自分をオープンに語る体験を通して，自己理解を深める。	5〜6人のグループで「じつは私…」と自分だけの体験や大切なことなどを伝え，聞く人は「やったね！」とコール。気づいたことやいまの気持ちを話し合う。	特活	自己受容	15〜20分
自由に羽ばたこう P.164	下絵に色をつけながら自由にイメージを表現する作業を通して，自己理解を促す。	下絵に自由に色をつけて作品を完成させる。友達と作品を見せ合って感想を述べ合う。	特活	自己理解・他者理解	15〜20分

エンカウンターで総合が変わる・小学校編

エクササイズ名	ねらい	概要	場面	種類	時間
ビンゴ P.42	自分の思いや願いがはっきりしないとき，考えに詰まったときに。	テーマについて思いついたことをビンゴシートに記入する。各グループの代表がアイデアを発表していき，ビンゴゲームの要領で，丸が縦・横・斜めのどれかに3つ並んだら「ビンゴ！」と言う。	総合	その他	45〜50分

エクササイズ名	ねらい	概要	場面	種類	時間
文章完成法 (10答法) P.44	自分の課題や願いがはっきりしないときに。	ワークシート（未完成の文が10個並んでいる）に思いついたことを書き入れ，文章を完成させる。その中からやってみたいことをいくつか選ぶ。	総合	その他	60分
ブレーンストーミング P.46	思いつきやアイデアを自由に広げたいときに。	4〜6人のグループでテーマについて思いついたことを紙に書いていく。グループ内で紙に書いたアイデアを発表し合う（友達の意見を否定しないこと）。	総合	その他	30分
質問ジャンケン P.48	調べたことを発表するときや自分の課題を明確化するときに。	2人組でジャンケンをして，勝ったほうが負けたほうに質問できる。ただし，質問する側は相手を困らせない質問をする。	総合	その他	15〜20分
仲間わけ P.50	課題設定や学習計画をつくる際，興味・関心を焦点化するときに。	4人グループでテーマについて思いつくことを各自カードに記入していく。グループ全員のカードを並べて似たもの同士を仲間分けし，仲間分けしたカードをくくる言葉を考える。仲間分けのカードをクラスでさらに大きな仲間にくくっていく。	総合	その他	45〜50分
ランキング P.52	自分の考えやアイデアを精選したりスリムにしたりしたいときに。	課題（計画）を1つにつき1枚のカードに書いていく。それぞれの優先順位をつけるために，消去法で1つずつ減らしてゆく。	総合	その他	30分
やりたいことPR P.54	1人では課題が設定できないときに。	代表の子どもはもち時間内に「やりたいことPR」をする。聞いていた人は，よくわからなかった点などを質問する。	総合	その他	45〜50分
4つの窓 P.56	課題がいくつかに絞られているときのグループづくりに。	事前の話し合いで課題を4つに絞っておく。各自が4つの課題グループのどれに入って調べたいかを決める。	総合	その他	45〜50分
仲間あつまれ P.58	「やりたいことPR」や「4つの窓」の活用がまだむずかしい段階でのグループづくりに。	したいこととその理由をカードに書く。教室内を自由に歩き回り，ジャンケン列車の要領で，したいことや理由が似ている人同士手をつなぎ，グループをつくっていく。	総合	その他	45〜50分
イメージマップ P.60	大テーマが決まったが調べる内容まではっきりしていないときに。	教師が「イメージマップ」の説明をする。教師の例に従い「AといえばB」の言い方で，連想した言葉を発表していく。	総合	その他	45〜50分
私こまってます P.62	行き詰まっているとき，資料を探しているときに。	調べる方法やまとめ方で行き詰まったグループは，SOSカードに記入し，掲示コーナーに貼る。仲間から情報をもらい，再びそれぞれの活動に戻る。	総合	その他	30分
2人組・4人組・8人組 P.64	調べたことやわかったことを中間発表する場面で。	2人組をつくり，お互いに発表・質問をし合う。それから4人組，8人組と人数を増やし，同じことを繰り返す。	総合	その他	90分
いいとこさがし P.66	がんばっているところやすばらしいところを認め合うために。	聞くグループは発表グループの発表をメモを取りながら聞き，よかったところを伝え，発表グループのシートにメモを貼る。	総合	その他	60分
インタビュー P.68	わかりにくいところ，間違っているところなどに気づかせたいときに。	発表前に。インタビュアー役のグループはメモをもとに質問し，発表役のグループはそれに答える。発表のよかったところ，わかりにくかったところをアドバイスする。	総合	その他	45〜50分

エクササイズ名	ねらい	概要	場面	種類	時間
したいことベスト10 P.70	次の課題を見つけたいときに。	グループで自分のしたいことをブレーンストーミングし、出た意見をグループの代表が発表する。	総合	その他	45〜50分
10年後の自分 P.72	学習をこれからの自分の生活と結びつけ、実現させたいときに。	学習したことを整理し、その後の生活や10年後の自分を想像する。その予想をもとにワークシートに記入する。	総合	その他	45〜50分
シェアリング P.74	お互いに調べたことや考えを交流する場面で。	ポートフォリオの活用、ホットシート、金魚鉢方式（二重円）、2人組ジャンケンなどの方法で、考えを伝え合う。	総合	その他	45〜50分
いのちの水 P.118	世界の子どもたちの現実を共感的に理解し、自分たちに何ができるかを考えようとする。	「いのちの水」を飲んでみる。少年の手紙から「いのちの水」を必要としている国の様子を知る。歩き回りながら友達と互いの感じたことを伝え合う。	国際理解	自己理解・他者理解	45〜50分
貿易ゲーム P.122	先進国と開発途上国の違いを体験的に理解する。	各班に違った中身の袋を渡す。各班は袋の中の道具や資源を駆使して、または他のグループと取引をして製品を作る。	国際理解	自己主張	60〜90分
ぼくのトッケビ私のトッケビ P.126	異なる文化に出会い、相互交流への意欲を喚起する。	民話『トッケビを知っていますか』を読み、イメージをふくらませる。イメージしたトッケビをボール紙に表現し、韓国・朝鮮についての感想を話し合う。	国際理解	自己理解・他者理解	45〜50分
合ってるエネルギー P.130	違いを豊かさに変えていく集団を育てる。	2人1組で、お互いの「違っているところ」を、続いて「合っているところ」を、決められた時間内にできるだけたくさん探す。感じたことを2人で話し合う。	国際理解	自己理解・他者理解	30分
Nice to meet you！ P.134	ALTと楽しく過ごすことを通して、外国人とのコミュニケーションに慣れる。	ALTとの交流活動として、(1)ALTの自己紹介を聞き、ゲーム「木とりす」をする。(2)初対面のあいさつを練習して、「名刺カード交換」をする。	国際理解	自己理解・他者理解	45〜50分
子どもの権利大会 P.140	大切な権利を手放すときに起きる感情から、権利の理解を深める。	気球が落下の危機に瀕しているという設定で、10の「子どもの権利」のうちどれを捨てるかグループで話し合う。	人権	自己理解・他者理解	90分
ベンディングペーパー P.144	相手を操る楽しさと、逆に操られる不自由さ、不便さに気づく。	2人組の一方が、人間に見たてた新聞紙を自在に動かし、もう一方はその動きどおりに操られる。次に役割を交代する。	人権	自己理解・他者理解	45〜50分
仲間はずれってどんな気持ち？ P.148	仲間はずれにする側とされる側の気持ちのギャップを体感する。	「林間学校の班決めで仲間はずれができてしまった」という設定で、4人グループでロールプレイをする。	人権	自己理解・他者理解	45〜50分
いろいろな頼み方 P.152	互いにOKと言える自己主張の方法を身につける。	「いさむ君からの手紙（友達に貸したものを返してもらえないという訴え）」をもとにして、どのような頼み方をしたらよいかロールプレイをする。	人権	自己理解・他者理解	45〜50分
鷹の獲物とり P.156	協力して獲物を捕ることを通して、連携の大切さを知る。	グループごとに1列に並ぶ。列の先頭が眼、最後がツメ役になり、眼役以外は目をつむる。合図で眼役が獲物を見つけたサインを送り（次の人の手を握る）、ツメ役は信号を受け取ったら獲物（松かさ）をとる。	環境	信頼体験	45〜50分

エクササイズ名	ねらい	概要	場面	種類	時間
同じ形を見つけよう P.160	自然の不思議さや自然と生命とのつながりに気づく。	校庭に出て、ワークシートに書かれてある形（○、△、□、☆など）と同じ形を自然の中から探す。	環境	感受性の促進	45〜50分
伝えられるかな？ P.164	身振りで伝えることの限界を知り、手話への関心を高める。	ジェスチャーゲームを行う。教師が問題「ゴリラ」を見せる。代表の子がゴリラのまねをし、見ている人はそれをあてる。	福祉	自己理解・他者理解	45〜50分
ボランティア活動の前に P.168	ボランティア活動の準備を通して、人との接し方を体験的に学ぶ。	「お年寄りの施設訪問」という設定でグループごとにロールプレイをする。	福祉	自己理解・他者理解	45〜50分
未来の利根運河 P.172	郷土について現在を体感し、未来について考える。	利根運河を散策し、感じたことをワークシートに記入、作文を書く。グループで未来の利根運河の絵を完成させる。	郷土	感受性の促進	90分・45分
しりとり絵かき P.176	お年寄りとともに活動を楽しみ、自分の考えを非言語で伝える。	お年寄りとの交流活動。お年寄りと子ども混合のグループをつくり、言葉を使わずに絵を画用紙に書いてしりとりをする。	郷土	自己理解・他者理解	45〜50分
インタビュー名人をさがせ P.180	自分の特徴や友達のよさに気づき、お互いのよさを認め合えるようにする。	2人1組でインタビューし合う。次々とペアを変えてインタビューして感想を話し合う。自分がやった相手の中から、インタビュー名人を紹介する。	郷土	自己理解・他者理解	45〜50分
自分の体を知ろう P.184	自分の体の働きに関心をもたせ、調べたいという意欲を引き出す。	(1)足の指の曲がり方や立っているときの様子を調べる。(2)ペアになり、一方が他方の体をたたく。(3)ペアで目隠し探検をする。	保健体育	感受性の促進	60分
ホットメッセージ P.188	肯定的なメッセージにより自尊感情を高め、自己理解を深める。	目立たない子、表には出ないがみんなに貢献している子を見つけ、心あたたまるメッセージを書く。	保健体育	自己理解・他者理解	45〜50分
まほうのイス P.192	友達と心を合わせれば、すばらしい椅子が完成することを体験する。	全員が座れる魔法の人間椅子を作る。男女別で小さい1重円をつくり、合図でいっせいに腰を低くし、自分はうしろの人の膝に座る。同時に自分の膝には前の人を座らせる。	保健体育	信頼体験	45〜50分
プレゼントしましょう P.196	自分はどんな人間か考えるとともに、個々人がもつ価値観の多様性に気づく。	贈り物のカタログを見て「いま、だれに、何を」プレゼントしたいのか考える。活動や話し合いを通じて「自分はどのような人間か」について考える。	特活	自己理解・他者理解	45〜50分

エンカウンターで総合が変わる・中学校編

エクササイズ名	ねらい	概要	場面	種類	時間
ビンゴ P.46	課題の発掘からまとめ・発表まで、総合のあらゆる場面で。	テーマについて思いつくことを9つ考え、それをビンゴカードに書く。記入したことを一人一人言っていき、同じことが書いてあったときには丸をつける。縦横斜めいずれかに丸が1列並べばビンゴと言う。	総合	その他	45〜50分
質問ジャンケン P.48	体験したことを自分の課題設定にうまく結びつけることができないでいるとき。	体験学習での気づきや感想を整理するために行う。2人組でジャンケンをして、勝ったほうが負けたほうに「あなたが面白いと思ったことは何ですか」と聞く。	総合	その他	30分

661

エクササイズ名	ねらい	概要	場面	種類	時間
文章完成法 (10答法) P.50	学習課題を発掘する場面、課題設定の場面、発表会の場面や自己評価の場面などで。	ワークシート（未完成の文が10個並んでいる）に思いついたことを書き入れ、文章を完成させる。その中からやってみたいことをいくつか選ぶ。	総合	その他	45～50分
ブレーンストーミング P.52	どのような学習課題を設定できるかアイデアを出し合うとき。	思いつくことを、付せん紙1枚に1つずつ書き出していく。台紙に貼りつけた付せん紙を動かしながらアイデアを分類していく。	総合	その他	45～50分
仲間わけ P.54	体験活動で得た膨大な情報を効率よく整理したいとき。	グループになり、体験学習での各自の気づきをメモしたカードをシャッフルし、内容のまとまりでカテゴリー分けをしていく。	総合	その他	45～50分
2人組・4人組・8人組 P.56	学習のテーマを決定して間もないころや中間発表のとき。	2人組で互いに「やりたいこと」「やりたい理由」などを聞き合う。4人組、8人組と人数を増やし、他己紹介の要領で繰り返す。	総合	その他	45～50分
やりたいことPR P.58	一緒に課題を追求する仲間を募りたいときに。	訪問学習のためのグループづくり活動。各訪問先のリーダーが、活動場所やどんな体験ができるのかをPRする。	総合	その他	45～50分
イメージマップ P.60	追求するテーマと学習課題の関連性を考え、見通しをもって学習計画を立てたいとき。	プリントの中心にテーマを書き、思いつく限りの学習課題を付せん紙に書き出し、プリントに貼っていく。付せん紙を貼りかえながらグルーピングしていく。	総合	その他	45～50分
ランキング P.62	学習計画の立案、課題の整理、分担決めなどに。	プリントの中心にテーマを書き、思いつく限りの学習課題を付せん紙に書き出し、プリントに貼っていく。自分が追究したい順番をつける。	総合	その他	45～50分
私こまってます P.64	追究学習の最中に進度を確認し、調べる方法がわからないとき。	グループそれぞれの進度状況を伝え合い困難に直面している人にはみんなでアドバイスをする。困っていることが漠然としているときは曼陀羅シートを使って整理する。	総合	その他	20分
いいとこさがし P.66	わかったことや新たな疑問点などを中間発表する場面で。	発表役と聞き役とに分かれ、聞き役はメモをとりながら聞き、よかったところを伝え、発表したグループのシートにメモを貼る。	総合	その他	45～50分
インタビュー P.68	追究活動で出てきた疑問をどう解決したらよいかわからないとき。	発表役と聞き役とに分かれ、聞き役はメモを取りながら聞き、発表後にインタビューをしたり、アドバイスしたりする。	総合	その他	45～50分
シェアリング P.70	発表を終え、次の総合への意欲を喚起したいときに。	金魚鉢方式、繰り返し・要約方式、ホットシート方式などから適した方法を選び、調べたこと、考えたこと、感じたことを交流する。	総合	その他	45～50分
4つの窓 P.74	学習が終わり、次の追究への意欲を引き出したいときに。	学習に関する4択式の質問に答える。教室に4つのコーナーを設け、同じ答えを選んだ者同士で集まり、その答えを選んだ理由や詳しい内容を伝え合う。	総合	その他	45～50分
したいことベスト10 P.76	友達の学習の成果を自分に取り込めず、次の総合学習への展望が見えてこないとき。	2人1組で、お互いに「発表を聞き終えたいま、いちばんしてみたいこと」を聞き合い、それをもとに自分がしてみたいことの1位から10位までをシートに記入する。	総合	その他	30分

エクササイズ名	ねらい	概要	場面	種類	時間
10年後の自分 P.78	学習を今後の自分の生活と結びつけて、実現させるために。	発表が終わるごとに、10年後に自分がこの学習を生かして楽しく充実した生活を送っている想像図やメッセージを書く。	総合	その他	10分以内
南房総の野生動物と人々の生活 P.110	身近な環境問題に気づき、立場によるさまざまな考え方を知る。	「南房総では野生動物の保護は必要ない」というテーマで、賛成と反対に分かれ討論会をする。	環境	自己理解・他者理解	60分
めざせ！環境博士 P.116	環境博士になることをめざした活動を行う。	「環境クイズ」を解き、そこで得た知識をもとに「環境レポート」を作成する。クイズの結果とレポートの自己評価を総合的に判定し、環境博士に認定される。	環境	感受性の促進	90分
私たちが地球を救う P.120	環境問題について、解決の優先順位を話し合う中で、自分や仲間の考え方を知る。	「地球の温暖化」「オゾン層の破壊」「熱帯林の減少」「酸性雨」の4つについて、各自で解決すべき優先順位を考え、グループ内で話し合う。	環境	自己理解・他者理解	45〜50分
リバーサイド・ウォッチング P.124	調査結果を友達と共有することで、自分の課題を明確化する。	フィールド（川の周辺など）を歩き回り、気がついたことを付せん紙にメモしていく。班ごとに気づきを分類・整理し、共有化する。	環境	感受性の促進	50分+α
苺と出会おう P.128	自分の五感にあらためて気づき、感覚を開くことを体験・促進する。	目の前のイチゴが「どこで」「どんなふうに」育ったかを想像し、班で紹介し合う。次に五感を総動員してイチゴを味わう。	環境	感受性の促進	45〜50分
この音なに色？ P.132	音を色で表すことにより、ふだん用いない感性を磨く。	CDを聞き、それぞれがイメージした色を作る。その後グループ内で互いの色を見せ合い、イメージを伝え合う。	環境	感受性の促進	45〜50分
初めましてよろしく P.136	外国人講師と講演や授業を通してふれあい、互いに親しみのある関係をつくり出す。	講師の母国についてのイメージを出し合い、クイズをしたりしてリラックスする。雰囲気がほぐれたところで講師の話を聞く。イメージがどう変わったかを話し合う。	国際理解	自己理解・他者理解	90分
言葉の壁をこえて P.140	言葉の壁を越えた人間同士の理解・交流を実感する。	外国の中学生を迎えた場合のエクササイズ。みんなで列をつくり、ある言葉をジェスチャーで伝言するゲームを行う。最後の生徒は伝えられた内容を画用紙に書く。	国際理解	自己理解・他者理解	45〜50分
私の国の家が一番 P.144	世界の住居の違いとそれぞれのよさを理解する。	世界の住居4つのうち自分の好きな家を選び、同じ家を選んだ人同士でグループをつくる。その国の風土や人々の生活についてグループで調べ、発表をする。	国際理解	自己理解・他者理解	50分×4
世界の宝物 P.148	異文化に対する理解を深め、互いに尊重し合う気持ちを培う。	大使館のホームページで収集した情報をもとに、教室に仮想の大使館をつくる。大使とレポーター役に分かれて交流を進め、それぞれの国の宝物を見つける。	国際理解	自己理解・他者理解	50分×2
黙ってコミュニケーション P.152	共同作業を体験することによって、自分の自己中心的に気づく。	4人組で、形の違う20枚のカードを1人5枚ずつ分ける。無言のままカードを交換して全員が同じ形・大きさの図形を完成させる。	国際理解	自己理解・他者理解	45〜50分

エクササイズ名	ねらい	概要	場面	種類	時間
ストリート アクシデント P.156	自分なりの思いやりが課題追究で発揮できるように意欲を高める。	スペースの中を20人程度でバラバラに歩く。だれかが不意に倒れ込み、周囲の人は素早くそれを支える。	人権	自己理解・他者理解	45～50分
差別の正体は？ P.160	意味のない区別による多数派と少数派の体験を通して、差別の不当性に気づかせる。	教師が生徒の額に色のついたシールを貼る。生徒たちは同じ色同士のグループをつくり、多数派になった気分、少数派になった気分をそれぞれシェアする。	人権	自己理解・他者理解	45～50分
男？女？ どっちの特性？ P.164	性別に関する「思い込み」に気づく。	ワークシート「男女の特性に関する見方」をもとに、自分のジェンダー・バイアス（性別に関する思い込み）をチェックする。	人権	自己理解・他者理解	45～50分
解放のオガリ P.168	人間としてのぬくもり、仲間のすばらしさを学び、「学ぶこと」の意味を深める。	識字学校での文字の学びを綴った「解放のオガリ」を代表6人が役割分担して読み、演じる。お互いの感想を伝え合ったり、内容について考えを深め合ったりする。	人権	自己理解・他者理解	45～50分
サイレント・メッセージ P.172	耳の不自由な人に自分のことを伝えるためにはどんな工夫をすればよいかを考える。	聾学校との交流のための準備活動。4人グループをつくり、「声を出さない」「ジェスチャーを使わない」というルールで、ある単語を伝える伝言ゲームを行う。	福祉	自己理解・他者理解	45～50分
世の中をよくする人 P.176	社会を構成する1人の人間として、どのような態度と行動が必要なのかを考える。	「世の中をよくする人」とはどんな人かを考え、話し合いながら、実際に「世の中をよくする人」を模造紙に描き、それをもとに発表をする。	福祉	自己主張	45～50分
私たちの町自慢 P.180	自分たちの郷土について考えようとする心情を高める。	調査活動をしたグループ2班ずつでペアをつくる。一方が地域の人役、もう一方が調査グループ役で、調査活動を再現する。	郷土	自己理解・他者理解	100分×2
私に影響を与えた人・仕事 P.184	自分に影響を与えた人・仕事について語り合い、自己の生き方を考える力を高める。	総合的な学習で出会った人や仕事の中で自分が影響を受けたことを、グループのメンバー全員からインタビューを受ける、という形で話す。	郷土	自己理解・他者理解	80分
私がいっぱいいる P.188	あらためて自分に対する新鮮な感覚を味わう。	「この世に1人しかいない」と思っている自分が、実は他人の心の中に何人もいて、しかもそれぞれみんな違うということを味わう。	特活	自己受容	45～50分

エンカウンターで進路指導が変わる

エクササイズ名	ねらい	概要	場面	種類	時間
はじめましての一問一答 P.50	入学直後に「先生は話しやすそうだ」という実感をもたせる。	5、6人の班をつくり、先生に質問してみたいと思うものを各自考え、質問する。最後に振り返り用紙に記入し、班ごとに、また全体でシェアリングをする。	進路	その他	45～50分
話し合いのレッドカード P.54	基本のルール（守秘義務、非審判的態度、発言や自己開示を強制しない、傾聴の姿勢）を学ぶ。	いくつかの会話例が書かれたワークシートを読み、各自感想を記入する。班でシェアリングをして、リーダーが設問ごとに問題点や話し合いの基本ルールを解説する。	進路	その他	45～50分

エクササイズ名	ねらい	概要	場面	種類	時間
私は会話の名キャッチャー P.58	話し手が気持ちよく話せる聞き方のスキルを学ぶ。	3人1組になり、話す人（ピッチャー）、聞く人（キャッチャー）、観察する人（審判）に分かれる。各自話す内容をワークシートに記入し、順番に3つの役割を交代しながら会話を進める。	進路	その他	45〜50分
竹の節目 私の節目(1) P.62	「あんなふうになりたいな」と思う上級生を思い浮かべて、3年後の自分像をつくり、いまの自分のあり方を考える。	ワークシートに、ふだん上級生を見て「あんなふうになりたいな」と思っていることを文や色や絵で表現し、その理由を考える。それらを参考に3年後の自分像を思い浮かべてワークシートに描き、実行していきたいと思うことの優先順位を決める。	進路	その他	45〜50分
人生の羅針盤を探せ P.66	自分の「好きなこと・したいこと・できること」（人生の羅針盤）を探ろうとするきっかけにする。	まず教師が自分自身の進路選択についての体験を話し、それをもとに「人生の羅針盤」とは何かを説明する。各自「好きだ」「やってみたい」と思うことをワークシートに記入し、4人1組でインタビュー形式で語り合う。	進路	その他	45〜50分
いまの君を語ろう P.70	シェアリングの目的と効果を学ぶために、シェアリングの雰囲気を体験する。	生徒は「○○先生と仕事」というテーマにそって教師に質問し、教師は簡潔に答える。「いまこの瞬間に思っていること」をポイントに、シェアリングをする。	進路	その他	45〜50分
シェアリングステップバイステップ P.74	自分の言葉で語ること、他人の話を聞くことを中心とした、シェアリングのスキルの向上を目的とする。	教師が「自分の言葉で語る」「人の話をよく聞く」というシェアリングのポイントをレクチャーする。4人組で順番に「私は他人と違います。なぜならば」の形式で自分の特徴を語り、それをもとに2人組で要点をまとめて語り合い、シェアリングをする。	進路	その他	45〜50分
シェアリングのガイダンスカード P.78	生徒が体験的に理解できるよう、カードによるガイダンスを行う。	シェアリングに深まりがないとき、話す内容の参考例をあげたガイダンスカードを配り、シェアリングで話す内容のメモを作る。	進路	その他	45〜50分
竹の節目 私の節目(2) P.84	上級生をモデルとして2年後の自分像をつくり、現在の自分の指針とする。	1年前の生徒の顔写真を配って、変わった点・変わらなかった点について話し合う。その後、あこがれの上級生の「あんなふうになりたいな」と思うことと、その理由を書き出す。2年後の自分像と、自分自身に送るエール（応援の言葉）を考える。	進路	その他	45〜50分
それってどんな自分？ P.88	リストから職業を選択する作業を通して、自己理解を進める。	8つのグループに分けてリストアップされた職業を、自分にフィットするもの○、フィットしないもの×、どちらでもないもの△に分け、自分で感じたこと・気づいたことを記入する。	進路	その他	45〜50分
PASワードをおくろう P.94	職業適性という観点から自己理解を深め、自分自身の視野を広げ、将来に対する肯定的な見通しをもつ。	初めに進路適性検査（PASカード）の診断結果とワークシートにより、適性と興味について教師が説明する。ワークシートに自分の希望する職業分野と検査の結果適性の高かった職業分野を記入し、感想を書く。	進路	その他	45〜50分

エクササイズ名	ねらい	概要	場面	種類	時間
勉強で困っていることは何ですか？ P.98	勉強で自分は何に困っているのかを知り、解決するための方法やヒントを知る。	多くの生徒が勉強で困っていることを把握したうえで行う。各自ワークシートに勉強で困っていることを書く。2人1組になり、相手に困っていることとその理由を繰り返したずねて考えを深める手助けをする。	進路	その他	45～50分
勉強法ためしてガッテン P.102	ある学習項目を他の生徒に説明する活動を通して、スタディスキルのモデリングを行う。	ワークシートの中から自分が友達に教えられそうな教科の学習項目を1つ選ぶ。3人1組になり、説明する役、される役、観察する役に分かれてロールプレイを行う。	進路	その他	45～50分
○○高校の文化祭探訪記 P.108	現実の高校生活にふれることで進路選択の近さを感じ、指針とする。	高校の文化祭を実際に訪れて在校生にインタビューをする。3人1組で3校を訪れ、質問内容や感想、学校案内などからの情報を模造紙半分の大きさにまとめ、発表する。	進路	その他	100分
あなたは高校のセールスマン P.112	情報発信の3つのポイントに従った情報収集を学ぶとともに、セールス能力について体験学習をする。	自分が気に入っている高校の紹介パンフレットを用意し、3つのキャッチコピーにまとめ、説明を簡潔にまとめる。4～5人のグループで各自高校のセールスマンになったつもりで売り込む。	進路	その他	45～50分
好きな役割 期待される役割 P.116	役割遂行の体験により、自分を枠にはめず、積極的にキャリア開発する態度を養う。	行事の前に、自分が過去にやった役割とやってみたい役割、班のメンバーにやってほしい役割、向いている役割に印をつけそれを伝え合う。	進路	その他	50分×2
プロジェクトx 小さな挑戦者たち P.122	苦手だと思う役割（活動）を遂行することで、実際の職場での現実を認識し、その過程で学んだことを通して能力開発の態度を育てる。	行事などの役割が決まったとき、自分の仕事についてヘッドライトカードにいまの気持ちを記入し、教師が回収する。行事のあと、それを見ながら自分が担当した仕事についてのいまの気持ちをテールライトカードに記入する。	進路	その他	50分×2
ホウレンソウと提案 P.126	リーダーとフォロアー（メンバー）間の報告・連絡・相談・提案の必要性を学び、身につける。	班の中で移動教室の実行委員長1人、食事・入浴・レク係に分かれてロールプレイ。役割ごとに1晩目の時程が記入された指示書を受け取り、委員長に報告・連絡・相談・提案し、時程・場所の調整を行う。	進路	その他	45～50分
迷える子羊の宝探し P.130	進路選択に伴う不安や迷い、あいまいさをネガティブにとらえず、あたためることで成長することを知る。	進路選択で自分が感じている「不安や迷いやあいまいさ」に近いものを、ワークシートから選び、自分の言葉で整理する。その気持ちが生じる自分の内面について考えを深める。	進路	その他	50分×2
隣の芝生は青く見える P.134	進路選択には不確実性がつきもので、捨てることには未練が残るが、選択後の実行・実践により不確実性が払拭されることを知る。	いくつかの書きかけの文章を読み、その続きを何気なく浮かんだ言葉で埋めてありのままの自分を探る。3～4人で読み合ったあと、教師が、財産や地位にこだわる「もつ傾向」と能力発揮のプロセスにこだわる「ある傾向」について解説する。	進路	その他	45～50分
私は面接官 P.138	模擬面接により、自分を主語にした言い方を学び、模倣することで、自分を相手に伝える技術を身につける。	ビデオにより面接のマナーを学習し、私のPRカードの質問に答えておく。3人1組になり、生徒役、質問担当の面接官、マナーチェック担当の面接官に分かれる。質問カードを参考に模擬面接を行う。	進路	その他	45～50分

國分康孝・國分久子のSGEに関する「コラム」

コラムのタイトル	内容紹介	掲載書籍
心の健康とは何か？	SGEはゲームではない。人間形成・自己成長をめざす真剣な挑戦である。SGEは何を成長させるか、何度でも立ち戻りたい。	小・中学校編1 (P.28)
教師のリーダーシップ	SGEで参加者（子ども）が変容するのは、リーダー（教師）の言動や立ち居振舞いによる。そのリーダーの仕事を3つにまとめて解説する。	小・中学校編1 (P.72)
構成法を支える交流分析	交流分析は、エクササイズの選択、個別ケア、エゴグラムによる自己開示、合宿の構造化などに、リーダー（教師）がすぐにでも役立てられる理論。	小・中学校編1 (P.90)
リーダーのための論理療法	論理療法は、リーダーが自分を省みたり、メンバーに「思考の修正」「行動の生起」をさせるための介入に役立つ理論。	小・中学校編1 (P.92)
インストラクションの仕方	インストラクションの原則は、インフォームドコンセントと、子どもの自己決定権を尊重すること。そのための必要事項。	小・中学校編2 (P.22)
コメントの仕方	むずかしくもSGEの特徴である介入の解説。禁止・命令、指示、解釈、助言、情報提供、話題の転換、対決、フィードバックで気づきを深める。	小・中学校編2 (P.24)
エクササイズの開発法と留意点	エクササイズ開発の目のつけどころは、自分個人の生活体験を手がかりにする方法と、カウンセリング理論に基づく方法。	小・中学校編2 (P.104)
プログラムの作り方	何のエクササイズを、どう組み合わせ、どんな順序で行うか。集団の実態とエクササイズの特徴を照合してプログラム化する。	小学校編2 (P.168) 中学校編2 (P.158)
エンカウンターの思想	SGEは一人一人の世界の受けとり方を肯定する。客観性や普遍性にこだわらない。体験的認識を強調する。何より、自分の本音に正直に生きることを善とする。	小・中学校編3、高等学校編 (P.20) ショート1 (P.10)
「いやだ」を言えるエンカウンター	個の成長のための集団体験であるSGE。「ありたいようにあれ」を表現したメンバーにリーダーがどう対応し、それをどのように自他発見に広げるか。	小学校編3 (P.56) 高等学校編 (P.64)
来談者中心療法から学ぶもの	SGEが立脚するカウンセリング理論とそれをSGEがどのように生かしているかをまとめた4連作。第1弾はエンカウンターの原点といえる来談者中心療法。	中学校編3 (P.40)
精神分析から学ぶもの	第2弾。プロフェッショナルに徹する精神分析と、自分になりきることを求めるSGE。精神分析はリーダーがメンバーをケアする理論的背景となる。	中学校編3 (P.42)
行動療法から学ぶもの	第3弾。行動療法からは「シェーピング」「強化法」「モデリング」「脱感作法」「主張反応」などの技法をSGEは活用している。	中学校編3 (P.64)
ゲシュタルト療法から学ぶもの	第4弾。SGEの発想と技法の源流であるゲシュタルト療法。いまここで感じていることに気づき、言語・非言語で開示する。	中学校編3 (P.66)
エンカウンターを支える理論	SGEが立脚する8理論を2ページで紹介。カウンセリング理論の比較研究で使うフレームでSGEをあぶり出す。	高等学校編 (P.22)
シェアリングの極意	シェアリングのねらいは、活発な会話ではなく、心の響き合いである。その極意。	高等学校編 (P.46)
個別配慮の必要	集団体験と同時に起きている個人の内的な変化にどのように対応するか。リーダーにカウンセリングの資質が要求される理由。	ショート1 (P.26)
エンカウンターは教師にどう役立つか	SGEを子どもたちに実施することで、教師に起こる変化がある。まさにSGEを学校で生かす最大の成果はここにある。	学校を創る (P.20)
エンカウンターは集団主義か	SGEへの誤解に答える。SGEは、世界内存在を意識する個人主義であり、本音で生きる勇気を奨励する。	学校を創る (P.109)

『エンカウンターで学級が変わる』（國分康孝監修、図書文化）シリーズの「コラム」では、國分康孝・國分久子が、構成的グループエンカウンター（SGE）の急所をまとめている。コンパクトかつ普遍性の高い連作である。　　　（編集部）

エンカウンターの学びあい

1. 構成的グループエンカウンター公式ネットワーク E-net 2000

● E-net 2000とは

　構成的グループエンカウンター（SGE）の開発者である國分康孝Ph.D.を会長として、「SGEを実践するための相互援助を促すこと」「SGEの発展を推進すること」をめざし、構成的グループエンカウンターの公式ネットワークとして活動します。

　本ネットワークには、約300名の個人と約70のグループが参加しています。会員や地域の学習会の情報はホームページにて公開しています（http://www.toshobunka.co.jp/sge/e-net/）。

●E-net2000の活動内容

①エンカウンターを実践するうえでの相談を受ける

②ネットワーク（実践者）を紹介する

③エンカウンター研修会の講師を紹介する

④ネットワーク一覧を、ホームページで公開する

●ネットワーク組織

会長：國分康孝Ph.D.

事務局：國分康孝ヒューマンネットワーク事務局

受付け窓口：(株)図書文化社出版部

　　　　　（担当：東・渡辺　TEL 03-3943-2516　FAX 03-3947-5788）

キーステーション：各47都道府県で積極的に協力していただける人に事務局より依頼。

ネットワーク会員：希望者からの申請を受けて受付窓口より登録。

●活動の方針

・ギブアンドテイクの原則。

・ボランティアシップに基づいて各人ができる範囲で協力し合う。よって必ずしも求めに応じられない場合もある。

・アクセス自由のオープンなつながり。エンカウンターに関してだれもが平等な一実践者。

・指導案やワークシート等の交換にあたっては、著作者のオリジナリティーを尊重する。

●ネットワークの会員募集

エンカウンターの公式ネットワーク「E-net2000」にご協力いただける方を募集しています。地域での実践のためにご協力ください。ホームページより、または上記受付窓口にご連絡ください。

● 構成的グループエンカウンターのホームページ

構成的グループエンカウンターの公式ホームページでは，E-net2000の情報も公開しています。次のURLへアクセスしてください。 http://www.toshobunka.co.jp/sge/

●おもなコンテンツ

・E-net2000の会員紹介……個人の会員，地域の学習会を都道府県別に紹介しています。
・研修会や図書の紹介……研修会や宿泊ワークショップのスケジュール，SGEに関する新刊書籍の最新情報が得られます。
・エクササイズ検索……『エンカウンターで学級が変わる』のエクササイズが検索できます。
・掲示板（BBS）……どなたでも書き込める掲示板です。

※このページの情報は，2004年9月現在の内容です。

エンカウンターの学びあい

2. 構成的グループエンカウンターを学べる研修会

● 國分カウンセリング研究会・例会

國分康孝先生・國分久子先生の指導で，構成的グループエンカウンター（SGE）の研究実践，論理療法，事例研究，サイコエジュケーションについて，年数回の研究会を行っています。國分康孝ヒューマンネットワークに付属している会です（國分康孝ヒューマンネットワークには，構成的グループエンカウンターの公式ネットワークE-net2000の事務局がおかれています）。

> 問い合わせ先　武南高等学校ガイダンスセンター（TEL&FAX 048-431-0483）
> 　國分康孝ヒューマンネットワークの会員になると，例会の案内が送付されます。

●國分康孝ヒューマンネットワークとは
國分康孝が筑波大学を1996年に退官するとき，記念品の代わりとして教え子たちより贈られた人材の輪。自己育成を促進し会員相互のセルフヘルプの場をつくることを目的とする。年に一度総会を開き，親交・懇談と，自己育成の度合いが高い者を表彰する。発足から10年目を迎える2006年度にて，いったんの節目を迎える。

● NPO日本教育カウンセラー協会・構成的グループエンカウンターワークショップ

NPO日本教育カウンセラー協会では，國分カウンセリング研究会と共催で，SGEワークショップを行います。内容は「体験コース」と「リーダー養成コース」の2種類で，スーパーバイザーは國分康孝先生・國分久子先生です。参加者は教育カウンセラーの資格取得条件の一部を満たすことができます。年に数回実施しています。
【SGE体験ワークショップ】
2泊3日のエクササイズを介して，ホンネとホンネの交流，ふれあいの体験をしながら自己発見をします。
【SGEリーダー養成ワークショップ】
基本的に1泊2日でSGEリーダーを養成します。ジェネリックSGEを体験し，リーダーとして展開できるようになることをめざします。

問い合わせ先　NPO日本教育カウンセラー協会　SGE係（TEL 03-3941-8049）
構成的グループエンカウンターのホームページ（http://www.toshobunka.co.jp/sge/）で，予定を公開しています。

● 学級づくりのためのエンカウンター入門講座

教師初心者向け1日ワークショップ。午前中の國分康孝先生・國分久子先生の講演に続き，午後は分科会でSGEの正統的な理論と技法を，実際に体験しながら学習します。ふれあいのある活気に満ちた集団づくりに生かすことのできる定番のエクササイズを中心にプログラムを構成してあります。東京では毎年7月末に，その他では不定期に実施しています。

問い合わせ先　(社)日本図書文化協会・エンカウンター講座係（TEL 03-3947-7031）
図書文化社のホームページ（http://www.toshobunka.co.jp/）で予定を公開しています。

● その他

（1）教育カウンセラー養成講座
NPO日本教育カウンセラー協会が認定する「教育カウンセラー」養成のための講座です。基本的に，プログラムのなかにSGEに関する講座が1つ含まれます。この養成講座を受講し，認定試験に合格すると，初級教育カウンセラーとして認定されます。
（2）NPO日本教育カウンセラー協会・各県支部主催のワークショップ
1泊2日，2泊3日などのワークショップを全国で不定期に実施しています。
例）埼玉県教育カウンセラー協会では毎年8月に宿泊ワークショップを開催しています。
・問い合わせ先：UCS浦和カウンセリングスクエア（FAXのみ 048-674-0293）

(1)(2)の問い合わせ先　NPO日本教育カウンセラー協会　事務局（TEL＆FAX 03-3941-8049）
NPO日本教育カウンセラー協会のホームページ（http://www.jeca.gr.jp/）からメールでお問い合わせいただけます。

※これらの情報は，2004年9月現在の内容です。
※詳しい日程，受講料等に関しては各団体へお問い合わせください。

基本用語解説

● **アイメッセージ**
「私はこう思う」と，相手の言動に対する自分の感情を語ること。これの反対が「あなたは〜すべきだ」というユーメッセージである。

● **インストラクション**
リーダーがエクササイズの目的，方法，留意点を教示することをいう。簡潔明瞭がコツ。目的を言う際には，リーダー自身の体験を通して語りかけるとよい。

● **エクササイズ**
SGEを構成する主要な要素で，心理面の発達を促す課題のことをいう。主たる内容は思考・行動・感情の共有を誘発するもの。これがふれあう人間関係をつくる。

● **エゴグラム**
状況や場面によって異なる人間の心のありようをグラフにしたもの。交流分析では心のありようを，批判的な親心（CP：毅然さ），養育的な親心（NP：思いやり），大人心（A：損得勘定を考えるような現実検討），自由な子ども心（FC：天真爛漫，無邪気），従順な子ども心（AC：従順，ブリッ子）の5つの視点から見ていく。

● **エンカウンター**
ホンネとホンネの交流や感情交流ができるような親密な人間関係（体験）をいう。一期一会はエンカウンターの最たるもの。

● **介入**
参加者が感情的になったり，エクササイズがねらいどおりに進行していないときにリーダーがメンバーに働きかけること。

● **カウンセリング**
人生の途上でだれでもが遭遇し通過していく発達課題（児童生徒の場合は進路や学習，心理的離乳，友人問題はその例である）の解決をめざした援助的な人間関係のこと。究極的には，来談者やカウンセラー双方の人間的成長をねらった援助活動ともいえる。

● **カウンセリングマインド**
好意の念をもち合った人間関係をつくり，相手の身になって話を聞いたり，相手のことを思って話をしたりする姿勢のこと。

● **画一化**
グループの言動が一色に染まり，発展のない状態になること。裏面交流が起こり，本音が表現されていない状態ととらえられる。リーダーは自己開示を強化するよう介入する。

● **構成的グループエンカウンター（SGE）**
エンカウンターをグループを通して行うので，グループエンカウンターという。これには構成的なものと非構成的なものがある。構成的とは，対象，グループサイズ，エクササイズ，時間をセッティングするという意味である。これをリーダーが行う。非構成グループの場合はエクササイズがなく，ファシリテーター（話を促進する者）はリーダーと比べて能動的ではない。

● コメント（介入）

エクササイズの最中でも，必要に応じてリーダーが口をはさむこと。禁止・命令，助言，情報提供，話題の転換，フィードバック，明確化，解釈などをする。

● コンプレックス

人間ならだれでももっている心（感情）のしこりや偏癖のこと。子どもが異性の親に愛着をもつエディプスコンプレックスや，劣等コンプレックス，ナーシシズムなどがある。

● コンフロンテーション（対決）

問題解決的で積極的なカウンセリングの技法。自分の問題から目を背けて向き合おうとしないメンバーの内面にある矛盾，混乱，不安などに焦点を当てて向き合わせる。

● サイコエジュケーション

心理教育。児童生徒の心理面の発達を促す教育指導をいう。主たる内容は，人間関係づくり（コミュニケーションの促進），人間関係の円滑な運び方，自己主張などである。

● シェアリング

「わかちあい」の意。エクササイズを通して気づいたり感じたりした，自分のことや他者のことなどをホンネで伝え合い，共有し合う。SGEの柱の1つである。

● 自己開示

胸襟を開くとか腹を割って話すこと。自分の気持ちや考え方，現状，生育歴などをありのままに話すことである。親密度が増すにつれて，腹の底にある部分が表出されてくる。

● 自己覚知（アウェアネス）

いまここでの，自分の内的感情への気づき。例えば，「ほんとうは父に甘えたかった」「お世辞は言いたくない」など。

● 自己主張

相手の立場や考えをわかりながらも，ここぞというときに自分の考えや欲求，価値観，感情などを伝え，自力で自分の幸福になる権利を守ること。自己主張能力を伸ばすことは，SGEのねらいの1つである。

● 自己盲点

自分で気づいていない，見落としがちな点。ここに気づくのが，SGEの目的の1つである。他者の言動から気づきを得られるのが，SGEではシェアリングである。

● 自尊感情

自分で自分のことを価値ある存在であると思う気持ち。人が生きていくエネルギーになる。他者からの言葉で高まっていくので，SGEで自尊感情を高められるという報告が出ている。

● 失愛恐怖

自己保存の本能からくる，人から拒否されると生きていけないのではないかと思う気持ち。エンカウンターするためには，これをふっきらないとできない。

● 実存主義

「いまここで」実際に存在している自分，その具体的感覚や知覚，体験こそが，この世で間違いなく存在しているものであるという考え方。

● ジョハリの窓
4つの窓によって人間の性格構造を示したもの。好ましいジョハリの窓は「自他にオープンな領域」がSGE体験によって広がること。

● 図と地
ゲシュタルト療法の基本的な考え方。「図」は関心・注目の焦点，「地」はそれ以外の無視されている部分を表す。同じ状況にあっても，図と地のとらえ方によって見え方（ゲシュタルト）が異なる。人の成長は，図が地になったり，地が図になったりすることを繰り返すプロセスである。

● 世界内存在
実存主義の人間存在のあり方を示す概念。「私たちは世界中のさまざまな人とのかかわりの中ではじめて存在している」という，SGEを支える考えの1つである。

● ソーシャルスキル
あいさつの仕方，話の聞き方，問題処理の仕方といった向社会性の方法のこと。このスキル学習が不足しているとストレスになる。SGEでスキルが向上できる。

● ダメージ（心的外傷）
体験によって心の傷になること。エンカウンターが深いとダメージの可能性が生じるが，SGEを構成することで枠を設けるので，心的外傷の可能性や参加者の不安を軽減できる。またレディネスや発達段階を考えてエクササイズを構成することで心的外傷が予防できる。

● 抵抗
エクササイズに参加することを嫌がったり，面接を避けようとする心のこと。抵抗の原因を見きわめ，インストラクションを工夫するなどの対応で予防できる。

● トリック・スター
グループの雰囲気にゆさぶりをかけるメンバーのこと。「ぶりっこは嫌いだ」などと水を差すような発言でグループのおざなりな行動パターンを壊し，メンバー一人一人に自分について考える契機を与える。

● トレランス
寛容さ，寛大さ，または耐性のこと。SGEでは小学生や中学生のトレランスの違いを考えて，発達段階に即したエクササイズを行う。

● ノンバーバルコミュニケーション
言葉や文字によらない非言語（視線，表情，姿勢など）によるコミュニケーションのこと。参加者の発言内容や抵抗の理解，リーダーの真摯さの表現に役立つ。

● 発達課題
心理・社会的に成長・発達するうえで，だれもが乗り越えていかなくてはならない課題。例えば，心理的離乳，仲間づくり，キャリア計画など。

● ビリーフ
思いこみ，受け取り方，考え方を意味する論理療法の中心概念。認知行動療法の代表である論理療法の骨子は，「考え方（認知の仕方）によって悩みは消える」。人間の悩みは出来事に起因するのではなく，その出来事をどう受け取るかによって起こると考える。事実に基づかない，論理性の乏しい考え方や受け取

り方をイラショナルビリーフという。これに対して，事実に基づいた論理性のある考え方をラショナルビリーフという。思考や認知に働きかけるエクササイズは，やがて行動や感情の変容に波及する。

● フィードバック
他者の言動の事実を伝えること。例えば「語尾がはっきりしない」「視線をそらした」など。参加者同士の自己発見に役立つ。

● 文化的孤島
既成の価値観や行動様式にとらわれずに，他者の人権を侵さない範囲でありたいあり方をしてもよい空間のこと。これをつくり出すため，SGEの合宿の間は，家族との電話やテレビを禁止し，外界との接触を断つ。自分と向き合うために必要なルールである。

● ペンネーム
ペンネームをつけてその名前で過ごすことにより，日常の自分から解放され，ありたいような自分を表現する。

● モチベーション
意欲のこと。エクササイズの目的達成や効果を高めるために，予告の仕方や導入を工夫して参加者のモチベーションを高めることは，リーダーの大切な役割となる。

● モデリング
エクササイズやシェアリングの中で，参加者の行動や思考の手本となること。リーダーは，モデリング（模倣）の対象となることを意識して，SGEを実施する。またリーダーの自己開示やデモンストレーションはメンバーの自己開示抵抗感やエクササイズへの回避反応を低減する。すなわち逆制止となる。これもモデリングの大事な要素である。

● 役割
集団の中で役割が与えられることは，自分の居場所が与えられることにもなる。また役割関係が感情交流（ふれあい）の促進にもなる。さらに役割遂行が自他発見の手がかりにもなる。

● リチュアル
儀式（定型化された行事）のこと。集団の凝集性を高める機能がある。SGEのセッション開始前の握手を目的としたフリーウォークがその一例。

● リレーション（ふれあい）
人間関係のこと。相互に防衛機制がゼロに近い状態になり，うち解けた人間関係の中で心のふれあいを促進するのがSGEである。

● ロールプレイ
個人の内面に焦点を当てる心理劇と，ソーシャルスキルを取り上げる社会劇がある。エクササイズでは，現実社会のシミュレーションとしても活用できる。

● ワンネス・ウイネス・アイネス
SGEのエクササイズは，相手の世界に入ること（ワンネス），私はあなたの味方であるという仲間意識をもつこと（ウイネス），しかし私には私の考え方があるという自己主張をすること（アイネス），のいずれかを基調にしている。

さくいん

●● 人名 ●●

國分久子　14, 17, 19, 23, 166, 251, 667
國分康孝　14, 17, 22, 113, 317, 596, 667
A・アイビィ　22
A・エリス　328
C・ロジャーズ　16, 132, 264, 333
E・バーン　330
F・パールズ　17, 327, 596
V・フランクル　242
W・シュッツ　16, 596
W・タブス　15, 327

●● A〜Z ●●

A（大人心）　330
AC（従順な子ども心）　330
being for（→ウイネス）　14
being in（→ワンネス）　14
being with（→アイネス）　14
CP（批判的な親心）　330
E-net2000　668
FC（自由な子ども心）　330
NP（養育的な親心）　330
SGE（→構成的グループエンカウンター）
SHR　85, 214
Q-U（→楽しい学校生活を送るためのアンケート）

●● あ ●●

アイネス（Iness）　14, 111, 205, 675
アイメッセージ　124, 139, 193, 251, 252, 256, 266, 672
アサーション-トレーニング　64, 70

朝の会　58, 211, 214, 302
アセスメント　96, 107, 168, 194, 292, 314
アフターケア　176, 183
委員会活動　59, 80, 606
いじめ　56, 88, 261, 610
イラショナルビリーフ　157, 175, 243, 328
インストラクション　24, 120, 122, 126, 128, 179, 247〜249, 308, 672
インターベンション（→介入）
インターパーソナル　114
イントラパーソナル　114
院内学級　73
ウイネス（weness）　14, 37, 111, 205, 675
エクササイズ　17, 25, 35, 90, 106, 110, 116, 132, 134, 138, 140, 163, 164, 179, 246, 250〜257, 273, 274, 301, 322, 340〜514, 532〜588, 626, 672
エゴグラム　330, 564, 672
エス抵抗（取り組みへの抵抗）　161, 172, 332
エスリン研究所　596
エンカウンター　14, 27, 44, 672

●● か ●●

解釈　332
介入（インターベンション）　25, 27, 31, 33, 135, 139, 156, 158, 160〜167, 168, 170, 172, 257, 264〜267, 319, 327, 672
カウンセリング理論　326
帰りの会　58, 211, 214, 262, 263, 302
画一化　23, 174, 260, 672
学習-意欲　92, 604
過剰適応　177
学級　81, 84, 86, 104, 202, 283, 292, 学級経営　54, 87, 201, 206, 210, 214,

602
学級懇談会（→保護者会）
学級開き　41，100
学級崩壊　118，203，294
環境教育　67
観察-法　96，135，158，315
感受性の促進　51，106，133，267
感情交流　123，334
簡便法　328
管理職　80，195
教育相談　56，218
教育分析　32，171，325
強化法　168，319，331
共感的理解　333
教師　79，143，175，193，288，290
行事　43，101，195，210，263，606
クラブ活動　59，80
繰り返し-技法　166，339
グループ　174，267，278，299
　グループサイズ　24，111，298
　グループづくり　254，255，304
グループアプローチ　284
　グループアプローチの比較　622
グループエンカウンター　16
グループ理論　334
傾聴　264
ゲシュタルト療法　17，133，264，327，335，596
ゲーム　90，117，302，304
健康教育　71，234
現実復帰　31
研修会　320
現職研修　76，238
効果　190，199，200，272，614
構成　17，24，116，118，296，298，300，304，308，327
構成的グループエンカウンター（SGE）
17，18，20，22，24，26，28，36，40，672

構成への抵抗（→超自我抵抗）
高等学校　50，55，85，91，214
行動療法　133，168，331
校内研修　76，238，321
交流分析　133，330
コーヒーカップモデル　29，113，331
国際理解教育　65，232，612
コンフロンテーション（→対決）

● ● さ ● ●

サブリーダー　94，294
シェアリング　17，25，32，34，90，135，144，146，150，152，165〜167，179，182，258〜263，279，306，310，327，618，673
ジェネリックSGE　30，35，157，320，530
自我抵抗（変化への抵抗）　162，172，332
時間制限　24，299
自己一致　333
自己開示　15，21，26，123，139，268，269，297，305，309，313，329，530，673
自己概念　34，47，50，283，333
自己肯定感　34，47，89，614
自己主張　15，25，51，106，133，139，170，267，327，673
自己受容　25，34，45，51，106，133，145，267，614
自己表現　15，25，51，106，133，267
自己盲点　157，187
自己理解　25，45，51，106，133，145，267
自己理論　333，335
支持　318
指示　319
自尊感情　50，218，238
自他発見　18，20
失愛恐怖　19，171，673

677

実存主義-的アプローチ　17，133，171，242，329，596，673
質問-技法　138
集団　284，285，304，307
授業　33，42，61，80，92，226，263
宿泊行事　60，220
受容　264，318
小学校　46，55，91，108，148，206
ショートエクササイズ　58，79，93，194，230，259，274
ショートレクチャー　169
ジョハリの窓　75，674
準拠集団　193
人権教育　43，66
身体接触　48，108，112，210，247
心的外傷（ダメージ）　83，135，137，176，296，318，674
信頼体験　25，51，106，133，267
進路指導　55，216，608
スペシフィックSGE　30，33，35，157，338
精神分析理論　133，332，335
生徒会活動　59
世界内存在　327，674
折衷主義　22，133，323，326
全校集会　222
全体シェアリング　32，149，530，588
専門学校　77
総合的な学習の時間　61，214，230，232，604
ソーシャルスキル-トレーニング　64，69，674

● ● た ● ●

大学　77
対決（技法）　163，673
対抗感情転移　332
他者理解　25，45，51，106，133，267

楽しい学校生活を送るためのアンケート（Q-U）　96，103，119，181，201，268，292
ダメージ（→心的外傷）
単学級（複式学級）　81，95
短大　77
中学校　48，55，91，109，210
調査-法　96，201
超自我抵抗（構成への抵抗）　161，172，332
出会い　14
抵抗　82，136，154，159，161，172，246，247，250，259，265，308，332，674
ティームティーチング（TT）　94
適応指導教室　74，224，610
デモンストレーション　123，127，135，247，249，300
道徳　62，228，604
特別活動　43，57，606
特別支援教育　64
取り組みへの抵抗（→エス抵抗）
トレランス（→欲求不満耐性）

● ● な ● ●

内観-法　60，570

● ● は ● ●

配列　110，273
パーソンセンタード　333
発達課題　45，674
非言語-コミュニケーション　108，113，136，165，674
非行　72
非構成的グループエンカウンター（→ベーシック・エンカウンター・グループ）
非審判的・許容的態度　333
非日常性　81，116，220，298

評価　186，279，338
ビリーフ　328，674
部活動　59，606
不登校　56，74，89，218，610
プラグマティズム　17，21，171
振り返り　180，187
振り返り用紙（カード）　83，151，180，182，191，255，262，268，279，280，306，315
ふれあい　17，18，20，26，46
プログラム　23，29，110，114，205，321，590
文化的孤島　28，31，530，675
ベーシック・エンカウンター・グループ（非構成的グループエンカウンター）　15，16，132
変化への抵抗（→自我抵抗）
ペンネーム　31，533，675
防衛機制　332
保健学習　234
保健室　63
保護者会（学級懇談会）　41，75，93，101，155，195，236
補助自我　159，166，167，169，254，256，265
ボランティア活動　68
本音（ホンネ）　17，18，256

●●　ま　●●

明確化=技法　319
面接=法　96，169，200
メンバー構成　277，299
モデリング　92，331，675

●●　や　●●

役割解除　31，139
役割交換法　319

役割交流（役割関係）　119，334
役割遂行　31，51，248，531，675
幼児　620
欲求不満耐性（トレランス）　33，265，339，674

●●　ら　●●

来談者中心療法　17，133，264，333
ライフスキル教育　71，234
ラショナル・ビリーフ　328
リーダー　25，26，137，170，175，186，187，290，312，316，324，334，616
リーダーシップ　170，316，616
リチュアル　117，276，298，531，675
リフレーミング　83，303，319
リレーション　19，21，38，170，266，286，291，314，318，333，334，675
ルール　34，38，123，137，150，163，251，256，275，286，291，297，299，334
レディネス　173，250，265，267，314
ロールプレイ　88，117，169，251，675
論理実証主義　17，21
論理療法　133，169，171，328，335

●●　わ　●●

ワークシート　195，280，281，305
ワークショップ　115，320，614，670
ワンネス（oneness）　14，111，205，675

エクササイズさくいん

●● あ ●●

あいこジャンケン　344
アウチでよろしく！　348
アドジャン　386, 516
あなたの印象　446
あなたの○○が好きです　428
アニマルプレイ　560
ありがとうカード　418
あわせアドジャン　372
いいこと探し　356
いいとこさがし　408
印象を語る　542
うれしい話の聞き方　478
エゴグラム　564
Xからの手紙　424
X先生を知るイエス・ノークイズ　340
オートマティックペーパー　488

●● か ●●

肩もみエンカウンター　364
学校を10倍楽しくする方法　394
紙つぶて　556
川遊びのプラン　484, 526
考え方をチェンジ　450
簡便内観　570
聞いてもらえる喜び　510
気になるあなたへ　456
気になる自画像　442, 519
君はどこかでヒーロー　422
君をほめるよ　430
究極の学校選択　470, 524
共同絵画　490, 552
共同コラージュ　402
今日発見したキミ　412

キラキラ生きる　426
子どもからのメッセージ　504
子どもの長所の棚卸し　508
この指とまれ！　380
これからよろしく　350

●● さ ●●

最高にうれしい「おはよう！」　474
サイコロトーキング　382
自己概念カード　562
視線による会話・手による会話　558
質問ジャンケン　352
自分がしたいことベスト10　454
自分への手紙　434
ジャンケン手の甲たたき　362
10年後の私　464
自由歩行・握手　534
将来願望　540
しりとり絵かき　492
心象スケッチ　514
スゴロクトーキング　384
素敵なあなた・素敵なわが子　502
背中合わせの会話　366
全体シェアリング　588
それはお断り　486

●● た ●●

竹の節目私の節目　466
他己紹介　368
団結くずし　496
誕生日チェーン　406
ディスカウントとストローク　512, 527
銅像　574
友達発見　370
友達ビンゴ　388
トラストアップ　404
トラストウォーク　494, 546

トラストウォール　578
トラストフォール　576
トランプの国の秘密　400, 520, 521
トリップ・トゥ・ヘブン　580

● ● な ● ●

なんでもバスケット　374
二者択一　360, 566

● ● は ● ●

パチパチカード　416
「？」と「！」　354
話し合いのレッドカード　482
2人の私　458
二人一組（ききあう）　536
ブラインドデート　390, 517
ブレーンストーミング　392
ふわふわ言葉とチクチク言葉　476
ペンネーム　532
☆いくつ　438
墓碑銘　568
ほめあげ大会　436

● ● ま ● ●

マインドタイム　414
マッサージ　538
「未完の行為」の完成　572
みじめな体験・成功体験　550
「見知らぬ」わが子　506
3つの発見　410
身振り手振り「新聞紙の使い道」　498
みんな違ってみんないい！　460
みんなでリフレーミング　448, 523
無人島SOS　398, 518

● ● や ● ●

よいところをさがそう　432
四つの窓　378
四人一組（他者紹介）　544

● ● ら ● ●

6人の人生　472, 525

● ● わ ● ●

若返りジャンケン　346
別れの花束　500, 586
忘れられない経験　358
私が学校に行く理由　396
私たちの得た宝物　420
私に影響を与えた人　548
私のお願いを聞いて　554
私の価値観と職業［新版］　468
わたしのしたいこと　452
私の四面鏡　444, 522
わたしのためにあなたのために　462
私の名前の深い意味　342
私の話を聞いて　480
私はあなたが好きです。なぜならば　584
私は私が好きです。なぜならば　582
私はわたしよ　440
われら○○族　376

■執筆者（五十音順）

赤塚香苗	横浜市立六つ川小学校教諭	上村国之	高知市教育研究所教育相談班長
明里春美	千葉市立花見川第一中学校教諭	加勇田修士	東星学園小学校，中学・高等学校長
浅川早苗	都留市立東桂小学校教諭	苅間澤勇人	岩手県立雫石高等学校教諭
朝倉一隆	広島県教育委員会指導第三課指導主事	川井栄治	犬山市立犬山南小学校教諭
		川崎知己	東大和市教育委員会指導主事
朝日朋子	台東区立台東育英小学校教諭	川端久詩	横須賀市立公郷中学校相談学級教諭
東　京子	神奈川県立横浜桜陽高等学校教諭	河村茂雄	都留文科大学教授
足立司郎	岐阜県立郡上北高等学校教頭	菊池千恵子	さいたま市立大宮別所小学校教諭
安達紀子	北区立滝野川小学校教諭	岸田優代	信州大学教育学部附属養護学校教官
阿部明美	小山市立桑中学校教諭	岸田幸弘	長野県教育委員会事務局指導主事
阿部千春	秋田市立将軍野中学校教諭	木村正男	岐阜大学教育学部附属小学校教諭
淡路亜津子	秋田県立雄物川高等学校教諭	黒沼弘美	山形市立桜田小学校教諭
飯野哲朗	静岡県立池新田高等学校教頭	幸田千香	大田市立池田中学校教諭
伊澤成男	栃木県総合教育センター副主幹	小島孝子	横浜市立南山田小学校教諭
石井政道	小田原市教育研究所指導主事	後藤玲子	寒河江市立陵南中学校教諭
石黒康夫	荒川区立第四中学校校長	小丸信一	仙台市立六郷中学校教諭
今井英弥	船橋市立旭中学校教諭	小峰秀樹	埼玉県立三郷北高等学校教諭
今川卓爾	竹原市立竹原中学校教諭	齋木雅仁	甲府市立北東中学校教諭
浮ヶ谷優美	杉並区立浜田山小学校教諭	斉藤　仁	所沢市立南陵中学校教諭
大木百合江	さいたま市立春野小学校教諭	齊藤　優	千葉市立千城台西中学校教諭
大関健道	野田市教育委員会指導主事	酒井　緑	福井市立鶉小学校養護教諭
大塚美佐子	流山市立南流山中学校教諭	坂江千寿子	青森県立保健大学講師
大塚芳生	熊本県御船町立御船中学校教諭	榊原康夫	福島県西郷村立西郷第二中学校教諭
大友秀人	青森明の星短期大学教授	坂本洋子	日本赤十字九州国際看護大学教授
大畑幸子	横浜市立日吉南小学校教諭	相良賢治	北九州市立高須中学校教諭
大漁博子	横浜市立東戸塚小学校教諭	佐藤克彦	山形県教育庁庄内教育事務所指導主事
岡まゆみ	横浜市立並木第一小学校校長	佐藤健吉	秋田市立泉中学校教諭
岡田　弘	聖徳栄養短期大学助教授	佐藤謙二	大船渡市立越喜来中学校教諭
押切久遠	上級教育カウンセラー	佐藤節子	山形市立大曽根小学校教頭
尾高正浩	千葉市立打瀬小学校教諭	沢里義博	東海市立上野中学校教諭
小野寺正己	盛岡市子ども科学館学芸指導主事	品田笑子	江戸川区立第二松江小学校教諭
鹿嶋真弓	足立区立蒲原中学校教諭	城崎　真	練馬区立上石神井北小学校教諭
粕谷貴志	都留文科大学講師	杉村秀充	稲沢市立明治中学校教頭
片野智治	跡見学園女子大学教授	鈴木祐弘	千葉県立船橋法典高等学校教諭
金山美代子	春日部市立緑中学校養護教諭	住本克彦	兵庫県立教育研修所・心の教育総合センター主任指導主事
鎌田好子	市原市立五井中学校教諭		
鎌田直子	秋田市立上北手小学校教諭	瀬尾尚隆	札幌市立上篠路中学校教諭

杣本和也	兵庫教育大学附属中学校教務主任・スクールカウンセラー兼務	藤澤ゆかり	墨田区立両国小学校教諭
		藤村一夫	盛岡市立見前小学校教諭
曽山和彦	秋田県教育庁中央教育事務所指導主事	冨士盛公年	島根県教育委員会スクールカウンセラー
髙野利雄	立教池袋中学・高等学校教諭		
髙橋浩二	横浜市立南希望が丘中学校教諭	別所靖子	さいたま市立大砂土東小学校教諭
髙橋さゆ里	横手市平鹿郡不登校適応指導「南かがやき教室」専任指導員	北條博幸	東和大学附属昌平高等学校教諭
		丸山尚子	静岡市立長田西中学校教諭
髙橋光代	川口市立神根東小学校教諭	水上和夫	小矢部市立蟹谷小学校校長
滝沢洋司	千曲市立戸倉小学校教諭	水野晴夫	福島県立聾学校平分校教頭
竹内久美子	三沢市立堀口中学校教諭	宮本幸彦	世田谷区立弦巻中学校教諭
田島　聡	神奈川県立上矢部高等学校教諭	向井知恵子	中野区立大和小学校教諭
茶谷信一	石川県教育センター指導主事	武蔵由佳	都留文科大学講師
飛田浩昭	青山学院初等部教諭	村田巳智子	富山県婦中町教育センター指導主事
冨田久枝	山村学園短期大学助教授		
登村勝也	(有) C&I国際研修センター, J・トムラ・カウンセリングスクールJPN校長	村松明久	横浜市立上飯田小学校教諭
		森　憲治	いなべ教育支援センター教諭
		森泉朋子	東京工業大学留学生センター非常勤講師
中井克佳	三重県紀伊長島町立赤羽中学校教諭		
中居千佳	横浜市立市ヶ尾小学校教諭	森田　勇	栃木県河内町立岡本小学校教諭適応指導教室担当
中川秀人	石川県立高浜高等学校教諭		
中里　寛	宮城県柴田町立船迫中学校教諭	諸富祥彦	明治大学助教授
仲手川勉	平塚市立金田小学校教諭	安野陽子	山口県カラーワーク研究所
中村恵美子	福岡県岡垣町立岡垣中学校教諭	簗瀬のり子	矢板市立矢板中学校教諭
仲村將義	沖縄県立那覇工業高等学校・定時制教諭	山内　修	仙台市立鶴が丘中学校教諭
		山下文子	五所川原商業高等学校教諭
中山光一	石岡市立国府中学校教諭	山宮まり子	千葉県沼南町立手賀西小学校教頭
成田隆道	黒石市立中郷中学校教諭	吉田隆江	武南高等学校教諭
二宮喜代子	山梨大学非常勤講師	吉田友明	横浜市立高田小学校教諭
根田真江	宮古市立崎山中学校教頭	吉野昭子	大分県立大分商業高等学校教諭
能戸威久子	金沢市立高岡中学校教諭	米田　薫	函館大学助教授
橋本　登	さいたま市立大宮北中学校教諭	米山成二	神奈川県立総合教育センター指導主事
林　伸一	山口大学教授		
原田友毛子	所沢市立北小学校教諭	渡辺寿枝	川崎市立鷺沼小学校教諭
原田ゆき子	仙台市立鶴巻小学校教諭		
伴野直美	四日市市立常磐中学校教諭		
疋津信一	石川県教育委員会指導主事		
藤川　章	立川市立立川第六中学校教頭		

2004年9月現在

■総編集者

國分康孝　こくぶ・やすたか
東京成徳大学教授。日本教育カウンセラー協会会長。日本カウンセリング学会会長。東京教育大学，同大学院を経てミシガン州立大学カウンセリング心理学専攻博士課程修了。Ph.D.。ライフワークは折衷主義，論理療法，構成的グループエンカウンター，サイコエジュケーション，教育カウンセラーの育成。自己イメージは，同僚の説をとり「大和魂が星条旗の背広を着ている人間」。師匠は，霜田静志，W・ファーカー。著書多数。

國分久子　こくぶ・ひさこ
青森明の星短期大学客員教授。日本教育カウンセラー協会理事。関西学院大学でソーシャルワークを専攻したのち，霜田静志に精神分析的教育分析を受ける。その後，アメリカで児童心理療法とカウンセリングを学び，ミシガン州立大学大学院から修士号を取得。論理療法のアルバート・エリスと実存主義的心理療法者のクラーク・ムスターカスに影響を受けた。エンカウンター，論理療法，実存主義的アプローチに関する著書多数。

■編集者代表

片野智治　かたの・ちはる
跡見学園女子大学教授。筑波大学大学院教育研究科修了。日本教育カウンセリング学会事務局長。構成的グループエンカウンターやSGEキャリアガイダンス，サイコジュケーションの実践について語るのが性に合っている。カメラの名機に弱い。『エンカウンターで進路指導が変わる』『実践サイコエジュケーション』（共編著）『エンカウンターとは何か』『自分と向き合う！　究極のエンカウンター』（分担執筆）（図書文化），『構成的グループエンカウンターの原理と進め方』（誠信書房）ほか。

■編集者（五十音順）

朝日朋子　あさひ・ともこ
台東区立台東育英小学校教諭。上級教育カウンセラー，学校心理士。日本カウンセリングアカデミー，筑波大学大学院修士課程で國分康孝の指導を受ける。構成的グループエンカウンターを用いて，子どもの人間関係づくりに奮闘中。子どもの心がわかる教師をめざしている。『エンカウンターで学級が変わる・小学校編3』『エンカウンターで総合が変わる・小学校編』『エンカウンタースキルアップ』（共編者）（図書文化）ほか。

大友秀人　おおとも・ひでと
青森明の星短期大学教授。筑波大学大学院教育研究科修了。日本教育カウンセリング学会理事，NPO日本教育カウンセラー協会評議員・北海道・青森支部長，上級教育カウンセラー，スクールカウンセラー。北海道の高校教諭20年を経て現職。全国の教師の元気アップ・スキルアップを叫び続けている。『自分と向き合う！究極のエンカウンター』『エンカウンターで学級が変わる・高等学校編』（分担執筆）（図書文化）『授業に生かすカウンセリング』（誠信書房）ほか。

岡田弘　おかだ・ひろし
聖徳栄養短期大学助教授。日本教育カウンセラー協会評議員，日本教育カウンセリング学会常任理事，日本カウンセリング学会常任理事，上級教育カウンセラー。筑波大学大学院教育研究科修了。國分康孝・久子という人生のモデルを得て天命を知る。SGEこそ，日本のオリジナルな教育メソッドと確信，その伝道者たらんと心がけている。『エンカウンターで学校を創る』（共編著）『エンカウンターとは何か』『自分と向き合う！　究極のエンカウンター』（分担執筆）（図書文化）ほか。

鹿嶋真弓　かしま・まゆみ

足立区立蒲原中学校教諭。上級教育カウンセラー。筑波大学大学院教育研究科カウンセリングコースにて，現在修行中。新任2年目で「校内暴力」を体験。無我夢中で体ごとぶつかっていたが，心だけでも頭だけでもダメということに気づく。以来，大学時代の恩師，國分康孝を師と仰ぐ。"I am OK."こそが幸せのパスポートと考え研究中。『教室課題対応全書3　非行』（共編者）『エンカウンターで学級が変わる・中学校編2〜3』（分担執筆）（図書文化）ほか。

河村茂雄　かわむら・しげお

都留文科大学教授。心理学博士。日本カウンセリング学会常任理事。日本教育心理学会理事。日本教育カウンセラー協会岩手県支部長。上級教育カウンセラー。筑波大学大学院教育研究科修了。15年間の公立学校教諭，岩手大学助教授を経て現職。教育実践に生かせる研究，研究成果に基づく知見の発信がモットー。『学級崩壊　予防・回復マニュアル』（著）『ワークシートによる教室復帰エクササイズ』（編著）『エンカウンターで学級が変わる・小学校編3』（共編著）（図書文化）ほか。

品田笑子　しなだ・えみこ

江戸川区立第二松江小学校教諭。上級教育カウンセラー。筑波大学大学院教育研究科修了。國分康孝・久子に手ほどきを受けた「育てるカウンセリング」を教育にどのくらい生かせるか，可能性を探ることが現在の目標。構成的グループエンカウンター研修会の講師として東京近県を中心に駆け回っている。『エンカウンターで学級が変わる・小学校編3』『エンカウンターで総合が変わる・小学校編』（共編著）（図書文化）ほか。

田島聡　たじま・さとし

神奈川県立上矢部高等学校教諭。上級教育カウンセラー。筑波大学大学院教育研究科修了。東京理科大学時代に師・國分康孝に出会う。以後，大学の講座より，カウンセリングの学習にふける。自分の問題を解いているうちに，子どもの抱える問題をどうするかに興味が移り，SGEにふれ，いまの教育に必要なものであると痛感する。ライフワークはSGEと進路指導。『進路指導と育てるカウンセリング』『エンカウンターで進路指導が変わる』（共編著）（図書文化）ほか。

藤川章　ふじかわ・あきら

立川市立立川第六中学校教頭。上級教育カウンセラー。民間企業から，校内暴力が荒れ狂った時代の中学校に赴任。力で対決する生徒指導に限界を感じたころ，筑波大学大学院で國分康孝に師事する。以来，SGEを学級経営・学習指導に生かす工夫を続けてきた。新しい「荒れ」が注目されるいま，生徒指導に「育てるカウンセリング」を生かすことが自分の使命であると考えている。『エンカウンターで学級が変わる・中学校編3』『教室課題対応全書3　非行』（共編著）（図書文化）ほか。

吉田隆江　よしだ・たかえ

武南高等学校教諭，教育相談主事，スクールカウンセラーを兼任。筑波大学大学院教育研究科修了。日本カウンセリング学会認定カウンセラー。上級教育カウンセラー。カウンセリングと出会って25年，國分康孝の教えは現場で役立つことを実感。SGEをいかに日常に生かすか，また最近は大人に必要だと思い，ワークショップを続けている。『エンカウンターとは何か』『エンカウンタースキルアップ』（共編著）『自分と向き合う！究極のエンカウンター』（編集協力）（図書文化）ほか。

2004年9月現在

編集を終えて

　本書の監修者,國分康孝Ph.D.と國分久子M.A.は,構成的グループエンカウンター(SGE)は教育をヒューマナイズすると言う。これを私の言葉で言うなら,次のようになる。SGEを日々の教育活動の中で実践すると,子ども同士や,教師と子どもの間のふれあいが促進され,自己と他者がそれぞれにかけがえのなさを有する1人の人格として,認め合う関係がいっそう育まれる。子どもたちは自他の固有性を自覚し,それを成長させ,人生の主人公として連続的な選択(意志決定)をできるようになる。

　私は編者の1人として,本書で取り上げた約120のエクササイズ(スペシフィックSGEおよびジェネリックSGEのエクササイズ)の思想的・理論的・技法上の背景について明確にするために注意を払った。周知のことであるが,元々の構成的グループエンカウンター(ジェネリック)は,3つの思想(哲学)とゲシュタルト療法をはじめとするカウンセリングの諸理論と諸技法を背景にもつ。これらは,おもにリーダーの立ち居振舞いの前提となっているほか,エクササイズそのものの核心となったり,リーダーの介入やその技法の背景になったりしている。

　さらに私は,編者としてスペシフィックSGEとジェネリックSGEの統合を志向した。これは編集部の意向でもあった。ここでいう統合とは,それぞれの特徴と相違点を明確にしたうえで,スペシフィックSGEのエクササイズの思想的・理論的・技法上の背景について,ジェネリックSGEの観点から明確にしたという意味である。

　ここ2か月の間,私は多くの執筆者の原稿を編集方針の観点から拝見しながら,推敲や加筆修正に明け暮れた。毎日のように,図書文化・出版部の東則孝・渡辺佐恵・牧野希世さんらと電話やFAXで連絡をとり合った。論点の絞り込みは長時間にわたることもあり,しばしばそれは深夜になった。夜更けまで仕事をしている彼らの取り組みように,私も熱く燃えた。いま,それが終わろうとしているとき,「秋の日はつるべ落とし」という事実に気づいた。編集部のみなさんに対して,慰労と感謝の念でいっぱいである。ありがとうございました。

2004年9月　編集代表　片野智治

構成的グループエンカウンター事典

2004年11月10日　初版第 1 刷発行 ［検印省略］
2025年 7 月10日　初版第17刷発行

©総編集	國分康孝　國分久子	
編集代表	片野智治	
編集	朝日朋子　大友秀人　岡田　弘	
	鹿嶋真弓　河村茂雄　品田笑子	
	田島　聡　藤川　章　吉田隆江	
発行人	則岡秀卓	
発行所	株式会社 図書文化社	
	〒112-0012　東京都文京区大塚1-4-15	
	Tel.03-3943-2511　Fax.03-3943-2519	
	振替　00160-7-67697	
	http://www.toshobunka.co.jp/	
装幀・本文デザイン	本永惠子　三宅晶子　古屋順子（本永惠子デザイン室）	
本文イラスト	石井早苗（Cube）　花田美惠子（BIT）	
扉・カバーイラスト	三輪一雄	
DTP	株式会社 エス・アンド・ピー	
印刷所	株式会社 厚徳社	
製本所	株式会社 村上製本所	

JCOPY ＜出版者著作権管理機構 委託出版物＞
本書の無断複製は著作権法上での例外を除き禁じられています。
複製される場合は、そのつど事前に、出版者著作権管理機構
（電話 03-5244-5088，FAX 03-5244-5089，e-mail: info@jcopy.or.jp）
の許諾を得てください。

乱丁・落丁本の場合はお取り替えいたします。
定価はケースに表示してあります。
ISBN 978-4-8100-4438-6 C3537